主编 胡绳武

副主编 牛贯杰 戴鞍钢

清末立宪运动史料丛刊

19

山东谘议局

上卷

尚小明 编

国家清史编纂委员会·文献丛刊

国家出版基金项目
NATIONAL PUBLICATION FOUNDATION

山西人民出版社

本书获中国人民大学『中央高校建设世界一流大学（学科）和特色发展引导专项资金』支持

『十二五』国家重点图书出版规划项目

国家清史编纂委员会出版委员会

《清末立宪运动史料丛刊》出版工作委员会

总序

戴逸

二〇〇二年八月，国家批准建议纂修清史之报告，十一月成立由十四部委组成之领导小组，十二月十二日成立清史编纂委员会，清史编纂工程于焉肇始。清史之编纂酝酿已久，清亡以后，北洋政府曾聘专家编写《清史稿》，历时十四年成书。识者议其评判不公，记载多误，难成信史，久欲重撰新史，以世事多乱不果。中华人民共和国成立后，中央领导亦多次推动修清史之事，皆因故中辍。新世纪之始，国家安定，经济发展，建设成绩辉煌，而清史研究亦有重大进步，学界又倡修史之议，国家采纳众见，决定启动此新世纪标志性文化工程。清代为我国最后之封建王朝，统治中国二百六十八年之久，距今未远。清代众多之历史和社会问题与今日息息相关。欲知今日中国国情，必当追溯清代之历史，故而编纂一部详细、可信、公允之清代历史实属切要之举。编史要务，首在采集史料，广搜确证，以为依据。必藉此史料，乃能窥见历史陈迹。故史料为历史研究之基础，研究者必须积累大量史料，勤于梳理，善于分析，去粗取精，去伪存真，由此及彼，由表及里，进行科学之抽象，上升为理性之认识，才能洞察过去，认识历史规律。史料之于历史研究，犹如水之于鱼，空气之于鸟，水涸则鱼逝，气盈则鸟飞。历史科学之辉煌殿堂必须岿然耸立于丰富、确凿、可靠之史料基础上，不能构建于虚无缥缈之中。吾侪于编史之始，即整理、出版“文献丛刊”、“档案丛刊”，二者广收各种史料，均为清史编纂工程之重要组成部分，一以供修撰清史之用，提高著作质量；二为抢救、保护、开发清代之文化资源，继承和弘扬历史文化遗产。清代之史料，具有自身之特点，可以概括为多、乱、散、新四字。一曰多。我国素称诗书礼义之邦，存世典籍汗牛充栋，尤以清代为盛。盖清代统治较久，文化发达，学士才人，比肩相望，传世之经籍史乘、诸子百家、文字声韵、目录金石、书画艺术、诗文小说，远轶前朝，积贮文献之多，如恒河沙数，不可胜计。昔梁元帝聚书十四万卷于江陵，西魏军攻掠，悉燔于火，人谓丧失天下典籍之半数，是五世纪时中国书籍总数尚不甚多。宋代印刷术推广，载籍日众，至清代而浩如烟海，难窥其涯涘矣！《清史稿·艺文志》著录清代书籍九千六百三十三种，人议其疏漏太多。武作成作《清史稿艺文志补编》，增补书一万零四百三十八种，超过原志著录之数。彭国栋亦有《重修清史艺文志》，著录书一万八千零五十九种。近年王绍曾更求详备，致力十余年，遍览群籍，手抄目验，成《清史稿艺文志拾遗》，增补书至五万四千八百八十种，超过原志五倍半，此尚非清代存留书之全豹。王绍曾先生言：“余等未见书目尚多，即已见之目，因工作粗疏，未尽钩稽而失之眉睫者，所在多有。”清代书籍总数若干，至今尚未能确知。清代不仅书籍浩繁，尚有大量政府档案留存于世。中国历朝历代档案已丧失殆尽（除近代考古发掘所得甲骨、简牍外），而清朝中枢机关（内阁、军机处）档案，秘藏内廷，尚称完整。加上地方存留之档案，多达二千万件。档案为历史事件发生过程中形成之文件，出之于当事人亲身经历和直接记录，具有较高之真实性、可靠性。大量档案之留存极大地改善了研究条件，俾历史学家得以运用第一手资料追踪往事，了解历史真相。二曰乱。清代以前之典籍，经历代学者整理、研究，对其数量、类别、版本、流传、收藏、真伪及价值已有大致了解。清代编纂《四库全书》，大规模清理、甄别存世之古籍。因政治原因，查禁、篡改、销毁所谓“悖逆”、“违碍”书籍，造成文化之浩劫。但此时经师大儒，联袂入馆，勤力校理，尽瘁编务。政府亦投入巨资以修明文治，故所获成果甚丰。对收录之三千多种书籍和未收之六千多种存目书撰写详明精切之提要，撮其内容要旨，述其体例篇章，论其学术是非，叙其版本源流，编成二百卷《四库全书总目》，洵为读书之典要、后学之津梁。乾隆以后，至于清末，文字之狱渐戢，印刷之术益精，故而人竞著述，家娴诗文，各握灵蛇之珠，众怀昆冈之璧，千舸齐发，万木争荣，学风大盛，典籍之积累远迈从前。惟晚清以来，外强侵凌，干戈四起，国家多难，人民离散，未能投入力量对大量新出之典籍再作整理，而政府档案，深藏中秘，更无由一见。故不仅不知存世清代文献档案之总数，即书籍分类如何变通、版本庋藏应否标明，加以部居舛误，界划难清，亥豕鲁鱼，订正未遑。大量稿本、抄本、孤本、珍本，土埋尘封，行将澌灭；殿刻本、局刊本、精校本与坊间劣本混淆杂陈。我国自有典籍以来，其繁杂混乱未有甚于清代典籍者矣！三曰散。清代文献、档案，非常分散，分别庋藏于中央与地方各个图书馆、档案馆、博物馆、教学研究机构与私人手中。即以清代中央一级之档案言，除北京中国第一历史档案馆所藏一千万件以外，尚有一大部分档案在战争时期流离播迁，现存于台北故宫博物院。此外，尚有藏于沈阳辽宁省档案馆之圣训、玉牒、满文老档、黑图档等，藏于大连市档案馆之内务府档案，藏于江苏泰州市博物馆之题本、奏折、录副奏折。至于清代各地方政府之档案文书，损毁极大，但尚有劫后残余，璞玉浑金，含章蕴秀，数量颇丰，价值亦高。如河北获鹿县档案、吉林省边务档案、黑龙江将军衙门档案、河南巡抚藩司衙门档案、湖南安化县永历帝与吴三桂档案、四川巴县与南部县档案、浙江安徽江西等省之鱼鳞册、徽州契约文书、内蒙古各盟旗蒙文档案、广东粤海关档案、云南省彝文傣文档案、西藏噶厦政府藏文档案等等分别藏于全国各省市自治区，甚至清代两广总督衙门档案（亦称《叶名琛档案》），被英法联军抢掠西运，今藏于英国伦敦。清代流传下之稿本、抄本，数量丰富，因其从未刻印，弥足珍贵，如曾国藩、李鸿章、翁同龢、盛宣怀、张謇、赵凤昌之家藏资料。至于清代之诗文集、尺牍、家谱、日记、笔记、方志、碑刻等品类繁多，数量浩瀚，北京、上海、南京、广州、天津、武汉及各大学图书馆中，均有不少贮存。丰城之剑气腾霄，合浦之珠光射日，寻访必有所获。最近，余有江南之行，在苏州、常熟两地图书馆、博物馆中，得见所存稿本、抄本之目录，即有数百种之多。某些书籍，在中国大陆已甚稀少，在海外各国反能见到，如太平天国之文书。当年在太平军区域内，为通行之书籍，太平天国失败后，悉遭清政府查禁焚毁，现在中国，已难见到，而在海外，由于各国外交官、传教士、商人竞相搜求，携赴海外，故今日在外国图书馆中保存之太平天国文书较多。二十世纪内，向达、萧一山、王重民、王庆成诸先生曾在世界各地寻觅太平天国文献，收获甚丰。四曰新。清代为传统社会向近代社会之过渡阶段，处于中西文化冲突与交融之中，产生一大批内容新颖、形式多样之文化典籍。清朝初年，西方耶稣会传教士来华，携来自然科学、艺术和西方宗教知识。乾隆时编《四库全书》，曾收录欧几里得《几何原本》，利玛窦《乾坤体义》，熊三拔《泰西水法》、《简平仪说》等书。迄至晚清，中国力图自强，学习西方，翻译各类西方著作，如上海墨海书馆、江南制造局译书馆所译声光化电之书，后严复所译《天演论》、《原富》、《法意》等名著，林纾所译《茶花女遗事》、《黑奴吁天录》等文艺小说。中学西学，摩荡激励，旧学新学，斗妍争胜，知识剧增，推陈出新，晚清典籍多别开生面、石破天惊之论，数千年来所未见，饱学宿儒所不知。突破中国传统之知识框架，书籍之内容、形式，超经史子集之范围，越子曰诗云之牢笼，发生前所未有之革命性变化，出现众多新类目、新体例、新内容。清朝实现国家之大统一，组成中国之多民族大家庭，出现以满文、蒙古文、藏文、维吾尔文、傣文、彝文书写之文书，构成为清代文献之组成部分，使得清代文献、档案更加丰富，更加充实，更加绚丽多彩。清代之文献、档案为我国珍贵之历史文化遗产，其数量之庞大、品类之多样、涵盖之宽广、内容之丰富在全世界之文献、档案宝库中实属罕见。正因其具有多、乱、散、新之特点，故必须投入巨大之人力、财力进行搜集、整理、出版。吾侪因编纂清史之需，贾其余力，整理出版其中一小部分；且欲安装网络，设数据库，运用现代科技手段，进行贮存、检索，以利研究工作。惟清代典籍浩瀚，吾侪汲深绠短，蚁衔蚊负，力薄难任，望洋兴叹，未能做更大规模之工作。观历代文献档案，频遭浩劫，水火兵虫，纷至沓来，古代典籍，百不存五，可为浩叹！切望后来之政府学人重视保护文献档案之工程，投入力量，持续努力，再接再厉，使卷帙长存，瑰宝永驻，中华民族数千年之文献档案得以流传永远，沾溉将来，是所愿也！

二〇〇四年

序言

胡绳武

清末立宪运动是一场全国性的政治运动。这场运动历时9年（1903—1911），波及除内外蒙古、青海、西藏之外的全国22个行省（内地18个省、东北三省和新疆），对辛亥革命前后的中国政治、经济、社会和思想文化均产生过重要的影响。这场运动的人和事，自宣统年间以来不断地有国内外学者们进行研究和评议。由于研究者的立场与观点不同，对这场运动的人和事的评议自然是见仁见智的。但研究者们一致感到研究立宪运动的困难之一在于史料相对缺乏。中华人民共和国成立后，国家重视对近百年历史的研究，在中国史学会的主持下，曾出版过一套《中国近代史资料丛刊》。这套资料的出版对中国近代史的教学与研究曾产生了很好的推动作用，但这套资料丛刊却没有把立宪运动包括在内。

有关立宪运动的文献资料，除1979年中华书局出版过一部《清末筹备立宪档案史料》外，尚无一套比较完整的立宪运动文献资料丛刊，这给中国近代史的教学与研究带来一定的影响。为此，中华书局编辑部于1986年曾拟定编辑一套《立宪运动》的文献资料，作为《中国近代史资料丛刊》的续编出版，并邀请我作为这套文献资料丛刊的主编。我当时因为正在撰写《辛亥革命史稿》，无力承担此项工作而加以婉拒。当时中华书局近代史编辑室的主任陈铮向我表示这项工作可在《辛亥革命史稿》完成以后再着手进行，并希望我能将此项工作接受下来。当时我的研究生程为坤讲师也希望我将这项工作接受下来，并表示愿意全力帮助我完成文献资料的搜集与整理工作。这样，我就终于将此项工作接受下来，并开始注意有关立宪运动文献资料的搜集工作。1990 年以后，《辛亥革命史稿》的撰写工作虽然已经完成，程为坤却已出国留学，我又年近七十，无力单独承担，此项工作遂告中断。其后，我曾争取与中国人民大学图书馆古籍整理研究所合作，希望继续完成这套资料的搜集与整理工作，后因故再次中断。已经搜集却又未经整理的有关立宪运动的文献资料只好堆积存放。

2002 年国家清史纂修工程启动后，清史编纂委员会主任戴逸教授动员我组织力量，将《立宪运动》这套文献资料的整理工作作为国家清史纂修工程文献整理项目之一继续下去，争取完成。我考虑到早在 1986 年即已接受中华书局近代史编辑室委托，承担《立宪运动》的主编工作，中途虽因客观原因中断，但我内心总觉得对学术界和出版社欠了一笔账，不免感到内疚，现在有机会将这套《立宪运动》作为清史文献项目之一列入计划，这是给我完成上世纪中断了的《立宪运动》这套文献资料的一个极好机会，遂于 2004 年向国家清史编纂委员会正式提出申请，并于 2005 年获得通过，正式立项。

这套《清末立宪运动史料丛刊》总的要求是，能够较为全面地反映这场运动的发展全貌，对该运动发生的历史背景、酝酿与兴起、发展和声势、它与民主革命运动及清廷预备仿行立宪的关系、立宪团体、立宪派人士的思想与活动，以及该运动对于中国近代社会历史所造成的影响诸方面，均得到合乎实际的说明。

以往《中国近代史资料丛刊》的编辑方法大致有三种：一是按资料的类型进行整理编辑，如《太平天国》；二是按事件发展进行编辑，如《辛亥革命》；三是二者结合，如《第二次鸦片战争》。本套文献资料大体依照第三种形式，从以下八个方面对相关资料进行搜集、整理与编辑：一、立宪运动的酝酿与发动；二、立宪派与革命派的论战；三、清廷的预备仿行立宪；四、立宪团体；五、国会请愿运动；六、资政院；七、各省谘议局；八、有关立宪运动的外文资料。谘议局文献的选编范围涉及12个行省，即顺直谘议局、奉天谘议局、吉林谘议局、山西谘议局、山东谘议局、江苏谘议局、浙江谘议局、福建谘议局、广东谘议局、江西谘议局、湖南谘议局、四川谘议局。参加本项目的成员及分工如下：中国社会科学院近代史研究所李细珠研究员（立宪运动的酝酿与发动、福建谘议局），清华大学马克思主义学院王宪明教授（立宪派与革命派的论战、有关立宪运动的外文资料），首都师范大学历史系迟云飞教授（清廷的预备仿行立宪），北京大学历史系尚小明教授（立宪团体、国会请愿运动、山西谘议局、山东谘议局），中国人民大学历史学院牛贯杰副教授（资政院、湖南谘议局、广东谘议局），北京师范大学历史学院邱涛副教授（顺直谘议局），中国社会科学院法学研究所孙家红副研究员（奉天谘议局、吉林谘议局），上海图书馆上海科学技术情报研究所高洪兴研究员（江苏谘议局），广东警官学院法律系沈晓敏教授（浙江谘议局），中山大学历史系廖伟章教授（广东谘议局），南昌大学历史系黄志繁教授（江西谘议局），四川大学城市研究所何一民教授（四川谘议局）。

值得说明的是，这套文献资料丛刊立项伊始，清史编纂委员会考虑到我年事已高，故建议增加一位项目主持人，我们经过商议，聘请复旦大学历史系戴鞍钢教授为主持人。项目进行期间，他审阅了700余万字的文稿，并提出具体的修改意见，帮助我承担了不少审阅初稿的任务。牛贯杰副教授承担了大量烦琐沉重的学术辅助工作。清史编纂委员会文献组的王汝丰教授、出版组孟超编审对本项目给予了特别的关心与指导。没有他们的帮助，很难相信这套文献资料丛刊能够如期完成，在此表示诚挚的谢意。同时，山西人民出版社的领导也给予了特别的关注，编辑们付出了辛勤的努力，在此一并致谢。

当然，囿于种种因素，我们不可能将22个行省的谘议局文献全部搜求于内，只选择性地摘取了12个行省的相关文献，这些省份涵盖了沿江沿海、中原腹地、京畿重地与清王朝的龙兴之地——吉林与奉天两省。此外，我们对各省谘议局文献的选编原则以谘议局本身文献为主，因此，规模方面无法做到整齐划一，而且数量各有不同。这些不足和局限，衷心期待学术界进行批评和补正。

2014 年 10 月

凡例

一、本文献为类编资料，资料来源均在正文结尾处标明。

二、本文献按照立宪运动发生、发展的脉络分为三十卷，各卷内容为：第一卷，立宪运动的酝酿与发动；第二卷，立宪派与革命派的论战；第三至六卷，清廷的预备仿行立宪；第七至八卷，立宪团体；第九至十卷，国会请愿运动；第十一至十二卷，资政院；第十三卷，顺直谘议局；第十四至十五卷，奉天谘议局；第十六至十七卷，吉林谘议局；第十八卷，山西谘议局；第十九至二十卷，山东谘议局；第二十一至二十二卷，江苏谘议局；第二十三卷，浙江谘议局；第二十四至二十五卷，福建谘议局；第二十六卷，广东谘议局；第二十七卷，江西谘议局；第二十八卷，湖南谘议局；第二十九卷，四川谘议局；第三十卷，有关立宪运动的外文资料。

三、文献史料如有原名，一律沿用；如没有原名，则由整理者自行拟定，文中注明。

四、资料原文所用繁体字，在不会造成歧义的情况下改为通行简化字。某些具体人名、地名不在此限。异体字、通假字尽量保持文献原貌。

五、本书在纂辑过程中，对清末惯用的一些字词，悉仍其旧，如“豫备立宪”、“豫算”、“筹画”、“画一”、“澈底”、“坐次”、“帐目”、“缕晰陈之”、“详晰”、“人材”、“发见”、“札覆”、“叠次”、“身分”、“省分”、“择尤”等。文中还有许多反复出现的字词属于此种情形，不在此一一列举。

六、文献资料均由编者标点、分段与校勘。错别字用（ ）标出，并于〔 〕中标明正确字，脱字以【 】标明，衍字以〈 〉标明，无法辨识文字和原公文中故意省略之字，均以□标示。

七、原稿繁体竖排，今改为简体横排。原稿中“左”、“如左”、“左列”、“右”、“如右”、“右列”等文字均保留原貌，一律不作改动。

八、为便于读者更好地利用资料，整理者对有必要加注的地方一律加注，以脚注标明。

整理说明

一、本卷主要收录关于山东谘议局的文献，起于光绪三十四年秋开始筹办，止于宣统三年秋逐渐停止活动，以宣统元年及二年两次常年会文献为收录重点。

二、全卷共分六大部分：第一部分为山东筹办谘议局文献，第二部分为山东谘议局会议第一期报告书，第三部分为山东谘议局会议第二期报告书，第四部分为山东谘议局会议第三期报告书，第五部分为山东谘议局会议第四期报告书，第六部分为其它有关山东谘议局资料。最后为附录。

三、第一部分山东筹办谘议局文献主要采自各种报刊，大体按谘议局筹办工作进展情况，参以文献产生时间先后，分条排列。

四、第二部分据石印本《山东谘议局会议第一期报告书》，自宣统元年八月开办日起，至十一月止。所有议案、批答、札文、移咨、照会、重要函件、请愿书、各项规则，依类编辑。其中议案分为民政、学务、军政、外交、交通、实业、财政、司法八门。抚院、司道各衙署、各局处所之札文、移咨、照会等件概列入公文门。议案之难以类从者则概列入特别法案门。凡关于议案之抚院批答，及各衙署局所移咨、照会，皆附列各议案后，以便查考。

五、第三部分据石印本《山东谘议局会议第二期报告书》，接续第一期报告书，自宣统元年十二月起，至宣统二年三月中旬止，所有札文、移咨、照会、呈院建议及请愿书、重要函件、续补各项规则，仍依类编辑。但札文、移咨、照会等系采取分类编法，较第一期汇编公文略有变通。至于请愿书，则依第一期议案编辑法，仍分为民政、学务、军政、外交、交通、实业、财政、司法八门。此外，重要的公函、公电，以及续补各项规则，皆附列于后。

六、第四部分据石印本《山东谘议局会议第三期报告书》，接续第二期报告书，自宣统二年五月中旬起至十二月上旬止，所有常年会期议案、批答并会期前后所有奏稿，暨各重要札文、移咨、照会、往来函电、公牍及请愿书批答，均按类分编。具体又分为五编：首编列谘议局代表各团呈请代奏速开国会稿，并抚院折及因常年会期发交议案、法案、咨询事件，以及开会时抚院颂词、议员等答词等；第二编列谘议局自行提议议案，分为庶政、教育、财政、法律等门，谘议局质问案及华侨参议员建议各案均附列于后；第三编列预算案；第四编列抚院札文及各衙署局所移咨、往来函电、公牍；第五编列请愿书批答，依议案分门体例。原报告书目次尚列有第六编会议速记录，但未见印行。

七、第五部分主要录自《山东官报》，自宣统三年一月起至九月止，本编命名为山东谘议局会议第四期报告书，与第四部分衔接。

八、第六部分收录其它有关山东谘议局资料，主要采自报刊杂志，按刊登时间先后排列，以单行本《山东谘议局罪状辩诬书》殿其后。

九、附录部分收录山东谘议局会议第一、二、三期报告书凡例。

十、各期报告书目次标题与书内标题多有不一致者，兹重加整理，或采目次标题，或采书内标题，或折中而重定标题。报刊文献原无标题者，均酌加标题。

十一、原稿文字错讹、脱落之处，均经仔细校勘。错别字用（ ）标出，并于〔 〕内标明正确字。脱字以【 】标明，衍字于〈 〉内标明。无法识辨文字以及原公文中故意省略之字，以□标示。异体字、通假字尽量保持原样。原报告书“复”与“覆”并用，今皆依旧。一些今天已很少使用或不再使用的词语，如“虚縻”、“縻费”、“纷歧”、“澈底”、“择尤”、“朦蔽”、“卤莽”、“详晰”等，仍保留原样。

十二、原稿繁体竖排，今改为简体横排。原稿中“左”、“如左”、“左列”、“右”、“如右”、“右列”等等文字均保留原貌，一律不作改动。

十三、北京大学历史学系研究生韩策协助录入部分资料，并进行了初校，赵埜均、陈浩等同学也协助录入了部分资料。

尚小明

2016年8月

目录

上卷

第一部分　山东筹办谘议局文献

第二部分　山东谘议局会议第一期报告书

民　政

学 务

军 政

外 交

交 通

实 业

财 政

司　法

特别法案

第三部分　山东谘议局会议第二期报告书

抚院行局公文

藩司照会公文

财政局移会公文

调查局移催公文

呈院公文

呈院议员建议文

呈院请愿书

一、民　政

来往公函

各项规则

第一部分　山东筹办谘议局文献

论山东士绅亟宜注意谘议局

洵　天

自各省举办地方自治以来，而吾东之士绅寂然，记者乃极力主张之（迭载前志），学界乃设法实施之，自治研究所潍县创办于先，省城禀请于后。无何而部拟定章颁行后，各省再谋自治之议起，而吾东之士绅益寂然。无何而各省设立谘议局筹办处之谕下，而吾东之士绅仍寂然。始而使吾民不得及早享自治制之福利，继而使吾民不得及早享谘议局之福利，其咎实不在官吏，而在士绅；抑不尽在有权力而无法政知识之士绅，而在有法政知识、不能务期实行之士绅。记者亦谬附稍具法政知识，而深愧不能务期实行之士绅之林者也。故无法政知识、有权力而不务实行，是自弃于国民之外，吾无责已。吾之欲自责，而兼欲为有法政知识、不务实行者责，正复无穷。

记者是以先有一言，以为阅者告。凡欲任天下至重者，宗旨既定，而手段不必尽同；时势可乘，则因应不宜失当。毅力苦心，盘根错节，合群利导，曲折委蛇，期以必达吾目的而后已。此为士绅今日公同应守之主义，而斯主义之能遵守与否，则尤视士绅之有法政知识者之对于谘议局与吾民之关系奚若以为断。记者希望法政同志诸绅在斯，而立论之大意亦在斯。不以斯意为然者，置是论于不览可也；不以斯意为不然者，请卒读是篇而辱教之。

地方自治者，因共同之利害，为自然之结合，本吾民应行自办之义务也。谘议局者，使国民与闻政治，同据忠爱，又本吾民自有之权利也。乃政府以为吾民程度不足，非官为代谋，官为提倡，不足以导先路而资模范也。于是地方自治局与谘议局，二者俱在国会未开前，逐年预备之列。然地方自治章程之颁布虽在今年，地方自治之筹备则在明年（设立城镇乡地方自治研究所。至厅州县地方自治，则尚须再迟一年），而其成立则又在光绪四十年（筹备事宜之第七年）。谘议局之筹备，则自今年成立，而撤销期限，则仅一年耳。比较以观，自治之着手，独后于谘议，谘议之成立，却独先于自治。若是者何也？自治者，行政部之区划；谘议者，立法部之区划也。谘议局者，又地方自治与中央集权之枢纽也。二部之界说，既截然其不同，二部之措施，自分镳而并进。记者今复以注意谘议局，不为全省绅民请，并不为全省官吏请，而先为我最亲最爱最敬重之曾习法政同志诸绅请。诸绅得毋疑记者将置平昔所极力主张之地方自治于不顾耶？则窃以为大谬不然矣。

诸绅亦知谘议局章程颁布之原动力，实由于各省国会请愿之诚挚乎。请愿国会，国会不得遽开，仅得此开设谘议局之筹备，以责望吾绅。吾绅正宜急起直追，为吾民自谋福利之起点。区区参政萌芽，不可不群思培养而滋长之。况吾东前既未办地方自治，而即此吾民所急欲得而又为政府所畀予之谘议局，且得以催促地方自治之成立耶。然则诸绅平昔振全副之精神，抱无量之宏愿，以期如愿以偿者，且将于此焉卜之。倘犹复瞻顾徘徊，罔知所措，是又记者所大惑不解者也已。

顾或有甲曰：谘议局之事，发起自官，须先由官吏提倡之，吾绅乃得以扶助之可矣。乙曰：况既有选举议院章程，自不能尽用官吏，而不参之以绅，绅固不患无参政之地也。丙曰：且更有年限之迫促，一年内又不患筹办处之不设置也。余乃恍然悟，瞿然惊，喟然叹曰：吾乡人对于谘议局之心理，必不如是也，必不如是也。今毋论其有是之心理与否，而既有甲、乙、丙三说之发生，吾亦何必不即此三说而略辨之，复陈今日所宜注意者，不先为我山东官吏告，先为我山东士绅告，且不泛为我山东士绅告，先为我山东有法政知识之士绅告耶！

甲说之仍含有依赖之劣性根者无论已，第即所谓扶助云者，吾不知果操何术以扶助之耶？夫谘议局者，全省舆论汇归之地也，今次奏定谘议局章程六十二条、选举章程一百一十五条，社会清议或谓其分配议员额数之不当，或谓其限制选举之非法，或谓宪政馆与资政院断不能定适如民意之谘议局章程，必须开议院后，由民选议员改定之。伟哉论乎！洵足见吾民程度之非不足，而该章程之不满吾民之意者正多也。然即此区区不满民意之章程，已为官吏所痛心而疾首。而吾绅之对于谘议局，既不能处于自动之地位，已属可耻，倘犹复于该章程所规定之权利义务等，不能于筹办期间，权其分际，度其轻重，研究其得失，调查其情状，吾恐谘议局成立后，该局不过为行政长官之补助官厅，局员之名为代议者，不过为行政长官之傀儡。观夫吾东议长、议绅之对于提学使，已三年矣，瞬将开列褒奖矣，而其职务奚若？其权限奚若？其实力、其效果又奚若？我乡里父老士绅，试平心察之，能不悲哉！能不悲哉！

乙说谓吾绅不患无参政之地，似也，抑知选举章程，所定议员资格凡分五等，而有学识者居其一。筹办之始，尤必以具有学识者，辟山林之纲维焉。吾绅之夙未研习法政者，遽膺重任，恐未必其能胜；即研习有素，而不加以历练者，恐亦未必即能举措咸宜也。是以吾绅在今日即不为行政长官所举任，异日苟为众望所归，合选举规定，不患无牺牲身命之一日，固已然。正惟今日不为行政长官所举任，及此闲暇，尤宜不自暴弃，力证所学，默为补助，裨益地方；不然者，袖手旁观，放弃天职，各负责任之谓何？又奚必待行政长官之举任，而吾绅始负责任耶？且揆诸前月全省千余名之国会请愿之初心，当亦非乡里父老所忍出此，而尤非吾最亲最爱最敬重之曾习法政诸同志所忍出者也。

丙说谓一年内不患官吏之不设置筹办处，似也，然亦思此所谓筹办处者，为虚无空廓之形式，如平日官家所设之某局、某所、某会、某公司等耶，抑期以上不负朝廷与民更始之盛意，下有以餍全省人民之渴望者耶？且也，谘议局章程发布以来，转瞬已五旬矣，夫一年期限中，不过七个五旬有奇耳，是已去其七分之一矣。时不我待，明年今日，旋踵即至。设至下月一日，不能如期成立，又下月一日，仍不能如期成立，或勉强成立，而因无详审之规画，周密之预备，不能有所举措，则督抚畏政府之责问，必苟且塞责，以为谘议局即是已为成立，而卸其责于吾绅。斯时吾绅若不接手办理，非抗违朝旨，即抛弃权利。且平日一己之所自任，同人之所共勖者何在，而顾忍令出此。若接手办理，则亦必因无详审之规画，周密之预备，不能有所举措，则前次吾绅致怨于谘议局筹办处者，后次之行政长官与吾民将转而归咎于吾绅接办之谘议局。夫至谘议局而为归咎之地，其亦何以对吾民欤！

总以上三说，从记者理想中所臆度者，其弊之大已如此，则吾绅之对于谘议局所宜注意者，不可知乎。请举大要，有左列各项：

（一）宜催请抚院速设谘议局筹办处

谘议局筹办处既明定期限，于一年内一律办齐，明诏谆切，薄海臣民，允宜切实奉行。但定章应于明年九月一日行谘议局开会仪式，则今年九月一日筹办处必须成立，方能筹定纲要，克期布置。否则纲要不定，则办理不免纷歧；期限不立，则迁延必至贻误。以我（表）〔袁〕大中丞之敏慎，届期必可办到。然九月一日，瞬息即来，则去日苦多，吾绅若不日事催促，恐迟至十月一日始行开办，则为日更促矣。催请之法，应集平昔法政研究有得诸同志，先事讨论此筹办期中，何者为应办之事，何者为章程中最重要者，各就本省情形，斟酌讨论，规画大纲，筹拟概则，然后谨陈所见，以备采择。行政长官见吾绅果足以共事，则开办必早，否则互相观望，其结果又岂可问耶。所宜注意者此其一。

（二）宜促设各属筹办谘议局事务所

谘议局之设，利于民不利于官，利于好官，不利于坏官。坏官知其不利于己也，虽有上级官厅相督责，各府州县中，安保无以具文视之，而故为延宕，不能如期举办，或办而无效。纵令从重参撤，而兹事已为若辈所耽误矣。至于民也，虽与其有利，而多不喻其利，且不知国宪为何物。世受与官家各局交涉之祸害，父子至以之相诰诫，今谘议局筹办处猝与之接，则风声鹤唳，杯弓蛇影，前次所受之恶感情，至此反出而相抵。是其影响所及，障碍盖可想已。为此之计，尤宜请吾绅先与各乡镇城市诸绅约，禀明由本地方设事务所，应办事项与局章第二十一条，暂可略与变通。所谓议决本地应兴应革事宜也，议决本地岁出入预算决算事件也，议决本地税法及公债事件也，议决本地担任义务增加之事件也，议决本地单行章程规则之增删修改事件也，议决本地自治会之争议事件也，申覆该管各上级官厅所谘询事件也，公断和解本地自治会之争议事件也，收受本地自治会或人民陈请建议事件也，呈明本地方官绅纳贿及违法等事件也（按此条以立法而兼司法，性质嫌混，今姑照局章立论，迨光绪三十九年行政审判院设立后，必须改正），分段调查被选举者之资格事件也，大纲既定，与省城筹办处同时成立，明年即复随筹办处同时裁撤。虽议局成立后，不能不多派专员催办，然及早由吾绅豫为之备，则不但谘议局无漏事之弊、延时之机，而吾民对于自谋乐利之地方，先食福无量矣。所宜注意者此其二。

（三）宜分设宣讲所

自六月二十四日谕旨宣布立宪以后，政府固尝虑民智不开，饬各省多立宣讲所，以增进其程度。我省官吏，于从前宣讲圣谕各处，附设讲员外，未闻设有专所。即一二士绅，有自行设立宣讲之处，亦以寡助，不能持久。然此在交通便利之区，或间有之，至偏僻州县，官立宣讲圣谕处，尚属阒如，况论其他。推厥原因，盖由于讲演之才不易多得，而关于讲演宪政之才，尤不易多得，是以民智闭塞，无复有开明之一日。此次颁布谘议局章程，苟非稍通法政大意者，多扞格而不知其所以然。然即此通法政者，亦未闻有人焉出而以讲演章程为己任者，无或乎一般社会皆淡然相对也。此等情状，转瞬举行投票选举，欲无放弃权利之患，又乌可得耶？为今之计，亟应由吾绅分赴各属，其原有宣讲所者，附讲谘议局之性质及该局选举各章程之要义；其无宣讲所者，按日亲赴各乡镇村，择公共地为之讲演。如此等讲员同时不足分布，暂可按县先后轮讲，庶各地方人民普通大意，将来对于此等重大公益事件，不致流为绝大弊窦，而谘议局之呼应既灵，收效益速矣。所宜注意者此其三。

呜呼！谘议局筹办处预备期中，最要应为之事，莫选举若；而选举之始，尤莫调查若。今但即调查而论，吾省初未兴办地方自治，所谓分画区域、调查户口各要政，迄无真确之册记。即省中所设之巡警道调查局等，于户口一项，亦未见造有端倪。扼要举办，认真实行之罕觏其人，已可概见。而谘议局筹办之初，其困难情形更可知矣。今不幸之幸，系先设筹办处耳，否则如定章选举年限，以正月十五日为初选日期，三月十五日为复选日期，且选举人口名册，应于选举期六个月以前告成，吾恐期限愈久，调查且一时不能顺序，又焉敢提议举行选举耶？虽然，勿谓筹办处可以姑事从容也，今年九月一日必须成立，否则十月一日，万不宜再延矣。何也？按定章之期限，知调查之宜急，即以僻远各属奉文较迟者计之，四个月中，必须完竣，则计自本年十月一日起，至明年正月三十日止，届期应将选举人名册一律告齐，于二月十五日宣示，照定章公布更正，计凡六十日，可以蒇事。明年一月遇闰，三月十五行初选，五月十五行复选，至九月一日而开局会议，不至局促矣。夫以吾最亲最爱最敬重之曾习法政同志诸绅，如以上记者所哓哓者，抑岂不稔闻而熟记之，而记者固必备责之者，谅以吾绅今日所处之地位，所负之责任，有与通常士绅不同者在也。何也？观诸一般社会，类皆困于虐政，有口莫诉，有情莫通，代议无人，弊故至此。观诸一般士绅，类皆脑满肠肥，抱持个人主义，毫无国民思想，甚或假权利以戕同胞，依官吏而效鹰犬。矫其弊者又或热度过高，流为激进，不唯于事无益，而反害之。观诸一般官吏，类皆苟且因循，抱持禄位主义，毫无国家思想，甚或压小民以蒙层台，图私利而欺君上；其巧焉者又或朝登白简，夕复头衔，且更假冒我省官绅所公举，到省办理新政，靦然宣布于众而不以为耻。其资格有如此者，然则以言乎社会则如彼，以言乎士绅与官吏则如此，于此而欲有以改造之，调剂之，舍吾最亲最爱最敬重之曾习法政诸绅，将谁属哉？

抑且今日士绅之自待，与官吏之待士绅，果何如乎？以苟容而充滥竽之数，吾绅可以金钱豢养矣；以保矿而招敛资之谤，吾绅可以严拿查办矣；以骂官而得革命之名，吾绅可以监禁二年矣。自贻伊戚，夫复何尤，所可恨者，官府视线脑筋中，时以若辈例吾绅。吾绅苟于此不挺身而起，克自树立，抱国宪光明之正义，洗同胞隐忍之羞耻，何以为吾绅。况均是绅也，一则由差委而受行政官之指挥，一则被选举而为一省舆论之代表，而且一省之长官得监督之焉，一省之政治得与闻之焉，一省之立法得左右之焉，一省之岁计得增减之焉，此中几宜，自昭直道，固非吾绅可以运动而得，亦非吾绅可以暴弃自甘，并非山东官吏所得以非法干涉者。呜呼！吾绅之对于谘议局，其关系果如此其大，责任果如此其重，希望果如此其宏哉！吾先愿吾最亲最爱最敬重之曾习法政诸绅猛醒之，且（奴）〔努〕力行之。

《山东杂志》第十五期，光绪三十四年七月三十日（1908 年 8 月 26 日）

催请设立谘议局筹办处呈文

候选道前安徽灵（璧）〔璧〕县知县于普源 稿

窃光绪三十二年七月钦奉上谕，预备立宪，先从直隶、江苏两省试办地方自治，以为之倡。续于光绪三十三年九月，奉各省速设谘议局之谕，东省士民，亟盼成立，猥以谘议局章程尚未颁布，无所遵依，因循年余，迄无消息。即所谓研究地方自治，培植宪政人才，造成议员资格，种种事前之豫备，叠经明诏饬催速办者，并未见诸实行，下怀疑虑，莫测端倪。直至本年六月二十四日，又奉上谕，各省谘议局自奉到章程之日起，限一年内一律成立，并著各督抚迅速举办，实力奉行，始恍然于前此一年有余光阴虚掷。奉旨官（伸）〔绅〕创办之谘议局迟迟未发者，非敢缓也，将有待也。今奉到章程，忽忽又三月矣，闲时既未经营，程功曷能仓卒。然此事虽难，而（己）〔已〕有定章之可循，亦正惟其难，不可无先事之练习。部咨之所以催设筹办处，盖已虑及于此也。伏惟东省，自胶澳丧失以来，主权尽失，危若朝露。推其失败之原因，岂惟政府官吏之咎，实由我东省人民知识不开，孤力不足，有以自取灭亡。往事已矣，来轸方遒，虽有善者，亦无如何。所尚有一线之希冀者，惟此谘议局之成立，庶几上下一心，官民一气，或可补救于万一耳。然窃见大帅莅东以来，裁减冗员，澄清吏治，毅然行之，毫无瞻徇，且于接见绅士之时，言及东省路矿权利之丧亡无余，将来数千万生灵之立足无地，为之欷歔流涕，并谆劝诸绅协谋公益，共济时艰。血气之伦，莫不感奋，以为东省谘议局之创办，虽较他省为迟，而筹办处之设立，必较他省为速。乃迟之既久，（阒）〔阒〕寂无闻。不知者或妄为窥测，致生觖望，此殆未喻踌躇慎重之苦衷，固大有不得已之故也。夫举一新政，其创始不外筹款、用人两端。东省当凋敝之余，谘议局造端宏大，需费浩繁，此筹款之不易也。至用人一节，查谘议局定章，本由官绅筹立，官之委派，无难咄嗟立办，惟绅界一面，欲由地方各团体公同选举，以期名实相符，而目下绅商学界，并无团体之可有；欲取决于公正明达各绅之保荐，而东省诸绅之从事于地方公益，位望素隆，堪与其选者，固已早在洞鉴之中，非鄙夷而不屑，即谦让而未遑，又皆各任职务，为地方造福，无暇兼顾；其有法政毕业，人地相宜，又以资轻望浅，莫由进身。此又用人之不易，而谘议【局】筹办之所以久无成议也。但无论如何为难，朝廷之督饬如此其严，草野之企望如此其切，而我大帅至诚恻怛，又有不忍于我山东数千万生灵坐待脔割，永坠涂炭之盛心，必于此举，力为主持，依限成立，以期仰答朝旨，附顺舆情。职道前在本省襄办学务，逐队滥竽，毫无裨益。数年以来，察人情之离散，痛乡国之凌夷，惟冀立宪实行，虽未必立致富强，尚可以维系人心。五内（縍）〔彷〕【徨】，怀不能已，用敢不辞越俎之嫌，甘蹈热中之诮，吁恳恩宪，将谘议局筹办处迅赐设立，一面将宪政讲习所、地方自治研究所等刻难再缓之豫备，严饬官绅速为举办，以资练习，以免遗误。山东苟可图存，岂惟居斯土者之幸哉。区区愚诚，如蒙慈鉴，谅其无它，俯赐采纳，俾得续陈所见，略效刍荛之微悃，则又所私心窃冀而未敢自必者也。肃沥，无任激切待命之至。

《山东杂志》第二十期，光绪三十四年十月三十日（1908 年 11 月 23 日）

各司会议设立谘议局筹办处办法①

日前袁中丞为谘议局筹办处事，曾饬各司会议，兹将会议办法四条追录如左：

一、用人。此时一切创始，应官绅合办，暂不立议长、议员名目。请遴访本地乡望素孚、通晓时务者三四人，暂充议绅。选派明达大员一人为坐办。此外暂用庶务长一员，庶务委员一员，书记长一员，书记委员一员，均以通晓法政之州

① 录自“各省筹办谘议局汇志”，标题为编者所加。

县选充。

一、择地。章程内山东议员一百名，必需有宏敞处所为会议厅。正副议长及常驻议员均住局中，则房宇亦须筹备。惟工程甚巨，此时先办筹办处，暂借用相当公所开办，俟办有端绪再议。

一、经费。现在东省财力支绌，该局成立，需用浩繁，尚待通盘计画。此时该处坐办、议绅、庶务长、书记长暨庶务、书记各委员，请照裁定各局所新章，一依班次给发。

一、定期。此时筹办处期限已不容缓，请核定本月或下月日期先行设处开办，其详细章程，由该处拟议另详。

《中外日报》，光绪三十四年十月念六日（1908 年 11 月 19 日）

山东谘议局筹办处行开局礼[①]

十月十九日，东省谘议局筹办处行开局礼，来宾到者八十余人。省城官员列参观席者为巡警道潘、兖沂道丁、首府张、首县丁、客籍学堂监督李、法政学堂监督方、警务学堂监督韩、陆军小学堂监督王。午后一点，总办藩、学、臬三司先后到局。二点二十分，抚帅驾至。二点三十分振铃开会。首由会办石主政报告开会缘起，恭请大帅演说。大帅自述大纲，其演辞由该处庶务长贾大令代读。次藩宪演说，次坐办袁观察演说，次该处参议沈君同芳演说。

藩宪演说大致谓：今日为山东谘议局筹办处开会之期，湘潭中丞偕官绅士商咸莅斯会。考之于古，国有大政，谋及卿士，谋及庶人，盖庶政公诸舆论之意。自后世公论日微，古法寖失，而海外诸国所立民选议院，暗与古合。朝廷锐意振兴，义取维新，法则由旧，而又恐骤然更始，或失本（未）〔末〕缓急之序，以

① 录自“各省筹办谘议局”情况报道，标题为编者所加。

贻轻率之患也，为之设筹办处，俾此邦人士相与研究利弊，参考得失，务使各有政治上之知识，以维持治安，所望于诸君子者至远且大。东省襟山带河，形胜之地，近者铁路交通，邻国偪处，卧薪尝胆，此其时也。鄙人承乏东藩，与有行政之责任，勉竭愚虑，愿闻谠言。窃喜谘议局筹办处之成立，敬以一言为诸君子告云云。

沈君演说大致谓：今日之会为谘议局筹办之开始，而非谘议局之成立。办理谘议局者，为汇归舆论之地；办理筹办处者，为选举代表舆论之人之地。现今开办较迟，期限已迫，按照宪政编查馆原定章程，未免后时。幸明年尚多闰二月一个月，计惟有于二月前赶将初选举办毕，最迟勿过三月；于五月前赶将复选举办毕，最迟勿过六月；余七、八两月，以为研究议案之期，庶应兴应革各事，各议员于开局前胸有成竹，不致纷呶聚讼。而办理选举，尤恃司选员得人，以为地方官之辅。拟照直隶办法，先于省城设讲习所，造就此项人员，然后分散各府直隶州，以期普及。此项讲习所非学堂，亦非讨论法政，惟将选举章程解释明晰而已。又言，中国古籍虽言谋及庶人，但有其意思而无其法制。现中国济南之治逊于青岛，上海本城之治逊于租界，因一为议院政治，而一为个人政治之故，比较之下，实多愧色云。议论极分晰，亦极沈挚，四座尽倾。

最后招请来宾演说，应者无人，遂又振铃闭会。

《申报》，光绪三十四年十月廿七日（1908 年 11 月 20 日）

山东谘议局袁抚演说辞

查各国立宪，多出于人民之要求，以冀解脱于淫威政体之下，而享和平之幸福。吾国数千年来，圣君贤相代作，洞悉夫民视民听之所系，务取乎民好民恶之所同。说者谓典谟所载，如“众非元后何戴，后非众罔与守邦”，君民一体之精意，实含有各国宪典之性质，古书新籍，均可覆按也。我朝深仁厚泽，二百余年，治迈往古。自道光以来，海禁既弛，门户洞开，于是此国与彼国人民，日相见于盘错之地。日本蕞尔三岛，首经外界种种之激刺，幡然变革政体，号为崛兴。吾国此二十年来，甲申之役，甲午之役，最后联军之役，亦云多故矣，而一切艰巨之任，均责难于君父，众与守邦之谓何？使者习闻经生家言曰“不识不知，顺帝之则”，以为人民不应预闻国政之据。窃谓古者君与民亲，范围之而不过。不识不知，极形容其治体之纯，所谓皞皞如也。顺帝之则，则知识之至矣。盖不识不知，并非无识无知。无识无知，则如今日之作奸犯科者，且比比安在，其顺帝之则耶。伏读谕旨有云，“朝廷轸念民依，将来使国民与闻政事，以示大公，因先于各省设谘议局，以资历练”等语。圣训煌煌，作之君，作之师，凡我臣民，若不奋起直追，稍具历练之知识，是有则而不知顺之也，如时艰何？山东为齐鲁名区，孔圣立人达人之教，孟子先觉后觉之训，当无不诵言之。自今日开办以后，凡我绅民，当晓然于今日之天下，当无人不立，无人不达，亦必先无人不觉。筹办处之设，照章先自选举调查入手，条绪颇烦，使者当慎择士绅之有学行者，派充司选员，分赴各属，并先期在省演讲，俾稍资历练，将来由觉而立而达，非异人任也。我山东父老子弟其勉乎哉！

《申报》，光绪三十四年十月三十日（1908 年 11 月 23 日）

鲁抚袁通饬各州县赶办选举事务所文

【为】通饬事。照得谘议局选举章程，早经宪政编查馆奏请钦定颁行，钦遵在案。查选举事宜，应在省垣设立筹办处，遵旨慎选公正明达官绅，实力举办，节经本部院分别札饬布政使、提学使、按察使为总办，袁道莼为坐办，并延派娴习法政、素有经验之员为参议，其余职员亦分别官绅委派，业于本月十九日开办。本部院躬率各员并绅商士庶亲诣行礼，以事属创举，不能不将开办大意明白宣布。另有演说稿一通，以期互相印证。附仪式单，为开会仿办之用。因思各该道府有表率属僚之责，府直隶州照章为复选举监督，直隶州之有辖地及散州县照章为初选举监督。计山东一省，复选举监督凡十有三，初选举监督凡一百零七，现应先在初选举监督，即各该州县署内，或公处，先设选举调查事务所，名曰某州县选举调查事务所，凡关于选举事宜，均秉承省垣设立之谘议局筹办处，并申报本部院查核办理。至于选举事宜，非特此邦绅民素非经验，即服官斯土者，恐亦未尽了然。本部院与筹办处司道商议，仿照直隶办法，每属遴派司选员一人，此项司选员由绅士公推，先在省垣设演讲所半月，派员讲解选举章程及调查办法，约十一月底司选员到各属处所，各该州县即宜于十一月以前，自行遴选本地公正明达、热心任事之绅士，到各该管领之府直隶州，候司选员到时，如法演讲，再分赴各属实行调查选举，此开办入手之大略也。窃意此事办理伊始，必且疑沮横生，或以为扰民而不可行，或以师外人为可耻，此则本部院不能不略加解释，期于交相儆勉。夫《大学》首重明德亲民，《虞书》言百姓不亲，命契作司徒以亲之，平章百姓，百姓昭明，黎民于变时雍，皆极言亲民之效。古者君与民亲，非特官与民亲，今则惟州县号称亲民之官，何古今人程度不相及如此？优胜劣败，以今例古而知之，不必侈言取法外人也。今日之谘议局，必由人民选举议员，为参与政事之渐，实暗合《周礼》询国危国迁，《春秋》朝其国人，《洪范》谋及庶人之意，质言之，皆所谓亲民也。惟近世风气相习于锢蔽，人民不知政治为何事，以雷霆万钧之重任，咸责难于君父，胜不知何以胜，败不知何以败，而事不可为矣。故谘议局入手，先须调查合乎选举之资格，于是而初选举，而复选举。其被选举者为议员，山东省分照章应得一百人。至明年九月一日，谘议局成立，议员到会，议决应兴应革各事宜。目前所办，约言之只初选举、复选举两事，其条目亦颇繁。本部院自州县起家，深知州县职务之重，不易兼顾，故一切选举章程之解释，调查入手之方法，以及选举票、投票匦，均拟饬筹办处司道次第妥办，分别给发。尤恐造车之不易合辙也，故先养成司选员，以派赴各属。犹虑经费之或无所出也，故选举费亦由筹办处酌发。凡此办事之苦衷，当为同僚所共谅。本部院所殷殷属望者，惟实做亲民二字。文到之日，分设选举调查事务所，并将发去之谘议局章程，延同正绅详细研究，庶司选员到时，有事半功倍之望。抑又有要者，章程第六条第五项，凡吸食鸦片者均不得有选举权。现在禁烟明诏三令五申，本部院亦迭加严饬，兹当办理选举，各该府州县身任监督，应如何以身表率，乃闻各属僚中，力图振作者固多，沾染嗜好者仍复不少。查各国对于剥夺选举权者，即削其公民之资格，是吸食鸦片，遵照现行功令，已为人格不完。然则人格不完者且不可有选举权，而欲监督选举可乎？各同僚思之，当【勿】上负朝廷，下惭清议，本部院惟有执法以从事，不能姑为宽假也。除将谘议局章程分别咨行【通】饬【外】，合行札饬。札到该□，即便依照上开事项，切实妥筹办理，并将办理情形分别申报本部院及筹办处察核，均毋违延，切切。此札。

《大公报》，光绪三十四年十一月初三日（1908 年 11 月 26 日）

筹办处设司选员演讲所[①]

筹办处自十九日开办，目前入手办法，先设司选员演讲所，定于十一月初一日开讲。先期于十月二十八日听讲员填具志愿书，并设旁听席。昨已出示谕知云：本处为筹办谘议局选举事宜而设，业于本月十九日开办。兹奉抚宪面谕，参照直隶办法，应派司选员到各属演讲，并襄助地方官办理一切。亟应遴选公正明达、朴实耐劳之绅，分途前往，并先由首县历城办起，为各邑倡。现在省城应先设演讲所，养成此项司选员，俾资练习等因。奉此，查选举事宜，条目甚烦，非预为讲解，则无从措手。本处拟即附设司选员演讲所，于十一月初一日开讲。先期由各绅士保荐此项人员，其愿依照章程来所听讲者，务于本月二十八日上午十点钟至十二点钟，下午两点钟至五点钟止，由本人到所填具志愿书，以四十人为足额。其有愿来旁听者，本所另设旁听席，亦于二十八日依时由本人到所取入场券，并须得有公正、殷实绅商二人之介绍书为据。将来讲毕之后，分别考验，在

① 录自“各省筹办谘议局”情况报道，标题为编者所加。

正额者，除遴委十余人分赴各属外，其余即留在省城襄办历城县选举事宜，派为调查员。查照直隶章程，司选员须至复选事毕，方能回省，势不能不舍其固有之执业，自应优给薪水、夫马。至调查员，均在本境调查，凡绅商学界尚可兼顾，拟至调查选册事毕，由县酌送酬劳。现在开办演讲所，司选员既可养成，省城调查员亦即在此遴取，似属一举两得。为此示谕，仰绅商士民等知悉。其有志愿来本处演讲所听讲者，务究尽本月二十八日依时到所填具志愿书，并取阅演讲所章程，以期周知而免延误（演讲所章程录专件栏）。

《申报》，光绪三十四年十一月初五日（1908年11月28日）

山东谘议局演讲所简章

一、本所专演讲关于谘议局选举章程及各种调查方法。

一、选举章程讲毕时，拟接讲演说学，期于听讲各员，用其所习，得感动之益。

一、听讲员资格须不吸食鸦片，能笔述讲义，得公正、殷实绅商之介绍者。

一、此项演讲所与学堂及他项讲习所均不同，讲者不居教习之名，听讲者更与学生有异，但所讲不出选举章程范围以内，听者如有疑义，可俟讲毕时质问。

一、每日定下午二点钟开讲，四点钟止，每一点钟休息十分钟。自十一月初一日起，约十日而毕，如有不能讲完，则酌展一二日。

一、正额、旁听，各依志愿分别，但额满不能容坐，则概难收纳。

一、本所规则略依照学堂，勿吸烟，勿随意涕唾，勿谈笑讲堂，勿会客，未下课不能离座，勿无故缺课，致妨考验。

一、本所讲毕后，分三天考验。第一、二天由听讲员登座演讲，为实地试验，第三天请总办考验，再分别宣示录取姓名。其派赴各属者为司选员，其留在省城襄办历城选举事宜者为调查员，均呈候抚帅核定。

一、演讲所因旁听人多，且开讲之日须请在事各员演说，非择宽敞房屋，难于容足。兹已商借中州会馆为讲所。开讲之日，邀请来宾，并预发入场券，惟国丧期内，概行便衣，戴摘缨帽，已分别列入到会规则矣。

《申报》，光绪三十四年十一月初五日（1908年11月28日）

山东司选员演讲所开讲巡抚使者训词

今日为司选员演讲所开讲，距开办仅十余日，先后电传大行皇帝、大行太皇太后升遐之诏，凡血气之伦，悲痛攀号，五内俱裂。我绅民思之，将仅相向哭临，以自表愚诚乎？抑将迫切进行，以上维国计乎？伏读大行皇帝遗诏，有曰："文武臣工，清白乃心，破除积习，恪遵前次谕旨，逐年筹备事宜，切实办理，庶几九年以后，颁布立宪，克终朕未竟之志，在天之灵，藉稍慰焉。"又伏读大行太皇太后遗诏，有曰"前年宣布预备立宪诏书，本年颁示预备立宪年限，万机待理，心力俱瘁"等因。跪诵之余，为全国臣民回首北向，而不觉涕泗之何从也。夫吾国救危之道，莫如立宪，大行皇帝秉承大行太皇太后慈训，苦心擘划，次第颁布纶音，而谘议局选举一事，实为立宪之萌芽。调查选举，必由分派司选员入手，分派司选员，尤必应先设演讲所入手，是今日司选员之责任，受官长之委托，为士民所信仰，大行太皇太后、大行皇帝在天之灵，亦实式凭之。其济则诸君之赐也，亦此邦之福也。夫为政在人，古有明训，吾国积弊，由于民人不识参预政治为何事，地方政治不能不一切责任之官，而是非毁誉，官乃为众矢之的。无论官未必尽贤，即尽贤矣，以吾国少数有聪明才力之官，而敌各国多数有聪明才力之人民，优胜劣败，无待再思。今幸圣诏屡颁，一则曰庶政公诸舆论，再则曰使国民与闻政事，以示大公，设各省谘议局，以资历练。大哉皇言！不历练则且不解所谓参预，更何识有政事。而议论纷然，莫衷一是，更无所谓舆论，又何从而公之。今日之开讲，仅就选举范围而设，为历练第一阶级，至被举为议员以后，则应历练者尚蓰倍于此。诸君勉乎哉！学问之道，博学、审问、慎思、明辨、笃行而已。居今而言博学，更有望洋之叹，得寸则寸，得尺则尺，由是而审问、慎思、明辨，以至笃行。人民程度将于司选员此行实地试验，使者将拭目以俟之。

《山东杂志》第二十一期，光绪三十四年十一月十五日（1908 年 12 月 8 日）

山东谘议局筹办处移会谘议局筹办处公文并章程

为移会事。照得本处为筹办山东全省谘议局选举事宜而设，业于本年十月十九日开办，并启用关防，文曰“山东谘议局筹办处关防”。并奉山东巡抚部院袁札开：照得谘议局选举章程，早经宪政编查馆奏请钦定颁行，钦遵在案。查选举事宜，应先在省垣设立筹办处，遵照谕旨慎选公正明达官绅，实力举办。前已分（前）〔别〕札饬布政使、提学使、按察使为总办，袁道为坐办。兹定于本月十九日开办，应刊用木质关防一颗，文曰“山东谘议局筹办处关防”，即发该司道等钤用，以资信守。自开办之日起，即由该处行知各府厅州县，并札饬各属分设谘议局选举调查事务所，或择公处设立，或附设各该署廨之内。所有各该事务所应办事宜，照钦定章程，府直隶州厅为复选监督，散厅州、各县为初选举监督，自应以监督主持，遴派公正明达绅士，担任调查，编造名册，审查各项事务，期明年六月以前选举事毕。届时被选各员齐集省会，再开研究会一二月，研究谘议局成立以后应兴应革各事宜。此事在中国固系创举，本部院以为似创而实因。《周礼》询于国危国迁，《春秋》朝其国人，以及庶人之谋、乡校之游，载诸往籍，班班可考。设蚩蚩者氓，毫无历练之知识，何从而询焉、朝焉、谋焉、游焉？本部院暨该司道等及各府厅州县服官斯土，对于上有奉行功令之职，对于下有提撕警觉之权。倘畏难苟安，日复一日，时艰既不我待，成绩亦怵人先。要知此项选举事宜，定章既有期限，不容有一省不办，亦不容有一县不办。廷谕谆谆，责成督抚，本部院膺疆寄之重任，睹外侮之侵寻，惟有以本身为属僚先，以省垣为各邑倡。所有该处办事章程，应并札发该处行知各府厅州县一并知照。至于各属司选员最关紧要，各属选举经费亦应豫为筹定。应如何审慎举办之处，即由该处随时详报本部院察核办理。为此札仰该处司道，依照上开事项切实筹办，并将奉文并章程及开用关防日期具文详报，均勿违延，切切。此札。等因。并粘发章程一纸到处。奉此，除由本处札饬本省各府州县一体知照外，理合将开办日期移会，并附章程移送贵处，请烦查照施行。

《晋阳公报》，光绪戊申年十一月十九日（1908 年 12 月 12 日）

山东谘议局筹办处章程

按自谘议局章程发布后，如直隶、江苏、浙江等省，各就本省情形，拟定筹办处章程。山东风气，视直隶为近，因参酌各省，以简明、核实为宗旨。

第一条　本处为筹办谘议局而设，俟谘议局成立后，即行裁撤。按筹办处专办选举事宜，俟初选、复选事毕，议员到省，明年九月初一日谘议局成立，筹办处即裁撤。

第二条　本处关系全省要政，应以布政司、提学司、按察司总办一切，另派专员分司其事，皆秉承巡抚，照章办理。所派专员如左。按三司均系实官，各任重要之职务，但为全省官厅之表率，故派为总办。除紧要事件应会同商办外，其寻常文件得总办一人之同意即应执行，以免稽滞。

一、会办一人。按会办选派绅士为之，以符定章须公正明达官绅创办其事之语。

一、坐办一人。按总办为实缺官，不能驻所，□坐办一员承接各事，并督同驻所各员执行应办事宜。

一、参议二人。按筹办选举事宜，条目颇繁，非得研习法政、办事素有经验者，则事不能举。此项人员不拘本省、客籍官绅，均可延派。

一、检察四人。按此项人员专检察选举当选人之资格，延请声望素孚之绅士为之。

一、科长二人。按开办之时，以章程文牍为最烦，必素有研究者方能得心应手，参议不得不自行起稿。文牍科暂不置科长，俟事机稍熟，再行添派，现先派庶务科长一人。

一、科员每科二人。按此项科员参用官绅。

一、司选员各府直隶厅州一人。按此项人员遴选绅士有学行者为之，并在省演讲后，再派赴各属。

一、各州县选举调查员，无定额。按此项人员量各邑面积之大小、人口之多少，由各州县分别遴派，并先期派赴各该领管之府直隶州厅，由省派之司选员如法演讲后，再分赴调查。

第三条　本处分设二科如左：

一、文牍科。撰拟章程文牍，调制表册，并收存文件。

一、庶务科。管理庶务及会计事宜。

第四条　会办协助本处一切事宜。

第五条　参议帮同总会办筹画一切，并有率同科长、科员办理各事之职务。

第六条　坐办秉商总、会办，承接本处一切事宜。

第七条　检察掌关于选举一切事宜。

第八条　科长承商总、会办，率同本科科员办理本科事宜。

第九条　科员商承本科科长，分任本科事宜。

第十条　司选员分赴各府直隶厅州，为该属士绅讲演谘议局章程，并帮同地方官筹办初选、复选事宜。调查员实行调查各州县选举事宜。

第十一条　谘议局遵章于明年九月开局，所有调查选举一切事宜，由本处限期列表，通饬各属一律遵行。

第十二条　谘议局筹办经费暨各选举经费，由本处预算，详请抚宪指拨。

第十三条　本章程以奉文之日起为施行之期。

《申报》，光绪三十四年十一月初七日（1908年11月30日）

山东谘议局筹办处简明文告[①]

山东谘议局筹办处拟就简明文告，札发各属张贴，又缩印多纸，以便传送散布。文告如下：

照得谘议立局　实为立宪先声　本处筹办选举　钦遵颁定章程
第三第六两条　去取甚属分明　何者资格为取　举贡生员出身
办理学务公益　三年成绩优胜　文官实缺七品　武官实缺五品
不拘旅居在籍　未被参革功名　财产五千元上　客籍万元为准
以上均为合格　年满廿五方能　何者资格为去　如有悖谬品行
营私武断乡曲　曾处监禁之刑　开设娼寮烟馆　均为营业不正
倒帐尚未清还　并有身家不清　疯狂心疾之类　下至目不识丁
更有吸食鸦片　选举一概无名　本处派员司选　到处讲演分明
各属多派调查　造册申送宪定　到时被举议员　胜似科名荣身
绅商士庶注意　此非抽捐扰民　参酌古今制度　所谓谋及庶人
速自讲所研究　毋为蚩蚩者氓

《申报》，光绪三十四年十一月初八日（1908 年 12 月 1 日）

① 录自“各省筹办谘议局”情况报道，标题为编者所加。

招考司选员报名踊跃[①]

山东谘议局筹办处前出示招考司选员，定于二十八日为截止报名之期，原定正额四十名，余作为旁听，讵报名人数多至三百名以外，自辰至酉，踵项相错，庭院湫溢。依次填具志愿书，无从遍为招待。该处以讲所限于地址，已就三百名截止，并随报名时分发入场券（初一日下午二点钟到会时用）、听讲券、旁听券（初二日起下午二时到所听讲时用），以便开会时分别携带，由会所招待员验明入座。

《申报》，光绪三十四年十一月初八日（1908 年 12 月 1 日）

山东筹办处办事期限清单

筹办处排定办事期限清单，计十月十九日起，明年七月初十日止。尚有一月余，为议员到省开会研究之时间。已详报抚宪，分别移会通饬各属。清单照录如下：

十月十九日开办

开办礼节并会场规则。开会演说。颁布本处职员办事规条。开用关防。

二十至二十九日

抚辕分别奏咨开办日期。行知各府厅州县开办日期及本处办事章程，饬届时

① 录自“各省筹办谘议局”情况报道，标题为编者所加。

会同办理，并由各州县选送调查员于各府直隶州，以十一月底为限。声明选举经费由筹办处发给。拟简明告示，分发各府厅州县。司选员报到，预备司选员演讲所，编辑司选员演讲录，派定演讲员。拟定各职员办事细则。

十一月初一日至初十日

演讲所开讲礼节，每日下午二时至四时为演讲之期。

十一至十五日

考验司选员。十一、十二考验实地演讲，十三请总办考验，十四宣示司选员录取姓名，十五派定司选员所往属地，行知各府厅州县司选员姓名及讲演录，并饬备文到处领选举经费。

十八至十九日

司选员齐集筹办处领札，并各种手续及薪水、夫马费，发给司选员木质小图记。

二十日

司选员由省城启程。

二十一至月底

各州县选举事务所成立，申报抚院及筹办处，并该管领之府直隶州。

按直隶州亦为初选举区，但须申报抚院及筹办处（下同）。各州县申送之调查员到各该本府直隶州。司选员各到所派地方，预备演讲所。按司选员到各府直隶州，为各州县派来之调查员演讲，并非周历各州县。本处发选举事务所细则及管理员、监察员、开票所、投票所各项细则，及选举人资格调查表、投票纸、投票簿、投票匭式样、初选当选人执照于各府州县。各州县划定该管地方之投票区及投票所，并绘图申报该管领之府直隶州及筹办处。各州县发初选举简明告示，张贴城镇乡各处。

十二月初一至初十日

各州县申送之调查员入演讲所听讲。

十一至十五日

各州县调查员回本州县预备调查各事。

十六日至年底（自十二月十六日起至正月十六日止）

所排事务较简，以便年假得闲休息。各州县加派绅董为义务调查员。

正月初十日起至月底止

各州县调查员会同城董及村正副，携带选举资格表逐户调查，各州县选举人名册草簿告成。

二月初一至初十日

各州县调查员覆查选举资格。

十一至月底

各州县核定选举资格，汇造选举人名册。

闰二月初一日至十五日

各州县选举人名册一律告成（初一日）。各州县申送选举人名册于本府直隶州，由各该本府直隶州汇申于筹办处。

十六至月底

筹办处按照选举人名册分配议员额数及初选当选人额数，饬知各府厅州县，并由抚院咨报民政部。

三月初一至十五日

各州县宣示选举名册于投票所，各府县榜示初选当选人并议员分配额数；选举人呈请更正名册；各州县判定更正名册呈词。

十六至月底

各州县将选举人名册分存各投票所及开票所；抚院咨报选举人名册于民政部；各州县保荐初选举投票、开票管理员、监察员，呈请本府直隶州派定饬知；各州县布置初选举投票所及开票所；各州县发投票纸、投票簿、投票匦于投票所。

四月初一至二十日

行初选举（初一日）。投票管理员送投票匦于开票所，并报告投票情形于初选监督；开票并榜示被选人姓名及票数；初选监督知会初选当选人；开票管理员、监察员具报开票情形，附送票纸于初选监督；初选当选人呈明情愿应选于初选监督。

二十一至月底

初选监督榜示初选当选人姓名、职衔，给与初选当选人执照，并申报复选监督。

五月初一至月底

各府直隶州张贴复选举告示；本处发给议员执照于各府直隶州；各府直隶州派定复选举投票、开票管理员、监察员，各府直隶州布置复选举投票、开票所；初选当选人齐集复选举区。

六月初一至月底

行复选举（初一日）。开票并榜示复选举当选人姓名及票数；管理员、监察员具报投票、开票情形，附送票纸于复选监督；复选监督知会复选当选人；复选当选人陈明情愿应选于复选监督；复选监督榜示议员姓名、职衔，给与议员执照，并申报抚院及本处；抚院咨报议员姓名、职衔于资政院及民政部。

七月初一至初十日

议员齐集济南。

七月初十至八月底

被举议员在省设会研究，并预备谘议局开会事宜。

九月初一

谘议局成立。

《申报》，光绪三十四年十一月十一日、十二日（1908 年 12 月 4 日、5 日）

宪政编查馆覆东抚电[①]

山东筹办处以奏定章程尚有疑义，月前详请袁抚帅电询宪政编查馆，兹得覆电，照录如下：

济南抚台：洪、勘电悉。举贡生员应以文为限，武举等不能列入。孝子顺孙曾经旌表者，得比照孝廉方正，以举贡论。吸食鸦片一项，固指本身吸食者而

① 录自“各省筹办谘议局”情况报道，标题为编者所加。

言，惟种烟及赁田与人种烟等户，现值厉行禁烟，如逾本省烟禁年限者，自应一并削夺其选举权。身家不清白一项，以向例不准考试出仕者为断。至案语等字，专指娼、优、隶、卒四等人而言。其偶演文明戏曲，并非以此为业者，自不得列入优人之内。劳动者为正当之工人，更不在案语等字范围之中。即希转饬遵照。此覆。宪政编查馆。冬。

《申报》，光绪三十四年十一月十二日（1908 年 12 月 5 日）

山东巡抚奏设立谘议局筹办处折

（前略）臣维谘议局为议院基础，筹办处之设有监督选举事宜之职务，至选举事毕，钦遵谕旨限一年内一律办齐，计明年九月谘议局成立以前，筹办处即应裁撤。顾选举章程，条目繁密，必选举之人心知其意，如何为合乎资格，如何为不合资格，如何为停止选举权，如何为剥夺选举权。初选、复选监督以及调查、管理、检察各员履行之职务，施行之日期，各省情形不同，诚如宪政编查馆来咨，不能不自行酌定。臣与司道等会商，即参酌各省办事章程，除派藩、学、臬三司为该局总办外，其余职员官绅参用，并延派娴习法政，办事素有经验者，为该局参议，以资浃洽而备顾问。于本月十九日，即在省会设局开办，绅商士庶到者甚盛。臣及司道等将圣诏大意谨敬演解，咸知感动，并拟先在该局附设演讲所，专解释选举章程，约兼旬可毕。凡听讲及格者，即派赴各属为司选员。此项司选员到各属如法演讲，其听讲及格者，即分赴各邑为调查员。一切选举经费，遵照定章第五十三条经费项下豫备费应由督抚筹指专款拨用等语，筹办处自应在豫备费之列。臣到东以后，裁汰冗员，撙节糜费，不遗余力。此项新政，关系重要，自应筹款拨用，仍以核实速办，不事铺张为宗旨。此东省谘议局筹办处开办之大略情形也。抑臣尤有进者，谘议局之设，人多视为创举，其实皆合古义。详绎原奏，历引《洪范》之“谋及庶人”及《周官》之“询于外朝’为证。今则在谘议局未成立之先，选举议员即为人民公共意思之代表。然则此议员者，实为与谋、与询之人，此谘议局者，即为谋之、询之之地。欲议员之得人，必先选举之如法；欲选举之如法，必先司选员之得人。而初选、复选监督，州县之以身作则者，更可知已。至于开办之初，在吾国今日教育（即）〔既〕未普及，人民知识自未完全，故一言选举，搢绅士夫或生疑虑，何论颛愚。臣惟有随时随事上宣圣德，下通民情，选举权之资格则从宽，使之易于跂及；剥夺选举权之限制则从严，使之无所藉口。在人民耳目一新，知匹夫责任之匪轻，询谋佥同之可贵，惧遭摒弃，争自濯磨，人格既尊，邦本斯固。除将办事章程及职员姓名咨送宪政编查馆备查外，所有微臣开办谘议局筹办处情形，理合恭折具陈。奉御批：宪政编查馆知道。钦此。

《申报》，光绪三十四年十一月十五日（1908 年 12 月 8 日）

山东谘议局筹办处职员衔名

总办三员：山东布政使朱其煊，署山东提学使罗正钧，山东按察使胡建枢。

会办一员：度支部主事石金声。

坐办一员：候补道袁莼。

参议二员：前河南唐县知县、翰林院庶吉士沈同芳，日本法政大学毕业生、廪贡生黄敦怿。

庶务科长一员：准补郯城县知县贾景德。

文牍科长一员：暂由参议兼办。

检察四员：江苏试用道朱寿蕃，鸿胪寺序班李丕恩，法部主事孙曾荫，度支部主事徐金铭。以上四员俟初选举造册，送省实行检查时再委派。

文牍科科员一员：候补同知王斯谋。

庶务科科员二员：主事衔法政毕业生王景禩，候补同知董大年。

以上职员量事之烦简再行增减。

《申报》，光绪三十四年十一月十五日（1908 年 12 月 8 日）

司选员办事规则

第一条　司选员分赴所派地方，担任讲演谘议局章程及选举章程，并一切选举办法。

第二条　司选员到所派地方后，即会同该处知府或直隶州知州，调集本属州县申送之调查员，入演讲所听讲。

第三条　司选员演讲时，当按照谘议局筹办处编定之演讲录细心讲授。

第四条　司选员除演讲外，有帮同地方官筹办关于选举一切事宜之责任。

第五条　谘议局筹办限期应办各事行文至各府州县时，司选员应视察该府州县是否如期办理，随时报告筹办处，并可商请各该本府直隶州，督促所属依限办理。

第六条　司选员不得干涉选举以外之事，违者立即撤换。

第七条　司选员之职务须至复选举后方为完结，复选举未毕以前，不得率行请假告退。

第八条　司选员由筹办处发给薪水、夫马各费，按月计算，不得向地方官要求供应。

《时报》，光绪三十四年十二月初七日（1908 年 12 月 29 日）

山东初选举调查事务所章程

第一条　本所为办理初选举事宜而设，俟初选举事毕，即行撤销。

第二条　本所即设各州县署内或公处。

第三条　本所以初选监督为所长，主持所内一切应办事宜。初选监督以直隶州及各州县为之，惟直隶州须兼办复选举，则在初选时可委同城之佐贰，如州同之类，代行其事，仍须申报筹办处。

第四条　本所设调查员，分为二类：

（一）调查员。由本地选定十人或八人，申送至本府直隶州，入演讲所听讲毕，各回本地办理调查事务。

（二）义务调查员。由初选监督会同绅士选派，帮同办理调查事宜。

调查员职务另有调查须知、调查方法详细规定。

第五条　本所置书记一二名，掌撰拟并收存所内一切文牍及造具选举人名册，造选举人名册时得以添书手数名。

第六条　本所置庶务员一名，掌所内经费出入及一切杂务。

书记及庶务均由初选监督自行选派。

第七条　本所置投票、开票管理员及监察员各若干员（人数多寡由初选监督酌定），由初选监督开单，呈候复选监督核定派充（其职掌另章定之）。

第八条　本所置审查员数名，由初选监督延请本地公正绅士充当。审查员之职务系选举人名册草簿告成后，由该员详细审查一遍，如有遗漏、错误之处，得命调查员覆查，覆查无误，始行造具正册，正册即清册。如有合选举资格之人一时外出，为调查员调查所不及者，得由本人开具详细履历，投交本所，由审查员审定，一律入册，但本所当预先登报或出示，声明投函期限，过期无效。

第九条　本所应办之事，遵照谘议局筹办处颁定期限清单，按日计功，所有应办之事如左：

（一）划定投票区及投票所、开票所地址，并绘图申报该管领之府直隶州。（十一月内）

（二）发初选举简明告示，张贴城镇乡各处。（十一月内）

（三）申送调查员到该管本府直隶州。（十一月内）

（四）调查员听讲毕各回本地预备调查各事。（十二月十五日以前）

（五）加派绅董为义务调查员。（十二月二十日以前）

（六）调查员会同城董及村正副实行。（正月二十五日以前）

（七）选举人名册草簿告成。（正月内）

（八）覆查选举资格。（二月初十日以前）

（九）造具选举人名正册（二月内）

（十）申送人名册二分于本府直隶州，一分存复选监督备查，一分汇申于筹办处。（闰二月初十日以前）

（十一）宣示人名册。（闰二月十五日）

（十二）更正人名册。（三月初五日以前）

（十三）判定人名册。（三月二十五日以前）

（十四）筹办处分配当选额数，由复选监督转行到各州县，各州县即榜示初选当选人额数、当选票额。（三月内）

（十五）保荐投票、开票管理员及监察员，呈请本府直隶州派定备知。（三月内）

（十六）分送选举人名册于各投票所、开票所。（三月内）

（十七）布置初选举投票所及开票所。（三月内）

（十八）颁发投票纸、投票簿、投票匦于各投票所。（三月内）

（十九）行选举权。（四月初一日）

（二十）开票。（四月初三日）

（廿一）当选人不足额，补行选举。（四月初八日）

（廿二）宣示当选人姓名。（四月十一日）

（廿三）知会当选人。（四月十二日）

（廿四）给与当选举执照。（四月内）

（廿五）宣示初选当选人姓名、职衔，并申报复选监督。（四月内）

第十条　本（月）〔所〕办事人员均不支薪水，但事毕之后再由初选监督酌给酬劳费，办公时所需用费由初选监督核实支给。酬劳费及公费均由筹办处发给选举经费内开支。

第十一条　本章程所有未尽事宜，均按照谘议局章程及选举章程办理。

《时报》，光绪三十四年十二月初七日（1908 年 12 月 29 日）

山东复选举调查事务所章程

第一条　本所为办理复选举事宜而设，俟复选举事毕，即行撤销。

第二条　本所即设各府直隶州署内或公处。

第三条　本所以复选监督为所长，主持所内一切应办事宜。复选监督以各该知府及直隶州知州为之。

第四条　本所置书记一名，掌撰拟并收存所内一切文牍。

第五条　本所置庶务员一名，掌所内经费出入及一切杂务。

书记及庶务均由复选监督选派。

第六条　本所置投票、开票管理员及监察员各若干名，由复选监督酌派，其职掌另章定之。

第七条　本所应办之事，遵照谘议局筹办处颁定期限清单，按日程功，其应办之事如左：

（一）核定所属各初选区投票所及开票所地址。（接到各属申报之日起即行核定，并即申报谘议局筹办处。）

（二）汇申各初选区选举人名册。（各属送齐之日，即专差送省城谘议局筹办处，并先将人名总数电申谘议局筹办处。）

（三）札知初选当（初）〔选〕额数及当〈初〉选【票】额于各属选〈选〉举区。（奉到筹办处电知核定分配当（初）〔选〕额数及当选票额之日，即行专差分别札知各属。）

（四）核定所属各初选区投票、开票管理员及监察员。

（五）张贴复选举告示。（五月初五日以前）

（六）择定复选投票所、开票所地址。（五月初十日以前）

（七）派定复选投票、开票管理员及监察员。（五月二十日以前）

（八）执行复选举。（六月初一日）

（九）开票。（六月初三日）

（十）当选人不足额补行选举。（六月初八日）

（十一）宣示复选当选人。（六月初十日）

（十二）知会当选人。（六月十五日以前）

（十三）给与议员（即复选当选人）执照。（六月二十日以前）

（十四）宣示当选人衔名并申报筹办处。（六月内）

第八条　本所办事人员均不支薪水，事毕之后由复选监督酌给酬劳费，办公时所需用费由复选监督核实支给。复选经费无多，由复选监督自行筹措，并将用款数目申报筹办处备查。

第九条　本章程所有未尽事宜，均按照谘议局章程及选举章程办理。

《时报》，光绪三十四年十二月初七日（1908 年 12 月 29 日）

筹办处办事情形①

筹办处办事权限，凡上详下行，各稿送藩、学、臬三司画诺，然后发布。而三司中又推罗学司核稿，每日送核之稿，随到随核，绝无稽迟。寻常公牍汇送藩、臬。补行日行事件，经坐办、会办、参议、科长、科员每午后二时起，围坐

① 录自“各省筹办谘议局”情况报道，标题为编者所加。

议决，录之于簿，然后施行。开办两月余，颇见和衷之意。又处中人少，而责成颇专，如去取司选员及派往各属均三司主政，督催期限及拟定章程及一切文牍，必经参议认可签字，立法、行政，权限颇分明云。

《申报》，光绪三十四年十二月十八日（1909 年 1 月 9 日）

东抚与宪政编查馆往来电[1]

十一月十四日，山东巡抚致宪政编查馆电云：冬电敬遵，惟武举一项，可否比照文七品、武五品之例列入？举人为文、武通称，按之原章，亦不相背。武生仍不列入，以示（期）〔限〕制。又参革人员拟应留其出身，向例褫职者仍准重赴鹿鸣筵〈宴〉，为参革不及出身之证。现在初办选举，应否稍宽资格，以资激劝。至削夺、停止各项，仍从其严，以副朝廷精取慎择之至意。统乞钧裁电示。树勋叩。覃。

十一月十五日，宪政馆覆东抚电云：覃电悉。查谘议局章程，举贡生员以文为限者，立法之意，在以此为学识之标准。原章按语业经说明，武举等如无他项资格，自不能在其列。参革人员向例并及出身，至重赴鹿鸣之事，须赏还原衔，乃能与宴，碍难援以为证。此覆。宪政编查馆。咸。

十二月初八日，山东巡抚致宪政编查馆电云：据谘议局筹办处详称，章程第三条，举贡生员得有选举权。查学堂奖励定章，高等小学毕业，分别给予廪、增、附出身，是否与旧时生员一律？如其一律，则章程中学以上毕业得有选举权之条为无效；如不一律，则同一生员名称，同系学识上之资格，录旧而遗新，更足阻向学之心。细案条文，实无兼顾之理。东省高等小学奖励上项出身，而又合年龄资格者实繁有徒，应如何通融办理之处，乞咨请示遵等情。谨据奉达，伏候

① 录自“各省筹办谘议局”情况报道，标题为编者所加。

钧示。树勋叩。鱼。

十二月十一日宪政编查馆覆电云：济南抚台鉴：鱼电悉。查高等小学毕业，照章奖给廪、增、附者，即系有生员之出身，其为合格，自不待言。惟奏定学堂章程，高等小学毕业考试列入下等及最下等者，但给修业凭照及考试分数单，概不给奖，是小学毕业不必皆得生员出身，此项人员按照局章，即不在有选举权之列。至中学以上之毕业生，则不问其有无奖励，但令得有文凭，即为合格，局章本极分明。即希转饬遵照。宪政编查馆。真。

《申报》，光绪三十四年十一月廿三日（1908 年 12 月 16 日）、十二月廿三日（1909 年 1 月 14 日）

谘议局筹办处派出司选员①

谘议局筹办处于十五日由总办传集录取各员到处，面加考询，并令邀约保证人，一同到处，签字保证，以昭慎重。旋即出榜，共录取三十三名。所有前列合格之十三名，分别派往各府直隶州为司选员，统限本月二十日一律启程。仍先于十九日齐集筹办处开谈话会，并领取委札、图记、夫马、薪水及印刷各件。其副取之二十名，将来如有司选员出缺，挨次传补，并将姓名饬知各府州县登记，预备各该地方办理选举，酌量延派为调查员。尚有上次正取、备取内各员，于选举章程已经研究，亦足供各地方襄助选举之用，一并由筹办处将各员姓名饬知各府州县，听候酌量延派为调查员。如各该员愿在本地方充义务调查员者，亦听其便。兹将派出司选员衔名及办事地方表，并副取各员姓名，照登于下：

尹祚章（济南府）、钟兰喆（东昌府）、孙懋铨（兖州府）、赵保泰（曹州府）、孟宪文（泰安府）、丁尢平（莱州府）、唐文灏（临清直隶州）、张新堂

① 录自“各省筹办谘议局”情况报道，标题为编者所加。

（登州府）、侯正彝（济宁直隶州）、陈恩普（沂州府）、孙毓鹏（武定府）、赵培缤（胶州直隶州）、萧荣策（青州府）。

副取二十名：臧著鹏、马振泮、孙畬、陈应礼、邱光瀛、薛本然、石金庚、刘彤云、史铸廷、王金喆、杨作霖、李琪春、刘鸣铎、王幹、曾广居、田若曾、张思淡、杨光樾、黄象冕、李镜蓉。

《申报》，光绪三十四年十一月廿六日（1908 年 12 月 19 日）

传补司选员牌示[①]

谘议局筹办处日前考取司选各员及派往办事地方已录昨报。兹因各员中有充学堂教员者，有在学堂尚未毕业者，未便出省，抛弃职务，已将所遗之缺，由筹办处从副取各员中挨次传补。兹将传补牌示节录于下：

照得本处取录司选员十三名，副取二十名，已经榜示在案。兹据法政学堂监督函称，派往曹州府司选员赵保泰，现正担任法政学堂教习事务所，自愿辞职。又据师范学堂函称，派往胶州司选员赵培缤，现在学堂肄业。查学堂未经毕业之学生，照章不能赴他处投考，理应开除司选员之名，以免该员于学业上功亏一篑。其所出之司选员缺，照章应以副取各员挨次传补，惟查副取第一名臧著愔，现在法政学堂肄业，副取第二名马振泮，现在师范学堂肄业，亦据各该学堂监督函称，与赵培缤事同一律，碍难传补。其派往曹州府之司选员，应以副取第三名孙畬顶补，派往胶州之司选员，应以副取第四名陈应礼顶补，一并于十九日午后二时到本处开谈话会，并领取应带各件。

《申报》，光绪三十四年十一月廿七日（1908 年 12 月 20 日）

① 录自“各省筹办谘议局”情况报道，标题为编者所加。

谘议局研究所成立[①]

谘议局研究所由王观察燕泉发起组织，本月十八在题壁堂开会，并欢送各属司选员，到会者约有百人。藩宪、学宪、巡警道均到。先由王观察报告原起，次学宪演说，大意谓：谘议局一事，为中国数千年来所未有之事，不独草野之士不明谘议局为如何之性质，即粗习法政者，亦往往将谘议局、自治局以及董事会、议事会牵合并论，不复能判别其界限，则谘议局之为谘议局，其真象终不能释然。今诸君先事研究，诚为最要之举。诸君须知，中国三代以前，皆立宪之国。周礼外朝之说，即国会之说，即如孟子所云国人皆曰可，国人皆曰贤，国人皆曰可杀，亦断非尽人而问之之所能。周是诸侯之国，必有一会议机关，如今之谘议局者，亦未可知。惟书经秦火，代远年湮，无从考其制度。今司选员诸君赴各属演讲，必使一般之人晓然此事为中国所固有，而后新旧之冲突可免矣。又选举一事，甫经倡办，一般人民不知何为权利，何谓义务。中国积习，官与绅隔，绅与民又隔。彼民也，见在事者皆绅，亦未尝不谓绅为官之羽翼，或以调查选举即将清查其财产，加征其赋税，必有退避不遑，惊愕无措者。今司选诸君尤宜演说，使知此事全属为民之事，并非为官，亦非为绅，而后绅民之冲突可免矣。尤有要者，谘议局成立本为发达民权，须知发达民权之意，系为对外而设，彼方合君民共谋所以覆我，而我人民乃仅恃君国之保护，而不能自为保护，且不能与君国一体，共为保护，此众志之所以不敌也。若使不明乎此，徒嚣然谓发达民权，为反对官权之地步，内为水火之争，外无御侮之具，殊非国家所以贵重官民一体之本意也云云。次来宾黄明经敦怿演说，次会员丛君荷生演说，次司选员尹君祚章演说，末由绅士王观察燕泉、汪观察瑶庭、宋京卿晋之、毛观察稚云、石主政俊卿、马太史樾庵、孟观察洛川等登坛，仍请王观察代表众意，勉励司选员多语，

① 录自“各省筹办谘议局”情况报道，标题为编者所加。

以达欢送之意。演毕，到会会员投票公举总干事，计共投九十七票，王观察燕泉得四十六票，为最多数，当选为总干事；汪观察瑶庭、石主政俊卿各得十五票，毛观察稚云得四票，宋京卿晋之得三票，马太史樾庵、孟观察洛川各得二票，俱当选为干事；余得一票者，无效。宣布后，方行散会。

《申报》，光绪三十四年十二月初二日（1908 年 12 月 24 日）

济南府司选员演讲所开会[①]

济南府司选员演讲所于初一日开会。先由助讲员报告开会宗旨，次由主席张太守演说云：今日为济南府司选员开会演讲第一日，演讲已有著录。凡选举之资格，调查之方法，条分缕析，厘然秩然。至谘议局成立后，对于地方之公益，行政之补助，抚帅暨参议诸公言之详矣，无待赘述。所愿为听讲诸君进一言者，一县之选举与全省之选举息息相关，譬如人之一身，但有一节不灵，则全体机关为之牵掣，故所立期限极严，不使有一县落后，至误初选之时期。诸君将从事调查，其责任重，则考核不得不严；其条目烦，则研究不得不细。且所调查者，同乡共井之人，耳目切近，或遗或滥，众皆得而议之。愿诸君讲习讨论，无以其烦琐而厌倦，无以其显易而忽略也。抑闻之非常之原，黎民所惧，尤愿诸君于听讲之余，心知其意，他日归与父老子弟述朝廷之德意，通官民之隔阂，无使有所疑惧，或自放弃其权利，岂惟一邑之进步，亦中国前途之幸福，鄙人将拭目以俟之。次来宾黄参议演说演讲所之缘起，谘议局之性质，调查员之职任，调查选举之重要。次司选员尹君祚章演说。到会者百余人，颇极一时之盛。

《申报》，光绪三十四年十二月初八日（1908 年 12 月 30 日）

① 录自“各省筹办谘议局”情况报道，标题为编者所加。

谘议局筹办处严防各府州县办理初复选举扰累地方札[①]

山东谘议局筹办处恐各府州县办理初、复选举事宜扰累地方，仿照直隶办法，每处发给选举经费银一百八十两，并于日前通札各府州县，遍谕城乡市镇，不准在事各员向民间藉端敛派。原札录下：

为札饬事。照得筹办选举事宜，系为人民自治之基础，欲图进行之便利，当以严防扰累为要著。日前本处札令各州县，于详报事务所成立文内附具印领，来处请领选举经费，固以体恤地方，亦以预防流弊。想□稍明义理，各有考成，断不敢有意抗违，自蹈重咎。但自调查开始，以及管理、监察，势必分任于在事各员，倘防察稍疏，用人不当，则影射敛派，民间之受累无穷。本处筹办一切，务恤民情，惟有责成初、复选举监督，一面诰诫干事各员，一面遍谕城乡市镇，凡选举费用，均由公家筹拨，民间不取分文，倘有不肖之员从中勒索，许受累之家指实扭禀，按律重惩。如该□漫无觉察，或经人上告，或由本处访闻，则该□身为监督，咎有难辞，本处惟有据情详请抚院从严议处，勿谓言之不预也。再，各州县应行设立事务所，申送听讲员，已据陆续详报到处，俟听讲回籍以后，即应分区调查，并先就该管地方划定投票区、投票所，一并绘图，详报查考外，为此合行札饬。札到该□，立即遵照毋违。

《申报》，光绪三十四年十二月十一日（1909 年 1 月 2 日）

① 录自“各省筹办谘议局”情况报道，标题为编者所加。

谘议局筹办处详报东抚[1]

谘议局筹办处详报东抚，略谓：本处自十一月二十日派定司选员分赴各府直隶州，按之本处详定办事期限，毫无延误，业经详报在案。惟查初选举头绪既繁，期限亦迫，自调查以至开票，种种手续，全为初选监督之责任，各该州县能否按期一律办齐，本处殊无把握。若至临时贻误，即将贻误之州县从严惩处，业已妨害大局，补救无从。兹由本处预为筹备，拟将初选事宜划分三期：自十二月初一日至明年正月底止为第一期，各州县调查草册一律告成；自二月初一起至月底止为第二期，各州县调查人名清册一律告成；自闰二月初一起至四月初一日为第三期，各州县一律行初选举。每届一期，除将办理情形备文详报外，应由各该州县先将办竣日期专电报告本处，以为告成之据。如届期不能办竣，致无专电告成者，或藉口电报不通，因由驿递迟误者，应由本处一面将该管州县详请惩处，一面遴派专员驰往坐催，庶各州县有所儆觉，而本处按电观成。平时之查核既周，则事前之补救较易。所有划分初选举限期，预防贻误缘由，除径札各州县一律遵照，并分饬该管府直隶州就近按期督催外，理合具详。伏乞宪台鉴核施行。

《申报》，光绪三十四年十二月十四日（1909 年 1 月 5 日）

① 录自“各省筹办谘议局”情况报道，标题为编者所加。

绅士宋书升等禀设谘议局研究所[①]

山东筹办处接绅士宋书升等禀设谘议局研究所，略谓：山东谘议局筹办处业奉帅谕开办，各属司选员已遴派，分赴各处讲演选举事宜。一月之内，纲举目张，仰见殷殷提倡之至意，凡在部民，同深欢感。绅等窃维东省士民朴□，风气初开，教育未普，智识仍囿守乡曲自好之旧说，无与闻政事之习惯。今谘议【局】百名议员，明年虽由选举而来，而平素既少研求，学识断难齐一。恭读大公祖叠次训词，有云不历练则且不解所谓参预，更何识有政事；深恐议论纷然，莫衷一是，更无所谓舆论之公。诚如钧谕谆谆之所虑者，绅等以为谘议局完善之地位，不可无补助之机关，即不可无补助之团体。谨会同在省绅商学界，凡任有职事之人，发起谘议研究所，恪遵定律，公拟简章，分为调查、讲习等事，以为先事之预备。至开始之际，拟不立会长等名目，兹行公同投票。暂以得数多者绅等王景禧、汪懋琨、石金声、毛承霖、宋书升、马荫荣、孟继笙为干事，筹议一切事宜。其各州县如立分会，亦必由绅商学界发起，呈请地方官立案，随时稽查，严定限制，断不得使轻躁寡识之徒羼入其内，以防流弊，而息纷【争】。

《申报》，光绪三十四年十二月十九日（1909 年 1 月 10 日）

① 录自“各省筹办谘议局”情况报道，标题为编者所加。

筹办处为驻防专额议员事具详东抚[①]

筹办处为驻防专额议员事具详东抚云：本省议员选举事宜，业经分期筹画，定于明年四月初一日行初选举，六月初一日行复选举，所有本省驻防专额议员额数，亦应预为酌定，以便同日选举。惟查山东青州、德州驻防学额本无定数，当由本处函询提学使衙门检阅旧卷，其有考童五六名者，则取进一名，若考童至十四名以外者，则取进二名。是该驻防之学额既无定数，而此时选举之专额，实无从凭空臆断，自应详请宪台察核，据情分别咨照青州副都统、德州城守尉，应如何比例学额，作为议员专额之处，会商饬遵，以便照办。再，驻防专额议员调查选举人名册事，亦应由副都统暨城守尉酌派选举调查员各一人，分赴附近之府治，与各属申送之调查员，一同讲习谘议局选举章程，以便回防调查选举人资格，造册呈由本管之副都统及城守尉核咨宪台，汇定各驻防初选当选人名额。现各州县应申送之调查员，已限于十二月初一日一律到该管之府直隶州演讲所听讲，此项选举调查员亦应速为派定，限于十二月初一日以前，分别前赴附近之济南府、青州府演讲所一同听讲。应请宪台分别咨照青州副都统、德州城守尉查照，如期从速办理。

《申报》，光绪三十四年十二月二十日（1909 年 1 月 11 日）

① 录自“各省筹办谘议局”情况报道，标题为编者所加。

筹办处札发调查员证书①

山东筹办处因各州县调查员听讲回籍，特行札发调查员证书，以为各州县委任该员等调查之证，并于札内叙明调查员如有合选举资格者，应准有选举权，庶各员公权无损，得以尽心调查。兹将札文照录于下：

为札饬事。案照本处迭经饬该属遴（送）〔选〕调查员，先行赴该管之府直隶州治听讲在案。现查此项听讲员想已听讲完毕，按照本处办事期限，即应于十二月中旬回籍，预备调查事宜。所有该属听讲回籍之调查员，应发给证书，以为该属委任调查之据。兹由本处印成此项调查员证书，转发该属官长，随时按名填给各员，存根截留，汇缴本处。但此项证书专为发给听讲回籍之调查员，其由该属官长临时加派之义务调查员，无须发给，以示区别。至各调查员，既受委任之后，即应分区亲往，挨户调查，分别填册，不得畏劳简出，转托庄长、约保往查，致滋流弊。该调查员每日所到何处，所办何事，均逐日登入调查员记事簿，事竣汇送本处，以凭查考勤惰，分别惩奖。如该员等当调查之时，有违章滋事及需索等弊，经人告发者，该属官长应即一面追缴证书，撤销该调查员职务，一面按律惩治，毋稍徇纵。若调查员本身有选举权资格者，应一律予以选举权，不得因为调查员而消灭其资格。其本无选举资格者，亦不得因为调查员，遂予以选举权，为报偿之地。但该员如确有选举资格，仍应先行呈明该管之州县查验，批明确定，方能登入调查人名簿。该员不得自行填簿，以防弊混。为此合行札饬，并附发调查员证书若干纸。札到该属，立即遵照上开各节，妥慎办理，毋稍玩误，并将奉到证书日期、填写名数，具报查考。再，投票、开票所管理员，与选举有直接之关系，非调查员可比，无论有

① 录自“各省筹办谘议局”情况报道，标题为编者所加。

何项选举资格，均不得有选举权。

《申报》，光绪三十四年正月初八日（1908 年 2 月 9 日）

谘议局筹办处通饬各府州县认真调查电[①]

筹办处现在办理选举事宜，异常郑重。现因年前各州县稍有更调，恐有推诿之弊，特通电各府州转饬所属，一体遵照，认真调查。兹将通饬电文照录如左：

本处前饬各州县造具选举人名册，限正月底造齐，此刻正在吃紧之际。年前各州县调换者多，深恐新旧交替，互相推诿，以致违误期限，势将掣动全局。仰即速饬所属，如有新旧交替之处，不可一日懈怠，督饬各调查员认真调查，依限办齐，届期电申本处。若违误期限，该州县前后任皆不得辞其咎也。谘议局筹办处。庚。

《申报》，宣统元年二月初五日（1909 年 2 月 24 日）

鲁抚袁奏谘议局筹办经费及建筑经费片

再，山东省设立谘议局筹办处，所有开办情形，业经臣恭折具奏，并声明需用经费，遵照定章，筹款拨用在案。查谘议局章程第十章第五十三条内开，谘议局经费由督抚筹指专款拨用，其款目一为议员旅费，二为议长、副议长及常驻议

① 录自“各省筹办谘议局”情况报道，标题为编者所加。

员公费，三为书记长以下薪金，四为杂费，五为预备费。又第五十四条内开，前条公费及薪金数目，由督抚定之等语。惟现在遵设之筹办处，所有办事人员公费、薪金及各州县选举公费，司选员夫马、薪金，并谘议局建筑各费，皆在谘议局未成立以前筹办所必需，经该处在事官绅公同预算，格外撙节，计自开办之日起，至明年八月止，办事人员公费、薪金及杂费、活支各款，需用银九千余两。各州县选举经费，仿直隶办法，由该处筹给，以免藉端敛派。计山东初选举州县一百零七处，每处给银一百八十两，约需银二万两。又山东十三属，每属派司选员一人，概不受地方供应，自任事之日起，明年复选举事竣为止，每人按月给薪金、夫马银六十两，以十个月计算，约需银七千八百两。以上三项共需银三万九千余两。又建筑谘议局局所，亦为用款之一大宗。查中国向无民选议院，谘议局为议院基础，一省观瞻所系，大（骆）〔辂〕椎轮，自应求其朴实，而不求其华美。惟房舍形式，必适于议事之用，加以常驻及办事各员列屋而居，规模又未便过狭，亦由该处核实预算，连同购地，约需银四万两，此实无可再省。并计前项，共需银七万九千余两。其略有特别支项，不能预算者，届时一并核实报销，饬由布政使朱其煊遵章筹措。兹据禀称，此项经费在节省运河经费银内拨用，将来谘议局成立，应需之款，即逐年在此项内动支，不再挪作别用，以免另筹而资挹注，请奏咨立案前来。臣覆核无异，除分咨查照外，谨附片具陈，伏乞圣鉴，敕部立案施行。谨奏。光绪三十四年十二月二十日奉旨：该部知道。钦此。

《中外日报》，宣统元年二月初六日（1909 年 2 月 25 日）

山东谘议局筹办处详抚院文

（解释教民不应停止公权）

为详明事。案奉宪台札开，据试用知县窦荫蒸禀称云云，即便查照等因。奉此，查原禀谓，谘议局章程第七条第四项僧道及其他宗教师，案语云：僧道教师从事宗教，不预世务，故停止其选举权与被选举权。今谘议局演讲录于此项注云：宗教师，如牧师、神甫之类，教民不在此例，不无疑义云云。又谓章程之限制此项人，一以不预世务，一以宗教不同。本处案从事宗教、不预世务，自为此条铁板注脚。僧道遗弃父母妻子，与世隔绝，故无分方丈与众僧、天师与众道，皆在不预世务之列。牧师、神甫以传教为事，不暇干预世务，故在停止之列。至于教民，则士者仍为士，农者仍为农，工者仍为工，商者仍为商，诚如宪谕所云，并非不预世务者。此条既以不预世务为停止之前提，僧道返俗，仍然干预世务，则应恢复其公权。若教民则当其为教民时，其预世务如故，及其不为教民时，其预世务亦如故，无所用其恢复，又安得而停止之？至谓牧师、神甫皆外国人为之，外国人不能享有内国公权，此条岂非赘设？不知现在之牧师、神甫，已多有以中国人为之者，该员特苦见闻不广耳。此原禀谓教民不预世务，应行停止公权之谬误也。至谓以宗教不同而排之，则与此条立法之本意全不相合。中国虽崇奉孔教，然亦并不禁止他教之侵入，故佛教、道教数千年来与孔教并行，又有清真教散布各行省，为数亦不少。百余年来，耶稣、天主教流入日盛一日，除佛、道二教，其教宗与世不合，又特异其衣冠装束，不入政界外，若清真教徒，则入仕应考与平民无别矣；若天主、耶稣教徒，亦未闻有不准入仕应考之禁令也。既能入仕应考，则朝廷并未尝歧视之，不必问其崇奉何教，但有入仕应考之资格，即准其入仕应考；亦不必问其崇奉何教，但有选举权与被选举权之资格，即准其有选举权与被选举权。立法之意何等广大，何尝如原禀所云，以宗教不同而排之乎？至谓异教之人入会议事，利害关系不同，难免冲突一节，似属过虑。教民虽崇奉异教，而其身命财产，均托付于本地，方始能生存，则本地方之利害，即其人之利害，苟能一视同仁，决不至违众独异。若强为分裂，彼虽不入议会，而结怨愈深，冲突愈甚，民教交涉，将无止期。况朝廷屡下保护教民之诏，民教不得歧视，使竟停止其公权，则外国教士必唆使公使、领事出而干涉。现值国势积弱之余，此等细事决不能为强硬之主张，以致酿成国际上之棘手交涉。此时再给予公权，岂不令外人讪笑，教民齿冷乎？即谓教民中上流人少参预政事，不无流弊，然谘议局章程规定极严，既须合乎五项资格之一，又须不犯八项剥夺公权之一，始准入选。平心而论，教民中亦何尝无公正之人，不持教者岂少不知自爱之士？遵照定章，慎重选举，流弊自少。此原禀以宗教不同排斥教民，应行停止公权之谬误也。该员肄业法政学堂，文理尚属优长，所陈虽不合，然亦出于一片热心。其所以迷惑之原因：一、由于不知世界之大势。方今强邻逼处，虎视眈眈，经济竞争，协约蜂起，我中国以微弱之邦，独立与十数强国相持，亟思图存之策，故谋国者必合全国二十余行省，并蒙、回、藏诸民族结为一体，以御外侮而图自强。将来国会议员席中，蒙、回、藏三种民族，亦必与于斯选。若复以排斥异教之故，自相分裂，内则人心涣散，外则强敌生心，国家前途将不可问矣。一、由于不知政教之关系。欧洲诸国以宗教之势力侵入政治之范围，杀人流血，不知既极，载在史（策）〔册〕，班班可考。其中以法兰西教会之势力为最大，故其受祸亦最惨。自意大利据有罗马，教皇之势渐杀，法兰西近亦实行政教分离之策。盖宗教问题至二十世纪之初业已渐趋于平稳之解决矣。中国之宗教势力极微，大都会入政治之范围中，故数千年来，无以宗教破坏政治之历史，亦由握政权者能见其大，无从惹起其野心也。自天主、耶稣教入中国，凭藉外人之势力，颇与平民相争，官吏往往先存一民教之念，措置不当，遂至酿成交涉，丧失权利不少，于是宗教与政治之关系遂日深一日。昔曾文正论会匪云：不问其会不会，但问其匪不匪。善哉斯言！若牧民者咸通此意，据理判断，不以其为教民而抑之，亦不以其为教民而扬之，则天主、耶稣亦与回教、佛教等耳，何至牵及于政治问题耶？谘议局章程解释此条，但以“不预世务”四字为标准，即此意也。若提出“宗教不同”四字，以为停止之前提，则民教相仇，靡所底止。欧洲宗教之祸，殷鉴非遥，此留心时事者，不可不深长思也。除咨行法政学堂，将解释教民不应停止公权理由，传谕该堂学生窦荫蒸遵照外，理合将解释缘由，详请府台鉴核施行。

《申报》，宣统元年二月廿五日（1909 年 3 月 16 日）

筹办处再通饬各州县限期筹备选举[①]

筹办处以选举事关重大，期限甚迫，恐各州县办理稍或违误，日前又查照前定办事期限单，特再详明通饬遵照。兹将札文照录如左：

为通饬事。按照本处筹办选举事宜，曾经划定办事期限清单，分别饬遵，并饬各该州县初选举人名清草各册于造成时，按期先行电告本处各在案。查选举调查，为办理地方自治之基础，兹事体大，各州县宜如何周详郑重，认真经画，惟是事属创行，头绪既繁，期限亦迫，稍有违误，即致牵掣全局。本处为先事预防起见，不得不详筹办法，一再声明，俾各州县有所遵（遁）〔循〕，免彼此参差之弊。查本处原定办事期限单，以正月底为第一期，调查报告各州县人名草册，自应依限于正月底一律告成。自二月初一日起至初十日止，各州县应督饬各审查员覆查选举资格，并应于此十日内，补行调查，以免遗漏。自十一日起，各州县应核定选举资格，汇造选举人名清册，按期限时电告本处，仍应一面将办理情形及选举人数补详备案。自闰二月初一日起，各州县应将造成之人名清册一份，先申送各该管府直隶州，汇申本处，候本处分配额数，发交各该州县宣示，经各该州县照章判定、更正后，方为选举人确定之名册。应尽于三月底补造清册三份，一存本处，一存抚院，一由院咨部，均径申本处，分别照转各该州县，即将初次之人名草册存留备案。以上各节，各州县务切实照行，先为预备，毋得疏漏参差，致干驳诘而误时期。除分行外，为此合行札饬。札到该□，即便遵照。至补详三份清册需用各纸，应俟各该州县申报到后，由本处查照人数，另文分别札发，仰并知照。此札。

《申报》，宣统元年二月廿六日（1909 年 3 月 17 日）

① 录自“各省筹办谘议局”情况报道，标题为编者所加。

各州县选举人名草册造齐[①]

筹办处排定办事期限清单内开，自正月初十日起至月底止，各州县选举人名草册簿造成。兹探得历城县金大令已于二十三日将草册造齐，详报到筹办处，颇蒙嘉许。并闻新城、长山、德州以及曹州府属之定陶、郓城、武城、菏泽，青州府属之临淄等县，亦均次第告成，先后禀到筹办处。此外各州县亦已纷纷报齐，通计调查合格人数，最多者黄县三千七百六十人，莒州三千六百人，沂水三千三百人，东平州三千一百二十人，阳谷二千一百三十二人，即墨二千四百八十二人，其余在一千数百人左右者，约有二十余处云。

《申报》，宣统元年二月廿六日（1909 年 3 月 17 日）

黄县申文之可笑

署黄县武大令近有申调查局文一则，玩其语意，似融合选举调查与调查局之调查为一事者，官吏糊涂如此，颇堪发噱。特照录于下：

为申明事。查知县于上年十二月十五日到任，正值初选举调查期限紧迫，不容稍缓。前署县于一切新政，漫无布置，即初选举一案，虽经派员赴府听讲，要皆滥竽充数。及知县接见各调查员，（扣）〔叩〕以所听调查办法，含糊答应者有之，甚有茫然不知者。及今正登州府司选员薛本然来县催办，正知县奉本府札

① 录自“各省筹办谘议局”情况报道，标题为编者所加。

委兼理栖霞县公出，黄县义务调查员询以办法，亦不能道其究竟，但以照章程本办理一言回覆。及该宣讲员遄往栖霞，知县面询，亦复如此。窃思兹事体大，万不敢稍有贻误，而原定期限亦已到届，才细阅章程，指授各调查员办法，始克如期告竣。加以下车伊始，词讼又复纷至沓来，知县以一人之身，当此新政繁多，实属日无暇晷。迨调阅一切卷宗，于宪局调查统计各案，十无一办。现正逐件分别调查统计，一俟调查完竣，当陆续报告。拟合先行申明，伏乞宪鉴。右申总办山东全省调查局宪政编查【馆】谘议员前广东候补道周。

《申报》，宣统元年二月廿六日（1909 年 3 月 17 日）

请赠谘议局图式

驻济南德国领事贝君闻鲁省谘议局将次营造，日前特致函抚宪袁海帅索赠图式，兹将其原函照录于左：

敬启者。顷阅济南日报，欣悉贵部院覆湘抚电，以东省谘议局图式正在另绘，约三月兴工等语。查本国工程师于此等工程颇有研究，谘议局图式俟绘竣后，请饬赠一份，藉资省览，是所深幸。专此奉恳。

抚帅旋答有覆函云：顷接来函，藉聆绪论。东省谘议局正在详细绘图，一俟图成，须由在事员绅议决，再行兴工，规模初创，未必有当观瞻，将来照送一份，以资披览可也。

《大公报》，宣统元年闰二月十五日（1909 年 4 月 5 日）

山东谘议局筹办处兼理地方自治筹办处职员衔名籍贯月薪表

职　任	姓　名	官　　衔	籍　贯	月　薪
总办	朱其煊	布政使	浙江萧山	不支薪水
总办	罗正钧	提学使	湖南湘潭	不支薪水
总办	胡建枢	按察使	安徽凤阳	不支薪水
坐办	袁　莼	候补道	江苏吴江	一百二十两
会办	石金声	度支部主事	山东博山	一百两
会办	曲卓新	度支部主事	山东宁海	不支薪水
参议	沈同芳	前河南唐县知县、翰林院庶吉士	江苏武进	不支薪水
参议	黄敦怿	廪生、日本法政大学毕业	湖南善化	不支薪水
参议	方　表	附生、日本早稻田大学毕业	湖南长沙	不支薪水
庶务科长	贾景德	准补剡城县知县	山西沁水	八十两
庶务科员	王景禩	主事职衔、山东法政学堂毕业	山东费县	六十两
文牍科长	参议兼			不支薪水
文牍科员	吴　焘	候补同知	安徽合肥	六十两
检察员	朱寿蕃	江苏试用道	山东历城	四十两
检察员	徐金铭	度支部主事	山东历城	四十两
检察员	孙曾荫	陆军部主事	山东济宁	四十两
检察员	李丕恩	鸿胪寺序班	山东历城	四十两

《山东杂志》第二十八期，宣统元年闰二月二十九日（1909年4月19日）

本事务所覆山东谘议局筹办处书

径启者。本事务所开办杂志，主持公论，不敢稍存私见。山东全省人民所欲言者，知无不言；全省人民所欲行者，知无不尽言，而深冀当道者有以行之。其性质与报纸不同，其目的与营业迥异。读本杂志者，亦当具有主持公论、不存私见之本领，乃能观其大以会其通，知其立论宗旨之所指，而不可涉于谬误。贵处来函，因二十四期论著及纪事中局员薪金额数一条，强为牵拉，并以闰二月杪之近情，诘难正月间之现记，其间内容一切，随时变迁，前后断难相同，必以此巧为辨驳，则立论自然不合。然既承辱教，庸敢分条略答如下。（来函闰二月廿五日发，廿九日到。）

【来函】启者。顷阅贵馆第二十四期《山东杂志》载筹办谘议局员薪水一条内，称本省筹办谘议局开办已久，而局员薪金迄未宣布。兹闻除总办不支薪金外，会办则每月三百金，参议兼科长每月六百金，检查员等每月二三百金不等。展阅之下，骇怪弥深。在贵馆有闻必录，或不暇深悉其详，特以悠悠之口，传闻失实，有损贵馆自称消息灵通、调查确实二大特色之名誉，不得不将本处办理情形，为贵馆详述之。查本处自上年十月间奉文开办，所有局费、薪水，无不力求撙节。除三司总办不支薪水外，坐办一员月薪一百二十两，会办一员月薪一百两，参议二员均系义务，并不由处开支分文薪水。今年二月间，因兼理地方自治筹办处事较繁赜，加派会办一员、参议一员，因系兼差，亦皆不支薪水。检查员四员以开局检查事少，并为节省经费起见，迟至今年闰月初清册汇申后，方始到处，每员月薪仅四十金。文牍、庶务两科，除文牍科长由参议兼充，不支薪水外，仅设科员一人，月薪六十两；庶务科长一人，月薪八十两，科员二人，皆月薪六十两。自开办以迄谘议局成立，统计各项额支、活支经费，不过九千余两，其略有特别支款，不能预算者，届时一并核实报销，于上年十二月间曾奏明，奉旨有案。似此省啬为用，较之他省，已觉减无可减，果如贵报所载，每月三百金、六百金、二三百金不等，则恐五倍此九千余两尚虞不足。至谓局员薪金迄未宣布，是以致滋疑议。查本处薪费支销总数，并职员分派衔名，早经详院咨部，并登入各报，近又刊列报告书内，分送各处，夫固尽人知之。以局员名数与薪金总数两相核较，虽暗于计学者，不辩自明，况在主持公论、留心时务之士，岂于本省事实，未能深悉，消息灵通、调查确实之谓何？此则本处所大惑不解者也。

东省从来积习，开办一局所，不肖官绅，每多把持金钱主义，上下交争，几成惯例。殊不知此次开办谘议局筹办处，为人民参预政事基础，即令贪墨者为之，亦必不能蹈袭前辙，自取罪戾，况在号称实心办理新政者乎。然当未行开办之先，其毫无心肝者，妄生觊觎，甚有至于探问职员有否薪水及薪水若干者。早登某报。及至开办后，当时职员之有否薪金，与有薪金若干数，不见贵处详请报告。迨十二月间奏明需用经费一折，亦仅徒举总额，亦未将职员薪金如司选员月给定数者，一律奏明。直至今年正月底，贵处又未将职员薪金额数，核详宣布。人言啧啧，职是之由。斯时即有计学专家，明知核校不符，究何能为贵处辩白而定其确数；且即有主持公论、留心时务之士，甚欲确实调查，究何从启贵处之密钥，而探悉其内容。在本事务所，证之贵处之定案总额如此，证之物议之沸腾又如彼，故为此援举《春秋》传闻之例，载有“兹闻”二字，以求无负调查确实之本旨。今何幸贵处职员月薪表，从此发现，近果又刊列报告书，使夫人而知之，则本事务所之目的达矣。本事务所自当援考证精确，立即更正之条办理。此更见本事务所之用昭公道矣，且更足见本事务所不负调查确实之名誉矣。虽然，此种好结果，若在正月间本杂志所谓迄未宣布之时代，则万万不能。然则彼时外间之疑议，实贵处自召之，又何足骇怪，何足大惑不解者也哉！此次筹办处职员之名位，几各省不同，其月薪自各省互异，其间省啬与否，概无标准之可言。窃谓自当以办事之大小臧否为断，固不得以必甲省较多即谓之费，必乙省较少即谓之省也。即如山东职员月薪，从此次表面上看，亦未见山东比他省为独省也。总之，凡此皆与实际上毫不相涉，若一味以省啬为能，而不于事之大小臧否以为衡，则甚非吾东人所希望于贵处创办此数千年来未有之盛举之至意也。

【来函】至于贵报开篇论著，谓山东谘议局得有今日之景象，实为参议二员得人之是赖，其余则皆牌面盲从。夫参议以义务而筹办山东谘议局事，力任艰巨，称为得人，贵馆之调查，信不诬矣。而在局各员亦岂无所事事？况官绅并用，官不足论，而绅员以本省人办本省事，亦尽皆牌面耶？盲从耶？不知贵报所论者何事，所指者何人，而为此含混之语。平心论之，本处之办事职员，吾不敢遽定其品行何若，学问何若，而就本局以观，各员之分科治事，固尚未有虚糜冗滥、贻误要公之可令人指摘者，即以质之海内同胞，可告无罪。至虑参议被选而去则该局瓦解，殆尚未明筹办处与谘议局性质、地位之区别耳。夫谘议局之成立，关于钦限，各省同时举办，各省亦即同时成立，果真参议被选而去，此邦人士独无有被选而来者？且尔时本处规模大定，亦何所见而必其瓦解？况谘议局成立之后，筹办处照章即应消灭，参议即不被选而去，尚能代山东议长、议员之职任乎？欲不瓦解，其道无由，尤可哂也。

本杂志开篇论著，系《宣统元年山东人之三大希望》，来函所引者，皆系第三“希望山东国民各负责任”一段文语。该段全注重在国民一边，余皆非注重者也，故曰“贵处得有今日景象者，惟参议得人之是赖”，曰“其余则皆牌面盲从，因人成事者”，意正喜贵处得参议之可贺，而深愿我国民自治程度之高尚，为之后盾耳。果如来函所云，则是谓秦无人，是直无人也；谓周无遗民，是直无孑遗也而后可。况来函于参议得人，固表同情矣，且谓岂尽皆牌面耶？盲从耶？是贵处之必有牌面与盲从其人者，亦既自知之而自认者矣。贵处以为有其人而果尔也则改之，若以为无其人而不尔也岂非甚愿。夫此次设局用人，岂真同从前挂名吃干修者可比，是即欲一无事事，亦不可得。素具法政知识者无论矣，然凡有不明事事，平昔于法政上未曾研究，在场虽担任职事，其实为虚糜冗滥者。谚云：不读那家书，不识那家字。以门外汉而办新政，可断言未能有济也。其幸而不贻误要公者，赖他人为之助耳。是即为牌面者、盲从者、因人成事者，本杂志即有可指，亦不屑指摘其人。若必求其人与事以实之，则是欲本事务所为贵处代为受过，反近于攻讦个人之行为，更失论著注重国民各负责任本旨，此等伎俩，窃为贵处不取也。又论著之所谓今日苟二参议被举去，该局直瓦解者，上文明明有“今日”二字，再上文又明明有“今日”二字，所谓今日者，乃宣统元年正月本论著出版之今日也，是明明指相距两个月以前之筹办处而言，乃贵处必欲就闰月底规模粗具之筹办谘议局而言，以为何所见而必其瓦解，且欲就将来已成立之谘议局而言，以为欲不瓦解，其道无由。何者可哂，何者不可哂，明眼人类能见之。《中庸》云：人存政举，人亡政熄。本论著深恐其或去而瓦解，并非乐其瓦解，稍存小人之思想，因有此意外之过虑也。且被举而去云者，与来函之所谓被选而去者不同，且去之原因，不必尽因被选，即以被选而论，贵处虽明于筹办处、谘议局性质、地位之区别，恐亦不敢必参议之外省襄办新政者必无变更也。今则可信其始终在处，直等到该局成立而去，无庸过虑矣。讵非贵处之幸，亦即山东之幸欤。

【来函】至谓此次开办专员中，曹属无一人参与其事，不知本处照章参用官绅，而办事位置只有此数。必若所云，则山东十府三直州，有一处之未得专员者，皆足以生其怨望。充类而言，齐鲁文物之邦，何地无才，即何人不可参与。各执此意以相责，本处将有应接不暇之势，况本处绅员中固非仅无曹属人也。而贵报不为他属缓颊，独于曹属代鸣不平，其曷以故？如谓曹属人民具有热诚，吾不敢谓他属人民均无热诚也。但窃以为热诚之表见不在今日之筹办处，而在将来之谘议局。何也？今日之筹办处，不过筹办谘议局未成立以前进行事件，而将来谘议局成立后之效果，则在乎本省选举之得人。凡具热诚者，当于彼处着想，先事研究议员之资格如何培养，议案之纲领如何豫备，如济南、济宁绅学商界组织谘议研究总、分会之布置【者】近是，而曹属阒无闻焉，此又非本处所敢知也。

本论著所谓去岁国会请愿，曹属人民几千数，而疑此次竟无一人参与其事云云者，因曹属游学法政者为最多数，而请求国会者亦最多。明曹属人民有此程度之佐证，而深愧当日推荐诸公之竟不知其一人也，并非谓贵处开办，必须位置曹属之人，否则曹属人民遂生怨望也。本事务所职员，虽甚不通，然敢断言曰：曹属人民决不以得否贵处专员为荣辱，曹属所深自怨艾而殷期望者，不能如济南、济宁之设立谘议研究所耳。以故贵处用得其人，虽无曹属及他属一人，夫复何憾；倘用不得其人，贵处即无应接不暇之势，虽尽用山东十府三直州之人，亦复何益。然则他属之不得专员，固无烦本事务所缓颊，并不劳贵处过虑，而曹属本无所谓不平，又何用本事务所之代鸣耶！夫贵处职员既由官府照章委任，则安置官绅在何等地位，多由官断，我国民固无参预之权矣。然犹不许我国民疑难辩论于下，而欲谬叩其疑难辩论之曷故，恐在极端专制时代之欲毁乡校之执政，亦无此等办法也。至谓热诚表见，不在今日之筹办处，而在将来之谘议局，恐亦不尽然。何以故？今日贵处虽不过筹办谘议局未成立以前进行事件，而将来谘议局成立后效果之善恶，则在今日贵处种厥因焉。以故国民今日对于贵处进行事件而淡然者，贵处之收效必不能速，即速亦不过草率塞责，必不能尽善，而将来之谘议局亦可想见。在国民今日对于贵处进行事件而见为热诚者，即今日之选举，亦必多见其得人，矧在日后之谘议局。推其由来，贵处之发见，与所以得有今日，及得以造成完善之谘议局者，即谓多由国民热诚之所致，亦无不可。然则谓热诚表见不在今日筹办处者，岂通论哉！

【来函】然则合贵报前后记载而论，度高识之君子眼线所凝注者，固不在所谓牌面也，盲从也，专员之参与其事也，在得与于牌面、盲从之列，为专员后之希望。希望维何？三百金耳，六百金耳，三二百金不等耳。吾敢直断之曰，义务之专员绝无能相屈者，此又贵馆所不及料者也。夫贵馆主持清议，臧否人伦，务得其平而取其大，若仅以曹属未得专员为诟病，本处不任受咎。且亦似谋之不臧，生此觖望；觖望之积，激为正论，虽公而近私矣。将谓以告者过乎（贵报有兹闻一字），则必有担负责任之人，愿贵馆明示其人，无隐乎尔，亦所望也。要之，本处事当创办，一切规定本不敢谓遽臻完善，深愿本省有识君子匡我不逮，免为他人疵议，但甚不愿匡我者之或有谬误，反令匡我者之复为他人疵议，有损匡我者之盛名，则本处实滋愧焉。区区愚意，敢以质之高明。兹将本处办事职员衔名、薪水数目详细列表，送呈台鉴。请将此函附载篇末，以供众览，而彰公道。幸甚，幸甚！布此，即请台安。山东谘议局筹办处启。闰二月二十五日。

来函此条，牵合纪事、论著二者，强为辩论，尤与本杂志记载本旨不合。本可不答，今姑即来函之意，聊相与言之。贵处之敢为义务专员决，以为不能相屈，而不敢为其他专员决，固已。然诸公既同屈为专员矣，非屈于金钱，即屈于义务，其所以相屈之趋向虽不同，而终见屈于贵处则无不同也。至贵处究竟有否屈于金钱其人者，请还质之贵处，本论著原未论及，原不敢预闻，亦实不暇预闻也。至谓曹属有谋之不臧，生此觖望云云，此又大谬不然也。当光绪三十三年九月奉各省速设谘议局之谕，而山东阒然，山东人民自愧无能力而又见官府之迟迟未发也，斯时一再觖望者，事诚有之，固不独曹属为然。曹属固决不欲得贵处之专员，且因不得而生觖望也。何也？本论著引曹属以立论者，均系为人起见，并非为钱起见，故有此公论，绝不敢有私意于其间也。而来函专从钱上起见，绝不从人上起见，是舍公论而从私见也，是以小人之心度君子，故发此议论也。若本论著亦以小人之心度君子，必将曰诸公之得此差者，必定由谋而来，由谋之臧而来，是舍世界公论，而专攻个人私隐，实为本杂志之所不取。若论本事务所之宗旨，凡遇存金钱饿莩主义者，无论其谋之臧与不臧，凡出于谋，其论虽公，其心亦私，无论何人，本杂志决不宽恕。至如来函所云，是以本杂志专为曹属国民谋金钱上之证券，是失杂志上之价值，本事务所职员概不承认。来函又疑纪事一条，谓为以告者过，因欲明告以担负责任之人，期以无隐。夫报告既为本事务所所登录，照通例则该报告人对于外界，自不负责任。对于外界负责任者，实本事务所耳。本事务所为山东全省人民言论之地，故本杂志即合山东全省人民为公共主笔，本事务所职员既系山东一分子，对于本事务所，对于本杂志，亦当为担负《山东杂志》责任之人。倘有以至大之势力，破坏杂志，即为破坏山东，全体当认为公敌。不然，无以对我成《春秋》而乱臣贼子惧之宣圣，亦无以对我威武不能屈大丈夫之孟子。

夫以山东人民膏血所创立之筹办处，开办期间，尚未及半，我国民方冀贵处造成代表机关，巩固言论基础，正宜如来函所谓务得其平而取其大，乃副国家筹办本旨。不意方始发言，即有此种种谬误，真非本事务所所及料者矣。自来世界公理，论人者不能讦人之私而忘公，诘问者不能略己之短而说长。此二种者，实世界清议所公认者也。况理境之竞争，与个人之冲突，似相类而实不同，二者之区别，实于结果上分之。个人之冲突，彼此以攻击而生恶，其结果两受其损。若理境之竞争，理道以辩论而愈明，其结果各得其益。本事务所之所取者，不争个人，只争理境耳。惟求与事实上有济，若遇他人之不谅我者，即有受过之处，亦不敢辞。若第于纸片上斤斤辩难，争论上下，甚非本杂志之本旨也。西儒有言，文明之国家，愈竞争则愈进步，是国民之程度愈高。其竞争愈多，国家亦愈文明。彼牌面盲从之流，即欲求其理境上之竞争，窃恐有所不能。若诸公不吝金玉，常赐教言，竞争驳辩，理境愈真，本事务所职员实受赐多矣。至本杂志措词或有过激之处，还望鉴原。惟冀内外同心，共相劝勉，但期于事实上有裨益，不求于笔墨上争是非，是则本事务所昕夕以求者也。专此布复，即颂筹安。山东杂志事务所启。闰二月二十九日。

《山东杂志》第二十八期，宣统元年闰二月二十九日（1909 年 4 月 19 日）

筹办处声明调查名册存送办法札[1]

筹办处以各属申送调查名册多有歧误，日前详细声明如何存送办法，通饬遵照，并将各项投票簿纸、章程、清册暨投票匦等件由处制备、定期分送情形一并札知。原札略谓：本处原定调查事务章程，载有申送人名册二分于本府直隶州，一分存复选监督备查，一分汇申筹办处等语。嗣经变通办法，通饬各属暂造一分，送各该管府直隶州汇申核定，其余存处呈院咨部，共须清册三分，统候人名确定后，再由处核照人数，另发册纸，照填申送。将来各该州县即以初造草册存留备案以汇申，发还判定之清册，于初选举事竣后，申送该管复选监督存查，不必另先造送。尽三月十五以前，再造清册三分，径申本处，分别存转。今据各州县纷纷请示前来，似于前次札文未曾明瞭。今本处再详细声明，各州县务宜遵照此次通行办法，按期分晰办理，毋得误会牵混，彼此参差。至于投票匦、投票纸、投票簿、得票计算单，以及各项投票规则，均由本处制发，连同补填清册三分册纸，准于闰二月十五以前，专员送交各该管府直隶州，分交各该州县，按章办理。惟投票匦每处只备一具，各该州县于奉到匦式后，再各按照分区多寡，自行仿造可也。

《申报》，宣统元年三月初五日（1909 年 4 月 24 日）

---

① 录自“各省筹办谘议局”情况报道，标题为编者所加。

筹办处刊印投票须知[①]

筹办处以转瞬选举，所有投票方法、选举用意，恐绅民未尽周知，特拟浅近告示，并附投票须知二十条，刊印多张，分发各属宣谕。原文略称：现在调查已毕，转瞬之间即行初选举，凡尔绅民名列正册并经宣示者，应即届期各集本区投票所，遵章投票。每票各举一人，并须亲身往投，自书票纸，不得托人替代，务于四月初一日齐集本区投票所，照章投票。

附：投票须知二十条

一、投票日期定准四月初一日，无论风雨，不准改展期限。

一、投票时间以午时八点钟起，至午后六点钟止，限即日完毕，过时不纳。

一、投票人必须亲自前往，虽父子兄弟，不准互相替代。

一、投票所照备笔墨，但恐人多不能敷用，投票人仍各自带笔，随到随填，以免耽延守候。

一、投票所设有签字处、发票处、写字处、投票处，凡投票人到所时，先向签字处报明自己姓名、年岁、籍贯，经管理员照簿核对无讹，即行亲自在投票簿自己姓名下签一“到”字。如所报籍贯与簿不合，管理员得阻止其投票。

一、投票人签过“到”字，即向发票处领票，后再向写票处写票，按照次序，不得紊乱。

一、投票人需按到所先后挨次画“到”领票，不得争先拥挤。

一、投票纸须自己书写，不得倩同到之人替笔。

一、每一投票人只准领投票纸一枚，如因笔误或墨污请更换者，须将废票缴销，仍不准更换至三次。原票遗失者，不准补领。

① 录自“各省筹办谘议局”情况报道，标题为编者所加。

一、投票人于填写格式不甚明白，可向投票所管理各员和平质问，但不得牵涉票纸以外之事。

一、投票人各举所知，他人写票，不得从旁干涉窥伺。

一、初选投票，此区可以举彼区之人，譬如一县共分四区，南区可举北区，东区可举西区，余以类推，但不得举本州县以外之人。

一、所举之人必须有合选举资格四项之一而名列正册者。

一、所举之人应填其名，如无大名，即填小名，如同姓名者，须于票纸旁加注别号、年岁，以示区别。

一、投票纸写完，仍旧照式折好，即至投票处，向投票匭上面窄口递入。

一、投票人投票既毕，即须退出，不得逗留窥视及在所议论喧哗。

一、投票所分出口、入口二门，各有门条为标识，投票人应依照门条出入，不得混乱，如因一时忘记路由，应听监察员指引。

一、有投票资格而调查遗漏，或外出才归，未经入册者，须于更正、判定期内呈诉初选监督，不得向投票所要求投票。

一、投票人如因实有要事，本日不能到所投票者听，但不能补投。

一、上开各条，投票人须逐一记明遵办，至期投票，勿得参差迟误。

《申报》，宣统元年三月二十日（1909年5月9日）

山东谘议研究会改订会章

第一条　定　名

本会为山东绅商士庶讨论关于谘议一切事宜而设，定名为山东谘议研究会。

第二条　宗　旨

本会恪遵谕旨应循之秩序，以资历练，以增进人民知识，辅助行政机关为宗旨。

第三条 职 务

凡在谘议局未成立及成立之后，有须调查研究者，即由本会分别调查研究，以备行政官之顾问，及将来议员议案之资料。

第四条 职 员

本会俟今年被举百名之议员到省，再行分别选举职员，现暂设会长一人、干事六人，分理书记、调查、庶务、编辑各事，常议员不拘人数。

第五条 职员选任

本会会长及干事均由会员投票选举，常议员由会长指定。

第六条 职 务

本会通常事件皆由会长及干事及常议员处理，无庸会议。其有关系本会全般变动及创起特别事件，由会长及干事及酌定日期，招集全会议员开临时大会。

第七条 会 议

例会俟今年八月被举之议员到省，再行决定，现暂定每月第一星期、第三星期开常议会一次，以会长为主席，如会长不到，以到会干事年长者为主席。

第八条 调 查

本会遇有调查事件，其有分会处，即由分会调查，无分会处，则嘱托其他劝学所、商会等团体代为调查。

第九条 同 上

本会遇有特别事件，得尽力之所及，特派专人调查。

第十条 同 上

本会调查事件，统先由常议会提出列表，委人调查。

第十一条 会 员

本会由绅商学界发起组成，凡各界之在省会任事者，皆得为会员。开会以后，有会员一人以上之介绍即得入会，但遵政治结社律，以一百人为限，开会以二百人为限。

第十二条 编 辑

本会于调查事件分门编辑，以备采择。

第十三条 会 费

由发起人年捐十元，一次交清，会员年捐六元，分三次交清，愿一次全交者听便。如有特别捐助本会资费者，应随时登报，以彰名誉。

第十四条　会　所

本会开会及与他处往来信件，并一切关涉事发，暂假西公界题壁堂为定所。

第十五条　会　规

恪遵资政院选举章程内条文办理。

第十六条　存　案

遵政治结社律，呈请地方官立案。

第十七条　附　则

本章程俟今年被举之议员到省时，再酌量修订。

附：分会章程

一、凡各州县劝学所及各商会等，或其他有志同人，均得附设本会分会。

二、凡分会中执事细则，得以地方情形，自行变通规定，但不得与本会规则背谬。

三、凡分会均有担任本会嘱托调查事件之义务。

谘议研究会闰二月常议会提议调查各事

（甲）关于民政者，如巡警、水利、积谷、清□各事件。

（乙）关于财政者，如钱粮、盐课、厘金、关税及各种财政机关、金融机关之组织，并各种捐等事。

（丙）关于教育者，如劝学所、教育会及各种官立、公立、私立学堂各事件。

（丁）关于司法者，如审判厅、监狱及各州县词讼各事件。

（戊）关于实业者，如森林、渔业、商会、农事试验场各事件。

（己）关于交通者，如铁路、□□、邮政、轮船各事件。

（庚）关于外交者，如胶州湾租界及教民诉讼各事件。

（辛）关于军事者，如营镇各事件。

《申报》，宣统元年三月廿七日（1909 年 5 月 16 日）

筹办处札发投票秩序清单[①]

筹办处以投票期迫，所有应行事件，虽经详订规则，迭次饬遵，而事当创办，头绪极繁，仍恐或有疏漏，特复拟定投票秩序清单，通饬各属，循序进行。原札略云：选举投票，头绪极为纷繁，当此创办之初，尤难免于挂漏，本处慎终图始，是以迭次公牍，不厌求详。兹再排定投票秩序清单，按照部章及本处各种规则汇总序列，分别投票前之预备、投票时之秩序与投票后之布置三项，俾一览而知其颠末，庶几循序进行，可免遗误参差之弊。除粘单分饬外，札到该县，即便按照单开次序，督饬在事各员认真办理，毋稍疏漏。

《申报》，宣统元年三月廿八日（1909 年 5 月 17 日）

举行初选举开票

济南历城

筹办处接济南府司选员禀报历城县初选举开票情形，略云：窃历城县初选区于本月初一日行初选举投票，共到实数一千零四十六名，以应出初选当选人十三名，除投票人实数，应满四十一票以上者，方为过半额数。于初四日开票，共得满当选票额者四名，尚缺九名，由初选监督照章取次多数者加倍开列姓名榜示，

① 录自“各省筹办谘议局”情况报道，标题为编者所加。

以便续选。兹将当选姓氏录下：王思德一百十六，党立政九十六，张延华五十四，李元襄五十二。次多数十八名录下：张延芳、张清溪、秦秉钧、段捷南、李晋、李振唐、曲长增、田西畲、楚家珩、汪懋琨、张秉坤、程登桂、韩丕基、李丕恩、田珠泉、王景波、徐金铭、刘策。

又东昌茌平

茌平县致筹办处电云：谘议局宪鉴：茌平县初四日开票，计有效三百十九票，当选人四名：崔承沂四十九票，刘燕臣四十七票，魏建康四十六票，刘儒臣四十票。知县锴孙谨禀。

又武定沾化

沾化县致筹办处电云：谘议局宪鉴：初选当选人：王炳、赵鸿策、吴庆垣三名。沾化县王铸禀。

《申报》，宣统元年四月十四日（1909 年 6 月 1 日）

筹办处更定复选举办事期限清单札[①]

筹办处通饬各属云：案查本处前定办事期限清单，并初、复选举调查事务章程内开，四月初一日行初选举，六月初一日行复选举，七月初一日至初十议员征集济南，其间进行手续，均按日排定，早经通行饬遵在案。惟是复选事竣之后，被选各员尚有各种筹议事件须先研究，似应宽以时日，俾得从容讨论，不致临事仓皇。本处为先事绸缪，促进文明起见，特拟将复选期限量为提早，改定五月初十日行复选举，至六月初一日复选事毕。所有投票前之预备，如择定区所，张贴

① 录自“各省筹办谘议局”情况报道，标题为编者所加。

告示，选派投票、开票管理、监察各员之类，均可提前办理。自四月二十日起分日布置，亦尚从容。惟宣示投票人名、造具投票册簿，须俟各属当选名册申送到后，方可开手缮办。各该州县应即斟酌本地办理情势，节缩期限，尽四月内申报当选名册于复选监督，准五月初五以前一律到齐，以备分别缮造宣示。但此时间甚迫，各该州县务先计程扣日，加紧排递，不得因循延玩，遗误后时，并先一面另文申送当选人，限五月初七日齐集各复选区，依期投票，是为至要。至于投票后之布置，较之初选，办理尤易，盖投票之人既皆萃聚复选举区，则凡开票、补选、宣示、知会、给照种种手续本可蝉联举办，不必间隔时日，且免旷日持久、劳费守候之烦，而选举事宜亦可观成于早，裨益良多。除将更定复选日期详明抚宪，并分饬各属一律遵照外，合亟排印更定复选举办事期限清单，连同复选举投票须知，及初、复选举当选人名册纸、复选当选人执照，一并核定数目，分别札发。为此合行札饬，札到该府州，即便遵照此次定期，妥速办理。

《申报》，宣统元年四月十七日（1909年6月4日）

山东筹办处更定复选举办事期限清单

四月二十日至月底

择定投票所、开票所地址，张贴复选举告示，选派投票、开票管理、监察各员。

五月初一日至初九日

申报投票、开票处所，管理、监察各员衔名于筹办处（初一日）；召集投票、开票执事人员，研究应行掌管事件（初二日起）；布置投票所、开票所一切设备，汇造各属当选人名清册及填写复选投票簿，分存于投票所、开票所；榜示复选投票人名于投票所门首；初五日以前，各州县当选名册一律申送到复选监督；初七日，各州县当选人一律齐集复选举区，各持本州县公文及当选执照，至复选监督处报道（执照呈验后仍给回本人）。

初十日

举行复选举。先期柬邀本地士绅，预备参观开票。

十一日

开票。本日检算当选票数是否足额，即刻榜示，如不足额，即定期行二次投票，当日出示（示内应叙明补选几人，将次多数加倍开列，如缺额十人，则开列二十人）。

十二日

补行复选举，当日开票。

十三日

宣示复选当选人及候补当选人（候补当选人以次多数加半倍开列，如该府应出议员十人，则加开次多数五人），即电报复选事毕情形于筹办处。

十四日

知会当选人到署签字，为承认应选之据，随时填给执照。其因事或路远不能即到者，扣至五月底为止，即以候补当选人递补。其递补之缺额，再以次多数补足加半之额数，一并造册申送。

六月初一日

申送当选人名、籍贯、票数清册于筹办处，并分行各初选监督，宣示复选当选人名衔于复选举区。

《申报》，宣统元年四月十八日（1909 年 6 月 5 日）

筹办处严究司选员孟宪文劣迹批示[①]

筹办处前据泰安县详，司选员孟宪文被控查明属实，请示究办一事，当经筹

① 录自“各省筹办谘议局”情况报道，标题为编者所加。

办处批示，将该员先行撤差，一面饬泰安府切查严办，并抄批分行各属云：照得本处遴派司选员襄理各府州县选举事务，早经详订规条，划清权限，预防流弊，何等严明。近来访查各员中实心任事、束身自爱者固不乏人，而行止有亏、不理人口者，闻亦间有。正拟严密札查间，当据泰安县知县张令详称，以据附生赵家琳禀，司选员孟宪文教唆控讦，藉端讹诈一案，查明证实，详请究办前来。该司选员品行不端，私立罚则，实属大负职守，除批"据详已悉。该司选员孟宪文不满人口，本处亦有所闻，正拟札查间，阅悉来详，于该员被控各节，迭据查明，实属有负职守，应即如详撤委。现在初选事毕，复选事务较简，仰该令就商泰安府玉守，如可无须再派司选员以资撙节，抑必须另派之处，于文到之日，电禀本处核办。总之，司选员之权限，本处于开办伊始曾严密札饬各属，务须郑重分明，即如照章罚则一项，非经初选、复选监督判定，断无私自议罚之理。该员孟宪文利令智昏，殊堪痛恨，深虑他属司选员尚有此项情弊，应抄批分行各府州县暨各司选员一体知照。孟宪文被撤之后，应立即回省销差，并仰泰安府玉守按照来详详细覆查，及有无别项劣迹，刻日详覆本处，以便照章行知原籍地方剥夺公权，切切。此缴。"印发外，合亟录批，分行知照。各该司选员既负有襄办选举责任，应如何恪勤将事，爱惜声名，方无愧司选名义。各该府州县均有监督之责，亦应随时查察，以重要公。如再有上项舞弊情形，一经被控查明，定即从严惩办，决不姑贷，前鉴不远，慎勿视为具文。再，复选日期，现已提前办理，计至五月半后，各司选员无所事事，应即一律裁撤，以节縻费，统限五月十五日回省销差。所有每月薪水、夫马费，除自上年十一月二十日起，由本处支发两个月，其由各该府直隶州垫发者，应自正月二十日起，截至五月二十日止，连闰共五个月，按日扣算，不得透支。除分饬外，为此合行札饬，札到该县，即便知照。毋违。

《申报》，宣统元年四月廿一日（1909年6月8日）

初选举开票

山东筹办处据各属续报当选人，照登于后：

历城县二次当选人九名：王景波、汪懋琨、张延芳、徐金铭、张丕基、李丕恩、李振唐、程捷南、刘策。候补当选人七名：张清溪、李晋、曲长增、张秉坤、田珠泉、田西畬、秦秉钧。

邹平县当选人六名：王维堂、李树墀、刘鹏龄、陈化棠、苗衍田、赵仁山。

新城县初次当选人一名：李廷殿。二次当选人八名：高鸿文、毕翰先、李兴三、耿懋禐，胡宝笈、周镜若、毕登先、郑龙祥。

平原县当选人四名：潘晓林、崔锡三、颜振兴、张振海。二次当选人五名：张庆溥、任传栋、于甲午、杨秀岭、张连清。候补当选人二名：张清连、张怀仁。

冠县当选人九名：销阳山、李式佶、杜克成、李子纯、张寅堂、常成哮、刘汝琳、霍风朝、植阳垰。又候补当选人十八名。

惠民县初次当选人三名：张振源、董廷棨、王棣。二次当选人五名：李心恕、王荣卿、卢本汉、高应安、任相芳。

青城县当选人四名：李安全、董曰棠、路焕章、韩文诒。

滕县初次当选人一名：叶敬铨。

荣城县当选人三名：梁得让、曲璜、李景沅。

高苑县当选人三名：田锡嘏、张忠勣、张溜。候补当选人一名：张恭垣。

高密县二次当选人七名：王玉鲲、徐源湘、李衍晋、尚鹏展、张作雯、张步云、赵宗让。

德州驻防当选人十名：云祥、贺尔缙、保平升、成禄、平赉、国祥、奎恩、文敬、恩庆、常全。候补当选人一名：恩昌。

堂邑县初次当选人二名：孙郛五、丁吟阁。二次当选人三名：郭星枢、王翰卿、王兴泰。候补当选人二名：念槐荫、宋良显。

平阴县当选人十四名：张志濯、尹序诰、邱峄山、丁辉仑、张永诚、张永严、张清源、赵均题、丛子廉、孙懋铨、丁士林、山学邹、张启沃、何传佑。

滨州当选人五名：孝锡恩、冯以增、张耀廷、张俊堂、范德广。候补当选人五名：窦锡九、刘毓坛、唐濬卿、孙茂亭、王仁堂。

邹县当选人三名：徐书年、张兴岭、陈懋龄。候补当选人三名：翟铭辉、李光廷、路广义。

郯城县当选人十一名：庞维嵘、徐慎宝、孙寿椿、刘庆康、陈敬修。二次六名：王树三、王寿廷、张志渊、王克钧、李彦铭、禚树芬。

莒州初次当选人九名：刘鼎勋、庄余珍、张象伦、张士銮、王绍武、庄翰、卞金、苑鹏南、孙良佐。二次二十四名：于树封、李竹堂、庄培祥、赵福田、陈予龄、刘英俊、张华廷、徐世杰、王元海、谢南轩、赵福海、王维珍、林桂芳、李玉玟、尹培之、毕永祥、赵永丰、袁守经、张明德、于书序、管象晋、王介人、李玺、宋轮。候补当选人八名：潘岳龄、鲁从俊、毛开田、张庸五、王之栻、夏振环、李芳桂、毛缵。

城武县当选人五名：孙肇庆、张鉴、孙毓华、邵彦英、王志勋。

单县当选人五名：三李才、刘台所、刘葆珂、包圣训、修伯羲。

朝城县当选人二名：孟广益、王建邦。候补当选人二名：吴式基、邵泰阶。

招远县初次当选人三名：温式曾、孙丕承。二次当选人十名：秦宗观、梁鸿逵、冷道贞、王晋鳌、高士魁、王声鸿、刘元端、李舒翘、李自芳、杜斗南。候补当选人四名：贾铭三、杨朴、刘文志、徐礼门。

平度县当选人十名：于志潞、万邦倬、尚庆翰、陈相芬、焦受卿、于天秩、崔振玉、王华堂、郭佩、陈光泽。候补当选人五名：姜凤章、陈荣滙、孙荩臣、崔煜昇、冷致典。

潍县当选人十五名：于普源、徐连芳、谭锡纶、刘毓秀、丁毓更、张甲升、王善述、臧子莹、于湄、张毓莹、步金相、孙华庭、高延年、张春涛、宋书升。候补当选人十八名：陈恒庆、谭锦堂、王玉洁、吉廷飏、张洛书、商道南、孙葆田、于奇书、刘树声、丁召保、曹昺勋、柴兆麟、王曾裕、王之量、王洲、王名俊、郭恩赓、武焕奎。

胶州初次当选人一名：王文照。二次当选人十三名：邱桂乔、徐宗仁、刘清锋、王金鉴、孙恒晋、赵贵、逄兴古、赵天锡、裴毓芬、赵蕴奉、迟汉俊、刘秀春、石宝三。候补当选人二名：薛润章、张淑华。

随州当选人六名：魏寿彤、吴荫东、李椿、张书辰、王三重、武殿选。

淄州当选人八名：初次三名：韩映坫、王乃礼、张良弼。二次五名：王沧佩、邵如春、胡希昌、陆世恂、刘承洛。候补当选人二名：韩凌霄、王勤仁。

齐东县当选人四名：王兴能、张树桂、于三纲、郭书堂。

临邑县当选人六名：张毓秀、于铭和、张兰堂、马奎辰、司甲辰、王象乾。候补当选人六名：马酌麟、李云逵、刘文海、刘应辰、孟继濬、善俊卿。

德平县当选人七名：初次一名：李友梅。二次六名：李永泰、阎桂山、李宽达、孟昭元、郭振声、黑盛名。候补当选人九名：李树芳、焦怀斌、郭重熙、王俊英、孟继镇、赵雪卿、王振卿、齐怀珍、韩林。

馆陶县当选人四名：宋金镜、孙文杰、樊绍业、于慎舆。

高唐州当选人十名：冯鹤皋、唐吉麟、刘清范、杨以和、许炳森、赵殿甲、侯来之、金玉相、王怀诚、刘化霖。候补当选人十名：张兆棻、王景维、赵宗周、孔宪哲、庞士杰、王子龙、王沛霖、王荃芗、王春膏、田怀之。

乐陵县当选人八名：刘树珊、王子穆、郑安止、郑安时、徐芳田、王九经、张彝式、赵毓浦。

海丰县当选人五名：郭树德、张树庭、徐石铭、张方圻、王毓珩。

武城县当选人九名：高如翚、张树甲、刘炳棻、齐鸿恩、高麟阁、孙振声、王九州、李步瀛、王名卿。

临清州当选人十名。初次五名：李荫棠、陈介眉、王继览、张风和、姬书堂。二次五名：李森、王惠临、陆玉麟、冀澜、胡绍虞。候补当选人二名：侯春藻、王尚勤。

宁阳县当选人五名：马文绎、宁继锦、李尚文、纪霖坡、杜纬斯。

汶上县当选人五名：梁协中、曹恩澂、杨光鲁、齐庆组、常学伦。

蒙阴县当选人七名。初次二名：赵九龄、李步云。二次五名：王东玕、孙保玉、张成仁、公燮臣、高永清。

鱼台县当选人八名：马鸣冈、甄宜亭、王玉年、阎传敬、任国光、刘绍萱、马汝桥、房承谋。候补当选人八名：屈省三、朱景山、石近梅、齐维楠、仇维五、张梦泉、樊广宇、李超立。

宁海州当选八人：曲卓新、孙建伟、常琦运、孙鹏翰、曹培蘅、陈嘉礼、唐嘉禾。

昌邑县当选人三名：邢平泉、刘瀛海、王兆文。候补当选人二名：姜懋政、李长庚。

博兴县当选人三名：张锡麟、王西洲、许鸿云。

安邱县当选人二十名。初次八名：孟宪良、张介礼、马步元、李传曾、周树标、张云伟、王凤来、田福昌。二次十二名：周大训、孙鸿业、辛庆云、刘尔孝、王晋囊、赵尔珂、王友适、张锡岱、马镳、刘汝赞、李廷瑞、王寿祺。候补当选人八名：李延年、张殿林、王学泗、别兰台、沈应箕、王锡龄、都深培、王文树。

《申报》，宣统元年四月三十日（1909年6月17日）、五月初一日（6月18日）、五月初九日（6月26日）、五月初十日（6月27日）、五月十一日（6月28日）

各州县电禀投票开票情形[①]

筹办处据各州县电禀投票、开票情形者共到五十余处，声报初次当选人数亦有十余处，除历城、茌平、沾化等县禀电已录前报，兹将齐河等州县禀报初次当选人名数及次多数姓名分录于后：

齐河县电禀当选人四名：王疎清八十四票，张灿之六十八票，马汝霖六十一票，席曰芳六十票。

---

① 原标题“初选举开票”，兹拟标题“各州县电禀投票开票情形”。

聊城县电禀当选人九名足额。

泰安县司选员禀得过半数三名。

新泰县电禀当选人足额。

阳信县电禀附贡张敬敷得九十余票。

兰山县司选员禀当选人四名：王峻范一百零七票，王思澂八十一票，王子敷六十三票，杜鸿翮六十二票；得票次多数十名：段鸿恩四十九票，杨密桂四十六票，宋金台三十一票，吴达三二十九票，杨宝山二十四票，王玉璐二十三票，石振声二十票，崔联景一十九票，齐云鹏一十六票，杨凤廷一十八票。

菏（济）〔泽〕县电禀当选人二名，得票次多数十人。

掖县禀报当选人一名。

乐安县电禀当选人一名：王永贞五十七票，得票次多数自十一票以上至四十一票十五人。

胶州司选员禀得票当选者一名，自四十七票起至九票止二十六人。

高密县申报当选人一名：丁作霖七十二票；得票次多数十四名：徐源湘四十八票，王玉鲲四十七票，尚鹏展三十六票，张树屏三十四票，张步云二十九票，张作雯二十六票，王润齐二十四票，李衍晋二十一票，张家森二十票，徐智卿一十九票，单嘣一十七票，郭承章一十五票，稽林馥一十五票，赵宗让一十四票。

《申报》，宣统元年五月初三日（1909 年 6 月 20 日）

山东全省议员姓名录

汪懋琨（历城）、仇纯吉（长山）、杨秀岭（平原）、刘鹏龄（邹平）、李广居（长清）、高鸿文（新城）、张殿卿（长山）、王昱祥（长山）、张良弼（淄川）、霍省三（禹城）、魏寿彤（德州）、张灿之（齐河）、艾于郧（济阳）、窦培增（陵县）、张清廉（平原）、金毓珍（清平）、张连汇（莘县）、王赓飏（莘县)、周祖澜（聊城)、吕上智（博平)、赵鸿山（冠县)、刘清范（高唐)、金玉相（高唐)、俄方楷（东阿)、亓宗海（莱芜)、张元符（东阿)、尹序诰（平阴)、张壬弼（莱芜)、朱承恩（泰安)、李传煦（肥城)、汪岱霖（泰安)、尹祚章（肥城)、巩象临（东平)、范德如（东平)、毕松龄（莱芜)、郭连科（商河)、董廷棨（惠民)、姚际光（阳信)、张树庭（海丰)、李锡恩（滨州)、李访贤（利津)、赵光勋（利津)、王九州（武城)、冯绍京（夏津)、李荫棠（临清)、李瞻泰（阳谷)、孔昭苯（阳谷)、蒋鸿斌（滕县)、梁协中（汶上)、徐书年（邹县)、庄余珍（莒州)、袁清臣（沂水)、张志渊（郯城)、郑熙嘏（日照)、鞠芙（沂水)、刘诚洤（沂水)、王东玕（蒙阴)、王景禧（费县)、顾石涛（沂水)、王峻范（兰山)、陈毓海（费县)、于树封（莒州)、张光第（菏泽)、孔广淇（定陶)、彭占元（濮州)、张咸之（曹县)、安作宾（曹县)、于广庆（钜野)、杨振清（范县)、杨毓泗（济宁)、杜朝宾（嘉祥)、王玉年（鱼台)、曲卓新（宁海)、王学锦（黄县)、姜宗汉（福山)、丁世峄（黄县)、王治芗（黄县)、盖有均（莱阳)、于墉（文登)、温式曾（招远)、陈命宫（蓬莱)、孙孟起（莱阳)、孙丕承（招远)、王钟芳（掖县)、尚庆翰（平度)、于普源（潍县)、杜荣桢（掖县)、崔亦文（寿光)、王永贞（乐安)、王炜辰（诸城)、王志勋（寿光)、刘儒珍（益都)、张介礼（安邱)、周树标（安邱)、张其伟（安邱)、刘汉东（昌乐)、邱桂乔（胶州)、赵贵三（胶州)、邹染卿（即墨)、周正昆（即墨)。

驻防议员姓名如下：

绪恩（镶红旗青州驻防)、述培（镶白旗青州驻防)、常全（德州驻防)。

《申报》，宣统元年五月廿九日（1909 年 7 月 16 日）

山东旅京同乡函致谘议局筹办处函[①]

日前山东旅京同乡函致谘议局筹办处云：近阅各报，藉悉山东全省复选举员姓氏，贵处已据各属电禀列表宣示，惟查开列议员，多有未经初选当选者，请详查各属初选当选人名册，照章办理，免致日后变更费手。

按谘议局选举章程，复选选举本不以选举人名册及初选当选人为限，则山东议员虽未经初选当选，亦不得谓之违背定章，岂山东旅京同乡昧焉而未之闻耶？

《申报》，宣统元年六月十四日（1909 年 7 月 30 日）

筹办处详报开支经费[②]

山东谘议局筹办处将上年十月至十二月底开支经费，造册详报鲁抚，略云：本处常年经费一款，上年冬间由藩库拨交冬季银三千两，并收开办经费项下节存银二百十三两三钱五分七厘，优级师范学堂移购演讲录、调查须知工料银六两四分。按月动支计，自光绪三十四年十月十九开办之日起，至十二月三十日止，按照原详，分别额支、活支、特别支三项银钱，合计共支用银二千三百一十七两一钱三分八厘。收支两抵，实存银九百零一钱五分九厘。理合造具四柱清册，详请核销。再，各州县选举经费及司选员薪水、夫马费，应俟领发齐竣，再行分册造

① 录自“各省筹办谘议局”情况报道，标题为编者所加。
② 录自“各省筹办谘议局”情况报道，标题为编者所加。

报，以免牵混，合先声明。

《申报》，宣统元年七月十五日（1909 年 8 月 30 日）

选举假定议长

上月二十六日为山东谘议局选举假定正副议长之期，是日午前六时，管理员、监察员及各议员陆续而至，旋抚宪及司道各官均到。八时行选举式，先举假定议长一人，得票最多者曲君卓新二十三票，杨君毓泗二十二票，王君景禧二十一票，于君普源十六票，因均未及过半数，遂加倍开列再选，杨君得五十五票，曲君得四十五票，杨以过半数当选。旋由杨君以议长资格登台演说，及毕时已近午，众议员小憩，抚宪及各司道亦各回署。午后再选副议长，用单记投票，先选一人，得票最多者为于君普源三十八票，王君景禧三十票，曲君卓新十票，及加倍开列再选，于君以得六十票当选副议长。嗣再选，则得票多数者王君景禧四十二票，曲君卓新三十五票，至再加倍选时，王君以五十六票当选副议长。选举毕，正副议长均挨次演说，众议员行答礼，三时闭会。

《申报》，宣统元年八月初八日（1909 年 9 月 21 日）

谘议局拟设报馆

谘议局正副各议长现在经投票公举杨君毓泗、于君普源、王君景禧充当分任。日前会议局中应办一切事宜，拟先自设报馆一处，议员每人认捐银三十两，其余由局费项下支消，闻已经众认可。此报内容，凡于地方自治及一切研究之事，概行登录，以为谘议局之机关，且为地方自治之（章）〔张〕本。

《大公报》，宣统元年八月二十日（1909 年 10 月 3 日）

第二部分　山东谘议局会议第一期报告书

抚院札

八月十四日

为札饬事。案查前于光绪三十四年九月二十四日承准宪政编查馆王大臣来咨：案查本馆拟订谘议局章程，于本年六月二十四日奏奉谕旨允准；旋经遵旨拟议宪法大纲暨议院选举法要领并议院未开以前逐年应行筹备事宜，于八月初一日奏奉谕旨颁行，迭经通行咨照各在案。惟谘议局章程第六章第二十一条内开，谘议局应办事件，二议决本省岁出入预算事件，三议决本省岁出入决算事件；而逐年筹备事宜清单内开，光绪三十五年调查各省岁出入总数，光绪三十六年覆查各省岁出入总数，试办各省预算决算各等语。查各省谘议局钦奉谕旨，限一年办齐，是于三十五年即应开办，而逐年筹备事宜试办预算决算在于三十六年，彼此年限似有不同。惟谘议局章程乃总举该局应办事项，所谓预算决算系概括权限职任之词。至逐年筹备事宜，方定分年办法，自应遵照此次钦奉谕旨办理。即筹备事宜清单所开预算决算虽在一年，然必先有预算方有决算，不能同年举办，此条亦系总絜办法而言，谓自是年办起，不得因此误会。自应按照清单于三十五年先将各省岁出入总数由督抚责成调查局详细调查，以便三十六年复查确实，编定预算案，交谘议局议决，是为试办预算之事。次年再行接续试办决算，方于办事次序不致紊乱。至交谘议局议决预算事项，应以各本省之地方办事用费为限，国家行政费不在其内。合并声明。相应咨行查照，分别转行遵办可也等因。业经前升院分别咨行饬司，通饬各属一体遵照办理在案。现在谘议局开会在即，合行札饬。札到该局，即便查照，通知该局议长等遵照办理。此札。

抚院札（附原电）

八月十四日

为札饬事。宣统元年八月十三日承准宪政编查馆元电内开：谘议局议决预算限于本省行政费。所谓本省行政费，乃与国家行政费对举之词，即指地方办事用费而言。至国家经费如何区别，清理财政章程第十四条第三项业经定有明文，应请查照办理。其决算事件，谘议局与监理财政官如何划分权限之处，查清理财政章程，各省决算应先汇送财政局，经监理官检查后，仍由督抚咨送度支部，其属于地方行政经费者，由部奏交督抚送谘议局议决，所定权限似已分明。至试办预算决算，照筹备清单，应自宣统二年为始，本年谘议局自无从议及，其余照章应议各项或有关涉本省财政者不在此限。除通电各省外，希即转饬遵办等因到本署院。承准此，除分行外，合将原电印刷札饬。札到该局，即便通饬各属一体遵照办理。此札。计粘原电一纸。

宪政编查馆电

宪政编查馆王大臣钧鉴：洪咨到东，议覆于大臣折，谨悉第二条议决预算只限于本省行政费。所谓本省行政费，与地方办事有无区别，究所指者何项。三决算事件，与度支部监理财政官如何分定权限。均请详晰明示。查分年筹备事宜，试办预算决算及厘订地方税均应在宣统二年，今谘议局开办在即，应否议及财政，恳速通电各省，俾期一律。青。

谘议局筹办处照会

为照会事。本年八月十三日按奉抚宪札开：为札饬事。案查前光绪三十四年九月二十四日承准宪政编查馆王大臣来咨：案查本馆拟订谘议局章程，于本年六月二十四日奏奉谕旨允准；旋经遵旨拟议宪法大纲暨议院选举法要领并议院未开以前逐年应行筹备事宜，于八月初一日奏奉谕旨颁行，迭经通行咨照各在案。惟谘议局章程第六章第二十一条内开，谘议局应办事件，二议决本省岁出入预算事件，三议决本省岁出入决算事件；而逐年筹备事宜清单内开，光绪三十五年调查各省岁出入总数，光绪三十六年覆查各省岁出入总数，试办各省预算决算各等语。查各省谘议局钦奉谕旨，限一年办齐，是于三十五年即应开办，而逐年筹备事宜试办预算决算在于三十六年，彼此年限似有不同。惟谘议局章程乃总举该局应办事项，所谓预算决算系概括权限职任之词。至逐年筹备事宜，方定分年办法，自应遵照此次钦奉谕旨办理。即筹备事宜清单所开预算决算虽在一年，然必先有预算方有决算，不能同年举办，此条亦系总絜办法而言，谓自是年办起，不得因此误会。自应按照清单于三十五年先将各省岁出入总数由督抚责成调查局详细调查，以便三十六年复查确实，编定预算案交谘议局议决，是为试办预算之事。次年再行接续试办决算，方于办事次序不致紊乱。至交谘议局议决预算事项，应以各本省之地方办事用费为限，国家行政费不在其内。合并声明，相应咨行查照，分别转行遵办可也。等因。业经前升院分别咨行饬司，通饬各属一体遵照办理在案。现在谘议局开会在即，合行札饬。札到该处，即便查照，通知该局议长等遵照办理。此札。等因。到处。奉此，相应知照。为此照会贵议长等，请烦查照办理，望切施行。须至照会者。

抚院札

八月十九日

为札饬事。宣统元年八月十四日准度支部咨：制用司案呈内阁抄出山东巡抚孙奏山东谘议局常年应需经费数目核实预算一折，宣统元年六月三十日奉朱批：该衙门知道。钦此。钦遵到部，并据该抚抄录原奏及预算表咨送前来。查预算表开列山东谘议局常年经费，旅费项下年需银一万五千七百七十两，公费项下年需银一万四千八百八十两，薪金及各项杂费项下年需银五千零七十八两，约共需三万五千七百二十八两，连同常年、临时会费及预备费约共需银四万两。本部查核，尚属无浮，应即照准立案，仍令撙节动支，核实报销，以重款项。至所称建筑房屋原定四万两，现在撙节动支，约计尚有盈余，拟即拨给该局开办费，不另筹款一节，究竟盈余若干，应令先行报部备案。相应恭录朱批，咨行山东巡抚遵照可也。等因。到本署院。准此，合行札饬。札到该局，即便遵照。此札。

呈院文（附批答）

为呈请核定事。查谘议局章程第十章第五十三条内开，谘议局经费由督抚筹指专款拨用，其款目一为议员旅费，二为议长、副议长、常驻议员公费，三为书记长以下薪金，四为杂费，五为预备费。又第五十四条内开，前条公费及薪金数目由督抚定之，其旅费、杂费及预备费由谘议局会议预算数目，呈请督抚核定各等语。按以上条文观之，是谘议局公费及薪金数目系由督抚规定，其议员旅费、杂费及预备费三项，应由本局议员公同会议预算数目，酌定后，再请督抚核定。

兹既由筹办处先行开单，除公费及薪金数目应属抚部院所当核定外，其旅费、杂费及预备费在谘议局权限内者，亦详定大概，约计常年经费需银四万两，业经抚部院先事具奏在案。兹由本局公同会议，核实预算，除正副议长、常驻议员、普通议员公费，书记长以下薪金并酌加书记四人津贴，每年共需银三万零七百二十两，照章不归预算外，其余旅费一款合前案漏略有需增入者，每年需银四千零四十两。杂费一款惟刷印费太少，然既经前案规定，本局无庸更移，惟议长及常驻议员饭食银旧按二十人计算，兹既经更正，合议长及常驻议员共二十三人，饭食银自当增加，每年需银四千三百三十两。预备费一款除公费、薪金、旅费、杂费等每年共需银三万九千零九十两外，按照原定四万两数目核算，尚余九百一十两；预备费若邮电、译书、调查、图书、器具等费及杂费不敷之款、意外特别法难规定之款，实不敷用，除九百一十两余银外，请再拨银八千两作为常年预备费，统计应需银四万八千两。如遇闰月，照数再加。至本局临时会一节，召集原无常期，次数亦难预定，约计每次需银八千两，届时再请拨用。如每年无召集临时会时，则无庸请款。谨将本局所有遵章会议预算数目，理合连同薪金、公费等项分别造具详细清册，呈请抚部院核定，饬拨专款，以便分期具领。为此具呈，伏乞裁夺施行。须至呈者。

奉批：据呈已悉。查册开预算各费，有在原奏估计之外。事属创办，查核请增各项，亦有为事实上所需要，未便拘定成案，不得不量为变通，应准照支。至另请加拨之款，现在财政奇艰，必得权衡曲当，参合馆章，庶于各省办法相同，不至部中驳诘。仰候本署院分别核夺，再行饬遵。此缴。册存。九月十二日。

谘议局会议预算经费数目连同公费、薪金等项清册[1]

谨将谘议局会议预算经费数目连同公费、薪金等项缮具清册呈请鉴核。

计开：

公费项下：

一、议长一人公费，月支库平银一百五十两，按常年合计，需银一千八百两。

一、副议长二人公费，每人月支库平银一百二十两，按常年合计，共需银二千八百八十两。

一、常驻议员公费，每人月支库平银五十两，按常年合计，共需银一万二千两。

一、普通议员八十人公费，每人月支库平银五十两，按三个月合计，共需银一万二千两。

薪金项下：

一、书记长一人薪金，月支库平银五十两，按常年合计，需银六百两。

一、书记四人薪金，每人月支库平银二十两，按常年合计，共需银九百六十两。

又因书记四人薪金过少，酌加津贴，每人月支库平银十两，按常年合计，共需银四百八十两。

以上公费、薪金两款，每年共需银三万零七百二十两。

旅费项下：

一、普通议员八十人来往旅费，每年一次，每人应支库平银四十两，合计共需银三千二百两。

---

① 报告书原目次中有此标题，而报告书中则有内容无标题，兹据原目次补列标题。

一、常驻议员二十人来往旅费，每年一易，每人应支库平银四十两，合计共需银八百两。

一、议长、副议长来往旅费，三年一次，每人应支库平银四十两，按三年核算，共需银一百二十两，按年分摊，每年需银四十两。

以上旅费，每年共需银四千零四十两。

杂费项下：

一、书手八人，每人月支库平银八两，按常年合计，共需银七百六十八两。

一、局役十名、厨役四名、卫兵八名，以上每名月支钱十千，约合库平银六十两，按常年合计，共需银七百二十两。

一、纸张、笔墨、朱油费，印刷费，灯油、茶水、薪炭费，报费，以上各项月支库平银一百两，按常年合计，共需银一千二百两。

一、冬季炭资应需库平银四百两。

一、议长及常驻议员二十三人饭食，每日应支库平银三两四钱五分，按常年合计，共需银一千二百四十二两。

以上杂费，每年共需银四千三百三十两。

预备费项下：

一、凡邮电、图书、译书、器具、调查各费及杂费不敷之款、意外特别法难规定之款，预备费各款实难预定数目，除余款九百一十两外，约计尚需用库平银八千两。

总计预算旅费、杂费、预备费数目，连同公费、薪金各项，谘议局常年经费共需库平银四万八千两，除前案预定四万两外，尚须请拨预备费八千两。

附预定临时会费数目：

一、普通议员八十人公费，每人应支库平银五十两，按一月核算，合计共需银四千两。

一、普通议员八十人来往旅费，每人应支库平银四十两，按一次核算，合计需银三千二百两。

除以上普通议员公费、旅费两项共需银七千二百两外，其余八百两作为临时会会场费。谨拟预定会费数目，以作异日开临时会费用之预备。合并声明。

呈院文（附批答）

为呈请事。窃照现在各属被举议员均已齐集省垣，分期集议研究各种议案及预备开局一切事宜，计至九月初一日为谘议局开局之期，为期孔迫。前因局中房舍尚未造齐，筹备处地址稍狭，不敷列坐，因公同筹议暂借府学西庑为议员事务所，俟开局即行停止，业经呈明在案。兹查月余以来，应行预备各事宜在在需款，除谘议局一切器具及开局所需应用等件均已商明筹办处，由处办理外，所有事务所置购器具、整理房屋、印刷章程、雇用人役等需款亦繁，应行呈请饬下筹办处在于开办经费内迅即给发库平银一千两，俾济要需。此项用款容俟开局以后事务所停止，即行核齐呈明，归入开办项下报销。再，各议员等公费、旅费，自应由九月初一日开局之日起算发给。今各议员于限定七月初十日到省，为日已久，所有公费、旅费等项预算应用库平银八千两，应请饬拨专款，以便支发，仍由九月初一日起算，以符定章。为此备由具呈，伏乞裁夺施行。

奉批：查该局常年应需经费业经奏咨在案。兹据呈称，所需公费、旅费等项请拨银八千两，应照定章自九月初一日起算，候即饬司先行拨发，以济要需。至开办费一节，原定在该局建筑赢余项下指拨，不另请款，并候行筹办处即照所请一千两如数拨交可也。缴。八月三十日。

藩司照会

为照会事。案奉署抚宪孙札开：宣统元年八月十四日准度支部咨：制用司案呈内阁抄出山东巡抚孙奏山东谘议局常年应需经费数目核实预算一折，宣统元年六月三十日奉朱批：该衙门知道。钦此。钦遵到部，并据该抚抄录原奏及预算表咨送前来。查预算表开列山东谘议局常年经费，旅费项下年需银一万五千七百七十两，公费项下年需银一万四千八百八十两，薪金及各项杂费项下年需银五千零七十八两，约共需三万五千七百二十八两，连同常年临时会费及预备费，约共需银四万两。本部查核，尚属无浮，应即照准立案，仍令（樽）〔撙〕节动支，核实报销，以重款项。至所称建筑房屋原定四万两，现在（樽）〔撙〕节动支，约计尚有盈余，拟即拨给该局开办费，不另筹款一节，究竟盈余若干，应先行报部备案。相应恭录朱批，咨行山东巡抚遵照可也。等因。到本署院。准此，合行札饬。札到该司，即便遵照。此札。等因。到司。奉此，合就照会。为此照会贵局，请烦查照办理赐覆，望切施行。须至照会者。九月十六日。

抚院札（附原奏）

八月二十四日

为通饬事。宣统元年八月十七日准民政部咨：本部奏保存古迹推广办法一折，于宣统元年八月初七日具奏，本日奉旨：依议。钦此。钦遵到部。相应恭录谕旨，刷印原奏，咨行贵抚遵照办理可也。等因。到本署院。准此，查原奏章程，其中范围颇广，应由各道府及直隶州州县详细调查，缮具清册，送由提学司汇造总册，详送来辕，以凭核咨。除通饬遵办并分咨外，合行札饬。札到该局，即便钦遵查照办理。此札。

计发原奏一纸。

奏为保存古迹推广办法，另行酌拟章程，恭折具陈，仰祈圣鉴事。窃臣部职掌原有保存古迹事项，嗣于光绪三十二年十二月二十日接收工部划归事宜案卷，各省每于年终造具古昔陵寝、先贤祠墓防护无误册结报部，原所以景行前哲，资人观盛也。惟是奉行日久，已成具文。查各国民政应行保存古迹事项，范围颇广，如埃及金字塔之古文、希腊古庙之雕刻、罗马万里古道、邦渒发掘之古城，下至先贤一草一木、故庐遗物，或关于历史，或涉于美术，虽至纤悉，亦莫不什袭珍藏。因之上自皇家，下迄草野，广如通都，（辟）〔僻〕在乡壤，咸有博物馆储藏品物，以为文明之观耀。而其保存通例，凡兵燹时，他国不得毁坏，毁坏者可责赔偿，著为万国公法，故其馆历时至久，聚物至夥。我中国文化之开先于列国，古昔圣哲联肩接踵，所遗之迹应亦倍蓰于他邦，乃至今而求数千年之遗迹，反不如泰西之多者，则以调查不勤，保存不力故也。因而海外洋商不惜巨资，赴我内地购买古代碑服、石刻、画图、造像之类运至本国，庋藏宝贵，著书摹印以为夸耀者络绎不绝。夫我自有之而不自宝之，视同瓦礫，任其外流，不惟于古代之精神不能浃洽，而于国体之观瞻实多违碍。臣等公同商酌，于陵寝祠墓以外，推广调查、保存两项办法，谨拟章程，缮单恭呈御览。如蒙俞允，即由臣部咨行步军统领衙门、顺天府、各直省将军、督抚、都统，按照新章认真办理，每届年终将办理情形造具清册报部，再由臣部汇齐奏明。所有保存古迹推广办法各缘由，理合恭折具陈，伏乞皇上圣鉴。谨奏。

谨将保存古迹推广办法章程缮单恭呈御览：

一、周秦以来碑碣、石幢、石磬、造像及石刻、古画、摩崖、字迹之类，现存何县何地，并某县某种物共有若干，某物字迹现存若干，有无断折残缺情形，拟令督抚饬属详查，咨部存案备核。

一、石质古物近年以来每为寺僧及不肖匪徒所盗卖，因之洋商络绎将我碑版诸物贩归本国者时有所闻。国体所关，尤堪痛惜。拟由督抚饬属严禁，如有盗卖碑版于外人者，科以重罚，并予州县官以失察之罪。

一、古庙名人画壁，或雕刻、塑像精巧之件，美术所关，较之字迹又可珍宝。拟令督抚饬属查明，如有以上所列各件的系何年遗迹者，咨部备考。

一、古代帝王陵寝、先贤祠墓，日久湮没，踪迹模糊，一人而数处有墓者有之，此其故由于真墓毁失，不知处所，好事者遂从而作伪。英光浩气失所凭依，观览兴起遂难亲切。拟由督抚确查审定，咨部立案。

一、名人祠庙或非祠庙而为古迹者，临履其地，在在生历史之感情。拟由督抚确查，咨部备核。

一、金石诸物时有出土之件，拟由督抚饬属，凡由地下掘得金石而有字迹者，访查详确，即由督抚于年终时报部备核。

以上六条系调查事项。

一、碑碣、石幢、造像之属，雨淋日炙，石质最易黪朽，或书肆贾贩任意搨拓，致使字迹模糊、碑身断折者，在在皆是。拟由督抚饬属，于露立之碑，或移置廊庑，或由本地筹款建造碑楼栅栏之属。凡书肆贾贩，须报官后，由官体察石质情形，准其印搨若干者，始能印搨，否则从严惩罚。

一、古人金石书画并陶瓷各项什物，或宋元精印书籍、石搨、碑版之属，摩娑之下，如对古人。第中国历来无一共公储藏之所，或秘于一家，或私于一姓，一经兵火，散失焚弃，瓦砾之不如。故世愈久则愈少，物愈少则愈珍，扃固秘藏，只供一二有力者之把玩，而寒素儒生至求一过目而不得。夫珍贵之品不能接于人人之耳目，一旦遭遇变故，又岂能邀人人之爱惜？今拟由督抚在省城创设博物馆，随时搜辑，分类储藏。其或学士大夫达观旷识，欲将私蓄捐入馆中永远存置，抑或暂时存置，皆听其便，庶世间珍品共之众人，既免幽闭之害，兼得保存之益。

一、古代帝王陵寝、先贤祠墓虽由地方官出具保护无误册结报部，然奉行日久，已成具文。拟由督抚于陵寝、坟墓之就湮者，务建设标志，俾垂永久。其著名祠庙之完固者，则设法保护；其倾圮者，由地方择要修葺，不得仍前视为具文。

一、古庙名人画壁并雕刻、塑像精巧之件，务加意保存，不得任其毁坏，亦不得因形迹模糊重行涂饰，致失本来面目，于古人美术反无所窥寻。

一、非陵寝、祠墓而为古迹者，如光武千秋亭、诸葛八阵图、魏武铜雀台之属，或种树株，或立碑记，务使遗迹有所稽考，不致渐泯。

以上五条系保存事项。

抚院札

八月二十八日

为札行事。宣统元年八月二十四日据吉林谘议局筹办处总理民政司谢呈称：窃照本处自光绪三十四年九月开办起，所有调查选举事宜，编拟章程、规则、图表等项，均经次第呈奉督抚宪分别核准遵行在案。兹截至宣统元年闰二月底止，择其紧要文牍并各项规章、图表、释例、说明书等类，以及兼办地方自治事项，分为甲乙丙三编，汇订成本，名曰《吉林谘议局筹办处第一次报告书》，已发交官书刷印局排印三百本。其第二次报告应自三月起续行编订付印。除呈送本省督抚宪并移行外，理合检同报告书四本具文呈送，仰祈宪台鉴核施行。再，本处因总理屡次易委，现经署司甫加核订，是以印行较迟。合并声明等情到本署院。据此，所有送到报告书，除存留备案外，合即札发该局查照可也。须至札者。

抚院札

九月初一日

为札行事。照得谘议局筹办处附设地方自治筹办处，一切事项均归筹办谘议局人员兼理。查原定章程，俟谘议局成立，即将谘议局筹办处裁撤。现在选举事毕定，于九月初一日开局会议，其筹办处应于八月三十日撤销，一切文卷并即检交谘议局查收备案，原颁谘议局筹办处关防亦应呈院缴销。所有该处员绅应以筹办地方自治专司其事，先已饬发地方自治筹办处关防，无庸另行照会札派，仍照该处详定章程暨薪水清单各循职任，由布政司、提学司、按察司暨袁道、石、曲两主事督同在事人员妥慎依限筹办，毋庸疎懈。除分别咨行外，为此札行该局查照办理可也。须至札者。

抚部院谘议局开会演说词

九月初一日

今日为谘议局第一期开会之日，事属创举。凡官吏对于议会之行为，议会对于地方之举动，不特为众人观听之所集，亦且为一方利害之所系。当此新旧政体过渡时代，而国民恰于此际获得前此未有之参政权，自然人人挟一无穷之希望，以观今日之政府。倚任议员之本愿何等恳切，而期望议员之意思亦必甚为严重。始事稍有不慎，最易失国民信用，而生将来代议制度进行之阻力。使者来抚是邦，视事日浅，少有成效，诚不足以餍吾士民望治之心，然考求新法不自今日始，平日以提倡风气为己任，言论宗旨固长表示端倪。今日对于谘议局尊重爱护，全出至诚，当为诸君所共信。惟其尊重爱护之至，乃益不嫌词费，一一辨明，以质之诸君。凡事不问为坐论、为起行，必先守定宗旨，然后精神方能一贯。况国家行政、地方行政，虽事权有分界，而利害总在同一区域之中。是行政长官与议员尤不可不有同一宗旨，乃能相资有成。而决定宗旨必先详解法令，以法令有一定范围，不容任意出入也。今谘议局章程逐条堦解，历经质问，已明白无疑。而恭绎光绪三十三年九月十三日上谕，于谘议局职权，则曰指陈通省利弊，筹计地方治安；光绪三十四年六月二十四日上谕，于官吏、议员权限分界，则曰执行之权在官吏，建言之权在议员，尤全章之本据。使者遵守法令，于其范围以内，决不有所放弃，以尽监督之责任，而于权限以外，亦决不有所逾越。亦望诸君认明本章程各条重要之点，如第二十一条应办事件权限，对于资政院有国家、地方之分；其他项章程有与本章相发明者，如清理财政章程第十三条所指国家经费、地方经费之区别，自当认明遵守，以免误会。此专从法令言之也。若夫使者与议员联合意思，互通情谊，则又视乎各人的公德心。使者窃观近年以来，风气愈开，新旧之意见实所难免。吏治积弊已久，官吏实心任事者亦不多见，岂能尽洽民望，议员对于官吏，即不能保其不预存一腐败顽固的成见。议员初次被选，并未经历地方自治的实迹，或多见事太易，恐官吏对于议员亦不能保其不预存一程度不彀的成见。以此两成见相待，而真情终不可合。且议员人数既多，性情、智识岂能一致。吾国习惯，最好争意气，而不平心讲求公理，贤智之士，在所不免。使者以为，此种病根总由公德心薄弱，公私界限不分，而又不明利害。果有致力国家、致力社会的真诚，自能放开眼孔，观其利害所归，知仍归于吾地方之人，何敢争一时之意气。今百度更新之始，国家一切组织未能全体完备，而先立谘议局，原欲以此为图治之基础。正惟在幼稚时代，于此新建之一基础，不可不以全副精力审慎维持。使者守此宗旨，故其对于议员绝无蔑视之心，而实具一片尊重爱护之诚，更不敢博推让之名，而责以难举之事，使议员受谤于乡里。诸君尤宜放大眼光，外观天下之大局，内察地方之实力，不可因一时热心，因见好乡里，因受一二人鼓动，轻于发端，而不思所以贯澈始终之计。议事之际，必时时预为办事之人设想。且今日议事之人，即他日办事之人。如此则互相维持，心力必能合一。使者服官日早，求学已迟，虽尝两使欧洲，留心新政，志愿虽宏，而才识相差甚远，然虚衷好问，则所敢自信，愿合全省官绅互相切磋，考求地方利弊之所在。有讨论而是非自见，有考证而事理自明，由此推而行之，夫岂有隔阂之患哉！今地方自治局及议事会均未成立，尤赖此初萌芽的谘议局组织完美方针，不错做一榜样。总而论之，使者对于谘议局，凡合三事以为唯一之宗旨：一曰守法令，二曰布腹心，三曰求真理。至于应议事件，先分别国家行政、地方行政的性质。凡应归谘议局议决之事，使者必秉公裁夺，而于谘询事件，则不厌求详，不存己见。一事自有一事宗旨，自应随时访求舆论，折衷至当。惟使者视事之日浅，谘议局初次成立，前此地方行政本无专司，故能具列条件提付议会之案不多。其国家行政应备谘〈议〉询者，他日另案提出，以示不与地方行政相混而清权限。至山左为圣贤之邦，人民涵濡教化，素性纯厚，诸君备选，均负一时之望，定能为桑梓之地，谋无穷之福。议长杨运东、副议长王燕泉、于茀航，三君均学有本源，通达中外政学法理，东省官绅同深钦佩。今当开局伊始，必能通官绅之情愫，审全局之条理，权其缓急轻重，次第筹画，与使者所述政见符合一致。从此宗旨既明，官民一气，互相辅助，前途之发达可企足而待。使者愿代表全省行政官敬祝全体议员之幸福，并祝全省绅民之幸福。

山东议员等百三人答东抚召集开正式会词

粤惟宣统元年九月朔，乃我山东谘议局开幕之第一日也。我抚部院承朝廷命令，召集议员毓泗、普源、景禧等百三人开谘议局正式大会。此会宗旨为国家预备立宪，将来使人民参与政治，以示大公，因谕令各省先设谘议局，藉资历练。煌煌明诏，四海共闻。德宗景皇帝谕：凡我士庶，均当共体时艰，同摅忠爱，于本省地方应兴应革之利病切实指陈，于国民应尽之义务、应循之秩序竭诚践守。天恩高厚，责望靡涯。迄今恭读，诏首以宪政事宜诸要端特申诰诫，薄海臣民犹感激涕零于不置也。我东省自经建设筹办处筹备以来，抚部院精心规画，布置周详。谘议局议员等遵照定章，历经初、复选手续，谬被选举。虽自顾材能薄弱，难膺重任，惟仰体朝廷宣布立宪、好恶同民之至意，勉力任职，期无陨越。且尤有为东省幸者，抚部院两使欧洲，考察有素，自必综西国宪法精义，确有心得，法学专家中外同钦久矣。兹幸开府斯邦，适值谘议局成立之期，我东省宪政前途所赖提撕保持者，必能为我邦人民造厥福焉。今蒙临会劝勉，所属望于我诸人者至深切厚。议员等纵属不才，惟愿抱定法律范围，谨守法定权限，各尽共存之责任心，俾立法、行政两大端相辅而行，并无生滞碍，以仰副朝廷使民与闻政事之意，并期无负抚部院提倡宪政、惠爱东人之热诚云尔。

山东谘议局开会式

一、布置会场分别如下：

（一）台上左偏为抚部院及现任司道席。

（二）台上右偏为各局所行政官席。

（三）台上中间稍前为正、副议长席，再前为演说台，台前设速记席。

（四）台下面北为议员席。

（五）楼上北向正中一间为预备中央政府或资政院人员傍听席，偏左一间为外国交际官傍听席，偏右一间为外省官吏或谘议局人员傍听席。

（六）东西两楼为普通傍听席。

（七）北楼右边第一间为新闻记者席。

一、先期知照各行政官，并预送各界傍听入场券，以一千人为限。

一、是日准午前九时齐集会场，由招待员分别引导就席。

一、齐集就席后振铃开会。

一、振铃后，由报告员登台报告开会。

一、报告毕，请抚部院登台宣读祝词，次请议长就议员席起立宣读答词毕，抚部院就台上，议长及议员等起立，相向行三鞠躬礼。

一、入席后，先请抚部院登台演说政见，次由正、副议长登台演说。

一、事毕，振铃散会。

山东谘议局开会颂词

溯自光绪三十二年七月十三日奉谕宣布决定立宪，三十四年八月初一日奉谕宣布宪法大纲，决定分年筹备事宜，朝野上下咸以人民参与政权为立宪政体第一义，于是内立资政院以树议院缔构之基，外设谘议局以广舆论采取之路。筹备研究，日夕孜孜，举国精神，悉注于此，迎一时之趋势，速千里之进行，创始期年，观成今日。今日者，使者受朝命以监督一省之行政，诸君被选举以代表一省之公民，会两方面之人，以图国家国民共同体之利。自今以往，团结固则众擎易举，条理明则扞格斯通，百度更新，计日程效，而养成议员资格，扩充自治能力，因以致国家于上理，胥于是乎始。则宣统元年九月初一日，岂非吾人世世不可磨灭之一大纪念日，而欢欣鼓舞以祝我国家前途之发达，固举国人之所同情，非独山东一省为然也。顾尝观于欧美各立宪国之历史，而考其国民参政权，莫不经历百年数十年之风潮，求其社会自治法，莫不成于百年数十年之改进，而我国独能获之岁月之间，坐享和平之福，实由于我先皇帝审机运断，乘时变法。今上绍承先志，克底于成，非我臣民所能意料，尤为世界之所震惊。他日增高继长，悉从此安宁幸福中来，则吾人感戴帝室之大德，当与此一大纪念，亿万斯年以俱永。虽然，朝廷之贶我国民者既无所吝矣，求所以承之而不虚负此莫大之赐，仍当求诸国民。必先具公溥之德性，而见解乃不涉于偏私；有宁静之心思，而议论方不流于夸大；备普通之智识，而筹画始能极其精详。非兼此三者，其何以循其秩序，尽其天职，以共谋国民之幸福。夫利而导之者君上也，受而不负者国民也，而利害之所中，悉中于吾君吾民所共有之国家。吾人安得不悚惶警惕，各励修能，扩充器识，以期仰副皇帝嘉惠吾人公天下之盛心，暨今上勤求治理之至意。使者以此敢请与诸君代表、此邦官吏、人民之全体，恭谢朝之天恩，而祝帝室万世一统无疆之庥庆。而今而后，庶几上下一德，咸与维新，共希望大同极盛之规。使者不胜颂祷之至。

呈院呈请批准议事细则及旁听规则文并折（附批答）

九月初一日

为呈请事。案查谘议局章程第七章第四十五条内开，凡议事细则及旁听规则由谘议局议定，呈请督抚批准后公布之。兹值开局在即，议事细则及旁听规则亟宜遵章议定。现由本局议员公同会议，拟定议事细则共六十二条，旁听规则共十四条。理合缮具清折，呈请迅赐批准立案，以便公布而资遵守。为此备折具呈，伏乞裁夺施行。须至呈者。

奉批答：据呈已悉。折开议事细则及旁听规则各条均极妥协，具见筹画周详，应准如呈立案，以便公布。惟来文系本月三十日到院，呈尾漏填坐日，仰即知照。此缴。折存。

抚院札

九月初一日

为札知事。宣统元年九月二十一日承准宪政编查馆个电内开：查谘议局章程第四十五条，订明议事细则及旁听规则由局议定，呈督抚批准等语。现在贵省谘议局此项细则如何批定，即希速行咨送来馆备查。等因。到本署院。承准此，查东省谘议局议事细则及旁听规则前据该局议定，呈请本署院批准在案。兹准电查，除照抄咨呈外，合行札知。札到该局，即便查照。此札。

谘议局规则

规则条例

（一）本规则大纲分为三种如左：（天）议事细则；（地）旁听规则；（人）全局规则。

（一）议事细则及旁听规则本包于全局规则范围之内，惟谘议局章程第四十五条只云议事细则及旁听规则，故仅就议事及旁听范围内事遵章议定，提出单行。

（一）全局规则除议事细则及旁听规则提出单行外，所有全局应办事件及全体共应遵守者统为规定。

（一）议事细则及旁听规则因系谘议局章程规定呈请督抚批准公布之事件，故提前叙列，以昭郑重。

（一）本规则既分为三种单行，所有章节条件亦均各自单行，不相连系。

谘议局议事细则

第一章　则　例

第一条　本细则系遵谘议局章程第四十五条办理。

第二条　本细则仅就议事范围内酌量订定，他如选举、请愿、请假、辞职、惩罚等项不在议事范围内者，拟再另订专章。

第二章　通　则

第三条　凡会议，先定议事日表，先期由议长订定，注明会议之事件次序及会议日时，并建议人某、赞成人某。订定后分给各议员。

第四条　议事日表当以督抚提出之议案列先，议员提出之议案列后。议员所提出者，须以重大者列先，不得任意争执。但其他紧要议案，已得议员到会过半数以上公认，或正副议长同意，认为紧要时，不在此限。

第五条　凡遇议长或议员到会过半数以上认为紧要事件，虽出议事日表范围外，亦可开议。

第六条　议事日表凡遇指定之日所载事项如不能会议或会议不能终了时，议长须再定日表。

第七条　会议中建议、演说须确守法律范围，凡发言有出乎法律外者，议长得禁止之。

第八条　凡议事日到会议员未满法定额数，议长可经相当时间，命书记检点议员人数，如检点两次仍未足数，议长得宣告延会。会议中有退席者，致不满定数亦同。既经宣告延会后，议员对于所议事件不得发言，若宣告休息、散会及停会时亦然。

第九条　凡会议，除请假许可之议员外，均须届时到会，至迟不得逾三十分钟。

第十条　凡会议，开始时先由议长登台报告一切经过事实及往来文牍，次即宣告开议。惟未经宣告开议时，无论何人，对于所议事件不得发言。

第十一条　凡在议场建议或演说，初次登台时须先俯首施礼，在席议员须皆俯首答礼，而后沉默静听。

第十二条　延会至下次会议时，书记应照上次签名薄另制到会表一纸报告议长，且保存至闭会之时。

第十三条　议事日表所载之事项议毕，虽未届散会时，议长得宣告散会。亦有议事未毕已届散会时，议长得宣告延长时间。

第十四条　议场开会、闭会及休息时，均以鸣铃为号。无论何人，均当各顺秩序，不得任意出入。

第十五条　议员到会不得著一切奇异服装，并不得携带烟袋伞杖等物及饮食服用品。

第十六条　会议时不得吐痰、咳嗽、欢笑及交头接语、离席乱次。

第十七条　会议时除看参考本外，不得阅读新闻纸及书籍。

第十八条　会议时无论何人，不得发赞声、否声或喧噪搀语，妨害他人演说及朗诵。

第十九条　既经开会后，如有后到者，不得起立应酬。

第二十条　在会场会议期间，如议员中有犯法律上之行为者，须遵章程第四十条办理。

第二十一条　到会后，非有特别事故当场申明者，不得先行退会。

第二十二条　会议中因时间甚长，有须议长宣告休息时，既经宣告后，均不生发言上之效力，但休息时间不得逾二十分钟。

第二十三条　散会时，非议长退席后，议员不得退席。

第二十四条　会议终了时，议长须将下次之议事日表报告全局。

第三章　议　事

第一节　提　议

第二十五条　议员有所提议，必详具理由书，与赞成者一律签名盖章，送交庶务处，呈请议长之命刷印，分布各议员作为议案。

第二十六条　凡议事时，督抚临会或派员到会陈述理由及意见，出席先后尽可听便，但不得因此中止议员之演说。

第二十七条　会议事件如有非法律上所许者，无论何人，不得妄为提议。又事属琐细，不成为议案者，议长得停止其提议。

第四章　读　会

第二十八条　提出议案照三读会法顺序为之。

第二十九条　第一读会，议长先令书记朗读议案，再令发议者说明其理由，全体议员详加讨论。有出席议员半数以上认为不应开第二次读会时，其议案即归废弃。如决议以为应开第二次读会，则于第一读会后二日为之。

第三十条　第二读会须逐条朗诵，以待决议。全部议员均有提议修正权，或先期交修正案于议长，或议长发修正案于委员会，俟开会间读毕，尚须审查与否，皆取公决。

第三十一条　第三读会仍须越二日为之，但议长得询决于议员减短时日或与第二读会同日举行。

第三十二条　第三读会除酌改文字外，不得复提修正之议。但议案中有互相窒碍，或与法令抵触，必须提议修正者，不在此限。

第三十三条　凡提议议案及对议案发修正之议者，非有议员已达法定人数之赞成不得作为议案。

第三十四条　提出之议案当经三读会议决之。但依议员十人以上之要求，经出席议员过半数以上之决议者，亦得省略第三次读会。

第五章　讨　论

第三十五条　议员对于议事日表中所载议案欲发言者，应于开会时开具节略，声明对于某事发言，或反对，或赞成，并具姓名，通告书记。

第三十六条　书记依发言者通告之次序，记入发言表，报告议长。至讨论时，议长依发言表所列次序，使反对者首先发言，次令反对者与赞成者交互发言。若议长指令发言时，若不声应出席，即将其通告取消，与未通告者同。

第三十七条　议员未先通告者，如欲发言时，须俟通告之议员发言毕方准请求，且请求时须起立自述姓名，待议长许可后方准发言。

第三十八条　二人以上起立请求发言时，议长认为先起立者使之发言，后起立者次之，若同时起立则任议长指定。

第三十九条　凡建议者须出席登台发言，但极简短之发言，及特承议长许可者，不在此限。

第四十条　议事中止或延会时，发言未终之议员，再行讨论得继续前之发言。

第四十一条　凡登台发言者，须于黑板上自书姓名及发言之纲要，以便书记记录。

第四十二条　议长对于在议席发言之议员，无论何时，得使之登台。

第四十三条　议员讨论不得涉于议案之外，且对于同一议案不得发言至两次，但质疑问答不在此限。

第四十四条　报告人督抚或督抚委派之员，及提议之议员为辨明报告及议案之旨趣者，均得发言数次。又议员被人告讦有干惩罚条例，为辨明是非虚实者，亦得数次发言。

第四十五条　议长如欲加入讨论议案之时，必先通告议员，使副议长代理其职务。该议案未解决以前，不得复议长之席。

第四十六条　无论发言者已终未终，经议员提议作为讨论已终，复得公决者，议长得宣告讨论之终结。

第六章　修　正

第四十七条　各议员对于议案欲加修正者，须具修正案交于议长。议长定表决之顺序，择其与原案最相远者先行提议，以下即顺次取决于谘议局。如各修正案俱被驳斥，则仍就原案决之。

第四十八条　议员已提出之修正案，非经谘议局允许不得撤回。如谘议局允许其撤回，而同时有他议员集有合例之赞成人，可仍以已撤回之议案交议长提出之。又修正案与原案皆不得过半数赞成之时，谘议局认为不得废弃者，得使委员特起该案，付之会议。

第七章　决　议

第四十九条　凡遇决议事件，非现在议场之议员，不得与于决议之数。

第五十条　讨论既终，议长就讨论之结果定为可否两问题宣告之，宣告后无论何人，不得就议案再为发言。

第五十一条　议长欲行决议时，书记应分布可否票二纸于各议员，任其自择一票，自书姓名于其上，交付书记呈送议长。复就本日签名簿核计到局人数，并宣告两种票数，以区别可决、否决之多寡，如可否同数，则照章程第三十六条办理。

第五十二条　议长宣告多数决议后，议员不得请更正自己之表决，亦不得以少数人意思再行提出开议。

第五十三条　凡会期内未及议决之议案，开会后即归消灭，不得继续旧案，若届下次会期，作为新议案得提出议之。

第八章　议事录及速记录

第一节　议事录

第五十四条　议事录记载左列事项：

一、关于谘议局成立、开会、闭会之年月日时，并招集临时会之次数、年月日时及摘记有关系之事项。

二、开议、延会及散会、停会之月日时。

三、督抚委员之姓名及其到局之月日时。

四、议长报告之事件。

五、已付会议之议案。

六、已作议案之提议及提议者姓名。

七、决议之事件。

八、计算表决及可否之数。

九、谘议局认为应行记载之事项。

第五十五条　议事录所载之事，议员如有异议时，议长可使书记长答辩之，仍有异议，则议长可取决于谘议局。

第五十六条　议长及书记长应于当日之议事录签名盖章，或假定代理者亦同。

第二节　速记录

第五十七条　速记录中议长已取消之发言无庸记载。

第五十八条　演说议员于速记录配付之日午后七时以前得请改正，但只准改正字句，不得更改演说之旨趣。议员对于速记录之改正有异议时，议长待有赞成之人，可不用讨论取决于谘议局。

第九章　附　则

第五十九条　以上所定细则如有未尽事宜，悉照谘议局章程办理。

第六十条　以上所定细则呈请督抚批准公布后即生效力。

第六十一条　以上所定细则如施行有所窒碍时，先由议员决议更正或增删，再请督抚批准公布。

第六十二条　以上细则一经批准公布后，凡开会，无论常时及临时，一律适用。

谘议局旁听规则

第一条　旁听席分为特别席、普通席、新闻记者席、外国交际官席。

第二条　凡过往大员有请求旁听者，由督抚将其姓名札行谘议局，议长按其人数命书记长填注旁听券，送交督抚转给应用。

第三条　外国交际官由督抚知照谘议局，将旁听券备交督抚转给。如外国人请求旁听，须由其本国交际官与督抚交涉妥协，谘议局方可照准。

第四条　官吏有请求旁听者，由所属衙门照会谘议局，书记长承议长命酌给旁听券。

第五条　各地方绅民欲至局旁听者，有议员一人介绍即可给券。

第六条　新闻记者请求旁听券，由议长命书记长先时填注，酌量发给。

第七条　议事开始之后，过一时间旁听席如尚有空位，有请议员介绍者，书记长承议长指挥，得给以旁听券。

第八条　议员介绍旁听人时，旁听人及介绍人姓名俱当记于旁听券。

第九条　旁听人将旁听券示守卫，就守卫指示之席。

第十条　凡在旁听席者，当遵守左列事项：

一、衣服须要整齐。

二、不得携带伞杖等物及饮食服用品。

三、不得吸烟、吃茶、咳嗽、接语。

四、旁听人不得与议员接谈及应酬等事。

五、对议员之言论不得表可否。

六、不得笑语喧哗，妨害议事。

第十一条　携带凶器、兵器及酒醉者，不许入旁听席。

第十二条　无论有何事故，旁听人不得入议场。

第十三条　如决议开秘密会时，或因旁听席扰乱，使旁听人全行退去时，议长可令守卫执行其命令。

第十四条　本规则亦照议事细则第九章附则内容各条办理。

谘议局全局规则

则　例

（一）本规则系照谘议局成立后应办之事酌量规定，其未成立前一切手续概从省略。

（一）查委员会定章虽无明文，而实际甚与谘议局有益，又不悖乎立法之意，本规则中因为规定，且按照施行次序，须于开会组织完备，故列入首章，以免陵躐。

第一章　委　员

第一节　总　纲

第一条　委员以谘议局议员组织之。

第二条　组织之委员共分三类如左：一全局委员，二常局委员，三特别委员。

第二节　通　则

第三条　委员之审理不得涉于谘议局委托事件之外。

第四条　委员在委员会中议事，不妨发言数次，以求精详。

第五条　委员长于委员会议事时，应保持会中秩序。

第六条　委员会之议事，以出席委员之过半数决之可否，同数则取决于议长。

第七条　委员会议时，非该会员半数以上出席不得开议，各项委员开连合协议会时亦然。

第八条　委员长如欲自与于议事之列，当于委员会中指出代理者，使临委员长之席。

第九条　委员长有事故不能到会时，由众公推一人暂行代理，此时代理之权限与委员长同。

第三节　全局委员

第十条　全局委员以全局议员充之，另举全局委员长一人，惟议长、副议长不在被举之列。

第十一条　开全局委员会，由议长或议员十人以上发议，则不用讨论而即可取决于谘议局。

第十二条　已议决开全局委员会，当即时开之。如不能即时开会，议长当预定日期，载入议事日表。

第十三条　全局委员会不得自行议决规则。

第十四条　开全局委员会时，议长当退席，委员长临议长席行之。

第十五条　全局委员会之发议，有三人以上赞成，即可作为议案。

第十六条　全局委员会议事毕，由委员长请议长复席，将其结果报告全局议员。前项报告毕，如尚须开全局委员会时，由议长再定续会日期，载于议事日表。

第十七条　全局委员会不得自行延会，若议事不能完结，委员长当请议长复席，将延会情由报告全局议员，此时议长当再定开会日期，载于议事日表。

第十八条　在全局委员会如有违反定章或规则，紊乱议场秩序者，议长不待委员长之请求，得复席解散委员会。

第十九条　全局委员会如有不得议决之事件发生，委员长当退席，请议长复席决之。

第二十条　在全局委员会则书记行书记长之职务。

第四节　常任委员

第二十一条　常任委员于每次会期之始选举之，其姓名酌分五项如左：

（一）审查资格委员。

（二）审查预算决算委员。

（三）审查请愿委员。

（四）审查惩罚委员。

（五）其他委员谘议局认为必要者。

以上各项委员人数之多寡，由全局委员酌定，依其所定员数用无名投票法，以得票最多数者为当选人，票数同，以抽签定之。并用此法各选委员长一人，选定后呈明议长报告全局。

第五节　通　则

第二十二条　各项委员无正当事故，会议中不得辞任，委员长亦然。

第二十三条　各项委员会以无名投票由委员中互选一名或数名为理事，使掌委员会议录及其他文书之事。委员长有事故则理事为之代理，此时会议录及其余文书之事得使书记掌之。

第二十四条　各项委员会议事日时由委员长定之，谘议局不得强行指定。

第二十五条　各项委员会不得于全局会议中开之，但得谘议局许可者不在此限。

第二十六条　议员对于各项委员受委托之事件如有意见发表，则常任委员当从其意见。

第二十七条　各项委员会于受委托事件审查毕，由委员长作报告书，交付议长提出于谘议局而公决之。

依委员会之决议，委员长得以口述报告，如谘议局认为不便时，得请其以文书报告。常任委员长经委员会之决议，亦得托他委员代为报告。

除议长认为应行秘密者外，凡委员之报告书当刷印配付于议员。

第二十八条　议长得定期限，使委员会为审查之报告，如委员会无故迟延，议员得另行选任他委员。

第二十九条　在各项委员会欲以少数被废弃之意见提出于谘议局者，如有委员出席三分之一，得将其意见书与委员会之报告同行提出。

第三十条　各项委员会当作委员会议录，记载出席者之姓名、表决之数、决议之要领及其余重要之事件。

第三十一条　委员会议录由委员长及理事署名，保存于办事处。

第三十二条　各项委员对于同一事件须行协议审查时，得由该各委员之同意，开连合审查会，其期日由各项委员长协议定之。

第三十三条　各项委员对于审查各案有应加修正时，尽可修正，但须具修正案说明理由，同报告书提出于议长。

第三十四条　开委员审查会及连合委员审查会时，议员之外禁人旁听。但由该会之决议，亦得禁议员旁听。

第三十五条　以上各项委员对于各项审查之手续，如资格、如预算决算、如请愿、如惩罚、如提议等，均有专章规定，自可参照办理，故不赘载。

第三十六条　各项委员开会时，应守之秩序悉照议事细则内规定议员开会时之秩序办理。

第六节　特别委员

第三十七条　特别委员为审查特别事件而设，其人数之多寡由全局议员视委托事件之种类临时酌定。

第三十八条　谘议局付托特别委员之事，如有于此事相系连者，得一并付托之。

第三十九条　谘议局受特别委员报告之后，得将该事件付托同一委员，或付托他委员。

第四十条　各委员会议场应守之秩序，参照议事细则内规定之秩序办理。

第二章　资格审查

第四十一条　议员对于他议员之资格告发不确者，须具告发书正副两本，指明证据，署名盖章，提出于议长。

第四十二条　议长将告发书付之资格审查委员，将其副本送达被告发之议员，定日期使呈出答辩书。

第四十三条　议长受被告发之议员答辩书，付之资格审查委员，限以时日使审查之。

第四十四条　被告发之议员如不于定期内呈出答辩书，资格审查委员得报告审查之结果。

第四十五条　资格审查委员认为必要时，得请由议长召集两造讯问之。

第四十六条　委员既将审查报告提出于议长，议长则取决于谘议局。

第四十七条　被告发之议员经议长召问，得自行到会辩明，或托他议员代为辩明，但不得与于议决之数。

第三章　豫算决算

第四十八条　豫算决算案应行审查之事项，须付之委员审查，审查讫，由委员长报告于议长，开会公议。

第四十九条　豫算决算委员受委托审查之事件，就豫算决算案分别审查后，再就其总额行确定之审查。

第五十条　审查委员对于豫算决算案有用修正时，其修正案须说明其理由，得同报告书提出于议长。

第四章　请　愿

第五十一条　谘议局对于请愿者之请愿书不记明住所、身分、年岁及不署名盖章者，概不受理。请愿者不自署名托人代署者，代署人当附记缘由，署名盖章。

第五十二条　法人之请愿书，代表者署名盖章。

第五十三条　介绍请愿之议员，当于请愿书之表面，书介绍议员某。

第五十四条　请愿委员当依请愿提出之顺序审查之。

第五十五条　议员以简短说明书对一请愿事件请谘议局急行审查之时，议长可不用讨论，直取决于谘议局，限时日付托于请愿委员。

第五十六条　请愿文书表当记请愿之旨趣，提出年月日，请愿者之住地、身分、职业、姓名，介绍议员姓名。请愿者如有数名，当记请愿者某某及外几名。

第五十七条　请愿文书表应酌定时日，印刷配付各议员。

第五十八条　请愿委员于审查之结果，当从左之区别，记其大要，报告谘议局：

（一）应付谘议局会议者；（二）无须付谘议局会议者。

第五十九条　请愿委员于应付谘议局会议之请愿，当作特别报告。

第六十条　请愿委员对于无须付谘议局会议之报告，一周间之内议员如无要求付之会议者，谘议局可不用讨论决之。

第六十一条　请愿书虽付之会议亦不朗读，但议员有要求朗读者，谘议局则不用讨论决之。

第五章　请假及辞职

第一节　请　假

第六十二条　议员在会期内，如有事故数日间不能到局议事者，须说明理由，预定日数，具请假书呈请谘议局许可。若因疾病，或一时不得已事故，致临时不克到局者，亦应详具理由，报告谘议局，受其许可。

第六十三条　得谘议局许可，将离去谘议局所在之地者，应以往返日期报告议长。如假期已满仍因事故不克到局者，可续具请假书及受许可之例如前。

第六十四条　议员如卒遇事变不能具书请假者，后日须申报其理由，补请谘议局承认。

第六十五条　已得请假许可之议员，如于假期内出席议事，则失其请假之效力。

第二节　辞　职

第六十六条　议员辞职须有谘议局章程第十九条所规定三项理由之一者。

第六十七条　议员如欲辞职，当详具理由，作辞职书，送交议长报告谘议局，令众公决。如有以其理由为不确实者，可提议交委员审查，他日再就委员报告者公决之。若在闭会后，由议长处分，俟下次会期报告谘议局。

第六十八条　辞职书中议长认为有不敬及无礼之语，得禁止朗读，将其要领报告谘议局，并将辞职书交惩罚委员审查之。

第六十九条　议长、副议长、常驻议员因事出缺时，照谘议局章程第十六、七两条办理。

第七十条　议员因事出缺时，照谘议局章程第十六条第三项办理。

第六章　惩　罚

第七十一条　在会议中议员如有应受惩罚之时，议长得中止其会议，或使其退出议场。

第七十二条　在委员会如有应受惩罚之时，委员长得中止委员会。

第七十三条　惩罚事犯之议事用秘密会议。

第七十四条　有不从议长之判断及取消之命令者，议长得作惩罚事犯，付之惩罚委员。

第七十五条　欲使在公开议场自表谢辞之时，惩罚委员当拟辞谢要领，并报告提出于议长。

第七十六条　议员于自己有干惩罚之会议不得列席，但经议长许可得自行辩明，或托他议员代为辩明。

第七十七条　惩罚委员得由议长召集，讯问本人及关系议员。

第七十八条　抵抗谘议局之命令或侮辱议长者，及一会期中被谴责三次，复犯应谴责之事者，得停止其到会。

第七十九条　停止到会，照局章五十六条办理。

第八十条　被停止到会之人如系委员，即作为已解任者。

第八十一条　被停止到会者如入议场，议长立命其退出，如不从命，当行必要处分，再付之惩罚委员。

第八十二条　凡可酿谘议局之扰乱，或污谘议局体面之行为，其情重者得停止到会或除名。

第八十三条　谘议局既议决惩罚，议长在公开议场宣告之。

第八十四条　议长认为应受惩罚之言论之一部或全部得禁其宣告。谘议局已议决为不应惩罚，议长之命令即归消灭。

第七章　质　问

第八十五条　议员对于本省行政事件及会议厅议决事件如有疑问，得照谘议局章程第二十六条办理。惟质问督抚时，须有三十人以上之赞成，作简明主意书，同赞成者连署提出于议长，由议长送呈督抚，并将主意书印刷分配各议员。

第八十六条　议员对于督抚之批答与否或批答不得其要领时，欲就质问事件提议者，如有三十人以上之赞成，得成为议案。

第八十七条　因质问成为议案者，经谘议局议决，可行照章程第二十二条第

一、二项办理。

第八章　停会闭会

第八十八条　依谘议局章程第四十七条之规定，谘议局停会后，再开会时得继续前会之议事。

第八十九条　凡会期内未及议决之议案，次会不得继续之。但由议长、副议长或议员十人以上之提议，复经议员公决者，得于闭会后使常驻议员继续审查。

第九章　谘议局与资政院、督抚、自治会之关系

第九十条　资政院及巡抚谘询之事件，又自治会争议之事件，须经审查委员会讨论后再付之会议。

第九十一条　答复谘询事件，书记依会议之结果具申覆书，交由议长核定后由书记发送之。判断自治会争议之事件亦同。审查委员会欲审查具覆书时，得及时审查，如有异议，得与议长会同核定。

第九十二条　与他省争论之事件，如为被动时，须将受取他省之函牍付之会议。

第九十三条　如在开会后遇有资政院及巡抚或他省又自治会谘询之事件，得由议长、副议长及常驻议员决议答覆之。

第十章　附　则

第九十四条　议事细则内第九章附则第五十九条适用于本规则。

第九十五条　本规则如施行有所窒碍，应行更正增删时，由议员自行会议公决。

第九十六条　本规则经议员多数议决后即生效力。

第九十七条　本规则欲加更正增删时，提议决议者须合法定人数方为有效。

第九十八条　本规则除常时会特别规定者外，余皆适用于临时。

抚院札

九月初三日

为札饬事。宣统元年八月二十二日承准宪政编查馆王大臣咨：准农工商部咨：据新加坡商会总理林为芳等禀，侨商既无调查之权，又无选举之区，似应变通办法。查华侨散处各岛，人数难于调查，自系实在情形。该总理所请就新加坡商会员董酌举四名，闽粤各半，及由商会行文谘议局，或径禀本省督抚，一面分禀驻使，暨参议员回籍时报名附席各节，是否可行，核定简明办法声覆过部，通饬遵照等因。准此，查该商会所拟华侨参议员办法，本馆详加酌核，如所拟公推参议员以曾经办过公益三年、确有不动产五千元为合格，查与谘议局章程相符，自属可行。所拟呈由驻使恐致延误，由参议员径交本省谘议局，或径禀督抚，分禀驻使，及应行条陈事件概由商会代发一节，查本馆前咨，系令参议员将条陈事件呈由驻使咨送该省督抚发交谘议局，原以重统辖而免踰越。兹核所呈急切紧要事宜恐致延误各情，应令南洋华侨各埠距驻使较远者，如遇有紧要事件，准其面请商会代发，径呈本省督抚发交谘议局提议，仍分禀驻使。其寻常事件并此外各埠，务应遵照前咨，呈由驻使咨送，不准径达，俾使限制。又所拟参议员因便回籍，遇谘议局开议，准予报名入局附席一节，如该参议员回籍遇谘议局开议时，有关涉该埠华侨事件，应准该参议员附席陈述所见，惟不得列入议决之数，以符定章。至新加坡商会员董五十二名拟酌定参议员四名，闽粤各半一节，现在姑准照办。惟查各省人数最少之区，如吉林等省，尚系于当选五六百人中选一议员，新埠华侨较多，似未便专就商董员数推举。来咨亦谓华侨散处，难于调查，但细数纵未能备详，而该商会各员董久居该处，岂致于大概数目亦难查悉。嗣后仍须俟该商会确查所统各处应选合格人数共有若干，再定推举参议员名额，以昭慎重而示平允。除咨覆农工商部外，为此合咨贵抚查照办理可也等因到本署院。承准此，除分行外，合行札饬。札到该局，即便查照办理。此札。

抚院札

九月初三日

为札行事。宣统元年八月三十日承准宪政编查馆洪电内开：谘议局华侨参议员执照由各该埠领事发给，如距领事较远及无领事，经商会推定者，即由商会总董发给执照，仍须呈报本省暨驻使存案。至参议员执照式样，兹特酌定如下：某省参议员选举监督为给与执照事。按照宪政编查馆通咨华侨选举参议员办法，凡参议员当选者，应给与执照为凭。兹查某绅在某埠业经当选，合行给与参议员执照。须至执照者。右给与某绅，盖用关防并注年月日等因，业经电复苏抚、粤督各在案。除详咨各省督抚及各国出使大臣外，即希查照饬遵等因到本署院。准此，除分行外，为此札行该局遵照可也。须至札者。

抚院札

九月初三日

为札行事。宣统元年九月初二日承准宪政编查馆王大臣咨：准农工商部咨：据长崎华商商务总会会董禀称，华侨选举谘议局参议员，照谘议局定章，先将粤、闽、江、浙四省侨民应有选举权人数多寡详细调查，拟定名额，预发票号，于六月初二日投筒开票，即由领事官监督点名，计广东省二名，福建省三名，江苏省一名，浙江省二名，合将履历清册呈鉴。至举定参议各员应否援照内地议员发给执照，抑或由大部札委之处，伏候施行。相应将商会所呈举定参议员各册抄录查照备案等因。查该商会所请援照内地议员发给执照一节，事属可行，自应酌定发照办法，以资遵守。嗣后华侨选举参议员，执照由各该埠领事发给。仍照内地谘议局选举章程第七十八条办法，应由该埠领事将参议员姓名、职衔申报各该省督抚，由督抚分别咨报资政院、民政部立案。如系未设领事之埠，可由该埠商会总董办理。再，该商会禀内投票开筒由领事官监督一节，该埠既办有成案，嗣后有领事各埠遇商会公推参议员，即可以领事为监督；若仅有商会而未设领事之埠，应准以该埠商会总董代充监督，惟该商会总董仍须先行呈明出使大臣及本省督抚请示办理，以昭慎重。至该总董既代充监督并代发执照，即不得再推充参议员，以示限制。除咨覆农工商部，通咨各省督抚暨出使各国大臣外，为此咨行，查照办理可也等因到本署院。承准此，除分行外，为此札行该局，即便查照办理。此札。

抚院札

九月十三日

为札饬事。宣统元年八月二十二日承准宪政编查馆王大臣咨：光绪三十四年七月十七日本馆通行奏定谘议局章程文内声明，谘议局关系重要，选举事宜尤属创办。此次所订章程头绪繁多，条文细密，各省如有疑义，应随时咨询本馆，以便详为解释，俾免歧误等因。嗣据各省陆续咨电询问各项疑义，业经本馆随时答覆各在案。查此项答覆，各省自应一律按照通用，免涉纷歧。兹特刊印成本，分咨各省，以备参考。嗣后续有答覆，仍随时通知等因，于上年十二月及本年三月、五月通行各省在案。兹将本馆续行奏咨各项文件并答覆各省电询疑义，自宣统元年四月起至六月止，汇刊第四次解释，应即通行各省，以便一律按照办理。相应咨行，查照饬遵可也等因到本署院。承准此，所有送到第四次解释现经排印已竣，除分别咨行外，合行札饬。札到该局，即便遵照。此札。

抚院札

九月十三日

为札饬事。宣统元年七月二十九日承准资政院咨：宣统元年七月初八日本院会奏续拟院章，并将前奏各章改订，开单呈览一折，本日奉上谕一道：钦此。又奏择定贡院旧址建筑资政院，请旨饬修一折，同日奉谕旨一道：钦此。相应恭录谕旨，并刷印原奏清单，咨行钦遵查照可也等因到本署院。承准此，所有送到原奏折单，当经饬筹办处照式排印去后。兹据该处饬匠刷印完竣，详送前来。除分别咨行外，合行札饬。札到该局，即便钦遵查照。此札。

计发原奏折单二本。

抚院札

九月十四日

为谘询事。查东省州县经征地丁钱粮，向有银号、钱号之分。每征正银一两，连耗羡、火耗、平余等项，征银号者每两统收一两三钱至一两五六钱不等，征钱号者每两统收京钱四千五六百文至六千四五百文不等。光绪二十二年李前升院奏明，凡征钱号者每两统收四千八百文，并声明将来银价昂贵，州县不敷办公，当再察酌情形奏明办理。彼时银价低小，州县以钱易银，除解兑外尚有盈余。至二十六年，袁前升院以银贱钱贵，随于筹备兵饷案内奏提盈余以充兵饷。二十七年，银价更小，又经胡前护院于筹议偿款案内奏请将向征银号暨银钱兼收各属改为一律征钱，统收京钱四千八百文，分别缺分大小，酌提盈余，以为摊还洋款及先锋队军饷之用。以上两次奏提盈余案内亦声明，将来银价增涨，盈余减少，再为随时奏明办理各在案。嗣因银价日益减小，又据司详，三次加提盈余每两自三钱至五钱五分不等，每年提银至一百万有奇。此东省近年厘定钱号酌提盈余之成案也。维时银价每银一两仅易京钱二千一二百文，自三十一年铜元盛行，银价日涨，州县经征钱粮，以钱易银，渐至不敷提解，是以节次减提盈余，并令州县遵照部章铜元、制钱搭配征收，以冀保全盈余，免致赔款、军需及一切新政待用等项俱无着落。无如银价增涨无已，现在每银一两易京钱四千文上下，由后溯前，每两相差在一千八百文左右，前可易银二两余者，今仅易一两二钱之谱。以今日之银价，合四千八百文之钱粮，不但无盈余可提，恐正项亦不敷解。推其致病之由，皆由折价缴钱而起。历次筹提但取便一时，以为融纳于银价之中，无所加于征钱之额，即无所累于完粮之人。乃银价涨缩无定，而公款提解有常，以无定之来源，供有常之经费，减提则公款无着，仍不得不别筹弥补之法，而担负者人民也；求盈则州县受亏，难保其不别谋生发之计，而朘削者人民也。丁粮为国课正宗，而赔款、军需与州县办公又悉取给于盈余之额，是一省财政全恃此为根本。今因银贵钱贱之故，财政困难达于极点，其关于民生之疾苦尤至密切。本署院以为，丁粮一日不整顿，即国计民生、吏治一日无转机，而整理之方，不得不改弦易辙。袁前升院曾有请免盈余改给公费之奏，意在养官廉即以抒民困。然通盘综算，先须筹公费七十万金，既未指定的款，则盈余不可遽裁。屡与司道再三会议，非推求银号、钱号关乎社会经济之盈虚消长，无从抉其致病之源。试以银号论，向章正银一两带征耗羡银一钱四分，火耗、加平、解费等项一钱六分。至留备州县办公，衡以从前最少之数，应以二钱为率。其原提盈余一项，关系赔款、军饷，势不能全行免提，停解要需，贻误国事。然民仍须兼顾，酌定最少之数，就昔所提银三钱至五钱五分者，今减为一钱五分。综计每正银一两，非加征至一两六钱五分，不足兼济公私。查民间交易以钱为主，而官府出纳仍据银立算。昔年每两征京钱四千八百文，可易银二两有余，今虽拟改征银一两六钱五分，较之于前仍属核减。且近来银价日贵，而粮价亦日昂，民间并不吃亏。即如关税、厘金，大概值百抽五，以彼例此，亦合于事理之平。目下各州县征收钱粮，每执制钱、铜元搭用之说，参差不齐，其中必不免浮收巧取。与其征收钱号漫无限制，反不如明定银号，以昭画一而杜弊混。总之，无论银号、钱号，皆不能不于正赋外有加征，虽统收一两六钱五分，亦不规复钱粮旧章，并无丝毫多取，均与加赋迥不相同，且与历次钱粮改章案内声叙将来银价昂贵，随时察酌情形奏明办理之语亦属相符。如果将来银价低落，再行察酌情形奏明核减。然就现在论，为避市价之涨缩，以防财政之危险，必以征银解银为正办。其银根紧迫之时，及零星花户不便缴银之人，应于开征时按照市价合钱代纳，责令自行投柜，使经收之胥吏无从上下其手。倘此后各地方官敢有浮收分文，一经查明，定行严参不贷，如此则正本清源，庶可与言治理。诸议员于桑梓情形审察至熟，征银解银究竟利弊若何，务各详细研究，果须改正旧章，本署院自应据情奏咨，以期官民两受其益。除分行外，合行札饬。札到该局，立即查照办理。此札。

抚院札

九月十四日

为谘询事。照得东省州县经征漕粮，向分本色、折色。征本色者，按当时米价之低昂，定收数之多寡；征折色者，即遵咸丰十一年前院谭奏定章程，每正米一石收制钱六千文。其时银价较贱，且有本色米石藉资挹注，是以通行无碍。迨光绪二十六年，前升院袁筹饷练兵，奏明每石提盈余银三钱。二十七年，奉旨全漕改折停运，并奉文筹拨新案偿款，经袁前升院奏明每正米一石提解正价耗折、兑费共银二两六钱，公费银一钱，又经藩司详提弥补摊捐、现又改为学务经费银一钱。光绪三十年，东陵守护大臣以兵丁苦累，折价不敷支放，奏奉饬东筹补，经周前升院奏明每石加提陵米津贴银二钱二分。此外又有加重、添平、火耗等项，每石约需银数分。光绪三十四年，因粮道裁缺，经前署院吴奏明拨归裁节项下，充作劝业、巡警两道经费，是私费亦变为公款。统计每米一石共需折解银三两四钱，而同城各官办公以及书差赏号等项尚不与焉。就现时银价而论，不独办公无资，且已不敷提解。且邹平等五县全漕、章邱等三县蓟粮，皆拨兑青州兵米，每年冬间议价相持争执，正米一石几乎将近四两矣。各州县不得已，因于铜元、制钱之中暗为通融，多寡不一，乡农亦无所适从。既无划一之规，自启高下之敝，授人以柄，大非政体。现据邹平等县联衔禀请改折，实因赔累不堪。际今清理财政，自当力求实在，应同钱粮折价一并谘明改良方法，俾乡民有一定之遵循，则弊端自可袪除矣。合行札饬。札到该局，即便遵照会议呈复，以凭核办。此札。

抚院札（附清折）

九月十八日

为札行事。案据劝业道萧应椿等详称：案查前奉札开：准两江总督部堂端咨，南洋创办第一次劝业会，请先设立出品协会，饬即移行遵照，并将办理事宜迅速妥筹，详复核夺等因。奉此，查设立出品协会，并分派调查土产，业经详咨在案。现经拟定山东出品协会简章十条，理合缮具清折，具文详请宪台鉴核，俯赐咨送两江总督部堂查照，实为公便等情到本署院。据此，除批示外，合行札知。札到希即查照。此札。

计抄清折一扣。

谨拟江南第一次劝业会山东出品协会简章。

计开：

一、宗旨。本协会以联络合省官绅、实业各界，调查土产，购运货品，辅助南洋第一次劝业会之发达为（宜）〔宗〕旨。

二、机关。本协会应特设事务所一区，现因经费无多，暂行借用济南工艺传习所陈列室为筹办处，以备会议。

三、会务。会务殷繁，择其要者略分六类：（甲）调查土产；（乙）采购出货；（丙）装饰成品；（丁）详议优劣；（戊）提倡奖励；（己）保护输送。

四、会议。本会监督、总理、协理每月定期会议二次，以资研究。临时会议不限日期，距省远者遇事通函商办。

五、职员。拟派理事二人，一司收发货品、登载簿籍等事，一司调查、采购、装饰、监造等事。如事务冗忙，亦可酌用传习司事帮同办理，事竣量予酌报。至随时派员调查、采购，不限额数。

六、会员。凡具有左列资格之一者，可认为本会会员：

（甲）商会、农会及他项实业团体职员。

（乙）本省实业行政官吏。

（丙）各项实业公司及大商号之职员或发起人。

（丁）本省耆宿。

（戊）新闻杂志之记者。

（己）官绅商学各界能担认本会义务者。

（庚）工商界中有特别技能者。

七、经费。本会详定经费库平银七千两，所有委员调查、采购应需货价、川资，一概实用实销。至本会职员薪水，应俟委派时酌议详定。

八、出品。搜集本省出品，应即按照劝业会章程内所载天产、工艺、美术、教育各品分门别类，就本省所有者择要购办，或移请各衙署、局场、公司代为购办，如矿产则由劝业道蒐集，渔业则由渔业公司蒐集，五谷果蔬则由农务试验场蒐集之类，总期细大不捐，臻于美备。

九、奖励。本会俟各属物产采购完备，择其优美者酌给奖励，以期实业改良而为陈列生色。其奖励计分三级：（甲）金牌；（乙）银牌；（丙）铜牌。

十、附则。以上九条系本会创立大致办法，其有应行增删之处，随时详明更定。

抚院札

九月十九日

为札知事。宣统元年九月十五日准资政院来电内开：本院会奏资政院议员选举章程，奉旨：依议。钦此。查章程内各省谘议局本届互选定于本年十月十一日举行，其议员定额：奉天三名，吉林二名，黑龙江二名，顺直九名，江苏七名，安徽五名，江西六名，浙江七名，福建四名，湖北五名，湖南五名，山东六名，河南五名，山西五名，陕西四名，甘肃三名，新疆二名，四川六名，广东五名，广西三名，云南四名，贵州二名。由各该局议员用记名连记投票，各照定额倍选，作为互选当选人，当选票额以过互选人半数为率，如不足数，即行再选。选毕由督抚就前列当选人覆加选定送院。所有投票等事宜由各该局办事处筹备。除章程另咨外，合行电闻，希查照饬遵等因到本署院。准此，除分行外，合行札知。札到该局，即便照章依限办理，毋稍延误，切切。此札。

抚院札

九月十九日

为札饬事。宣统元年九月十五日准民政部寒电内开：现在谘议局业经开会，会场宜整肃，希即酌派守卫巡查，俾（照）〔昭〕慎重等因到本署院。准此，查此项巡兵应由巡警道酌派，以资守卫。除分行外，合行札饬。札到该局，即便查照。此札。

抚院札

九月二十一日

为札饬事。宣统元年九月十八日承准宪政编查馆洪电内开：选据直隶、四川、山西来电，请添专额常驻议员，除直隶因专额议员较多，业经准设二名外，其余有驻防省分之谘议局，遇有关涉旗务事件，准随时招集专额议员一二名，来局协议办理，并备会议厅询考，以资接洽而免窒碍等因到本署院。承准此，除分咨外，合行札饬。札到该局，即便遵照办理。此札。

抚院札

九月二十五日

为札饬事。宣统元年九月十九日准出使日本大臣胡咨：案照各省现在筹办自治，凡省会、府县会当能逐渐成立，所有各会议事堂之规模大小容有不同，然其形式初无大异之处。本大臣前往考查日本贵族、众议两院，即向该院（会）〔绘〕有详图付诸石印，以备建筑议院及省会、府县会时之参考。相应将全图咨送一分，计十一张，以资印证。为此合咨，请烦查照等因到本署院。准此，所有送到日本议院全图合行札发。札到该局，即便查收，以备参考。此札。

抚院札

九月二十七日

【为】札饬事。宣统元年九月二十四日承准宪政编查馆洪电内开：谘议局议事权限，屡奉谕旨，不得踰越，自应恪遵办理。该局所议事件既以本省地方为限，自毋庸与京师各署文电往还。除候资政院成立后，得照定章随时报告，呈请资政院核办外，现在该院未成立以前，如有关系该局争执事件，暂由督抚分别据情电咨核复，以昭慎重而清权限等因到本署院。承准此，除分别咨行外，合行札饬。札到该局，即便查照。此札。

抚院札

九月二十七日

为札行事。宣统元年九月十五日承准宪政编查馆王大臣咨：宣统元年八月十四日军机大臣钦奉谕旨：宪政编查馆会奏覆核各部院九年筹备未尽事宜分别缮单呈览一折，著依议。钦此。相应恭录谕旨，刷印原奏清单，咨行钦遵查照可也等因到本署院。承准此，除分别咨行外，为此札行谘议局，钦遵查照。须至札者。

计刊发原奏一本。

钦命宪政编查馆王大臣恭录咨行事。宣统元年八月十四日军机大臣钦奉谕旨：宪政编查馆会奏覆核各部院九年筹备未尽事宜分别缮单呈览一折，著依议。钦此。相应恭录谕旨，刷印原奏清单，咨行贵抚钦遵查照可也。须至咨者。

右咨山东巡抚。计刷印原奏一本。宣统元年九月初十日。[①]

抚院札

九月二十七日

为札发事。案查本年迭准度支部咨，凡各省官商银号不准滥发纸币，以示限制，已发者陆续收回，未发者均应停止。所有原奏章程、部文暨商务总会详文，以及有关官商银号办法各项文件，均应抄发该局，以备查考。除已分行查照办理外，合行札发。札到该局，即便查照备案。此札。

① 以下原附有“宪政编查馆会奏覆核各部院九年筹备未尽事宜分别缮单呈览”一折，兹略去。

抚院札

九月二十八日

为札行事。宣统元年九月二十六日准资政院咨：本院遵订资政院议员选举章程一折，于宣统元年九月十三日具奏，同日奉旨：依议。钦此。相应刷印原奏清单，咨送钦遵办理可也等因到本署院。准此，除分别咨行外，为此札行谘议局钦遵查照办理，并将关于互选详细规则迅速拟订，呈候核定施行。须至札者。

计粘单一纸。①

抚院札

九月二十九日

为札行事。宣统元年九月二十五日准度支部咨开：本年六月间，本部厘定限制官商银钱行号票纸暂行章程二十条，奏蒙允准咨行，并咨催按表填报在案。兹准各省督抚陆续送到该省官银钱号发行数目等项，本部已分别核办，各予在案备查。惟商设行号林立，发行票纸向无稽查，一遇亏倒，全市震动，小民受害甚酷，其为币制前途之害更不待言。自上年本部奏定银行则例以来，迭次催令此种行号备资注册，以便稽察。而惟市面比年新开行号呈请注册者固属不少，而旧设

① 以下原附有资政院具奏资政院章程一折，并宗室王公世爵选举资政院议员章程、满汉世爵选举资政院议员章程、外藩王公世爵选举资政院议员章程、宗室觉罗选举资政院议员章程、各部院衙门官选举资政院议员章程、硕学通儒选举资政院议员章程、纳税多额者选举资政院议员章程、各省谘议局互选资政院议员章程，兹皆略去，相关内容可参阅资政院卷。

者多未补请。查暂行章程第五条，限于文到六个月内，凡发行银钱票之行号，均须呈请地方官报部注册，逾限则由地方官分别处罚。现在限期将届，除京师由商会汇总呈请注册四十六家外，余均应由各该地方官会同商会绅董按照此次发出第一表式迅速查明报部。其开设有年，准其暂仍发行票纸者，应饬照第二表式自行填注各节，呈由该地方官报部，分别注册立案。如仍因循玩视，一逾限期，即当勒令将票纸全数收回，并查照暂行章程十八条办理。各地方官遇有呈请注册立案等事务，宜遵章迅办，不得留难压搁，以恤商艰。相应咨行山东巡抚转饬各该地方官切实遵办，并将部文、表式暨前咨暂行章程二十条刊印成册，转知商会绅董，并通饬银钱行号遵照可也等因到本署院。准此，查此项银行注册及暂行章程迭准度支部咨，均已分行遵照办理各在案。兹准前因，除行劝业道遵照部咨刊印表册，分别移行遵照外，为此札行谘议局查照。须至札者。

抚院札

十月初一日

为札行事。宣统元年九月二十六日准资政院咨：本院会奏资政院议员选举章程一折，奉旨：著依议。钦此。业经刷印原奏清单，咨行在案。查章程内开，纳税多额议员每届互选，由资政院于前一年九月内行知各省督抚，查照本章程举行互选事宜等因。查宣统二年系属互选年分，兹届行知之期，相应咨行，查照章程办理可也等因到本署院。准此，查纳税多额人互选议员章程，以布政司为监督，亟应遵照定章由该司妥筹办理，毋误期限，并将关于互选详细规则由该司先行拟定。除分别咨行外，为此札行谘议局，即便查照章程办理。须至札者。

呈院呈请拨款文并批

十月初一日

为呈请事。窃前准筹办处移，奉拨本局开办费及常年费原封库平银壹万两，内除短平银五十两玖钱五分，并除去开办费银壹千两专归开办费项下动用外，计常年经费项下实在库平银捌千玖百肆拾玖两五分。查此项自九月初一日起支，除旅费、公费、薪津、工食及一切杂费，共用库平银柒仟柒百捌拾余两，本局拟每年分四季报销，计自九月初一日起至十一月底止为第一季报销之期，俟届期呈报外，现除支，实存库平银壹仟壹百余两。兹查会期以内，所有议长公费、议员公费、旅费及办事处人员薪金，书手、局役等津贴，工食并杂费等项，需款尚多，应再请饬拨库平银壹万四仟两，藉资开支。为此备文具呈，恳请裁夺施行。须至呈者。

奉批：已照呈檄行布政司拨发库平银一万四千两，希即派员前往具领备用。此覆。

抚院札

十月初九日

为札行事。宣统元年十月初五日准税务大臣咨：南洋劝业会赛品一事，前经本处奏准详拟联单报运，以及在会场内征免办法各章程，业已通行转饬遵照在案。兹准南洋大臣电称：据上海（量）〔董〕事会禀称，商人运赛物品，饬令核算税厘、觅保具结一节，探之商情，尤为不便等语。敝会定章，凡南洋各县设一出品所，以知县为监督；各府设一物产会，以知府为监督；各省会商埠之出品协会，以劝业道、关道为监督。凡有运赛物品，均由各会监督查明件数，限定运期，填发三联单，饬令运宁，沿途经过关卡，一律呈验盖戳放行。是各会监督负有担保责任，凡影射、夹带、沿途散售之弊不杜自绝，较之商民自行觅保尤为确实可据。拟请将觅保具结一层量予删除，可否请示等因前来。查南洋大臣以运赛物品，商人觅保具结为不便，拟由各会监督发单担保，系为便商起见，自可通融照办。惟须声明，各会监督既认担保，如中途有私运、私售、夹带、拆御各情弊，均仍照前定联单办法，就出口经过第一关所核应纳税厘若干，由该监督代缴两倍银数，归入关册，以符定章。除电复南洋大臣并分咨查照外，相应咨行查照，转饬所属各关卡遵照等因到本署院。准此，除分行外，为此札行该局查照。须至札者。

抚院札

十月十一日

为札行事。宣统元年十月初九日承准宪政编查馆洪电内开：兹将谘议局呈文格式酌定，首用“呈明”、“呈请”、“呈报”、“呈覆”等字样，末用“须至呈者”，仍称“督部堂”、“抚部院”，不用“贵”字，希转饬遵等因到本署院。承准此，除分别咨行外，为此札行谘议局查照办理。须至札者。

抚院札

十月十一日

为札饬事。宣统元年九月初九日承准宪政编查馆洪电内开：谘议局对官吏称谓，各省多来询问。兹定督抚署行谘议局公牍式，其专对局言者，应照章用札；专对议长、副议长言者，如系京官翰林院，无论局事非局事，应均用照会。其谘议局呈督抚文，应自称本局，称督曰督部堂，抚曰抚部院，不用“贵”字。如有与府厅州县关涉文件，应互用移。与司道领衔之局处，仍用呈文，均参照咨呈格式，惟不用“咨”字。即希查照饬遵等因到本署院。承准此，除分行外，合行札饬。札到该局，即便通饬各府州县一体遵照办理。此札。

抚院札

十月十一日

为札行事。宣统元年九月二十六日承准宪政编查馆洪电内开：上年本馆通行各省文称督抚行谘议局用札，系仿定例各部札太常、鸿胪各寺、顺天府，并礼部札各省学政之程式。其札文应首书“为札行事”，末书“为此札行谘议局查照，须至札者”云云。首不用“札饬”字样，末不用“札到该局，即便遵照，切切，毋违。此札”字样，无庸朱标，与外省督抚札饬属员文式须有区别。特此通电，以昭划一。希即查照，并转谘议局知等因到本署院。承准此，除分别咨行外，为此札行谘议局查照。须至札者。

抚院札

十月十一日

为札行事。宣统元年十月初十日承准宪政编查馆洪电内开：现覆川督电称：各省向办事件，多属国家行政。其国家行政与地方行政之分，应俟拟定后通行办理。现在未经区别以前，应暂由督抚酌核。凡属国家行政者皆由督抚照常奏咨，非谘议局所能置议，自无庸交局议决。如确系纯属地方行政，不涉国家者，自可提交局议，再由督抚裁夺，分别奏咨施行。其由局提议之件，亦应由督抚审查，如果踰越权限，可剀切劝告；若不受劝告，应即照局章四十七条办理。上年钦奉谕旨：议院未开以前，悉遵现行制度等因。钦此。谘议局非议院可比，尤宜恪守范围，务遵定章及本馆议覆于大臣原奏，是为至要等语。相应通电各省一体查照，并转饬谘议局遵行等因到本署院。承准此，除分别咨行外，为此札行谘议局查照办理。须至札者。

抚院札

十月十二日

为札行事。宣统元年十月初九日准民政部咨：宣统元年九月二十二日，本部具奏遵章陈明第二年第一届筹办事宜一折，本日奉旨：该衙门知道。钦此。相应恭录谕旨，刷印原奏，咨行钦遵查照办理可也等因到本署院。准此，除分行外，为此札行谘议局，即便钦遵查照，依限办理。须至札者。

计粘抄原奏一纸。[①]

抚院札

十月十三日

为札行事。案准邮传部寄到第三期《交通官报》五十一本，除存留六分阅看外，为此札行谘议局查收。须至札者。

计发《交通官报》三本。

抚院札

十月十三日

为札行事。据署沾化县知县王令铸禀称：敬禀者。窃以新政萌芽，非认真难收效果，地方职任惟交勉乃有成功。知县恭读光绪三十四年八月初一日圣谕：逐年应办事宜，各部院堂官暨各省督抚遇有交替，前后任须将办理情形会同详细奏明，以期各有考成等因。钦此。又奉巡警道转奉宪台札开：查宪政编查馆考该处章程，每年二月及八月内限各衙门将筹办宪政成绩奏咨一次。现届奏报之期，该主管衙门暨各局所应将筹办情形分别详细胪列具报，以便奏咨各等因。仰见朝廷郑重宪政与宪台励精图治之至意。凡身任地方者，均宜实力奉行，庶济时艰于万一。况州县为初级行政官，基础一立，则此后之推行便易著手。古人所谓州县治则天下皆治者，洵笃论也。变法以来，其认真举办者，固不敢以官为传舍，而无

① 以下原附有民政部“具奏遵章陈明第二年第一届筹办事宜”一折，兹略去。

学无识之流，每遇瓜期在迩，辄存五日京兆之心。后任接印视事，或因意见不合故为反对，或因款项不足竟废前功，事过境迁，互相推诿，致令有关宪政各事宜，多败坏于敷衍因循之中，无从究诘。长此不改，吏治尚可问乎！拟请嗣后各州县每遇交替之际，前后任亦须会同将已办未办各事宜详细禀报，以期各专责成。知县一介迂儒，毫无识见，第念有官守即有言责，壤流之细，容或有补于高深。所有酌拟州县官前后任遇有交替须将应行筹备各事宜会同禀报缘由，是否允当，理合陈请大帅鉴核。如蒙采择，并祈通饬遵行，以杜诿卸等情到本署院。据此，查此案前准宪政编查馆先后咨催，凡关于九年筹备事宜，钦限甚迫，考核綦严。在身任地方者，应如何恪遵定章，实力奉行，以共期宪政之进步。乃微闻各州县举行此项新政，仍不免敷衍因循，一遇交替则惟是互相推诿，无负责任者。吏治如是，宪政前途尚可问乎！该令所陈诚洞悉其中实在情弊，故能言之剀切。嗣后各州县对于逐年筹办各件，亟应一体遵章进行，以免迟误。限每年正月及七月内，各将筹办成绩逐项禀报一次。遇有交卸，由后任人员会同前任，将前任办理情形详细报查，以期各有考成。惟新旧交替，时间忙迫，前任或不及会禀，准由后任详查禀报。事关宪政，固不得挟嫌攻揭，亦不得扶同粉饰。自此次通饬之后，其各共体时艰，行之以实心，持之以毅力，固当如期举办，尤贵核实图功，幸勿视为具文，致干未便。除禀批“据禀悉。该令热心宪政，实事求是，洵属可嘉。已通饬各属一体遵照办理，并分别咨行查照，仰候另檄饬知。缴。”等因印发并分别咨行通饬遵办外，为此札行谘议局查照。须至札者。

抚院札

十月十四日

为札行事。案据劝业道详称：案奉宪台札开：案据高等客籍学堂教员江云章禀称：窃云章粤东下士，菲陋轮材，于光绪癸卯年奉调来东，充洋务局翻译，商务、路矿、商埠各局考校事宜，并高等、客籍两堂教员，统计奉办六年，幸未陨越。迨至上年六月，得卸洋务局，藉以潜心教习两堂德文，未效舌人之职，却与不求荣禄之性相宜。忆自同治辛未至光绪壬寅年，游历瑞士、德、法、意等国，习文语之暇，遍考树艺、农桑各法。云章回华，每遇村农，依法酌土地之宜，劝导仿行多效。而东鲁山岩平衍，竟有一望数里至数十里无树之处，弃地可惜。云章曾拟策上前抚宪周，阅毕许可。去秋谒晤罗提学使，亦以法良，当将图册译绘，披阅亦许可。旋值萧绍庭观察劝业东邦，访求各业，索阅原本，两次邀谈，拟为印咨通行。嗣恭阅报章，五月十六日奉旨催办各省农工政治。兹欣值节临抚东，将见各业振兴，云章欢企之余，谨将原本内考查源流、广种植、益财源册内择余呈鉴。再，全册图内现存萧劝业道处，合并声明。附上云章近时帮同德文教习娄鹤德著作之《德文进阶》初、二、三、四计四集各一本，敬呈台览。云章忻隶广厦，所有企仰衷忱固日在仁帡之内也等情到本署院。据此，除批“禀悉。种植一项，洵属当务之急，该教员有见及此，足见留心农事，殊堪嘉尚。全册既经呈劝业道察阅，候再行知查核并采择施行。此批。”书册均存挂发外，合行札饬。札到该道，即便查照采择施行。此札等因到道。奉此，遵照江教员云章新译《植果新法》一书，图说精详，足为讲求实业之助。职道正拟校刊付印，尚未蒇事，适闻已经提学司署石印成编，随即备价函商，饬检多部备用去后。兹准提学使司函复，此书当时只印五百部，除通发各属外，所余无多，并检齐二百部送请查收前来。除再饬发各农会采择施行外，所有江教员云章种果树新法，理合检齐十部具文详呈鉴核，实为公便等情到本署院。据此，除批“据详已悉。查江教员所译《植果新法》一书，图说详明，裨益农学匪浅，已由该道饬发各属农会如法改良，洵属尽心民事，殊堪嘉尚。除札发谘议局查照外，仰仍分别移行各属农会实地讲求，照式试种，庶农事日臻发达，方不负本署院振兴实业之意，切切。此缴。”印发外，为此札行谘议局查照。须至札者。

院抄奏稿咨文

十月十五日

内阁会议政务处为咨行事。照得本处议覆增韫奏推广旗丁生计藉实边陲一折，于光绪三十三年十二月十三日具奏。奉旨：依议。钦此。相应刷印原奏，咨行贵抚查照可也。须至咨者。

计原奏一本。①

抚院札

十月十六日

为札行事。宣统元年十月十二日准农工商部咨开：接准税务大臣咨称：南洋劝业会赛品一事，前经本处奏准详拟联单报运以及在会场内征免办法各章程，业经通行转饬遵照在案。兹准南洋大臣电称：据上海董事会禀称，商人运赛物品饬令核算税厘、觅保具结一节，揆之商情，尤为不便等语。敝会定章，凡南洋各县设一出品所，以知县为监督；各府设一物产会，以知府为监督；各省会、商埠之出品协会，以劝业道、关道为监督。凡有运赛物品，均由各会监督查明件数，限定运期，填发三联单饬令运宁，沿途经过关卡一律呈验盖戳放行。是各会监督负有担保责任，凡影射、夹带、沿途散售之弊不杜自绝，较之商民自行觅保尤为确实可据。拟请将觅保具结一层量予删除，可否请示等因前来。查南洋大臣以运赛

① 以下原附有“直隶布政使增韫奏推广旗丁生计藉实边陲”一折，兹略去。

物品商人觅保具结为不便，拟由各会监督发单担保，系为便商起见，自可通融照办。惟须声明，各会监督既认担保，如中途有私运、私售、夹带、折卸各情弊，均仍照前定联单办法就出口经过第一关所核应纳税厘若干，由该监督代缴两倍银数归入关册，以符定章等因前来。相应咨行转饬遵照办理等因到本部院。准此，查此案现准税务大臣咨，业已分行查照办理在案。兹准前因，除分行外，为此札行谘议局查照。须至札者。

抚院札

十月十八日

为札行事。照得资政院议员业经本部院照章按额覆加选定，所有榜示一张，合即札发谘议局查收，实贴投票，所以示周知。须至札者。

抚院札

十月十八日

为恭录札行事。照得本部院现阅电钞宣统元年十月十四日奉谕：前奉谕旨，谆谆以筹备立宪为要图，业经严定年限，各专责成，期于计日程功，届时颁布，不啻三令五申。朕临御以来，又复叠降明谕，或于批折内诰诫再三，其于宪政前途实事求是之心，早为天下臣民所共见。现据各部院堂官暨各直省督抚奏陈第一、二届筹备事宜，均尚妥协，果能实心实力次第兴办，何难日期有功。所虑积习相沿，难保无但以一奏塞责者。须知此项要政上禀圣谟，下慰民望，关系至为重大。自兹以往，益当振刷精神，认真整饬，无取乎虚文粉饰，徒事铺张。若揆诸现在情形，办理或有窒碍，亦准其剀切胪陈，并妥筹善法，仍一面持以毅力，务底于成，断不可遇事畏难，互相诿过。方今时事多艰，朝廷宵旰忧劳，无时或息，尔内外诸臣受国厚恩，理宜殚竭血诚，担负责任。倘稍涉虚假，将来宪政不能依限实行，试问能当此重咎否耶！即著宪政编查馆将所奏成绩随时稽核，如查有措办迟逾，或因循敷衍，毫无实际者，据实奏参，朕惟有懔遵上年八月初一日按照溺职例惩处，纪纲具在，决不姑宽。要之仔肩固无旁贷，而协力乃克有成，尤望尔内外诸臣共矢和衷，屏除私弊，毋党同而伐异，毋勤始而怠终，庶几上下一心，弼成郅治，朕心实嘉赖焉。将此通谕知之。钦此。除分别咨行外，为此札行谘议局钦遵查照。须至札者。

抚院札（附原奏）

为札饬事。照得本署院于宣统元年八月二十九日专弁具奏，遵限将本年上届筹备宪政成绩，并胪陈现在筹办实在情形一折，除俟奉到朱批，另行恭录饬知外，合先抄稿札饬。札到该局，即便查照。此札。

计粘原奏一纸。

奏为遵限将本年上届筹备宪政成绩，并胪陈现在筹办实在情形，恭折仰祈圣鉴事。窃查宪政编查馆奏定考核专科章程内开，九年筹备事宜钦遵谕旨，责成内外臣工每届六个月将筹办成绩胪列奏闻，并咨报宪政编查馆查核，限每年二月内及八月内各具奏报一次等语。臣查期限清单，今年为第二年期，督抚应办者八项。山东本年上届筹办大概情形，业于六月间由臣会同正任抚臣袁树勋胪列奏明在案。臣自接篆任事以来，迄今不过两月余，稽核案卷，考证事实，于已办者依次督催，于未办者切责举行，固不敢稍涉因循，亦未敢空言粉饰。今但就数月内办理实在成绩，及现在进行方法，谨遵八月奏报之期，敬为我皇上缕析陈之。

如举行谘议局选举，各省一律开办。东省于本年五月间复选已毕，现在各属议员均于七月初十日齐集省城，预备研究议案。由臣先期起草、规画应议事宜，以备开会时提议。照章用单记投票法分次互选，现已选定侍讲衔翰林院编修杨毓泗为该局议长。其副议长二员，选定进士、候选道、前安徽灵璧县知县于普源，翰林院编修、前直隶补用道王景禧，并由臣刊给该局木质关防，以资钤用。其建筑工程业将告竣，一切布置均皆次第办齐，届时自应召集议员，亲莅该局举行开会正式。此外，若资政院选举，亦应遵奉奏定章程即行举办。至于地方自治事宜，则以划清城镇乡区域为着手办法，前经筹办处拟定表式，分饬各属切实调查，依式缮造，并令绘具图说，以凭设置，限于九月办竣。省城自治研究所，照章应分届办理。第一届本年正月即已设立，嗣复酌定变通章程，于各府各设分所一处，作为省城第二届，限明年正月一律开办。其济南一府提前举办，附设省城研究所，已于五月中开课，并将历城县之研究分所亦附其内，均限年终毕业。现在谘议局筹办处即须裁撤，自治筹办处应归独立，一切事宜正在经营。他如调查全省人户总数，本年四月间经巡警道拟定清查户口施行细则，按照部颁定式刊刷成本，分饬各府州县一体遵办，限九月初十前将应行具报户数册照章汇报部核。窃维此次调查，为将来实行户籍法之根据，若不实事求是，恐仍蹈从前保甲之陋习。臣前已严行督责，重饬各州县率同在事员绅逐户详查，务得确实数目，免滋贻误。现据各州县具报，尚有成绩，一俟禀报到齐，即应汇成总册，分别咨部备案。又如调查通省岁出入总数，头绪甚繁，关系亦甚大。本年三月间照章设立清理财政局，拟定办事细则，分派员司分头清查。现据司道局所等详报，经管正杂各项节经妥派专员依限清理，造具月报、季报表册，交由财政局审定详咨，其各属季报亦据遵式造送，不敢有误奏定九月限期。所有光绪三十四年报告，现在分别调查，陆续造送。至若筹办省城及商埠等处各级审判厅，则尤宜统筹全局，预为规画。自五月设立筹办专处，首议以养成审判人材为入手办法。现在法政学堂附设夜课一班，通饬各局发审委员及曾任州县并候补道府均入夜课，专习民、商、刑、诉各法及外国审判例，俾有经验者加以学问。复将法政毕业人员分别考试，派充各局署帮审，俾有学识者藉资练习，以备明年开厅时推事、检察之选。其他补助机关，莫要于司法警察及检验吏二者，现已饬巡警学堂增设司法警察一班，并拟于高等学堂附设法医学一班。其次则为设置法庭，分配法官。明年开办虽止以省城及商埠为限，然上系国家法权，下关人民利病，岂能轻以将事。即如济南一隅，既属省城，又为商埠，自无需各设高等厅丞。至若烟台、潍县、周村等处，虽同为商埠，而商务繁简各殊，情形自是不同。究竟各级审判厅应设若干所，各级推事等官共设若干员，以期适合时宜，无违部章，现已遴员分赴各商埠调查一切，为将来设置地步，限十月内回省报告，方有成算。至该厅建筑，虽当因地制宜，或须新造，或宜租借，以期适法而不至糜费，然省城高等审判厅为各处模范，则宜规模略壮。现拟将游击衙门改建，调查京津之各级厅式，及上海发审公堂与各国各裁判所图样，以便酌量变通，计可（与）〔于〕年内议定。若夫创设厅州县简易识字学塾，本年五月间经提学司拟具简章十二条，先行通饬各属按照开办。首于省城设立十处，以为之倡。近据各厅州县陆续禀报，办理渐有端绪，如齐东、兰山等邑尤能切实经营，学生就学亦较踊跃。复经提学司于本月派员分赴各属会同地方官暨县视学谆切催劝，携带白话告示到处宣贴，俾使家喻户晓，咸知求学为人生自立之要图，具有喁喁向学之意。又厅州县巡警限年内粗具规模。查东省百余州县举办巡警已届三年，巡官、区官虽照章增设，多苦于经费难筹，未臻完备。近据巡警道呈送各属调查表册，尚待逐细稽核，分饬一体改良。至巡警教练所，已于省城设立一处，其省外各州县现已严饬认真办理，依限扩充。凡此皆清单内开列第二年应行筹备事宜，其中有已筹未办者，或有尚待妥筹者，臣当率同司道员绅随时妥速筹办，持以实力，贞以实心，总期日有进步，以冀仰答高厚鸿慈于万一。所有遵限胪陈本年上届筹备宪政成绩，及现在办理实在情形各缘由，除分咨查核外，理合恭折具陈，伏乞皇上圣鉴训示。谨奏。

抚院札

十月二十日

为恭录札饬事。照得本署院于宣统元年八月二十九日专弁具奏遵限将本年上届筹备宪政成绩并胪陈现在筹办实在情形一折，业已抄稿饬知在案。兹于九月十七日差弁赍回原折，奉朱批：该衙门知道。钦此。合行恭录札饬。札到该局，即便通饬各属一体钦遵查照。此札。

抚院札（附原电）

十月二十一日

为札行事。宣统元年十月十七日承准宪政编查馆覆电内开：盐电悉。互选资政院议员，所有议长、副议长本在被选之列。东省本届互选，既据议长、副议长声明不被选，亦属可行，仍由贵抚酌察情形办理等因到本部院。承准此，合将原电抄录，札行谘议局查照。须至札者。

计粘抄原电一纸。

宪政编查馆钧鉴：初九官报载贵馆覆浙抚电，选举资政院议员，所有议长、副议长亦得在被选之列。东省十一日互选，议长、副议长声明不被选，现在覆选将定，闭会期近，难再重选，专电奉闻。祈电覆。盐。

抚院札（附表）

十月二十一日

为札行事。案据东昌府清平县议员、试用训导金毓珍禀称：窃议员于光绪三十一年蒙前升任抚宪杨购办美棉种，饬东昌府绅耆试种等因，旋经魏守家骅照会。议员为东郡绅董，遵即切实提倡。查山左西府之棉业与东府之鱼业本两不相下，而棉业为小民日用所必需，似较鱼业为尤重。年来试种美棉，颇著实验。以性质言之，种植宜在谷雨以前，不畏寒冷，更宜多加肥料，颗大而结桃甚繁。至其所生之棉，洁白细腻，胜土棉十倍，是美棉之性质与东昌土质均为相宜。惟既种美棉，即须预筹销路，方能开通风气，不然民间故智自封，又虑销售不易，而欲普通改种美棉，则诚难矣。议员细心体察，博访周谘，知东、临两属以及毗连之直隶南宫、清河诸县，种土棉者固多，贩者尤夥，推之于登、莱、黄、潍，各大商巨贾亦纷至沓来，然无不会萃于省垣。议员为虑利权之外溢，又冀棉业之发达，特禀魏守联合同志，招集股本，在议员村内开设普济轧花公司。当蒙发给轧花机器十架，并经魏守及前县陈令巨前会详前宪及商务局立案，并蒙朱道钟琪又从工艺局内价发轧花机器五架。议员遵即于三十年九月间先行试办，至今三年，极有成效。又恐销路不畅，特在省垣、商埠开设美聚棉花公司。只以开办伊始，花费过多，获利转少，甫阅二年，将股本赔耗过半。旋又另行集股，于美聚公司内附设玉成花栈，销售土棉。适值东郡年来亢旱，棉花未收，尚未发达，须待设法维持。因思魏守奉前升宪饬委提倡美棉，议员一介寒儒，竽吹从事，凡有益于商业者无不细心研究，以期日久发达。惟独力难支，若不承此，基础甫立，则恐渐将废弃。且东省鱼业尚蒙拨款资助，以补商力之不逮，今改种美棉，蒙前升宪提倡在先，若经登高一呼，自必群山皆应。为此不揣冒昧，将试办轧花公司章程、试种实验表与新收美棉绒子，一并抄呈钧览。如蒙垂念商战之秋，先筹拨官本，并饬各牧令出示晓谕，果能普种美棉，则将来纺织各色绸缎即可抵制外货，利权不致外溢，实于农商实业大有裨益。愚昧之见，是否有当，伏祈鉴核施行等情到本部院。据此，除批“已据禀札饬劝业道转饬东昌府确切查明，该公司所种美棉如果办有成效，再行设法补助，仰即知照。所呈实验表自系有阅历而来，该议员究心农业，深堪嘉尚。候刷印通饬各属如法试种，以资则效而兴棉业。此批。”挂发并通饬遵照外，为此札行谘议局查照。须至札行者。计刷印种棉实验表一件：

种植洋棉试验表

亩数	种子	土质	肥料	种植之法	天时	收数
种二十亩	用种一百斤	白沙地	头次用粪土，二次自制肥料，每亩用粪土两千斤，用肥料一百斤。在本庄开设裕农肥料公司，谨将制法列于后，以备采择：牛骨、牛油、石膏、牛血料、溺料、蛤蝌粪、臭煤、芫花条、火硝少许、皮硝少许、黑豆末、鱼鳞、鱼肠、石灰少许	清明以前将地治平，施头次肥料，俟得雨后，即将花种施入土中，深五分许，十日内即可见苗。苗生月余，用锄开苗，横竖相距二尺半一株。至三伏时将花头摘去，处（署）〔暑〕即见新花。半月拾花一次。必待霜降以后二三十日，始可将花柴削除	清明以后，得雨一犁，即按法布种。至五六月大旱，土棉与美棉均受其害。至霜降时，美棉所结之桃未及过半，非设法保护，不能保全所产之利益	土棉每亩五十斤，美棉每亩八十斤。邻境夏津每亩有收百余斤者

抚院札（附粘单）

十月二十五日

为札行事。宣统元年十月二十日承准外务部咨：据驻法唐代办在复函称：英国以比年小民生计维艰，定限制他国贫民入口新例。凡由他埠赴英工人，所携旅资不满英金五镑，不准登岸入境。华民不知此例，每为英埠关员拦截，驱遣至法，流离失所，糊口无资。本年八月下旬，有粤民陈笃贤等一帮二十一名，又黄福槐等一帮十二名，先后赴英，被逐来法，由法地方官拘送使馆，现正设法遣回。此项无知贫民，若再源源而来，尽须公家资遣，将何底止。酌拟办法，请咨闽粤沿海各省示禁等因。查贫民出洋谋生，在例固难概禁。但英国既定限制新例，此项无业贫民若听其贸然前往，一遭驱逐，动须设法资遣，于公款固虞不给，于小民亦复无裨。且国体攸关，与其受彼驱逐，不如自行限制。该参赞所拟示禁办法，自应酌择施行，以清其源。相应抄录来（亟）〔函〕，咨行查核办理，并声复本部可也等因到本部院。承准此，除分行外，为此札行谘议局查照。须至札者。

计粘单一纸。

英国以比年小民生计维艰，其贫民无立锥者，每为地方之累，乃定限制他国贫民入口新例。凡由他埠赴英工人，如果行李萧条，所携旅资除车船票外不满英金五镑，或虽有五镑而出自借贷，或他人助给者，不准登岸入境。华民不知此例，每为英埠关员拦截，驱遣至法，流离失所，糊口无资，且言语不通，在法无可容足。地方官每拘送使馆，迫请设法遣送回国。上年曾有陈其、周深二人流落法国，彼时人数尚少，业由刘大臣措资，饬令搭船回国。本年八月下旬，复有粤民陈笃贤等一帮二十一名，又黄福槐等一帮十二名，先后赴英，被逐来法，由法地方官拘送使馆。该粤民等均不通晓法文，万难安插，且均属无业贫民，其川资大半告贷而来，到洋时已用罄。在该民等居乡谋生无计，措资远来，惟因不识例禁，流落异域，其性至愚，其情可悯。且国体攸关，非使馆料理遣回，别无他法。惟由法回华，四等船价每名需四百余佛郎，此次人数竟有三十三〈人〉名之多，需费过巨，办理殊形棘手。现参赞正与法船公司商议，拟令挑用若干人作为船上不给佣值之帮工，载运回国。其余亦拟令减价收作四等搭客，其费暂由公款拨用，一俟商议定妥，当详细申报。此项无知贫民，在华遍地皆是，若再源源而来，尽须公家资遣，将何底止。参赞为郑重公项、阻遏来源起见，谨酌拟办法数条，录呈钧鉴：

一、拟请闽粤沿海各省出示晓谕也。华民措赀赴英，万里远来，原未敢故犯例禁，轻于尝试。其故由于不知英之有此例禁。似应由闽粤沿海各省州县出示晓谕，并知会善堂、商会颁发传单，务令村愚尽晓，庶免屡蹈覆辙。

一、拟请明定章程，并饬粤闽海关税务司查禁也。轮船搭载华工出洋本干例禁，惟华工赴英尚未明定章程，似应定立专章，凡赴英搭客，携资无多，非英律所准登岸者，禁止轮船搭载出口，一面饬粤闽海关税务司于各船出口时详查禁阻。

抚院札

十月二十七日

为札行事。宣统元年十月十六日准陆军部咨：军机处钞交军谘处奏遵旨拟订陆军官制缮单列表呈览一折，宣统元年九月二十九日奉朱批：著照所请，各该衙门知道。单表并发。钦此。钦遵到部。除通行外，相应刷印原奏、单表咨行钦遵查照可也等因。并准军谘处咨，同前因到本部院。准此，除分别咨行外，为此札行谘议局钦遵查照。须至札者。

计发《奏定陆军人员补官暂行章程》一本。①

抚院札

十月三十日

为札行事。窃照自治筹办处坐办袁道莼现在改委代理洋务局会办，所遗该处坐办一差，亟应遴员接充，以专责成。兹查有度支部主事石金声，品端学粹，乡望素孚，堪膺斯选。所需薪费银两由该处照章支发，以资办公。除分行照会外，为此札行谘议局查照。须至札者。

① 以下原附有“军谘处奏遵旨拟订陆军官制缮单列表呈览”一折，兹略去。

抚院札（附程式）

十一月初二日

为通行事。宣统元年十月十二日准法部咨：承政厅案呈，据吉林提法使电称：提法使及各级审判、检察厅互相行文，并各厅行文各司道府厅州县，应用何种程式，乞电示祇遵等因到部。查各直省筹办审判、检察各厅，其办事职权多与别项行政官吏不同，是一应行公式若不详加厘定，无以昭划一而便推行。兹据吉林提法使电请核示，现经本部于各项公文往来程式逐一拟定，分别开单咨行吉林巡抚转饬遵照，并通行各督抚一体饬知该按察、提法使等，俾资遵守而免纷歧。相应刷印程式，咨行查照也等因到本部院。准此，除将程式刷印，分别咨行外，为此札行谘议局查照。须至札者。

计发程式一本。

直省司法行政各官厅互相行文公式：

提法司对于左开各衙门：

一、法部　　呈

二、大理院　　咨呈

三、总检察厅　　咨

四、高等审判检察厅　　照会

五、地方审判检察厅　　札

六、初级审判检察厅　　札

其对于督抚、将军以下各衙门，悉从按察司旧例。

高等审判厅对于左列各衙门：

一、督抚、将军、都统　　申详

二、提法司　　咨呈

三、各司　　牒

四、道府直隶厅州　　　移
五、州县　　　照会
六、地方审判厅　　　照会
七、初级审判厅　　　照会
八、高等检察厅　　　照会
九、地方检察厅　　　移
十、初级检察厅　　　照会
高等检察厅对于左开各衙门：
一、督抚、将军、都统　　　申详
二、提法司　　　咨呈
三、各司　　　牒
四、道府直隶厅州　　　移
五、州县　　　照会
六、地方检察厅　　　札
七、初级检察厅　　　札
八、高等审判厅　　　移
九、地方审判厅　　　照会
十、初级审判厅　　　照会
其对于京师总检察厅，遇有上诉案件检送卷宗时，用呈。
地方审判厅对于左开各衙门：
一、督抚、将军、都统　　　申详
二、提法司　　　呈
三、各司　　　咨呈
四、道府　　　牒
五、直隶厅州州县　　　移
六、高等审判厅、检察厅　　　咨呈
七、地方检察厅　　　移
八、初级审判厅、检察厅　　　照会
地方检察厅对于左开各衙门：

一、督抚、将军、都统　　申详
二、提法司　　呈
三、各司　　咨呈
四、道府　　牒
五、直隶厅州州县　　移
六、高等审判厅　　咨呈
七、高等检察厅　　呈
八、地方审判厅　　移
九、初级审判厅　　照会
十、初级检查厅本管、邻封　　札　照会
初级审判厅对于左开各衙门：
一、督抚、将军、都统　　申详
二、提法司　　呈
三、各司道　　咨呈
四、府直隶厅州　　牒
五、州县　　移
六、高等审判检察厅　　咨呈
七、地方审判检察厅　　咨呈
八、初级检察厅　　移
初级检察厅对于左开各衙门：
一、督抚、将军、都统　　申详
二、提法司　　呈
三、各司道　　咨呈
四、府直隶厅州　　牒
五、州县　　移
六、高等审判厅　　咨呈
七、高等检察厅　　呈
八、地方（察）〔审〕判厅　　咨呈
九、地方检察厅　　呈

十、初级审判厅　　　移

行政各衙门行文司法各厅：

一、督抚、将军、都统对于各级审判、检察厅　　　札

二、各司道对于高等地方审判、检察厅　　　照会

三、府直隶厅州对于高等审判、检察厅　　　移

四、州县对于高等审判、检察厅　　　牒

五、府厅州县对于地方、初级审判、检察厅　　　移

抚院（院）〔札〕

十一月初六日

为札行事。照得地方自治筹办处即自治之基础，必须妥为筹画，以期施行无碍。亟应添派明习法政及研究自治素有经验之员绅充该处参议，常川到处，赞助一切。兹查有度支部主事徐金铭、候选直隶州知州萧鹤祥、拣选知县李琳、候选教谕石钟祚等堪胜该处参议之任。此外应添名誉参议，十府三直隶州每处一员，由该处通知各属在省素有声望之绅士，各自约集该属绅界、学界同乡，公举热心公益、通达事理之人各一员，充该处名誉参议。倘所举之人不能在省，遇有事件，即由该处随时通函询商，以收集思广益之效。一俟公举得人，即由该处分别照会各绅查照办理，并具报本部院备案。除照会分行外，为此札行谘议局查照。须至札者。

抚院札

十一月初七日

为札行事。宣统元年十一月初四日准陆军部火票递到吏部咨：内阁抄出宣统元年十月十四日奉上谕：宪政编查馆会奏覆核各省州县事实分别劝惩开单呈览一折，著依议行。各省州县事实，原以考核吏治，鼓励人才，乃近来各督抚所开事实，详核者固多，而疏略者在所不免，揆诸事理，殊难凭信。似此积习相沿，实于宪政前途大有妨碍。即如巡警一项，所报事实或仅寥寥数名，或尚未经举办，余事可以类推。定限綦严，岂容任意诿饰。著各督抚查照历次奏定章程，认真办理，务将事实表册据实造报，严定等第，毋得稍涉虚滥，致负朝廷实事求是之至意。该衙门知道，单并发。钦此。钦遵钞出到部。相应恭录谕旨，移咨贵抚钦遵可也等因到本部院。准此，查本年十月十四日钦奉上谕，本部院前得内阁电抄，即经钦遵通行在案。兹准前因，除将火票另案饬发臬司照例造报并分行外，为此札行谘议局查照。须至札者。

抚院札（附原奏）

十一月初八日

为札行事。照得本部院于宣统元年十月二十八日附片具奏山东选定资政院议员姓名一片，除俟奉到朱批，另行恭录行知外，为此札行谘议局查照。须至札者。

计粘抄原奏一纸。

再，查资政院议员选举章程，额定山东六人。臣照章于十月十一日亲诣谘议局举行互选，照记名连记法投票，以额数之二倍为率，举定当选人十二名。经该局造送名册，臣照章按额覆加选定，选得陈命官、王昱祥、彭占元、尹祚章、郑熙暇、蒋鸿斌六名，定为资政院议员，当将原选、覆选各员名榜示投票所，咸使周知。除俟资政院颁发执照定式，再行给照，并将互选当选及候补当选人名开单咨呈资政院查照外，谨附片具陈，伏祈圣鉴。谨奏。

抚院札（附原奏）

十一月初九日

为札行事。照得本部院于宣统元年十月二十八日专弁具奏山东谘议局第一届开会、闭会情形一折，除俟奉到朱批，另行恭录行知外，为此札行谘议局查照。须至札者。

计粘抄原奏一纸。

奏为谨陈山东谘议局第一届开会、闭会情形，恭折仰祈圣鉴事。窃山东谘议局遵章于九月初一日开会，并举定议长翰林院编修杨毓泗，副议长道员于普源、王景禧，臣曾经电奏圣听。开会之日，臣先发交提议草案十二条，嗣又谘询者三条，由该议员等陆续会议。该议员等亦多提议之案，随时呈报，均经臣亲加裁夺，择其可行者，俱即先行批准。其详细办法，有不得不再就实际利害悉心研求，以冀施行无碍，故亦有批饬各司道妥议，详候核办，以昭慎重。其间有出乎谘议局范围之外者，并分别明白批答。照奏定章程，常年会以四十日为期，展期至多十日。旋据该局呈请展期至十月二十日闭会。臣于是日亲自莅会，行闭会礼，并同日监督投票，举定常驻议员二十员，以后该局事宜即责成该议长、副议长照章与各常驻议员协议办理。窃维朝廷宣布立宪甫及三年，今竟得以通国各省普开议会，使官绅互相砥砺，共谋国民之幸福，进行不为不速。若非我孝钦显皇后、德宗景皇帝神明果断，开物成务，我皇上继述先志，坚定不挠，何克有此。

此诚中国人民之庆。臣仰蒙恩命，忝抚东邦，目睹谘议局之成立，欢忭何极。惟是中国筹备宪政尚在萌芽，国家之一切法规尚未颁定完全，地方自治亦未成立。前此既无实行之机关，遂无可原之成案，故所有提议之件、讨论之事多，而决议之事少。各议员生居本土，指陈一切利弊，自无不痛切，虽于事情间有未能悉合，而同出于一片热心。臣才识短浅，所有批答各议案谨恪遵光绪三十四年六月二十四日谕旨，虚公审察，惟善是从，不敢稍存私见。与各议员开诚布公，一以和平为主，即使辨正之件，亦必详细声明理由，俾可共喻。虽不能尽餍诸议员之心，然臣忝居监督之地位，亦有不得不然者。所有各议案除汇齐咨送军机处、资政院、宪政编查馆备查外，谨将开会、闭会大略情形恭折具陈，伏乞皇上圣鉴训示。谨奏。

抚院札

十一月十四日

为札行事。案查清理财政章程第十四条，各省文武大小衙门、局所于宣统二年应先预算次年出入款目等因。现在东省财政支绌异常，本年各司道局所出入款目既经清理财政局澈底查覈，册报可稽，所有宣统二年各司道局所一切出入款目，亟应趁此清理之始，首先裁节冗滥，核实开列，限于本年内预算一确实之数，估造清册，呈院复核。本部院当即据此册报与该司道等从长妥议，预为明年试办预算案之张本。为此札行谘议局查照。须至札者。

抚院札

十一月十五日

为札发事。宣统元年十一月十一日承准资政院：各省谘议局选定资政院议员应行给予执照，本院拟定该项执照格式，相应咨行贵抚，希即查照办理等因到本部院。承准此，查东省选定资政院议员应给执照，现已照式办齐。为此札发谘议局，希即查收，转交议员陈命官等领取执照，并将收到、转交日期呈覆查考。须至札者。

抚院札

十一月十五日

为札行事。案查光绪三十四年正月初四日准钦命宪政编查馆王大臣咨：本馆于光绪三十三年十二月二十二日会同吏部具奏酌拟切实考验外官章程缮单呈折，本日奉旨：依议。钦此。相应刷印原奏，咨行遵办可也等因，并发章程一本到院。当经吴前署院分行各司道遵照办理在案。今经本部院检查原案，将原奏章程重复刊印，应即一体行知。为【此】札行谘议局查照。须至札者。

遵札呈覆文

十一月十七日

为呈覆事。案奉札开：为札覆事。案据先后来呈内开：窃照章互选谘议局常驻议员二十名、候补常驻议员当选人八名，并造具履历清册呈请核咨前来。当经本部院将所呈清册四份分别咨送宪政编查馆、资政院、民政部、吏部查照。为此札覆谘议局，仍饬另造履历清册一份呈院备案等因到局。奉此，当即遵照分别饬造互选常驻议员二十名及候补常驻议员八名履历清册各一份，理合备文呈覆。为此呈请抚部院备案施行。须至呈者。

抚院札

十一月二十二日

为恭录札行事。照得本部院于宣统元年十月二十八日专弁具奏山东谘议局第一届开会、闭会情形一折，业已抄稿饬知在案。兹于十一月十四日差弁赍回原折，奉朱批：该衙门知道。钦此。为此恭录札行谘议局钦遵查照。须至札者。

抚院札

十一月二十二日

为恭录札行事。照得本部院于宣统元年十月二十八日附片具奏山东选定资政院议员姓名一片，业已抄稿饬知在案。兹于十一月十四日赍回原片，奉朱批：该衙门知道。钦此。为此恭录札行谘议局钦遵查照。须至札者。

抚院札（附粘履历）

十一月二十四日

为札行事。宣统元年十一月十九日准农工商部咨：接据海参崴中华商会呈称：叠奉札谕，旅崴华侨酌量公推公正绅商若干名作为谘议局参议员，分隶各该本省，俾得共闻国政等因。职等遵即传示华侨，用以鼓勇爱国之忱，无不额手称颂，歌舞欢呼，并即经众议定〈价〉职会为事务所，举议董邹翔凤、杨中明等十五人为调查员。于八月初一日调查事竣，即举三益隆执事袁凤龄、永发福执事杨恩堂为投票监察员，总领事桂芳、职绍谟为开票监察员，职会驻办各员为投票、开票管理员。于是月初八日分送题名录，十一日投票，十三日开票，二十、二十五等日复选，复于本月初十日互相复选，始行举定。除职曾充监察员，职会驻办员诸维锦充管理员，得票虽多，均应不列外，计直隶定张兆魁、夏金敏二名，广东定谭祐一名，山西定齐步青一名，山东定王垂法、张钦堂、史凯南、林戴德、林洪祥、郝升堂、李锡章、李颂吉等八名，统计十二名。按之宪政编查馆奏定选举章程，均属合格，理合详报钧部核准备案等情前来。除据情咨呈宪政编查馆查核外，相应钞录该省参议员履历清册咨送查照备案可也等因到本部院。准此，除分行外，为此札行谘议局查照。须至札者。

计粘钞履历一纸。

海参崴华侨选举谘议局参议员履历清折，计开：

一、同知职衔王垂法，现年五十岁，山东登州府黄县民籍，系头等商铺成泰义号股东兼执事，曾充职会两任协理，兹经众公举为山东谘议局参议员。

一、张钦堂，现年二十九岁，山东登州府蓬莱县民籍，系二等商铺东昇隆执事，曾充职会帮办及协理，兹经众公举为山东谘议局参议员。

一、林戴德，现年三十三岁，山东登州府福山县民籍，系二等商铺成发祥号执事，经众公举为山东谘议局参议员。

一、监生林洪祥，现年三十七岁，山东登州府栖霞县民籍，系二等商铺同泰福号执事，曾充职会议员，经众公举为山东谘议局参议员。

一、郝升堂，现年四十岁，山东莱州府掖县民籍，系头等商铺双合盛号【股】东兼执事，经众公举为山东谘议局参议员。

一、从九品李锡章，现年四十岁，山东莱州府掖县民籍，系二等商铺永恒安号执事，曾充职会议员，兹经众公举为山东谘议局参议员。

一、李颂吉，现年三十四岁，山东登州府招远县民籍，系二等商铺永利栈号执事，曾充职会议员，兹经众公举为山东谘议局参议员。

一、监生史凯南，现年四十二岁，山东莱州府掖县民籍，系二等商铺顺泰居号执事，曾充职会议员，兹经众公举为山东谘议局参议员。

抚院札

九月初六日

为札行事。宣统元年九月初四日承准宪政编查馆洪电内开：谘议局议场内督抚席应在议长席后层居中稍高，其余行政官及行政委员席应在演台后议长席前之两旁地位分列，毋庸随同督抚席一律在后，以便与议员相及质问，即希查照办理等因到本署院。承准此，除分行外，为此札行该局遵照办理可也。须至札者。

抚院札

九月初八日[①]

为札行事。照得谘议局章程第三十七条，凡会议时，督抚得亲临会所，或派员到会陈述意见等语。本署院政务殷繁，势难常常到会，兹派文案委员萧直牧鹤祥、吴令汝楫前往代陈意见。除分行外，为此札行该局查照可也。须至札者。

抚院札（附粘清折）

十月三十日

为札行事。案据官电局许道正邦禀称：敬禀者。窃职道前奉札饬筹办商埠、省城德律风[②]，业经先后详，蒙批饬劝业道、商埠局暨筹赈局共借拨银一万两购办机料、杆木及工价等项，分咨各该局派员具领申报在案。查上海来电，杆木三百根已由镇江运至上海，交礼和洋行转运，下月初间可望抵东。头等机料业已运到，二批料物亦将到齐，一俟杆木到后，即可动工安设机器。已先登报声明，俾愿设者可先挂号。惟一切开办经费，均由官家筹拨，与商办情形不同。每月收费，凡衙署局所及公馆而兼局差者似应略减，庶几稍有区别。商家收费虽不能一

① 原报告书目次中该札时间为“九月初六日”，而报告书内时间为“九月初八日”，兹采报告书内时间。
② 英文 telephone 音译。——编者按。

律，亦不宜太多，价昂恐多观望，价贱不敷开支。计总、分局赁屋房金，学生、司事、工役人等薪工各项，及借款之五厘月息，每月至少需三百元，全恃收费为挹注。前托王道钰孙将杭州电话章程邮寄一分，藉可仿办，迄今尚未寄到，势难再候。兹先拟订暂行章程，缮折呈请宪台俯赐核夺批示。前奉面谕，拟令衙署局所一律照章纳费，应否具禀通饬，伏候钧裁施行。所有上海调来学生一人、工头二人，到东已将两月，薪工自应照给。尚须添用学生、司事，并招募小工、局役人等，俟电话局开办成立后，再一并另拟详细章程，呈请宪示核定。再，商埠设立电话总局，现在急于开办，暂向商埠局匀屋安设，不能久借，俟明春筹有的款，禀请自行修盖。至城内分局，早经赁定民房，设在西南城根，以期城内外接线简便。合并陈明等情到本部院。据此，除禀批“禀、折均悉。所拟电话暂行章程尚属妥协，应准照办。仰候分行司道局处暨各学堂分别移行遵照，余悉照所拟办理。此缴。折存。”印发并分行外，为此札行谘议局查照办理。须至札者。计粘抄清折一扣。

计开：

一、中外官商愿设电话者，先至南门里官电总局挂号，以便派员勘明线路，即行装设。

一、安设之初，不论路线远近，概收装费洋十五元。如数月或数年自欲停止，即拆回机器，不还装费。

一、装机之日起，扣至三十天为一个月。衙署局所每月收费洋三元，公馆四元，商家五元，均于装机日付清，逐年类推，遇闰照加，中外一律，别无轩轾。

一、德律风总门两副，分设总、分局两处，总局设在商埠，分局设在城内西南城根。凡设电话之处，均可随时传话，惟须先叫应总、分局接通号头，彼此方可通话。

一、风机不灵，或线路阻隔，就近知照，即由局派匠修理，决无延缓。若机线本无毛病，系局中人延未出应至一钟之久者，本局查明缘由，分别轻重，照章究办。

一、总、分局各派学生司机，春、冬两季每日从八点钟起至夜十二点钟止，夏、秋两季每日从六点钟起至夜十点钟止，分班专司接通号头。如无故擅离，延误至一点钟之久者，一经他处知会，即行派员查明确实，如实系玩误，轻则记过罚薪，重则撤换。倘系线路阻滞，遇风折损，或搭连不清，应限工匠等当日修通，逾限亦按照情节轻重，分别究办。

一、机器不灵，或应擦油等类，均须由本局派匠往修，幸勿自行拆看；即摇铃传话，亦不可卤莽从事。设有毁坏机器物件，即按电话通例，照价赔偿。所有件头价目一一开列于下：通电嘴一个银三两，铃铛子一副银四钱，铃顶一副银二钱，箱顶、箱底线头螺丝十六个银一两一钱，摇手一个银八钱，机箱门锁内外铜板银三钱，挑簧叉子一个银五钱，过电丝绳一条银一两四钱，箱外底脚大螺丝一副银二钱，大吸铁一块银三两五钱，小吸铁一块银一两二钱，大线团一副银一两六钱，挑簧绞连四副银五钱，起马螺丝一副银二钱，吸铁坐垫一副银二钱，弹簧三副银三钱，大轮盘银九钱，小轮盘银五钱，箱顶、箱底接线大小螺丝六副银四钱，水必灵弹簧一副银二钱，小线团一副银四钱，听话筒一个银四两，响铃一副银八钱。再，每月除照例收费外，其公馆而兼局所差使者，仍照局所例收费，庶几公私两全，均沾利益。他如愿将全年费用预先交付者，公馆每年四十元，商家每年五十元，惟须于第一个月内付清。设有已收全年之费，而数月中止者，仍照按月收之例，彼此扣算，逐年类推，遇闰照加。此专指本国官商而论，洋人行踪无定，未便援此为例。

呈院事务所立案文

为呈请立案事。窃查谘议局章程第三十二条，九月初一日为常年会开会之期；三十四条，凡召集开会，应于三十日以前将本届开会应议事件预行通知各议员。又筹办处所定期限清单内开，七月初十日至八月底被举议员在省设会研究，预备谘议局开会事宜。诚以议事不可无准备，必先事有所研求，方不至临时漫无把握。现各议员已陆续到省，而谘议局工程尚未竣事，使不择定办公处所，则无以为研究预备之地。兹经公同议定，暂借府学官厅为谘议局议员事务所。每府、直隶州及驻防各暂推代表一人，布置会期以前应有事宜，以为将来开会之预备，而促谘议之进行。除呈抚部院外，理合将事务所缘由具呈声明，伏乞裁夺，准予立案。

谘议局筹办处移文

为移知事。案奉抚宪批据山东谘议局议员金毓珍、尹祚章等为禀明设立事务所，请予立案由，奉批：如禀立案，仰谘议局筹办处分别移行知照。缴。等因到处。奉此，查此案前经贵议员等分禀到处在案。兹奉前因，理合备文移知。为此合移贵事务所，希即知照施行。须至移者。

呈院报告选举议长文

敬禀者。窃本月二十六日借自治研究所场所选举正副议长，前已具禀陈明。兹蒙钧驾亲临，不胜荣幸。查谘议局章程第十条，议长、副议长用单记投票法分次互选。是日公同投票，先选举议长，侍讲衔翰林院编修杨毓泗得五十五票，已足过半额数，适符当选议长之制。次选举副议长，第一次进士、候选道、前安徽灵璧县知县于普源得六十票，第二次翰林院编修、前直隶补用道王景禧得五十五票，均足过半额数，亦符当选副议长之制。当即公同宣示，并所有投票选举议长情形，理合据实报告。

上筹办处报告投票选举议长禀

敬禀者云云。同上。

谘议局筹办处批

据禀已悉。查此次开会互选正副议长，遵章布置，条理秩然。所举杨、王、于诸绅均孚物望，尤征舆论大公。当此预备立宪之时，行政之权在官吏，建言之权则在绅衿。正副议长等领袖名流，主持清议，必能各摅伟抱，宏济时艰，造福方来，非异人任。本处拭目俟之。此致。

谘议局筹办处移文（附抄原电）

为移知事。本年八月初二日案奉抚宪札开：为札饬事。宣统元年七月二十七日承准宪政编查馆感电内开：漾电悉。议长、副议长应在常驻议员定额之外，此覆等因到本署院。承准此，查此案前据该处具详，当经据情电请馆示在案。兹准前因，合将原电照抄札饬。札到该处，即便查照。此札等因。计粘抄原电一纸到处。奉此，相应粘录原电，备文移会。为此合移贵所，请烦查照办理施行。须至移者。

计粘抄原电一纸。

宪政编查馆钧鉴：顷据谘议局筹办处详称：本省议员额数，连旗籍共一百三名，除零数不计外，酌定常驻议员十七名，合正副议长适符议员十分之二额数，业经于预算谘议局常年经费文内详，蒙前院移文奏咨在案。兹经本处细绎馆章及覆推求，如第十条既规定正副议长名额，复将常驻议员额数另项提出，似正副议长应在常驻议员定额以外。但第十四条按语又有其泛称议员者，即兼赅议长在内之文。然则常驻议员照章以额定议员十分之二计算，（人）〔又〕似包括正副议长而言。现当全省议员齐集，互选在即，究竟如何办理，事关全局，各省自当划一，请转电宪政馆分明解释等情。相应据情电请，务乞迅赐核示，以便饬遵。叩。漾。印。

呈院呈报投票选举议长事宜文（附批答）

为呈明事。窃议长等谬被公举，业由议员金毓珍等禀明在案。伏念谘议局为全省建议机关，议长、副议长责任綦重，自顾才短学疏，时惭蚊负。惟事关定章，义务难辞，已于七月二十九日到所任事。所有任事日期、缘由，理合具呈陈明，恳乞抚部院裁夺施行。须至呈者。

奉批答：据禀已悉。议长、副议长俱已举定得人，深为庆慰。此缴。

谘议局筹办处移送常年经费文

为移送事。案查贵局常年经费，前经本处具领，由藩库先行代领银壹万两，以备开局支用作，已拨付到处，正在备文移送间。旋准贵局议长等函称：沂州府议员张绅志渊丁母忧回籍，请豫支银壹百两给作旅费。遵即在领到贵局经费项下如数提支，并查前准贵局副议长王绅经手，在本处借支库平票银五百两各在案，两次并计，共豫支银陆百两。现在领有专款，自应扣还归垫，除支比算，应实存库平银玖千肆百两整。贵局成立在迩，诸待用款，所有代领经费银两除豫支照扣外，理合如数备文移送。为此合移贵局，请烦查收，即希见覆，备案施行。须至移者。

致筹办处函

筹办处大人钧鉴：敬启者。议场因返音太甚，未尽适用；场内隔壁亦宜添设，用障内外。目下工程尚未完竣，公议仍请贵处饬将议场设法改良整理。即祈迅速核办施行。祗请勋安。

谘议局筹办处移文

为移送事。本年八月十四日案奉抚宪札开：为札发事。案查前据该处详请饬局刊刻山东谘议局关防，业经饬局照办在案。兹据善后局刊刻完竣，申送前来。所有关防，合行札发。札到该处，即便转交谘议局查收，以备开局启用。该局应将启用关防日期具报查考，此札等因，计发关防一颗到处。奉此，除申报外，合将奉发谘议局关防备文移送。为此合移贵局，请烦查收，以备开局启用，俾资信守，并祈将启用日期呈报抚宪查考，望切施行。须至移者。

计移送关防一颗。

呈院启用关防文

为呈报事。宣统元年八月三十日承准筹办处移开：为移送事。本年八月十四日案奉抚宪札开：为札发事。案查前据该处详请饬局刊刻山东谘议局关防，业经饬局照办在案。兹据善后局刊刻完竣，申送前来。所有关防，合行札发。札到该处，即便转交谘议局查收，以备开局启用。该局应将启用关防日期具报查考。此札等因，计发关防一颗到处。奉此，除申报外，合将奉发谘议局关防备文移送。为此合移贵局，请烦查收，以备开局启用，俾资信守，并祈将启用日期呈报抚宪查考，并移送关防一颗等因到局。准此，已于九月初一日开局后遵照启用。所有启用日期，理合备呈报。为此具文呈报，伏乞裁夺施行。须至呈者。

谘议局筹办处移文（附移送议员暨候补议员表）[①]

为移会事。本年八月二十一日按奉抚宪批据本处详送山东全省议员姓名、职衔表，请分别咨报一案，奉批：已据详将所呈各议员姓名、职衔表分咨资政院、宪政编查馆、民政部、度支部查照矣。仰即移会谘议局知照。缴。表存送等因到处。奉此，相应录批备文移会并移送议员姓名、职衔表暨候补议员秩序表一份，以备存查。为此合移贵局，请烦知照办理施行。须至移者。

计移送议员暨候补议员并驻防专额议员、驻防专额候补议员表各一份。

---

① 原报告书目次中标题为“谘议局筹办处移文”，报告书内标题为“山东谘议局筹办处移文”，兹拟标题“谘议局筹办处移文（附移送议员暨候补议员表）”。

山东全省议员姓名年岁资格职衔籍贯票数表

复选区	姓名	年岁	资格	职衔	籍贯	初次票数	二次票数
济南府	张殿卿	六十一	长山官立高等小学堂堂长		长山	七	
	魏寿彤	五十六	岁贡		德州	七	
	王昱祥	四十三	附贡生		长山	七	
	张良弼	四　十	副贡		淄川	七	
	高鸿文	四　十	贡生	曾任四氏学教授	新城	七	
	霍省三	三十五	附生		禹城	七	
	张清廉	五十八	附贡生		平原	六	
	张灿之	五　十	恩贡生		齐河	六	
	艾于郧	四十四	充南乡保甲总董		济阳	六	
	窦培增	三十六	附生		陵县	六	
	汪懋琨	六十三	进士	在籍江苏候补道，曾任江苏上海县知县	历城	不足额	二十八
	仇纯吉	三十五	廪生		长山	不足额	二十二
	杨秀岭	四十五	增生		平原	不足额	十八
	李广居	三十九	充本里董事三年		长清	不足额	十七
	刘鹏龄	三十四	附生		邹平	不足额	十七
东昌府	金毓珍	五十三	增生		清平	七	
	张连汇	五十六	廪贡		莘县	七	
	王赓飏	四十二	增生		莘县	六	
	周祖澜	四十六	廪贡		聊城	五	
	吕上智	四十八	廪生		博平	五	
	赵阳山	四十九	附生		冠县	五	
	刘清范	三十五	廪生		高唐	五	
	金玉相	六　十	岁贡		高唐	五	
泰安府	俄方楷	五　十	增贡生		东阿	九	
	亓宗海	四十五	举人		莱芜	七	
	张允符	四　十	举人		东阿	七	
	尹序诰	六十三	举人		平阴	六	
	张壬弼	五十三	举人		莱芜	六	
济南府	朱承恩	四十三	附生		泰安	六	
	李传煦	三十三	廪生		肥城	六	
	汪岱霖	三十七	举人	候选直隶州州同	泰安	不足额	二十
	尹祚章	三十七	增贡生	候选训导	肥城	不足额	十二
	巩象临	六十三	恩贡生	候选教谕	东平	不足额	十一
	毕松龄	五　十	拔贡		莱芜	不足额	十
	范德如	四十四	廪生		东平	不足额	九

续表

复选区	姓名	年岁	资格	职衔	籍贯	初次票数	二次票数
武定府	郭连科	四十七	廪贡		商河	八	
	董廷棨	四十七	廪生		惠民	七	
	姚际元	五十五	举人		阳信	七	
	张树庭	四十一	举人		海丰	五	
	孝锡恩	三十七	增生		滨州	五	
	李访贤	四十九	廪生		利津	五	
	赵光勋	六　十	岁贡		利津	五	
临清州	王九州	四十六	附生		武城	八	
	冯绍京	四十六	拔贡		夏津	七	
	李荫棠	五十六	廪贡生		临清	不足额	六
兖州府	李瞻泰	五十八	廪生		阳谷	五	
	孔昭筌	四　十	增生		阳谷	不足额	九
	蒋鸿斌	四十七	举人		滕县	不足额	七
	徐书年	五十六	拔贡		邹县	不足额	六
	梁协中	五十四	廪生		汶上	不足额	六
沂州府	庄余珍	五　十	拔贡		莒州	十六	
	张志渊	三十四	附生		郯城	七	
	郑熙嘏	五十四	举人	曾任掖县教谕	日照	七	
	鞠　芙	三十八	廪生		沂水	六	
	刘诚淦	三十一	附生		沂水	六	
	王东玕	六十二	廪生		蒙阴	五	
	王景禧	四十三	进士	前翰林院编修,在籍直录补用道	费县	五	
	顾石涛	三十一	附生		沂水	不足额	二十二
	王峻范	四十二	举人		兰山	不足额	十六
	陈毓海	三十七	附生		费县	不足额	十四
	于树封	三十八	廪生		莒州	不足额	七
	徐慎宣	三十六	办过曹张保甲三年	候选训导	郯城	不足额	五
曹州府	孔广淇	五　十	附生		定陶	八	
	张光第	三十三	附生		菏泽	七	
	彭占元	三十九	附生		濮州	七	
	张咸之	五十三	恩贡		曹县	六	
	安作宾	四　十	廪生		曹县	六	
	于广庆	五十九	廪生		钜野	六	
	杨振清	三十四	廪生		范县	六	

续表

复选区	姓名	年岁	资格	职衔	籍贯	初次票数	二次票数
济宁州	杨毓泗	三十八	进士	侍讲衔翰林院编修	济宁	十	
	杜朝宾	五十二	附生		嘉祥	七	
	王玉年	四十六	附生		鱼台	七	
登州府	曲卓新	三十四	进士	度支部主事	宁海	九	
	王学锦	四十一	廪生		黄县	八	
	姜宗汉	三十八	附生		福山	八	
	丁世峄	三十二	廪贡生		黄县	八	
	王治芗	四十七	廪贡		黄县	七	
	盖有均	五十七	廪生		莱阳	六	
	于　镛	三　十	附生		文登	六	
	温式曾	五　十	附生		招远	六	
	陈命官	三十六	举人		蓬莱	不足额	二十三
	孙孟超	四十二	拔贡		莱阳	不足额	二十
	孙丕丞	四十二	举人		招远	不足额	十九
莱州府	王钟芳	四　十	附生		掖县	六	
	尚庆翰	三十九	举人	在籍江苏候补库大使	平度	六	
	于普源	四十二	进士	候补道，曾任安徽灵璧县知县	潍县	六	
	杜荣桢	三十三	举人	在籍安徽候补知州	掖县	不足额	二十五
青州府	崔亦文	五十三	副贡		寿光	八	
	王永贞	五十五	廪生		乐安	七	
	王炜辰	五十四	举人		诸城	六	
	王志勋	三十二	日本宏文学院普通毕业		寿光	六	
	刘儒珍	四十六	岁贡		益都	六	
	张介礼	三十四	举人		安邱	六	
	周树标	三十四	举人		安邱	不足额	二十四
	张其伟	四　十	廪生		安邱	不足额	十七
	刘汉东	四十八	廪生		昌乐	不足额	十六
	邱桂乔	五十九	举人		胶州	七	
	赵贵三	四　十	附生		胶州	六	
	尚鹏展	三　十	附贡生		高密	五	
	王玉鲲	四十九	廪生		高密	三	
	右表计山东全省议员一百名						

山东驻防专额议员姓名年岁资格职衔籍贯票数表

姓名	年岁	资格	职衔	籍贯	初次票数	二次票数
常　全	三十六	附生		镶黄旗德州驻防	不足额	七
述　培	三十二	附生		镶白旗青州驻防	不足额	七
绪　恩	三十四	附生		镶红旗青州驻防	不足额	五

山东全省候补议员姓名年岁资格职衔籍贯票数表

复选区	姓名	年岁	资格	职衔	籍贯	票数
济南府	李敦益	四十八	举人		章邱	十五
	张兰堂	三十七	充本庄董事三年		临邑	十四
	张延华	三十六	优附生		历城	七
	靖镇藩	四十三	附生		长清	五
	马玉振	六十一	附生		章邱	五
	刘中汉	六十七	充本庄董事五年		章邱	三
	高乐天	七十二	附生		章邱	二
	王永昌	三十五	附生		章邱	二
东昌府	刘燕臣	四十五	附贡生	直录候补知州	茌平	四
	李式佶	五十六	增生		冠县	四
	朱正履	三十九	拔贡		聊城	三
	孙郛五	四十四	廪生		堂邑	三
	郭射斗	五十七	岁贡		恩县	三
泰安府	尹肇爽	五十四	举人		肥城	八
	邱峄山	五十四	廪生		平阴	七
	范鸣庭	四十三	廪生		新泰	六
	王庆云	四十九	充本街董事三年	指分河南试用县丞	东平	五
	张永诚	四十六	廪生		平阴	五
	张之倞	三十三	附生		莱芜	三

续表

复选区	姓名	年岁	资格	职衔	籍贯	票数
武定府	王炳燇	三　十	附贡		沾化	四
	王子穆	四十九	附贡		乐陵	三
	路焕章	四　十	廪生		青城	三
临清州	姬书堂	六十一	副贡生		临清	四
	于朝梅	三十九	附生		邱县	三
兖州府	胡福田	五十五	廪生		曲阜	六
	孙茂懿	五十一	贡生		峄县	五
	刘子骏	四十三	廪生		寿张	五
沂州府	张文东	五　十	岁贡生		兰山	六
	刘鼎勋	五十二	充程家庄董事十年		莒州	五
	陈予龄	五十一	廪生	鸿胪寺序班	莒州	二
	刘恩佑	三十七	附生		沂水	二
	王介人	四十四	不动产计值一万五千元	五品衔候选布政司经历	莒州	二
曹州府	樊文耀	五十二	廪生		郓城	五
	刘葆珂	三十五	附生		单县	五
	孙肇庆	三十四	充本县护城堤工监修，兼息讼局董事三年		城武	五
	王建邦	三十六	增生		朝城	二
济宁州	孙肇立	四十八	廪生		金乡	四
登州府	王命官	四十一	举人		黄县	十五
	梁世焜	五十四	充甘泉四里团防董事三年		文登	十四
	刘星房	四十五	附生		文登	四
莱州府	王善述	四十二	附贡生		潍县	十一
	于志潞	五十五	附贡		平度	三

续表

复选区	姓名	年岁	资格	职衔	籍贯	票数
青州府	王西洲	四十二	附贡		博兴	十
	董会川	四十一	附贡		博山	八
	王清溪	三　十	不动产计值五千元		博山	三
胶　州	姜维岳	五十二	廪贡生		即墨	三
	陈希珍	五十一	不动产计值五千元		即墨	二

山东驻防专额候补议员姓名年岁资格职衔籍贯票数表

姓名	年岁	资格	职衔	籍贯	票数
赓音岱	四十八	附生		镶蓝旗青州驻防	三
吉　珍	五　十	举人		镶红旗青州驻防	三
成　禄	三十九	附生		正黄旗德州驻防	二

呈院请札委书记长书记文（附清册）①

为呈请札委事。案查章程第五十条内开，谘议局设办事处经理局中文牍、会计及一切庶务，由议长、副议长监理；又第五十一条内开，办事处置书记长一人、书记四人，由议长选请督抚委派各等因。兹值开办伊始，局中事务殷繁，亟须有人经理。现选到张汉章一人为办事处书记长，总理局中文牍、会计及一切庶务。高尚志、于洪起、刘闻尧、张百源四人为办事处书记，分掌局中文牍、会计及一切庶务。查张汉章等五人洞达时务，办事勤谨，议长等均所素悉，以之充办事处书记长、书记，谅能胜任。除将张汉章等五人年龄、资格、籍贯及指定分掌

① 原报告书目次中标题为“呈院请札委书记长书记文（附清册）”，报告书内标题为“呈院请札委书记长书记文并札”，兹采原目次中标题。

事宜缮折附外，理合遵章呈请加札委派，以专责成而收效用。为此具呈，伏乞抚部院裁夺施行。须至呈者。

附呈清折一扣。谨将书记长张汉章等年龄、资格、籍贯及指定分掌事宜缮折呈核。

书记长张汉章，年三十八岁，五品衔府经历，优廪贡生，留学日本警监学校毕业，曹州府钜野县人。

文牍书记高尚志，年三十一岁，增生，山东省城师范传习所毕业，沂州府沂水县人。

文牍书记于洪起，年三十三岁，师范科举人，五品衔尽先补用内阁中书，登州府棲霞县人。

会计书记刘闻尧，年三十三岁，优廪生，留学日本法政大学毕业，临青州武城县人。

庶务书记张百源，年三十九岁，优增生，留学日本东洋大学法政毕业，泰安府泰安县人。

抚院札

为札知事。照得东省谘议局转瞬开办，照章应设办事处，置书记长暨文牍、会计、庶务各书记。兹据该局议长等呈称：查有留学日本警监学校毕业生张汉章堪以选充书记长，总理局中文牍、会计及一切庶务，师范传习所毕业生高尚志，内阁中书于洪起均堪选充文牍书记，留学日本法政大学毕业生刘闻尧堪以选充会计书记，留学日本东洋大学法政毕业生张百源堪以选充庶务书记等情，并送清折前来。自应由本署院照章加札委派，以专责成而收效用。除分别径委外，合行札知。札到该局，即便查照。此札。

呈院请宣布议案文并札

为呈请宣布议案事。查谘议局章程第二十五条内载：第二十一条所开第一至第七各款，应由督抚先期起草，于开会时提议。又查第三十四条，凡召集开会，应于三十日以前由议长将本届开会应议事件预行通知各议员各等语。现会期已迫，理合呈请宣布议案，以备先期研究。为此呈请抚部院裁夺施行。再，关防系暂向筹办处借用。合并声明。须至呈者。

抚院札

为札行事。案查谘议局章程第二十五条内载：第二十一条所开第一至第七各款，应由督抚先期起草，于开会时提议等语。现该局开办在即，所有应议事宜自应遵照宪政编查馆定章分清权限，预为筹画一切。兹经本署院草具议案十二条，交由该局全体议员详细会议。此外属国家行政而与地方利弊相关者，仍候本署院择要起草，随时谘询，以收集思广益之效。为此札行该局查照办理可也。须至札者。计抄发清单一纸。

署理山东巡抚孙提议各条分列于后。计开：

关乎地方自治之事三条：

一、预筹地方行政经费。查谘议局章【程】第二十一条有决议本省岁出入预算决算之文。上年九月间，宪政编查馆通咨内声明，预算决算皆以地方行政费为限。度支部清理财政章程第十四条分别国家行政、地方行政经费，载明地方行政系指教育、巡警、实业等项。今东省所办教育、巡警、实业，大半动用国家税，间有就地筹捐者。将来试办预算决算，首宜划分国家税与地方税，以免牵混。照筹备宪政年限，宣统二年应厘定地方税章程。诸君念切桑梓，熟察情形，究竟有何款项可以指定归入地方公用，使民不扰而经费自足。愿权其利害之轻重，详细妥筹，以期可以实行。

一、筹办城镇乡地方自治。查奏定自治章程，分年筹备，先城镇乡然后及厅州县，统限于宣统五年成立。本年为筹办城镇乡自治之始，以吾国习惯，地方无划一之名称，村庄无确定之统系，户籍人口亦无实在之细数，若非详细调查，按章配定，不特进行有碍，亦且著手无从。现经本省筹办处编制调查表式，交各州县照式填造。究应如何办法，或先办城自治以次及镇及乡，抑或城镇乡同时举办，二者孰为便利？但期不误年限，未尝不可变通。现当筹办之初，所愿与诸议员共同研究者也。

一、设立自治研究所。查此项事宜，已由筹办处变通办法，以省城本年所设为第一届，再于各府设研究分所，限明年正月成立，作为第二届。又以三直隶州归并附近各府，不另设所，以示撙节。官力似亦尽于此矣。但以本省幅员之广，转瞬议事会、董事会依次成立，其间期限至迫，若仅设研究所九处，各学员是否足敷分布？照章除官设各所作为模范外，各地方士绅自愿设立者，均得呈明该管官批准照办。其应如何再加扩充，或于每州县各设一所，以广传习，不虚糜地方公款，而增进人民智识，谘议局议员均应各负倡导之责，所赖集思广益，以速图自治发达者也。

关乎教育之事二条：

一、推广普通教育。查宣统元年应行筹备事宜条款内载，创设厅州县简易识字学塾，至第九年合境人民识字义者须得二十分之一。兹当经始之时，应预筹推广之法。查奏定学堂章程所称，初办五年之内，每四百家必设初等小学一所。现距奉文办学之日已届五年，未能切实办到。推其原因，以基本之金难于筹集，常年之捐尤不足恃。其兴废既无恒期，更遑论乎推广。虽简易识字学塾较之小学似属轻而易举，然苟经理乏人，接办无款，恐敷衍欺饰将有甚于初等小学者。学风如何诱导，绅董如何访择，经费如何醵集，此亟待研究者也。

一、振兴实业教育。查学部奏陈按年筹备案内载，宣统元年各属实业学堂或工业或农业或商业，可随宜先设其一。本年八月初七日奉学部来文，饬于两年之内每府设中等实业学堂一所，每州县设初等实业学堂一所，均应先行筹定拟办何等、何种、何科，定明宗旨，再行开办等语。谘议局议员于桑梓情形皆所熟悉，其地或宜农，或宜工，或宜商，应开何项学堂，教师由何聘，款项从何出，其实业中学堂或一府独办，或两府合办，或以巡道所辖之府合办，究以何者为宜？又各州县实业小学堂为中学堂选升之根本，工业小学堂学生不能升入中等商业学堂，商业小学堂学生不能升入中等农业学堂，系属必须分明，端绪益形繁赜。应如何筹画布置，使各州、各邑设学有资，升学有地，尤赖议员各抒所见，集思广益者也。

关乎巡警之事二条：

一、巡警之实行。查山东警务自光绪二十九年裁汰绿营，即以原有兵饷改置巡警，先就省城暨各镇并胶济铁路以次敷设，渐推广于府厅州县。三十四年明诏立宪，以巡警为九年预备之一端。据目前山东所办巡警而论，高等者尚乏国家之思想，普通者亦难尽收地方之利益。推原其故，皆由于人民程度之不足，社会风气之不开，因而一切应办之事如风俗、营业、交通、卫生各项之至纤至悉者，一经筹议，动多障碍，虽有美意良法，不免徒托空言。警察性质以保护人民治安、同享幸福为主，其何以使社会深明此理，俾警察上之推行毫无阻格，是当研究者一也。

一、警察之筹款。查九年预备，本年厅州县巡警限年内粗具规模，宣统三年筹办乡镇巡警。现在各州县巡警大致已遵章设置，不过名数多寡不等，而教练所尚未一律普设。州县举办巡警，筹款最难。亩捐近于加赋，杂项又涉苛细，其寻常罚款暨地方官自行捐廉者补苴一时，究非持久之道。无已，惟有出之绅商富户，然其中瞻徇隐匿，流弊滋多。至在事之村正、里长侵挪滥费，讦讼纷纭，更无论矣。欲期正本清源，共维公益而保治安，其道何由？是尤当筹议者一也。

关乎实业之事三条：

一、推广农会。查山东为农产繁富之区。前升院周设立农桑总会，并拟设分会而规则未备。嗣奉部咨并颁发农会章程，迭经转行札催，至本年四月间始克遵章改设农务总会，另筹试验场，并将农桑总会之原有场地划归农林学堂，以清界限。至州县之分会，已报部设立者仅二十余处，其未经设立者尚有十之六七。应如何分别提议，从速普设，上副朝廷振兴农业之意。至掘井灌田，长山县已办有成效，亟宜设法推行，以备荒旱。西国风力机能否合用。改良籽种务究土壤之宜，肥料壅培务辨养植之性。又森林亦为富国之源，且能吸气致雨，尤为东省当务之急。总会为分会之枢纽，应如何认真提倡，分会为乡里所推崇，应如何尽力劝导，此皆关系一方一隅之利害，官力本难遍及，是在留心自治者组织及之。

一、整顿商务。查东省近接海疆，贸易素称繁盛。况地居左辅，介江苏、直隶之间，将来津浦路成，轮轨交通日新月异，济南为南北要冲，是为商务之中心点。欲求生利之源，以救经济之困难，非联络商情，研求商理，商务断难发达。近年济南、烟台先后设立总会，济宁、周村等处亦各设分会。虽各行商业渐知团体，而识见狭小，心志不齐，仍未见其蒸蒸日上。现在筹议地方行政，商务亟宜共相研求。凡商业中，何者易售，何者难销，何者成本较轻，何者利息较厚，何者急宜（防）〔仿〕造，何者应事改良，举凡物产衰旺、工艺优劣、市情涨落、销路滞畅，务须互谘利弊，互陈得失，联络一气，各筹改变之方。遇有能集成大公司者，如何共图保护，其有成本亏折者，如何设法扶持。屈抑则力为申辩，局诈则立予重惩。凡商业上事件，皆宜一体协议，度可扩本省之利源，保小民之生计。

一、研求工业。查富国政策，尤以工艺之利为最巨。东省工艺所制玻璃屏以及绣货嵌银丝等器，工作非不精良；他如博山之窑货，潍县之漆器，胶州之铜器，皆天然美质，工匠亦多灵敏，充其艺术，亦自可与外界争衡，何以行销不畅，获利甚微？抉其病源，一由乏巨额之资本，一由缺实业之计画。外国振兴工艺最重博览会，所以开拓人民之智识，激发实业之竞争，优劣显分，自可获进步改良之益。现在湖北、江南均奏设劝业会，各省运输工品陈列，亟宜多往观览，以资研究。本省亦应于三年内仿设劝业会，以期鼓舞全省工艺，此必须预为筹及者也。另附条件三项。

关乎东省铁路之事二条：

一、胶沂峄铁路宜归官办，筹集公债。查津浦铁路合同原奏内称，德国允一由胶澳至沂州府一段仍作津镇支路，归入官路等语。惟津镇路线已改为津浦，取道峄县，不经沂州。欲求与津浦干路衔接，为完全之支路，必须加展峄县至沂州路工二百里，工长费巨。若待津浦干路造成再行接造，需时太久，又恐另有变局。查曹州教案条约第二款，准德国在山东省造铁路二道，其一由胶澳经过潍县、青州、博山、淄川、邹平等处往济南及山东界，其二由胶澳往沂州，及由此处经过莱芜县至济南府。现在由济南至峄县一段已归津浦干路，亟宜经营胶沂峄之路，方能交通便利。此路不当商务要冲，招股不易，惟有由官督办，仿北洋成案筹借公债票，不拘本省人、外省人，均可购买，由公家指定抵借之款，由地方各尽义务，以保路权而杜后患。另附条件三项。

一、烟潍铁路宜由绅商就地集股。查东海关为北洋三口之一，通商以来，夙称繁盛。近自胶济路成，商人趋利乘便，烟台巨埠日益萧条。迭据职商赵德涵等呈请建筑烟潍铁路于前，谭宗灏等续请敷设烟宁铁路于后。赵商以物望未孚，股款无著，经邮传部批驳有案，自无庸议。谭宗灏等商号二十家，据东海关道详称，均属殷实可信，惜担任股本为数无多。况由烟台折趋西南以达济宁，路线绵长，需款甚巨。且由兖州过济宁以达开封，应作为津浦干路之枝路，一俟干路造成，自必接办。此时东省应就烟潍一段兴筑，较易观成。此段路工约长七百余里，谭商等所筹仅二百万元。前准部咨，查询该商能否筹足股本，东省能否辅以官力。当兹新政繁兴，库储奇绌，公家补助挹注良难。惟南北洋航路，烟埠实绾中枢，商业兴衰动关全局，外人久已注意。前者东海关税务司柯尔乐曾倡筑烟台至济南铁路之议。本年夏间，邮传部来咨，复以访闻有人向外洋订购枕木，息借款项，请饬查禁为言。倘非及时兴筑，诚恐交通不便，枝节横生。查东三府地方素称殷富，不乏资本之家，且路线经过黄县各处，皆系商务荟萃之区。应由本地绅商提倡，就谭商等所筹股本合力举办，以期克日兴工。至登、莱一带居民，在哈尔滨、海参崴、大连湾各埠营业者人数众多，亦应广为劝导，庶可众擎易举。此路若成，不特烟台商业有转衰为盛之机，且于胶济轨道收并驾齐驱之益。运输利便，航载交通，为东省濬一绝大利源，尤本署院所殷盼也。另附条件四项。

以上议案，因前此地方自治无实行之机关，遂无可援之成案，故讨求利弊之事多，而决议办法之事少。兹以其中能下解决，虽非即时见诸施行，而应先时预为规画者，随案提出条件附后：

一、农会商会。已成者如何改良，未设者如何推广。

一、劝业会。预定开会时期，预筹会场经费，调查江鄂办法。

一、烟潍商办铁路。股份数目，股份募集，利息保证，股东权限。

一、胶沂峄官办铁路。

公债办法：一自由募集，二强迫摊派。

公债限制：一年限，二利息，三买票人。

公债担保。

右列条件专举大纲，若其细目，自应别议专章，而宗旨必先决定，然后办事有从著手。所望列席诸君悉心筹画，其所未尽者，以众议补足之。

呈院请将解决议长可否兼差文（附函二件暨奉批答）①

为呈请事。窃于九月初三日据议员张介礼等以本局正副议长事务殷繁，均不得另兼他事，已经抚台出奏。现副议长王君景禧仍兼优级师范监督差使，恐于本局事务有碍等因致函前来。嗣于初七日据副议长王景禧以不能竟辞学堂及不能兼任副议长各理由亦致函前来。当由议长等提出两函，交全体议员公决。据大多数意见，均以议长、副议长事务殷繁，不得兼营他事，已经抚台具折奏准，不能更动。王景禧既为副议长，能否再兼优级师范学堂差使，应用正式公文，请抚台解决等语。据此，除将张介礼等原函暨王景禧原函另缮清折附呈核阅外，理合备文具呈，伏乞抚部院裁夺施行。

议员公函

敬启者。本局正副议长事务殷繁，均不得另兼他事，已经抚台出奏，无能再生异议。现副议长王景禧仍兼优级师范监督差，抚台非不知也，盖重视本局为立法机关，不至藐视此有效之奏章耳。今入会期已三日，若本局再不自行提议，自居何等？颜面何在？且近闻该堂学生有挽留监督之事，王君如不允所请，犹可说也，否则于本局事务终有绝大障碍。鄙人等有见及此，特函开理由，公恳议长大

① 原报告书目次中标题为“呈院请将解决议长可否兼差文附函二件暨奉批答”，报告书内标题为“呈院请将解决议长可否兼差文并札”，兹采原目次中标题。

人将此案提出讨论之，全局幸甚。

王议长景禧谨呈

诸位乡长大人台鉴：敬启者。景禧猥以不才，荷承公选，极知才疏任重，称职维艰，且以学事羁绊，尤难兼顾。当时被选曾经声明，继思以山东人任山东事，原无所轩轾于其间，理宜专营，责无旁贷，即于上月下旬面见抚台，求辞学堂之事，未奉允准。当即面陈，以势难兼顾，或办至本科学生毕业为止，以期始终其事，蒙允照行。嗣经景禧请求致电宪政编查馆陈明此节，抚台谕以可无须致电。凡此情形，原拟开局以前详细报告于诸位乡长，只以每次会期时间促迫，雅不欲以个人之细事，扰我会场可爱之光阴。惟对于同人晤谈时陈说梗概，非肯一味缄默也。兹闻我同人对于此事颇有疑义，景禧谨应将一月以来情形，藉不律以为报告，并将当时未能竟辞学堂之理由及现在恐难兼任副长之理由，一一列左，要求我同人于开会时提议，俾得有所遵循，无任叩祷。倘谓其辞难事而就易事，辞少薪而就多薪，或希图兼差，或顾恋名利，果景禧有此不堪之思想，则二十年以来何时何地不能为此，而必浮沉于万分棘手之学堂，而必厕身于万分作难之议局。景禧虽愚憨无似，未必如是之拙也。我诸乡长共事一堂已达一月，景禧此心当为同人共鉴。此时但得援他省研究所长之例，退而任代议之职，则既可告无罪于桑梓，亦庶得见谅于同人，不胜屏营待命之至。再，提议此节，照章回避，暂不到会。合并陈明。

理由列左，谨请提议。

（甲）不能竟辞学堂之理由：

一、钦定谘议局章程并无议长不准兼事之条文，尤无不准兼学务之条文。

二、已面向抚台陈明不能兼顾，仅限以毕业（明年五月）为止。因将近毕业，易人恐有（杆）〔扞〕格。

三、谋夫孔多，视为优差，鄙人深不欲以东人固有之权利轻让于人。

四、监督本非专官，其性质不过如一塾之老东人，其办事范围亦只限于堂内，与教育行政官确有分别，不得谓为立法、行政混合。

（乙）不能兼任副长之理由：

一、抚台奏正副议长不得兼差，虽未言明在被举以前之差及既为议长以后之差，其不得兼差则一也。今学事既不能辞，应辞副长。

二、定章副议长因事出缺时，由议员互选补之。若不在开会期中，得由常驻议员互选补之。查因事出缺并未明定范围，在不开会期中尚可互选，今在开会之期更无滞碍。兹请辞职，应照特经谘议局见许一条，请公同决议。

三、能力薄弱，事体重大，兼顾不易，专任尤难，应请辞职。

奉批答：查此案业经本署院电咨宪政编查馆查照核覆，另檄行知矣。仰即查照，抄由批发。折存。

抚院札（粘原电）

为札饬事。宣统元年九月十五日承准宪政编查馆洪电内开：绅士办本省学务，可不以差论。副议长应准兼充，此覆等因到本署院。承准此，合将电抄录札饬。札到该局，即便遵照。此札。

计粘抄原电一纸。

北京宪政编查馆：洪。东省副议长、道员王景禧本系省城优级师范学堂总办，应否仍令兼充，乞电示。

呈院请饬将单行章程规则登载官报及宣示文（附批答）①

为呈请事。窃照谘议局章程第二十一条第六款，谘议局议员得议决本省单行章程规则之增删修改事件。兹据本局议员提议案内，有请求督抚宣示单行章程规则一条。查此项单行章程规则，其中如有窒碍难行及应行增删修改之处，须先事研究，方有把握。应请抚部院饬将关于本省现行适用单行章程规则随时登载官报，并按期宣示本局，俾资参考，实为公便。为此具呈，恳乞抚部院裁夺施行。

① 原报告书目次中标题为“呈院请饬将单行规则登载官报文附批答”，报告书内标题为“呈院请饬将单行章程规则登载官报及宣示文”，兹拟标题为“呈院请饬将单行章程规则登载官报及宣示文（附批答）”。

须至呈者。

奉批：如详办理，并候行官报所，备具官报一分，按期径送该局查阅。此缴。文存。

云南谘议局筹办处照会

为照送事。惟照本处案奉前云贵总督部堂锡札委筹办云南谘议局选举议员事宜，以及建筑局所各事务，历经胪列成（蹟）〔绩〕，随时报告在案。嗣将自去年九月开办起，至十二月底调查告竣止，所有筹办一切重要公牍、文电、章程、单表，先汇为本处报告书第一册报明，分别移行，亦在案。自应续将自宣统元年正月起，至四月底初选毕止，所有一切公牍、文件，汇为报告书第二册，业已排印成帙。除报告护理云贵总督部堂沈查核分咨并分别移行照会外，相应备文照送贵局，请烦查收备考。须至照会者。

山西谘议局筹办处移文

为移送事。案照本处奉旨设立谘议局，先行筹办所有调查选举并附设自治研究所各项事宜，均经次第推行，分别详请抚宪核准遵行，预备举办在案。兹复将本处及附设之自治研究所各种文件，自光绪三十四年六月十三开局之日起，截至宣统元年四月二十日以前止，择其紧要文牍并章程规则，分类汇钉成本，名曰《山西谘议局筹办处暨附设自治研究所第一次报告书》，排印装钉成本。除将谘议局筹办处未尽事宜再行陆续移送报告外，合将山西谘议局筹办处并附设自治研究所第一次报告书相应备文移送。为此合咨贵局，请烦查收，以备清览而资考核，望切施行。须至咨者。

奉天地方自治筹办处咨文

为咨送事。案照奉省谘议局筹办处业于本年九月裁撤，当将该处改为地方自治筹办处，呈准刊发关防，改派员司各在案。兹查接管谘议局筹办处卷内，该处自上年九月开办起，至上年十二月止，有文件章规业经选择紧要编成《奉天谘议局筹办处第一次报告书》，呈送分行，藉资参考。嗣又将该处本年正月以后、九月以前各种文牍接续编辑，现已完竣，名曰《奉天谘议局筹办处第二次报告书》。除分行外，相应备文咨送贵局，请烦查照。须至咨者。

呈院议决拟定互选资政院议员细则文并折（附批答）[①]

为呈核事。窃查各省谘议局互选资政院议员章程第十一条内开，关于互选详细规则，由谘议局拟定，由互选监督核定施行等语。现互选日期已迫，遵拟详细规则共三十三条，理合缮折呈核。为此具呈，恳请抚部院裁夺施行。须至呈者。

折开：

第一条　遵资政院议员选举章程，互选资政院议员，投票用记名连记法。山东当选人额数六人，行选举时，按照额数之二倍列记被选举人姓名于一票，并于票末自行署名，以得票过互选举人半数者为当选。

① 原报告书目次中标题为“呈院议决互选资政院议员细则文并折（附批答）”，报告书内标题为“呈院议决拟定互选资政院议员细则文并折”，兹拟标题“呈院议决拟定互选资政院议员细则文并折（附批答）”。

第二条　遵照定章，于十月十一日为互选资政院议员之期，是日限本局议员在本局内互选，各自投票。

第三条　互选人因有疾病或其他事故不能亲赴本局投票者，自宜遵照定章，由互选人亲书密封，于封面署名画押，连同委托凭证送致互选人内之受托人。该受托人应即临时呈验互选监督，以备代投。

第四条　互选投票、开票、检票等事，皆由本局办事处人员管理，其职务、权限另有规则定之。

第五条　全体议员皆负有互选资政院议员之义务，皆有被互选为资政院议员之资格，均要慎重从事，不得推诿不到，放弃公权。

第六条　投票、开票秩序。

（甲）投票前之豫备：

一、各议员履历清册一本。

一、各办事处皆粘贴标识。

一、榜示各议员履历资格。

一、签字处与发票处相毗连。

一、签字处投票人于其名册姓名上自行签字后，管理员即盖一“到”字。

一、发票处发票后，即于领票人姓名上盖一“发”字。

一、设警兵、看守及听差人役多名。

一、悬旗结彩，以志盛典。

（乙）投票时之秩序：

一、本日早七点，本局庶务管理各员即饬役将局外看守传集，局内几案整洁，匭簿笔砚安置妥当。

一、投票人须按签到之先后挨次领票，不得有越次序。

一、投票人领票写毕，即折好投匭。

一、投票人将票纸损坏更换，须向签字处说明缘由，将废票缴销，再于本人名下盖一戳记，然后换给票纸，但不得过三次。如原票失去，概不补发。

一、投票匭之钥匙归管理员收掌，投票完毕即将匭封锁，加贴封条。

一、投票完毕，管理庶务各员即查对发去票纸与发票簿枚数一次，或发去，或更换，或废票，或剩余空白多少，皆记入记事簿内。

（丙）投票后之布置：

一、投票完毕后，即时按照开票规则办理开票事宜。

一、由管理员振铃报告开票，请互选监督监临。

一、制备入场券，预备官绅商学各界入局参观。

一、捡票时，由检票人每捡出一票，即付唱名人高唱姓名，记点入，即在本人得票计算单内盖一红“选”字。

一、捡票时，遵照定章，当选人名次以得票多寡为先后，得票同者以年长者列前，年同者以抽签定之。

一、选充资政院议员者不愿应选，应依资政院章程第十三条于三日内呈明辞退。

一、诸事完毕后，由管理员振铃报告散会。

互选资政院议员投票所管理员及监察员规则

第一条　本规则适用于互选资政院议员投票时管理员及监察员。

第二条　管理员遵章以本局办事处人员充之，分任管理职务。

第三条　监察员应由议员中公推数人充之，届时皆须先行陆续投票，以便行监察职务。一经公推，不得无故辞职。

第四条　管理员掌投票所之启闭及记录投票情形，并掌管投票匦、投票簿、投票纸及议员人名清册。

第五条　监察员专监察投票时及投票前后一切应守秩序规则。

第六条　管理员筹备应行投票、开票一切事宜，均须按时齐集，不得延误。

第七条　互选时如有违背投票所纪律及不规则之行为者，由监察员警戒之。

第八条　各监察员监视投票时，不得使有窥视及交换投票情弊。其监视写票办理亦同。

第九条　管理员、监察员均不得无故干涉各议员之投票，涉及私言或泄漏互选票上姓名，及违法擅开投票匦等事。

互选资政院议员投票所规则

第一条　本规则互选资政院议员适用之。

第二条　互选资政院议员投票所，遵照资政院定章，即在山东全省谘议局内行之。

第三条　投票事宜依限定之时间，不得违误。

第四条　互选议员投票时，由局内备置投票匭一座、议员姓名清册一本、投票簿一本、记事簿一本、投票纸若干张及一切应行备置事件，皆由办事处预为备置。

第五条　投票日应用处所须用纸条标识，以便遵守。

（甲）签字处。

（乙）发票处。

（丙）写票处。

（丁）投票处。

第六条　投票匭除投票时间外，应加封锁。

第七条　置投票匭处，除职务人员及投票人员外，他人不得近前。

第八条　各议员投票毕，即宜退至休憩处，不必逗留窥视他人写票。

第九条　投票完毕，宜即日请互选监督监视，由管理员办理开票事宜。

互选资政院议员开票时管理员及监察员规则

第一条　本规则适用于互选资政院议员开票时职务人员。

第二条　管理员掌开票匭之启闭及纪录开票情形，并掌管投票匭、投票簿、得票计算单。

第三条　管理员办理开票一切事宜及分任左开各事项：

（甲）检票、收票、清算票数。

（乙）招待参观人入场。

（丙）唱名记点。

第四条　清算投票数目，须将选举票之总数与投票簿之总数对照，其有姓名不符及废票者，须另册记明。

第五条　管理员对于参观人有相当敬礼，但有紊乱秩序者，得命其即时退出。

互选资政院议员开票时规则

第一条　本规则适用于互选资政院议员开票时之布置。

第二条　互选资政院议员，开票时由本局管理员振铃使知。

第三条　开票时间限一日内完毕。

第四条　开票时应设备如左：

（甲）开票台。

（乙）置投票匦处。在台之左。

（丙）记票席数座。在台之右。

（丁）收票席。

第五条　开票日官绅商学各界皆可入局参观，但可因楼之广狭，先日发给入场券，限定人数。

第六条　本日检算当选票数，若无过半数之人，即将得票最多数者呈明互选监督，遵照定章按缺额多寡加倍开列姓名榜示，以【便】互选人再行投票等事。

第七条　资政院议员是日互选确定后，宜即日在场宣示公众。

第八条　开票完毕后，应照章程第十二条，将投票纸呈送互选监督。

第九条　开票完毕后，即将投票匦、投票簿一并保存本局。

第十条　本规则未尽事宜，照各省谘议局互选资政院议员章程办理。

奉批答：如呈办理。此覆。折存。

呈院议决呈请延长会期并解决常驻议员协议问题文（附批答）①

为呈请事。窃查谘议局章程第三十二条，常年会每年一次，会期以四十日为率，自九月初一日起，至十月十一日止，其有必须接续会议之事，得延长十日以内等语。本局奉札遵议及议员提议并其外请愿各案件，不敢率尔决议，自不得不详加讨论，按照议事手续办理。而时期短促，转瞬即将闭会，纵令择要议决，于闭会前一律呈核，倘蒙批饬另议，而业已闭会，欲议无从。现经公同决议，拟请遵章延长会期十日以内，以便议结。抑更有请者，按章延期不得逾十日，为时无几，照章程第十二条，有不在开会期中得由议长委任常驻议员协议办理之条文。惟查此项条文所规定委任协议事件，只限于第二十一条第九至第十二各款所列事件。倘闭会之后，如有会期中议决呈请施行案件，一经批驳，或于全案中摘驳一二条另议，而案件系不在第九至第十二所列各款范围之内者，则常驻议员遵议不得，停议不能，事出两难，亦是一大问题。究应如何办法，应请抚部院批示遵行，以资解决。所有延长会期及常驻议员协议问题各缘由，理合据情呈核。为此备由具呈，恳请抚部院鉴核施行。须至呈者。

奉批：来牍阅悉。所请照章延长会期十日以内，应即照准。所有本届公同议决申覆各案，本部院随时批答。局中应行覆议事件，统限会期前一律办讫。其有交各司道调查详覆者，应俟详文到后交局，由议长委任常驻议员协议办理。此覆。

---

① 原报告书目次中标题为“呈院议决延长会期并解决常驻议员协议问题文（附批答）”，报告书内标题为“呈院议决呈请延长会期并解决常驻议员协议问题文”，兹拟标题“呈院议决呈请延长会期并解决常驻议员协议问题文（附批答）”。

呈院议决本局东南隙地开通街巷文并批

为呈请事。窃本局建筑地基系前贡院旧趾，既已偏处省城西隅，而本局所占又系贡院之西北端，其西、北两方面皆滨湖水，前面复为藩署、学署所隔，无路可通，所有通行道路仅西南一隅。本局议员散居城内，每日赴会集议既多不便，所有旁听、参观人员人数稍多，散会时不免拥挤。前据筹办处、工程处面称，济南府中学堂门前隙地与本局门前东端仅隔一墙，皆系贡院地趾，兹查勘属实。拟在此处开通街巷，虽不能通行车辆，而来往行人以及人力等车皆可行走，实多便利，并请将本局东南端隙地划归本局，以为将来添建房屋之用。当经全体议员提出会议，公同议决，理合备由呈请抚院裁夺施行。须至呈者。

奉批答：如呈办理，候檄行济南府知照。此覆。图存。

呈院互选资政院议员举行完竣文（附批答）

为呈报事。窃遵资政院议员互选章程，于本月十一日在本局举行互选事宜，当蒙驾临监督互选完竣。查章程第十二条内开，互选完竣后，由谘议局办事处造具当选人名册，连同票纸于十日以内呈送互选监督，按照第一条所定该省议员额数，将前列当选人覆加选定为资政院议员，榜示投票所等语。兹查选得举人陈命官七十八票，附贡生王昱祥七十二票，举人蒋鸿斌七十二票，附生彭占元七十一票，举人、候选直隶州州同汪岱霖六十二票，试用训导尹祚章六十一票，举人张树庭六十票，试用训导金毓珍五十七票，候选训导郭连科五十票，以上九人其得票均过互选人半数。尚缺三名，不足定额，因将得票较多数者加倍开列，复行投票。又选得鸿胪寺序班附生孔广淇六十七票，拔贡徐书年六十五票，举人郑熙嘏四十九票，其得票均过互选人半数。计共十二人，均照章列为当选人。所有依次互选完竣情形，理合造具当选人名册一份，连同票纸呈请覆加选定，榜示投（示）〔票〕所。为此备由具呈，恳请抚部院裁夺施行。须至呈者。

计呈互选资政院议员当选人名册一本，两次举行互选票纸共一百九十二枚。

谨将互选资政院议员年龄、出身、籍贯缮具清册，恭呈钧鉴。

计开：

陈命官，年三十六岁，丁酉科举人，登州府蓬莱县人。

王昱祥，年四十五岁，劝学总董，附贡生，济南府长山县人。

蒋鸿斌，年四十七岁，京师法律学堂毕业，庚子、辛丑并科举人，兖州府滕县人。

彭占元，年三十九岁，日本法政毕业，附生，曹州府濮州人。

汪岱霖，年三十七岁，山东法政学堂毕业，庚子、辛丑并科举人，候选直隶州州同，泰安府泰安县人。

尹祚章，年三十六岁，山东法政学堂毕业，试用训导，增贡生，泰安府肥城县人。

张树庭，年四十三岁，辛卯举人，武定府海丰县人。

金毓珍，年五十三岁，农会会董，县视学，试用训导，东昌府清平县人。

郭连科，年四十七岁，山东法政学堂毕业，廪贡生，候选训导，武定府商河县人。

孔广淇，年五十岁，五品衔鸿胪寺序班附生，曹州府定陶县人。

徐书年，年五十六岁，丁酉科拔贡，兖州府邹县人。

郑熙嘏，年五十四岁，己卯科举人，前任掖县教谕，沂州府日照县人。

奉批：来牍并名册、票纸及计算单均阅悉。所有前列当选人，候本部院覆加选定，榜示可也。此覆。册、票、单均存。

呈院当选资政院议员张树庭辞退文并札

为呈明事。窃查资政院议员选举章程第十三条，选充资政院议员者如不愿应选，得于榜示后三日以内，呈明互选监督辞退等语。兹据当选人张树庭以亲老不能远离理由，声明不愿应选到局。据此，理合代为呈明。再，本局闭会在即，互选常驻议员实难再延，已拟定于本月二十日举行。既据选充资政院议员张树庭辞退开缺，应请于举行互选常驻议员前，迅赐选定补充，庶于举行互选常驻议员不至妨碍。为此呈请抚部院裁夺施行。须至呈者。

抚部院札：为札行事。案据谘议局呈称：选充资政院议员张树庭辞退开缺，请选定补充等因前来。兹经本部院于本届当选人中选得议员蒋鸿斌堪以补充，仍应榜示投票所，以期周知。为此札发谘议局查照办理。须至札者。

计发榜示一张。

呈抚部院函

中丞大人台鉴：本局为互选资政议员事件，遵章拟于本月十一日早八钟举行。除议互选详细规则业经呈请核定外，所有投票等事宜已由本局办事处筹备妥协。理合先期呈报，并请届时驾临，实为公便。专此，敬请勋安，统惟崇鉴。

呈抚部院函

中丞大人台鉴：本局遵章互选谘议局常驻议员，拟于本月二十日早九句钟举行。所有投票等事宜已由本局办事处筹备妥协。理合先期呈报，并请届时驾临，实为公便。专此，敬请勋安，统惟崇鉴。

呈院呈报互选常驻议员当选人票数文

为呈报事。窃查局章第十条内开，常驻议员若干人，均由议员中互选，常驻议员以该省议员额数十分之二为额等语。本局议员额数壹百，照章应选常驻议员二十名，已于本月二十日在本局举行互选事宜，当蒙驾临监督，选得周树标六十九票，朱承恩六十四票，金毓珍六十三票，丁世峄六十一票，孙丕丞六十一票，杨振清五十七票，张壬弼五十七票，张燦之五十六票，李广居五十六票，姚际元五十六票，吕上智五十五票，李瞻泰五十四票，郭连科五十四票，梁协中五十三票，张允符五十二票，赵阳山四十九票，以上十六人均过互选人半数。尚缺四名，不足定额。因将得票较多数者加倍开列，复行投票，除原票得不计外，又选得窦培增五十三票，李荫棠五十票，王玉锟四十七票，张光第四十三票，其得票均过互选人半数，合上十六人计算，共二十人，已符定额，照章均为常驻议员当选人。其外加倍开列得票次多数之庄余珍三十七票，鞠芙三十六票，尚鹏展三十七票，王志勋三十八票，以上四人票数均照初次得数开列。又有原选得票次多之曲卓新三十四票，王炜辰三十三票，张介礼三十二票，尚庆翰三十二票，共计八人，均列常驻议员候补当选人。除将原票保存本局外，所有互选常驻议员当选人二十名及候补常驻议员当选人八名姓名、票数并依次完竣情形，理合备文呈报。为此呈请抚部院裁夺施行。须至呈者。

呈院核销开办费文并清册（附批答）

为呈报事。窃本局开办费一项，原经估定银一千两，呈请抚部院批准，由前筹办处代领，如数移交，前次呈请拨款文内业经声明在案。查开办费动支，自七月二十六日全省议员互选经过，在府学西庑成立事务所，筹备开局事宜，所用办公人员陆续到差，发八月分薪金、津贴、工食各项及办公应用纸笔朱墨、刷印图书、器具并杂支等，均由开办费项下支销。至九月开局后有制办公用品应在开办项下支销，为以前所未豫备或已豫备尚不敷用，不得不按次添制，因将购置一切可永久保存应用之件，酌量情形，与常年经费划界清支。按七月二十六日起，至十月初十日止，总支库平银玖百玖十两零柒钱五分八厘六毫，收支两抵，实存库平银九两二钱四分一厘四毫。除将此项余款归入常年经费项下动支，另文汇案册报外，所有开办经费项下支销银两数目，理合造具四柱清册，呈请核销。为此备由具呈，恳请抚部院鉴核施行。须至呈者。清册壹本。

谨将宣统元年自七月至十月谘议局开办经费支销银两造具四柱清册，呈请核销。须至册者。

计开：

旧管：

无项。

新收：

一、收筹办处移交库平银壹千两整。

开除：

薪金、津贴、工食项下：

一、支书记张汉章八月份，库平银五十两整。

一、支文牍科书记高尚志八月份薪金津贴薪金津贴，库平银二十两整十两整。

一、支文牍科书记于洪起八月份薪金津贴薪金津贴，库平银二十两整十两整。

一、支会计科书记刘闻尧八月分薪金津贴薪金津贴，库平银二十两整十两整。

一、支庶务科书记张百源八月分薪金津贴薪金津贴，库平银二十两整十两整。

一、支清书七名八月份津贴一、二、四名，半月济银四两、每名济银八两、每名库银八两，共合库平银五十一两六钱八分六厘。

一、支局役七名工食，按七八月到差日先后计算，共钱□□，合库平银十五两四钱七分六厘八毫。

以上共支库平银二百三十七两一钱六分二厘八毫。

纸笔朱墨、图书印刷项下：

以上共支库平银一百六十二两零三分八厘三毫。

器具项下：

以上共支库平银五百十六两一钱零八厘七毫。

杂费项下：

以上共支库平银七十五两四钱四分八厘八毫。①

统共以上支库平银九百九十两零七钱五分八厘六毫。

实在：

一、收支两抵，实存库平银九两二钱四分一厘四毫。

以上实存库平银九两二钱四分一厘四毫，请归入常年经费项下支销。合并声明。

奉批答：来牍阅悉。此覆。册存。

① 以上“纸笔朱墨、图书印刷项下”、“器具项下”以及“杂费项下”各有具体支出细项，因原报告书所列苏州码多模糊不清，无法辨认，故皆从略，仅列该项合计数字。

致审判厅筹办处函

径启者。筹办审判厅章程规则，贵处想已规定。敝局会议事件有藉资参考之处，敬乞赐下一份为荷。耑此布恳，即请勋安。

审判厅筹办处覆函

敬覆者。前辱承惠函，适因公赴潍县调查，致未肃覆。昨午回省，敬悉嘱送筹办审判【厅】章程等项，遵即饬将详院原文暨敝处办事期限清单检出，送呈贵局，希即察收。专此肃覆，敬请台安。

审判厅筹办处详院原文

为详覆事。宣统元年八月十五日奉宪台札开：案查筹备宪政期限清单，东省本年应筹办各事宜共八项，经前升院或已立基础，或甫在经营。本署院接准移交，业已于六月初九日会同恭折具奏，并转行在案。又查宪政编查馆考核处专科章程，每年二月内及八月内限各衙门将筹办宪政成绩各具奏咨一次等因。现已届奏报之时，所有东省筹办宪政各事宜，应由该主管衙门暨各局所按照期限清单第二年内开各条，各将应办事宜及现在筹办实在情形分别详细胪列，限本月二十三日齐详到院等因。奉此，查本处于五月设立，当将筹办事宜分定期限具详在案。现在甫逾两月，虽诸事均尚未就绪，而大致要已具端倪，请为宪台缕晰陈之。

窃维筹办审判莫急于人才，而人才之养成，不外乎学问与经验之二法。兹已由本处将各局发审委员与曾任州县各员及候补道府共一百七十余人，送入法政学堂，专习民、商、刑、诉各法及外国审判例，俾有经验之人加以学问。又将从前法政毕业人员分别考试，准月内分送各发审局帮审，俾有学问者以资练习，以备明年开办时推事、检察之选。至其他补助机关，莫要于司法警察及检验吏二者。现在司法警察已由本处详请由巡警学堂办理，并会同该堂详定课程，已经考足学额，不日亦即开课。又检验学习所已由法政学堂详请变通办法，奉宪台面谕，饬令高等学堂附设法医学一班。此则筹办审判补助机关之大略也。

其次则为法庭之设置。明年开办之审判厅，虽止以省城、商埠为限，然上系国家之法权，下关人民之利病，关系重大，头绪纷繁，未便轻以将事。前已由本处拟定条目表式，派员分往省城、烟台、潍县、周村等处调查，以便斟酌情形，详请建设法庭，分派法官及其他一切机关。前已据该委员等函称，调查已具大概，十月内可以返省报告，届时便可拟定各级审判厅共设若干所，各级推事等官共设若干员，以期适合时势，无违部章。至开办经费及常年经费，届时亦可据之拟定大略。此则筹办设置之大概也。至于建筑一层，虽当因地制宜，或借用公地，或租用民房，以期适于司法之用而不致縻费①，然省城之高等审判厅则宜规模略壮，以为各处之模范，前已由本处请将游击署改建，奏准在案。至于建筑之方法，已由本处设法，分道将京师、天津之各级审判厅及上海、天津之发审公堂与英、德、法、日、俄五国之各裁判所各种图样调查明晰，以便酌量变通，均约于年内可到。此又筹办之一事也。

除将以上各节随时办就详请示遵外，所有现在筹办情形，理合遵照详请宪台鉴核施行。

---

① “縻费”，系旧时用法，现代汉语作“靡费”或“糜费”。下同。

审判厅筹办处详院原文（附期限清单）

为预筹审判厅开办事宜，请定期限以重责成而利进行事。窃维司法独立，上为宪政之本源，下关人民之利病。山东地大民众，欲于数年之间，百余州县各级审判厅一律成立，造端宏大，头绪纷繁，实为其他新政之所未有。况分年预备既有一定之期限，府、县、乡镇又有一定之次序，势不能不因地制宜，随时斟酌。使非统筹全局预计将来，步步为营以为进行之计，非纷扰而官民交病，即敷衍而失败无成。然提法使司既未改设，各种法规多未颁布，省城、商埠各级审判厅又限于明年成立，为时已迫。而造端伊始，尤当正本清源，以树始基而资表率。谨就目前及将来应办事宜预为筹度，为宪台逐端陈之。

一曰官吏之养成。法律之根本不外人情，虽五方之习俗不同，新旧之定制略异，然解释与适用则纯在审判各官而已。有治人无治法，此语虽非尽当，要有至理存焉。况当新陈递代之秋，上无完备之法典，下无一定之习惯，偏于旧者既无以应改进之时机，偏于新者或将以滋人民之纷扰，事机所倚，成败殊不易睹，其得失之权衡亦在推事、检察之得人否耳。然旧有之官幕既少新知，而后进之学生又无经验，适当之法官殊不易得。为今之计，惟有将臬、府两署之发审局委员，及在省候补人员中之曾任实缺或署事，及曾充发审局委员或各县帮审官者，于法政学堂内埘设一夜课，由本年八月初开课，至明年五月底毕业，专授民、刑、商法及诉讼法外，另授外国之审判例及法学通论数者，俾有经验之吏得以扩张其知识。而今曾在本省或他省法政学堂卒业，及外国法政学堂卒业之优秀者，择尤派充发审局帮审，限本年八月内开办，至明年五月底为学习期间，俾有学问之学生得以增益其阅历，俟开设审判厅时，不拘资格，拔尤酌用。至于选择之法，虽以阅历、学问兼全为上，然廉正勤明之吏则尤要也。此则预筹者一也。

二曰机关之分配。中国人口既繁，交通未便，刑、民各讼悉以付之州县，固有繁冗废弛之嫌。然中国之州县平均不过当日本之二郡而已，而日本之府县实仅当美国之一乡，是中国之州县其地域固甚狭也，丁口虽庶，然民、商之诉讼亦较外国为略简。今若如普通之观念，谓每州县必设一地方审判厅，而地方审判厅之下必设初级审判厅数处，不独国家无此财力，而事务简少，恐审判各官又有冗滥（间）〔闲〕散之嫌，此则地方审判厅及初级审判厅之管辖区域分割最宜注意者也。但兹事体大，非一旦所能决，而目前所急应划定者，则省城及商埠之初级审判厅之管辖区域也。例如济南一城，既属省城，又为商埠，将来似宜合而为一，免致叠床架屋。盖九年预备清单内之所谓省城、商埠云云，系指明其地之重要而言，非谓省城之必各别设立也。烟台、周村、潍县虽同为商埠，然商务之繁简，人口之多少，又大相悬殊。除地方审判厅应额设外，至于初级审判厅，每埠果应设若干所，而一厅之中又果应设推事、检察及其它官吏等若干人，其管辖区域又应若何分划，此则目前所急宜筹画者也。至于该埠平时诉讼之习惯与出入之用度，皆应切实查察，以备开设时之因革。至衙署一层，何处宜新造，何处可租借，何处宜改造，于法制、经费均有绝大关系，亦不得以末件置之。现在既蒙札派调查，设置委员，拟令各该员于六月初十前分途前往，限十月内回省报告一切，再由本处斟酌情形，规划试办，限明年正月以内详请奏明遵照。此则预筹者二也。

三曰经费之计画。支出之大宗，一为官吏之俸薪，（一）〔二〕为办公之费用，三为衙署之建筑及租借改造。入款之大宗，一为固有之官款可以提归审判厅用者（如书吏、胥役之工食），二为民事诉讼之例银，（据大清京师各级审判厅试办章程第八一七条以下各条）三为罚款。此则出入之大略也。支出之多目下虽不能预计，然必为行政上之绝大费用可断言也。如何预算，如何筹拨，如何可以撙节，如何可以变通，每年需用若干，开办若干，经常若干，此皆当于事前筹之至悉，然后可以为一定之成规。至于入款各宗，为数虽微，亦未尝不可稍资挹注。然必查明现状，斟酌事势，庶可以点滴归公，而不为民病，不为官累。拟限于明年二月内将开办费用制成预算表，明年六月内将经常费用制成预算表，随时详请核夺。至官舍一节，或宜新筑，或可租借改造，总以合法、适用、损费三者为主。拟由本处设法将东西各国裁判衙门及各租界内会审公堂图样调查集取，以备参考采用，限明年正月定议，俟五月初即行动工，限八月内一律成立。其各处推事、检事、典簿、书记等官，统限于明年六月详请【奏】派。其各种机关统限明年十月成立。此则预筹者三也。

四曰补助机关之预备。司法警察为公力实施之爪牙，检验官吏为犯罪有无之铁证。无最良之司法警察，天下仍将受胥役之毒；无最精之法医学问，仵作仍可操生死之权，刑律适为高阁之具文，推事适为法廷之木偶，裁判改良之美意又安见乎？拟请札饬警察学堂添开司法警察一班，限八月开办，明年五月卒业。至（捡）〔检〕验吏一层，关系既大，培养尤难。盖法医学堂与医学相表里而较医学为尤难，故外国各大学另立为专门。法部现已通咨各省，令于法政学堂或审判厅筹办处附设养成所，拟即遵照，由本处会同法政学堂办理，限于九月内开学，明年年底卒业。此则预筹者四也。

以上各节，关系既大，头绪又繁，必预限一定之时期，始能进行于秩序之中，收效于期限之内。用敢分别缓急，规定次序，开具期限清单，详请宪台鉴核批示祇遵。为此备由具详，伏乞照详施行。须至详者。

期限清单

一、拟派调查设置员赴济南、烟台、周村、潍县各商埠调查一切，限六月初十前分途前往，十月回省报告。

一、拟招取各发审局及曾经实任、署事人员，在法政学堂内附设夜课一班，限八月初开课，明年五月底卒业。

一、拟由本处会同臬司及济南府选取曾习法政人员，派充各发审局帮审，限八月内开办，至明年五月底为学习期间。

一、拟由本处设法调取东西各国裁判衙门及各租界内会审公堂图样，以备参考采用，建造官舍，限明【年】正月定议，五月初动工，八月内成立。

一、开办经费限明年二月内制成预算表，经常费用限明年六月内制成预算表，随时详请核夺。

一、司法警察应由警察学堂添开一班，限八月内开办，明年五月卒业。此节拟请札饬警察学堂办理。

一、检验养成一节，拟由本处会同法政学堂商酌办理，限于九月内开学，明年年底卒业。

一、各处应设之推事、检察、书记各官，统限于明年六月详请奏派，其吏胥人等限于明年九月内派定。

一、各种机关统限于明年十月成立。

宣统元年五月二十八日详，六月初七日奉院批：据详已悉。所陈养成官吏、分配机关、计划经费及预备补助机关各节，条理秩然，洵堪佩慰。应准如详办理，仰即遵照详定办事期限，切实进行，以期早日观成，毋负朝廷改良裁判之至意。此缴。折存。六月初四日。

六月十九日奉抚宪札开：六月十三日专弁赍回原折，内开：奉朱批：该衙门议奏。钦此。合行恭录，一并饬知。

呈藩司请饬发田房税契章程文（附照会）

为呈请事。据本局议员提议案内，有税契浮收一案。查田房税契具有定章，惟本局无案可稽，未能明晰，应请将部颁整顿田房税契章程饬发一份，俾资考查，实为公便。为此呈请查照施行。须至呈者。

藩司照会

为照会事。案照贵局文开：据本局议员提议案内，有税契浮收一案。查田房税契具有定章，惟本局无案可稽，未能明晰，应请将部颁整顿田房税契章程饬发一份，俾资考查，实为公便等情。准此，查东省田房税契，向系遵照前抚宪奏案，每价银壹两收买契税银叁分陆厘，典契税银壹分捌厘。嗣于本年陆月间，又奉度支部奏咨抵补洋土药税厘，通行各省加收买契税银玖分、典契税银陆分，遵办在案，并无浮收之项。兹准前因，合就检送部章一本，照会贵局查照。须至照会者。

呈藩司请拨发银一万四千两文（附照会）

为呈请核发银两事。窃照本局以会期内需款尚多，呈请抚部院拨发等情。奉批：已照呈檄行布政司拨发库平银一万四千两，希即派员前往具领备用，此覆等因。奉此，理合备具印领，派员赍文前赴贵司衙门守候领取，望乞迅赐查照施行。须至呈者。

计呈印领一纸。

藩司照会

为照会事。案奉抚宪札开：以据贵局呈称：窃前准筹办处移，奉拨本局开办费及常年费原封库平银一万两，内除短平银五十两九钱，并除去年开办费银一千两专归开办费项下动用外，计常年经费项下实在库平银八千九百四十九两五分。查此项自九月初一日起支，除旅费、公费、薪津、工食及一切杂费共用库平银七千七百八十余两，本局拟每年分四季报销，计自九月初一日起至十一月底止为第一季报销之期，俟届期呈报外，现除支实存库平银一千一百余两。兹查会期以内，所有议长公费，议员公费、旅费及办事处人员薪金，书手、局役等津贴、工食并杂费等项需款尚多，应再请饬拨发库平银一万四千两，藉资开支等情到本署院。据此，除批答“已照呈檄行布政司拨发库平银一万四千两，希即派员前往具领备用。此覆。”等因印发外，合行札饬。札到该司，即便查照办理，仍将拨发银数日期具报查考。此札等因。奉此，查司库发款向系遵用部颁砝码，由库大使眼同平封，何以短至五十两有余之多，究竟筹办处何人领付，阅时既久，已难调查。惟有申明，后约贵局来司领款，务请饬具文领，遣派妥员携带砝码来司较准，以便眼同平封，用昭慎重。为此照会贵局查照办理。须至照会者。

藩司咨文[①]

为咨送事。案奉前升抚宪袁札开：宣统元年五月二十五日准度支部咨：田赋司案呈本部覆陈酌覆蠲免各直省民欠钱粮一折，钦奉谕旨：所有奏定光绪三十三年以前实在民欠钱粮等项，一律全行蠲免等因。业经转饬钦遵查办在案。现在由司敬谨刊刷謄黄，除颁发各州县暨各盐场张帖晓谕外，所有謄黄式样合就咨送。为此合咨贵局，请烦钦遵查照备案施行。须至咨者。

藩司移文（附禁烟表式）

为移知事。宣统元年十月初七日奉署理抚院孙札开：案准禁烟大臣咨行续定禁烟章程，饬各督抚所属人员一律按三个月各取结一次。查全省地方辽远，统计现任、候补文武各员人数又复众多，岂一人耳目所能周，固不仅辗转申送稽延时日，实亦不足以专责成。除本年夏季取结各员应仍由藩司迅造清册详候核咨外，兹由本署院另拟取结列表办法，合行札发。札到该司，即便遵照。自本年秋季起，一律依限办理，（母）〔毋〕违，切切。此札。计粘抄取结列表办法并表式各一纸等因到司。奉此，除通饬遵办外，拟合移知。为此合移贵局，请烦遵照抚宪酌拟取结列表办法，依限添表送司，以凭汇核详办。幸勿迟滞，望速施行。须至移者。

计粘抄取结列表办法一纸、表式一纸。

① 原报告书目次中标题为“藩司咨文”，而报告书内标题为“藩宪咨文”，兹采目次标题。

酌拟取结列表办法：

一、三镇现任司道由本署院领衔列表，候补道由藩司列表，以上各员仍应取结，随文咨送禁烟大臣。

一、各府、直隶州取结送本道，由本道留结存查列表。各同通州县佐贰取结送本府、直隶州，由本府、直隶州留结存查列表。其分道分府、直隶州候补各员亦一律办理，但不得与现任同列一表，以清眉目。

一、各衙门公所、局处、学堂当差人员均取结送该管上司，由该管官留结存查列表。如省外筹款分局，厘金、斗捐、船捐等局统归筹款局，余可类推。

一、武职副参游以下及营汛现任、候补各员，均取结送三镇留结存查列表，仍应分现任、候补为两册。

一、在省候补府厅州县佐贰无差各员，应仍由藩司每省派委一人札发表式，责令清查列表，并仍取各员甘结，同乡同寅各保结，随表送藩司存查。

一、各员承造表册，务须按照所颁表式大小，（母）〔毋〕得稍有长短阔狭、参差不齐，俾便汇订。

一、表册每造三分，一律汇送藩司，分别一藩司存查，一申本署院备查，一详由本署核咨禁烟大臣再行照办。

一、表册应按季查造。本年秋季之册初办从宽，限于十月内造送，以后统限本季造送。如春季以三月为限，以此类推，均送由藩司汇转，（母）〔毋〕得延误。

一、查结责任既分，如有欺饰，一经本署院察出，承造表册之员定当照部章徇隐例办理。

一、各该员如逾限延不送结，照定章以规避论，由藩司暨各该管官查取职名，详候核办。

藩司移文

为移知事。宣统元年十月初六日奉巡抚部院孙批，据本司遵饬详请核咨省内外现任、候补文武各员夏季禁烟表册一案缘由，奉批：已据详将本年夏季官员禁烟册表并镇道各结咨呈禁烟王大臣查照备案。所有未经送结各员，仰即严催，并先行查取职名，详候核办。兹由本署院另拟取结列表办法，以期简易而专责成。除另檄饬知自本年秋季起切实办理外，至曹州陆镇现已奉旨开缺，所有应送各结可否免其取送，应候禁烟王大臣核覆饬遵，并即知照。此缴。清册表结分别存送等因到司。奉此，除通饬遵照外，拟合移知。为此合移贵局，请烦查照，将未经送结各员迅速严催，并先行查取职名，详候核办。幸毋迟滞，望速施行。须至移者。

呈覆藩司为造送本年秋季分禁烟表册文

为呈覆事。案奉移文内开：禁烟章程一节，正在遵章列表，依限添送间。又于前月二十八日复奉移文内开：本年夏季官员禁烟册表，所有未经送结各员，仰即严催，并先行查取职名，详候核办各等因到局。奉此，查本局自秋季成立，应自本年秋季限内为始，除将来表备案外，所有本局正副议长及办事各员并常驻议员，理合仿照来式备表填列呈送。为此列表具呈，请烦查照，汇办施行。须至呈者。

呈覆藩司移取本局差委人员列表文（附表）[①]

为呈覆事。窃奉移文内开：宣统元年八月初七日奉署抚院孙札开：宣统元年七月二十八日准吏部咨：文选司案呈所有本部遵旨妥议立宪筹备事宜开单呈览一折，于宣统元年闰二月二十七日具奏，本日军机大臣钦奉谕旨：吏部奏妥议筹备事宜按年开列缮单呈览一折，著宪政编查馆知道。钦此。钦遵在案。查单开宣统元年应办事宜内称，行令各省造送各项实缺人员任卸调署统计表、各项候补人员差委入学统计表、全年所见员缺及请补人员统计表，均限于次年二月内到齐。以上各条应即以本年为始，嗣后按年一造等语。应即通行各省，按照单内开列各项分别造具统计表，于宣统二年二月内一律咨送到部，并嗣后按年按期照造送部，以备查核。事关宪政，相应咨行钦遵办理可也等因到本署院。准此，除分行外，合行札饬。札到该司，即便分别移行，一体遵照办理，切切。此札等因到司。奉此，查此项表册系奉吏部咨饬查造，有关宪政，限期紧迫，兹特拟就表式，备文移送。为此合移贵局，请烦查照，将贵局委派差遣各员衔名及到差入学各日期赶紧查明，务于十一月初十日以前，先将宣统元年当差各员照表填送过司，嗣后每月初十前按照造送一次，以凭汇办。事关宪政，幸勿迟滞，望速施行等因到局。承准此，除将来表备案外，所有本局差委办事人员，理合仿照表式，造具一纸，填列呈送。为此列表具呈，请烦查照施行。须至呈者。

计呈差委人员照式填表一纸。

① 原报告书目次中标题为“呈覆藩司移取本局差委人员列表文（附表）”，报告书内标题为“呈覆藩司文”，兹采目次中标题。

谘议局差委各员照式填列表

官阶	姓名	年岁籍贯	差　委	入　　学
五品衔府经历、优禀贡生	张汉章	年三十八岁，系本省曹州府巨野县人	光绪三十三、四两年奉委曹州清乡总局稽查委，兼充曹州官立普通中学堂及实业学堂监督，并官立自费警务学堂监学。宣统元年正月间奉委诸城县区官。现奉委谘议局办事处书记长差，总理文牍、会计及一切庶务事宜，于八月初一日到局	光绪三十二年三月间蒙前升抚宪杨咨送日本国，入东京警监学校肄业，光绪三十三年十二月底毕业回国，领有本学校文凭一纸，及公使大臣李发给证明书一纸，并给予前升抚宪袁咨文一纸
附生	万光炜	年二十八岁，系本省曹州府曹县人	现奉委谘议局办事处文牍科书记，十月初六日到差	光绪三十年九月入本省师范学堂完全科，于光绪三十三年九月毕业，领有本学堂毕业文凭
优廪生	刘闻尧	年三十三岁，系本省临清直隶州武城县人	现奉委谘议局办事处会计科书记，八月初四日到差	光绪三十二年九月间自费游学日本，蒙前升公使杨大臣送入东京法政大学第五班法律部肄业，三十四年三月间毕业回国，领有本学校及公使李大臣发给文凭各一纸
附生	张百源	年三十九岁，系本省泰安府泰安县人	现奉委谘议局办事处庶务科书记，七月二十七日到差	光绪三十二年闰四月入日本东京东洋大学法政科肄业，三十三年十月间毕业，领有本学校毕业文凭

呈请提学司饬送实业学堂一览表文（附照会）

为呈请事。案奉抚部院札发草案十二条内，有关乎实业之事三条。窃念振兴实业，宜先从学堂入手，未有者渐谋扩充，已有者实行整顿。前奉移送统计表内，列实业学堂处所及职员、教员、学堂人数，暨岁入款目总数，均已详明，堪资考查。惟以上各项但有统计而无分计，应请饬将各该学堂三十四年一览表造送一份，俾资考查，实为公便。为此呈请，烦查照施行。须至呈者。

提学司照会

为照会事。案准贵局文开，前送统计表内列实业学堂处（内）〔所〕及职员、教员、学堂人数，暨岁入款目总数，均已详明，堪资考查。惟以上各项但有统计而无分计，应请饬将各该学堂三十四年一览表造送一份，俾资考查等因。准此，当饬将各属送到三十四年分实业学堂一览表照录一份，相应备文，照会贵局，烦即查照，备考施行。须至照会者。

提学司移文

为移送事。本月二十一日案奉抚宪函开：查谘议局开办在即，提议之件大抵不外地方行政，如教育、警察、实业均在应议之列。以上三项头绪甚繁，谘议局无案可稽。查贵司前曾造具统计表，祈即迅速抄录一分，径送谘议局随时备查等因到司。奉此，当即查照本年造送全省学务统计表，饬承赶缮一分，装订成册，相应备文移送贵局察收，以备查考。须至移者。

呈运司查抄东省盐课正杂各款文

为呈请事。窃本局对于盐务议案亟需调查，以为议决之资。除详细档案俟另派妥员前往查抄外，兹由本局制定光绪三十四年东省盐课正杂各款收支总数一览表，及六文加价收支各款一览表程式一纸。理合呈请饬下照式填写一份，送交本局，以备参考，实为公便。为此备文具呈，恳请查照施行。须至呈者。

呈请盐运使饬送盐务表册文（附咨覆文）[①]

为呈请事。窃本局提议案内有关于本省盐务一案。窃念本省盐务款目繁杂，自光绪三十四年前后奉饬每盐一觔加价六文。此项加价是否按照额引票课搭配，抑连余引余票一并在内，常年额定总数若干，解部若干，留省若干，本局无案可稽，未能明悉。应请将光绪三十四年分盐务出入正杂各款数目及加价额定总数饬送表册一份，俾资查考，实为公便。为此呈请查照施行。须至呈者。

盐运司咨覆文

为咨覆事。案准贵局来文：据本局提议案内有关于本省盐务一案。窃念本省盐务款目繁杂，自光绪三十四年前后奉饬每盐一觔加价六文。此项加价是否按照额引票课搭配，抑连余引余票一并在内，常年额定总数若干，解部若干，留省若

① 原报告书目次中标题为“呈请运司饬送盐务表册文（附咨覆文）”，报告书内标题为“呈请盐运使饬送盐务表册文”，兹拟标题为“呈请盐运使饬送盐务表册文（附咨覆文）”。

干，本局无案可稽，未能明悉。应请将光绪三十四年分盐务出入正杂各款数目及加价额定总数饬送表册一分，俾资查考，实为公便。为此呈请查照施行等因到司。准此，查运库光绪三十四年经征引票正杂各款名目不一，征则亦异，逐款清算，大须时日，现正赶紧查造。至六文加价一款，现奉部章，无论官商引盐，于进关时完纳，票盐于出场时完纳，并无一定额数。以二文解部，抵补药税，以四文留于本省，备抵海军练兵各经费。除俟造具光绪三十四年六文加价专款清册，同三十四年运库各款清册一并咨送外，合先咨覆。为此合咨贵局，请烦查照施行。须至咨者。

移调查局为抄沂水莒州盐正杂各款表册文

为移请事。窃本局于光绪三十三年份沂水、莒州两处解运司盐正杂各款表册，有藉资参考之处，兹派人往抄，理合照章备文，以便备案。为此备文移请贵局，即烦查照施行。须至移者。

巡警道来函

敬启者。昨奉抚宪面谕，饬将敝公所春间调查各州县长警名数及现筹款数钞录一折，送呈贵局，以备查考。兹特缮折送请察收，即烦查照。耑此，敬请台安。

呈巡警道请酌派巡警文

为呈请事。窃维会场秩序，警察有保持责任。查九月初一日起至十月十一日止，均为本局开会时期。在此时期内，除由本局自置守卫外，所有议场建物外之警察，应请每日酌派巡警二名来本局，按照应有权限专司责任，以保秩序而防紊乱。为此备文具呈贵巡警道，请烦查照施行。须至呈者。

巡警道照会

为照会事。案奉升院袁批，据本道详遵饬拟定巡警各项规则章程一案缘由，奉批“据详已悉。该道所拟各项规则尚属妥洽，仰即督饬各科科长及城内外各区遵照办理，认真实行”等因到道。奉此，当经刷印装订成本，复经详呈抚宪孙鉴核备查在案。除移咨分行外，相应备文照会。为此照会贵局，请烦詧收，备案存查。须至照会者。

巡警道照会

为照会事。案奉抚宪札饬：照得本署院前经照章草具议案，饬交谘议局于开会时提议。凡有关学务、巡警、实业各事宜，应由各该主管衙门将所编辑各表钞送谘议局，以备诸议员就表寻绎，藉资考查。至各项章程印件，均应一并发交。除分行外，合行札饬。札到该道，迅速查照办理等因到道。奉此，查此案业经钞表函送在案。兹奉前因，当将历年所印各项章程拣齐移送，相应照会。为此照会贵局，请烦查收，查照施行。须至照会者。

巡警道来函

敬启者。昨奉抚宪函谕，以贵局开办在即，如教育、警察、实业三项头绪甚繁，恐贵局无案可稽，饬即抄表一份，径送备查等因。兹经饬员抄录总表一份，用特耑函送呈，即祈查照是荷。肃此，敬请台安。

劝业道移文

为移送事。案奉抚宪孙札开：照得本署院前经照章草具议案，饬交谘议局于开会时提议。凡有关学务、巡警、实业各事宜，应由各该主管衙门将所编辑各表钞送谘议局，以备诸议员就表寻绎，藉资考查。至各项章程印件，均应一并发交。除分行外，合行札饬。札到该道，迅速查照办理。此札。又奉函开：查谘议局开办在即，提议之件大抵不外地方行政，如教育、警察、实业均在应议之列。以上三项头绪甚繁，谘议局无案可稽。查贵道前曾造具统计表，祈即迅速抄录一分，径送谘议局随时备查。兹特函布，即祈查照速办可也各等因到道。奉此，查农务、商务各总会章程卷宗业经函送在案。兹据该科员等将敝公所职员、实业、种树、工艺、土产、矿产分别列表呈送前来，敝道覆核无异。除将农商各分会卷宗办法章程一俟抄录完竣，再行移送外，相应将各表备文移送。为此合移贵局，请烦查照施行。须至移者。

劝业道来函

敬启者。案查前奉抚宪发交贵局议案内，有推广农商各会办法，自应详稽成案，方能提议。兹特饬承将济南设立农商总会各原案抄成清册，并检同《奏定农会章程》、《商会简明章程》、《山东商会公所章程》、《济南商会便宜章程》各一本，一并函送贵局，即希查收赐覆为荷。专泐奉布，顺请台安。诸维宣照不一。

呈请劝业道饬钞清平金毓珍创办帽辫公司案卷文（附照会）

为呈请事。查据东昌府清平县金毓珍前以创办帽辫因利公司，曾经呈准有案。现在本局关于研求工艺草案内多有涉及帽辫之条，应请饬将金毓珍创办因利公司案卷及该公司开办章程暨改良规则抄送一份，俾资考查，实为公便。为此呈请贵劝业道查照施行。须至呈者。

劝业道照会

为照会事。案准贵局移开：查据东昌府清平县金毓珍前以创办帽辫因利公司，曾经呈准有案。现在本局关于研究工艺草案内多有涉及帽辫之条，应请饬将金毓珍创办因利公司案卷及该公司开办章程暨改良规则抄送一份，俾资考查，实为公便。为此呈请贵劝业道查照施行等因到道。准此，查此项案卷本应饬承抄送，以备筹议，惟本公所案牍甚繁，该科书吏缮办不及，应请贵局派人来所照抄，滋免贻误。相应备文照会贵局，请烦查照，派人来所照抄，以资查考，望切施行。须至照会者。

呈院呈请调查案卷文

为呈请事。案查定章第二十五条内开：第二十一条所开第一至第七各款议案，应由督抚先期起草，于开会时提议，但除第二、三款外，谘议局亦得自行草具议案。又本条案语云，第二十一条所开第一至第七各款议案皆与行政相关各等语。窃以为事既关乎行政，必有案卷可稽。惟先调查其案内之原委，然后草具议案有所据依。况所谓各款议案，即不尽由谘议局自行草具，要无不归由谘议局全体议决，傥非调取档案，切实研求，恐于议决事件不能得的当之见解。相应呈请抚部院，凡与行政相关，得由谘议局自行草具暨归由谘议局全体议决之各款议案，应需向各衙署局所查取案卷时，准予备文查取，藉资参考。并请饬知各衙署局所一体遵照，实为公便。为此具呈，伏乞裁夺施行。

抚院札

为札行事。宣统元年八月十八日，据该局呈称：凡与行政相关，得由谘议局自行草具暨归由谘议局全体议决之各款议案，应需向各衙署局所调取案卷时，准予备文查取等情。据此，查该局应办事宜，照奏定章程只限于地方行政。现在初次开局，事同草创，若不参稽档案，诚有如原呈所云，恐于议决各件不能得的当之见解。惟本省各衙署局所案积如山，凡行政官厅，无日不需检查，今如纷纷调取，实于行政机关诸多窒滞。本署院再三斟酌，并与司道会商，佥以为行政之中既有国家与地方之别，即宜一依法令为据，除国家行政一切案卷及官府应守秘密者，该局自无庸调查；其属地方行政该局应议之件，遇有必需查卷者，应照通志局抄卷之例，将何案何卷声叙明晰，备文知会该管署局，并派人前往择要抄录，以资考核。除饬各衙署局所遵照外，为此札行该局遵照可也。

呈院文

为呈请事。宣统元年八月二十五日奉抚部院札开：调查案卷宜一依法令为据，除国家行政一切案卷及官府应守秘密者，该局自无庸调查；其属地方行政该局应议之件，遇有必需查卷者，应照通志局抄卷之例，将何案何卷声叙明晰，备文知会该管署局，并派人前往择要抄录等因。奉此，查中国行政向无国家、地方之分，虽据清理财政章程第十四条，曾将国家行政、地方行政分别划界，然照筹备清单，厘订地方税在宣统二年，厘订国家税在宣统三年。值兹未经厘订以前，地方行政与国家仍多牵混，欲用调查，应先分清界限。官府应守秘密之件，由官府自行认定，本局无从悬揣，似宜从性质上定明标准，除官府仍可严守秘密外，庶使调查时易于遵办。至查卷必将何案何卷声叙明晰，洵为至当办法。惟案卷名目繁杂，苟非开送目录，声叙似难明晰。种种困难，皆与调查有关。可否饬下各该署局，俾将行政界限逐一分清，及确定官府应守秘密事件之标准，并关于地方行政各卷宗开送目录，以资遵循之处出自钧裁。如蒙俞允，即乞札饬各该署局一体照办。为此备文具呈，伏乞裁夺施行。

照会调查局文

为照会事。宣统元年八月二十五日奉抚院札开：为札行事。宣统元年八月十八日据局呈称：凡与行政相关，得由谘议局自行草具暨归由谘议局全体议决之各款议案，应需向各衙署局所调取案卷时，准予备文查取等情。据此，查该局应办事宜，照奏定章程只限于地方行政。现在初次开局，事同草创，若不参稽档案，诚有如原呈所云，恐于议决各件不能得的当之见解。惟本省各衙署局所案积如山，凡行政官厅，无日不需检查，今如纷纷调取，实与行政机关诸多窒滞。本署院再三斟酌，并与司道会商，佥以为行政之中既有国家与地方之别，即宜一依法令为据，除国家行政一切案卷及官府应守秘密者，该局自无庸调查；其属地方行政该局应议之件，遇有必需查卷者，应照通志局抄卷之例，将何案何卷声叙明晰，备文知会该管署局，并派人前往择要抄录，以资考核。除饬各衙署局所遵照外，为此札行该局遵照可也等因到局。奉此，查本省盐务一项，办法不一，若不调查档案，提议甚无把握。幸贵局札饬州县造报盐务沿习利弊，俱有统计，堪资考证，相应派委议员孔广淇、鞠芙携带书手前往调查。俟该委员到时，请即饬将盐务统计表检给阅看，摘要抄录。为此照会贵局，请烦查照施行。

抚院札

为札饬事。案据该局呈称：凡有应议之事，必须调查卷宗，惟名目繁多，应先开送目录，以便易于声叙，随时往抄，并饬各该署局知照等情到本署院。据此，查奏定谘议局章程第二十一条案语内载，凡所列举均以本省之事为止，示与资政院所定权限有国家、地方之分等语。是谘议局应办事件，只限于地方行政之明证。本署院前经饬令提学司、巡警、劝业两道将所编辑各表抄送谘议局，以备诸议员就表寻绎，较之目录更为瞭亮。如欲调查某项专案，可即指明，径向该衙门查卷，不必待厘订税则之后。至此外有关乎本省利弊者，诸议员苟有所见，随时质问本署院，自当查卷详细批答。至所谓官府应守秘密之件、专属国家行政之议而未定者，自未可遽行宣示。然照奏定章程第二十六条所载，如有疑问，亦应将大致缘由声明等语。本署院遵守奏定章程，毫无成见，当为诸议员所共鉴。为此札饬。札到该局，即便遵照。此札。

民　政

呈院议决交议巡警案二条拟定办法文并折（附批答）

为呈报事。窃蒙札交巡警案二条，遵即会议，全体议员均以巡警为地方要政，非先从根本上著手，不能资治理而收实效。现经决议办法，理合缮折呈报。为此呈请抚部院裁夺施行。须至呈者。折开：

第一，巡警实行案。

东省巡警，其实际上不能推行之故，固由人民之程度不足，多生阻碍，然警务不能实行，法律上既失其效力，而人民未信，亦有害于宪政前途。推其原因，端在用非其人。似此即日言整顿，日言推广，亦终归徒托空言。如警务公所为本省警务总机关，所中人员如非通达警务、热心任事者断难胜任，乃查公所人员，多属不谙警务。巡警道因与定章不合，恐被讦告，曾于本省警务学生毕业时各发给文凭一纸，以为掩饰耳目。警务总机关用人如此，漫言推广，亦属无益。至派往各州县区巡各官，不惟未谙警务，且其中资格程度亦多不齐，甚至有目不识丁者，如此不惟推广无益，且复有弊。他若烟台一埠，其警务尤为紧要，乃不直接统辖于巡警道使之独立，一任海关道分课委人，虚张门面，空縻[①]巨款。课员、正巡官烟酒嫖赌，教练所学生良莠杂揉，风声狼藉，有耳共闻，有目共睹，以致商家出款，怨声载道。巡警道置而不问，未免怠荒责任。今由全体议决，推行从缓，先行整顿，其法有四：

一、无论现在省警务公所及各州县区巡官之本省外省人员，以及本省曾在中外警察学堂毕业人员，由抚部院于本年内皆须通同甄别一次，分为甲乙丙丁四等。考列一等者派充公所人员，二等者派为区官，三等者派为巡官，四等者概不派委。以上俱以名次前后递派，不得超越施行。此项考试时皆须同时举行，不得分别资格定为先后。

一、烟台巡警宜统辖于巡警道，由巡警道派考列第一等人员〈派〉为烟台巡警总理，方可离海关道独立执行职务。

一、如上考试，区官庶可得人。但各州县官吏名为监督，实则掣肘，如烟馆、赌局等事，各县隐蔽甚多，区官有明知而不敢过问者，良以此项烟赌皆为州县官门丁小队贿卖，区官若竟执行职务，州县不视为佐治尽职，反坐以越职侵权。应请此后饬下各区官，对于烟赌等事可勿庸顾忌，知而即行，如警务长有故意掣肘者，即行禀闻巡警道。且关于权限内事，准其直接上禀，不必会衔，以免掣肘。至州县官，此后应请饬下除应用使役及公役人外，关于保卫事项，可一律只用巡警，直由该县调用，不得再用卫丁小队及护勇等，以图警务之实行。

一、巡警道每年二季须派员至各州县视查警务办理之状况，此项人员可以考试第一等者充之。如有损害受贿等事，准由该区官直禀巡警道。

以上办法巡警实行整顿后，其信用既足取信于民，斯推行自无虞滞碍。至人民之程度不齐，亦宜设法开导，免生阻力。兹附拟办法三条如左：

一、刊布警章，札发各州县一律张贴。

二、此项警章即责成各州县饬宣讲所随时宣讲。

三、照章定分年筹备表，公布周知。

第二，警务筹款案。

警务筹款，亦须分别先后，酌量缓急为之，谨拟办法四条列左：

---

① “空縻”，系旧时用法，现代汉语作“空靡”或“空糜”。下同。

一、各州县巡警大致既遵章设立，此后惟整顿实行，以坚人民信用为上。至款项一节，向自何出，仍当继续照常筹办，俟地方税厘定后，又府厅州县自治成立时，自能指定。

二、各州县现有巡警经费，其管理或归地方官，或归绅董，出入无稽，弊端百出。宜照章饬各州县速举警董，管理警务经费，监察巡警一切事宜。

三、镇乡巡警系自治内事，现虽有各种款项可指为巡警经费，奈因各处情形不同，碍难执一为律。现时自治经费大体尚未筹定，而照章镇乡巡警列在宣统三年前议决，自治案内正在列表付于调查，俟自治事宜稍有端绪，巡警经费自不难一律指定；即此刻悬想款目，恐临时亦未能适用，故未议及。

四、如上区官改良，巡兵亦宜改良，各州县教练所尤宜一律普设。此项经费可以绿营官俸为之，但必须出奏裁撤绿营官吏，然后各州县方能设立教练所。

奉批答：呈、折均悉。所议巡警要政宜先从根本上著手，自是扼要之论。折内整顿法四条：其一拟将省城警务公所及各州县区巡暨本省曾在中外警察学堂毕业各员，于本年内由本部院通同甄别一次。查部章及山东巡警规则，各科及各区逐日所办事件，均报由巡警道汇核详院，成绩昭著者给奖，不及者予惩。本部院原有随时考核之责，历经办理在案。甄别与考核无异，试之于临时，不如验之于平日。且道远人多，纷纷调集，更形窒碍。应即申明规章，札行巡警道，嗣后严加考核，不得以未谙警务人员滥竽充数，以重警政。至学堂毕业生，除在本省及他省得有文凭者另册存记以次委差外，其由外国毕业回国，照章已赴民政部考验合格，资回本籍者，亦均饬巡警道查照，以次录用。此等人员亦毋须甄别，应俟派差后再行认真考察。其二烟台巡警宜统辖于巡警道。查烟台巡警向归商办，经费亦由商筹，东海关道不过就近主持。光绪三十四年二月，吴署院批据巡警道详，烟台巡警遇有特别关系及一切改良整顿事宜，必须禀请该道核定，即平时例行之事，必应报道稽查等语，曾饬巡警道转饬该商等遵照，并移东海关道知照在案，是该处巡警本归巡警道统辖。折内第一节所称各节，候札饬巡警道派员确查详夺，以资整顿。其三饬各区官于烟赌等事勿庸顾忌，知而即行。查定章，各区区官均受该地方官之指挥监督，州县官门丁小队贿卖烟赌在所难免，若竟任各区不必会同地方官，径自往拏，既违定章，且虞骚扰。闻从前直隶州县巡警，有因捉赌伤毙人命者，此层亦不可不虑。总之，警长、区官均得其人，自然和衷共济。偏任区官，以防掣肘，亦恐流弊更多。至州县关于保卫事项，一律只用巡警，此时人数无多，难敷分派，应从缓议。其四每年派员视查各属警务，事属可行，但每年二次亦嫌烦琐，候行巡警道覆议详夺。人民程度不齐，开导办法三条，其一、其三应饬巡警道分别办理。宣讲一节，前据巡警道于议覆陈县丞联镳条陈内详称，前经酌派各生于城内外之曲水亭、趵突泉等处将违警律按日宣讲，嗣以听者寥寥，徒糜经费而无实际，遂即停止。省城如此，他处可知。筹款办法四条，其二饬各州县速举警董。查州县巡警经费，其归绅董管理者，但系公正绅董，应仍其旧。其非绅董管理者，应饬巡警道查明，转饬各属查照办理。其三巡警属地方行政，其经费应俟厘定地方税以后始可指定。奏定城、镇、乡地方自治章程巡警一项不在自治范围之内，将来自治经费恐不能指作镇乡巡警之用。以上各节，统希分别查照。此覆。折存。

呈院议决遵批覆议警务案文并折（附批答）[①]

为呈覆事。本局前议整顿巡警一案，业蒙批答。兹复经全体议员详绎批答，尚有数条未尽释然者，应再陈述理由，缮折呈报。为此具覆，呈请抚部院裁夺施行。须至呈者。

折开：

一、原案所议警务公所及各州县区巡官之本省外省人员以及本省曾在中外警察学堂毕业人员，由抚部院于本年内须通同甄别一次。

答覆谓甄别与考核无异云云。兹经详议，谓甄别者为将来用材之地步，考核者察已往任事之成绩。今既经巡警道汇各科及各区逐日所办事件详院考核，何以警务公所尚多有不通警务人员，各区巡官尚有目不识丁人员，是为专恃考核不尽

① 原报告书目次中标题为“呈院议决遵批覆议警务文并折（附批答）”，报告书内标题为“呈院议决遵批覆议警务案文并折”，兹拟标题为“呈院议决遵批覆议警务案文并折（附批答）”。

足恃之明证。本局非敢谓一经甄别即可不事考核，盖未用之先，甄别其学识；既用之后，考核其成绩。东省警务毕业人员现今不在少数，而程度不齐甚有判若霄壤者，若不甄别一次，恐劣者滥竽，优者赋闲，似非整饬警务之道。至批答札行巡警道严加考核一节，恐未必尽能核实。以公所警务人员，原案已指明有暗发文凭之事，即此一端，其他可想。不如仍请抚部院亲行考试，方可去偏私而分优劣。且查本省中外警务毕业者已有千余人，而警务公所科长、科员及省城铁路区官，凡重要差事，无一本省毕业人员。岂千余人中无一相当之程度？而现充要差者，其程度果皆在此千余人之上？似亦未敢遽信。若谓用人但当考核其后日之成绩，不必考验其学识之程度，而部章明定须用毕业人员，似甄别一节亦不可少。

二、烟台巡警既直接归巡警道统辖，何以所用之人不由巡警道派充，纯由关道委任，是直接归巡警统辖为有名无实之明证。抚部院对原案所议定由甄别之甲等内派专员总办烟台巡警一节，当公布施行与否，应有直接之答覆。及奉批，仅札饬巡警道统辖委查云云。窃查烟台警务所用人员皆非巡警道派充，实由关道委派，两道又属平等，恐巡警道不能收委查之实效。本局所指各节并非子虚，仍请添派总理急为整顿。

三、区官径捕烟赌等事，诚有如批答所云，有违定章，且虞骚扰。然巡警职务所司本有定章，烟赌各节为当今最大之禁令，亦为区官权限内应尽之职务。惟因州县玩视新政之故，故区官亦随之溺职，亦势之所必至也。如谓区官不肯见信，若州县之门丁小队任意贿卖，其骚扰更大可虑。至云警长、区官均得其人，自然和衷共济，本局亦甚以为然，又何尝敢偏任区官。惟用人之权操诸官长，使警长、区官均得其人，是在抚部院之自为权衡矣。再如保卫一事难敷分派，是亦诚然。谓人数无多，无难招之斯至，若谓经费无多，其役使、卫丁、小队、护勇等亦须经费，此中要须斟量为之。

四、派员视查，每岁二次，似近烦琐。然若视查一次，较之全不视查者尚为愈之。办学务应有省视学，而警务亦可援以为例。况旧例巡警道派员视查各州县警务，每年恒有至四次者。四次尚可，况为二次。且本局呈请派甄别甲等人员视查者，因巡警道前派视查各州县警务人员，多不知警务为何物。所到地方，每受陋规后，即可与该地方官会衔禀报销差。间有到警局视查时询以改良整顿办法，所答皆隔膜语，报纸登载，早成笑柄。故警务以派员视查为要义。至所派人员，惟冀慎重为之。原案视查警务一节，仍请甄别后派甲等人员充当，按次视查。

奉札批答：为札行事。本月二十三日接来呈并折开议决答覆前批警务案各条，均悉。甄别一节，无论本部院非警务专门，亲行考试，于各该员学识程度，难真知其底蕴，而人多道远，该警员等各有职守，若因甄别纷调来省之际，致各该地方警政旷废，设遇事端，谁执其咎？此节实做不到，业已申明规章，札饬巡警道严加考核。该道责有攸归，谅能体本部院实事求是之意，不至虚应故事。至谓公所尚多不通警务人员，各区巡官尚有目不识丁人员，创办之始，合格人少，不免滥竽，自应逐渐抽换。但有学问虽逊而于巡警练习多年，才能可用者，亦有程度合格而品行才调俱劣者，殆未可一概而论。原折称本省中外警察毕业人员已千余人，而警务公所及省城铁路区官重要差事，无一东省毕业人员。查公所及各处区巡官等大小差委不下三百余员，东省毕业者十之七，日本毕业者十之二，各省学生投效者十之一，是警界中何尝无东省毕业之人。近来学堂毕业者日见其多，而差事有限，需次不无拥挤，本部院于此亦深以为憾，而无如何也。暗发文凭之事，未悉指何班而言。查东省各班学生入堂及毕业考试之试卷均有案可稽，所云暗发，既未指明何人，无从饬查。烟台巡警，本年正月内曾有东海关道电请巡警道派往警生十五名委充区巡，是所用之人不纯由关道委任。现已札饬巡警道派员确查，急为整顿。所有该处巡警总办如不得力，即由巡警道遴派明达警务之员前往接替，以期日有起色。保卫一事，人数难敷分布，该局亦以为然。此项卫丁、小队、护勇等之服役，与巡警之服务性质原有不同，应饬令各州县酌量裁减丁勇，改习巡警，庶可两得其益。视查警务并无每年四次之旧例，惟遇有特别事项，并时常派员密查。此次折内所云巡警道前派视查人员不谙警务，甚至收受陋规各节，倘有其事，大干法纪，自当严饬该道嗣后于视查人员慎重遴派，力挽积习，且于各项差委务拔真材，不得瞻循情面，以重警务。为此札行谘议局查照。须至札者。

呈院议决添设水上警察文并折（附批答）

为呈报议决案件事。窃据本局议员提议添设水上警察一案，业经全体议员公同议决，理合缮折呈报。为此呈请抚部院裁夺施行。须至呈者。

折开：

东省各州县地方及商务繁盛之区派设警察非一朝夕矣，惟沿海沿河之特别地方应宜添设水上警察，此条尚付阙如。查海滨河岸之地，其水利有二：一为渔业，二为商务。若保护之法制不密，水利遂因而退减。盖盗贼充斥，水流淤塞，二者皆为渔业及商务上绝大之障碍。况沿海商埠地方，轮船入口下椗，杉板来往，运货搭客，进退无序，极为危险，甚有致起国际交涉者，如今年烟台美人枪毙华人是其例也。推其原因，皆由法制上保护不密之故耳。至保护之方法，莫若添设水上警察。兹谨拟办法如左：

一、沿海之烟台、龙口、石岛、蓬莱、虎头崖、下营、羊角沟等处，沿河之阎王口、查河、石村、黄太桥（以上皆小清河沿岸地方），雒口、禹门关（以上皆黄河沿岸地方）等处，其已设立警察地方，须改定名目，使巡警之职务半司陆上，半司水上，所有从前之经费一概仍旧，不必再事筹画。其未设立警察地方，或有厘局或税关者，可删除卫队、局役等名目而改设之，其经费亦仍其旧。至未设立警察，又无厘局及税关，而为商务较胜地方，其经费可就本地商家自行筹办，以资保护。

二、每一水上警察局须备船只一具，以便警官警兵于该局附近之水面一二十里内来往逻巡，但须确守本国海界，不得任意超越，致生国际交涉。

三、水上警察之职务分为五种：

（一）检验船舶上所运之客货是否为收税物品，但无论昼夜，验毕立即放行，不得故意留难。若遇商旅被行栈伙役之欺压时，警察得保护之。

（二）逮捕盗贼，稽查匪类，以保护商船之来往。

（三）调查沿岸渔业衰旺之状况，若遇外国渔船违约进口捕鱼，警察得禁之。

（四）调查海风之有无及河流之涨落，是否与邮船、商船暨渔船有无窒碍，须昭示之。若遇风暴骤起时，得承警官戒严之命令，禁止船舶驶行。

（五）稽查本国或外国邮船、商船暨渔船数目。凡其所调查一切事项，须汇为表册，每月呈报警察道一次。

奉批答：呈、折均悉。所议添设水上警察各节，自系为保卫公安起见。惟沿海沿河等处已设巡警地方人数无多，半陆半水难敷分布。其未设立之处有厘局、税关者，其卫队、局役各有专司，即有检验船舶客货之责，自不在巡警执行范围之内。至调查渔业，禁止外国渔船违约禁口，现在渔业公司业已置有船只，以备巡察。所有东省水上警察除已设者随时督饬巡警道认真整顿外，余俟地方财政充裕之后，再行设法扩充，俾臻完备。希即查照。此覆。折存。

呈院呈报覆议添设水上警察文并批

为呈覆事。窃以本局呈请添设水上警察一案，蒙示周详，自宜静候地方财政充裕，设法扩充。惟念保卫公安，水陆并重，陆地既设巡警，贼匪必逼聚水乡，补偏救弊，势难延缓。至沿海沿河地方究竟已设巡警者若干处，每处若干人，是否足敷分布，未经调查，无从悬揣。倘限于人数，亦不得因经费短绌，致使水上不靖，商舶无人保护，时虞劫掠。况内地与航道毗连，航道多盗，内地岂能独安。若谓海面辽阔，非少数人所能分布，亦可择要倡办，免致外人藉口，别肇衅端。办理得法，亦安内靖外之一道。厘局、税关、卫队、局役虽各有专司，而局役往往人浮于事，卫队亦有名无实，间有缺额者。拟请查照各关局报销清册役队确数，以局役兼卫队，互供趋使，改卫队为警兵，兼护局卡，水陆联络一气，庶警务地方两有裨益。倘格于例而经费难移，人数少不敷支配，无妨变通办理，另行设法。果于地方有利，纵加筹船捐添练水上警察，筹之于彼者仍用之于彼，谅捐者亦必乐从。至前呈添设警察地段及各项办法，不过聊举大概，容有未适用之处，统祈札饬巡警道查照警章参酌妥筹，总期水陆兼顾，保卫公安，以扩警务而顺舆情，不胜跂祷之至。为此呈覆，恳请抚部院裁夺施行。须至呈者。

奉批答：来呈阅悉。所陈以局役兼卫队，改卫队为警兵，事属切实可行，当札饬巡警道查照警章参酌妥筹。希即知照。此覆。

奉抚院据巡警道申称行局札

为札行事。据巡警道申称：案奉宪台札饬：照得谘议局议决各案均经本部院亲加裁夺，择其可行者先行批准答复。至详细办法，有必须各处核议者，亦经札饬在案。现在为时已久，尚多未据覆到，无凭汇核。除分行外，合行札催。札到该道，立即查明，速将饬议之案克日详覆核办等因到道。奉此，查此案前奉宪台札饬，□谘议局呈送议决交议巡警案内折开派员视查一节。查职道于上年二月间受任后，当经分别派员赴各属调查一次；本年三月间复定立表式，派员复行调查，是每年仅只视查一次。如遇各属中有特别专案，随时遴委专员确查者不在此例。嗣后自应遵照宪饬，每年遴委熟悉警务之员，分赴各属切实视查一次，以免烦琐。又刊布警章一节。查历年详定各项规条暨前奉颁发《巡警律》，均经随时刊刻印刷多张，通行各属，遍行张贴晓谕各在案。惟恐日久生玩，应即遵饬将各项警章规则再为刷印，通饬张贴，俾众周知，以开风气。又分年筹备事项宜预订施行规则公布一案。查筹备案内属于巡警者为调查户口、推广巡警两大端。其户口一事，业经职道详定施行细则，通行遵办。至推广巡警一事，动需款项，筹措为难，未敢施之过促。惟要政攸关，自应遵饬按年分定，预为筹画，以免临事掣肘，贻误宪政。现由职道督同各员妥议分年办法，一俟议妥，再行另文详请察核施行。又选举警董一节。查各州县禀报巡警经费多由绅商筹措，银钱出纳亦归绅董管理，曾经批准。惟警政应办事宜应仍由地方官、区官主政。现经通饬各属知照，其非绅董经理者，速举公正绅董专管款项出纳事件，以归一律而杜朦蔽。又烟台巡警、课员、区官烟酒嫖赌，学生良莠杂糅一节，业经遵饬派员往查并呈报在案。(在)〔再〕，筹备水上警察一节，查东省巡警以款项支绌，故水上巡警迄未组织，至今阙如，惟小清河仅设有水巡官警十五名，飞云小大轮一艘，炮艇一只，羊角沟则于商船云集时雇用民船随时巡查保卫，安东卫亦然。嗣奉升宪袁檄，饬将安东卫巡警裁撤，归日照县筹款兴办在案。兹职道于奉檄后，遵经饬员查明东省各路河道，酌量缓急，择要添设，共需巡警若干名、巡船若干只，预计款项若干，并拟议章程。一俟拟有就绪，即当另文详请核夺。奉饬前因，所有遵饬办理情形，理合具文申报查考等情到本部院。据此，为此札行谘议局查照。须至札者。

呈院议决禁赌办法文并折[①]

为呈报事。窃以东省赌风日甚一日，若不设法严禁，为害实无底止。本局因提出会议，指明最甚弊害，拟定严禁办法，已经公同议决，理合缮折呈报。为此呈请抚部院裁夺施行。须至呈者。

折开：

查东省赌风日盛，而以烟台一埠为尤甚，其大小商号及各会所、公所，终岁以赌为事。姑不具论，最甚者有二，略举如下：

一、官赌局。大辟门户，开设通衢，明目张胆，肆无忌惮，有雇妖童弹唱淫词及演唱留声戏筒以娱赌客而广招徕者，卜昼卜夜，达旦通宵。宵小潜滋，盗贼混迹，良懦者偶一涉足，无不罄其所有而去，以此破家失业、堕入下流者指不胜屈。妙在唱六呼么，喧声达于户外，行路人为之目眩耳聋，而文武大小官员，经其地者，一若毫无闻见。盖自道署、分府、福山县巡检、巡警、营汛，无不收受

① 原报告书目次中标题为“呈院议决禁赌办法文并折”，报告内标题则为“呈院议决禁赌文并折”，兹采原目次中标题。

该局金钱，名为规矩钱。合埠赌局，至少有百五十家，每家年出规矩钱，平均各不下制钱五百吊，合计制钱七八万吊。在得钱者若何分配，是否通上，非局外所敢臆断，而所获实为不菲。受人财者忠人事，固无怪官役之出死力以保护之也。（去岁抚部院东巡福山，县役向各局头传谕官意，央其暂停三日，俟抚部院过境即行开张。各局头答以我辈岁出若干钱，已属官局，何惧抚部院。且歇业三日，失利至大，从何赔偿，决难从命。嗣经多方恳求始允。故当抚部院到烟时，赌局居然闭门，及旌节朝发，而旗鼓夕张矣。）自设立巡警以来，各局势力愈大，门首常川有岗兵保护，赌客偶有口角，局中人即肆行凶殴，并指挥岗兵，将赌客拘送各区治罪。最奇者，去岁新修东马路，盖造房屋，备商家租赁，而马路告成之第一日，其十字路口东西南北四角，先行悬彩开张者，则赌局四处也。本地人尊之为官赌局，各国人评之为中国之特色，遗害商民，贻笑外人，非细故也。

二、棍骗赌局。此不似官赌局之明目张胆，半系流氓窑痞等所为，而为害尤甚。凡有过往客商（以自海参崴归者为奇货），及商号、青年、柜伙，或以酒食，或以声色，用种种方法，诱至偏僻所在，（或土娼家，或西南河一带小客栈内）局骗伙赌，一夜之间，有负至千数百元者。现赀不足，则跟踪追索。受骗者吞声饮泣，追悔无及，有资斧丧尽，不得还乡至于轻生者。即赴衙署控诉，而胥役等多系通同一气，为之护符，无能得直。

拟第一项办法：

（甲）请抚部院札饬关道，严饬福山县会同巡警局，勒令各赌局克日闭门，改务正业，永远悬为厉禁。如有藉词延宕、阳奉阴违，及胥役围贿朦蔽者，一经查出，从严惩办。

（乙）责成各区巡警认真稽查，无任漏网。倘敢扶同徇隐，即治该警官以应得之罪。

第二项办法：

（甲）责成各区巡警，查视各客栈，无论通衢僻巷，按日挨户，询明寓客姓名、职业及来去远近，住居久暂缘由，一一登记，无稍含糊遗漏，并严谕各栈主禁止赌博，否则从重治罪或科罚。可参用五家互结法，令其互相稽查，隐匿不举者同罪。

（乙）由各区黏贴白话告示，禁止开赌，凡有稽查未到之处，商民等有实受局骗之害者，准其自行赴该管警区控诉，当即跟踪缉获，严加惩办，诬者反坐，否则宽宥其同赌之罪。不得拒绝不理，及有延搁贿纵等弊。各州县有同此弊者，请通饬一律办理。

呈院议决弭盗治本治标办法文并折（附批答）

为呈报事。窃以东省盗风日炽，为患已久，实于行政上有绝大障碍。兹拟定治本治标二法，业经公同议决，理合缮折呈报。为此呈请抚部院裁夺施行。须至呈者。

折开：

窃维盗贼之源，在失教养。近年来非不尽力剿办，而旋趴旋起，为患无穷。若非从根本上著手，不能净根株而化良善，非严定缉捕罚规，亦难为目前救急之计。本局议员再三讨论，议决治本治标二法条例如下：

第一，治本法三条。

一、改良风俗。东省民风，素称朴实，然强悍不驯者，亦在所多有。迨浸染既久，犷悍之象，遂深印脑筋，牢不可破，惟有改良风俗，为入手办法。查移风易俗，最适用于下等社会者，莫如小说及戏曲。宜于省城设立总机关，组织改良风俗会，各州县设立分会，招集热心士人，编辑新小说及新鼓词，印刷多本，分散各州县，由各分会担任分派义务。至旧有之戏及小说有伤风化者，恳饬巡警道转各州县严为禁令。嗣后所有编辑小说、新戏，以灌输文明、消除犷悍为宗旨，并令各州县设立宣讲所，实行宣讲，相辅而行，所费无几，而收效良多。

二、振兴工艺。盗贼之起，本由于贫民无一定职业。可令各州县相地设立木、铁、织纺或草帽辫等工厂，收集无业贫民，或罪犯较轻者，均入厂工作，以工作所得之利，除费外即以其半付之，以为养家之资，则贫民皆有生业，庶不至流而为盗矣。

三、禁赌。欲清盗源，先惩游手；欲惩游手，先禁赌博。近日绿营佐贰各官，勾结劣绅，聚赌抽头，所在多有。州县置之不问，乡里互相效尤，无论在城在镇在乡，明目张胆，毫无顾忌，富者破产，贫者废业，谚云“博近盗”，非虚语也。故欲清盗源，先禁赌博。

第二，治标法五条。

一、责成地方官：

（甲）严追比。凡捕役缉贼，必视失主之势力若何。无势力者，非许钱若干，则置之不理。可严加追比，逾三限而不获真贼者，即以通匪论。

（乙）凡有抢案，地方官须亲诣勘验，不得委任佐贰差役，亦不得避重就轻，改抢报窃，以图规避，违者重参。

（丙）捕役私刑，素干禁例，而捕役仍以私刑锻炼周内，取其口供，苟且塞责，甚至教供妄扳，诬陷良民。拟请饬地方官力除此弊，查有私刑拷问者，按律治罪，不得宽纵；否则一经查出，或被人告发，如果属实，即分别轻重，将该地方官立予撤参。

（丁）所有盗案，请饬地方官按月呈报，如逾法定期限，悬案未破，照律认真办理。

二、责成巡警：

各州县巡警区官，如遇有盗案，令其直接按月禀报巡警道，不准与地方官会衔出禀，以防掣肘。查有隐匿等弊，治该区官以相当之罪。现乡镇巡警尚未普设，除缉捕获案奖励外，暂宽其不能破案处分。

三、责成防营：

凡防营所管地方，遇有抢窃各案，应负责任。如缉捕不力，不能拿贼破案者，立予处分。

四、化畛域以防逃匿。

凡两邑毗连之地，捕缉动多窒碍。盗入彼邑，则此邑幸其无事；盗入此邑，则彼邑以为幸福。邻境视同秦越，贼匪易于逃匿。拟饬下各州县，协力会剿，不分畛域，如有观望推委情事，一经人民告发，或经上宪访查，如有确据，即将州县官严行参处，治以纵容之罪。

五、清查户口。

部章具在，至详且备，自可无庸赘议。但向来积弊，不患无良法，而患不实行。拟请严饬各州县，遵照部章认真办理，庶可以收实效而绝贼踪。

奉批答：来牍并折均悉。所陈弭盗治本治标二法多属可行。改良小说戏曲，最易移风移俗，赖有高明之士，编辑印行。至改良风俗，可勿庸立会，将来即责成自治公所绅董经理。宣讲小说，近乎唱书，未便照办。至旧有之戏文及小说有伤风化者，自应分别查禁。振兴工艺，所见极是。国无游民，乃清盗之源。赌近于偷，更非严禁不可。其治标五条，均切中积弊，候本部院公布施行。此覆。折存。

地方自治筹办处移文

为移知事。案查本年十月三日奉抚宪批，据本处详报，承修谘议局开支各款细数，分别造册，详请鉴核分咨各缘由。奉批：据详已悉。所有兴修谘议局工程，及该局开办各经费报销册结，候汇案分咨度支民政部查照核销，仰即分移布政司、谘议局知照。缴。册结图存送等因到处。奉此，拟合抄详，备文移知。为此合移贵局，请烦查照备案施行。须至移者。

计粘抄详一纸。

为详报事。按查接存谘议局筹办处卷，本年闰二月初五日奉前升宪袁札，准度支部咨开，内有建筑局所工程银两，俟工竣，造具细数清册，并保结、图式，分送本部及民政部核销等语。查山东谘议局，于本年三月间招匠承揽，包工建筑，所订合同、估册、保结、图式，业经先后详呈在案。该局建修经费，原由藩司拨领库平银四万两正，内计开支建筑工料价银三万六千四百四十两，工程处支用杂（疑）〔款〕暨建修员役工薪各费银一千零七十四两二钱三分六厘，并计上项，实共支用库平银三万七千五百一十四两二钱三分六厘，收支两抵，应存银二千四百捌拾伍两柒钱六分四厘。此项余款，已照前详尽数拨作谘议局开办经费，及制备一切家俱之用，未另请款，应俟另册报销。现在该局工程业经告竣，除另文详请派员验收外，所有开支各款细数，拟合分别造具四柱清册，并遵部示加缮估册、保结、图式各一分，一并详请宪台鉴核，俯赐分别批销存案，并分咨度支民政部查照核销，实为公便。再，此次估册内开工料价目，及房屋间数，较前详估册稍有不合。据谘议局总监修声称，该局工程浩大，前订估册未尽周备，有随时增修添改者数处。如议场内装修（槅）〔阁〕扇七间；改府席及演说台地板，起高开大；东西两隅楼梯处，添札板壁隔间；议场东西配房中外来宾接待室暨局员会客室，原定净深较浅，每间加深五尺，并泥白灰顶棚；大门两边添砌行墙三十丈，中开便门两道；局内各院，全行添铺甬路。上开工程，均在详估册之外。除原估八方亭一座，因无适当地位停修，照价扣抵外，计共加工料银一千七百四十两正，合前次册开价目，实共库平银三万陆千四百四十两。至间数，原开八十四间，因八方亭一座未修，并警卫室、厨房、轿棚、马棚不另作价，未经列入外，实共一百八十三间①，此与前册所以不同之点也。案关咨部，自应核实增入，并将原估册式酌加修饰，以求完备。合并声明。为此备由具呈详，伏乞照详施行。须至详者。

呈院议决地方自治办法四条文并折（附批答）

为呈请事。窃奉抚部院札发草案十二条，内关乎地方自治之事三条：一豫筹地方行政经费，一筹办城镇乡地方自治，一设立自治研究所。遵将原案交会公议，均以自治期限不缩短，自治机关不先事组织，亟图改良，一切应办事宜，必无根据。谨拟关乎自治办法四条，业经公同议决，理合缮折呈报。为此呈请抚部院裁夺施行。须至呈者。

折开：

一、预筹地方行政经费。查现在地方税尚未厘订，各地方即有可筹之款，若不事调查，漫无端绪，循旧既不免复杂，指新又迹近加税。兹拟令各州县先期设

① 原文如此，似应为八十三间，而非一百八十三间。

立自治公所，就各地方投票，公举公正绅士任事，先调查各地方旧有之公款、公产，为将来自治基本金。至杂捐杂税及其它杂项，并可为将来自治附捐或特捐之指定款项。兹约举大概，制定表式四种，统请饬下筹办处，查照表内款目，再为触类引伸，另造详细表式，并附以各说明书，同调查区域户口等表，一并责成各州县，督同各自治公所，认真调查。内除关于国家税额，不能亏短分文，及为害甚巨者，应行分别厘定革除外，其余均可提充各区自治经费。如地方官有意推诿，或从旁掣肘，准各自治公所径禀筹办处秉公核断。

二、筹【办】城镇乡地方自治。查城镇人户繁密，施行自治之序，自当以城镇为先，乡次之。

三、设立自治研究所。查筹办处原定研究所办法，分为三届，兹为缩短自治期限起见，拟将第二届府设研究所裁去，直由各州县设立。其原定分拨各府研究所之补助金，应用以分补各州县。即以省城研究所卒业人员，充当职员，如不敷用，再以法政卒业者派充。此仅系缩短自治期限之一端。至欲自治速成，则须先令各州县，于年内各设自治公所，著手调查各事，先城镇后乡，限明年五月竣事，八月城镇自治会一律成立。各州县研究所，须于明年正月内一律成立，限六月毕业。一面札派自治毕业员入自治公所，帮助调查各乡区域户口及经费，一面派赴各乡设立自治宣讲所，限于宣统三年三月调查、宣讲竣事，年终各乡自治会一律成立。

四、改良筹办处。查以上筹办各事，总其成者为在省筹办处。查现筹办处，自坐办以下多未明悉自治，又非本省人，办事半年未设参议人员，亦未闻有会议日期，自五月初一日，仅行文各州县一次。据全体议员意见，若不先令各州县设立自治公所，以调查重任责成地方官一人，以三个月短期，勒令各地方官一律详覆，所有札发各州县调查表式多不合用，今已逾九月初一日限期，各州县尚无详覆，即有之恐未免涉于敷衍。苟不变通办法，徒以筹设第二届之府研究所，虚掷八个月时光，必于宣统六年自治成立，未免泥法误事。查筹办自治，为预备宪政中最要之一端，总其事者即非能尽晓自治，亦必要熟悉地方情形之人，方可收效。今由本局全体议员，从根本上决议，拟请改换筹办处人员，仿照江苏办法，自坐办以下尽派本省明习自治之绅士，并多派本省人为该处参议。以本省之人，办本省之自治，自无虑其不努力从事。机关既定，然后责以札催各州县，先期设立自治公所，更裁去府研究所，专设县研究所，一面办理，一面研究，同时兴举，克期筹办。如此期限自能缩短，斯自治可望速成。

奉批答：来牍暨折表阅悉。所议四条筹划精详，殊为可佩。本署院逐条覆核，如欲预筹地方行政经费，自以调查款目为先务。惟中国向未分列国家税、地方税，今表所列杂项、杂捐、杂税，其中有为国家行政待支之款，有已拨充地方学务、巡警之用，虽州县督同绅董调查，仍须候度支部厘定区分，并不能概指为自治经常之款。公款、公产，自应提充自治经费，但覆按章程第九十一条，载公款、公产应以向归本地方绅董管理者为限，其附捐特捐各项，应俟议事、董事会成立后，酌察地方情形，权衡妥协，商请地方官核办。此时各地方有附捐特捐者甚少。又如缩短自治期限，裁去各府研究所一级，径设各州县研究所，并分设自治公所调查各事，而以先城镇后乡为自治之序，再推广设立宣讲所为将来各乡自治会成立之基，所议均属正办。但自治公所限年内成立，自治研究所限明年正月成立，所有自治公所之绅董如何选充，自治研究所之职员由省城研究所人员及法政毕业者派充是否足敷分布，其一切经费如何筹画、估计，应由自治筹办处会同自治研究所，分别妥议细则，详候核定，再行通饬遵办。至改良筹办处，原为速行自治起见，惟该处自坐办以下各员，即系前充谘议局筹办处人员，均为袁前升院檄委，且有石、曲两主事会办，其间官绅互相维系，本属相依而成。查宪政编查馆原禀，所谓自治与官治，有合则两美，离则两伤等语，其中具有深意。本署院绝无成见，惟当督饬各该员，将应办事宜认真筹画，不得延玩，有不得力之员随时酌量撤换，或酌加参事以资襄助。统候饬筹办处遵办，希即知照。此檄。折、表存。

呈院呈覆质问批答自治文并折（附批答）

为呈明事。查谘议局章程第二十二条第一项，谘议局议定可行事件，呈候督抚公布施行；第二项，前项呈候施行事件，若督抚不以为然，应说明原委事由，令谘议局覆议。据法律所规定，则今日抚部院对于本局议决之案，如以为然，自应公布施行，否即当说明原委事由，交本局覆议，是无能再生他项疑义者也。乃前答复自治一案，首云“筹画精详，殊为可佩”，竟是大以为然，讵至“惟”字以下，又似不以为然，而始终却又无公布施行，或交本局覆议字样。且于前三条，虽据章援律，一再驳诘，其实与原案并无针对。至对第四条，语多歇后，然否两无可说。乃前次委员到局，又声明政府悉赞同原案，除答覆本局，已公布施行，似知答复与公布施行为两事，而未计及所答复者，大有背于法律上公布施行之旨趣。昨又到局，谓自治一案，本局可再备文陈述意见章程。其在本局，对此答复实有不能释然之处。兹经全体议员议决应行质问各件，理合缮折呈明。为此呈请抚部院裁夺施行。须至呈者。

折开：

（甲）杂捐、杂税、杂项及公款、公产。

一、原案调查各地方杂税、杂捐、杂项，一则曰将来，再则曰将来，足可证明非现在实行之事，不过为将来之预备。又何待国税、地方税之划分？又何碍于国税、地方税之划分？应请批答。

一、原案所开杂项、杂捐、杂税，原指明于国课并不短少分文，不过指其中有浮收、中饱等项，可查明提出。何谓为侵国家行政之款？又何谓为动地方学务、巡警之用？应请批答。

一、提交地方自治议案内第一项，既以究竟有何款项可以指定归入地方公用，使民不扰而经费自足为问，据本局所知，只有杂捐、杂税内之浮收、中饱，可概指定归入地方公用。如答覆所云，必待国税、地方税区分，试问此项浮收、中饱，将来列入国税乎？抑列入地方税乎？现清理财政，将划归国家行政经费乎？抑划入地方行政经费乎？应请批答。

一、答覆内云，公款、公产应以归本地绅董管理者为限。此载在自治章程，又何待言！此项调查，固非漫无界限，抚部院自应与公布施行同时通饬各地方，令其分别调查。何为据此答覆本局？应请批答。

一、本局自信所指杂税、杂捐内之浮收、中饱，可为附捐、特捐张本。（此项浮收中饱，本局皆能指出实证。抚部院如欲知其详，本局当如问答覆）且自信浮收中饱，确不在国家税、地方税，又不在国家行政经费、地方行政经费之内。更自信今日应当实行调查，并非即要提出列为附捐、特捐，如答覆所云。今日究应否与划区户口同时调查？应请批答。

一、附捐、特捐之创办，据自治章程第九十三条，自应待议事会成立。原案所指，只及调查答覆，乃谓待议事会、董事会成立云云。原案中有不待议事会、董事会成立，而即创办附捐、特捐之语乎？抑作无味之抄袭章程乎？应请批答。

（乙）自治公所及自治研究所。

一、此二项答覆文内既云所议均属正办，自应照二十二条公布施行，而“但”字以下又似不以为然，而亦未令局覆议，殊不可解。应请批答。

一、设立自治公所、自治研究所，皆照章之事，又系筹办处原定期限单内事，与原案不过有设立迟早之分。如原单期限办理，一切经费及绅董职教员便有法筹划选充，而提前即无法筹划选充乎？应请批答。

一、即云原定期限单设立自治公所在各府研究所卒业之后，选充自易有人，不知原案所谓自治公所，系为调查区域户口之用，筹办处原单内之自治公所，系筹办议事会、董事会之用。筹办自治，不难在筹设议事会、董事会，而难在调查区域户口财产。是即照原单所定，其造之人亦不及为今日之所难。如答覆所云，是必更要设一筹办自治研究所方可，曾见各州县组织调查谘议局选举事务所时，亦有难于选充者乎？否则，必如今筹办处不饬设各县自治公所之无所用其选充方可乎？应请批答。

一、答覆内有云，法政毕业人员，是否能敷分布。本局但知行政长官，对于本省官费或自费之法政学堂毕业，及留日官私费法政学堂毕业人员，当有确数，而无待临时搜求。本局今日即以此项人员确数为质问。应请批答。

一、照章第二十二条一项、二项规定何等明晰，则本局除法律确定之答覆，无承诺之义务。又章程所定，一则曰督抚，再则曰督抚，则本局除抚院以外，其它之官厅局所，本局无候其妥议之义务。又前提交议案，权在抚部院，他项官厅局所，本局无与有权限责任之关系。今答覆既不尽如法，乃统交自治筹办处，会同自治研究所分别妥议。本局实不知行政长官之职司安在，责任安在，而一听诸处所之妥议。在抚部院可候其妥议，在本局只有候抚部院照章之答覆，无候该处妥议之义务。抚部院不向本局为照章直接之答覆，而交该局所间接答覆，即该局所议妥，呈由抚部院答覆，势必延至闭会之后，本局无法会议。是何理由？应请批答。

一、照谘议局章程第四十六条，各省督抚于谘议局之议案，有裁夺施行之权，似交筹办处、研究所之妥议，亦在抚部院裁夺之中。但本条所谓裁夺二字，应以二十二条之公布施行及不以为然为结果，并非先答覆以为然，或不以为然，而后再用裁夺，亦非以然与不然之间为答覆，而后更待裁夺也。若以交该处、所妥议为答覆，究竟照原案为公布施行乎？抑不以为然乎？本局所议各案，固有必赖斟酌调查，如拟偿津浦外债等事，而不能即望为然不然之答覆者。至如原案议决各节，抚部院不难批答。若该处、所之妥议为何，本局不惟不能承认，且无延长会期，可以久候之理。应请批答。

（丙）筹办处。

一、原案所指筹办处坐办种种溺职误公是否属实，答覆内既无如议办理字样，应请将原案所指各件逐一批答。

一、答覆云自坐办以下各员，即系前充谘议局筹办人员。本局但问其是否尽职，并非问该坐办以下履历。本局不知用意安在？应请批答。

一、答覆云均为袁升院檄委，以袁升院檄委为得人乎？本局确信其不称职。以袁升院檄委，可以卸免现任之责任乎？本局只认机关，不认组织机关为是否袁升院。此中语意，本局不解。应请批答。

一、答覆云石、曲二主事应同负责任，此自当然。但本局原议，统言现筹办处人员当负责任，又言当纯用本省人，并未言现在该处之本省人不负责任。倘不能尽职，亦不得姑息宽容。且本局并未提及石、曲二人，忽蒙以此答覆，殊多不解。应请批答。

一、答覆云自治官治，合则两美，离则两伤，似不以本局所议纯用本省人为然。不知本局并无本省、外省之成见，只以本省人办自治，与地方性质相宜，且自治章程奏折所云，系指自治行政与官治行政而言，与筹办处内之组织何干。应请批答。

一、前引奏折二语，即可断章取义，究之山东筹办处前之合者（指现在官绅并用言），其美安在？如江苏等省之离者（指纯用本省人言），其伤若何？应【请】批答。

一、答覆云当督饬各该员，将应办事宜认真筹画。试问前此曾经督催否乎？

其督催之效果如何？自今以后又能生何等之效果？应请批答。

一、答覆内云，如有不得力之员，随时酌量撤换。究竟各该员到差已非一日，现在有无不得力之员，想已早有考核。如果有之，究竟何时可以撤换？如本局所指第一不得力之坐办果否得力？可否撤换？应请批答。

一、答覆云酌加参事。原案呈请加派参议，并未有参事名目，或酌加字样。今如此答覆，究竟加派与否？又所云酌加之参事，究为本省人？抑外省人？应请批答。

奉札批答：为札行事。据来呈并折开答覆自治一案，本部院于该局所议提前普设自治公所，及裁去府研究所一级，各州县一律举行，深以为然。特省城自治筹办处有筹办之责，研究所为自治之权舆，是以札饬核议详细办法，以期实行，岂能空言公布。至自治筹办处由官设立，与谘议局、自治局性质不同，所用之人，本部院自有权衡，非该局所得干预。今折开各节，有意于字句吹求，殊多傲慢，此岂对于行政长官之程式。本部院对于该局推诚布公，一以和平为主，不意该局乃有此等呈件，此或是一二少年矜才使气者之所为，决非该局全体议员之公议。本部院豁达为怀，弗与计较，政务殷繁，亦不暇逐字逐句批答。应将原折发还，希议长转告执笔者再四思之。为此札行谘议局查照。须至札者。

奉抚院据地方自治筹办处详称行局札

为札行事。据地方自治筹办处详称：本年十月初九日案奉抚院札开：据谘议局呈称：窃奉抚部院札发草案十二条，内关乎地方自治之事三条，一豫筹地方行政经费，一筹办城镇乡地方自治，一设立自治研究所。奉此，遵将原案缴由全体议员悉心讨论，研求办法。兹据全体议员议决，均以自治期限不缩短，自治机关不先事组织，亟图改良，一切应办事宜必无根据。谨拟关乎自治办法四条，是否有当，理合缮具清折，备由具呈，恳请裁夺施行等情到本署院。据此，除批答“来牍暨折、表阅悉。所议四条筹划精详，殊为可佩。本署院逐条复核。如欲预筹地方行政经费，自以调查款目为先务。惟中国向未分列国家税、地方税，今表所列杂项、杂捐、杂税，其中有为国家行政待支之款，有已拨充地方学务、巡警之用，虽州县督同绅董调查，仍须候度支部厘定区分，并不能概指为自治经常之款。公款、公产自应提充自治经费，但覆按章程第九十一条，载公款、公产应以向归本地方绅董管理者为限，其附捐特捐各项，应俟议事、董事会成立后，酌察地方情形，权衡妥协，商请地方官核办。此时各地方有附捐特捐者甚少。又如缩短自治期限，裁去各府研究所一级，径设各州县研究所，并分设自治公所调查各事，而以先城镇后乡为自治之序，再推广设立宣讲所，为将来各乡自治会成立之基，所议均属正办。但自治公所限年内成立，自治研究所限明年正月成立，所有自治公所之绅董如何选充，自治研究所之职员由省城研究所人员及法政毕业者派充是否足敷分布，其一切经费如何筹画估计，应由自治筹办处会同自治研究所，分别妥议细则，详候核定，再行通饬遵办。至改良筹办处，原为速行自治起见，惟该处自坐办以下各员，即系前充谘议局筹办处人员，均为袁前升院檄委，且有石、曲两主事会办，其间官绅互相维系，本属相依而成。查宪政编查馆原奏，所谓自治与官治，有合则两美，离则两伤等语，其中具有深意。本署院绝无成见，惟当督饬各该员，将应办事宜认真筹画，不得延玩。有不得力之员，随时酌量撤换，或酌加参事，以资襄助。统候饬筹办处遵办，希即知照。此檄。折、表存。”等因印发外，合行札饬。札到该处，即便查照办理。此札等因，计粘抄清折一扣、表四纸到处。奉此，窃查地方自治，头绪极繁，固贵猛勇以图功，尤宜循序而渐进。本处自奉文筹办以来，所有应办事宜，一遵定章，分期布置，进行秩序，先办城镇，次推各乡。至各州县议事会、董事会成立之期，以宣统五年为限，较官定清单已提早一年。所定办事期限清单，业经详奉前升宪袁分别奏咨并通行在案。至各府研究分所之设置，缘以事属创举，通晓自治者恒不多觏，省城设所一处，造就为数无多，即全派为各州县分所教员，亦属不敷分布；况师资尤须慎选，非一概可以充当。是以拟分三级办法，首于省城设立一所，次于各府各设一所，再次及于州县。省城毕业者择其程度最优，充各府教习，余即分派各繁要州县，襄理自治事务。各府毕业者择其程度最优，充各州县教习，余即分派各本籍州县，襄理自治事务。至各州县研究分所毕业后，再一律分派各本县区域，担任调查、宣讲及一应自治事宜。并以济南、历城为首要之地，所订自治会成立期限较早，特将应设之研究分所提前举办，附设于省城自治研究所内，以预储办事之才。如此办理，则秩序既有条而不紊，风气亦由渐而开通，地方多有晓事之人，一切进行自无障碍，按之部定期限，亦未致稍逾。此本处筹设之微意也。今查该局折开议决事项，第一条预筹地方行政经费，已经宪台明晰批答。第二条施行自治次序，与本处所订办法正同，均应勿庸置议。至裁撤府研究所，径设各州县研究所一条，在该议员等为缩短自治期限起见，原可照办，惟其中规定，有核与馆章未尽适合者，有按之时势似应变通者，请分晰言之。查宪政编查馆奏定自治研究所章程第十二条内开，省城自治研究所经费，由自治筹办处筹拨，各府厅州县经费，由各该地方公款筹办。本处前拟设立各府分所，原系变通办法，于详请奏咨案内声明作为省城研究所之第二届。是以此项经费，照章可由公家筹备，而省城应办之二届、三届可以不设，其中原委，已具前详。现各府研究所既经议裁，则此项补助金自应停拨，若分补州县，殊与馆章不符，必干部驳。又查章程第十一条内开，自治研究所以讲受八个月为毕业期。该局所拟以六个月毕业，亦与馆章不合。至限明年正月一律成立，亦恐猝不及办。盖经费一项，必先预筹，统计设所应需之款，按大小县分牵算，每所教习二名，学员四十名，八个月卒业，所有薪金、膳费及一切开支杂用，约银一千余两。当此财政困难之时，急切措筹，必滋纷扰，似应稍宽时日，乃可责其成功。由此递推，则各州县城镇自治会成立之期，以明年八月为限，恐难办到。至自治公所，原组织自治团体之机关，惟当创办之初，普通绅民尚不知地方自治为何事，非经一番研究，诚恐办理非人，于新政前途转生障碍，虚縻[①]经费，无补事功，似不若俟各州县研究分所毕业后再为开办，于事实或稍有把握。此本处分期设立之初意。现既据该局议定提前举办，为自治速成起见，亦无不可，但查省城研究毕业者只有此数，即尽派充各州县研究分所教习，尚属不敷。此外虽有本省法政毕业人员可以选派，亦恐供不敷求。必如所请，或与研究所并设一处，俾得相依而成，似亦变通之一法，然亦恐彼此未能兼顾，虚应故事，空存名目而已。综上各条，或按之馆章，或揆诸事实，既不能悉如该局所议办理，应请决定从违，庶以后一切手续乃可从头布置。此不得不通盘筹算，请示核定者也。至改良筹办处一条，本处责任所在，自

① “虚縻”，系旧时用法，现代汉语作“虚靡”或“虚糜”。下同。

应恪遵宪谕，实力奉行。惟是筹办事宜，关系极为重要，值此宪政萌芽时代，官吏固每多敷衍，绅民亦未尽开通，逐渐进行，诚属难收速效，过严督责，又恐别酿事端，局外指疵，原所难免，而就中艰苦，实已备尝，深恐成绩莫著于将来，责备难宽于既往。事关全局，既不敢稍存意见，亦未便缄默不言。谨公同商酌，可否照准该局所议，改归绅办，免贻口实而重要公之处，伏维裁夺施行。以上所有筹议各缘由，理合先行详覆鉴核，批示祇遵，再行妥议细则，并改定办事期限清单，详候核定奏咨，通饬遵办，实为公便。再，主事卓新兼充自治研究所所长，不另列衔会印。合并声明等情到本部院。据此，除批覆"详已悉。自治期限原可缩短办理，所陈各州县自治【研】究所宜与公所并设一处，俾得相依而成，办法极善。惟公所不早设立，自治无从著手，各州县自治公所应限于明年三月内一律成立，研究所仍应照章以八个月为毕业期，纵或开学参差不齐，统限以明年年底一律毕业。其各所经费，照章应由地方官协同公正绅士估计筹措。该处原定各府研究所之经费，仍应分拨各州县，作为公所及研究所开办之补助金。似此变通办理，当无仓猝不及之势。仰即公同酌议，通盘筹画，再行厘定施行细则，并将办事期限清单妥速改订，详候核夺，以便通饬遵办，并候行布政司查照。此缴。"等因印发外，为此札行谘议局查照。须至札者。

奉抚院据地方自治筹办处详称行局札

为札行事。据地方自治筹办处详称：本年十月十二日，案奉抚院札开：为札饬事。照得本署院前经草具议案，内有关于地方自治三条，提交谘议局诸议员公同议决去后。兹据该局议覆呈请核办前来，当经本署院逐条详细批答，并分行该处遵办在案。查折开，筹办处自五月初一日仅行文各州县一次，所发各属表式多不合用，今逾限月余，而各州县尚未报齐，未免涉于敷衍等语。查该处负统筹全省地方自治之责，所有应办各事宜，该坐办袁道及会办石、曲两主事，原应同负责任，以期自治之进行。既据该处重订办事期限清单，通饬各属依限办理，并限九月初一日各府州县将调查各城镇乡原有之区城及名称与户口一律报齐，至今尚有未据禀报者，何以该处绝不先行札催，且所发各属表式究竟是否应用，并未详院备查。又该处自四月设立编制科，原为编辑自治浅说及章程释义等书，预备札发各地方阅看。今亦时越半年，究竟所编何书，是否合用，未据呈送校核，并未一字报告。似此遇事延宕，将何以表率各属，按期举办，无误钦限。本署院现正拟实行改良，所有该处已办各事，迅即按照前定办事期限清单，详覆核夺。袁道身膺该局坐办，责无旁贷。石、曲两主政通达法政，关怀桑梓，必当尽心筹画。其各和衷共济，以期日起有功，本署院实有厚望焉。合行札饬。札到该处，立即遵照，毋违，切切。特札等因到处。奉此，窃维图治之要，固贵励精，论事之方，尤宜核实。本处职司筹办，劳怨原不敢辞。数月以来，办事苦衷未能见谅于局外，致烦训斥，惭悚莫名。但据该局所指各条，诚有未尽确实者。谨就本处筹办情形，为宪台详晰陈之。查宪政编查馆奏定九年筹备事宜清单，本年应办者为筹办城镇地方自治，及设立自治研究所。查地方自治，头绪极繁，应以清查人口为开手第一办法。本处于五月间编制调查区（城）〔域〕户口表式，颁发各属，明定限期，申送核办，并重订办事期限清单，饬遵办，俾得按时报告，免误进行。又以事属造端，民鲜开化，因循固难期进步，操切亦恐酿事端，特于六月间专札通行，饬令妥速调查，和平办理，剀切宣谕，咸使周知。嗣又恐各州县未谙列表，填写有误，复按照前颁表式逐一解释，编为调查区域户口表说明书，通行知照。至九月初间，各州县报告稍迟，当即先行通电各府直州转催一次，以期迅速。随后通札严催二次，并据各州县先后申报，有恳请展限者，有造报歧误者，均经随时批驳，饬令克日具申。现查申报地方已有五十余处，其余未报各处，正在飞札严催，并将应分区域随时编定，详候咨报。至自治研究所，按照馆章，省城应分届设立。前经本处通盘筹画，以省城一处分届办理，造就少而收效迟，所费亦巨。特拟变通办法，各府分设，获益较多，详奉前升宪袁奏咨有案。并将济南一府、历城一县应设之研究分所提前办理，附设省城自治研究所内，于五月十五日开班，期至年终一律毕业。各府研究分所，规定明年正月设立，此时尚未及期。伏查本处筹办自治事宜，在九月以前本系兼理，日行公牍非仅自治一项可知。通计五月以来，所有办行者，除申详移咨批牍并单行札件不计外，通饬文件五月九次，六月七次，七、八两月（供）〔共〕五次，九月以后专札催报调查两次，均有卷簿可稽，并未敢稍事延宕。该局指称自五【月】初一日仅行文各州县一次，未免调查失实。至该局折开所发各属表式多不合用一条，查本处所拟调查区域户口表，内分城厢、乡名、里约、村庄、方里、户数、人口七项，各按统系填列，并令注明是否商务繁盛之区、交通利便之处，区分类别，不厌求详，斟酌再三，方始颁布。原议俟调查完竣，再为汇案详报。至于合用与否，本处原不敢自信。但窃以为表式如何适用，要在眉目分清，该局未将所以不合之点指明，徒事吹求，似亦有意苛责。至于编制一科，四月间详请增设，派委黄附生鸿藻为该科科长，专任编辑事项。所编自治浅说、章程释义，定期十一月二十日颁行各州县，现已脱稿，饬书缮印，度无误颁发之期。日内分缮齐全，即将抄本先行呈请鉴定。以上胪陈各节，按之馆章，于本年应办事宜尚非贻误，即照本处所订期限，似亦未甚迟逾。若因州县逾限，尚未报齐，谓为涉于敷衍，要知州县办事，因循疲玩者有之，繁难棘手者亦有之。先事不催，咎在本处，催而不报，责在有司。非敢委卸仔肩，实已交驰文电。此本处数月以来所有筹办之实在情形也。除将此后应办事宜，按照期限清单，随时督同在事员绅认真经理，仰副宪意外，所有遵饬详覆缘由，理合详请鉴核批示祇遵，并呈调查表暨说明书各一份，以备查考等情到本部院。据此，除批“据详已悉。各州县造报迟延，已将郯城、即墨二令先行记大过一次，电饬各府直隶州严催各州县迅速造送。该道等惟当将应办之事，按期尽力筹办，以免责言而副委任，是为切要。折、表均存。”等因印发外，为此札行谘议局查照。须至札者。

计粘抄说明书、调查表各一纸。

山东全省地方自治筹办处调查城镇乡区域名称户口表说明书

第一格　县名。于此格填写某县名称，其应称某州者准此。

第二格　城厢。此合城内及四关厢言之，如城内及东西南北四关等，分别填入此格（凡已划定区段者，亦须附载清楚）。其城厢所属地方，原有里约及其他名称者，亦应于第四格详细填入之。如果向无别项名称，即无庸填写。

第三格　乡名。凡原分东西南北四乡，及习惯上向称为某某乡，或某某路者，填入此格（凡已划定区段者，亦须附载清楚。）如果向无别项名称，即按照东西南北方分别填写。

第四、第五格　里约村庄。此等名称各处原不划一，无论保社图里，（凡已划定区段者，亦须附载清楚。）以及屯集村庄，但各就其固有之名称，于此两格分别次第填入之，不必拘泥。

第六格　方里。凡城关及四乡里约地方，每处周围有若干里，可用开方法核算明白，填入此格。其每一村庄方里若干，无庸填写，以免繁复。

第七格　户数。凡城关及村庄地方，每处户数若干，分别填入此格。其每乡每里所辖各村庄共有户数若干，亦应综核明白，于此格分别填写之。

第八格　人口数。凡城关及村庄地方，每处口数若干，分别填入此格。其每乡每里所辖各村庄共有口数若干，亦应综核明白，于此格分别填写之。不论男女老幼，皆在调查之内，并须分别土著及客籍两项。其本县人在同县集镇营业者如长山人在周村营业之类，该营业地方自应将此项口数一律填写，但亦须分别载明，不得含混。

第九格　是否商务繁盛之区及交通利便之处。此并非专指城厢地方而言。无论里约村庄，果系贸易繁盛，水陆交通之处，皆应填写明白。

第十格　全县共若干村庄。此项须俟调查清晰以后，由各该管地方官综计治内共有若干村庄，即将该总数于此格填入之。

第十一格　全县共若干户口。此亦须俟调查清晰以后，由各该管地方官综计治内共有若干户及若干口，将该总数于此格〈外〉分别填入之。

学　务

呈院议决交议关于教育案各条文并折（附批答）

为呈报事。前奉抚部院札发草案十二条，内有关于教育之事二条一案。遵将原案提交全体议员研求办法，以期教育日见推广。兹据多数议员拟定推广普通教育及实业教育办法共六条，已经公同决议，理合缮折呈报。为此具呈，恳请抚部院裁夺施行。须至呈者。

折开：

盖闻国民程度，皆从教育而来。若教育不能普及，则人民之智识断难发达。查山东一省不下三千八百万人，据光绪三十四年学务统计表观之，中学堂学生仅及一千一百一十八人，小学堂学生仅及四万四千四百七十三人，合计受普通教育者共四万五千五百九十一人。揆之筹办宪政清单宣统八年合境人民识字义者须得二十分之一之数，相去远甚。推其致此之由，非必学款难筹，经理乏人，只以未从根本上注意，遂致廖落萎缩，几达极点。兹将根本办法六条详列于左：

一、教育会。

教育会可分二种：

（甲）教育总会。查总会本为统筹全省教育而设。东省自设立学堂以来，已及五年，而教育总会迄未成立。揆厥原因，固由创办之人能力绵薄，亦实以款项无着，势难作无米之炊。应请准由本省办学人员迅速发起，筹设省城教育总会，限今年成立，并请仿照江苏办法，由抚部院筹拨的款，藉资补助。

（乙）教育分会。查分会为专筹办一地方教育而设。现各州县教育分会成立者，仅及三十七处，又多搪塞敷衍，有名无实。此时欲于已成者实行整顿，未成者从速筹设，宜先设立教育总会，由总会实行调查，不得再蹈从前捏禀虚报之覆辙。至各州县分会所以不能成立之故，多由于款项不足，除会费由会员照部定章程担任筹劝外，应请饬下各州县，无论官款或公款，总宜年拨经费若干，以为补助。

二、劝学所。

查东省各州县劝学所，遵章设立已二三年，尤多有名无实。总董与县视学员类多徒尽义务，难专责成。学务本教育上重要机关，乃敷衍若此，宜乎办学之无效也。兹拟整顿条件如下：

一、省视学赴各州县查学时，须察视该州县之劝学所，实为合格之人员，及确定之地址，的实之款项，方为该州县劝学所之成立。

一、规定州县视学员任期以三年为限，由地方官召集办学人员，及热心教育、公正殷实绅衿投票公举，呈请委派。如各属教育分会成立，则由地方官督饬教育会，召集前项人员投票公举。

一、视学员职任重要，薪水宜比照官立高等小学堂教员从优酌定，不得以义务挂名，敷衍搪塞。

一、照章速设宣讲所，如一时未能普设，先于城治设立一所，由该所派人轮流赴乡实行宣讲。

一、刊发劝学所钤记，明定公文程式，呈提学司者用禀，呈州县官者用牒文。

一、劝学所为一邑学务总汇，事务殷繁，必有专司其事者以重责成。宜由总董酌量地方情形，添设佐理一二人。其各州县镇乡村邑，照章应划定学区，每区应设劝学分董，由众公举，以为实行劝导联络之机关。

一、劝学所当与教育会合力劝设简易识字学塾。查此项学塾与初等小学性质不同，其年龄既无庸限制，学科又极为简单，随时随地，皆可设立。初办之时，若劝学所、教育会、师范研究所及官立公立高初各等小学之内，均可添招夜班或半日班，即由各该会所学堂人员轮流担任授课，每日二小时，无庸特别筹款。其各镇乡村邑之初等小学内，及宣讲阅报等处，均可附设，宜昼宜夜，均由自定，俟地方自治董事会成立，然后逐渐推广。当初办之时，既无乏人乏款之虑，待自治制定，无难次第增设。

一、遇学务纷争，得由劝学所会同教育会调查处理，行文地方官核夺。

一、劝学所一切文件，除禀明该州县外，仍准兼禀提学司，以免隔阂。

三、设立师范研究所。

师范为教育之母，欲振兴教育，当先养成教员，此通例也。东省师范传习所创设最早，办理殊无大效，已于去冬奉文裁撤，专办初级师范学堂。惟初级师范毕业须俟五年之久，现拟缩短自治期限，初等小学及简易识字学塾亟宜普设，惟教员无处取材，深资为虑。兹为养成师资起见，应于各州县教育会成立之后，责成各该州县督同教育会会长，组织师范研究所一处，克期成立。兹粗拟办法大纲如下：

一、各州县教育会应设立师范研究所，并同时设立模范初等小学一处，俾师范研究生一面学习，一面实验。

一、研究生毕业，常年分为二期，第一期自二月起至暑假散学之日止，第二期自七月起至年假散学之日止。

一、研究所学额至少以三十人为率，如地址宽敞，能招多人，更善。

一、研究生应由各学区选送，以免偏枯。如能由各学区备款附送，更善。

四、改私塾为学堂。

查私塾改良，发起于苏州，推行于大江南北一带，风气开通，听民间志士自为集会，已足辅教育行政之所不及，曾无事官力督催为也。东省风气闭塞，各州县初等小学廖落如晨星，地方官又多任意捏报，名为小学教员者，尚不知教授法为何物，私塾改良更于何有。自去岁提学司改良私塾章程通行以后，甚为私塾家塾所藉口，各州县公立、私立学堂半归星散。似此情形，固为行政官所不及料，然行政官除张贴示谕外，私塾果改良与否，亦未尝一为过问。无他，官立难及，势使然也。即谓学堂未尽成立，私塾又复减少，读书种子行将断绝，以此为办学不力之铁证，东省绅民固宜同深引咎，然此时地方长官当取强迫兴学主义，以救沈迷，不当倒果为因，为扬波助流之举。且该章程有云，私塾生徒能文理粗顺，作二三百字者，即准一体考升入官立高等小学堂，尤足阻初等小学升学之路，与学堂定章相背。应请抚部院饬下提学司，札行各州县，会同教育会及劝学总董、分董，实力劝导，将私塾组织归并，一律改为初等小学。其原有之塾师，劝令分期入研究所肄习，毕业后遵章教授。其有顽陋塾师，阻挠把持者，照奏定劝学所章程去阻力一条办理，以正学风而趋端向。至组织归并及养成教师详细办法，应俟省城教育总会成立后，查照直隶教育官报所载办法，拟定详章，呈明通行。

五、筹备州县中学堂。

按奏定中学堂章程第二节内开，中学堂定章，各府必设一所，如能各州县皆设一所，最善。惟初办最为不易。又云各州县治可量力酌办，如能设立者听。现在东省各州县官立高等小学多半已届毕业，公立、私立高等小学将届毕业者亦复不少，而各府中学堂学额多者不过二百人，少者或七八十人不等。以各州县均配计之，每县不及十人，较之科举学额尚称减少。又因设置不得其法，未能按年招生，且距府治稍远，州县道路往返需费不赀，于升学前途诸多窒碍。查各州县官立高等小学，往往多就旧有书院改设，或蒐集一邑公款为经费，多者七八千串，少亦四五千串。惟为动用一邑公款之故，不得不广收四乡生徒，于是有宿食等费，虚糜用款；而在堂学生，又因食宿之故，就学者多半成年子弟，不合学龄。

应请提学司饬下各州县，各筹设中学堂一所，俾高等小学毕业者升入。兹粗拟办法如下：

一、该州县高等小学毕业生凡达六十人以上者，即须设立中学堂一所。其毕业生未达六十人以上者，暂附入府设中学堂，以待异日筹画。

一、州县中学堂应就官立高等小学改设，其经费即以官立高等小学经费充之，有不足者就地另筹，并应照章酌收学生学费。

一、各州县官立高等小学应另行设置，如不能另设，可于中学堂内附设高等小学班。

六、养成实业教育之师资。

实业教育为当今之急务，苟本省师资缺乏，徒聘用外人，虽款项充足，学堂林立，亦必着着棘手。今拟以振兴方法，专以造就师资为推广之先导。其办法有二：

一、在省城设立实业教员讲习所，为筹画永久之谋。其毕业年限、教授课程，悉遵定章。其已成立之高等农业、中等工业各学堂，亦得附设此种讲习所。

一、实业教员讲习所内附设实业补习科，为筹画目前之计。其年限、程度，悉遵定章，即以实业讲习所之教员授课。为节省经费起见，能开夜班尤宜。

附条凡地方士绅办理学务著有成绩者，应由提学司派省视学会同该地方官查明，详请奖励，用昭激劝。如有热心学务，或为反对者所诬陷，应由提学司派省视学会同劝学所总董详审调查。如案关重大，应即提省讯断，不得仅据州县官一人之禀覆，遂为确据，滥用惩罚。其各该地方官，对于学务是否认真，应照章列入考成，以示劝惩。

奉批答：已另札汇案答覆矣。希即知照。此覆。折存。

复奉批答推广普通实业办法手折六条：

一、教育总会亟应设立，亦因款项支绌，故尔稽迟。查本年学款，兴建事多，已亏至万金无著。部章饬办实业学堂，拟就高密学堂改为中等工业学堂，现正设法筹款。教育总会需款无多，俟筹有的款，即饬司设立。其各分会，俟总会设立，地方自治规定，自可渐次建设。

二、劝学所各条，所陈极为有见，均可见之施行。俟教育总会设立，即可一律改良。

三、师范研究所一节，原因从前师范传习所办理不善，年限太短，以致毫无成效。兴学与他项新政不同，求学非助长可得，欲速不达，其应如何推广，亦应俟教育总会成立，详为研究办理。

四、私塾改良系遵部章饬办，并非学司创设。且普及国民教育，与人材教育，原系判然两事。普及教育，以人人识字，稍有知识为主义。公立学堂组织匪易，尤以私立愈多为妙。从前东省学务处开办时，即有通饬禁设私塾，一律均入学堂之谕。一时人民不知学堂为何事，遂至私塾解散，学堂不入，而初等小学并亦成立无几，立者亦多有名无实，以致齐鲁弦诵之声几绝。自去岁学司详准通饬改良私塾，许其升学，各属禀报私塾详细册籍，已增有数千处，但求识字人数增多，不可谓无微效。查所详定升学办法，于程度并无不合，谓其阻初等小学升学之路，似不必分此界限。至谓私塾增多，以致学堂解散，则在办理之善不善。如学堂办理完善，又不需费，人亦何乐在私塾而不入学堂之理。谓其私塾虽增，不能改良，则自在意中。异日教育会成立，组织各小学完善，自可道一风同。此时私塾自可暂任其办理，以为求识字人多之助。

五、增筹中学堂殊不易言，盖中学以上为人才教育，即各国亦不能多设。此时各府所设，教员缺乏，学科不备，至无法补救。若各州县普设，无论款项难筹，即聘教员亦极为难。若以各州县小学改中学，而以小学为附设，徒有虚名，亦鲜实济。

六、实业教员讲习所必先有高等实业学堂方可办理，现实业仅农林学堂，已拟饬令照办，其余应俟商、工各学堂设立，再议仿行。

坿条查关于学务各案，不能据州县官一人之言为据，极是。

奉抚院据署提学使详称答覆学务案行局札

为札行事。据署提学使详称：宣统元年十月十九日奉宪台札开：为札饬事。谘议局呈称，窃本局奉札饬议案件，推广普通教育条内，有经费如何醵集一端。

本局议员遵即会议，拟定请将税契加款，仿直隶成例，酌拨数成，充本地学堂经费。惟因税契加收，作为行政经费一端，系属一种单独事宜，故未列于奉饬议案件范围之内。兹业经公同议决，所有议决理由、拟定办法，理合缮折呈报裁夺施行。又据呈称：窃本局提议整理学务议案，所拟办法各条，经全体议员公同议决，理合缮具清折，呈候钧核。为此呈请裁夺施行。又据呈称：窃前奉抚院札发草案十二条，内有关于教育之事二条一案，遵将原案提缴全体议员研求办法，以期教育日见推广。兹据多数议员，拟定推广普通教育及实业教育办法共六条，已经决议，是否有当，理合缮具清折，呈候钧核。为此呈请裁夺施行，暨手折三件各等情到本部院。据此，查所议各节详尽周密，多有可行，除逐件开明清单，答复谘议局外，合将清单抄录札饬。札到该司，即便分别酌量办理。此札等因，并粘抄清单一纸，及谘议局手折三纸到司。奉此，遵查议案，详加考核，除女子师范学堂、实业学堂现正组织办法，教育总会现正移行藩司筹拨的款，俾便设立，及案内经宪台答覆指驳各节勿庸置议外，其余如关于高等学堂、师范学堂、青州府蚕桑学堂等处应行整顿事项，关于省视学员应行饬遵事项，关于广仁善局二十处小学撤去经理一员，分设学董二人，藉资整顿事项，关于各属劝学所应行改良事项，及维持公立、私立学堂，均经遵饬分别录案，札饬遵照办理。惟烟台毓材学堂，向系归东海道主持，所有该堂内容，本署司无从尽悉，当即遵开议案，移行东海关道查照，将近来办理情形，详加移覆。是否可以改办商业中学堂之处，应俟覆到后再行酌议办法，转详核办。至关于教育用人行政之事，学务公所为教育总机关，一切委任职员及筹画推广教育诸大端，本署司履任以来，均系遵守部章，禀承核示办理。此次答覆议案，所有办学情形，均在宪台洞鉴之中，本署司责任攸关，自应遵照答案，随时督饬公所员司，勤慎从公。各大小学堂监督、管理员、教员于课程严加整顿。嗣后如遇有应兴应革之事，为议案所未及者，并随时体查酌议，详请核办，以期维持东省全省学务，使之推行尽效。所有分别遵办谘议局答案缘由，拟合详覆，伏乞查核等情到本部院。据此，除详批示外，为此札行谘议局查照。须至札者。

呈院议决维持公立私立各学堂以广教育办法文并折（附批答）

为呈报事。窃本局提议维持公立私立各学堂，拟定办法十条，业经全体会议，公同议决，理合缮折呈报。为此呈请抚部院裁夺施行。须至呈者。

折开：

窃以公立、私立各学堂，组织綦难，凡热心学界者，输财筹款，竭力经营，原为造就人才、推广教育起见。凡官绅士庶，亟应协同保护维持，以开风气而免中辍。兹谨拟维持之法于左：

（甲）公私立各学堂禀明立案后，地方官必督同县视学于开学之日，或开学之三日内，亲至该堂奖勉，以示鼓励。

（乙）该堂办有成效，俟毕业一次，即由地方官照章将经理人详请奖励，以劝将来。

（丙）该堂经费不敷，果系无力筹措，地方官必会同县视学，酌拨公款协济。如无公款可拨，亦准由经理人指明地方公产，酌量筹画。

（丁）自高等小学以上，无论公立、私立，凡已经禀明立案者，如或半途废坠，必令地方官及县视学查明缘由，核实具报。

（戊）凡堂长、教员、管理、教授不能如法，得由县视学查明更换。

（己）凡州县公私学堂设立增多者，除照章将办学人请奖外，仍请将地方官及县视学酌加奖励，以示鼓舞。

（庚）凡公立、私立学堂，如有劣绅仇视毁谤阻挠者，准经理人禀官惩办。

（辛）凡出入各项，除按季张贴本堂外，另缮清册；同学生分数成绩册，呈该管衙门备查。

（壬）凡公立、私立各学堂教习，得由经理人采择延聘，不得由官委派。

（癸）凡公立、私立之各等小学堂，州县有坐视其因款项困难，以致解散者，一经查明，即予以玩视学务之处分。

奉批答：来牍并折均悉。兴办公立、私立各学堂，但能悉照定章，地方官自应维持保护。所议各节，惟癸条不无窒碍，如州县缺分清苦，公款、公产未克支持，不能责以玩视学务。异日自治局成立，绅民同具热心，自无停散之事。其余九条，均属可行，已札司通饬查照矣。此覆。

呈院议决呈请本省学务饬下提学司逐件答覆文并折（附批答）

为呈请质问事。窃照谘议局章程第二十六条，谘议局于本省行政事件如有疑问，得呈请督抚批答等语。兹本局提议案内，有关于本省学务应行质问事件，请饬下提学司逐件答覆一案，现经公同决议，将质问事件逐条缮折，呈请抚部院行知提学司逐件答覆，交下本局，俾资研究，实为公便。为此呈请裁夺施行。须至呈者。

折开：

一、各府州县学堂监督、职教各员，尚有非学堂出身之候补官吏、官亲、幕友及不通学务之士绅等人厕身其中，而中外各学堂毕业人员之请委派者，何以多批以无相当之差缺？

一、本省中外各学堂毕业人员为数若干？曾经委派者若干？未经委派者若干？

一、各州县劝学所载在部章，非可敷衍。据州县详报，皆云已照章设立，而其中多数无人无款，俨同捏报，将来有无改良之方法？

一、图书馆非学署私有，亦非公园游息之地，何以名为遐园？该馆已经出奏，将来管理法如何？阅览法如何？

一、光绪三十三年学务统计表，载全省学堂职员之数，何以多于教员？

一、光绪三十三年学务统计表，云山东初等小学堂共三千二百零一处，蒙养院三百三十六处，两等小学堂七十九处。三十四年至宣统元年，计两年之间有无增减？其原统计之数，果否确实？抑属虚报？蒙养院即外国所谓幼稚园，今省城尚无此举，何以通省有三百三十六处之多？

一、提学司前定私塾改良章程通行之后，改良之成绩若何？

一、各州县立高等小学堂，能否同城镇议事会、董事会成立时，改归城镇之自治事宜内？

一、高等小学堂如应同城镇议事会、董事会成立时改归自治，则各州县官立中学堂何日设立？

一、自治与学务大有关系，城镇乡自治限于宣统五年一律成立，提学司现对于自治事宜内第一着手之初等教育，计划如何？方针如何？预备之期限如何？

一、本年内照章应设各州县简易识字学塾，现在之预备如何？

奉批答：已照呈檄行提学司查照办理矣。希即知照。此缴。折存。

奉抚院据提学司逐件答覆行局札并折[①]

为札行事。据提学司详称：案奉抚院札开：据谘议局呈称：窃照谘议局章程第二十六条，谘议局于本省行政事件如有疑问，得呈请督抚批答等语。兹本局提议案内，有关于本省学务应行质问事件，请饬下提学司逐件答覆一案，现经公同决议，将质问事件逐条缮折，呈请抚部院行知提学司逐件答覆，交下本局，俾资研究，实为公便等情到本部院。据此，除批“已照呈檄行提学司查照办理矣。希即知照。此缴。折存。”印发外，合行札饬。札到该司，即便查照办理。此札。计粘抄清折一纸等因。奉此，本署司遵即逐件答覆，缮折呈请鉴核，转行知照等情到本部院。据此，除详批示外，为此札行谘议局查照。须至札者。计粘抄

① 此篇附于前一篇后，在原报告书目次中标题为“附奉抚院据提学司逐件答覆行局札并折”，而在报告书内标题为“抚院札据提学司逐件答覆折行局文并折”，兹采原目次中标题。

清折一纸。

计开：

其一，查各府州县学堂，以守牧令为总理，担任考成。所用职教各员，开办之始，各属用人不无复杂。本署司履任后，每届年终，必行查是否得力，令其切实禀覆；平时又派省视学员分往稽查，一经查覆，无有不立予更换者。当此人材缺乏之时，实系品学兼优者尚不敷用，其禀求派差之人，或因毕业成绩较逊，及撤退乞假，因而赋闲者居多。本署司厚于待人，禀批内有俟相当缺出酌派之语，不明指其缺点，以为遇事酌派地步。

其二，查本省师范学堂，完全毕业生一百十七名，已派者一百十一名；简易毕业生三百零九名，除改习长期，自行就馆，或有事故，或程度较逊者，未经委派外，已派者一百九十一名。在京、津、保毕业生五十八名，及游学日本毕业生五十四名，均一律派讫。

其三，查定章，劝学总董兼县视学，所有分区之劝学员，由总董选择禀派，提纲挈领，惟赖总董一人。而劝学实在之成绩，以该区设学之多寡良否为衡。近查各属禀报，分区太多，权限转不分明，拟饬每州县只分东南西北四区，每区择董事一人，划界筹劝，各专责成，庶易收效。

其四，查图书馆为多数人士浏览图籍，是以各国每择于公园地方设立，即直隶、浙江、湘、鄂各省皆然，俾阅览之余，藉资游息。现在东省奏设之图书馆，蒙宪台书给匾额，悬挂门楣，其名已定。地傍明湖，原有水石之胜，点缀花木，略用园亭布置。查凡有屏蔽而自成一域谓之园，古人于文学之域每用郛、囿、圃、苑等字，兹于园门取白驹思贤之意，标“遐园”及馆内之“海岳楼”、“金丝榭”诸匾额，聊佐雅观，为从来建筑所应有。至管理、阅览章程，已专案详请咨部，奉批后再行印布。

其五，查光绪三十三年十月本署司到任之时，即通饬各属裁汰冗员，以节縻费①。比查各州县小学堂，诸求撙节，间有以绅士数人轮司堂务，不支薪水，仅于年终酌送夫马费者。列名之职员虽多，而开支不至过巨。位置闲员之弊，似已湔除。复查光绪三十三年学务统计表，载全省学务职员五千七百四十八人，内包

① “縻费”，系旧时用法，现代汉语作“靡费”或“糜费”。下同。

学务公所、劝学所、教育会、宣讲所而言，即此四类，已占二千六百六十六人，其学堂职员只三千零八十二人，并未多于教员四千七百五十九人之数。

其六，查本年四月委视学员等前往各属调查中小各学堂，饬造光绪三十四年份一览表，除核其学生太多、教科不完者概不列表外，及上年以私塾作为学堂，尚待改良者，亦均剔除，切实填列，故三十四年份统计表，比较上届不无出入，计两等一百零五处，初等二千六百四十四处，蒙学一十四处。东省光绪二十九年创办学堂，在未奉定章以前，所有初等小学因课程简略，名曰蒙养学堂；迨既奉定章，饬各属遵章添授课程，更正名目。至三十三年份，未能悉数更正，不免沿用旧称者，共三百三十六处，叠经饬改，故三十四年份只一十四处。

其七，查私塾改良，所以补初等小学教育之不及。光绪三十三年十一月通饬各属调查旧有私塾处数，于三十四年拟定学科简单详呈备案外，六月间札发改良办理，并出示晓谕。嗣奉部颁改订初级小学学科，与所拟课目大致相同，转行遵办去后。据各属陆续查报，现有私塾七千四百零五处，已遵饬改良者三千一百六十八处。近查州县官私高等小学，新班学生多由自私塾考升者，成绩似已渐次表见。

其八，查奏定学堂章程，官立高等小学堂，为地方官当尽之义务，虽僻小州县，至少亦应由官设立一所，以为模范，名为高等官小学堂。至宪政编查馆所订城镇乡地方自治范围第五条学务事项，并列中小学堂，此与奏定学堂章程内之学务纲要第六条劝谕绅富广设学堂之文正相符合。各州县现在所设学堂，则如原折所谓属于官治之事，不在自治范围之中，将来若改归办理，似与馆部章程皆有不合。

其九，查奏定学堂章程，中学堂各府必设立一所，如能州县皆设，最善。惟此初办不易，先就府治或直隶州治，由官照章暂选曾经考究教育法理及学科程度相当之员，充当教习开办，以为模范。至本省州县设立，须俟宣统三年优级师范生毕业，始有中学教员之选。届时厅州县之议事会、董事会当已成立，于地方办学经费自能担任筹备。

其十，查自治范围条款内首列学务，是专指人民自治事项，与官府教育行政迥不相同。本署司奉到四项教育分年筹备部札，于普通教育内之初小学堂自当依限办理。其计划不外乎审察学科，养成教员；其方针不外乎已办者改良，未办者扩充；其预备期限，则一遵部饬，分年成立。至所问自治事宜内，以如何为第一着手，此系自治权限，似无庸学司借箸以筹。

其十一，查简易识字学塾，本年五月间本署司拟具简章十二条，通饬筹办。每州县各发给暂用课本捌部，先于省城设立十处，以为之倡，并饬于各学堂开设夜班。现又委派专员，携带白话告示，分赴各属，会同地方官暨县视学员，谆切催劝。目前所定功课只有认字、珠算两门，择师甚易，需款无多。如各地绅耆，咸具热心，沿村设学，将来识字之人，自日多一日矣。

呈院议决实行普通宣讲以开民智文并折（附批答）

为呈报事。窃本局会议，拟定实行普通宣讲，以开国民智识，而除宪政障碍一案，业经全体议员公同议决。所拟办法各条，理合缮折呈报。为此呈请抚部院裁夺施行。须至呈者。

折开：

窃以古者象魏悬书，月吉读法，无非使人民得闻政事之意。时至今日，各级官厅专以国家所颁布之政令，及本省所定单行法，谕示官署门外，以待人民观览，俾众周知，是即古代悬书之遗意。至读法之说，惟京城及开通省分，约经分区设立宣讲所多处，而东省各州县地方，虽有宣讲圣谕之条例，其范围尚须推广。现时我朝廷筹备立宪，早已三令五申，稍有知识者，莫不同声欢感。而教育未能普及，一般人民尚多狃于故见，惊相猜疑，甚足为宪政前途之障碍。欲求补救之法，是非普设宣讲不可。谨拟办法如左：

一、宣讲设置。各州县城设总所，各集镇设分所。

一、宣讲之时期。州县总所按日演讲，分所就市期宣讲。邻村有大会，即以近集宣讲人，赴会演讲。

一、宣讲之用人。总所宣讲员，惟就近择传习所毕业生及明达时局之廪、增、附生公推之分所亦然。

一、宣讲之范围。以教育、宪法、地方自治、警察、实业、外交，编辑浅近白话宣讲之，而省城必须先设白话报馆。

一、宣讲之酬劳金。即以集镇卖买铺中筹办，每年筹出一百二十千，按月由绅董支给，以专责任。

一、宣讲之方法。

（甲）须有忍耐性，勿以听者不聪，遽生厌倦。

（乙）须有庄重态，勿轻躁戏笑，致类口技。

（丙）须有激昂气，务使闻者生忠义心。

（丁）须有婉和气，务使闻者生省悟心。

一、宣讲之待遇。宣讲员遇有公事见官，必须优待，如官公出，途经各宣讲所，必须凭轼致敬，以资提倡，但宣讲员不得与官谈词讼。

一、宣讲之惩罚。宣讲不尽职者，停止酬劳金，由众斥退另举。

一、宣讲之监察。即以该县学员、乡董、巡警，随时查其勤惰。

一、宣讲之附属。即以所居之处，设阅报所及半日学堂，管理教授之。

一、宣讲之居留地。城内或公所、庙宇、寺观。分所亦如之。

一、宣讲之提倡。由州县遍发白话告示，说明宣讲种种关系，以发生宣讲之效力。

一、宣讲之保卫。如有紊乱宣讲，当场发不逊语言者，由巡警及该地保随时保卫，以示郑重。

一、宣讲之散布之必要。白话指示，专为目不识丁者起见。若粗知文字者，仍以看报为宜。当宣讲时，即将地方自治浅说、九年筹备立宪表及白话报、天足会章程、其他开通民智之书，随时散布，以资推广。

一、散布之原料金。即于劝学所中划出，以为购买散布品之用。可禀知州县，于劝学所项下作正开销。其各分所，即由该绅董集资购买，或统由劝学所发给。

奉批答：来牍并折均阅悉。普通宣讲，系自治范围中一事，应俟各州县自治公所成立后，由地方公正绅士，禀明各地方官照章办理。所呈各条多尚妥协，惟酬劳金取之于集镇卖买铺中，能否不至累商扰民，应由地方官督饬自治绅董妥筹办理。至各州县设立之劝学所，大半毫无的款，又安有划作散布原料之用。至编辑白话报，惟在诸君提倡，各地方明达之士勉尽义务，无庸先于省城设馆。此覆。折存。

呈院议决整顿学务办法二条文并折（附批答）

为呈请施行事。窃本局提议整理学务议案，所拟办法各案，经全体议员公同议决，理合缮折呈报。为此呈请抚部院裁夺施行。须至呈者。

折开：

查学务事项，洪纤万端，而挈领提纲，首在学务公所。东省开办学堂，最先于他省，而成绩转在他省以下。推原其故，固由风气囿蔽，未尽开通，亦由任其事者，或责任未专，视同传舍，或学识不足，相与因循，日复一日，江河日下，人才消乏，帑项虚縻。故在今日言学务，不遽主扩充，但整理而已。整理之方法，欲因端而竟委，必改弦而更张。公所之设，为通省教育行政之主要机关，则组合而成此机关者，议长议绅，必如何始能无负责任，课长课员，必如何而后可副名称。如专门、实业各课长【课】员，必实有高等专门学堂毕业程度，而又富于经验者，方能称职。否则于专门实业绝少研究，何从办事？至省城内外各学堂，以全省之脂膏，养此少数之学子，任其事者，更不应视同例差，虚与委蛇。兹拟整理办法二条，一关于学务公所事项，一关于各学堂事项，具列于左：

第一条，关于学务公所事项。

（甲）议长议绅

一、议长议绅，照章须择公正士绅通学务者，议长由督抚咨派，议绅由提学司延聘。按议长议绅，宣达一省学务，恐非咨派延聘所能尽。宜仿照江苏办法，由通省绅界公同选举十人，呈候督抚遴选委派，余五人遇有缺出，依次递补。

一、议长议绅定章无任期，宜请定为三年一任。

一、议长议绅向例公所每星期会议两次。按议长议绅之设，原为佐参画、备咨询，应有阅看一切公事之职务。以后宜限定时刻，常川到所，会议时尤不得无故缺席。

（乙）各课

一、各课课长课员，前因本省尚无合格之人，故多用官吏。查本省中外各学堂毕业及曾充管理员、教员积有劳绩者，已所在多有，其于本省学务情形，较诸官吏当为熟悉，应即照章详请札派。即人数仍不敷用，亦应于正副课长二人中，派用本地绅士一人。

一、课长课员须择品端学优者秉公派委，请饬提学司严加考查，如有不合奏章资格，及迂腐浅陋或沾染嗜好者，从速撤换。

一、查现时总务课长月薪一百二十两，专门课长月薪九十两，普通课长月薪八十两，会计课长月薪六十两，参差太甚，拟请定为课长月薪五十两，副课长四十两，课员三十两。除学务外，均不得另兼他差。

一、公所内向有核对处，委员月薪二十四两，又款目收发所，委员月薪四十两，均属正章所无，应请裁撤。

一、公所照章应设六课，前经归并为四课，照以上所定薪水计算，每月约省金二三百两，应请拨给教育会为常年经费。

（丙）省视学

一、省视学必品行端方兼通学务，或充当学堂管理员、教员积有劳绩者，方可札派。应请饬下提学司，查有不合资格者，即速撤换。

一、省视学至各州县查学，于教授课程、管理方法，均须十分注意，不得以州县之应酬，定学堂之差等。曾闻从前查学，往往有派查一府，仅到一二州县，其余惟差人持札，索取一纸空文回省销差者。以后应饬令每年到各州县二次，认真考查，其镇乡小学堂，亦宜亲到查验，考问课程，不得但就形式上分优绌，更不得领受程仪陋规，致有需索骚扰之弊。

一、省视学查学禀覆后，宜由提学司发交学务议长，会同各议绅审查，以定各属优劣。应整顿者，即行文该处立即整顿；应改良者，即行文该处立即改良，予以确定之处分，不得延搁了事。

（丁）教育官练习所

此项应遵定章从速设置。

第二条，关于各学堂事项。

学堂为造就人材之地，非差委调剂之场。所有监督各差，自应用通达学务之人。今省城各学堂，因参用官吏，往往视学堂为官差，年有调迁，月有更换，无怪对于教育之事全无热心。如高等学堂，縻款最多，开办最久，仅造就十数学生，且复考不及格，严遭部谴。故此时整理各学堂最为要务。略陈如左：

一、各学堂监督各差，须统计本省在中外各学堂卒业人员，无论官绅，尽先选择派充。如不敷用，应专派本省人之曾经办学著有成绩者。

一、凡办学人员，应照公举学务议长议绅办法，公同遴选。既经选派后，即不得无故更换，以专责成。

一、监督以下，不得于定章而外，另加副监督或提调等名目，以图位置。其现有此等名目者，应请从速裁撤，以节縻费而专责成。

一、各学堂监督薪水，应定为每月百金，无论在堂内外，不得用差官护勇顶随，以表示办学之体统。

一、各学堂监督一经选派后，凡堂中教员、职员，俱由该监督同学界公正绅士遴选延聘，选定后由监督呈请批准札派，官府中不得指名派委。

一、省城高等学堂，为全省教育最高之地位，乃今春学部调京覆试十六人，竟无一合格毕业者。往事可鉴，来日方长。现在该堂教员中有未习官话者，讲解十分困难。而洋文教员虚应故事，不令学生翻译，虽日日上班，与不上班同。应请饬下该堂监督，凡教员宜换者换，宜勉者勉，迅速改良，以期造就真才，而免覆辙之蹈。

一、省城内优级师范学堂，城外优级师范选科学堂，无庸分置，应俟优级选科生于来年卒业后，察度某处校舍相宜，即归并于某处。其所遗之一处校舍，即可改办实业学堂。

一、各府州中学堂、初级师范学堂，凡监督及各职员，不得委派候补官吏及官亲、幕友等人，概以本省明通学务公正绅士充当。其各科学教员，非学堂出身，领有卒业文凭者，提学司不得札派。

一、青州蚕桑学堂，自光绪三十年开办，现已毕业三次，著有成效，然亦不无弊端。查奏定学堂章程，无蚕桑学堂名目，盖蚕学实赅括于农业学堂课程以内。今各府应设各种实业学堂，则青州蚕学应即照章改为中等农业学堂，以符定章而广造就。至于经费之清查，人员之更换，课程之厘定，试验场之筹置，应均俟派定监督后，切实经理整顿。

一、烟台毓材学堂，本出地方公款，宜属公办。乃自开办以来，皆以关道膺监督虚名，于实际上毫无裨益。查该学堂开办最早，常年经费银七千两，为东省中学堂之冠。以后应专派本省热心任事、通达学务者为该堂监督。其俄文教习、东文教习，程度均浅，满期后即可辞退。并请于明年，将该学堂改为商业中学堂。

一、省城广仁善局，设初等小学堂十处，每处教员一人，月薪二十千，以委员三人管理之，恒终月不到堂，而每人月薪四十金，与教员比较实属未合。应请先将三委员裁去，每堂派通晓学务人一员管理，不得再委官吏，其薪水应请与教员同数。

一、提学司于城关设初等小学二十处，应请将委员裁撤，统归历城视学员管理，酌给薪水，以节縻费。

一、女子学堂为教育基础，但东省风气未开，难期普通。宜遵章先于省城设女子师范学堂，并附设女子小学班，俟办有成效，再求逐渐推广。

奉批答：已另札汇案答覆矣。希即知照。此覆。折存。

复奉批答整理学务手折二条：

第一条，东省议长议绅，由前本部院照章遴选五人，业经奏咨有案，闻均不时到所议事。如定任期及仿江苏办法，核与部章不符，一时未便轻改。学务公所，系提学司行政之地，与教育会、劝学所有异。卷查现在公所，本地士绅已有四五人，嗣后应如何遴选，如何甄别，候札学司酌办。查各课课长薪水不同，原系由学务处改设，即其原有薪水，未便裁减，久经司详有案。去岁并课，以图书并入总务，以实业并入专门，而普通事亦较繁，均其劳逸，故原薪未经核减。款目收发所本系特设，另有专员，专司请款发款之事，与公所各课，另是一事。公所去岁裁去二课，并一律裁去闲员冗费，共省出二万金；本年乃能送欧美留学生十一人，计学费每年一万八千零七十余两，加以资遣盘川，已无余剩。拟拨给教育会经费，尚待另筹。省视学员，自应选用合格之员，其查学各种情弊，自应严禁，候札学司整顿。其每次查学禀复，均经学司逐一审查，分别札饬各属改良，均经一一查复有案。其各属办学优劣，亦每年查明，记注功过，报部有案。

第二条，管理学堂各差，用本省通晓学务人员，最为正办。查东省开办之始，风气未开，旧学诸公，且以学堂为诟病。现在学务人才渐多，各管理如不得力，自可择尤参用。查各学堂副监督、提调名目，去岁均经裁撤，近惟法政事繁，有副监督一差。各学堂监督，前委官吏视各局所总办，期其足以赡家，方能安心久任，故薪从优。其在堂人员，近均已由监督禀派。高等学堂从前办事敷衍，久无成绩，众所共知，不能为讳。近日更换各科教员，业遵部章展长年限，于课程严加整理。各府中学堂、初级师范尤关紧要，自应均用完全毕业教员。惟前因合格人少，故未能一律。优级师范选科，曾经奏明毕业后应否续办，或改他项学堂，届时应请部示。青州蚕桑学堂及烟台学堂，办理均能完善，应即分别札司，通饬改良。省城广仁善局初等小学二十处，城乡皆有，不可无员经理。惟三人太多，应饬学司撤去一员，即以该员薪水，分设学董二人，以资整顿。官设小学二十处，现正改设模范小学，添设夜班简字学堂及在公所星期研究，事务尤繁，历城视学一员不能兼顾。女子师范学堂，现学司正在组织。

呈院议决遵批议覆学务各案文（附批答）

为呈覆事。窃顷奉批答，谓闻东省议长议绅，均不时到所议事。乃本局目睹学务公所半年以来，竟有月余不开会议者，殊与向例每星期会议两次之章不合。且原派五人，是否均通学务，成绩如何，亦是最要问题。

批答又云，现在公所，本地士绅已有四五人。夫学务公所中，除本省士绅四五人外，余则尽属官吏。查奏定学务详细官制及办事权限章程第十四条规定云，各课长、副长、课员，以曾在中学堂以上毕业，或曾习师范并曾充学堂管理员、教员积有劳绩者充任。此时创办，应予变通，暂就本省官绅办理学务积有阅历、学望素孚者，由提学使详请札派。夫东省学务公所并非创办之事，焉得仍用变通之法，以与部章违背。且部章中浑言本省官绅，并无多用官少用绅之意。使东省现在士绅，其曾在中学堂以上毕业，或曾习师范又曾充学堂管理员、教员者尚无其人，或有其人而尚居少数，则议员等无辞。使现在公所中所用官吏尽属中学堂以上毕业，或曾习师范并曾充学堂管理员、教员者，则议员等亦无辞。不然部章具在，本局只知照章办事，其它不敢与闻。

批答又云，以图书并入总务，以实业并入专门，而普通事亦较繁，均其劳逸，故原薪未经核减。查奏定学务详细官制及办事权限章程第十三条规定云，各课设课长一人，副长一人，其课员视事之繁简，由提学使酌量详派，限定人数，少则一人，多不得过三人。夫与其徒按事实，就薪金之数目上均劳逸，何若援照部章，从课员之数目上均劳逸，俾事务不繁之课裁撤课员，或一人，又二人，而使各课长薪金画一，以重体制乎！至款目收发所，惟系特设，故本局认为违章，决议请求裁撤。至请款发款，原系会计课权限，何必多设此所，以侵夺会计课权限，而糜费此薪金乎！又本局议决案，尚有教育官练习所一条，批答未曾提及，是否已在公布施行之列，惟冀明白批答，实为公便。

批答又云，教育总会需款无多，俟筹有的款，即饬司设立。查奏定教育会章程第四条规定云，教育会为全省所公立，且现在东省士绅，正在开会选举会长，若饬司设立，是成为官立性质。本局议决案，系请求学台札催速办，并非求学台代为设立。

批答又谓，劝学所应俟教育总会成立，方可一律改良。查奏定劝学所章程第一条规定云，凡本所一切事宜，由地方官监督之。夫地方官既有监督之责，则劝学所之善，地方官居其功，劝学所之不善，地方官亦任其过，与教育会之成立与否，绝无关系。况劝学所各州县已设立有年，亦不能因教育会尚未成立，任其腐败。至各州县筹设中学堂，其教员款项之困难，诚如批答所示。但本局议决案，系属筹设，非谓限于目前即设，即非请求饬令各州县均设，不过请求提学司饬下各州县筹设中学堂，令各州县量力为之，但能设立者即须设立，不得任地方官阻挠而已。以上各理由，业经全体议员公同议决。为此呈覆，恳请抚部院裁夺施行。须至呈者。

奉札批答：

其一，查议长议绅，前经杨升院访举延订，加考奏咨，自必望实交孚。现在已历四年，按部就班，士论翕服。教育行政，学司主持之，议长议绅赞助之，只有言论之责，并无施行之权，岂可求表见成绩，逾溢分量。至每星期会议两次，并非部定章程，疏数原可听便。

其二，公所人员，以熟习学务、长于公牍为称职，至嗣后应如何遴选，如何甄别，业经札饬学司酌办，已于前呈第二节内批答矣。

其三，学务公所本有六科，袁升院通饬裁员减薪案内，将六科并为四科。所并裁之二科，书记、司事等一律汰去，较之留科减员，所省实多，自无庸再议。画一薪水一节，本部院前于厘定各局所薪水案内，业经详晰批答，学务公所亦在其中，应俟奉到部文，一体遵照。款目收发所设立之缘由，查系杨升院因各署局拨发学款参差不齐，特设收发所管理各项学款，与会计科专司稽核，各有责成。自设立以来，直接藩司，径行报院，集款发款，较之从前大为整齐捷速，足征于学务有裨。且查该所去岁已将局裁撤，只留委员一人，其管库委员不支薪水，仅于年终略给津贴。若议归并，则会计科尚须添员，转致糜费。教育官练习所聘洋人为讲师，需款太巨，得人尤难，即如省城各学堂之洋教习，胜任者亦不数觏，何从寻觅讲师，中国人更难其选。此事各省均未实行，曩惟直隶试办，旋亦撤散。

其四，教育会章程第三条内载，由绅民发起，须遵守章程，斟酌地方情形，拟定详细会规，禀经提学司批准，并陈明地方官立案，方为成立。前批即是此意，所议饬司札催速办，自当照准。

其五，各州县劝学所，于分区劝导诸事宜，尚未得法，迭据提学司详报通饬整顿，近又委员查催在案。督催赶办，甚为吃紧。惟地方公益之事，得人则理，于选择董事亟宜留意，地方官本不能辞责也。将来教育会成立，自可相辅而行。至筹设中学堂一节，查各州县以多设学堂为报最者颇不乏人。果能款项充足，教材日多，地方官固乐为之，不患其或有阻挠，长官耳目俱在，亦决不能任其阻挠也。

呈院议决呈请饬拨教育会专款请愿书（附批答）

为呈请事。窃据王绅锡蕃等对于推广普通教育一案，上请愿书于本局，以为自光绪三十一年学部奏定教育会章程后，各省先后遵章组立。我东于三十三年经学界发起，虽经禀明立案，而款项毫无，旋即日行消灭。三十四年五月间，同人又在山左公立中学堂开发起会一次，未几复罢。今秋八月复开发起会二次，终以款项无著，迄未成立。鄙人等知兹事体大，由开办费及常年经费，非呈请抚部院筹定专款补助，断难成立等因到局。当交全体议员详细讨论。兹据多数人议决，均以为欲推广普通教育，非速办教育会不可；欲速办教育会，非请抚部院拨款补助不可，诚有如王绅锡蕃请愿书内所云者。为此呈请抚部院裁夺施行。须至呈者。

奉批答：筹设省城教育总会，前据王绅锡蕃等具呈到院，并请拨款补助等因。当经照准，已札饬布政司、提学司筹画，以备补助之需在案。希即知照。此覆。

藩司照会文

为照会事。案奉抚宪接贵局呈开：窃据王绅锡蕃等对于推广普通教育一案，上请愿书于本局，以为自光绪三十一年学部奏定教育会章程后，各省先后遵章组立。我东于三十三年经学界发起，虽经禀明立案，而款项毫无，旋即日行消灭。三十四年五月间，同人又在山左公立中学堂开发起会一次，未几复罢。今秋八月复开发起会二次，终以款项无著，迄未成立。鄙人等知兹事体大，由开办费及常年经费，非呈请抚部院筹定专款补助，断难成立等因到局。当交全体议员详细讨论。兹据多数人议决，均以为欲推广普通教育，非速办教育会不可；欲速办教育会，非请抚部院拨款补助不可，诚有如王绅锡蕃请愿书内所云者。据此，理合呈请裁夺施行等情到本部院。据此，除批答“筹设省城教育总会，前据王绅锡蕃等具呈到院，并请拨款补助等因。当经照准，已札饬布政司、提学司筹画，以备补助之需在案。希即知照。此覆。”等因印发外，合行札饬。札到该司，即便会同提学司迅速查照前缴筹议，详覆核办等因到司。奉此，遵查年来银价增涨，盈余无出，州县征不敷解，司库进款日减，点金乏术，罗掘俱穷。惟该会为全省教育所系，既奉院饬，自当力为其难，设法补助。兹由司库竭力（摒）〔拼〕凑银一千二百两，除详复抚宪外，合就备文照送。为此照会贵局，请烦转交王绅查收，见覆施行。须至照会者。

军　政

呈院议决整顿东省驻防新军文（附批答）

为呈请事。窃本局议员建议整顿东省驻防新军一案，以为整顿驻防新军，非变通旧制，不足以收实效。当驻防旗兵未经改练之先，仅按春秋两时一律操演骑射，他时分班供差。今既改练新操，兵丁每日按时出操毕，仍照旧制分派值班，以应差役。该兵既按时出操，且又疲于差役，其操演不能不敷衍塞责。与其事属兼顾，致生因循推诿之心，何如责有专归，庶立自强不息之志。拟请嗣后分别任用，俾精壮者专事操练，固劲旅可期，在稍弱者藉资供差，亦不致费事。如蒙严饬整顿，将驻防之官兵尽得实用，从此以作地方之捍卫，其利犹小，将来为东境之边防，获益实大。此举为整顿本省驻防新军起见，业经全体议员公同议决。为此备由，呈请抚部院裁夺施行。须至呈者。

奉批答：来牍阅悉。查驻防新军既按时出操，又应差役，诚难兼顾。所陈分别使用之法，精（状）〔壮〕者专事操练，稍弱【者】藉资供差，各有责成，不至废事，甚有见地。但此事不在本部院范围之内，候咨请青州副都统采择核夺施行。此覆。

呈院议决变通兵队有益地方文并折（附批答）

为呈报事。窃据本局建议，拟请就山东情形变通兵队办法十条，兹经本局公同议决，理合遵照章程第四十二条，缮折呈报。为此呈请抚部院裁夺施行。须至呈者。

折开：

盖闻依古以来，未有久而不敝之法，而随时随事变更而沿革，则尤莫若军政。故古之善用兵者，无不因时制宜，得其妙用；欲弭兵者，莫不酿祸致乱，亡不旋踵。即泰西诸国，仍重均齐势力，去短用长，研究精细，月异日新。纵如美国，素以保守为宗旨者，而近今亦见其急欲扩张军备矣。则统古今参合而比例之，是知能止战者，由于备战；能息兵者，由于足兵。况吾中国当此强邻环伺之秋，尤不容缓。然究不能泥于古剂，以疗新病，致无益而有损也。忆自光绪三十年四月，有时事多艰，练兵实为急务之明谕。是年八月，即由练兵大臣复有拟订新军章制，奏请开办陆军之折，专为除莠择良，汰弱留强，将所有绿营全行裁撤。即未能尽改为陆军，亦多立有巡防队，期用一兵，有一兵之用；费一饷，有一饷之功。刻下计南洋、北洋成立之军，已各有数镇。即各省亦莫不渐近改防军为陆军，为巡防队，器械军装均称完备，操防教令悉亟认真。其中或有程度不齐，将来日进文明，自不难化散为整，可望为吾中国前途有用之兵矣。然陆军之外，各省所旧有防军改为陆军者固多，而因一时不能尽行改编，按地论势，暂改为巡防队而未成立陆军者亦复不少。第如吾鲁省，除第五镇系近畿陆军，暂驻操练外，惟有前所改编之巡防队，并有未改之防军大小营，平均计算，约合巡防队五十营之数。除应摊解陆军部协饷百余万外，仍须预备防队饷需。倘不急为认真，另为改良布置，即图改编为陆军，犹恐毫无得力，亦不过多费此一分巨赀，使我鲁省多出一分拮据不堪之民脂膏耳。按巡防队之成立，不第以陆军不敷分布，且以新立陆军须待训练，复以警察不能遍及，故将原有之防营分别去留，改为巡防队，专为补助陆军未练成之先之作用。是尤必筹画周密，以期养成劲旅，非特暂时有裨，亦可随时按程度之高下，严加挑扬，即早储陆军之材，或可保吾鲁省治安，而备外人攘害，即吾鲁省危急之日，无临时棘手之虞，而有永远之可恃也。蒙为吾鲁省，似应就巡防队因地适宜，刻不容缓，举有效可征之说，略备数端焉：

一、将鲁省所有各省督饬官弁，专择目前切要事宜利于鲁省者，斟酌妥善，训练认真，方可期饷不虚縻，缓急或望有用也。

二、兵不贵多而贵精。兵之不精，由于素日爱惜子弹，不能逐日演习也。夫兵不训练，如无兵同；枪不命中，如无枪同。必须令其逐日打靶，方能弹不虚发，且有余力，何患兵不多耶！

三、兵有艺无胆，临事仍必手忙脚乱，必有望风而逃之弊。然练胆必须练走，当照兵家，饬兵囊沙轻走可及奔马，则进也不难立功，其退也可保全师，或不至畏避不暇矣。

四、兵力不齐，出于平日不能齐其心。而齐心之法，悉赖该管官弁悉心训练之外，不必泥于阶级之分别，即一伙夫，亦必念其有军人资格，而待之莫分畛域，盖未有不心悦诚服者。

五、按全省防营若干，计算府直州若干，分别遣往驻扎。再按各府直州所管各属若干，即由各府直州驻防之队分别前往，即作巡缉队之用，并札饬各府直州并各州县均有管理权，尤须公推本地公正绅董专司监督。如有警报，准一面禀报抚院，一面速为调队赴该处查拏剿办。

六、该队所在地方，必须分棚，按段驻札，间几日即互换驻扎处所，藉此可作旅行，并可藉演行军而熟悉地理平坦险扼，则不至有迷路遇险之虑矣。

七、兵丁必竭力裁汰，取其安分年壮者。并按哨设一讲堂，即令该哨司书生，每日候操演之后，即齐传到堂，取最易明晓而最动人血气者，演讲一小时，以开兵丁智识。

八、奖恤银两，必须宽裕，倘有高等兵丁，即酌赏津贴。如一时筹备维艰，即可按营数多寡裁并几营，所余之饷当作赏银。总期有一兵，得一用，不可取其多数，徒有虚名耳。

九、兵丁服制，可照部奏定章，取其整齐，便于适用，则其衣色应不能随意改换，而衣料之贵贱，能否永久之处，似可略加变通，而图省费。

十、所有德、日各国洋操，必须认真一并训练，切实研究，令其各明其法。而遇有与外人战事，则不必以洋口号为令，亦不必尽用洋法，以期秘密。而素日尤必饬其各振精神，不准有（委）〔萎〕靡气概。

奉批答：来牍阅悉。东省营制纷歧，正在筹议一律改编，认真整饬，前经明白批答在案。此次折陈各条，核与部定陆军巡防章程多所脗合。惟第五条内公推绅董专司监督，并准调队剿匪一节，无论绅董知兵与否，军令不一，流弊实多，决难照办。其余匀拨、换防、习操、宣讲，均于戎政有裨，已饬营务处暨各防营一律施行。此复。折存。

外　交

呈院请刊布租界条约文（附批答）

为呈请事。窃维国际交涉，惟条约上租界一端，所关甚巨。查山东沿海租界，厥有二处，一威海，二青岛。自来国际上条约内容，官府素守密秘，是以某国对于某租界应享如何权利，土人对于某租界应尽如何义务，一般人民均属茫然。比年以来，外人对于我国之土地任意侵占，渐扩其势力于租界范围以外，而我国人民往往因之暴动，致惹起国际交涉。此事所关甚非浅鲜，兹谨拟救济办法，莫若由抚部院札饬洋务局，将租界条约全稿，及该地详明地图，付诸印刷，颁布于各府州县中小学堂、劝学所、教育会、商会、农会、宣讲所、阅报所及其它各局所，俾全体人民一律周知，庶可增进交涉上之智能，以预杜日后无意识之盲动。议员等为防患未然起见，公同议决。为此呈请抚部院裁夺施行。须至呈者。

奉批答：来牍阅悉。胶州、威海租约早已传布，惟租界合同各件，却未刊有专书，业已派员分别蒐辑。俟编定成册，呈候鉴定，再行颁发可也。此复。

呈院议决融化民教文并折（附批答）

为呈报事。窃本局提议融化民教一案，业经公同议决，理合缮折呈报。为此呈请抚部院裁夺施行。须至呈者。

折开：

窃自中外交通以来，种种风潮，多由民教不和而起。今虽比闾相安，而町畦未化，猜嫌易起。欲弭无形之隐患，当先抉受病之根株。夫猜忌相生，无非为事理之不得其平，非恃教以凌人，即挟忿以诬教，或词讼之曲直疑为偏袒，或语言之末节致起衅端。迨至事机发生，徒诿为乡民无知，而意外暴动，致酿成国际上重大交涉，消弭无从，补牢已晚。往事多端，可为殷鉴。兹拟融化民教办法三条（例）〔列〕左：

一、信教自由，原为立宪各国公例，无论民教，皆系国民分子。惟乡民囿于闻见，凡传教之用意若何，及该教会中约束教民之规则若何，皆属懵然，遇有事故，易生龃龉。拟请饬下洋务局，将历年各教会中约束教民规则，汇齐刊印，分布各州县，凡城镇乡村稍识字义之家，一律发给一册，俾其转相告语，知外国传教载在约章，原无彼此相妨之意。并颁发简明白话告示，遍行张贴，申明同系国民，不应自分畛域之理，庶人皆瞭然，而猜嫌渐泯于无形。

一、民教因事涉讼，苟地方有司按律持平判断，则两造心服，自泯隐患。近时州县，往往于传教约章多未明晰，遇有民教相争之案，非偏于教，即偏于民，一有不慎，害即随之。应请饬下各州县，申明教民具呈不准自称教民之条，只论其事之曲直，不论其为民为教。平日与各教堂神甫、牧师推诚相待，自不禁其浃洽，一遇关说词讼，则概行婉言谢绝，案结以后，照常接待，庶民教心服，而畛域可以默化。

一、除酬神、演戏、修庙、赛会等事不令教民出赀外，凡地方公益事宜，当不分民教，一律办理。查谘议局章程，除宗教师停止其选举权及被选权，其教民一律有选举权。国家原不歧视，乃各处教民借入教为护符，往往于地方公益事宜，绝不肯捐赀出财，是徒享国民固有之权利，而不尽国民应尽之义务，亦属不平。现在办理地方自治，原无分乎民教。应请饬下各州县一体晓喻，凡关于地方公益事宜，教民不得违抗出赀，则同系国民，同尽义务，自无畛域之可分矣。

奉批答：来牍阅悉。折开融化民教各条，系为消弭隐患起见，均属妥实可行，候通饬司道及洋务局转行查照办理。此复。折存。

呈院议决拟定限制贩运耕牛出口以重农民根本文并折（附批答）

为呈报事。窃本局会议，拟定限制贩运耕牛出口，以重农民根本一案办法九条，业经全体议员公同议决，理合缮折呈报。为此呈请抚部院裁夺施行。须至呈者。

折开：

吾国农业旧制，田野耕作全赖牛只，故国家定有宰杀耕牛之禁令，制甚善也。自西人旅华日繁，各处口岸每多宰杀牛只，以供食品。况东西洋各国，工业日见发达，皮革原料多仰给于中国。外洋商人每假贩运牛只，借获厚利，是以东省近年外人运牛出口之事层见迭出，约计每年出口者不下数万头。加以内地牛灾流行，损伤过多，已不足供耕作，何堪再任其贩买，漫无限制。查海关通商章程，洋商赴内地采买土货、牲畜，照约应领海关三联子口税单，呈由地方官验明，方准购办。乃近年采买牛只，并不请领税单，漫无限制。我国商律不甚完备，而商行为一法并未编定颁行。奸商不顾国本，勾串作伥，任意随地采买，以致耕牛日形减少。夫农业为立国之根本，命脉攸关，理宜设法限制。兹谨拟办法九条如左：

一、须行知各口岸海关道，遇有洋人入口买牛时，须先申明约章所定条款；

若遇违背约章者，即应据理拒驳；其为约章所许者，然后发给子口税单，填明采买确实数目，及采买地方，不得漫无限制。

一、须严饬沿海口岸该管地方，遇有贩牛出口情事，须先验明税单及采买确数，并该处买牛实据，查验其果与确数相符，始准放行。倘为税单所无，或超逾额数者，即照违约科罚。

一、洋商买牛，当依税单指定地方及其确数，如此处不能采买，另易他处，即由该管地方官行知，方准采买。

一、无论华洋，贩牛出口，除就地照纳行税外，若运至该口，须照商约他货，纳出口税一次。

一、洋商入口买牛，须于指定地方，呈明该管地方官查验税单，及酌量该处牛只有无，选派妥实经纪，随同市价采买，不得逾税单额数。如该经纪有濛混勾串情弊，一经查出，将逾额之牛只全数充公，以示重罚。

一、当照会各国领事，声明我国近时牛只短少，有限制出口禁例，并申明约章所定，凡有外国商人向内地采买牛只者，必须请领关口税单，指定地方，注明数目，不得背约勒买。

一、内地商人如为洋人转买牛只，该洋人须将关口税单交付中商，呈明地方官，该处经纪方准采买。若经纪中有为洋商冒名采买者，一经查出，除科罚外，并处以勾串之罪。

一、内地商人有专为洋人贩运牛只者，概行禁止，违者科以重罚。

一、中国人如有贩牛出口，须就地呈明该管地方官，发给执照，并通知各口岸关道，以备出口查验。其在内地，不为洋人贩运者，不在此例，以免苛扰。

奉批答：来牍及清折均已阅悉。查贩运耕牛出口，理应禁止，另札行各地方官严行查禁。但中国向无耕牛、食牛之分，华人贪图善价，运至烟台、青岛以供食品，漫无限制，自在意中。若谓洋人因买牛皮，而运生牛出洋，当不若是之愚。欧洲各都会之屠场，每日宰牛多至二三千只，闻之骇异。牛为补益人生最上之品，社会进化，需牛者必日见增多。东省亟应设立公司，孳生牛种，专供生人之用。事关畜牧，当饬劝业道招商承办。至东省尚未抽收子口税，故洋人内地办货，并无三联单。所议各节，须待子口税议定，方能筹办，姑先行登莱青胶道存案。此复。

呈院议决建议保护华票文并折（附批答）

为呈请事。窃本局建议保护华票一案，经全体议员公同议决。所有理由办法，理合缮具清折，呈请钧核。为此具呈，恳祈抚部院裁夺施行。须至呈者。

折开：

盖以联单洋票，畅行于我中国内地者，已非一日。查中国海关，自设立子口税以来，率皆以子口联单为凭，以免逢关纳税、遇卡抽厘之纷扰，一以保商人之运行，一以防伧侩之偷漏，制甚善也。近因联单洋票盛行，未免利权外溢；即各海关间用联单华票，冀可以稍挽利权，隐为抵制，不谓中国奸商惯用洋票已久，每多希图微利，丧失国权，专事贿买洋票，明明实系卖票，假名采办，遂援税无重征之例，凡地方旧有应纳捐款，强行裁减。推其致此之原因，一因商人贩买货物用洋票者，凡其所运行居留地方，偶有阻滞，官家皆力为保护，随时办理；至用华票之商人，若因阻滞而请保护者，官家概置不理，纵有时偶然过问，每多耽延时日。是商人因官家保护洋票上所发生之原因也。一因商人买货之处，官家每借筹捐地方公款，恒多任意苛征，故奸商潜通外人，使用洋票，托名采办货物，得援税无重征定例，以趋避官家额外之取求。是商人因苛征华票上所发生之原因也。有此两种原因，是以商人争用洋票，不乐用华票者，盖由于此。兹谨拟保护华票办法列左：

一、凡商人用华票贩买货物者，请抚部院饬令地方官力为保护。凡遇官捐厘局，随到随验，不得需索留难；偶有阻滞商人，随禀随办，不准迟延，与保护洋票无异。如有玩忽之官吏，准商人求本地方商会电禀抚部院催办。如此，凡系中国商人，无不乐用华票，而利权自可渐次收回。

一、凡商人贩运货物，经过之水陆程途，不必尽在本省，倘经过他省，仍请抚部院先事通咨他省督抚，饬其地方官，如遇华票商人，概须实力保护，而华票乃能畅行。

奉批答：来牍阅悉。按各省税关，皆为国有，本无所谓利权外溢。查海关征税，系值百抽五，再照正税减半纳一子口半税，所过厘卡免再重征，载在税则各章。所称洋票，似即指此子口半税之三联单。但此项联单，华洋商人皆可请领，其间往往因华商冒讬洋商牌号，以致别生枝节。但东、胶两关，向无子口半税，其有由直隶、江苏入境者，当饬临清关厘金局约束巡役，毋得使华商独被留难，以恤商艰。此覆。

交　通

呈请议决烟潍铁路办法文并折（附批答）

为呈请事。窃奉抚部院宣布草案十二条，内有烟潍铁路一案。查该路关系重要，势难缓办。兹经全体议员公同研究，经多数议决，谨拟该铁路办法七条，是否有当，相应缮具清折，呈请裁夺施行。须至呈者。

折开：

山东形势，西北达直隶，南界江苏、河南，门户邃奥，非外患所能深入，且易连合共助。惟东西关系甚重，其因而见重者，则又在济南与烟台。我东若谋工商发达，不可不先图烟、济之交通。乃东西相距千一百余里，滞塞已久，加自胶湾租割，胶济路成，又将东西冲作两段。七八年来，烟台商业逐渐萧疏，而青岛日增繁盛，万不可不亟亟设法抵制。抵制之法，首在自修烟潍铁路。况德人据有山东，终非能不揽此路之权利，特以地处东偏，已视为囊中故物。又其现在亟亟谋画者，则在西北南三界以外伸张其权力，暂未暇及此耳。然则自修烟潍铁路之计划，又岂容一刻缓。惟此事屡经提议，迄无成局。前岁烟台商学界提议烟宁铁路（济宁州），既无端绪，近有商人谭某在邮部上禀，谓已集资二百万，请筑烟潍铁路，亦未核准。盖事体重大，非少数人所能胜任，而无人发起纠集，则终涉于观望涣散，难望成功。试拟办法如左：

一、由谘议局指定烟埠各大商号及登、莱二府各大绅商，请抚部院札派为招股办路委员，克期至省，会商组织烟潍铁路公司。

二、山东官府宜始终严为监督。至办理招股及将来兴筑铁路、任用人员等事，均责重绅商，官府无须过问，以专责成而免掣肘。

三、先由各绅商集会，统筹全局，规定办法则由合而分，分担责任，俟全路告成，再由分而合，统一事权，庶事半功倍，不至仍托空言。

四、由烟至潍，按驿路共六百六十里，照普通建路费计算，华里一里约需银二万元（山川险阻不在此数），全线照七百里计，共约需银千五百万元，一时难于遽集，拟分段分期筹画，大略如下：

（甲）全路共分三大段，由烟至黄为第一段（迂道登州，多山路，约二百六十里），由黄至莱为第二段（路极坦平，约二百里），由莱至潍为第三段（中经沙河、辛河、淮河，约二百四十里）。

（乙）即按三段之路程远近、工程繁简，酌定时间，分三期修筑。

（丙）款即分三筹画，第一段归烟、福、蓬、黄绅商担任，第二段归黄、招、掖绅商担任，第三段归掖、昌、潍绅商担任。

（丁）先在烟台设立局所，延聘工师勘测路线，接兴土石各工，一俟工竣，第一段即行开车。当第一段兴工时，工师即勘测第二段路线，接兴土石各工，一俟工竣，第二段即续行开车。第三段办法从同。俟全路告成，即由三处会集，公举全路总理，以专责成而一事权。其三段局所，即作为公司分局。

五、俟各大绅商到省后，再公议利息以何者担保。

六、无论何省人均准入股，但不得参入洋股。

七、凡禀邮部及抚部院、劝业道立案，及禀请巡警道实行保护，地方官出示晓谕，并一切买地购料诸事，均待妥筹，兹不赘。

奉批答：呈、折均悉。所拟烟潍铁路办法七条，大致尚妥。三段各筹款项，系为分担责任起见，惟事关公益，仍应规画全局，合力通筹，俾收众擎之效，不必预分畛域，转多窒碍。至路线所经，尤应一律先行勘定，再事修筑，首尾相应，观成较速。若俟甲段兴工，续勘乙段，枝节为之，亦有未合。仰再将丙、丁两节细心酌改，一面胪举公正殷实绅商，呈候札行来省，组织公司，妥议招股办路章程，再行公举全路总理，并延订工师勘测全线，绘具图说，呈候核夺，以凭咨部立案。希即查照覆议。此缴。折存。

呈院覆议烟潍铁路办法文并折（附批答）

为呈覆事。窃本局遵议烟潍铁路办法七条，前经缮折具呈，蒙批答“呈折均悉”云云等因。奉此，遵将原案复行提议，全体议员悉心讨论，拟将丙项删去，丁项改作丙项。本项及其他条文语意略加修改，业经公同议决，理合将遵改丙、丁两节，及其他条文间有修改之处，重缮清折，呈候覆核。为此具呈，恳请抚部院裁夺施行。须至呈者。

折开：

烟潍铁道路线，为南北洋航路之枢纽。东省商业兴衰，实关全局，夫固尽人知之矣。山东形势，西北达直隶，南界江苏、河南，门户邃奥，非外人所能深入，且尤易联合相济。惟东西境界，关系最重，其扼要之区，惟在济南与烟台地方。我东若谋工商发达，不可不先谋烟、济之交通。乃东西相距一千一百余里，滞塞已久，加自胶湾租割，胶济路成，又将东西冲作两段。七八年来，烟台工商业逐渐萧疏，而青岛日增繁盛，势不得不自修烟潍铁路，亟设法以谋抵制。况德人盘踞山东，注意烟台，终非不能占有此路之权利，特以地处东偏，视为囊中故物。其现在亟亟谋画者，仅在西北南三界以外伸张其权利，暂未暇及此耳。是则建修烟潍铁路之计，实有刻不容缓者。惟此事屡经提议，迄无成局。前岁烟台绅商学界倡修烟宁铁路，而济宁同人仅有兖豫铁路一议，特此线尚未提及；近有商人谭某纠集商号二十家，在邮部上禀，谓已集赀二百万元，请筑烟潍铁路，虽经部咨查询，股本筹措，举办良难。若无人继起兴修，则终涉观望，难望成功。兹幸蒙抚部院惠爱东省，殷殷提倡，不得不即众议所及，详细陈之。试拟办法如左：

一、由谘议局指定烟埠各大商号及登、莱二府各大绅商，请抚部院札派为招股办路委员，克期至省，会商组织烟潍铁路公司。若谭商宗灏果有确实款资，亦可同力举办。

二、山东官府宜始终严为监督，实力保护。至办理招股及将来兴筑铁路、任用人员等事，均责重绅商，以专责成而免掣肘。

三、先由各绅商集会，选举总、协理，统筹全局，规定办法，即选派各员建设分局，分担责任。俟全路告成，再筹画归并，统一事权，庶事半功倍，不至仍讬空言。

四、由烟至潍，按驿路共六百六十里，照普通建路费计算，华里一里约需银二万元，山川险阻不在此数。全线照七百里计算，约共需银【千】五百万元，一时难于遽集，宜分段分期筹画，大略如下：

（甲）全路共分三大段；由烟至黄为第一段，迂道登州，多山路，约二百六十里；由黄至莱为第二段，路极平坦，约二百里。由莱至潍为第三段，中经沙河、辛河、淮河，约二百四十里。

（乙）即按三段之路程远近、工程繁简，酌定时间，分三期修筑。

（丙）先在烟台设立总局，延聘工师，测勘全路路线毕，即兴第一段土石各工，一俟工竣，即行开车。当第一段开车时，即接兴第二段土石各工，俟工竣，即行开车。第三段办法从同。

五、俟各大绅商到省后，再公议股分数目，股分募集，利息担保，股东权限各事。

六、无论何省人均准入股，但不得参入洋股。

七、凡禀邮部及抚部院、劝业道立案，及禀请巡警道实行保护，地方官出示晓谕，并一切买地购料诸事，均待妥筹，兹不赘。

奉批答：来牍并清折均已阅悉。所议改定烟潍铁路办法七条，甚属周妥。希即按照第一条先行筹办可也。此覆。折存。

呈院议决呈请公举津浦铁路检查员文并折（附批答）

为呈请事。窃据本局会议，拟定公举津浦铁路检查员一案，业经全体议员公同议决，理合缮折呈报。为此呈请抚部院裁夺施行。须至呈者。

折开：

盖以津浦铁路连亘四省，此条路线惟山东最为绵长，罗掘脂膏，勉担经费，设有再蹈革道李德顺覆辙者，东省并无直隶之团结力，此线结局恐更不堪设想。倘异日建筑未竣，而戋戋之款已归罄尽，津浦铁路之大局将复如何。现时规画已定，未敢妄议更张，然欲防患未然，实不忍缄默坐待。查直隶绅学两界近日会议路政，谓津浦路事，一坏不可再坏，欲组织监察机关，定永远保持之策，因设立四省检查公会，要求徐、沈两大臣认可出奏，在邮传部存案，以固守路政根本，意其善也。现时本局欲联合四省实行此议，以预防将来。兹将所拟办法三条列左：

一、津浦铁路，东省占地广（褒）〔袤〕，其摊款较他省加巨，特呈请抚部院核准后存案，定由谘议局举出检查员二人，检查本省路局内一切支销，以慎重用款，并备异日之决算。

二、检查员职务，平日概不干预路局之用人用款，惟遇购地、买料、估工、转运各项，或有贪私冒滥，及所用员司工头通同舞弊等事，洛口所建铁桥两岸石工，估价太巨，人言藉藉。设有检查员，从实检查，亦可藉息众谤。查有实据，即请抚部院咨查惩办。

三、路局有关于本省出入用款文件、账簿等，随时照抄一份，交谘议局收存，以便为检查之根据。

奉批答：来牍阅悉。四省招股公司既有设立，检查公会之议，自应由该公会详定章程，呈候津浦铁路大臣核办。诸绅拟由局公举检查员，谘议局为议事之地，非为股东会，所拟碍难照办。此覆。折存。

呈院议决山东黄河除弊兴利文并折（附批答）

为呈报事。窃以山东黄河，为患已久，积弊尤深，实为本省兴革事件上极大问题。兹经本局议员悉心讨论，拟定除弊兴利办法共十七条，公同决议，理合缮折呈报。为此缮折，呈请抚部院裁夺施行。须至呈者。

折开：

东省之害，惟河为大。自黄流入东以来，建设河防，筑堤束水，本为治水不易之法门。有防营即有营官、营兵，有河防局即有委员、防勇。推之工头兼理秸料，民夫看守堤堡，官柳障外，土牛环堆，上中下三游布置规画周至。综春汛、伏汛、秋汛三时期，专事土石、秸料、椿绳等物，用资备御，无事则防守，遇险则筑修，河流顺轨，诚东省人民之福也。乃近数年来，积久弊生，无论河防上何种部分，皆视为升官发财之凭藉，故营私滥保等事所在多有。然往者不可谏，来者犹可补，若不于河工上急思整顿，则旧弊不除，而利益何由发生。兹谨拟除弊十一条，兴利六条，详细直陈，以作现时治黄政策之补助焉。其办法分列于左：

（甲）除弊之事项。

一、防勇缺额之弊。按黄河三游防勇共十八营，每营五哨，每哨一官，每营额兵五百人，常年费用每营约需万余金。及考其实数，每营哨官仅四人，每营防勇即伏、秋汛工之际，实数不过百人，霜清以后，不过四十余人。偶遇点阅，觅沿河贫民代为充数。故每一营官，于缺额中每岁可获六千余金。至其他之侵蚀，更可想见。此弊之当除者一。

二、委员营私之弊。石料委员以少报多，以小报大，以近报远，次则于价值内多其刻扣，以与上官分肥，其挑空抽洞之手段，比比皆是。土工委员扣方价，扣银价，扣土工尺丈，所获亦属不赀，亦必先与上官通融而后得之。收支委员，如秸料一项，所需最多，章程每垛一万斤，而架井中空，实数不足五千斤；或今岁所余，来岁再行报支，上次所弃，下次重行报进。他若杂料则短斤缺额，砖料则外熟内生，以及筑堤之虚土，减硪挑河之偷工秘价，种种肥己，不可枚举。共常年经费六十万金，至抢险时之用款更为无数。委员但能与该管上官应酬妥贴，任作何事，鲜有不济。试问其应酬馈奉之资，果从何来？受者与之，此理自可想见。此弊之当除者二。

三、河防局侵蚀之弊。此局之设，他无所事，亦惟请领款项、支发款项而已。仅此一端，何必添此一层糜费。且糜费尤小，侵蚀为大。光绪三十三年直隶州任家栻侵蚀备数万金，是其发觉者已如是。今者东省财政既有统归藩司之明文，自应裁撤此局，即直接由藩库支领，可节冗费。此弊之当除者三。

四、委员承办之弊。委员承办一差，自爱者固自不少，然亦有毫无顾忌，与工头贩料，表里为奸者。工头贩料，善事作伪，当其与民间交易时，始诱之以甘言，继陷之以自坠，终结之以土不归价，料不归值。工甫竣，而若辈已远飏矣。以此倾家破产者，不知凡几。无知愚民，皆视若辈为委员中人，有委员在，或不至有他。及叩诸委员，委员并不任其咎，而贫民苦矣。有此弊端，凡后来无论开支何项工料钱文，委员须亲自交付而后可。此弊之当除者四。

五、向民夫索费之弊。沿河两堤，每当伏汛，计堤每长里许，即置看堤小屋一座，每座每日派民夫十名巡守。小民各为身家，理应尽此职务，以故历年以来，民夫于每屋距离之间添筑土牛，至少亦须十八个，共计用土约二百方左右。其初官府尚有津贴，今竟已不支，然而小民犹甘心也。独送谕索费，役催索费，差查索费，验收索费，民实不堪其扰。欲去此弊，宜上官按屋张贴简示，不准以索费扰民。此弊之当除者五。

六、民夫不分远近之弊。民夫守堤，系按村摊派，但距堤十里内之村近而且密，最易从事；十里外之村，一律轮流换班，来往易致愆期，万一河水暴涨，必至误事。此宜变通办法，水小则责重近村，水大则远村协助。此弊之当除者六。

七、民夫偏劳、防勇好闲之弊。每当雨水甫过，地面无论水沟浪窝，专催民夫运土填补，而防勇职司何事，乃漫不一助。是宜民夫、防勇分工填补，方为得当。此弊之当除者七。

八、借官柳欺人之弊。河堤官柳，均归防勇看护，营官稍不加意，营兵常借官柳以欺人。夫官有柳，民亦有柳，每当春季翦伐之时，民家一有柳枝之束，营兵辄强指为官柳，恫喝威吓，藉以诈财，沿河民间林业之不兴盖由于此。此弊之当除者八。

九、营兵盗卖余料之弊。汛过安澜，余料归防营看护。营官如委不得其人，则一切椿绳秸料等物，或以小易大，以湿易干，看护者盗卖以陷人，稍有拂意，则栽赃妄捏，指为盗窃。以艰难国帑所购之物，付诸若辈之手，任意作弄，嫁祸于人，甚足于民间之害。此弊之当除者九。

十、防汛冗员之弊。每年河工防汛，段段皆派委员。试问此项委员，果能真明晓河工否耶？不过令河工候补人员支付薪金地耳。夫险工堤段，用人宜多，尚可位置。至平工堤段之防汛委员，徒消耗河工上一种常款，甚属无益。此项委员似可裁撤。此弊之当除者十。

十一、民夫过多之弊。历来看堤，小屋一座，无论险工平工，概以民夫十名，勾当数月。论险工紧要，固不可减少民夫；若平工无事之日，似可减少其数，俾为民夫者得以尽力农事。此弊之当除者十一。

（乙）兴利之事项。

一、展堤。黄河千里奔流，至尾闾而不通，势必上流暴涨，无可限制。自菏泽迄至利津，濒河二十一州县，皆借堤以御水，至利津北岸、盐窝南岸、宁庄而止。不知宁庄、盐窝尚距海百余里，竟以无堤束水之故，漫缓淤高，遂致上流有壅障之蔽。如接宁庄、盐窝，展长其堤以至海，则束水刷沙，而海口自流通无滞矣。又如雒口铁桥，最易惹水汛之害，中游总办吕道亦深顾虑及此。至冰汛开河之说，谚云有文开武开之区别，文开则春融冰解，不能为害，武开则春冰尚坚，凝结不开。倘遇一时涨水，则大风一鼓，段段吹破，随流而下，必横积于桥柱之间；桥间若不能容，必致矗立高起，上游奔浪，将安所归。一线单堤，断不能藉作保障。省垣形势洼下，其将何以处此？但桥工已定，无可挽回，惟有即铁桥以上之堤，迅速兴筑，使之较桥身而加高，此害自免。

二、筑台。黄河水势，以桃汛、伏汛、冰汛为最烈。若春间雨少，冬际雪稀，桃汛无甚可虑。伏汛虽甚危险，尚可以救生船救济。惟冰汛之危险，甚难救济。应请札饬沿河各州县，凡近河数十里内各村，酌度公地，集款筑台，以为防患之预备。

三、增加子埝。尝见居民庐舍，有不及堤面之高者，每逢大水一与堤平，两面相视，令人惊骇。若以千里长堤，同时大加高厚，目前尚无此种巨款，似宜通堤增加子埝，暂作小补。

四、借柳枝以代秸料。春初翦柳，于每株所伐之乱枝，各束成捆，约有一二百斤之数。堤上官柳且多有两行、三行之处，计每堤一弓可得柳一株，每里即可得三百六十株。东省黄河一千五百里，约有五十四万株，以两岸合计，足有八百万株，可得柳枝百八万捆，以之修埽，不但省却秸料，且较秸料缓于腐朽而耐久。不用秸料，其款项自可节省。

五、借柳干以为桩条。办买桩料，需款亦颇不赀，不如就一百余万之柳株，度其大小长短，每株年伐一干，即得一百余万桩条，存储待用，（与）〔于〕堤树不损，并可以节省款项。

六、乘公余研究河工。自督办以下委员，公余之暇，即可研究河工，各建治河良策，以觇平日之抱负。每届霜降后，务将霜降前之河工记事，及霜降后之预定治河要策，除抄呈抚部院鉴核外，并抄录一份，送交本局审查，庶几各尽心力，较有把握。亦可于此中鉴别真才，而上官奖勤惩惰之方，自能得当矣。

奉札批答：为札行事。案据谘议局呈称决议河工除弊兴利各条，开具清折，呈请裁夺等情到本部院。据此，详核各条，具见思患预防，虑周藻密。兹逐条批答于左。如除弊第一条，防勇缺额。查三游营勇额数不同，或八十余名，或一百四十余名，或二百四十余名。袁前院任内，有人禀揭缺额，曾饬据三游总办查覆，冬令诚不免缺额，但伏、秋大汛工忙时，各营多于额外添雇卯夫帮助工作者，截长补短，尚系实情。虽经严饬整顿，惟河营积习颇深，当再饬勤加点验，即冬令亦不准稍有短少。第二条，委员营私。查河工石料，向系堆方验收，委员监垛，以防架砌空虚。工款应涓滴归公，自不容稍有侵蚀。至承办秸料，往岁料贱，实有赢余，近年价昂，每斤需京钱六七文。昔年每垛四十二千，近来下游已增至五十千，尚难垛足万斤，能办至五六千斤，即为核实。当饬三游总办，凡验收石秸等料同砖料等项，必须认真查察，如有弊混，定当严惩。第三条，河防局侵蚀。查河防研究工程，稽核出入，全以该局为枢钮。前经监理财政官清查局款，历年均有月报可稽，尚无侵蚀之事。局中委员无多，局费有限，于河防实有裨益，未便遽议裁撤。第四条，委员承办。查委员承办土工秸料，不肖者与工头表里为奸，工头料贩，欠民土料钱文，竟不归值，均所难免。应饬三游督办出示晓谕，如再有前项情弊，一经查出，或告发委员，则立予参处，工头料贩则尽法惩治。第五条，民夫索费。查沿河各州县，每当大汛，计堤长一里，令民夫修窝铺一座。向章限定平时二人，长水十人，无事挑筑土牛，以尽职务，向无津贴。至谓送谕、役催、差查、验收种种索费诸名目，如果实有其事，殊堪痛恨。应饬各州县出示严禁，如查有需索，立予重惩。第六条，民夫不分远近。查民夫守堤，系按村摊派，如远至十里以外，一律轮流换班，恐往来愆期误事，所虑甚是。应俟来年大汛，饬令变通办理，以示体恤。第七条，民夫偏劳，防勇好闲。查两堤每经大雨，填垫水沟浪窝，有时因抢险紧急，勇力不足，始借助民夫，尚非民偏劳而勇独逸。第八条，借官柳欺人。查两堤十丈以内为官柳，附近贫民往往捡拾柴薪，营勇拏获罚办者有之。应饬在工各员，随时查察，不得藉此苛虐贫民。第九条，营勇盗卖余料。查河工正杂料物，需用甚多，偶疏查察，盗卖在所难免，当饬各营加意防范。第十条，防汛冗员。查承分防委员派分段落，各总办视工程之平险，亦有权衡。河工平险无常，如谓平工，竟不派员防守，恐一经出险，转致误事。第十一条，民夫过多。查民夫原定章程平时二人，长水十人，并非概以十人为限。至谓平工无事，似可减少，正与平工防汛委员事理相同，亦难裁减。又如兴利第一条，展堤。查黄河自薄庄漫口未堵，南北接筑两堤万余丈，河流通畅，赖此数载安澜。若于距海口百余里一律筑堤，束水攻沙，固属善策。昔年李文忠来东查河，本部院亲往海口履勘，有比国工程师即创筑堤直至海深处之议，卒以工艰款巨，难以照办。至雒口铁桥，中游总办吕道业经痛陈利害，禀请加修两堤，保卫省城。本部院已委三游总稽查丁运司、河防局吴道切实勘估，应俟禀覆到日再行核办。第二条，筑台。查酌度公地，集款筑台，以避失事危险，办法甚善，惟台面窄小则难容多人，宽广则难谋公地。应饬各州县劝谕乡民，自行相度办理。第三条，增加子埝。查堤工加筑子埝，多施于平工长水之地，以防漫溢。若险工溜势汹涌，蛰埽走埽，必加厢楼，厢坍堤溃，必加筑后戗，非子埝所能抵御。如通工一律加筑子埝，统计所费不赀，与加筑长堤无异。若借诸民力，恐有未逮，出之公家，亦无此巨款。第四条，借柳枝以代秸料。查河工以苇料为最坚实经久，而所产甚稀，不得不用秸料，此北省河工普通办法，所需之数至多，非别物所能替代。至柳树、柳枝，只适用于抢险之时，或打筑柳坝，或挂柳搪护。若以柳枝代料，一弓伐一株，千里长堤，不难集成多数。然岁岁取之，恐不数年而发生不及，必至两堤濯濯，虽岁岁补栽，亦难供无厌取求。

第五条，借柳干以为桩条。查各游每当凌汛，历年多取官柳作挡凌排筏，并截为桩木之用，原为节省款项之计，与所陈用意相符。第六条，乘公余研究河工。查工员于汛期闲暇讲求工程，各为记事论说，至霜清后，由各总办汇呈本部院阅看，藉觇学识而励人才，所议甚是，应饬认真照办。统观所议除弊各条，颇可采择，兴利各条，尚须酌核。除札行河防局、三游各督办分别遵行外，为此札行谘议局，即便查照。须至札者。

呈院议决运河变通办法文并折（附批答）

为呈报事。窃本局提议运河变通办法一案，内列运河弊端四条，运河当办五条，业经全体议决，理合缮折呈报。为此呈请抚部院裁夺施行。须至呈者。

折开：

东省运河，为南北交通之咽喉，旧时漕运盛行，专赖导湖引泉，藉资蓄水。沿途启闸下板等事，皆分派河汛闸夫，供厥役使。前此尚有运河道缺，管理河工事务，春季委派专员，挑挖上下游运河工程，水道流通，尚无滞碍。然除漕船转输粮米外，而南北商船往来，亦藉资运装货物，尚称便利。是以运河沿岸各州县地方，合直隶、山东、江苏三省商业，无不由兹发达。自漕船停止而后，运河已非曩昔，引水泉流，概事壅塞，至蓄水各湖，大半改为湖田。今居民垦荒，按年纳租，各处遂有湖田局之设立。并因商舶运行，分设船捐局多处，所收款资，特备工巡营兵饷之费用。乃工巡营兵，不惟不谙修筑，专以封闭闸口，任意勒索，商民怨咨。即每年定有岁修，而管河之官又皆视为例差调剂，不过微新堤面，稍事挑工，随意报销了事。况修筑不得其当，非失之河面过平，即失之河身太浅，商船难行，河道转见滞塞。故运河沿岸商业大形减色，盖由于此。其尤甚者，惟湖田征租一事。自湖田变为荒田以来，凡从前运河蓄水地方，已变旧制，河流遂无所归墟。近来水潦为灾，东省叠见，甚足为各州县地方之害者。此运河近时情形，所由急于变通者也。兹特详论运河弊端及变通办法各条，开陈于左：

（甲）运河弊端四条。

一、运河原长一千一百二十五里一百八十步，自南漕不行河运，十里堡闸淤垫不通。兼之安山迤北，东岸官堤，无堤形者居多；即有堤形者，亦皆残缺不堪，未能束水。是以商民船只，由南而北，仅抵安山闸，计在河程只四百九十二里三分。虽近来修挑各工，款项节减，其实河道亦仅三分之一。频届委员办工，不肯请求修挑，但知各饱私囊，以致运河废弛，不可收拾。其弊一。

一、南旺分水口，向称水脊，汶水分流，趋南者七，趋北者三，为接济南北之至要。近因各泉源壅塞，三斗门淤垫，汶河不畅，水无积蓄，故船只常有浅滞之虞。其弊二。

一、各湖收水，皆有定章。今各湖设有湖田局，虽按年征租，报解无多。各湖既无收蓄，运水必易消涸，亢旱则汲饮惟艰，遇潦则居民受害。以收寥寥之湖租，致各州县被水成灾。豁免钱漕，请恤发赈，名称沧桑变易，实是得失悬殊。其弊三。

一、运河自裁闸遣夫之后，用工巡营兵专司启闭，以杜闸夫贪饕。抑知管兵贪饕，百倍于闸夫，差船尚不免阻留，商民尤受其欺侮。每将蜀山湖之利运闸贴席封闭，滴水不出，视卖板放水为利薮，信口索价，稍不依从，商民只有起拨。且工巡兵饷，系由运河船捐局筹发，并不请拨官款。计安山、长沟、南门外、南阳、夏镇、郗山、台庄运河船捐共七处，岁收京钱十万吊之谱，工巡营月支饷银一千九百余两，即以船捐收数开支，如数不敷，再提用各州县额解闸官俸薪银两。近来运河办工并不出奏，亦不动支藩库银两，名目系三万岁修，二万抢修，二万五千两挑工。兖沂道库征河银五万六千两，又有黄河节省一项一万九千两，系由省河防局拨发，其饷三倍于昔之运河营兵。且从前运河营兵，莫不学习桩埽，每名尚出额土四十方，为各汛挑工作式。今工巡营兵，既无缉捕，又无额土，每遇排桩下埽，均须仰给雇工，养彼贪饕，徒縻经费。其弊四。

（乙）运河当办五条。

一、治运河必先蓄水，蓄水宜导湖浚泉，其先恃上下游八湖。上游之南旺湖，周围九十五里，原定收水六尺五寸，后因淤垫，改收五尺。马踏湖周围三十四里，定志收水六尺七寸。蜀山湖周围六十五里，定志收水一丈一尺。马场湖周围四十里三分，收水五尺五寸。现在南旺、马踏、马场三湖，岁有征租，不容收蓄。惟蜀山一湖，虽亦起租，然淤垫仅八百余亩，为数甚微，尚易免租蓄水。若按定志收足一丈一尺，则上可以济安山，下足以送夏镇。夏镇坐板递送，直可拖出东境。此一湖之效用如是。查蜀山湖来源，本出汶上之杨家河头，与汶河系属一脉。汶河发源于新泰及泰安仙台岭、徂徕山诸泉，近因泉渠堵塞，湖无收蓄，运河时竭。下游南阳、独山、昭阳三湖，皆无收水定制，惟微山湖定志收水一丈二尺，因湖底淤高，改收一丈四尺以内。此湖收水多济江南，近因运河不畅，商民船只均由南阳闸下徐家营房进口入此湖，至湖口双闸出口入运。故治河必先蓄水，蓄水必先废湖田，湖田不废，运河无源。此当办者一。

一、修挑运河，宜变通官督绅办。上年兖沂升道丁，因运河失治，面饬济宁绅商并力承办。惟时以情形未娴，关系重大，未敢冒昧承允。嗣经丁道禀请许道之琪为运河工总办，因任委员多系私人，其间吞工扣价，业经袁升抚奏参革职者三。将见运河日损一日，必致不可收拾而后已。因思商船屡经阻塞，居民屡被湮没，其利害所关，生命所系，较之承修官员，相去天渊。拟请仍以兖沂道为总办，若使变通认真承办，必能尽心竭力。其修挑各工，饬官、绅、商一体分任承修，视出土方之多寡，比较用款之省费。绅商办公，概归通力合作，庶事半而功倍，冀涓滴以归公。此当办者二。

一、运河各闸，宜裁兵换夫，节省经费。现在各闸均派有工巡营巡目一名，往往率兵吓诈乡愚，擅作威福，差船须凭溜单，否则任意留难。此种情形，前曾有人告发，当经派委查办。欲去其弊，莫如裁兵换夫，呼应通灵。闸夫工食，亦不动用公款，自有各闸柳园草场地亩。以每夫一名，给养身地八亩，其外不得勒索商民。遇该夫有过斥革，即将原地仍追入公，另给新补之夫，既可节省经费，亦免官地有侵占盗卖之弊。此当办者三。

一、运河工巡营，宜速裁撤。此营命名工巡，既不巡工，又无操法，不应征调，更无缉捕，亦无额土、煞坝、排桩、下埽等差。徒以有用之公款，养冗滥之兵役，饷银三倍于昔之运河营兵，沿河分布，几成虚设。不若裁撤此营，将船捐局款，在微山湖中间设炮船一只，水练二十只，以四只在中间接应炮船，以四只设于徐家营房，以四只设于湖口双闸，以两只巡逻上游，以两只巡逻下游，以四只在长河紧要处听调，需费无多，有用实大。下余饷银，请在济宁设工艺局、纺纱厂，既获利益，又养穷民。此当办者四。

一、蓄水湖宜征水田租。如南旺湖、蜀山湖、马踏湖、马场湖，既均为运河蓄水之地，湖田既不得种植，湖租亦因而蠲除。于此而求抵补之法，宜量湖水浅处，招集渔人种植菱、芡、莲、蒲，按年纳租，则四湖既可蓄水以助运，兼可收租以供公也。此当办者五。

奉批答：查运河工程，近年费款大修，未著明效，亟应妥筹补救，以利商民。本部院前经奏派兖沂道为督办，原期一事权而资整饬。湖田太多，无从蓄水，将为运河之害，本部院早亦虑及，前派道员陆恩长前往履勘通筹。来牍所议除弊兴利各条，颇中肯綮，已札行兖沂道，逐条查明禀覆，以凭核办。此缴。折存。

实　业

呈院议决整顿商务办法文并折（附批答）

为呈请事。前奉抚部院宣布草案十二条，内有整顿商务一案，遵将原案提出，由全体议员悉心讨论，研求办法。兹据多数决议，宜先从根本上解决，现已经过读会手续。所有议决整顿商务办法，是否有当，理合缮具清折，谨呈钧裁。为此呈请裁夺施行。须至呈者。

折开：

东省为南北要冲，南界江苏，北达直隶。况烟台、青岛逼近海疆，将来东省诸路造成，轮轨交通，诚有贸易发达之希望。特时至今日，尚为商业幼稚时代，一切经济事业，尚未发展，揆其端倪，皆由商务不能整顿之故，以致于此。然东省商务之不能整顿，由于商会之不能推广，商会不能推广，实由于商学之未臻发达。按商部定章第三款，凡属商务繁富之区，不论系省垣，系城埠，宜设立商务总会等语。现时济南、烟台先后设立商务总会，而各州县商务繁富之区，亦宜酌量情形，增设总会。至各州县地方，除济宁、周村等处已经设立分会外，亦宜由劝业道从速催设分会。若总会之总、协理及分会之总理，均宜照章就地各会董会议，公举经济素优、众望素孚、深明商业者为之。再照章依法定人数，公举各行董事，以资辅助。举定后，除遵章由总会之总、协理、分会之总理将会董职名、商会规则禀明地方各长官，俟批准公布并报部发给凭照钤记外，按期召集，遇有事故，由本会会员报告商会，由总理提议，各会董详慎研求，务求平允。至会中一切款项数目及办事情形，按月刊印报告一次，庶免朦混，并报告省垣商务总会，以备稽查。至各会会员及本地绅士，遇有能成大公司者，须合力集资保护；其有成本亏折者，宜设法以应急需；诉讼屈抑者，秉公代为申辩；破产诈伪者，禀官立予重惩。商会总理、协理均有保商、振商之责。凡商业界上，无论奏章上规定何种事项，皆宜一体协议，以顺众心，如此则各行商业团体渐臻巩固。并于商会中备具奏定商律及公司条例，暨商业上各种书籍，分门别类，以资随时考稽。且联合各会，开办商业杂志，发达商人智识，尤为当今要务。其所谓推广商会，发达商学之事，厥有二端：

一、商会中宜从速附设商业学堂。此种学堂专为研究商法、商理、商情、商卖、商品诸事，以养成商业人才，学期不宜过长，课程不宜过多。似宜酌量地方商务之盛衰，定所设学堂等级之高下，少取学费，多招贫生。亦可于已成立之某学堂，又商会中附设商业补习科，令已在商家之子弟入焉，专开夜班，其毕业期限不得过一年，经费无多，学期有限，此事最易著手。是为整顿商务之一道也。

二、商会中宜附设商务研究所。此种研究所，专为联络商人之机关，并令各会会员随时随地详细调查，登录日记。遇有特别商品，亦宜图绘样本，详定价格，一一分布商界中人，作商务上考求之材料。至研究期间，限定每月一次，或二三次均可。总宜考求何者易售，何者难销，何者成本较轻，何者利息较厚，何者亟宜仿造，何者应事改良，即将所调查及研究者列为商业一览表，登诸月报或商业杂志。凡物产衰旺、工艺优劣、市情涨落、销路滞畅，俾使各商会及各商家一体周知，可以互谘利弊，考察得失，为异日商业上改良之标本。如是则商业界上联络一气，庶几财源流通，生计充裕。是为整顿商务之道二也。

以上两端，以商业学堂造就人才，既足研究商理，以商务研究所增长知识，并可发达商业。准此见诸施行，将已成之省城及烟台商务总会，及济宁、周村各处分会，可以逐渐改良；未成之各州县分会，亦无难次第推广，费用有限，简而易从。以此为整顿商务入手之办法，仅就东省情形可为者议之，嗣后进行方法，再逐渐徐图，此时暂不赘述。

奉批答：呈、折均悉。所议商务议案两条，悉心筹画，平允周详，自属切实可行。已札饬提学司、劝业道会同商务总会妥慎研究，并酌订章程，详候核夺矣。希即知照。此缴。折存。

奉抚院据提学司劝业道会详称行局札

为札行事。案据提学司、劝业道会详称：案奉札开：据谘议局呈称：前奉宣布草案十二条，内有整顿商务一案，经将原案缴由全体议员悉心讨论，研究办法。兹据多数决议，整顿之方，计分二端，均系从根本解决。所有议决整顿商务缘由，是否有当，理合缮具清折，呈请裁夺等情到本署院。据此，除批"呈、折均悉。所议商务议案两条，悉心筹画，平允周详，自属切实可行。已札饬提学使、劝业道会同商务总会妥慎研究，并酌定章程，详候核夺矣。希即知照。此缴。折存。"印发外，合行札饬。札到该道，即便查照，会同商务总会，遵照办理，迅速详复，毋违。此札等因。蒙此，遵查，当此商战时代，非开通智识，结合团体，无以为制胜之方。该议员等所请设立学堂及研究所，洵为当务之急。职道前管农工商局，曾于光绪三十年间设立省城商业第一小学堂一所，招取学生六十名，并附设夜班，教授英、德两国语言文字，以为他日通商之预备。虽从浅近入手，未能遽语高深，但由普通以造专门，不得不先立基础。经营数载，粗具规模，乃去岁商务总会以经费不充，因之中辍。拟请檄饬济南商务总会，再行复设，以便扩充。前此既有成规，无难循序渐进。至设所研究，尤为商业进行机关。前者详定章程，本有常会、大会、特会之举。常会则每日可到，大会则以每月初二为期，在会各商均须齐集，以便讲求利弊。遇有重要事件，则另开特会，先发传单，召集各商公同详议，至今遵守勿替。凡遇大会、特会，均由职道亲莅会场，藉以联络商情，指陈得失。以上各节，均与所呈各条不谋而合。嗣后当由总、协理等倡率会董，切实研究，惟当实事求是，无待改弦更张。原呈又谓，研究所及何者本轻，何者利重，何者亟宜仿照，何者应事改良，列为商业一览表，或办商业杂志，俾使各商一体周知等语。查商务总会每月本有商报，所有商会理结各案，及每年出入款项，均经详细照登。以后应令详考商情，凡于物产盈虚、工艺优劣、行市涨落，均为详晰登载，俾资考证。至省外各会，能否一律设立学堂及研究所之处，须视商力何如，当由职道分别移行，迅速议复。总之，虽有治法，尤贵治人。举凡联合商情，振兴实业，以及代辩屈抑，严防诈伪，均为商会应尽之责，应即责成妥慎选举，认真经理，以期日有进步。其请增设总会，催设分会各节，查部章虽有不论省城外埠，均宜设立商务总会之语，窃谓有总会以提其纲，必有分会以为之辅，若臂使指，乃可彼此相维。若总会过多，则势散情暌，转妨团体。济南地居省会，烟台境接海关，总会设立数年，均经达部有案。近日东省商务趋重，胶关华洋会萃之区，尤宜设立总会。惟地居租界之内，非如腹地可以操纵自如。秋间职道赴青，竭力组织，始有成议。胶督现已认可，刻正妥定章程，专案详咨，以规久远。此外各处分会，沿铁路者则有周村、潍县等处，近海口者则有威海卫、羊角沟、石岛等处，内地如曹州、临清、济宁、滋阳、兰山、黄县、滕县、宁海、诸城、金乡、费县等处，亦均以次成立。原呈谓仅济宁两处设会，尚属挂漏。其余偏僻等处，或并无大宗商业，市肆既少，组织綦难。各处情形不同，非如农会之可谋普及。除由职道随时董劝，竭力推广外，所有本司道等奉饬会议，整顿商务缘由，理合详复鉴核批示祗遵，实为公便。再，此详系职道应椿主稿，合并声明等情到本部院。据此，除批“已据详札行谘议局查照矣。所称商业小学堂，即由该道移知商务总会，仍前复设，以立基础，俟经费充裕，再行扩充。余均如详办理。仰即分移知照。此缴。”印发外，为此札行谘议局查照。须至札者。

呈院议决垦务改良办法文并折（附批答）

为呈报事。窃本局拟定垦务改良办法四条，经全体议员公同议决，理合缮折呈报。为此呈请抚部院裁夺施行。须至呈者。

折开：

盖闻垦务一端，本地方上开辟土田之政策，而国家租税之增加，亦于是赖之。若地方公款缺乏，未尝不可酌量分割，以补助行政经费。近时东省垦务局本以垦荒为要务，往往专派委员办理其事，每对地价、租价两端任意增加，荒场、荒山亦同事收租，漫无区别。即人民所得垦务上之利益，委员又随意提款，藉饱私囊，尤易生人民不平之心，垦务讼端迭出，盖由于此。兹将改良垦务四端开陈于左：

一、宜令本地方官会同公正绅士办理，不必另派委员。既可节省经费，民间亦免骚扰。

二、常年收入数目，宜榜示开垦地方，使人通晓。其收入款项，一半归垦务局，下余一半作本地方办公之用。盖荒场本为公共利益，若概事提款，易生阻力，似宜留其一半，作地方办公经费，庶几人无怨言。

三、牧牛荒山地方，可作为地方公产，不必令人民认租。盖乡区农人，本以牛马牧畜为耕作上最要之需，春后牧牛多惟荒山是赖，若一概令人认租，作为私产，甚不利于土民。宜令本地方官绅，任人开垦种树，其所得林业利益就地办公，则听其自便。并令地方官绅妥善保护，庶杜恃强欺弱之弊。

四、凡已办垦务之处，请将从前委员报告垦务数目，暨每次地价、租价清单，颁布原处，俾众周知。

奉批答：据呈所拟垦务改良办法，注重地方官会同绅士办理，不必另派委员，原为节流开源起见。不知地方官事务殷繁，材力本难兼顾，假手吏胥，遂多骚扰，因此前升院周始设局派员，认真经理，所定章程，亦极完密。办理数年，成效昭著，似未便遽行更张。以后应否次第撤局归并，仰候劝业道会同前办垦务局杜道，察夺情形，详请核办。至收入款项，均按年拨解学部及本省各学堂等处常年之用，近复指拨海军经费。东省财政赖此挹注，已极支绌，若以一半移作地方办公之用，前指拨各款必至无著。应候明年划分国家税、地方税之时，由部厘定，此时难以提议及此。此外所陈各条，并候札行劝业道核议。此缴。折存。

呈院呈覆官绅合办垦务剔除中饱半作地方办公用文（附批答）

为呈覆事。窃本局垦荒案，现奉林答，州县官事务殷繁，不暇旁及，假诸胥吏之手，恐为民害。仰见抚部院惠爱愚民之至意，恳挚周详，殊深感戴。但垦委病民，有百倍于胥吏者。前此垦局初立，乡民受垦委鱼肉之害，欲控诸州县，州县以上宪所委，不敢收受民词；欲控诸抚部院，则又力不能给。是以历有数年，人民日坐黑暗地狱中，而莫可如何。今朝廷设谘议局采取舆论，乡民受垦务之虐者，方幸下情上达，得有此一线光明之路。本局按照局章，认为地方弊政应革之条，又以国家需款，垦荒万不能已，故建官绅合办之议。况迩来抚部院凡有新政举行，札各州县，每云官绅合办，则绅得参与地方行政，并非本局创议。乃批答仅云州县不暇及此，假手胥吏，恐为民害，而绅之一方面并不提及。夫新政需款之处，必使绅参与其中，至地方生利之处，转不使绅与闻其事，似非平允。至谓垦局所入款项，业已不敷支销，不能再作本地办公使用，本局亦非欲就垦局所筹款项，截留半数充公。但垦委中饱偷漏之款所在多有，将委撤去，归官绅合办，照垦局所筹定数照旧上解，其所中饱偷漏者，留作本地办公，裨益正自不少。若谓垦务须日扩充，果州县有荒可垦，在州县必不敢隐，在绅士亦不敢私，又何碍于筹款。查光绪三十年垦局总办营宅，泥水匠李某偶不当意，欲扣其工价，李某怒谓总办曰：你自主掌垦务，由我手买好宅房数处，买好田地数（项）〔顷〕，今日功成，何竟为烹狗之计！总办惧其告讦，立予工价，且拨钱万余吊，令其开设商号。垦委到各州县，每于垦务擅受民词，有能纳贿满橐者，便移非作是，致使贫民平日开垦之地，为土痞、讼棍霸去，不胜指数。据此，则中饱偷漏之数，当不减报上所入之数。前案所云半作本地办公用者，以垦局均抚部院所委用，直指其弊，恐忤情意，故以官绅合办，可以半作本地办公用者，极言垦总垦委吞噬之甚，惟冀抚部院洞烛其弊，立予革除。今批答如此云云，不得不据情呈覆。为此具呈，恳请抚部院裁夺施行。须至呈者。

奉札批答：为札行事。案据该局呈称，请将垦务官绅合办等情到本部院。据此，查山东垦务局之设，本以辟利源、息争端为宗旨，非仅为筹款计。一切章程，本极完密平允，是数年以来民间领垦荒地，所缴岁押各租极称踊跃。当今需款孔亟之时，深资挹注。查该局入款，每年约收京钱三十八万四千余串，银三百余两，而出款除零款不计外，其拨解各项经费，如□陵一万两，海军一万五千两，学部一万两，客籍、法政各学堂约银一万六千余两、京钱一万八千余串，青州旗营学堂、工艺所等项约银三千余两、京钱一万一千余串，种种支款，不可枚举。核计出入总数，实属有绌无赢，是已垦之地租，已与正课无异，诚不能截留半数，为地方办公之用，此次来呈亦已声明及此。至所称垦委病民一节，查原派委员仅能经手丈地（既）〔暨〕发给领单等事，事竣即行撤局，所有押租、岁租均归地方官照单收解，发给司照。惟利津间有新淤并退租、更名等事，霑化亦甫经丈放及半，两局未能一律停撤。且该两处地亩极多，距城均百余里，是以由局经收押租，以免城乡往返之劳，此正所以便民，并无害民之处。领单司照皆系三联，注明实收钱数，固无从中饱、偷漏。即支款项下，只有薪水、局用、工食等项，皆系禀明有案，亦复无从舞弊。所称擅受民词一节，本部院一再察访，或有已领之地被人侵占，具词到局。该委员有丈地之责，间有收管领地呈词，并无干预地方词讼情事。所称土痞、地棍霸占地亩一节，东省地窄人稠，间有新淤，纷纷占垦，局章遂定为何人所垦，即归何人领种，惟有占地过多者，必须稍示限制，以杜豪强兼并之害，亦不致以是作非。所请官绅合办一节，原为杜绝弊端起见，惟垦务非寻常商业可比，尺地寸田，莫非王土，主持之权，自应责重在地方官详加裁夺。嗣后凡有垦务，各州县应由本部院、劝业道责成该地方官，或加派委员一人，就地选择公正绅士一二人，帮同经理丈地、给单等事，由劝业道酌定川资。事竣，详请酌给奖叙。如此办理，彼此互有牵制，可期有利无弊。经此次批示后，委员从中有无弊窦，应由本地绅士随时查察。如实有中饱偷漏之款，查出确据，即将该款提归地方办公之用，并指名呈揭，立予严惩，以为假公营私者戒。再，所称该总办营宅一节，经本部院访查，所造住宅仅用京钱一万串，所用工头亦非李姓，并无置买田宅暨拨钱等事。局中余款皆存放银行，起有利息，均随时报明立案。所呈自系传闻之讹。除行劝业道外，为此札行谘议局查照。须至札者。

呈院议决推广种树办法文并折（附批答）

为呈报事。窃本局会议，拟定推广种树办法十三条，业经全体议员公同议决，理合缮折呈报。为此呈请抚部院裁夺施行。须至呈者。

折开：

窃以富国利用之道，其惟种树乎。我东农业最勤，惟于种树之利益不甚讲求。山童野赤，四望濯濯，财匮民穷，莫不由此。近自劝业道厘定劝民种树章程，札饬各州县施行，而青属种桑，及定陶、新泰、夏津等州县种树，亦略有成效。但统全省计之，尚不及十二分之一，以致地有余利，岂不可惜。夫乡民非不知种树利溥，特种植之后，呈请州县官详劝业道立案保护，州县官不报；俟经恶劣作践，或夜间戕伐，呈请传究缉捕，而州县官置之不理，遂成种树上一大阻力。我东省利权外溢，经济困难日甚一日，使并此自然之地利不能振兴，恐筹办新政，财用日见其匮乏也。谨拟种树简章，附列于左：

第一条　州县种树机关，当自州县设农分会，镇乡设分所提倡之，但会长、所长须公举公正绅董能尽义务者充当，概不支薪。

第二条　凡山河荒地有业主者，归业主自栽。其无确实契据者，即与城垣、濠畔、庙宇、义田均为公地，须由州县督催会长、所长，劝令绅富集股栽植。成立后所入款项，以二成充地方公益经费，以八成归集股利息。

第三条　凡官道两旁及沟沿渠畔，有业主者，均归业主自栽，他人不得干预。

第四条　若会长、所长于附近公地，自备款项栽植，须立案时声明，俟成立后以二成充地方公益经费。

第五条　荒地最多之区，民力有限，骤难栽齐。拟限定五年一律全栽，即于今冬通饬各州县认真督催，自明春逐渐扩充。每年新种若干，添补若干，汇报农会，请派员稽查。秋后再汇报存活确数，详劝业道立案，并予出示保护。

第六条　种树之利益，人皆知之，但易于种植，而难于保护。拟州县出示严禁外，并责成地保一体保护。邻村毗连，尤宜仿照公看义坡常规，互相看守。

第七条　如有恶劣作践，或夜间戕伐，由分会牒呈该管州县，宜即严予缉捕。

第八条　州县差役缉捕不力，按劝业道章程，原准呈明道宪，札饬州县严比。但农民无力上控，须准由分会邮禀道宪，即予提役严比，以示实行保护。

第九条　劝业道奖励章程宜实行，以资鼓励，并非欲栽树之人滥叨厚赏，不过乡民得此奖励，咸晓然于朝廷注重农业，庶免作践戕伐之弊。

第十条　州县报栽植户，宜按数多少，严定功过。分会、分所劝种多者，三年后由州县详请保奖；劝种少者，宜由州县严加督责；其不劝者，罚款充公。

第十一条　如有作践树株者，经业主或里长、地保查出，拟缴分会或分所，照劝业道罚则实行。

第十二条　如有绅商集资合股，组织绝大林业者，准其指定何处荒山、荒田，协力种植，俟著有成效，详请特别奖励。

第十三条　各州县分会成立后，须即颁发钤记，以示慎重。其分所尤宜札各州县刊给图章，以昭信用。

奉批答：来牍阅悉。种树为农政要端，用费无多，获利甚厚。前由劝业道重订章程，条示办法，并请优加奖励，以资鼓舞，诚属意美法良。无如各属禀报种树者，犹不及十之一二。兹据折开简章十三条，尚属可行。第一条所称由农分会提倡，自是正办。至镇乡能否设分所，应由各农分会设法劝办。第二条山荒无确实契据者，作为公地一节，恐其中轇轕甚多，争端易启。应以完粮不完粮为断，由地方官会同绅耆，酌量情形，妥为办理。第九条奖励章程，自应实行。惟所报种树数目，仍由劝业道派委切实可靠之员，查验属实，方能给奖。第十三条分会颁发钤记，分所刊给图章。查农务分会图记，系农工商部颁发式样，由劝业道转发给领各处。农务分所应由农分会呈报劝业道，请领图章。除将简章刷印，通饬各属参观，以期从速兴办外，希即知照。此覆。折存。

呈院议决提倡工业文并折（附批答）

为呈报事。窃本局前奉抚部院札发草案十二条，内有研求工业一案，遵将原案提议，再三研究，拟定提倡工业办法九条，业经全体议员公同议决，理合缮折呈报。为此呈请抚部院裁夺施行。须至呈者。

折开：

盖闻西人有言曰：农业为强国之本，工商为富国之源。三者并重，无所偏倚。乃观东省历来之情形，惟农业最发达，商业次之，工业则于近年以来，始渐改良。夫工业所以制造者，变农业品为工业品，以供商业之流通及贩运者也。提倡不力，则农业所产，商业所运，均为生货，而制造之利权，全操诸外人之手，更变我国之生货，制为熟货，以易我国金钱。丧失利权，莫此为甚。近来工业思想，虽曰渐次发展，若帽辫公司、染织公司，以及造铁、制钢、制玻璃器之工厂，已设十余处，乃不二三年，或迫于资本之短缺，或困于销售之不广，甚者倒闭，其次亦日见萧条，现存者不过什三四。窥此情形，将来山东工业，非消减净尽不止。或曰工业之所以如此，其端由于货色不美，及价值不廉，若果有廉价美货，何患不能畅销，庶工业日见进步。此论固确，但观现今购买者及贩卖者，纯以外洋商标为凭；若非外国商标，而为我国人自制之货，则其货之美恶、价之廉否，均不过问，但付诸不议不论之列而已。观此情形，则工业之提倡，非藉官力不可。然购买者及贩卖者之所以反对自制之货，非纯由不知爱国而然，亦以自制之货，往往以赝冒真，信用毫无，职是故耳。兹将兼顾制造家及购买家之双方之利益，所筹提倡之法列左：

一、遇有指定商品请商标者，须向劝业道署存案，并由劝业道转详农工商部注册，以省其来往川费。

二、山东工业于奖给商勋章程第一、二、三条所载制造轮船、火车、生电机、畅销外洋之各种汽机、制造土货格外便捷之新式机器，虽尚无所发明，惟于该章程第四、五条所载就中国原有工艺美术翻新花样仿造外洋各项工艺一切物件，翻新花样仿造西式工艺各项日用所必需之物者，业已不少，可将该章程印刷若干张，于通都大邑及商务繁盛之处多为张贴，俾知朝廷奖励工业之美意，以资劝导。

三、仿外洋劝工场办法，于省城或商埠地方，选择公地，由官款构造房舍，供工业家之租赁，俾各处所制造之品荟萃一处，以较质量之优劣，以资公众之买卖，但不得将洋货混入其中。

四、农有农会，商有商会，工业亦宜仿其办法，由劝业道厘定章程，俾工业家组织工业协会，研究改良土货，又挽回外溢之利权之方法。

五、劝业工所宜设工业顾问员，即使工业协会公举，以备劝业道之咨询，又对于劝业道可以建议。

六、遇有制造甚美，而其资本极短，力难继续者，可由劝业道出补助金，但须付工业协会及工业顾问员公议其可否，及其数目之多少。

七、遇有能以货品出口，流行外洋者，务使其货品格外优美，价值格外从廉。苟有因价太廉致亏资本者，须仿外洋奖励金办法，由劝业道为之补助。明知官款支绌，而欲求进口货少，出口货多，固不得不如此也。

八、出口货无论划分几等，各等品质总求一律，价值亦须一律。如东省所出帽辫，其尺码之长短，颜色之浅深等等不一，皆须由劝业道会同工业协会研究改良之法，俾公众一体遵守。

九、关于本省又邻省之人民嗜好习尚，何种货品虽不美而销售多，何种货品虽甚美而销售少，每周年由工业协会又工业顾问员调查询访，列表附说，报告劝业道，并对于各工业家公布之。至所谓劝业会，即外洋所谓博览会，一名赛会，与劝工厂不同。劝工厂专为交易之便利起见，劝业会则专以比较优劣为目的，供众观览，以发达一般人民之工业思想，所费较多，断不能终年开会。该会可每二年一次，会期可定为九、十两月，所以乘农隙而便观览者众也。至会场经费一节，似宜用挪款之法。查山东省城官办工艺局，迄今已历三四年，并无如何之成效，可否将该工艺局与教养局归并，即以该工艺局所费之款，移为劝业会经费。如此则以前之工艺并不作废，而以后之工艺亦可望成立。且官办之工艺，费本多而获利少，各国各省皆如此，固不独山东为然也。至调查江、鄂办法，则须俟异日。

奉批答：来牍阅悉。折开工业改良办法，如第一条商标注册，由劝业道先行立案，转详农工商部注册，事属可行。应饬劝业道照商标挂号分局办法，暂订简明章程，详候核咨，接准部复，方能实行。第二条刷印奖给商勋章程，张贴于商务繁盛之处，意在新齐民之观听，促工业之进行，用意甚善。特东省工学未兴，原有土著匠作通晓文义者恐不多觏，仅此文诰张贴通衢，游手者视为具文，执业者急不暇顾，仍于实际无甚裨益。候饬商务总会，将商勋章程并此项议案，刊列于商务报，特别登录，以资劝导。第三条仿外洋劝工场办法，构造房舍，供工业之租赁，以便比较。查现在省城工艺局，即有陈列所，用意相同，当饬随时扩充，认真经理。第四条组织工业协会，第五条设工业顾问官，所议甚是。应由劝业道次第创设，以备研究咨询。第六、七条补助奖励各节，候筹有的款，再行裁夺施行。第八条研究改良，第九条调查好尚，本劝业道应尽之责任，已行该道实地考求，周谘博访，务冀技艺发达，以免社会生计之困难。至劝业会需款甚巨，必须预为布置。各国或十年，或二十年，方能举办一次，断难二年一次。俟调查江、鄂办法，妥为筹备，大约须在津浦通车之后。教养局收养贫民至六百余名之多，未便裁撤。而省城之工艺局，前经本部院亲诣查考，其各种工艺，如玻璃、丝屏、绣货、嵌银丝器等件，工作精良，可为美术中之上品；次则毛毯、木器、水龙、火炉，亦与上海工作不相上下；再次则布帛、洋胰、洋烛等件，亦颇适用。仅四五年间，不可谓无成效。其厂中半日学堂，选艺徒之聪颖者，每日于授艺之余，教学课两小时，于推广实业之中，寓普及教育之意，办法亦甚妥善。本部院方极力提倡，扩充进步，以期发明技艺，兴人民工业之思想，亦未可（据）〔遽〕然归并。所有劝业会经费，除饬劝业道妥筹兴办外，希即知照。此覆。折存。

呈院呈问农务总会及学堂职教员是否合格文（附批答）

为呈问事。窃于九月初九日，曾将抚部院实业草案提出开议，据多数人意见，均以为有专门学问而后有专门事业，故就农业一端论之，要必有专门学问之人才，使之分任管理教授事宜，方能得当，而农业始可望进步。省城农务总会、农林学堂，均为各厅州县农会、农学之模范，所关甚巨。现在农务总会总协理、各州县已经报部设立分会之总理、董事等，及农林学堂之监督、教员，均占重要地位，未识任事诸人，皆系何等学堂卒业，是否明达农务，本省人在外国农学毕业回国者共若干人，曾经委派该农林学堂为教员者几人，其府州县已经设立农学地方又派有几人，均合奏定章程资格与否，本局议员多未详悉，实难率尔决议，应请抚部院查核覆示等语。据此，窃念推广农会之要点，当从根本上下手，根本深固，枝叶乃能望发达。兹既经抚部院以推广农会一条列为议案，不得不确实咨询，俾供议案上研究之材料，相应呈请抚部院核覆示知，藉资决议。为此具呈质问，恳请裁夺施行。须至呈者。

奉札批答：为札知事。案据该局呈称：窃于九月初九日，曾将抚部院实业草案提出开议，据多数人意见，均以为有专门学问而后有专门实业，故就农业一端论之，要必有专门学问之人才，使之分任管理教授事宜，方能得当，而农业始可望进步。省城农务总会、农林学堂，均为各厅州县农会、农学之模范，所关甚巨。现在农务总会总协理、各州县已经报部设立分会之总理、董事等，及农林学堂之监督、教员，均占重要地位，未识任事诸人，皆系何等学堂卒业，是否明达农务，本省人在外国农学毕业回国者共若干人，曾经委派该农林学堂为教员者几人，其府州县已经设立农学地方又派有几人，均合奏定章程资格与否，本局议员多未详悉，实难率尔决议，应请抚部院查核覆示等语。据此，窃念推广农会之要点，当从根本上下手，根本深固，枝叶乃能望发达。兹既经抚部院以推广农会一条列为议案，不得不确实咨询，俾供议案上研究之材料，相应呈请抚部院核覆示知，藉资决议。为此具呈质问施行等情到本署院。据此，除行提学司、劝业道，分移农业学堂、农务总会，查明具详，再行核覆外，合先札知。札到该局，即便查照。此札。

复奉抚院据提学司详称行局札

为札行事。案据提学司详称：案奉札开：案据谘议局呈称：窃于九月初九日，曾将抚部院实业草案提出开议，据多数人意见，均以为有专门学问而后有专门实业，故就农业一端论之，要必有专门学问之人才，使之分任管理教授事宜，方能得当，而农业始可望进步。省城农务总会、农林学堂，均为各厅州县农会、农学之模范，所关甚钜。现在农务总会总协理、各州县已经报部设立分会之总理、董事等，及农林学堂之监督、教员，均占重要地位，未识任事诸人皆系何等学堂卒业，是否明达农务，本省人在外国农学毕业回国者共若干人，曾经委派该农林学堂为教员者几人，其府州县已经设立农学地方又派有几人，均合奏定章程资格与否，本局议员多未详悉，实难率尔决议，应请抚部院查核覆示等语。据此，窃念推广农会之要点，当从根本上下手，根本深固，枝业乃能望发达。兹既经抚部院以推广农会一条列为议案，不得不确实咨询，俾供议案上研究之材料，相应呈请抚部院核覆示知，藉资决议。为此具呈质问施行等情到本署院。据此，除行劝业道分移查照办理外，合行札饬。札到该司，即便查照，分移农业学堂，迅速确切查明，开具简明清册，详候核覆，毋违。此札等因。奉此，遵即移会农业学堂查覆去后。兹准该堂查明教职员衔名、籍贯，有无学堂卒业，造具简明清册，移送前来，理合备文转详宪台鉴核。又谘议局原呈内，询本省人在外国农学毕业者共若干人，曾经委派为教员者几人。查东省在日本学习农科毕业，曾来公所呈验文凭者，只牛献周、周秉琨、杨熙光三名；呈修业文凭者，周庆斌一名。牛献周一名现复赴东补习，周秉琨一名现尚在京应试，惟杨熙光一名已委农林学堂教员。合并声明等情到本部院。据此，除批示外，为此札行谘议局查照。须至札者。

呈院议决拟剔盐务积弊及改良办法文并折（附批答）

为呈报事。窃本局会议，议决拟定剔除盐务积弊及改良办法一案，业经全体议员公同议决，理合遵照章程第四十二条随时报告。为此缮折，呈候抚部院裁夺施行。须至呈者。

折开：

窃以地方兴利之事，必以除弊为先导，而弊之最大最甚最普遍者，惟盐务最居第一。前此盐课稍轻，价值尚不甚昂贵，已觉弊端百出。矧自历年盐斤加价，国家收课于商者日重，商人遂以为口实，其剥削于民者日益。巧买之盐场夹带既逾于正额，售诸民间斤两又绝无定凭，上亏国课，下病民生，种种积弊，不胜枚举，以致官盐太贵，私盐日多，盐巡因之日增，盐禁因之益严，盐务之殃及人民者，乃由此益甚。比年以来，枭匪则结伙横行杀掠，既甚于盗贼；巡役则栽盐嫁祸敲诈，更凶于胥吏。加以盐友忍（很）〔狠〕，县官贪残，或严刑峻法，或勒派苛罚，倾人家产，残人生命，辱及妇女，殃及老幼，哀我小民，何以聊生。若不设法改良，恐民心积怨，枭贩乘机，后患曷堪设想。试思国家重设严禁，原为筹款而设，非为病民之具，乃积弊日久，至于此极。揆厥本源，皆由官商互为营私之故。官受商之陋规，商依官之威权，官与商乃合而为一。至盐友、盐役、盐巡等，又皆其信任支配之人，亦莫不凭借官势，张爪牙以肆吞噬。小民任何冤抑，欲递呈状，代书不敢书写，吏役不敢投递；（总）〔纵〕令得达县署，县官又以与己反对，不惟弃置不理，甚且当堂重责，寻衅陷害。而受屈人民，冤抑莫诉，欲控上宪，无力自达，惟有吞声饮恨而已。即乡间有力绅富，一邑不过数人，又往往为官商所笼络，不惟以事不干己，不肯过问，且有相助为虐者。此官商之作威害民，所以如此其极也。兹谨拟剔弊办法五条列左：

一、确定足秤。东省盐商，每藉呆价活秤之说任意减少，如济南府属之新城、邹平、长清等县尚卖九两或十两、十一两，沂州府属之蒙阴、沂水等县不过六七两，或有四两、五两者。宜请确定足秤，通示全省，俾众周知。如有减少秤数，准令平民禀官，除将盐友撤换外，并重加惩罚，以儆效尤。

一、酌定时价。盐课屡增，银价陡涨，自必酌加盐价，免令商人亏累。但不核实确定，一任官商高抬价值，未免太无限制。宜请通饬州县地方官，谕令盐商，每年春季二月、秋季八月，由盐商会同公正绅董，按照运费及盐课之数，酌中定价，除秉官立案外，并将现行盐价张贴城乡，使妇孺皆晓，以免欺朦。

一、严禁勒派。官商恃势勒派，其数目太多者，食用有限，徒为耗费民财，又禁止转卖，殊为苛虐。宜请严饬各州县官，谕令盐商速革此弊，以除民累。

一、严禁株连。例载人盐并获，方准治罪。现在盐禁日严，凡拏获小犯，或仅系空差，即滥用非刑，逼其指实。食盐之户，往往株连全村，拘囚累累，送官以后，重加笞责，严行监押，非重贿门丁及吏役等不准保释。又复派定月盐，罚缴差费，因此倾家毙命者不可胜数。宜请严饬各州县地方官，谕令盐商，凡拿获盐犯，必须人盐并获，方准送官究治，不准刑逼仇咬，波及良民。至妇女老幼，携带数十斤以下者，只准没其私盐，不准任意送官，以示恩恤而维风化。如有株连无辜，妄用非刑等事，一经查觉，或被告发，除将盐商抵罪外，并拟请将地方官撤任严参，以重民命。

一、约束巡役。盐巡本为无赖之徒，倚藉官势，无恶不作，凡有借货不遂，及与人寻衅者，往往栽盐嫁祸，不持官票，径即拘至盐店，送官重办。盐商存偏袒之见，县官听一面之辞，以此倾人家产，害人性命，不可枚举。拟请严饬各州县官，重加约束，勿令此辈恶人藉势敲诈，以虐平民。如查有陷害良民情事，拟请加等治罪，以儆效尤。

以上五条，系各州县盐务通受之弊，严行谕禁，弊端庶可稍轻。但被此害者皆系平民，以彼愚弱无力，往往素畏官商势力，不能与争，亦不敢与争。惟有各州县公举公正绅董，代表一县专任稽察盐务之责，如查有以上诸弊，即直接与官商妥为改正，方能藉兹补救。兹拟改良办法二条列左：

一、商办、局办之盐店，宜由本地绅董公举妥人稽查。东省盐商，类藉呆价活秤之说，任意减短，绝无限制。小民畏势，莫敢与较，既不能断绝食用，又不能越境买盐，事之不平，莫此为甚。应请抚部院出示商办、局办五十二州县，谕令公举稽查员，并通饬该州县地方官，迅定期限，召集城乡绅董，公举公正明达、热心任事者二人，专任稽察本县盐务之责，薪水多寡，由本地酌定。每年春秋二季，由盐商知会该稽查员，商定盐价，禀明州县官张示通衢，不得先期加增。并责成该稽查员，将总店、子店之盐秤、盐价及出款、入款等，随时入店稽查。该盐商应以礼接待，不得轻慢拒绝。如查有盐友、盐役、盐巡等短秤增价，及欺压平民等事，应即禀官核办，尽法惩治，但不准任意污蔑。若稽查员有贪贿情事，一经觉察，或被告发，须加等治罪，以杜朦蔽。

一、官办之盐店，宜由本地绅董另举妥商接办。地方官对于一县本有无限权力，兹就官办盐店一方面论之，以民生日用必需之食盐，纵令官府垄断，既加租价，复提赢余，俾其材力聪明毕萃于盐务营利一端，而不暇尽心于民事，不惟无此体统，且亦太无限制。以故短秤抬价，勒派苛罚，毒刑逼咬等事不堪缕指。而巡役之殃民，尤为惨酷异常，凡侮辱妇女，陷害良民，勾通盐匪等事，无恶不作。平民畏惧官势，任何屈抑，莫敢呈诉县官。致逢彼怒，而又无力上控，惟有善敬巡役而已。邑谚云：欲无事，敬巡役。可知巡役之害，较之劣绅恶棍，殆百倍之。此皆官办盐店弊害之彰彰者也。今欲删除此弊，非先改官办为商办不可。宜请抚部院出示官办盐店三十四州县，谕以官办病民，均改商办之意，并通饬三十四州县之地方官，限于年前定期招集城乡绅董，公举殷实绅商，筹集资本，接办盐店。由绅富五人联名出具保结，禀明立案。所有官盐店余盐及一切出入款项，核实清算，移交该商，截清期限，将应纳盐课改归该商承缴，由地方官按季上解。仍责成地方绅董，另举稽查员二人，其办法与商办各处同，以彼谊关桑梓，且熟悉本地情形。应如何办理之处，各随地方酌量变通，但能上不亏课，下不累民，地方官自当切实保护，不得无故干涉。

奉批答：来牍并清折阅悉。查盐务为东省入款大宗，年来课款迭增，运本日重，各商遂藉口盘剥，减秤出售，弊端百出，诚如来呈所云，极宜设法挽救。折开剔弊改良之法，如严禁勒派株连，约束巡役等事，功令具在，官商奉行不力，日久玩生，重为民害，深堪痛恨。今欲力图整顿，必应严申禁令，候即公布施行。短秤最足病民，所议足秤、加价两条，洵属审时度势扼要之论。前据丁运司呈递清折，大意谓各项贸易无不合计成本定价长落，独盐觔因价由部定，不敢擅加。近年课款运脚增至倍蓰，商人不敢加价，而敢减秤，伙友从中舞弊，愈减愈少，致每觔有实发十余两、八九两、六七两者。拟请将各处盐觔一律饬卖十六两足秤，而由司核计运脚远近，支销多寡，另定盐价，详请奏咨等情。核与折开办法意见相同。惟秤既加足十六两，则价目亦应核计成本，酌量加增，免令商人藉口赔累。究应如何计算运本，折中定价，抑照该局所议，按年分季，派人会同盐商核定价值，随时示谕，必须妥为筹画，议经久无弊之良规，方可奏咨立案，永远遵守。候札饬盐运司通盘核议，详覆到日，再行酌核办理。至绅董公举妥人，稽查盐店一节，查各项贸易，如公司当典，以及糖、茶、烟、酒、布、帛、菸、粟等铺，除合例股东得以查帐外，其余非买卖折阅、被人控告、破产归还，官与商会不得擅行调查出入账簿。盐为日用所需，商列四民之末，既无折阅、破产等事，似未便侵其自由之权。此议本部院未敢赞成，致盐商等有所藉口。又官办盐务，原因商逃岸荒，奏明归官办理。运本既由牧令自筹，余利即以津贴办公。近年筹款案内，始议酌提租价，拨解赔款，并无既加租价，复提赢余之案。惟沂水县盐务性质与官办各处微有区别，前升院饬令按年提解赢余，现已数年延欠未解，应候饬司设法整顿。若因沂水一县盐务腐败之故，而将三十余官办州县一律改归绅董举商试办，则余利悉归试办之商，国家之赔款，牧令之办公，均无所出，亦未便轻议更张。以上二条，该局无非因官商办理盐务，恒有恃势勒派之处，冀除积弊。苟能议定足秤、加价及严禁勒派、裁私章程，之后民间自不致再受官商之累矣。此复。折存。

呈院议决宽筹驻防旗丁生计营业文并折（附批答及院抄奏稿咨文）

为呈请事。窃本局提议宽筹驻防旗丁生计营业一案，兹经全体议员公同议决，理合缮具清折，遵照章程第四十二条随时报告。为此缮折，呈请抚部院裁夺施行。须至呈者。

折开：

窃以融化满汉为立宪第一要义，宽筹旗丁生计，又为融化之第一宗旨。变通旗制处现在尚无切当办法。前有令闲散旗丁各自营业之命，释二百余年之锢闭，活五六百万之生灵，皇恩浩荡，薄海同钦。窃谓营生之道，不外先开旗人报逃例禁，与汉人同力合作，情意自洽。除兵丁练习新操不计外，凡闲散余丁，无论农工商业，均使各执一艺，处之汉人之间，朝渐夕摩，自然不分畛域，而贫窘之旗丁，亦得自食其力。谨拟二条列左：

一、驻防例禁旗人出外，一月后即行报逃，是以凡隶旗籍者，不敢擅自离营。今既为旗人宽筹生计，凡欲出外营生者，应请抚部院援照光绪三十三年直藩增韫奏推广旗丁生计折内，另片请准旗丁出外谋生删除旧例一节，申明成案，通行青、德两营，遵照办理。

一、山东各学堂及工艺局研究所，拟请增旗生学额，俾得满汉一处，融化畛域而增智识。

奉批答：来牍阅悉。所议宽筹旗丁生计一案，查旗丁出外谋生旧例，业经奏准删除，于光绪三十三年十二月二十八日准内阁会议政务处咨，移知青州副都统遵照在案。兹呈各节，候再移咨青州副都统查照前咨办理，以广皇仁而宽禁令。至各处学堂，旗生本许投考，无庸增设旗额，转形隔阂。候檄行提学使、劝业道，嗣后凡遇学堂及工艺局研究所招生时，无论满汉学生，果程度合格，均一律收考，以化畛域。希即知照。此缴。内阁会议政务处原咨奏稿一并抄发。

奉抚院据劝业道详称行局札

为札行事。案据劝业道详称：案奉札开：宣统元年十月初十日，据谘议局呈称：窃据本局议员提议宽筹驻防旗丁生计营业一案，兹经全体议员公同议决，理合缮具清折，遵照章程第四十二条随时报告。为此缮折，呈请裁夺等情到本部院。据此，除批“来牍阅悉。所议宽筹旗丁生计一案，查旗丁出外谋生旧例，业经奏准删除，于光绪三十三年十二月二十八日准内阁会议政务处咨，移知青州副都统遵照在案。兹呈各节，候再移咨青州副都统查照前咨办理，以广皇仁而宽禁令。至各处学堂，旗生本许投考，无庸增设旗额，转形隔阂。候檄行提学使、劝业道，嗣后凡遇学堂及工艺局研究所招生时，无论满汉学生，果程度合格，均一律收考，以化畛域。希即知照。此缴。内阁会议政务处原咨奏奏稿一并抄发。希即知照。此缴。”等因印发并分别移行外，合行札饬。札到该道，即便遵照。此札等因。计粘抄清折一扣到道。奉此，查此案前于光绪三十年间，职道应椿曾奉抚宪周面谕，旗民汉民皆属一体，饬即函致青州副都统，并蒙咨送挑选旗丁四名，入省垣工艺局学习，俾艺成回青，转相传授工艺，既可以振兴防民，亦获有生计。当即函致去后，嗣准噶都统送到壮丁忠元、思斌、寿柏、富珍等四名，转送该局习艺。旋因该旗丁不服劳瘁，先后告假回青。兹奉前因，除再移咨，嗣后凡遇学堂及工艺局研究所，无论满汉学生，程度合格，均一律收考，以化畛域。理合具文详覆等因到本部院。准此，除批示外，为此札行谘议局查照。须至札者。

呈院维持银号钱业以除积弊而恤商艰文（附批答）

为呈请事。窃本局提议，谓银号钱商本为商场金融机关，历年以来，各州县每地方逢上下忙解银时期，预传知各银号钱业分认摊派，往往勒令减数，不随市价买换，多有每两减至三十小数或二十小数者，至少亦须令减其五小数。故银号钱商于州县每次解银，赔数约计每两或赔五六十数，或赔一二百文，或赔二三百文不等。其预定银数，市价涨则仍其旧，若市价落，亦可随意自减。且所派数目，恒多于批解数目，并可以随时任意按市价卖于银号，名为找赔头。又派定银数时，预定价数，并不交钱，以后若遇市价涨，则照数要银，市价落，又准派时预定之价格买于银号。藉官病商，实为卖空买空之弊，甚干例禁。甚至署中幕友、门丁需用银项，每尝假借官势，减价勒买，以致各州县地方各银号钱业赔累不堪，纷纷倒闭，以致商情索然，盖由于此。朝廷振兴商务，原以用官保商，不应以官病商。应请抚部院严饬各州县地方官，一律随市价买换，银号钱商每日报告时价一次。若遇官商交易事件，须准交银时之价格定价，不准虚定价数。官界不被欺朦，商界亦不患赔累，庶可除积弊而恤商艰。业经全体议员公同议决，理合呈报。为此具呈，恳请抚部院裁夺施行。须至呈者。

奉批答：来牍阅悉。所请维持银号钱业议案，自系为除弊恤商起见。惟各州县情形不同，亦未能一概而论。候行布政司、劝业道确查妥议，通饬各属一体知照。嗣后遇解银时间，公平定价，不得勒抑增减，致累商业。如距省较远各州县，有奸商故抬银价，垄断居奇情事，亦应从严禀办，庶于保商之中，尤寓防弊之意。希即知照。此缴。

奉抚院据布政司劝业道会详称行局札

为札行事。案据布政司、劝业道会详称：案奉札开：案据谘议局为呈请维持银号钱业议案事。窃据本局议员提议，谓银号钱商本为商场金融机关，历年以来，各州县每地方逢上下忙解银时期，预传知各银号钱业分认摊派，往往勒令减数，不随市价买换，多有每两减至三十小数或二十小数者，至少亦须令减其五小数。故银号钱商于州县每次解银，赔数约计每两或赔五六十数，或赔一二百文，或赔二三百文不等。其预定银数，市价涨则仍其旧，若市价落，亦可随意自减。且所派数目，恒多于批解数目，并可以随时任意按市价卖于银号，名为找赔头。又派定银数时，预定价数，并不交钱，以后若遇市价涨，则照数要银，市价落，又准派时预定之价格买于银号。藉官病商，实为卖空买空之弊，甚干例禁。甚至署中幕友、门丁需用银项，每尝假借官势，减价勒买，以致各州县地方各银号钱业赔累不堪，纷纷倒闭，以致商情索然，盖由于此。朝廷振兴商务，原以用官保商，不应以官病商。应请抚部院严饬各州县地方官，一律随市价买换，银号钱商每日报告时价一次。若遇官商交易事件，须准交银时之价格定价，不准虚定价数。官界不被欺朦，商界亦不患赔累，庶可除积弊而恤商艰。据此理由提议，复经全体议员悉心讨论，公同议决等情到本署院。据此，除批“来牍阅悉。所请维持银号钱业议案，自系为除弊恤商起见。惟各州县情形不同，亦未能一概而论。候行布政司、劝业道确查妥议，通饬各属一体知照。嗣后遇解银时间，公平定价，不得勒抑增减，致累商业。如距省较远各州县，有奸商故抬银价，垄断居奇情事，亦应从严禀办，庶于保商之中，尤寓防弊之意。希即知照。此缴。”印发外，合行札饬。札到该司，会同劝业道即便遵照，妥议详覆，并通饬各属一体知照，毋违。此札等因到本司道。奉此，查银号钱业各属情形未能画一，而各州县购办丁漕，自应按照市价换买，不得稍有抑勒。惟该商民等承办官银，往往有抬价居奇之事。当此振兴商务之际，亦应共守公理，按照市价，公平交易。官固不可任意勒措，致涉偏私；商亦不可临时抬价，垄断居奇。除通饬各属遵办外，所有遵饬会同核议维持银号钱业各缘由，是否有当，理合会详鉴核批示祇遵。此系本藩司主稿，合并声明等情到本部院。据此，除批示外，为此札行谘议局查照。须至札者。

呈院议决推广农会宜先注意实行办法并折（附批答）

为呈报事。窃本局前奉抚部院札议推广农业一案，当即提交全体议员会议。兹经详加讨论，拟定实行办法六条，公同议决，理合缮具清折，呈候钧核。为此呈请抚部院裁夺施行。须至呈者。

折开：

农会为总理农业之枢纽，不患其不推广，特患其不实行。东省农会甫经萌芽，此时欲为整理之计，只当于实行上注意，不当仅于推广上注意也。兹拟实行之法列左：

一、农会职员，必用创办农业卓著成效，或曾研究农学〈者〉，发明新理者。查农工商部奏定农会章程第五条规定，董事之资格分四种，而以创办农业卓著成效者，或研究农学，发明新理者居其第一。该章程第三条规定云，农务总会派总理一员，协理一员，分会派总理一员，应于该会董事中公举。是农会职员，必用通达农学者明甚，否则仍恐有名无实，无当实际。

二、农会应与农业学堂联络一气。农会章程第十条规定云，总会地方应设农业学堂一所，农事试验场一区，造就人材，分任地方农务。第十一条规定云，分会、分所地方，应设农事半日学堂一区，农事演说会场一所。综观二条义意，是农会整理，必以农业教育为基础。查东省农业学堂设立已历有年所，似并无庸格外设施，第就现成者稍为变通，加以整顿，斯可耳。查前升院周所设立农桑总会之原有场地，于本年四月间划归农业学堂，以清界限。此事似可无庸，盖以东省农会，若与山东农业学堂联合办理，断不至有所窒碍。

三、农会当以农业学堂之全体教员及学生之成绩素优者，充农业顾问员。顾问员对于农会有二种义务：一、备农会谘询之义务，二、对农会陈述意见之义务。此条系农会章程所无，然该章程第二十二条规定云，各省设立农会时，应准其因地制宜，详定办事规则，禀部核夺，总以无背此项定章为断。似顾问员一条，为增补章程，不为违背章程。

四、农会宜先设农业品陈列所于会场，无论本省及外省所产出之农品，及农业学堂学生之逐年成绩，皆可列入，以供公众观览。

五、农会宜速会同农业学堂咨明提学司，设立农业教员讲习所。查实业教员讲习所章程第三节，原有实业教员讲习所应附设于农工商大学或高等农工商业学堂内之明文，则设置农业教员讲习所于高等农业学堂内，原属遵章办理，且既系附设，亦无庸增加多数之款项。

六、农会宜速会同农业学堂咨明提学司，速设高等农科。查青州中等实业学堂毕业生，已照（生）〔升〕学章程入农业学堂肄业。乃按其工课，仍系中等，并非高等。经学生屡次要求，而该堂始终以款项支绌推（绥）〔诿〕。小之害个人学问之进行，大之阻全省农业之进步，莫此为甚。

以上所言，处处与农林学堂牵合者，实原本农会章程第十条。其单言省城总会，不及各县分会者，亦因总会为各分会之枢纽，故不得不从根本上着意耳。至掘井灌田，改良籽种，壅培肥料，振兴农业等，据农会章程第十三条，农会于各该境内有应修水利，应垦荒田，均准其拟具办法，条陈本部核夺；第十五条，遇有旱潦荒歉，应由该分会、分所于未成灾以前，将详情报明总会，商之地方官，统筹办法，并报部核夺；第十六条，凡一切蚕桑织纺，森林牧畜，水产渔业各项事宜，农会均可酌量地方情形，随时条陈本部，次第兴办等，则均为农会内部之事，本局故不议及云。

奉批答：来牍所拟农会实行办法六条均悉。查第一条农会职员，必用通达农务之人，自是笃论。惟出洋农学毕业回华者寥寥，本省农学幼稚，目前恐不能一律求其合格。第六条高等农科亟应添设，但需款过巨，能否指款筹拨，统候檄行提学司、劝业道，会同农务总会、农业学堂逐条妥议，详候核夺施行。希即知照。此覆。

呈覆推广农会案及添设高等农科文（附批答）

为呈覆事。窃本局前呈推广农会一案，奉到答覆，摘出第一条，出洋农学毕业回华者寥寥等因。议员等不敢谓此项合格人材有大多数，但本省派遣留学，内有十余人入日本北海道札幌高等农学校，毕业者曾有六人，回国者三人。现查农林学堂止用一人，其二人赴京考试，已赐农科举人出身，并闻农工商部有留用之说，自可将此二人调回，以供本省之用。此外，普通农学毕业者颇不乏人，虽于农学所得不甚精通，较之现充农会总董及农学监督，并不知农学为何事者，犹属有长可取。虽云寥寥，尚属有人。至第六条，蒙谕高等农科亟应添设，但需款过巨，将来能否添设并无把握。议员等亦知本省财政艰难，巨款不易筹措。但查本省农业学堂，早经奏明开办高等。现在每年开支已达五万余金，款项不为不充。至于需款大宗，厥有三项：一讲堂，一试验器，一教员薪金。查该堂自去年已聘高等教员，月支薪水百五十金，现有讲堂七八处，所有试验器亦颇足用。除此三项，不知何处更须巨款？况今年该堂中等农林蚕三科学生已届毕业，若不亟添高等，究竟如何位置？想抚部院关心农业，决有实地办法。为此呈覆，恳请抚部院裁夺施行。须至呈者。

奉批答：来牍阅悉。出洋农学毕业生回国仅只三人，已经农林学堂委用一人，其二人赴京考试，应俟试毕回籍，再行量为录用。此外，普通农学毕业生，候本部院切实访求，以期得人而理。农林学堂高等班，既据呈称经费充足，讲堂完备，试验器具亦复无缺，已檄行提学司督催该监督从速升班矣。希即知照。此复。

奉抚院据农业学堂详称行局札

为札行事。案据农业学堂详称：案奉札开：案据谘议局呈称：窃本局前呈推广农会一案，奉到答覆，摘出第一条，出洋农学毕业回华者寥寥等因。议员等不敢谓此项合格人材有大多数，但本省派遣留学，内有十余人入日本北海道札幌高等农学校，毕业者曾有六人，回国者三人。现查农林学堂止用一人，其二人赴京考试，已赐农科举人出身，并闻农工商部有留用之说。自可将此二人调回，以供本省之用。此外，普通农学毕业者颇不乏人，虽于农学所得不甚精通，较之现充农会总董及农学监督，并不知农学为何事者，犹属有长可取。虽云寥寥，尚属有人。至第六条，蒙谕高等农科亟应添设，但需款过巨，将来能否添设并无把握。议员等亦知本省财政艰难，巨款不易筹措。但查本省农业学堂，早经奏明开办高等。现在每年开支已达五万余金，款项不为不充。至于需款大宗，厥有三项：一讲堂，一试验器，一教员薪金。查该堂自去年已聘高等教员，月支薪水百五十金，现有讲堂七八处，所有试验器亦颇足。除此三项，不知何处更须巨款？况今年该堂中等农林蚕三科学生已届毕业，若不亟添高等，究竟如何位置？想抚部院关心农业，决有实地办法。为此呈覆，恳请裁夺等情到本部院。据此，除批“来牍阅悉。出洋农学毕业生回国仅只三人，已经农林学堂委用一人，其二人赴京考试，应俟试毕回籍，再行量为录用。此外，普通农学毕业生，候本部院切实访求，以期得人而理。农林学堂高等班，既据呈称经费充足，讲堂完备，试验器具亦复无缺，已檄行提学司督催该监督从速升班矣。希即知照。此覆。”印发并行提学司外，合行札饬。札到该堂，即便查照办理，毋违。此札等因。奉此，查本堂开办之初，原以无高等合格学生，故先设中等，以为高等预备。上年准提学司咨开，青州蚕桑学堂毕业生三十名，宜升高等蚕桑科。嗣即摒挡一切，仅具规模。学部以蚕桑科单简，不能成立高等，应改为高等农科。查农科章程，须有英、德两国文字，该生等多数人以年岁差长，恐难及格。当即商明提学司，改为农业教员养成所，以裕师资。中等甲班现考试毕业，拟选分数及格、年岁较轻者三十人，升为高等，明年先补习洋文一年，再入本科。至谘议局呈称经费充足，讲堂完备，试验器具亦复无缺，在局外人自表面观之，似添设高等固属易事。但编修自去岁奉委到堂，日以添设高等为计画，然以学生程度不及，一时难以骤跻。意以所难者，不仅在讲堂器具已耳。编修自问才识短浅，不堪胜任，况平日不由农学毕业，深恐遇事丛脞，有负委任，呈请特简通达农业之员接充此差，庶有以举百废而息群言，则于农业当大有裨益。为此备由具详，伏乞照详施行等情到本部院。据此，除批"据详已悉。查该堂办理农业各科事宜，并以学生程度多未合格，未便遽升高等，已添设农业教员养成所，以裕师资，办理甚妥，计画已极周详，农业从此可期发达。本部院正资得力，仍望循序渐进，勉为其难，以兴农学而收实效。所请派员接充之处，未便允行，已札行谘议局查照矣。仰即知照。此缴。"印发外，为此札行谘议局查照。须至札者。

财　政

呈院呈覆交议征银解银案拟从缓办文（附批答）[①]

为呈覆事。窃本局前蒙提交钱粮改征会议一案，事关重大。使币制不定，无

① 原报告书目次中标题为"呈院呈覆交议征银解银案拟从缓办文（附批答）"，报告书内标题为"呈院议决交议征银解银案拟从缓办文"，且误编入抚宪札文类中，兹采目次中标题，并将其归入"财政类"。另据原报告书目次，此篇前尚有两篇，标题分别为"抚院札谘询钱粮改征文""抚院札谘询漕粮改折文"，但在报告书内均未见。

论如何变更，终受银价操纵，非一成不易之法。兹又细加审查，所有改征各理由固属事出两难，至谓民间交易以钱为主，官府出纳据银立算，是官府徒知易银为钱之受亏，而不知民间易钱为银之大有不利。如拟加征至一两六钱五分，则民间仍须折钱缴纳，非六千四五百文不可，比之光绪二十二年以前固为规复旧章，而较之现行京钱四千八百文，则分明加征至一千六七百文，转觉迹近加赋。况现在州县征收实不仅四千八百，而浮收巧取，民怨沸腾，若再议加征，何堪设想。本局再四研求，对此问题实难遽表同情。且案预备宪政期限单，国家行政经费之划定即在本年，而提出预算案、定官吏公费即在明年，中央政府对此问题不久当可望根本的解决，又何取乎此数月内为无益之变更。此本局所由通筹全局不敢率尔赞成者也。惟思通省各州县情形不无差异，间或有一二实在赔累者亦未可知。本局既与闻政治，自应通盘筹算，救济官吏赔累。又照谘议局章程第二十二条第五款议决本省担任义务增加事件，及第六款议决本省单行章程规则之增删修改事件，则此项征银加赋事项，确在本局权限之内，应有议决职权。但欲讨论此案，因向无财政之公布与确实之报告，如钧札所谓向章耗羡银一钱四分，火耗、加平、解费等项一钱六分，此种款项究竟有无盈绌；又钧札所谓留备州县办公应以二钱为率，此项办公究竟系何等用项，是否应需，未尝一一指明，本局未便漫议，加之于民。且一州县与一州县征解方法不同，即其盈绌不同；一州县与一州县办公使用不同，即其公费不同。既因此种情节酌定征银数目，自不能不通盘筹算，方能得其确数。拟请饬下各州县官吏，各将所属额征、实征总数并耗羡等项若干，公费共有几种，分别款目，列为表册。再将其向征四千八百文内，系纯征制钱或铜元、制钱折扣征收，究系何项不足，又以何法何项抵补，详具原委、理由，限期详报，随时札交本局，然后方能通盘筹画，酌量划一，否则无据，不便讨论。而照第二十一条第六款，此本省单行章程规则，又必俟本局修改方能施行有效，久稽不决，官民交困，甚非大局之福。又另奉札询漕粮改折一案，令即同钱粮折价一并会议改良方法等因，当即提出会议，亦以为币制尚未划一，与钱粮折价事理正复相同，亦不能率尔赞成，理合一并呈覆。为此备由，呈请抚部院裁夺施行。须至呈者。

奉批答：来牍阅悉。所称提交钱粮改征一案并另札漕粮改折一案，再四研求，实难遽表同情等语。此项问题各省亦有提议，事关重大，一时均难解决。原呈所称币制不定，无论如何变更，终受银价操纵，非一成不易之法，诚扼要之论。明年试办宣统三年预算，所有各州县出入款目，现在监理财政官正在清厘，明年春夏之间定有详细表册可稽。已另咨度支部，拟请将报告册提前发交该局，以便审查，免致临时仓卒，无所依据。现已闭会，此案应俟来年开会时再行接续提议。希即知照。此复。

呈院议决财政审查预备并请求通饬公布文并折（附批答）

为呈请事。窃据本局议员建议财政审查预备并请通饬公布一案，经全体议员详加讨论，公同议决。所有建议理由及拟定办法，理合缮具清折，呈请抚部院裁夺施行。须至呈者。

折开：

盖清理财政，原为来年预算地步。现遵馆咨，本年不能提出预算案，正谓清理此刻尚无端绪。惟查奏章二十一条第二项，本局有议决岁出入预算事件之职务，异日本省清理财政局告成，若不先事审查，将本局议决预算事件断难办理完善。本局为慎重职务起见，不得不先事讨论，以为财政上审查之预备。况东省人民均负担税则债款之义务，我中国财政困难皆由取财于民，而不详言其所用，是以民心疑贰，即应行负担之义务，亦将视为罗掘，而诸多掣肘。为今之计，是非实行公布，不足以祛人民之疑心，而激发其公义。兹拟将对于本省财政上请求数端，开列于下：

一、请抚台札知清理财政局，于每季报部后，本局得派员到该局抄其档册。

一、明年划分国家税、地方税时，必须多派本省通晓法政人员，入清理财政局编辑课办事。

一、清理财政局每周开会时，本局得派员入场旁听。该局于每会议期前，须知照本局。

一、明年编定预算案报部时，本局得派员到该局抄写原案。请抚台预先札饬该局，令其临时检交。

一、查清理财政局章程，议绅无定员。兹仅聘数人，于通省财政情形恐难周知，请抚台饬知该局，从速添聘，以备谘询。

一、请抚台通饬全省大小文武各衙门及关卡、局所、学堂等处，凡关于财政，在清理范围内者，均按下列之手续及时期，详细公布，以期周知。

（甲）公布之手续。

编定表式，登载报纸。

謄写清单，张贴各衙署学堂局所门外或通衢。

调制表册，汇送谘议局。

（乙）公布之时期。

按年终结者，每年公布一次。

按季终结者，每季公布一次。

事务终结不满一年或一季者，于终结时公布。

奉批答：来牍并折均阅悉。诸绅欲于财政审查案先事讨论，自为慎重职务起见。惟查奏定章程，预算报告册，应先由度支部核定，奏交督抚送谘议局议决，并将全册送供参考等语。是明年所有本省财政，自应行公布，以为谘议局分别议决之资。惟谘议局决议之件，应以地方行政费为限。现在财政局正当清理之时，案牍纷繁，款目纠镐，未便遽行公布。且清理财政局为度支部特设之局，纯属国家行政性质，所呈各条多与办事次第及该局权限均有未合，碍难照准。应俟明年秋间报告全册送到后，再行查照奏定章程办理。此缴。折存。

呈院遵覆财政审查预备并请求公布仍执前议文（附批答）

为呈覆事。窃本局前呈财政审查预备并请求公布一案，顷奉批答，实深感佩。财政之实行公布，与本局之履行职务，皆应俟之明年。议决之件，以地方行政费为限。定章所在，本局岂不知遵守。然不得不更有请者，本局之所请求，纯为预备之地，若必俟之明年秋间始令闻知，恐议决之项未经研究，必至漫无把握。且财政局虽为国家行政性质，而其所应清理者，不仅在国家行政费。昨蒙札到馆咨，云国家行政与地方行政未经区别以前，应暂由督抚酌核，纯系地方行政者，自可提交局议。是地方行政费之研究，本无限制。东省清理财政局清理各款，倘有确系地方行政费者，仍祈饬知该局，俟报部以后，得令本局派员抄其档册，以为本局研究之资。再，各衙署学堂局所出入款数，应亦有确系地方行政费者，亦祈酌核饬知，令其分别公布，俾众周知，以为官民相信之地。况财政非应守秘密之件，公布办法似属无害。兼之此时国家、地方财政未经厘定区分，本局有备资政院及督抚咨询之责，以未得预知为憾，有旷厥职。如钱漕变通一案，未敢轻议者，此其证也。总之，本局权限所关，实不得妄为提议。但前呈各条，似于该局并无违碍之处，无非为先事研究，预备确实起见；不惟于该局绝无妨碍，而本局亦并无敢违背定章，稍有侵越权限之处。为此呈覆，恳请抚部院公布施行。须至呈者。

奉札批答：为札行事。案据该局呈称，地方行政经费，必俟明年秋间始令该局闻知，恐议决之项未经研究，必至漫无把握。请饬财政局将清理各款，确系地方行政经费者，俟报院后，得令该局派员抄其档册。各衙署局所、学堂出入款数，确系地方行政经费者，亦令其分别公布，以为官民相信之地等情到本部院。据此，查此案昨据该局呈请通饬各衙门、局所、学堂及各州县，限本年十二月前，将呈报财政局之各项册表，补造一分，陆续送交该局，以为审查财政之预备。本部院当以该局有决议预算事件，于财政实有关系，若凭临时发交之册，恐不能从容钩稽。本年出入总册，部章限明年三月送部，预算册限明年五月送部，其间应如何变通，俾该局常驻议员得以先睹为快，已据呈转咨度支部核示在案。现呈地方行政经费俟报部后得令该局抄其档册一节，核与前呈事类相同，合应候度支部核示变通办法，再行妥酌遵办。至于各署局学堂出入款项，无论属于国家、地方行政经费，原宜分别公布，俾众周知，一以杜当局之浮冒，一以破局外之疑团，本无所谓应守秘密。惟念清理财政甫见萌芽，国家、地方行政经费尚待逐一划分，由部核定，此时即欲早为宣布，尚恐无所依据。本部院现拟督率司道各局所，各就所主管，预估来年之出入款目，以备监理官预备宣统三年预算册，得以有所比较。至公布之期，总应俟度支部核定后，方能实行也。为此札行谘议局知照。须至札者。

呈院议决请将税契加款仿照直隶成例充本地学堂经费文并折（附批答）

为呈报议决案件事。窃本局奉札交议案件，推广普通教育条内，有经费如何醵集一端，本局议员遵即会议，拟定请将税契加款，仿直隶成例，酌拨数成，充本地学堂经费。惟因税契加收作为行政经费一端，系属一种单独事宜，故未列于奉饬议案件范围之内。兹业经公同议决，所有议决理由、拟定办法，理合缮折呈报，为此呈请抚部院裁夺施行。须至呈者。

折开：

盖闻教育一端，为当今之急务。然欲谋教育普及，不得不预算经费，以供地方兴学之要需。今欲于税契加收项下，充作行政办公之款，亦预筹经费之一端也。谨按度支部奏定加收田房税契章程第三条云，此次所定买契收税九分，典契收税六分，所有各省向征数目即在其内。如直隶向收买契正税三分，耗银三厘，学费一分六厘五毫，计共四分九厘五毫，此次再加收四分零五毫，合成九分之数；典税向收一分六厘五毫，学费八厘，共计二分四厘五毫，此次再加收三分五厘五毫，合成六分之数。其余各省以此类推。第十三条又云，由各省抽收典卖田房税契，多系备拨要需，其附设收款目，以及加收火耗经费等项，亦系备行政办公之款，均应在买契九分、典契六分之内分别拨还。如直隶买税内应拨还该省正、耗、学费银四分九厘五毫，典税内应拨还该省正、耗、学费银二分四厘五毫。其余各省以此类推。观此第三及第十三两条文意义，是税契加收之款，原为行政办公而设，直隶学费拨还已有成案。又云各省以此类推，是他省皆可仿照此例。现在东省学费支绌，筹款维艰，况税契一项各州县亦皆有之，拟按照直隶成例，于买契九分、典契六分内，留充本地学费，庶地方学务可望普及。谨遵度支部奏定章程，及直隶学费拨还成例，我东省似可援照，以供地方兴学办公之要需也。爰为详陈成案，用备采纳。

奉批答：已另札汇案答覆矣。希即知照。此覆。折存。复奉批答：将税契加款充学费手折，查直隶税契加款为学费，系专折奏明为中学堂学款。东省则学务经费，本系在税契三分六厘项下动支，每年二十余万金。至本年度支部加征之项，系拨补洋药税应解部之款，不能动用。各省情形不同，碍难仿办。

呈院议决请将曹州罚款留作办公经费及查明数目文并折（附批答）

为呈请事。窃本局前奉交议议案十三条内开，关乎地方自治、教育、巡警、实业等，多有筹集经费一端。查东省新政繁兴，诸事需款，几有搜罗净尽之虑，而又不能不设法筹办。本局再三研究，查有曹州罚款，为数甚多，除业已报销者不计外，其尚未报销之款，拟留作地方自治、教育、巡警、实业之用。以本地之钱，办本地之事，情理似属平允。业经全体议员公同议决，理合缮折呈报。为此呈请抚部院裁夺施行。须至呈者。

折开：

曹州地瘠民贫，素称多盗，调兵糜款，牵动全局，识者目为山东第二河患。现虽剿平，而根株未净，难保盗贼不生。此种隐患，欲从根本上解决，惟注意教养两端为最要。然教养固为清盗源之要道，而筹款艰难，亦恐空谈无补。兹查有曹州陆镇罚款甚多，正在筹款无着，倘留作地方办公之用，似属正当办法。但款项过巨，一时猝难指数，仅就调查所知者言之。所罚款项，有每人罚二三千银者，有每人罚制钱三四千吊者，有每人罚烟土四五千两者，有每人罚快砲十数杆者，无快砲者照价折算。似此巨款，留作公用，裨益地方不小。兹将调查有确据者开列如下，其外尚多未经指明各款，拟请饬下查办，尽数归公，不胜翘盼。

计开：

濮州：张庄杨士垣罚银二千两。石庄李开举罚银二千两。田庄彭登峰罚银二千两。尹庄李梦兆罚银四百两。彭楼新成银号，被营兵抢去制钱三千吊、银四百两，罚制钱一千吊。彭楼天聚公银号，被营兵抢去钱票制钱四千吊、银五百两，罚制钱一千四百吊。仪楼仪鸿章罚制钱三千吊。彭继龙罚制钱一千四百吊。刘庄银广恩罚制钱五百吊。亓庄亓传铎罚制钱五百吊。濮州城内夏建寅罚制钱五百吊。军屯罗传章罚制钱三百吊。张广涵罚制钱三百吊。陈多彦罚制钱三百吊。桑仁龄罚制钱三百吊。

菏泽县：张在朝罚制钱三千吊。都司集郭要清罚制钱一千吊。尧王寺刘庄刘太平罚制钱八百吊。

巨野县：孔庆兰诸家共罚制钱一千六百吊。赵光里罚制钱一千一百吊。康明典罚制钱七百吊。张慕华罚制钱一千二百五十吊。

范县：朱德成、朱德山共罚制钱二千吊。刘瑞捷、段文献、胡怀珠共罚制钱三千吊。

曹县：武恒泰罚银四百两、制钱五百吊。秦晓兰罚银九百两。王惠莲罚银一千两。石常绣罚银九百两。朱秦礼罚银五千两、烟土一千两。傅志寅罚银一千两。苏名登罚制钱二千吊。朱高庄朱慕澧罚银一千二百两。江楼王学洙罚银七百两。李锡典罚银四千两。傅传业罚银三千二百两。

单县：朱鸿贤罚制钱一千零零九吊。刘继思罚制钱三百吊。侯姓罚制钱四百吊。

奉批答：来牍阅悉。折开曹州镇罚款计合银二万四千七百两，制钱二万七千七百五十九吊，是否确实，未据申报，本署无案可稽。仅据陆前镇开办工艺局禀称，动支贼赃项下制钱一万零三百千，与折开各款数目，不符过巨。已移知新任曹州镇，会督曹州府印委各员，秉公切实查明，详细申覆，以凭核夺办理。希即知照。此覆。折存。

呈院议决拟剔除税契旧弊文并折（附批答）

为呈报事。窃本局提议拟剔除税契旧弊一案，兹经公同议决，理合缮折呈报。为此呈请抚部院裁夺施【行】。须至呈者。

折开：

窃案税契旧章三分六厘，每地价京钱二千，即作价银一两。譬如地价百千，合价银五十两，按三分六厘抽税，应收税银一两八钱。吏胥因税章收银，即以税银一两八钱按市价扣算。从前银价稍低，民间受亏犹轻，目下市银每两四千一二百文，则一两八钱之税银，扣折七千三百有奇，视原章三分六厘，实浮收一倍，则名为三分六厘，实则七分三厘有奇。今年八月为抵补土药税，加税契为九分，若仍以二千合地价银，以市价扣折税银，则九分者转成十八分有奇，再加铜元一半折扣，直过二十分矣。名实不符，浮收累民，当急为变通。谨拟办法如左：

一、地价银与税银当一律均照市价。譬如市银现价四千，则地价京钱满四千作银一两，税银一两亦作钱四千。

一、纳税银改为照市价收钱，铜元、制钱悉听民便，不准吏胥借铜元扣折。而税钱之多少，仍遵新章九分市银现价核算。既不违背章程，更可杜绝铜元短扣之弊。

一、以上二法，一则变通旧章，使价银、税银一律合价；一则改银收钱，多寡之数仍照市银现价办法，并无歧异。而不亏国课，不累小民，洵上下两利之道。应请抚台裁夺公布，并饬下各州县将新章抽税编白话告示，遍发乡镇，俾民周知，以杜蒙混。

奉抚院札行批答：为札行事。前据呈称东省税契、价银、税银名实不符等情。本部院查所称自是实在情形，惟田房契价，每京钱二千作银一两，相沿已久，不仅东省为然，且从前奏明有案。本部院细加考核，地价每京钱二千作银一两，较诸现在市银一两，易钱四千一二百文之数，民间诚不免受亏。傥议将地价所报之数，照市价合银，则国家税课骤短一半，于财政大有妨碍，实不便轻易改定。至于税银按市价征收，银钱听民自便，不准书吏挑剔，历任抚院皆有奏定章程。但现在行使铜元，各州县征收粮税，曾奉部文准其与制钱搭收，前经通饬有案，本应一律办理。惟税契一项，现奉部章加至九分，民力恐有未逮，自应量加体恤。嗣后各州县征收税契，民间缴纳铜元，按照市价，不准扣折，以示区别。至请加抽税新章，编白话告示，遍发乡镇，俾众周知，因杜蒙混起见，统候录批行司，通饬各州县分别遵照办理。除行司外，为此札行谘议局查照。须至札者。

呈院议决呈覆典当利息文（附批答）

为呈覆事。窃本局奉抚部院札开：照得典肆之设，最为便民。乡间称贷，母财取息极重，事近盘剥；当商三分取息，遵照定章，缓急相通，莫善于此。乃近年当商倒闭时有所闻，良以该业用人既多，需费尤重，奉发官项多系地方公用，取息较丰。而时届隆冬，例须减息分半，取赎衣物，多在此时，余利甚微，以致亏赔闭歇。省城典业资本较厚，上架尚多，且有亨裕当商亏累二十余万之巨，外县各商多有岌岌不可终日之势。特以当商领贴开设，州县亦利其陋规，往往不准报歇。然本实先拨，日复一日，终必同归于尽。窃谓便民之要，尤在保商，商之不存，民将何便？查隆冬减息，虽利于多数之人，而不必利于极贫之户。盖贫者身无长物，随当随赎，未必能候至减息之时。似不如一律改为终年二分，冬令不再减息，以保本而便贫民。现据劝业道禀明及此，本署院悉加熟筹，本年春夏秋三季已照旧章收息三分，瞬届冬季，自应照章减息分半。若从冬季起遽改新章，反较旧章加息五厘，不足以昭公道。应自明年为始，通年改息二分，庶免有所藉口。且为贫民计，无衣御冬，多有力难取赎者，必须格外体恤。应于冬季酌分限制，凡当本在京钱四千文以下者，系属布衣，仍照旧章减收分半；其非布衣，及当本在京钱四千以上者，统照新章收息二分。至春夏秋三季既经另定新章，无论贫富等，概照二分交息，以归一律，免致商民稍有偏枯。此说是否可行，在素习地方情形者，必能研求实际。除径饬谘议局并分行外，合行札知。札到该局，即便查照。此札等因。奉此，当即公同会议。查各处典肆，从前常息多系二分，嗣常息有增至三分者，亦有仍旧二分者。其冬季减息，则无论常息三分、二分，均系减为分半。至减息期限，亦有三个月、四个月之不同。今若一律改为终年二分，而冬季减息仅限于布衣当本京钱四千以下，在常息三分之处减为二分，固觉便民。然凡典质衣物，皆系窘迫异常，即当本在四千以上者，亦非必尽属有余之户。若减息只限四千以下，是常三分之处，虽被有减为二分之名，而冬季反有增息之实也。且乡民典质不尽布衣，凡农用器具等件，甚有当钱数百文，或不及千文者，若只限于布衣，恐亦多所觖望。至于常息二分之处，冬季减息亦仅限于布衣四千以下，尤觉似减实增。此就恤民一方面言之，而尚需切实研究者也。再就商民两方面言之。查当商利息虽系三分，而每年自十月初一日起，至次年正月底，止共四个月，减息一分五厘，历有年所，并无异言。其便于民者，无论号之大小，至十月取赎，二年之票合三分，只付一年之利，是以取赎者多在冬季。即一时无力取赎，迟至次年正月底付利翻票，依然减息一半，是以无力者之翻票，又多在正月底。人人皆先期筹画，临时自不致遗误。今改二分，则长年一律，人皆玩愒，无先期筹画之思，届期或至自误。迨迟至期满时远，已势成弩末，积重更视为畏途，消长不见活机，翻赎遂无定候。漫衍之后，必致怠忽，怠忽之久，必致疲敝。意在恤民，转致不甚便民。至于取赎减息，在四个月之内，原不及长年二分获利之厚。然通盘计算，减息四月之内，获利已属大宗。各当店皆有通用他号之款，借此可以弥补罅漏，各商所藉以释重负者此也。且当店生意，架上之号不满，生意固属不佳；架上之号常满而不下，生意尤属不佳。一上一下，正视此一加一减，为之橐籥。今改二分，则永无大宗进款，所入零星，仅足付人利息，实则剥己之脂膏。平衍之下，必致壅滞，壅滞之久，必成痿痹。意在保商，而反致病商，似于商亦不便。此就商民两方面言之，而尚需切实研究者也。至于各处当业情形，省会与各属亦自不同。凡下州县当典，上架号数虽过数十万之多，无非穷民棉布衣服积累而成。每票一千八百以至三五百文者，十居其九。四千以上之大号，不及十分之一。如果四千以下各季减息，此令一行，民间避多就少，分一票为数票，务就四千以下之范围，则号数既多，典商添人照料，致多一层费用，而常年二分之典，仍是一分五厘之典，尤觉挹注为难。此就保商一方面言之，而尚需切实研究者也。综以上各节，逐加讨论。兹经多数决议，佥以为各处情形习惯既不相同，办法自难一致，拟请一面暂仍旧贯，一面饬下商务总会，召集通省各典业详细会议，以期商民两便。为此呈覆，恳请抚部院裁夺施行。须至呈者。

奉批答：来牍阅悉。已依议札饬劝业道，会同商会，召集典商讨论规定矣。此复。

呈院议决滕县花生捐款改作巡警公费文

为呈报事。窃查滕县旧有花生捐款，作为学堂经费，旋因奸商勾通外人，托名采办，强将捐款裁减。近因筹办巡警事件，按亩加捐，甚违定制，仍欲收回花生捐款，改作巡警经费。但此事关交涉，第恃县令详查该县奸商采办真假，深恐有滞碍难行之处。盖该县本地捐款，应归本地公费，外人本不应干预。况易捐在前，采办在后，其所谓采办者，亦未见有护照，恐系本地奸商藉势招摇。历任县令均不能剖判详悉，此时欲彻底根究，惟有一面请抚台咨请南洋江督，转咨驻镇江英领事，确查历年果有在滕县采办花生之事与否，曾发护照与否，以辨真伪；一面请抚台饬该县令，详查奸商采办情势，并须验明护照后，方准在该县地方采办。若无确实之护照，显系朦混①无疑，除照例惩罚外，仍请抚台删除该县亩捐，即将旧有之花生捐款改作巡警经费，实为公便。业经公同议决，理合备文呈报。为此呈请抚部院裁夺施行。须至呈者。

① “朦混”，为旧时用法，通“蒙混”。

呈院滕县士绅拟请滕县成款作地方行政经费请愿书（附批答）

为呈报事。窃据滕县士绅请愿书内称：为经费拮据，成款委弃，公恳主持挽回利权，以济公益事。窃以新章迭出，所在需款，当此库款支绌，不得不以本地筹画。滕县左山右湖，民贫地瘠，地方公款率被奸商劣绅占据，兼以连年旱干，民不聊生，以致地方公款事项，如自治、农桑、学会、商会、劝工场各项，无款筹办。其已经成立者，惟官立学堂、城市警察学堂，岁费万串，兴办有年，惟赖学田及修城息款，略可敷用。警察岁费八九千串，前各县尊注重告讦，罚款应付，倾家荡产者不一而足。今县尊加惠滕民，力除前弊，一概免其科罚，乡民感戴，异口同声，而无米之炊，拮据更甚。既无闲款可拨，又无挪借可抵，即曩之城厢铺户协助者，嗾使劣绅，袒商抗拒，又成画饼。按亩加税，遂相迫而起。自十亩以上，加制钱十文，责成社长限日缴纳。而不肖社长因缘为奸，又加制钱二文三文不等，以致藉公科敛之案层见叠出。又值本年蝗旱，十室九空，粮价日昂，民有菜色，而胥吏严催，急于星火，闾阎顽固，等于聋聩。伏思警察既属立宪要公，亩捐恐难为继，踌躇再四，（维）〔惟〕有花生税，系滕县委弃巨款，挽回借补，略纾民力，实为一举两便。缘光绪二十八年，滕民陈芳彬安设花生专行，每票万斤抽用二十千，每岁千余票。二十九年，经举人郑叔芸等呈准裁行易捐，每票捐银三两，提为学堂经费。三十一年，有奸商邱蓬琨、程鸿楷勾引洋行亨得利，在滕包揽众商，讬名采办，抗不缴纳，当时激成交涉。东省委员与英领事委员会滕磋商，经董事黄宝晋等力争，每票仅留学堂捐京钱二千，致使成款委弃。去年陈道源复控，至今不休，均有案可查。职等以滕县既非通商口岸，无论华洋采办，自应照旧输捐济公。此项虽指明学堂经费，学堂既属足用，警察现无款可拨，自可通融办理。请将花生税认真整顿，仍令商人照旧纳捐，借补警察。一转移间，绰然有余，又何必年年加捐，徒多扰累。况采买花生之殷商皆在县城，以城商之捐，供巡城之警察，似于部章相符。倘蒙赏准以花生捐抵补亩捐，并邀地方官保护华票，既免目前之纷争，兼收警察之的款。职等愚昧之见，是否有当，伏乞谘议局核议，呈转大宪施行等语到局。据此，本局遵照章程第二十一条十二项内收受，业经全体议员公同议决，理合呈报。为此呈请抚部院裁夺施行。须至呈者。

奉批答：来牍阅悉。正判覆间，又据呈转据滕县士绅请愿书，亦拟以该县花生捐，移作巡警经费，并欲将洋商已认之捐，更议增加。此事当日据江督、英领事往来文电，均属有案可稽，自无烦再行咨询。所有订立议单已逾五年，当时滕绅并无异言，今欲废去议单，照旧纳捐，必生交涉。上年陈道源呈控邱蓬琨等一案，及众证齐集，传陈道源质讯，避不到案，未知何故。议单所认，原系学堂经费名目，若改充巡警之用，则学费从何筹措。二者同系公益之举，必须兼顾。所称学田及修城息款，是否确可敷用；又按亩抽捐，劣绅社长藉端苛敛等情，是否属实，候派员前往确切查明，妥筹办法，详候核夺。至洋商采办土货，例以海关护照为凭，应饬该县随时验明护照，不准稍有朦混。希即知照。此覆。

呈院东阿等县请留斗捐作自治经费请愿书并折（附批答）

为呈请事。窃查谘议局章程第一条云，谘议局以指陈通省利病，筹计地方治安为宗旨。是凡地方之利病，足以关系治安者，皆可指陈。兹有东阿、平阴诸议员，提议该数县斗捐一事，拟请饬委查明，拨留公款，以为自治经费。虽事关数县，非通省之利病，而关系地方，实应在指陈之列。业经公同议决，理合呈报。为此呈请抚部院裁夺施行。须至呈者。

呈院东阿等县请留斗捐作自治经费请愿书

为呈请事。查斗捐一项，乃地方税，非国家税。东阿县姜庄向有斗捐局一处，先时地方官派人收管，自光绪三十二年筹款局派委员办理。每斗抽卖者制钱六文，买者制钱四文，每年所过斗石，或二十余万石，或十余万石，至去岁年终，合计三年不下五十万石，以每斗六文扣算，可得京钱六万余串。不知上解之数是否相符？姜庄北郭家口有险工一处，每至伏、秋两汛，抢险所费甚巨，曾蒙前升抚杨批准，于收卖客斗捐六文项下，抽二成作保护险工之用。乃该局每年仅出京钱二三百千或三四百千，三年共支拨钱一千零四十余千。以此二成计之，则上解之八成，当亦不过四千余串矣。该局之地界东阿、平阴二县，前经泰安府宪核准，于收买客斗捐四文项下，每年助东阿学堂经费京钱五百千，平阴学堂经费京钱四百千。乃该局并不如数清交，三年共交东阿学堂七百余千，平阴学堂五百余千，计三年共欠两县学费一千四百余千。窃思工款、学费，皆属要需，既蒙上宪批准，何以该局竟不如数拨交。兹拟请饬下筹款局，查明该局三年中上解确数，并将每年应交公款、旧欠公款照数交清；并请于沿河各州县凡有斗捐局之处，皆饬其酌留公款，以为筹办自治之用；并将每日所过斗石之数张贴门首，俾众周知，则局委不敢欺饰，上解可得实数，地方经费亦可不扰民而自足，实为公私两便云云。

奉批答：来牍并折均阅悉。所请饬委查明东阿、平阴诸县斗捐，拨留公款，以为自治经费一案，自是筹计地方治安者应办之事。候本部院调查明确，裁夺施行。此覆。折存。

奉抚院据筹款局详称行局札

为札行事。案据筹款局详称：案奉札开：案据谘议局呈称：窃查谘议局章程第一条云，谘议局以指陈通省利病，筹计地方治安为宗旨。是凡地方之利病，足以关系治安者，皆可指陈。兹有东阿、平阴议员，提议该数县斗捐一事，拟请饬委查明，拨留公款，以为自治经费。虽事关数县，非通省之利病，而关系地方，实应在指陈之列。业经公同议决，理合呈报。为此呈请裁夺施行等情到本部院。据此，除【批】“来牍并折均阅悉。所请饬委查明东阿、平阴诸县斗捐，拨留公款，以为自治经费一案，自是筹计地方治安者应办之事。候本部院调查明确，裁夺施行。此复。折存。”印发外，合行札饬。札到该局，即便查照，迅速据实详复，以凭酌夺饬遵，不得稍涉含混。毋违。此札等因，并抄折到局。奉此，查筹款创办之初志，在重榷菸烟，以为寓禁于征之意。嗣因奉饬查办牙纪，以泺口斗行经纪，每年所过粮石颇巨，且因新旧行纪以争行延讼不休，始议裁汰经纪。就经纪原抽行用之数，化私为公，由局委员经理，既息讼端，且济饷需。故斗捐设局，以泺口为始。迨至光绪三十一年，奉文筹拨练兵经费，数巨且迫，当奉前升宪杨札饬，于沿河粮石萃会之区，仿泺口办法，设局抽捐。随由本局查明，于黄连卫、小清河添设十一局，无论该处经纪向抽行用几文，统照泺口所抽之数，每过粮一斗，抽收制钱六文。乃各处商务繁减不同，陆续裁并，故现在仅存四局。在黄河者曰历城之泺口，曰东阿之姜庄，曰利津之十六户，兼管滨州尉家口；在卫河者则德州一局，而兼管临清者也。其已裁各处，或由粮栈包办，或经纪包收，仍归附近之局兼理。是本局所管斗捐，虽系委员经理，实含有牙纪性质。此本局办理斗捐之详细情形也。至谘议局提议姜庄斗捐情形，因与本局案据互有异同，现拟遴派委员，逐细调查明确，再行核议。除俟覆到另行议覆外，所有沿河斗捐始末，沿革情形，理合先行详覆查考等情到本部院。据此，除批饬将姜庄斗捐情形派员确查，另行议覆外，为此札行谘议局查照。须至札者。

呈院周村职商侯甲荣等请愿书（附批答）

为呈明事。窃据济南府长山县周村镇职商侯甲荣等请愿书称：窃自光绪二十八年四月间，由筹款局派委，会同前县尊曹，筹办周村厘金，继因商民请求免厘，遂改名曰商捐。每年认捐银一万两整，按四季分缴，即以二十八年为始。旋因同时同事之潍县商捐，被御史陈某奏参，改为民捐民用；同时周村商捐，亦经前抚周面谕曹委，周村商捐仍归地方蚕桑等事之用，有曹委禀案可证。是年秋，即由此项款项中，经曹委禀请，以二千两拨充长山县高等小学堂经费。二十九年，又经曹委禀请，以二千五百两拨充长山蚕桑厂经费，以五百两拨充青州蚕桑学堂长山县学生津贴，下余五千两作地方办理巡警及草帽辫公司之用，均在案。现在长山高等小学堂、蚕桑厂、蚕桑学堂三款，虽已照数每年支拨，而其余之五千两，筹款局每年仍行提解，以致周村巡警费用另行搜括，至今不敷，不能扩充，以致（责）〔啧〕有烦言，而草帽辫厂毫未举办。现经村人公议，援照前案，所有解筹款局一项，拟自今年秋季始免缴，留作地方办理巡警，及办理草帽辫厂之用。又每年缴长山蚕桑厂一项，原定以六年为限，现在此项缴款亦经满限。查周村镇内户口繁多，食水不足，自古为患，拟请以此项款项，留作周村镇内穿凿洋井之用，以后每年仍以此项添拨草帽辫厂，以期逐渐推广。为此特恳贵局体察商情，设法妥办，俾得援照前案，免缴筹款局，而留作地方公用。至兴办帽辫、凿井，章程议妥，另行呈递。所有请愿缘由，理合具实陈明等情到局。准此，查谘议局章程第二十一条第十二项收受本省自治会或人民陈请建议事件等语，似此，本局自不能不遵章收受。当经提出会议，拟作为建议案，业经公决，理合抄录原书，呈候钧核。为此具呈，恳请抚部院裁夺施行。须至呈者。

奉批答：来牍阅悉。查厘金为国家税岁入一大宗。周村商捐，系光绪二十八年张前院任内拟办陆路厘金，众商要求请免，改认商捐，每年笼统缴银一万两，体恤商情，可谓至极。侯甲荣身充经纪，应知此中原委，则商捐即厘金也。当时酌留一半，以为地方公用，亦无非顾念民艰。至巡警为地方行政，筹集经费自应另有办法，已于另呈滕县花生捐案内批行覆议。惟所称拨充长山蚕桑厂经费二千五百两，现届六年限满，本院查无案据。当时是否禀定年限，并草帽辫厂既未举办，其与巡警费如何区别，应候行筹款局、巡警道，分别查明详夺。希即知照。此覆。

奉抚院据筹款局详称行局札

为札行事。案据筹款局详称：案奉札开：案据谘议局咨呈转据周村商董侯甲荣请愿书内称：窃自光绪二十八年四月间，由筹款局派委，会同前县尊曹，筹办周村厘金，继因商民请求免厘，遂改名曰商捐。每年认捐银一万两整，按四季分缴，即以二十八年为始。旋因同时同事之潍县商捐，被御史陈某奏参，改为民捐民用；同时周村商捐，亦经前抚周面谕曹委，周村商捐仍归地方蚕桑等事之用，有曹委禀案可证。是年秋，即由此项款项中，经曹委禀请，以二千两拨充长山县高等小学堂经费。二十九年，又经曹委禀请，以二千五百两拨充长山蚕桑厂经费，以五百两拨充青州蚕桑学堂长山县学生津贴，下余五千两作地方办理巡警及草帽辫公司之用，均在案。现在长山高等小学堂、蚕桑厂、蚕桑学堂三款，虽已照数每年支拨，而其余之五千两，筹款局每年仍行提解，以致周村巡警费用另行搜括，至今不敷，不能扩充，以致啧有烦言，而草帽辫厂毫未举办。现经村人公议，援照前案，所有解筹款局一项，拟自今年秋季始免缴，留作地方办理巡警，及办理草帽辫厂之用。又每年缴长山蚕桑厂一项，原定以六年为限，现在此项缴款亦经满限。查周村镇内户口繁多，食水不足，自古为患，拟请以此项款项，留作周村镇内穿凿洋井之用，以后每年仍以此项添拨草帽辫厂，以期逐渐推广。为此特恳贵局体察商情，设法妥办，俾得援照前案，免缴筹款局，而留作地方公用。至兴办帽辫、凿井，章程议妥，另行呈递。所有请愿缘由，理合具实陈明等情到局。准此，查谘议局章程第二十一条第十二项收受本省自治会或人民陈请建议事件等语，似此，本局自不能不遵章收受。当经提出会议，拟作为建议案，业经公决，理合抄录原书，呈候钧核。为此具呈，恳请抚部院裁夺施行到本部院。据此，除批“来牍阅悉。查厘金为国家税岁入一大宗。周村商捐，系光绪二十八年张前院任内拟办陆路厘金，众商要求请免，改认商捐，每年笼统缴银一万两，体恤商情，可谓至极。侯甲荣身充经纪，应知此中原委，则商捐即厘金也。当时酌留一半，以为地方公用，亦无非顾念民艰。至巡警为地方行政，筹集经费自应另有办法，已于另呈滕县花生捐案内批行覆议。惟所称拨充长山蚕桑厂经费二千五百两，现届六年限满，本院查无案据。当时是否禀定年限，并草帽辫厂既未举办，其与巡警费如何区别，应候行筹款局、巡警道，分别查明详夺。希即知照。此覆。”印发外，合行札饬。札到该局，即便分行查明，详候核夺。此札等因到局。奉此，查周村商捐，光绪二十八年原定岁缴万金，以二成津贴长山县小学堂，以二千五百金为同利蚕桑厂底本，以五百金为长山县蚕桑学生拨赴益都学堂肄习蚕桑学费之用，下余不过五千金上下，批解本局，备拨练兵经费及本省饷需。该商董侯甲荣请将此款作为巡警经费，及办理草帽辫厂，并安设自来水之用，所请碍难照办。所有查明周村商捐未便留作别用缘由，理合具文详覆鉴核饬遵。再，拨赴益都学堂肄习蚕桑之长山学生，每年学费五百两，系自光绪三十年为始，五年为限，并非同利蚕桑厂一款。合并陈明等情到本部院。据此，除批示外，为此札行谘议局查照。须至札者。

呈院议决厘剔集税中饱化私为公悉充地方自治经费文并折（附批答）

为呈报事。窃本局提议厘剔集税中饱，化私为公，悉充地方自治经费一案，经全体议员公同议决。所有拟定办法，理合缮折呈报。为此呈请抚部院裁夺施行。须至呈者。

折开：

窃以财政大宗，分国家财政、地方财政二种。各州县集市场税，本属地方财政，向归地方官管收，中饱固不待言。自省城设立筹款局，一切行帖改为司发，按集市大小，酌纳帖费税金，稍济实用。然承办行帖，必请地方官由司转领给发，其中弊端不一而足。如司帖费银百两，而地方官私费，及门丁、房吏陋规，竟有勒至三五百两不等者。行纪受最重之剥朘，于是逾额浮收，集市因之不安。或误指良懦为漏税，一经禀控地方官，又借端勒罚。此等恶弊，比比皆然。是直以地方之财，累害地方。现在办理地方自治，国民之负责愈重，地方之需款尤多。拟将集税一项，概由董事会经理，直接藩司请领行帖，兑缴帖费，不假手地方官衙；即以各该集市所得之税，悉充办理地方自治之用，则化私为公，事无不举矣。兹将应除之弊端，及改良之方法，具列于左：

（甲）旧弊之种类。

一、州县勒索之弊。承办行纪，必由该处绅董赴县禀保，先将州县私费说好，方准请帖，而此私费，已较帖费正课五六倍有奇。其弊一。

一、门丁贿串之弊。门丁为州县俑伥，欲承办行纪，先说门丁私费。门丁即借州县护符，百般敲诈，州县私费银如五百两，门丁私费至少亦须一二百两。其弊二。

一、房吏勒索之弊。禀保行纪，必经房吏之手。寻常禀保，勒索犹轻，此则效门丁之颦，肆无忌惮，有一禀竟索至数十吊者。其弊三。

一、发帖重索之弊。藩司据请，发空白行帖，领到后由该管房吏传谕行纪，当堂领帖。而房【吏】有填写费，州县门丁又索领帖费，虽较前费稍轻，而为数亦属不少。其弊四。

一、验帖勒索之弊。司帖五年一换，原为体恤行纪，郑重课税起见。州县即假慎重之名，每半年或一年，将全境领帖行纪传齐，名曰验帖，以察冒滥。乃帖既呈进，迟延不发，明示以纳费之意，视集市之大小，为勒索之多寡。倘不如愿，非假冒亦假冒，甚至罪以浮收税额，立行斥革，将行帖另行勒卖。行纪类皆贫寒，因此求尽者累累。其弊五。

一、私换行纪之弊。司帖期虽五年，州县巧于营利，先将换帖意旨授之门丁，借此簸扬某行纪将换矣，而新股闻风即赶行营谋，但视旧股所出官衙私费有加，即将旧股斥革，追缴司帖，剜补姓名，以与新股。一转移间，州县之囊橐遂满，而甲乙之讼端已开。其弊六。

一、构讼借罚之弊。行纪受种种剥朘，势必求偿于集市，重税浮收，讼已不绝，又择欺良懦，误控漏税。州县因得行纪大宗私费，明行袒护，重罚良懦，阳整市税，实饱欲壑。其有被罚负屈，另寻控告州县，又不论理由，硬责行纪，于是已罚之款既行乾没，而行帖又转卖一人，鹬蚌相持，渔人两利。其弊七。

一、总行、分行之弊。行之种类，称斗、牙、尺尽矣，而牙之一种，又分大牙、小牙。州县向有办总者，任占一种，多出私费，办为总行。凡办分行者，向总行占办一集，有时与总行不相能，即自请于州县承办，于总行中夺一集以与之。既得总行之私，又夺其利以渔分行，可谓左右垄断。其弊八。

总以上诸弊，税帖之归公用者十之一，归中饱者十之九。以一县计之，虽不能定其确数，而大小集市不下数十处，为数诚为不少。方今地方新政待兴，需款浩繁，则化私为公，改良实为不易。

（乙）改良之办法。

一、无论何处市集，所有行帖，概由董事会承领。今董事会尚未成立，应由众人票举公正绅董管理。

一、所有行帖费及应纳税课，即由该董事照缴，以期不亏公款。

一、请领行帖，由董事会直接藩司，概不经州县之手。

一、对于抽收市税，但求地方相安，不亏课税，不病商民，州县无须过问。

一、该集市抽税，或会中董事自为，或雇妥人代收，应听其便；其旧日办行之人，尚无过失者，亦可归董事会酌用。

一、该集市除纳帖费课税外，所得余项，概归各地方办理自治事宜之用。

一、所收余利，须由董事会按季张贴出入项目，以昭大公，而杜隐漏。

一、嗣后五年行帖期满，由藩司饬下州县，催董事会换领新帖，该州县衙中并无用费。

一、此项余利，仍系以地方之财，办本地方之事，不亏公款，有济实用。

一、向例行纪，州县不以平人看待，该行纪亦甘居下流。嗣后董事会承办，系为筹款办公起见，地方官概不得卑视。

奉批答：来牍阅悉。所称行纪牙帖种种旧弊，实所不免。至改良办法，谓由董事会承办，直接藩司，州县不必过问，原为除弊起见。但行纪如有欠缴帖费，董事倘有侵挪，又当如何追究？向来行纪，绝无上流社会人，董事会人为一乡一县之望，岂能为行纪之代表。与藩司直接，又成藩司收税之员。所请碍难准行。至剔除中饱，以恤商艰，并提拨地方自治之用，自当另订妥善办法，候详细调查，再行札知。此覆。折存。

奉抚院据布政司筹款局会详称行局札

为札行事。案据布政司、筹款局会详称：案奉札开：案据谘议局咨呈内称：窃本局提议厘剔集税中饱，化私为公，悉充地方自治经费一案，经全体议员公同议决。所有拟定办法，理合缮折呈报。为此呈请裁夺施行，并呈清折到本部院。

据此，除覆“来牍阅悉。所称行纪牙帖种种旧弊，实所不免。至改良办法，谓由董事会承办，直接藩司，州县不必过问，原为除弊起见。但行纪如有欠缴帖费，董事倘有侵挪，又当如何追究？向来行纪，绝无上流社会人，董事会人为一县一乡之望，岂能为行纪之代表。与藩司直接，又成藩司收税之员。所请碍难准行。至剔除中饱，以恤商艰，并提拨地方自治之用，自当另订妥善办法，候详细调查，再行札知。此覆。折存。”外，合行札饬。札到该局，即便会同布政司，迅速核议详夺，毋延，切切。此札等因，并奉抄发清折一扣到局。奉此，除折开各条备载宪案，请免重叙外，本司道等查牙纪之设，原以辨物平价，以通贸易，应征税则，为数最轻，厥后积久弊生，而商用之浮收、官吏之规费，所在多有。光绪二十八年间，本局禀承前升宪周檄饬，特定章程，严【加】整顿，凡官吏之中饱陋规，均饬和盘托出，集款甚巨，而商民相安。惟是数年以来，时局日变，牙侩有羡余之入，则奸民群起而纷争；州县当疲苶之余，亦或有取偿之希望。是以近年因争行而兴讼涉，及胥吏舞文取利者，又偶见焉。然一经告讦，或由本司局访闻，无不立委妥员，前往查讯，随时察断，革除弊端，务使商民允服，始准销结。就全省计之，似此者亦曾不数数觏，又何能如该局所称，税帖之归公者十之一，归中饱者十之九耶？至于此项帖费，谨按钦定大清会典，属在户部杂赋之列，治于有司，系之赋籍，以为国家维正之供，并非地方行政之费。只以本省举行新政，筹款维艰，因就原额之外所长收者，奏定作为小清河工用款。近年筹款支绌，复拨充练兵经费。即此已属权宜之举，何堪再为挹注之谋。本局别无可以移拨，实难提作地方自治之用。矧在驵侩皆属市井之流，乡党自好者不为，恐非董事会人所能经理。诚有如宪谕所云，一县一乡之望，不能为行纪代表者也。若官吏中饱之弊，自应切实剔除。本司道等悉心核议，覆查两届编审章程均已严密，若徒于文告加繁，于事亦属无济。况法立弊生，其诪张之术，有非托业其中，不能遽数而终其物者。除随事随时认真察核，予骩法者以参追，科作奸者以定律，此外亦难别筹妥善办法。奉饬前因，所有遵议牙税不能提作自治经费，并随时认真剔除中饱，以恤商艰各缘由，理合具文详请鉴核等情到本部院。据此，除批示外，为此札行谘议局查照。须至札者。

司　法

呈院议决拟请贴示判决书以成信谳文并折（附批答）[①]

为呈请事。窃本局提议关于民刑诉讼等事，拟请贴示判决书，以成信谳一案，兹经全体议员公同议决，理合遵照章程第四十二条随时报告。为此缮折，呈候抚部院裁夺施行。须至呈者。

折开：

查东西各国，于民刑诉讼，每判一案，须将其起诉原因、讯问供词及裁判罪名，作成判决书，以公布于众，故上无偏袒之虞，而下无冤抑之情。我国判决旧例，虽有堂断，绝不宣告，即偶有宣告者，亦语多笼统，故于两造供词及科刑条例与罚金数目，除官吏外，余人均不得知。蠹吏因之为奸，贪官因之卖法，任情判断，侵吞罚款诸弊，皆由于此。拟请抚部院通饬各州县，每判一案，须将其起讼之原因，两造之供词，及科刑罪名与罚金数目，作成判决书，三日内张贴衙前，俾众周知。如【此】则偏断、请托、卖法、吞款诸弊，庶可无自而生。行之甚易，关系匪浅。谨拟办法如左：

一、作木牌二具，如照壁状，下以木架为座，上以木板作覆瓦式，以避风雨。

二、无论民刑诉讼，判决后，限三日内张贴判决书于木牌上，以示公众。

三、判决之后，逾三日不张贴者，准两造向承审官请求张贴；仍不张者，得向上级官厅为违法之告诉。

---

① 原报告书目次中标题为“呈院议决贴示判决书以成信谳文并折（附批答）”，报告书内标题为“呈院议决拟请贴示判决书以成信谳文并折”，兹据内容拟标题“呈院议决拟请贴示判决书以成信谳文并折（附批答）”。

四、凡违法不张贴者，如无蒙蔽情由，以废弛误公论，应记过惩警；其有蒙蔽情由者，照其弊之轻重，以罔法科断。

五、凡有伤风败俗之事，若经承审官认为关系较轻，勿庸宣布者，其事实可免张贴，其罪名及罚金数目仍须张贴，以免蒙蔽。

六、判决书须作三份：一张贴木牌；一存案备查；一随词讼月报附呈上级官厅，以照断结之确实。

七、判决书应记载左列各项：

（甲）两造之姓名、年龄、职业、住所。

（乙）摘录其事实及其争点，有证据者并录其证据。

（丙）裁判之理由。

（丁）科刑罪名及罚金数目。

（戊）判决之年月日及承审官之姓名。

奉批答：来牍拟令州县贴示民刑诉讼判决书，自是各国审判厅之通例。惟原案虽由州县审判，而论决须由钦定，或候部议，或听上官准驳等案，系属判而未决，不得先行宣示。凡由州县自行判决之案，应即照议办理。但三日之限太促，应改为七日。即候通饬，一体遵办。希即查照。此覆。折存。

呈院议决改良各州县统计处之办法文并折（附批答）

为呈请事。窃本局议员提议改良各州县统计处之办法四条，业经全体议员公同议决，理合遵照章程第四十二条随时报告。为此缮折，呈请抚部院裁夺施行。须至呈者。

折开：

东省调查局之建设，原为编制法规、统计要政起见。考查利弊，研究虚实，是以于各州县地方设统计处，藉资补助。乃各州县自统计处设立以来，其所调查事项，除调查局法制科第一股所掌民情风俗、地方绅士办事、民事商【事】诉讼〈事〉之习惯，第二股所掌督抚权限内各项单行法及行政规章，统计科第二股所掌教育统计，第三股所掌实业、交通统计外，若法制科第三股所掌行政上之沿习及其利弊，统计科第一股所掌外交、民政、财政之统计，第二股所掌军政、司法之统计，则往往捏禀搪塞，虚妄不实。常此不改，恐异日编制法规，即以今日各州县统计处所调查之事项为根据，恐事非真实，难为确据，将来宣统二年本局之预算案暨宣统三年之决算，亦属空谈。而东省财政上之议案，未足昭信用于人民，其害将有不可胜言者。推其原【由】，皆由调查局与各州县统计处不能直接，地方官从中隔阂之故。兹谨拟改良之法四条列左：

一、调查局、统计处互相来往之公文，务令直接，不必经过地方官。盖地方官因调查局之公文不利于己者统归自办，将统计处所调查〈与统计处所调查〉不利于己之事必为删改，不令从实禀报。此各州县之通弊也。

二、请求抚部院通饬各州县，凡统计处调查事项，对于地方官署之档案，可用正式调查，地方官不得以与己不利，故为隐藏。

三、统计处须由调查局颁给关防及一定之公文式。

四、统计处须用地方公正绅董办理，不得任地方官利用幕友、书吏及二三附官之劣绅任意编制，以为搪塞敷衍之计。如有仍蹈此弊，及串通劣绅，以便私图者，得由地方绅董向调查局禀控。

奉批答：来牍暨清折均悉。所议四条，自系为慎重调查起见。惟查调查统计系宪政编查馆奏奉特旨饬办之件，其奏定章程第十二条内载，编制事项应由本省督抚札饬府厅州县就近派员调查，统计事项按照馆定表式，札饬司道府厅州县各衙门，添设统计处，选派专员，就该管事项，分别列表汇送调查局等语。是馆章立意，法制、统计两项，均责成各该主管处所自行查报，而以调查局为上级之审察，立法不为不善。诚以两科所查事类，如行政沿习及财政、军政、司法等事，其内容有非绅董所概能深悉者，故不得不专责官吏，而以总局为覆核考校之地也。至于预算决算，谘议局所据以议决者，为将来度支部核定之财政局报告册，且专指地方行政经费而言，与此项统计绝无干涉。该局所陈统计处与调查局直接，并颁给关防，是俨成独立之局，不第糜费较多，且与奏定章程不符。所请碍难照办。希即知照，并候行调查局备案。此复。折存。

呈院遵批覆议改良各州县统计办法仍执前议文（附批答）

为呈覆事。窃本局前经议决改良各州县统计处一案，兹奉钧谕，以宪政编查馆所订调查局章程第十二条议驳。议员等亦早知馆章具在，罔敢违背。特细译馆章所云，由本省督抚札饬府厅州县，就近派员调查；又札饬司道府厅州县各衙门，添设统计处，选派专员，就该管事项，分别列表汇送各等语。玩此条文，意旨是除司道各衙门外，凡府厅州县所派之员，必为本地公正绅董，不得以幕友、书吏滥充无疑。乃历查现在各州县所设统计处，虽有选派绅董办理者，至如行政沿习及财政、军政、司法等事，凡与地方官有直接之利害者，绅董等原未深悉，若欲调查档案，又皆禁而不与；地方官于是利用幕友、书吏上下其手，若遇不利于己之事项，则故为匿报，必无害于己者，始详登册籍，是以有敷衍搪塞，不尽不实之处。议员等躬亲目睹，深恐有负编制法规、统计要政之至意。前议改良方法四条，又梗于馆章不能通融，议员等坐视不忍，改良无由，谅抚部院定有良善办法，以符定章而杜弊窦，断不至以拘守成规，一任地方官捏禀虚报，敷衍不实，难为确定之统计也。议员等知识有限，难窥高深，惟冀明白示谕，以补议员等之不及，而去统计处之已甚，实为公便。为此覆呈，恳请抚部院裁夺施行。须至呈者。

奉批答：来牍阅悉。诸议员于州县统计报告，欲求良善办法，具见热心公益。惟查统计定章，并未载及府厅州县选派专员，即系指本地绅董而言。然各州县禀报统计处任事之员，选派绅董者，未尝不居多数。特以此项经费，照章由州县自筹，给资不能甚优，绅董率多观望。且僻小州县，欲求曾习法政、通达治理之绅董，亦不多见。故间有兼用本署刑钱幕友相助为理者，以其情形熟而资费省也。至于书吏，不过藉供缮写，并非滥充调查。且统计调查多系已往陈迹，事之发生，结局不尽在州县。其属于州县范围内者，卷据章程，上级各署班班可考，各牧令无所用其隐匿。况【据】奏定章程，报告虽在州县，而考核汇定之权则在总局，不能据各州县之报告，即视为总局最后之成绩。仍候札饬调查局遵照定章认真考查，以期尽臻妥善。希即知照。此覆。

呈院议决整顿词讼冤抑文并折（附批答）

为呈请事。窃据本局提议整顿词讼冤抑一案，兹经全体议员公同议决，理合遵照章程第四十二条缮折呈报。为此呈请抚部院裁夺施行。须至呈者。

折开：

窃以今日为良民害，莫词讼若。民人呈控准案，差役持一纸传票，视乡民之肥瘠，百端勒索。其弊一。两造俱齐，差役与门丁狼狈为奸，故不呈案，煽惑民人纳贿，藉势撞骗勒索。其弊二。官之听断勤惰，惟恃丁差之呈案迟速，丁差利其不讯，便于勒索，恒有票传累月经年，而两造不得一见官面，民人因而失业荡产者，不一而足。其弊三。官听门丁之言，利其得和息银，虽容易断结之案，亦不遽尔断结，必迟至多日，令两造呈递和息状，而和息银又视讼者之肥瘠为多寡。其弊四。以上四弊，皆由官偏信丁差，权柄下移，致令民人受无穷之冤抑。当此预备立宪时代，欲令人人存国家思想，必先使人人受国家之利益，小大之狱能以情察，亦于民相信之道也。而其最宜注意者，约有七条：

一、讼费化私为公。宜遵法部奏酌拟各级审判厅试办章程之第六节讼费照办。

二、实行赎金。宜遵刑部议覆护理晋抚赵奏请各省通设罪犯习艺所折中所言，照乾隆年间奏定赎罪银数，减半科算。

三、报告所收讼费及罚金之数目。每月一次，将所收讼费与罚金数目，及其支出数目，分类开列清单榜示，并造具清册，按月报告上级官厅，以昭出入之核实。

四、严定传讯日期。凡差票限期，十里以内者当日销差，五十里以内者不得逾二日，百里以内者不得逾四日，以免稽留勒索。

五、牌示堂讯日期。凡两造传齐后，或当日审讯，或隔日审讯，均应随时牌示，以免舞弊。

六、需索从严惩罚。所受讼费，差役既有应得之数目，不虑无有工食，倘再额外需索，自应按律惩罚，以防舞弊。

七、约束门丁。所用门丁，皆明定工食。其工食即由和息银中支给，和息银有余，储蓄以备不足，不足则以讼费补之。门丁再有犯赃，定当重惩。拟请抚部院通饬各州县官，统以此为注意，东民其庶有豸乎。

奉批答：来牍阅悉。查讼费化私为公，应照本章程第一百十九条，自各级审判厅开办之日为始。现在审判厅尚未成立，未便先由各州县施行，致滋纷扰。又犯罪呈请捐赎，本已照章实行，毋庸再议。第三条报告讼费及罚金数目。查罚金原有榜示报告，其讼费一节，既未实行，与第六、第七两条内所称差役、门丁工食，均难议及。至需索犯赃，均例有专条，原不以其工食之多寡，得以稍分差等。统论所指四弊，最为深切著明，应责成州县官认真稽察，有犯即按照定例惩办。如州县官有意庇护，即由该管道府直隶州指名详参。第四、第五两条亦均切实可行，即候通饬一体遵照办理。此覆。折存。

呈院议决救济公事延搁文并折（附批答）

为呈报事。窃本局议员提议救济公事延搁等弊办法一案，经全体议员公同议决，理合遵照章程第四十二条呈报。为此缮具清折，呈请抚部院裁夺施行。须至呈者。

折开：

现在政令日繁，凡上谕、部章及本省单行法令，几至无月无之。此中除消极的劝谕等事外，一切关于变更法规及对人民为一般的处分，皆须官府执行，人民遵守。现时人民政治智识未臻发达，固未免多所漠视。然各级官厅之延误政令者，亦不一而足。查东省近时，官府平素无论中央及本省一切政令，或由省下行，或由各州县上呈，往往迟缓时日，必至延无可延，方始宣布。如本年部定税契新章，原定以到达三月后，即以八月初一日为实行之始，乃各州县中竟有七月下旬方始宣布者。又如各州县所举孝廉方正，有到省数月不得验看者。此项政令，皆为新政上最要之关键，若异日长此延误，将东省官民同归不利。兹谨拟补救办法六条列左：

一、此后所有由省下行之公文内，无论为谕旨、部章，须注明某日由京到省，并注明某月日由省札发。

一、由京到省之谕旨、部章，须酌量一定时日，同时颁发，永无参差。

一、由省下行本省之单行政令，须同时颁发，并于内注明某月某日由省札发。

一、酌量各州县程途之远近，限定此项公文，无论为谕旨、部章或本省单行法令，到达后五日内即须颁布，并须将由省达县之时日注明，方为有效，违者严惩。

一、由省下行本省之法令，除出示颁行外，须札发宣讲所，按照原定实行期限之内限期宣讲。

一、人民对于行政官厅，凡自抱自投文件及请转详事件，一严禁门丁勒索，一力戒幕友延缓，按照收到期限日期批发或转详。

奉批答：来牍并折均悉。近来官署中公事延缓，积习相沿，诚所不免。诸绅为积极救济办法，不为无见。惟所呈六条中，有可行者，有已行者，有不能行者。如第二条，谕旨、部章向例由京到省，不能无先后，又何能同时颁发，永无参差？如欲酌量一定时日，则纯系中央政府之事，本部院无此权限。第一、第三两条，由省札发之件，注明年月日，则系本署向来照例办理之事，无待建议。第四、五、六条，令各州县奉到公文，于五日内即须颁布，并札发各宣讲所，按照原定实行期限之内限期宣讲，及严禁门丁勒索，力戒幕友延缓等语，所议自属正办，即应公布施行。惟各行政官对于人民投递之件，原有核夺审定之责任，况各衙署政务繁殷，即人民案件，又各有缓急，情形不同，但令各主务官厅遇事不准稍涉因循，便为尽职；必如来呈所云，不论何件，按照收到日期批发或转详，只求迅速，设有轻率遗误，咎将谁归？所请碍难尽行。此覆。折存。

呈院议决禁革地方差徭及禁革地方官价办法文并折（附批答）

为呈报事。窃本局议员遵照局章第二十一条，有议决本省应兴应革事件一款，提议禁革地方差徭办法七条，及禁革地方官价办法五条，业经全体议员公同议决，理合缮折呈报。为此呈请抚部院裁夺施行。须至呈者。

折开：

地方差徭，实勒索之惟一方法，地方官价，亦勒买之巧立名目，骚扰乡里，鱼肉商民，莫此为甚。谨拟禁革办法，分甲乙两总纲如下：

（甲）禁革地方差徭。

据度支部咨，各省清查地方府厅州县一切公款所入，如有关于差徭、摊解、赃私各款，均应一律革除，不宜归并统计等因各在案。是差徭一款，苛刻扰民，国家久已悬为厉禁，况度支部清理财政，亦以差徭一款与赃私并举，视为必应禁革者。查东省差徭，自抚司以至各府厅州县佐贰，各衙门无不有之。官吏视差徭为一种习惯，无论大小，派民间承应，至下等社会之劳动者，所派尤繁，殊非朝廷爱惜民生之至意。其各衙署藉此勒索，更有数倍于所指派者，小民何以堪命。谘议局有议决本省应兴应革事件之权，则此事尤在所急宜提议者也。谨列办法如左：

一、凡本省行政官厅各衙署向来指派民间承应之一切差徭，自此办法批准公布施行后，一律革除。

二、向来承应官厅各衙署差徭之各商家，嗣后均无承应之义务。

三、向来承应官厅各衙署差徭之各轿夫、脚夫、船夫及一切匠作与各牙行等，均无承应之义务。

四、向来承应之官差，如钦差莅境，迎送官长，衙署迁移，承载罪犯等，及与此相类之一切官差，一律革除。

五、向来因承应差徭，地方各业各行及地保所征民间折价，嗣后概不准征。

六、此办法批准公布施行后，如本省一切官吏再有将差徭事务及类于差徭之事务，隐派民间承应者，在官吏以违法论，由谘议局遵照局章呈候抚部院查办。各衙署胥吏、差役再有以差徭名义向民间勒索者，准由各业、各行、各地居民扭控地方衙门，按律治罪。

七、此办法议决后，呈候抚部院公布施行，以揭载官报为实施之期。各府厅州县佐贰各衙署奉到官报，即有实行遵守之效力，并准各州县民勒石署内堂前，以垂永久。

（乙）禁革地方官价。

山东地方差徭以外，复有官价。地方官厅一切供用，责各行业承应，而给以一定之价，名曰官价。查官价名目，官私载籍所不详，未知始于何代。近年百物腾踊，肩挑负贩，为利甚微，直接间接，病民实甚。应遵照局章第二十一条第一款，认为应革事宜，故与差徭办法一并提出。谨列办法如左：

一、凡本省行政官厅各衙署责各行业供用物件，所定一切官价，自此办法批准公布施行后，一律革除。

二、各衙署人役购买物件，须按照市价公平给值，不得强制勒买。

三、各行业因供用改贴等项（如油业向供豆油，近来衙署多用煤油，即折钱文以贴煤油之类），亦应一律革除。

四、官价革除后，如因地方自治，征收各行业附捐、特捐，得由议事会、董事会、自治公所商同地方官，斟酌情形办理。

五、以上数条议决施行后，所有一切办法，均照禁革地方差徭第六、第七两条，一律办理。

奉批答：牍折均悉。所请禁革差徭、官价，事属察吏恤民，皆正本清源之要政。查差徭多行于他省，大概视赋则摊派，故赋轻而徭重。东省虽无此名目，而情事有类差徭者，亦复不少。惟其中有公私之判，未可概论。即如防河堤埝、窝铺，征调兵车，向系半资民力，各有一定旧章，百姓本有应尽之义务。由此类推，则凡关地方公益之举，必须另行厘定，俾众周知。此外各衙署指派民间承应一切无名之差，亟应革除，以恤民艰。至衙署例有官价，虽相沿已久，然以官舍之供用，削市肆之脂膏，匪但病民，亦伤政体。当此立宪之时，岂容有此积习，亦应一律裁革。本部院下车以后，即首以勤求民隐，谆谆勖吏，函檄频仍。今诸议员议决及此，实获我心，必当切实照办，勒石载报，以期尽人共晓。仍候行司通饬查明，斟酌妥善，再公布实行。此复。折存。

奉抚院据藩司详覆行局札

为札行事。案据谘议局议决禁革地方差徭、官价办法十二条，呈请裁夺等情，本部院当即札饬藩司查核详办。兹据详覆前来，本部院复周谘博访。查东省向来实无差徭名目，惟沿河派人防汛，搭盖窝铺，系属自卫身家，本非徭役可比，自应照旧。其大差、兵差过境，按里派车，向由州县及各营按日自行发价。至解饷、解犯等，俱由官给价，但所发之价，各处参差不齐，丁役、车行等难免无剥扣情事，车户所得极微，遂疑为官不发价。亟应札饬各属，厘定专章，照历城县禀定之案，酌增车价，格外体恤。嗣后即责成各州县之车行头目，遇有差使，随时雇觅，照章发价，不得赫诈勒派，以及稍有需索克扣等情弊；各车户亦不得故意隐匿，致误要差。此外省城文武大小衙门，本无民间承应官差之例，倘或外府州县间有指派民间及商家承应一切，迹近差徭者，均应一律禁革。雇用夫役、工匠等人，概行给价。至官价一项，如猪肉、薪炭以及豆油、纸张、枣栗等类，无非丁役、牙纪从中渔利，实为病民苛政，尤应一律悬为厉禁。仰各州县剀切出示，咸使周知。自今以后，所属文武大小衙门，凡需日用食物，无论巨细，悉照民间市价，公平交易，永不准再立官价名目，以祛积弊而恤民艰。应责成本管府州，随时稽查，据实禀办，不得扶同隐纵。当此新政繁兴，民穷财尽，凡我同僚，皆宜洁己奉公，勤恤民隐，除去一分弊政，即可为小民养一分元气。自此次通谕之后，倘各该地方官不能实力奉行，或任吏胥从中扰累，一经告发，定当从严参办。所有谘议局原呈十二条一并札发，应即分别查明遵照，晓谕居民，并准民间勒石署内大堂，以垂久远。除通饬严禁，并刊登官报外，为此札行谘议局查照。须至札者。

呈院议决救正佐贰擅受词讼武职干预公事及州县轻入人罪文并折（附批答并清折）

为呈请事。窃查谘议局章程第二十八条，本省官绅如有纳贿及违法等事，谘议局得指明确据，呈请督抚查办等语。细译此项条文，凡有关于各州县佐贰擅受民词、武官干预公事及州县轻入人罪各节议案，应行提议。兹拟定救正办法，业经公同决议，理合缮折呈报。为此呈请抚部院裁夺施行。须至呈者。

折开：

窃以佐贰武官，均有应尽之职守，乃日久弊生，觉除玩法舞弊外，几视为无可生活之计。例如受贿出票，擅受词讼等事件，乡区小民，受累者不知凡几。甚至州县地方官贪墨者流，往往恃官枉法，逞其剥削脂膏之私计，至所谋不遂，每多任意加以罪名。即乡里贤良之辈，有因无故而被革除者，亦有因琐事而流为监禁者。此种弊端，近时东省亦层出迭见，甚为地方之大害。查章程第二十八条，本省官绅如有纳贿及违法等事，谘议局得指明确据，呈请督抚查办等语。观此条文，欲指明确实之证据，此事甚属易易，然法律本不溯既往，故此种议案本为警戒将来而设。因筹议救正办法，其条件如下：

（甲）地方佐贰杂职等官，凡有管理地方词讼之责者，姑置勿论。至与州县官同城之佐贰杂职，除职任应管外，每多违反法律，任意擅受地方词讼，致令劣绅贿通，是非颠倒，良民冤抑，多由于此。其弊一。

（乙）武官干预地方公事，原属大干例禁。然当豫备立宪时代，更宜画清权限，不容混淆。现在绿营武职兵丁渐次裁撤，其从前空额扣饷之弊，本无自而生。乃近年以来，为武职者而每尝揽权营私，藉资虐民，睚眦之忿，擅敢滥事拘拿，轻则任意杖责，重则送地方官严行惩办，甚至罗织多人，周内冤狱。如登州水师营游击王某违法妄为，路人共愤，是其例也。其弊二。

（丙）近时州县地方官，往往有轻入人罪之事。惟念立宪时代，首在尊重人权。司法独立现未实行，州县官犹握生杀之权。但定人罪名时，必须有真正劣迹及确实证据，不得仍以素不安分、形迹可疑及咆哮公堂、藐视官长等莫须有之名词，锻炼周内，故入人罪。甚至借党派为名，望风捕影，图兴大狱，以快报复。如潍县曹令禀陷生员杜某一事，舆论至今冤之，然各州县地方，如此类者正复不少。其弊三。

以上三弊，甚足为地方人民之害。应请抚部院严饬各州县地方佐贰杂职，除职任事宜应管外，不得擅受地方词讼；札行各镇总兵标下大小武职各员，不得干预地方公事；并札行各府州县，不得有瞻徇情面，收受各武职官员送办民人情事。至地方官遇有轻诬罪名案件，一经查出，或被人告发者，坐以失入之罪，庶几吏治澄清，而民命可保矣。是否有当，呈候裁夺施行。

奉札批答：为札行事。宣统元年十月十三日接呈文，内开决议救正佐贰擅受词讼，武职干预公事，州县轻入人罪各缘由，并清折一扣。所有答覆缘由，【理合札行】。为此札行谘议局查照。此札。计抄发清折一扣。

今将来折所开议决救正佐贰擅受词讼，武职干预公事及州县轻入人罪议案，逐条答复如左：

（甲）地方佐贰杂职等官云云。

查例载，佐杂人员不许准理地方词讼，遇有控诉到案即呈送印官查办者毋庸议。如擅受而审理者，下略；因擅受而致酿人命者，下略。又佐杂官职分应管之事，准印官批令查勘，如印官将地方词讼批发佐杂办理者，下略。又佐杂分驻地方，遇有窃盗娼赌等犯，许其先行拘拏，随即解送印官审理；若延不解送，下略。如有滥差需索情事，已致死者，下略；未致死者，下略。其或佐杂人员，巧藉缉捕逆犯盗匪名色，滥差衙役，苦累小民，下略。又佐杂官访有窃盗娼赌等事实据，亦准移送印官查缉，若并无指实，凭空以某处窝留贼犯匪类为词，捏作访闻移送者，下略。审有诈害情事者，下略。又印官带印公出，详委佐杂代拆代行，遇有地方一切应行拘提事件，据报到日即行出差拘提，分别保押，统候印官回署审办。如有滥差需索及延不解送情事，下略。各等语。是例内所载救正佐贰擅受之法，亦可谓至矣尽矣，蔑以加矣。今经筹议救正，或者为申明定例起见，通饬一体遵奉，不准逾越，原无不可。然定例固尽人宜知，其余救正官吏绅民等例正复不少。彼佐贰等官，分位虽卑，本部院固不敢谓其独不知例也。应俟有身受其害之人告发得实，方可照例查办。

（乙）武官干预地方公事云云。

查例载，在外军民词讼，除叛逆机密重事，许提、镇、副、参、游、守等官接受，会同有司返问外，其余不许滥受。凡户婚、田土、斗殴、人命一应词讼，悉赴该管衙门告理，军卫有司不系掌印官，不许接受词讼。又地方强劫重案，州县官会同营员缉拏各等语。是武官之于地方公事，应否干预，原有分别。来折所称滥拘杖责等情，自较干预为重，应视其所犯之情节，以定处分之轻重，固各有专例在也。至水师营王步青一案，未经事主具控，本部院前接密禀，当即分饬青州府黄守、登州李镇及登州府文守密查，嗣据先后查覆，均无实据，批准免议在案。固不能以空言指为违法妄为也。

（丙）近时州县地方官云云。

查罪名失出失入，故出故入，列载甚详，不胜枚举。来折但言轻入人罪，而不言出，但就犯罪一方面而言。然州县官处分攸关，只可按例办理，人之所以拟为轻入者，正其所以不敢轻出也。此其间毫厘千里，其细特甚，而其宗旨，要不外明刑弼教四字。近来各州县均尚知确守宗旨，衡情拟罪，无所出入。如有出入，应照例参处，自不待言。至所称潍县杜某案，该革生之子干预警务被拘，该革生不候讯断，闯入公堂，侮辱官长，无论中西各国，新旧刑律，均不能容此野蛮不法之徒。案经提省，发首府集证审讯拟罪，又经臬司覆核，详由前抚院袁批定，本非望风捕影，亦非该县所可轻入其罪也。

呈院临朐县谭以篪等以该县违法纳贿请愿书（附批答）

为呈明事。窃据临朐县谭以篪等多人，以该县令违法纳贿等情，上请愿书到局。据此，当照章程第二十一条十二项收受，理合另折抄录原书，呈请钧核。为此呈请抚部院裁夺施行。须至呈者。

折开：

临胸县谭以箎尹维翰等，为庇役殃民，无所控讯，公呈请愿，以除扰累事。窃临朐县郝大令，自下车以来，政媲宁成，威不减于乳虎；绩嗣郅都，能几类于苍鹰。歌硕鼠之在郊，狸猫缩首；望豹狼之当道，猎犬惊魂。地皮揭下十九层，恶鬼戴德；民膏剥尽百八社，蠹役铭恩。恐盐卤之伤人，而故昂其价；虑丝竹之获利，而特重其捐。祭东镇而神赐以钱，计数三千四百贯；税印花而巧减其佣，等差六七八九分。明火感柔远之惠，望风来归；宵小仰缓刑之情，接踵续起。卫队肆威猛，足征御下以宽；胥吏惯叫嚣，尤见催科不拙。署内外结成团体，无非主持官权以办公；县绅耆愧同散沙，不能声明上台而报怨。幸值我谘议局应时成立，远近引领，为全省舆论之重镇，立宪政不拔之根基，从今弱水猛火，渐减深热。为此沥情请愿，恳伸冤抑，愚陋之忱，高明鉴焉。谨具请愿各节以闻：

一、借端扰民。朐邑有东镇祀典，近官路十里以内出马匹若干，以备行祭者之用。自同治初年，前任何大令因民不堪扰，概行免除。今岁八月又值祀典之期，蠹役冷茂松、李福堂等持县（遵）〔尊〕谕单，大肆苛索，每社至出麸料等钱三十余千，合邑一百零八社，该役共获三千余串，此均有每社社长可证者。

一、浮收税款。按现行税则（新税则未宣布以前），每两三分六厘杂课，房纪鸿章于定额以外复折扣银两，竟税至五分六厘，且有至六分者，契纸更索钱三百、五百不等。其外又有税款已交而契纸不发，搁压日久，以漏税被罚，此亦有花户卷册可查者。

一、私行罚捐。朐邑物产，丝为大宗，每岁捐款九千余缗，充警察之用。现郝大令复加捐三千七百余缗，而其呈报表册仅六千余缗，是其赢余之款，暗入私囊可知。且蠹役冷茂松、李福堂等，尚有私抽私罚者三十余家。如鹿皋庄德盛堂罚钱七十二千，广裕堂过付。聂家峪孟照堂罚钱三十千，广裕堂过付。鹏家庄张崇义罚钱四十二千，全祥号过付。洪祥成罚钱七十五千，隆源号过付。九山天增合罚钱四十千，隆源号过付。姬怀亮罚钱六十二千，益祥成过付。同泰永罚钱一百二十五千，隆源号过付。老崖崮益庆永罚钱一百千，聚丰号过付。窑洼同顺永罚钱四十千，国家峪双聚堂罚钱一百四十千，瞿家圈永聚号罚钱七十千，福成号过付。泉上庄王义昌罚钱七十千，同源过付。石家峪双盛堂、益祥、广兴等号共罚钱一百六十千，曾广怡过付。裕丰号罚钱一百二十五千，益祥成过付。复兴堂罚钱五十七千，新兴永罚钱五十七千，福祥罚钱九十五千，双聚成罚钱二十七千，三兴堂罚钱八十七千。益顺泰罚钱四十五千，张光怡过付。保安堂罚钱一百二十五千，益祥成过付。三聚成罚钱一百二十五千，洪顺源罚钱十千。德盛义罚钱二百三十千，李志芳过付。隆源号罚钱二百千，张文学过付。祥源油房罚钱一百八十千，杨家庄德顺和罚钱九十千，裕德堂罚钱二百余千，隆昌号罚钱六十千。德成号罚钱一百二十千。此皆调查确实者也。又有被罚之家而未查悉数目者，如三岔店和盛、义盛、德合成、复兴成，洛庄重兴、义兴，九山集顺兴、德兴、正恒、义信、万庆、东和、春堂，寺头庄中和堂，逄峪大生堂，二郎庙庄德成、石佛堂、恒顺、成治、源复、元成、九山、春和，石河店子沈化龙等，此外不胜枚举，均归李福堂、冷茂松等分肥。

一、逼改呈词。朐邑自今岁以来，劫案屡见，被抢劫者不下十数家。各强盗白昼横行，悉持鲜明军械，元恶大憝，路人皆知。乃郝大令不求缉捕之法，但事掩饰之术，以劫案告者，悉逼改盗窃名目，一切呈词，均先呈草稿，阅讫而后誊真。似此听讼，又何有信谳之可言也。

一、纵盗殃民。抢劫重案，或关处分。至于地方偷窃，乡区无赖，自当惩罚，以儆将来。乃郝大令对于此等案件，不责盗窃，反责失主。如马锡恩、梁友仁、白鸿春等，皆被抢麦禾十数亩反受笞责者，不胜缕述，以致愈酿愈多，而蠹役冷茂松、李福堂等，更借此以索贿赂。此盗贼之所以日猖獗也。

一、酷刑逼案。朐邑向有头二班押所，系堂讯后押有罪人犯。今郝大令使六班均置栅栏押所，两造传至，即行严押，有押至数月而不讯者。堂讯时，刑杖之酷，不堪言状。如马长龄，因钱债被人误告，笞至数千，及获真情，不敢复讯。又有张成端，系殷实飞邻，被案牵累，竟重笞千余，几致当堂毙命。似此等以善良而受酷刑者，无案乌有。方令停止刑讯，屡奉明诏，如此严酷，冤狱之所以不少也。

一、盐务扰累。盐务自官办以来，定秤十六两为觔，每觔京钱十四文；光绪三十年加价一文，三十四年加价六文，共计只二十一文。乃郝大令到任以来，每觔只发秤六七两，价反加至五十文。以闾阎日用之需，何堪如此重价！加以冷茂松兼充盐巡，暗结无赖之徒，扳咬无辜。如刘见清者，因被枉扳，受责数千，罚钱千余贯。诸如此类，不知又苦累多少良民！今岁春间，邑绅廪贡生王瑜之子，与白清万贩卖沙蟹，被冷茂松掠至盐店，暗搀白盐送官，逼令出私贩甘结，罚钱三百千。复有刘凤荣之子，素业贩鱼，被冷茂松指为私贩食盐，苛索京钱二十千，纹银三十两，有张其周过付，此其显证也。

以上各节，均属实情，倘有不实，愿甘反坐。谭以篪 尹维翰谨上。

奉札批答：为札行事。据呈临朐县谭以篪等多人，以该县令违法纳贿等情上请愿书等情前来本部院。据此，已分饬藩臬运三司遴员密查，应俟详复到日，再行核办。希即知照。须至札者。

呈院濮州附生秦道南等以该州非刑毙命请愿书（附批答）

为呈请建议事。窃濮州城东南四十五里东崇兴小王庄即萧庄文童萧春旺两丧前妻，继娶李楼庄李云升之孙女为室，与萧春旺嗣母三人过度，平昔和睦，乡邻悉知。闻缘李氏遭娘门继母之变，每（以）〔一〕提及，常有誓不再往之言。至本年九月十五日，偶因娘门有事，去而复返，颜色惨凄，泪如雨下。是夜，趁夫不家，自缢身死。萧春旺家即与李氏娘门送信，不料伊娘门李自学等，率领族人百余，损器抛粟，凶恶万状，肆闹七日，管理弗允。无奈萧春旺禀经州主，当场验明，实系自缢，并无他伤。又将卸尸人讯问明确，均无异言，饬令掩埋，李云升具结在案。是日，州主回经武集，至周五典家饭尖，听信谗言；又有刑书彭金朗、王友贵与李自学系盟兄弟，暗地拨弄，教供翻案，捏控萧春旺与前岳母王郭氏通奸，将李氏并力勒毙。萧春旺力辩诬词，竟被板责四百。萧春旺叫冤，竟又挂杆狠压，并打杖条三百，锁押在案。将卸尸人传案覆讯，供词与尸场相同，重受板责。又将王郭氏传案，逼令承招通奸勒毙等事。奈王郭氏年近六十，且系良家，当李氏自缢时又值翁丧，未在萧家，焉肯自污，竟被嘴责八百，交差看管。当因萧春旺供词激烈，又将萧春旺嘴责三百，板责一千二百，血肉狼（籍）〔藉〕，立毙杖下，抬至班房，稍为甦苏，阅一日竟死。时州主业已公出，经右堂张掩埋义地，未谕领尸，贿串摆弄，掩伤灭迹，显然概见。萧春旺生父萧其伸赴府两次喊禀，俱未收呈，随牌上号，亦被阻出。飞冤惨祸，昭雪无路。生等念系乡邻，见闻最悉。值此立宪时代，禁革刑讯，尚有受贿诬奸，威逼口供，将人民非刑毙命之州牧见于今日；赴府呈控，下情不得上达。查谘议局章程第二十八条，本省官绅如有纳贿及违法等事，谘议局得指明确据，呈候督抚查办。又第二十一条十二款，收受自治会或人民陈请建【议】事件。为此呈请贵局照章协议，不胜盼祷之至。再，受贿勒供，刑毙人命，确切有据。此事人命所关，黑暗若此，生等虽系事外之人，而见闻既确，稍有人心者，自不忍壅于上闻，与干预他人词讼大自不同。合并声明。谨上。

奉札批答：为札行事。据呈具请愿云云。查此案已据观城县代验通禀，并据兖沂道电禀，业将该牧蒋兹撤任，批饬照例讯办在案。据呈请愿书，除行司转饬查照外，为此札行知照。须至札者。

特别法案

呈院议决划一各局处所学堂等人员薪水办法文并折（附批答）

为呈报事。窃本局提议各局处所及学堂差委员额薪水多有参差，因议决列表开示，以备厘定划一办法，前已呈请饬办在案。事经多日，未据各局处所及各学堂填送前来。本局闭会在迩，深恐本期不能提出，因复会议，佥谓此项议案系本省单行规则事件，自应遵照局章第二十一条六项所载，只从大体规定。兹拟定划一办法九条，业经公同议决，理合缮折呈报。为此呈请抚部院裁夺施行。须至呈者。

折开：

窃维用人薪水，亦养廉酬劳之意，自应按其职务繁简，责任重轻，酌中规定。查省城各局处所学堂等委用人员，多有同一名目，同一职务，同一责任，而薪水参差不齐，或至大相悬殊，甚非循名责实之意，因议划一办法九条如左：

一、在省各局处所，无拘用总办、坐办等名目，月薪皆定为百五十金。

一、在省除中小学堂外，如高等学堂等各监督，月薪视总办、坐办例。

一、各局处所之帮、会办，月薪一百金。

一、各局处所或学堂之提调、教务长、庶务长、斋务长及各课课长，月薪五十金。

一、各局处所或学堂向无文牍、庶务、斋务长者，其文牍、庶务、斋务等员，与各课课员同月薪三十金，但有副课长者月薪四十金。

一、以上各员如有必要，除本差外，亦可兼差，惟不兼薪。

一、兼差各员得支夫马费，但不得过二十金。

一、此项划一薪水法，于宣统二年正月实行之。

一、照此规定计算，每年（樽）〔撙〕节经费不在少数，东省款项支绌，应请移作别用。

奉批答：来牍并折均阅悉。各局所薪水，原按其职务繁简，责任轻重，酌中规定。从前有每员兼数差，月支巨薪者，自上年袁升院大加裁汰，不准兼差，各局所亦少冒滥之人。前奉度支部文称，饬监理财政官调查各局所员司衔名、薪水、职掌，汇列表式，呈送部核。又宪政编查馆逐年筹备事宜单内，明年应颁布官俸章程，将来各省自有通行之规则，亦必斟酌事之繁简，分别酌定，未能一律。俟奉到部文，再当实行。此乃国家行政，本非本省单行规则事件，既经诸议员建议质问，合行批答。此复。折存。

呈院议决请求各官署速颁布比年办事期限单及行政统计表册登载官报文并折（附批答）

为呈报议决事件事。窃据本局议员提议，请求各官署速颁布比年办事期限单及行政统计表册，登载官报一案，兹经公同议决，理合缮具清折，遵照章程第四十二条随时报告。为此缮折，呈请抚部院裁夺施行。须至呈者。

折开：

光绪三十四年八月一日上谕有云，所有人民应行练习自治、教育各事宜，在京由各该管衙门，在外由各督抚饬各属随时催办，勿任玩延。至开设议院，应以逐年筹备事宜办理完竣为限。自本年起，务在第九年内将各属筹备事宜一律办齐。宪政编查馆谨遵谕旨，将议院未开以前，自第一年至第九年逐年应行筹备事宜缮具清单，恭呈【御】览。嗣是京内各部部院，亦各将其该管内应行逐年筹备之事项，定有办事期限单，奏请裁可。山东升抚袁亦于筹备地方自治各事宜，定有办事期限单，而其它尚属缺如。拟请求抚部院通饬各衙署，原本宪政编查馆及京内各部院所定办事期限单，另定山东各衙署九年内筹备宪政期限单，上以副先帝之遗训，下以释人民之疑虑，诚当今最不容缓者也。谨将衙署列左：

一、抚部院

二、布政司

三、提学司

四、按察司

五、巡警道

六、劝业道

除地方自治期限业已定明外，其余筹备宪政者，某事应归某衙署，权限分明，不敢参议。至各衙署筹备事项之范围，则不能不以宪政编查馆及各部院所定之清单为断。虽然，登载官报一事尤为重要，盖清单虽定而报纸未登，则人民尚难周知。况各种行政，尤为热心立宪之人民所最注意之处，如每年地方自治筹办情形，审判厅筹办情形，财政清理情形，警察之扩充又改良情形，农工商业及关于交通之事之改良又发达情形，学堂多少职教员及学生多少情形，统请求抚部院通饬各衙署，凡其权限内之事项，每半年各将办理之情形及成绩列表附说，送呈抚署，登载官报，俾众周知，则官府藉以专责成，人民因以释疑虑，官民上下，两有把握，而后九年立宪之举可以实行，不致徒托空谈也。谨呈。

奉批答：来牍并折均阅悉。九年筹备事宜，前准宪政编查馆先后来咨，业已通饬各衙门钦遵办理。本署内附设官报处，凡关系宪政案件，均经详晰登载，并将比年所有筹办成绩，依限奏咨在案。近又通饬各州县，遵照奏定章程，各就本管衙门，按照逐年应办事宜切实举行，并限每年正月内及七月内，各将筹办成绩详细禀报一次，以便奏咨。所请另订本省各官署办事期限单，查本署为宪政总汇，既遵照奏定逐年筹备清单办理，无庸另订。布政司清理财政，按照部章，原有限期。提学司所办各级学堂，各有年度。按察司筹办审判厅，亦预定有办事日期。惟巡警、劝业两道，尚未另定有筹办期限，应候行速即照办。惟此项宪政事宜，固贵如期举办，尤贵核实图功，但当恪遵馆章，各预定一简明办法，方能适用，若过于繁碎，转恐窒碍难行。除分饬各司道局所查照前檄各州县每年依限一并禀报两次，以便奏咨并登载官报外，希即知照。缴。折存。

呈院呈覆仍将各衙署办事期限清单妥行厘定宣布文（附批答）

为呈覆事。窃查谘议局章程第二十一条第六款，谘议局得议决本省单行章程规则之增删修改事件，第二十五条除第二、三款外，谘议局亦得自行草具议案。本局前呈请求各官署颁布比年办事期限清单一案，系遵照章【程】第二十二、二十五两条议决。顷奉抚部院答覆，谓九年筹备事宜，前准宪政编查馆先后来咨，业已通饬各衙门钦遵办理，又通饬各州县遵照章程，各就本管衙门，按照逐年应办事宜，切实举行等语，系专指定章已经颁布者而言，与本局请颁各衙署办事期限，认为本省单行章程规则必要事件者用意不同。查东省除地方自治筹办处前曾定有期限单外，各衙署多付阙如，其能按照九年筹备事宜切实举行与否，人民自有公论。窃谓一省应办新政，事务纷繁，馆颁九年筹备期限及各部办事期限清单奏定通行，只能撮举大纲，其每纲之中不能不分条目，即不能无先后缓急之序，仍须由各省依照定章，自行厘定期限，方有把握。批答谓不如另定简明办法，较为适用等因，窃意所谓办法，亦系指条目而言。既有条目，即不能无先后之期限，是大纲之期限，已依馆部所定，而条目办法之期限，必由本省自定，可无疑义。且此项清单，应归各衙署遵照定章自行拟定，则何者近于繁碎，何者窒碍难行，自应酌量权衡，通盘筹画。本局职司建言，对于本省各官厅筹备宪政准的，不能不预求宣示。兹经公同覆议，多数议决，仍认为本省单行章程规则必要事件，请求将各衙署办事期限清单，妥行厘定宣布。为此具覆，恳请抚部院公布施行。须至呈者。

奉批答：覆呈阅悉。诸议员复请颁布各衙门单行规则期限清单，自是为积极进行起见。各行政官厅对于筹备事宜各有责任，应酌定繁简缓急，厘定规则，呈院核夺，登载官报，公布施行。此覆。

呈院议决考试差委法文并折（附批答）

为呈报事。窃查章程第二十一条内开，谘议局应办事件，有议决本省单行章程规则之增删修改事件一项。本局议员因思差委一节，关系重要，若不明定规则，恐难分优劣而资用舍。现拟定考试差委办法共十二条，业经公同议决。为此缮折，呈请抚部院裁夺施行。须至呈者。

折开：

第一条　此项考试办法，凡在山东候补投效及本省人员，无论现充何项差委，皆适用之。

第二条　凡非此项考试合格者，均不得派委差事。

第三条　考试时由抚部院亲临命题，于冬季由法政学堂行之，临时由抚部院先期布告。

第四条　此项考试法，分为初试、再试二项，皆以笔答行之。

第五条　初试科目分为四类：

（甲）中国史事及世界大势与本省大势。

（乙）宪政概论。

（丙）中国现行法制大意。

（丁）其他关于新政如教育、警察、实业概要。

第六条　再试又别为必要科、随意科，必要科受试者须悉数照答，随意科则任自择一二题答之。

一、必要科科目分为六类：

（甲）宪法大纲。

（乙）国际法。

（丙）经济学。

（丁）财政学。

（戊）府厅州县自治及城镇乡地方自治。

（己）行政法。

二、随意科科目分为四类：

（甲）学堂定章与其他关于本省教育等事。

（乙）商律与其他关于本省商务之事。

（丙）警律及关于本省警察等事。

（丁）审判法及其他关于本省司法等事。

第七条　初试除系法政毕业人员，及其他各高等学堂毕业者可以免试外，凡前后到省，皆须受试。

第八条　初试以文理通顺，所答四类无谬误者为第一等；文理通顺，而答案有谬误者为第二等；再次为第三等。无论考列何等，皆得与再试。其无故不与考，而又不请求补考者，与三等同。

第九条　其因法政毕业及其他各高等学堂毕业得免试者，须先呈验文凭，否则不得幸免考试。

第十条　再试所答各类无谬误者，为第一等，应按照名次前后，侭先分别差委，可免其入法政学堂。不能全答，或全答而能得半无谬误者，为第二等，可侭先入法政学堂。若值法政学堂不开班时，可暂行差委。再次为第三等，无论现有何差，立即撤销，送入法政学堂。但系法政毕业者，可免入堂。前项第三等者，若无故不入法政学堂，而以后又不请求入堂者，永不得差委。其无故不与考，而又不请求补考，及不入法政学堂者，亦同。

第十一条　入堂毕业时，考试等级可按照宪政编查馆遵拟切实考验外官章程清单第一项，分别学堂等第，严示劝惩。

第十二条　案照前条清单等第之卒业人员，应尽先酌加差委，但须按照宪政编查馆遵拟切实考验外官章程清单第三项，每年由司道府县考验一次，填入考语，造具差委清册，以昭核实。

奉批答：来牍并折均阅悉。查考验外官，前准宪政编查馆先后奏咨章程，均经咨行在案，本部院正议切实次第举办。此乃全国通行之事件，非本省单行章程规则可以增删修改。所呈考试办法十二条虽至周密，未免轶出范围之外，碍难照准。此覆。折存。

呈院拟请饬下各衙门局所等呈调查局之表册添造一份交局备查文（附批答）

为呈请事。窃以本局开办伊始，所议各案类以调查未确，漫无根据，遂至废弃者居多。此次会期已过，所有旧章新政及一切民情风俗、地方利弊，自宜切实调查，以为下次会议之预备。前呈审查预备案内，请将造报清理财政局之表册，添送本局一份，系仅为审查财政起见。此外，警务、学务、交通、实业及其他各项，范围甚广，仅恃派员往抄，实觉力有未逮。兹经公同议决，仍请抚部院通饬各衙门、局所、学堂及各州县，限本年十二月前，除将呈报清理财政局之各项表册添送本局一份外，并请将先后造送调查局之法制、统计各股表册补造一份，陆续送交本局，以备详细审查。不惟本局调查事件藉资依据，议员等生长斯土，于地方情形见闻较确，亦可即耳目所及藉资考证，庶官府造报之各项表册，得以省浮文而征实事，似于调查前途不无裨益。业经公同议决。为此具呈，恳请抚部院裁夺施行。须至呈者。

奉札批答：为札行事。案据该局呈称：开办伊始，所议各案类以调查未确，漫无根据，遂至废弃者居多。此次会期已过，自宜为下次会议之预备。请通饬各衙门、局所、学堂及各州县，限本年十二月前，将呈报财政局之各项表册及先后造送调查局之法制、统计各股表册补造一份，陆续送交本局，以备详细审查等情到本部院。据此，查下次开会，该局有决议预算事件，于财政实有关系，若凭临时发交之册，实不能从容钩稽。本年出入总册，部章限于明年三月送部，预算册限于明年五月送部，应如何变通，俾该局常驻议员得以先睹为快，候即据呈转咨度支部请示遵办。至调查局所有编制、统计两股，于本省法规以及民情风俗、地方利弊包括俱全，诚足为审查之资。惟其中多有不在谘议局范围之内者，应如何明定办法，使常驻议员得以便捷调查印证，并候咨请宪政编查馆核示饬遵。该两局由中央政府所特设，章程所未载者本部院不便擅行主张。至所请各衙门、局所、学堂、州县分别将呈报财政、调查两局之表册造报该局一分，该局既非行政官厅，各行政官似不能有承认报告之义务也。为此札行谘议局知照。须至札者。

呈院请将议决案件照章明白批答文（附批答）

为呈请事。窃查谘议局章程第二十二条，谘议局议定可行事件，呈候督抚公布施行。若督抚不以为然，应说明原委事由，令谘议局覆议。又四十六条，督抚于谘议局之议案，有裁夺施行之权，皆所以重行政长官之责任也。本局自开议以来，所有呈报议决案件，已陆续奉到批答，各在案。其业蒙允准者，固属多件；其未蒙允准者，亦具见抚部院慎重之意。但经本局将先后各批复再四研究，不能无疑义者数端。允准者既无公布施行字样，未准者又无令局复议字样，然否无所凭据。除明示碍难照准、碍难施行等件外，又多饬知各衙门、各局所妥议，查照核办等云云。准否之意，并未明晰，本局无从揣度。窃思向来幕友之习惯，每于照例公事之批示，故作含糊之词，以为耽延之计。语涉游移，即事无功效，玩忽颓靡之风，半由此故。本局为全省舆论代表之地，所有议决案件，皆经本局反覆讨论，不敢率尔从事，审慎研究，始行呈明抚部院，本不与各衙门、局所申详及绅民个人控诉之性质相同，似不得与寻常案件一律批示。且本局为建言之地，督抚有行政之权，本局所议，抚部院有不以为然之处，自可令局覆议。若饬令各衙署局所妥议，在抚部院，自可谘询各衙门、局所斟酌可否，若本局，则无呈候各衙门、局所之义务也。况各衙署、各局所人员，于地方利弊情形未必备悉，恐立议难尽得当。而议案中往往于各衙署局所之现行事件不无反对，执行人员不无关碍，令其妥议，必诸多避忌，于事实不必有济，于本局指陈利弊之本意，必难见诸施行。抚部院为国为民，博通中外，新旧兼该，一示一谕，为全省利害所关，本局何敢妄生疑虑；但定章议决案件，只有呈候公布施行及令局覆议两端，其间并无可以游移之地。详阅批答，本局多有未便冒昧解决，与隐默承认者理合再乞明白批答，实为公便。为此具呈，恳请抚部院裁夺施行。须至呈者。

奉札批答：为札行事。案据呈称：谘议局开议以来，所有呈报议决案件，本部院批答不能无疑等情前来。查自开会以来，所有议决之件，均经本部院覆核，择其可行者均已分别通饬遵行，固不争在字面。但其中详细办法，有不能不再就实际利害详加研求，以期施行无碍，故多批饬各衙门、各局所妥议查照核办。查核之后，自有事由可宣，并非取消议案，此即本部院悉心裁夺之苦衷，固不能视为含糊推诿之词，亦非延宕可比。外国议会之议案，往往每案调查经年，始能公布施行，岂能草率从事。来呈谓议案中多与各署局所现行事件不无反对，令其妥议，必难见诸施行，则又未免过虑。至于本部院批答之案，有碍难照准、碍难施行字样，则以核局所呈议案，间有出于范围之外者，有不成为议案者，随时批驳，自无烦再令覆议。总之，本部院忝为本省行政长官，幸当谘议局成立，无不虚公审察，惟善是从，不敢稍存私见。但当第一届开会，一切规则未备，诸议员所提议案，每多无所依据，本部院未尝不相谅。而本部院政务殷繁，批答之语或不能尽餍诸议员之心。当此宪政萌芽，事【属】草创，全在官绅协力同心，蠲除成见，徐图进行，本部院实有厚望焉。为此札行谘议局查照。须至札者。

呈院调查各局所人员出身履历并薪俸数目文（附批答）

为呈请事。窃据本局议员提议案内，有调查各局所、学堂人员出身履历及薪俸数目一案，现经本局拟具表式，相应呈请抚部院札饬各局所、学堂照式详晰填注，移交本局，俾资考查，实为公便。须至呈者。

奉批答：据呈已悉。查各局所委员履历、薪俸一览表，前准度支部咨送到东，业经本署院檄行财政局分移各衙门、局所照式填注，现正在核办。一俟该局汇齐，呈请核咨，另檄分行知照。檄。文存。

第三部分　山东谘议局会议第二期报告书

抚院行局公文

抚院准度支部咨准增拨山东谘议局经费作正开销行局札文

（原案在第一期报告书公文第三页）

宣统二年三月二十四日

为札行事。宣统二年三月二十日准度支部咨：制用司案呈内阁抄出山东巡抚孙附奏增拨谘议局经费作正开销一片，宣统二年正月二十六日奉朱批：度支部知道。钦此。钦遵到部，并据该抚将预算清册咨送前来。原奏内称：该局经费原估计每年需银四万两，嗣于上年九月成立，各议员等复加核计，于原定经费以外，尚有漏列各款，为预备项内应列添置图书器具、调查等项，杂费项内应列议长、副议长饭食等项，连同前案，合计岁约需银四万八千两，遇闰照加，饬由藩司给发，作正开销等语。查山东谘议局增拨经费，既据该抚复查为事实上要需，所请由藩库给发，作正开销之处，本部应准立案。惟在于藩库何款项下动拨，应令报部备查。仍令转饬核实动支，不得稍涉虚縻，并按年造具详细清册，送部核销，以重款项。相应恭录朱批咨行山东巡抚遵照可也等因到本部院。准此，除行藩司遵照办理外，为此札行谘议局遵照办理。须至札者。

抚院据巡警道详称整顿烟台巡警行局札文

（原案在第一期报告书民政内）

为札行事。据巡警道详称：案奉宪台札饬：据谘议局呈送议决交议巡警案清折内第一节所称，烟台巡警由海关道分课委人，虚张门面，空縻巨款。课员正巡官烟酒嫖赌，教练所学生良莠杂揉，风声狼藉，有耳共闻，有目共睹，以及商家出款，怨声载道各节。饬由【该】道派查详夺，以资整顿等因到道。奉此，遵经札委赵令树南克日赴烟，将指饬各节据实查覆，以凭详夺，并申报有案。嗣复加派警察毕业学生牟乃勛，不动声色前往密查。兹据该员等先后回省禀称：查烟台巡警自上年徐道抚辰抵任后，逐加扩充，于总局内分设八股，曰总务，曰文牍，曰捐务，曰消防，曰庶务，曰行政，曰司法，曰卫生，计派股员十一员，复于街面划分六区，每区派区巡官各一员，统共长警三百八十余名。其原派股员暨区巡官中，名誉老成、实心办事者固不乏人，而嗜酒冶游、违犯警章者亦所不免。访诸舆论，有徒观其外表，而谓日有起色者；有不知其作用，而谓虚縻公款者。盖人民之程度不齐，故道途之毁誉不一。至教练所派设教习三人，现届二班学生毕业者共八十人，其头班毕业生均已派充各区巡警，惟以学业有限，实未能一律恪守警规。此烟台巡警以前实在情形也。兹自余道则达到任以来，严加选剔，其从前放荡不职之员，均经逐渐裁汰，目下正在整顿，商民尚无异言各等情。据此，查该员等前后所禀大致相同，自系实情。所有遵饬派查烟台巡警情形各缘由，理合具文，详请鉴核等情到本部院。据此，除批“据详已悉。仰即移知东海关道，将烟台巡警认真整顿，务臻完善。股员及区巡各官有不得力者，随时撤换，毋稍瞻徇。其各区巡警既未能一律恪守警规，应即严加淘汰，以重警政。仍将整顿情形具报查考，是为至要，并候札行谘议局查照。缴。”印发外，为此札行谘议局查照。须至札者。

抚院札准渔业公司咨覆遵照照会谕令轮船弁勇于海面细心稽查以保海权行局文

（原案在第一期报告书民政内）

宣统二年二月初七日

为札行事。宣统二年二月初四日准渔业公司咨称：案奉大帅照会内开：据谘议局呈称：窃据本局议员提议谨拟添设水上警察一案，业经全体议员公同议决，理合缮折呈报。为此备由具呈鉴核施行等情到本部院。据此，除批“呈、折均悉。所议添设水上警察各节，自系为保卫公安起见。惟沿海沿河等处已设巡警地方，人数无多，半陆半水，难敷分布。其未设立之处，有厘局税关者，其卫队局役各有专司，即有检验船舶客货之责，自不在巡警执行范围之内。至调查渔业，禁止外国渔船违约进口，现在渔业公司业已置有船只，以备巡察。所有东省水上警察，除已设者随时督饬巡警道认真整顿外，余俟地方财政充裕之后，再行设法扩充，俾臻完备。希即查照。此覆。折存。”印发并行巡警道知照外，相应照会等因，并奉到粘抄清折一纸。承准此，窃查敝公司近年以来，每当鱼汛之期，因恐有盗贼伺隙剽劫，扰害渔事，每年由敝公司租赁轮船一只，雇募勇丁，携带枪炮，令具于沿海出鱼之区来往巡查，以期盗贼遁迹，渔船无被抢之虞。曾经将办理情形咨呈报明在案。兹奉前因，遵当谕令轮船弁勇于东省海面细心稽查，倘有他国船只拦入吾东领海界内捕鱼，即当向其阻止，劝令驶出领海界之外，以符定章而免侵越。锡蕃在烟，仍当面见日本领事，嘱其谕知伊国渔船，切不可阑入东省领海界内捕鱼，致违公法，用副大帅保护海权之至意。至于沿海渔业衰旺情形，敝公司理当按时查考，除遴派妥实司事递赴出鱼之区细心考查外，仍当谕令轮船弁勇，于所到各处网地，将渔事之盛衰切实调查，随事报明敝公司，以备考核。合并声明。所有奉到大帅照会，遵照办理缘由，理合备文敬覆。为此咨呈，敬祈鉴核施行等因到本部院。准此，为此札行谘议局查照。须至札者。

抚院据提学司详称会议推广农会及农业学堂各缘由行局札文

（原案在第一期报告书实业内）

宣统元年十二月初九日

为札行事。案据提学司会详称：案奉札开：据谘议局呈称：窃本局遵议推广农会一案，拟定实行办法六条，除备载呈折不复重叙外，理合摘具简明事由，呈请鉴核施行等情到本署院。据此，除批“来牍所拟农会实行办法六条均悉。查第一条农会职员必用通达农务之人，自是笃论。惟出洋农学毕业回华者寥寥，本省农学幼稚，目前恐不能一律求其合格。第六条高等农科亟应添设，但需款过巨，能否指款筹拨，统候檄行提学司、劝业道会同农务总会、农业学堂，逐条妥议，详候核夺施行。希即知照。此覆。”印发外，合行札饬。札到该司，即便查照办理等因。蒙此，遵查山东古青、兖二州地，黑坟白坟，土性攸殊，本为上农之国，迄今农业废弛。思所以造就高等农学，自非于农业学堂增设高等一班不能为功；思所以普及农业之知识，自非设立教员养成所不能收效。诚如谘议局议案所云，均为当务之急。本署司职任攸关，于学堂办法自应先事筹画。查农业学堂于光绪三十二年八月开办，所取甲乙二班学生均未有普通学问，本难合高等资格，所以遵章先设农科、蚕科、林科中等班，分途教授，豫储根柢。嗣于宣统元年，考取青州中等蚕桑学堂毕业学生三十名入堂升学，亦因该生等所学系专属蚕科，遵查部章，无特立蚕科高等之例，若令补习他科后再开高等，恐旷日持久，收效无期；即该生等亦自以年齿过长，难以学习外国言文，未敢躐等求进，遂与该堂监督筹商，遵章设农业教员养成所，以青州全班附入，另立课程，照章教授。在该生等既免补习之烦，于农学亦收养成教员之用，一举而两善皆备。此筹设教员讲习所之计画，而青州升学者所以未入高等之缘因也。高等一级，于学制应循序以升。该堂甲班自光绪三十二年八月入堂，扣至本年八月，适届三年卒业之期。现正举行考试，拟由本署司遵照新章覆试后，即拟添设高等本科，择其程度较优、年龄较富者升入，藉储高等之人才。其成绩较劣、年龄已长者，仍拨入农业教员养成所一体教授。必因材施教，乃能各得其所。此筹设高等本科之计画，而升学者必俟中等班卒业之原因也。谘议局或未及详细调查，所云以款项支绌推诿，小之害个人学问之进行，大之阻全省农业之进步等语，未悉其中情况，自不免膈膜。如使空希高等之名，躐等从事，普通未习，根（抵）〔柢〕不坚，其害于个人学问，阻于农业进步更当何如，固不待辨而明矣。至如农务总会，上年十二【月】内，已就从前农桑总会基础厘定章程，重行改办。查照部章，经费系责令会员担任，相率视为畏途。职道以筹款需时，特捐廉三千余串，俾行试办，遂得筹定西南郊外腴地三十亩，专以作为总会试验之用，并拟设立研究室一处，陈列农业所需标本模型以及农政各书、农学各报，以供会员之研究，与议案所议请设农业品陈列所一节不谋而合。其总会中应设立之中等农业学堂，现因经费未充，俟将来筹有的款，再行组织。且以省城原设高等农业学堂，本有中等班次，虽归本署司主持，实为东省农业教育之总汇。在堂教员与农会均有顾问之责，本属联络一气，何尝分及畛域。虽学堂与总会现在各有试验场，要皆因试验各有所便，并非强清界限。况每年试验成绩各有报告，尤可藉资比较，互收观摩之益。似议案所称联合办理一节，应毋庸议。此外，分会据各属陆续报告者已有六十余处之多，业经核准转详者四十处，其余尚待查核者二十余处。所举总理、协理、董事等职，均系遵章选举，必合资格者方行核准。惟创办伊始，各属农业尚在幼稚时代，研究农学、发明新理者罕有其人，难以求全责备。应俟下届公举时，再行通饬各属，注重此等人材，严慎选举。除分会未立者，应由职道随时提创，竭力推广外，所有本司道等奉饬会议推广农会及农业学堂一案缘由，理合详覆鉴核批示祗遵，实为公便。再，此【详】系本署司正钧主稿，合并声明等情到本部院。据此，除批示外，为此札行谘议局查照。须至札者。

抚院准曹州镇会同曹州府禀覆查办罚款情形行局札文

（原案在第一期报告书财政内）

宣统元年十二月初四日

为札行事。案准曹州镇会同曹州府禀称：窃于本年十一月初二日祗奉钧谕，以谘议局呈称曹州罚款为数甚多，除业已报销不计外，其未报销之款，拟留作地方自治各项之用，饬由职镇等会督印委秉公确实查复核夺，计咨抄清折一扣等因。奉此，职镇等详绎该局奉交议案，具见该议员等热心公益之苦心。惟该局所呈调查各节，窃恐止知其一，未知其二。谨将会同覆查情形，为我大帅缕晰陈之。曹属盗风之炽已非一日，至光绪三十一、二年间，有彭大、包驹、孔广东、王小生、陈二土地、马三妮等乘机四起，分领二三百人、四五百人，各为一股，以拒捕伤人，抗拒官兵为豪。桀黠之徒，因而到处勾结，购运枪弹，暗中接济，以窝藏分赃为得计。每遇官兵掩捕，动以占据村寨，势同负隅，办理日形棘手，遂致蔓延直、豫、江南三省，蹂躏兖、沂各府州县，涂炭生民，几成流寇。当日在事者，原有左翼防军驻曹先锋及巡缉各营，适前升院杨巡阅来曹，目击匪焰鸱张，势将不可收拾，随调陆镇建章来东，奏派办理曹州缉捕，并借陆军第五镇马步多营，联合会剿，渐有起色。而曹州京官犹以不足（于）〔言〕于政府，禀请钦派前云南提督夏军门辛酉统领淮军十营由直来曹，督办兖、曹剿匪事宜，诸军统归调遣，准其便宜行事。其时约计土客各军共有三十余营，夏故提督籍隶郓城，洞悉贼情，建议分枝防守，合力痛剿，歼魁散胁，以治其标，收枪追赃，举办清乡，以治其本。此时大军云集，但求早日肃清，办法不无从权。兹谘议局调查各款，计合银二万四千余两，制钱二万七千余千之多。彼时职镇呈云、知府赓廷均在曹州署任，虽不能尽得其详，总之各军因军务吃紧，或悬赏购线，或探访侦察，或改装踹缉，以及阵亡弁兵殡殓棺木、回籍路费、伤兵医药，悉由公费动支，实不敷用，全赖此以为挹注。此等办法，不独一军为然。现在夏提督已故，五镇又已回省，陆镇亦经开缺。事经数年，除陆镇禀拨郓城教养局大钱一万三百串，知府禀拨因利局苏明登罚款二千串外，其余概无著落。若再按户查询，固不难水落石出，而究竟开销数目无卷可查，翻恐徒滋纷扰。职镇等筹商再四，拟请此后如有赃罚各款，随时禀归地方教养之用。从前各款既已无可清查，应请从宽免议。所有遵查情形，是否有当，理合据实禀请鉴核施行。再，此系职镇主稿，合并陈明等因到本部院。准此，为此札行谘议局查照。须至札者。

抚院据劝业道详覆会议典商利息常年一律改为二分行局再行妥议札文

（附呈覆文，原案在第一期报告书财政内）

宣统二年二月初八日

为札行事。宣统二年正月二十五日据劝业道详称：案奉札开：照得本部院发交谘议局议案，有典当利息一事。兹据谘议局呈称：奉抚院札开：照得典肆之设，最为便民，乡间称贷，母财取息极重，事近盘剥，当商三分取息，遵照定章，缓急相通，莫善于此。乃近年当商倒闭，时有所闻，良以该业用人既多，需费尤重，奉发官项，多系地方公用，取息较丰。而时届隆冬，例须减息分半，取赎衣物，多在此时，余利甚微，以致亏赔闭歇。省城典业资本较厚，上架尚多，且有亨裕当商亏累二十余万之巨，外县各商多有岌岌不可终日之势，特以当商领贴开设，州县亦利其陋规，往往不准报歇。然本实先拨，日复一日，终必同归于尽。窃谓便民之要，尤在保商，商之不存，民将何便？查隆冬减息，虽利于多数之人，而不必利于极贫之户。盖贫者身无长物，随当随赎，未必能候至减息之时。似不如一律改为终年二分，冬令不再减息，以保本而便贫民。现据劝业道禀明及此，本署院悉加熟筹，本年春夏秋三季已照旧章收息三分，瞬届冬季，自应照章减息分半。若从冬季起遽改新章，反较旧章加息五厘，不足以昭公道。应自明年为始，通年改息二分，庶免有所借口。且为贫民计，无衣御冬，多有力难取赎者，必须格外体恤，应于冬季酌分限制。凡当本在京钱四千文以下者，系属布衣，仍照旧章减收分半。其非布衣及当本在京钱四千以上者，统照新章收息二分。至春夏秋三季，既经另定新章，无论贫富，概照二分交息，以归一律，免致商民稍有偏枯。此说是否可行，在素习地方情形者，必能研求实际。除径饬谘议局并分行外，合行札知。札到该局，即便查照。此札等因。奉此，当即公同会议。查各处典肆，从前常息多系二分，嗣常息有增至三分者，亦有仍旧二分者。其冬季减息，则无论常息三分、二分，均系减为分半。至减息期限，亦有三个月、四个月之不同。今若一律改为终年二分，而冬季减息仅限于布衣、当本京钱四千以下，在常息三分之处减为二分，固觉便民，然凡典质衣物，皆系窘迫异常，即当本在四千以上者，亦非必尽属有余之户。若减息只限四千以下，是常三分之处，虽彼有减为二分之名，而冬季反有增息之实也。且乡民典质，不尽布衣，凡农用器具等件，甚有当钱数百文或不及千文者，若只限于布衣，恐亦多所觖望。至于常息二分之处，冬季减息亦仅限于布衣四千以下，尤觉似减实增。此就恤民一方面言之，而尚需切实研究者也。再就商民两方面言之。查当商利息虽三分，而每年十月初一日起，至次年正月底止，共四个月，减息一分五厘，历有年所，并无异言。其便于民者，无论号之大小，至十月取赎，二年之票合三分，只付一年之利，是以取赎者多在冬季。即一时无力取赎，迟至次年正月底付利翻票，依然减息一半，是以无力者之翻票又多在正月底。人人皆先期筹画，临时自不致遗误。今改二分，则长年一律，人皆玩愒，无先期筹画之思，届期或至自误，迨迟至期满时远，已势成弩末，积习更视为畏途，消长不见活机，翻赎自无定候。漫衍之后，必致怠忽，怠忽之久，必致疲敝。意在恤民，转致不甚便民。至于取赎减息在四个月之内，原不及长年二分获利之厚。然通盘计算，减息四月之内，获利已属大宗。各当店皆有通用他号之款，借此可以弥补罅漏，各商所借以释重负者此也。且当店生意，架上之号不满，生意固属不佳；架上之号常满而不下，生意又属不佳。一上一下，正视此一加一减为之橐籥。今改二分，则永无大宗进款，所入零星仅足付人利息，实则剥己之脂膏。平衍之下，必致壅滞，久之必成痿痹，意在保商，而反致病商，似于商亦不便。此就商民两方面言之，而尚需切实研究者也。至于各处当业情形，省会与各属亦自不同。凡下州县当店，上架号数虽过数十万之多，无非穷民棉布衣服积累而成，每票一千八百以至三五百文者十居其九，四千以上之大号不及十分之一。如果四千以下各季减息，此令一行，民间避多就少，分一票为数票，务就四千以下之范围，则号数既多，典商添人照料，致多一层费用，而（长）〔常〕年二分之典，仍是一分五厘之典，尤觉挹注为难。此就保商一方面言之，而尚需切实研究者也。综以上各节，逐加讨论，兹经多数决议，佥以为各处情形习惯既不相同，办法自难一致。拟请一面暂仍旧惯，一面饬下商务总会，召集通省各典业详细会议，以期商民两便等情到本部院。据此，合行札饬。札到该道，即便查照，会同商务总会，传集通省典商详细讨论，公平规定，俾可永远遵守，商民两便，仍于定议后详候核夺。此札等因到道。奉此，查此案迭经职道与商会总、协理悉心筹议，当商系按每月三分，每年十月后减息，本为便民起见，相沿已久，成为习惯。今议常年改为二分，各当商惟恐至十月时仍照向例再行减息，则不堪赔累。如厘定准章，永不再减，该当商当无不情愿，尚属可行。至四千文以下者，十月后仍行减息之议。查质当者，或不待减息而赎，或待至减息无款仍不回赎，要视其临时之缓急，不尽在减息。且小贩穷民，多有朝当一款，即为营业资本，暮获余利，即行回赎，逐日营营，旋当旋赎，故二分之议，大有裨于穷民。是四千文以下再减之议，似于穷民无甚裨益，而当商徒滋赔累，且一事两歧，尤多窒碍，应请勿用置议。所有遵饬会同济南商务总会筹议当商常年改为二分取息缘由，理合具文详请鉴核，俯赐批示，并通饬各属遵照等情到本部院。据【此】，除批“据详已悉。所拟东省当商一律改为常年二分行息，厘定准章，永不再减，是否允洽舆情，有无窒碍，候行谘议局再行熟筹妥议，据实呈复以凭察夺等因。”印发外，为此札行谘议局，即便查照，迅速办理。须至札者。

附：呈院为呈覆典商利息通省典商认可再行决议文

宣统二年二月十八日

为呈覆事。窃本局去年开会期内奉交议案，有典当利息一事。当即遵议呈覆，除蒙批答外，并札饬劝业道会同商务总会，传集通省典商详细讨论，公平规定，俾可永远遵守，商民两便，仍于定议后详候核夺等因各在案。兹奉札据劝业道会同商会总、协理筹定当商常年改为二分取息缘由详覆，札行本局再行熟筹妥议，据实呈覆，仰见抚部院体恤商民，慎重求详，俾舆情允洽，毫无窒碍之至意。遵即开会协议，佥以通年改为二分取息，本局前就病商病民各方面业经呈明，毋庸再赘。惟事关厘定准章，非合筹通省全局，不足规久远而免窒碍。缘各处当商情形不同，有向系常年三分，冬季减息分半者，亦有向系常年二分，冬季仍减息分半者，各就本地情形，酌量规定，历办有年，积成惯习。现各典商虽有赔累倒闭，其原因不尽由此。若常年改为二分取息，冬季永不再减，是否病民，姑置勿论，但就典商一方面切实研究，是否有利无害，亦难遽定。况劝业道详称会同商务总会筹议，并未声明传集通省典商，是济南一处想已赞成，而各府州县与济南情形不同者，其多数典商或未必均表同意。本局再三讨论，仍难率尔决议，拟请饬下劝业道，查明通省典商向系常年三分、冬季减息者若干，常年二分、冬季仍行减息者若干，会同商务总会筹定常年改为二分取息，是否传集通省典商全体认可，或仅出于济南一处之典商。一俟详覆札据行局后，再行公同决议。所有遵札议覆缘由，理合呈请抚部院裁夺施行。须至呈者。

抚院据劝业道详覆招集全省典商实多不便议由济南府商务总会函商覆到再行核办行局札文

为札行事。宣统二年三月初十日据劝业道详称：案奉抚院札开：以据谘议局呈称：窃本局去年开会期内奉交议案，有典当利息一事。当即遵议呈覆，除蒙批答外，并札饬劝业道会同商务总会，传集通省典商详细讨论，公平规定，俾可永远遵守，商民两便，仍于定议后详候核夺等因各在案。兹奉札据劝业道会同商会总、协理筹定当商常年改为二分取息缘由详覆，札行本局再行熟筹妥议，据实呈覆，仰见抚部院体恤商民，慎重求详，俾舆情允洽，毫无窒碍之至意。遵即开会协议，佥以通年改为二分取息，本局前就病商、病民各方面业经呈明，无庸再赘。惟事关厘定准章，非合筹通省全局，不足规久远而免窒碍。缘各处当商情形不同，有向系常年三分，冬季减息分半者，亦有向系常年二分，冬季仍（咸）〔减〕息分半者，各就本地情形，酌量规定，历办有年，积成惯习。现各典商虽有赔累倒闭，其原因不尽由此。若常年改为二分取息，冬季永不再减，是否病民，姑置勿论，但就典商一方面切实研究，是否有利无害，亦难遽定。况劝业道详称会同商务总会筹议，并未声明传集通省典商，是济南一处想已赞成，而各府州县与济南情形不同者，其多数典商或未必均表同意。本局再三讨论，仍难率尔决议，拟请饬下劝业道，查明通省典商向系常年三分、冬季减息者若干，常年二分、冬季仍行减息者若干，会同商务总会，筹定常年改为二分取息，是否传集通省典商全体认可，或仅出于济南一处之典商。一俟详覆札据行局后，再行公同决议。所有遵札议覆缘由，理合呈请裁夺施行等情到本部院。据此，查此案前据谘议局议呈，业将病商病民各情形详切敷陈。兹据称常年取息二分，必须通省典商均表同情，方能公同决议，自系求洽舆情，规定久远之见，合亟札饬。札到该道，即便查照，再行详查妥筹，据实详覆，以凭核办，毋违。此札等因。奉此，职道赋情庸愚，窃以为朝廷设官，凡以为民，即劝业注重保商，亦不外九职任民之义。山东典业，利息多寡不等，诚有如谘议局所云者。职道拟定为常年二分，实欲于便商恤民之中，隐寓整齐画一之意。旧例常年三分，冬季减息分半，在典商固属受亏，而朝质暮赎之苦佣，与冬当春回之耕具，实不得沾此利益，则何如变通成例，使至苦极贫之辈，得免向隅之为愈耶。从前当业，几无县无之，大镇通衢，往往连圜对阓，今则闭门歇业者，岁有所闻矣。若不及早维持，将来必至富商累累。商倾，彼穷民典当无门，一遇凶年，何堪设想。故职道所议，外似为商界代谋，内实为民生请命，所不便者，只通都大邑之中，暂借质库为外府者耳。窃计此事或改或因，一言可决。典铺中人，大抵均有执事，若纷纷由远道招致前来，深恐废时旷业，有拂商情。理合将不便传集缘由，据实详覆等情到本部院。据此，除批“据详已悉。当商纷纷远道前来，诚不免废时旷业。应由济南商务总会分别函致各属商会，博询各当商有无窒碍，据实函复，采集众议，再行核办，仰即遵照，并候札行谘议局知照。此缴等因。”印发外，为此札行谘议局，即便知照。须至札者。

抚院据候补知县姚鹏图署理滕县姚诗志会禀查覆花生捐情形行局札文

（原案在第一期报告书财政内）

宣统元年十二月初四日

为札行事。宣统元年十一月二十八日据候补知县姚鹏图、署理滕县姚诗志会禀称：窃知县鹏图奉宪台札委，以据谘议局所呈滕县花生捐一案，饬即赴滕确查，会同妥筹办法，详明核夺等因。遵即束装起程，于十一月初十日驰抵滕县，会晤知县诗志，亦奉札同前由。并蒙筹款总局行文，据滕县议叙巡检陈道源以再恳饬究以保利权等情一案，令即妥议禀复等因各到县。遵即检查旧卷，体察情形，并晤商绅耆黄宝晋等。窃念谘议局所呈与陈道源所禀拟复花生捐作为巡警经费一案，措词虽异，用意相同，无非为（稅）〔挽〕回利权，力求公益起见。地方官正因一切新政无米为炊，万分焦灼，果能收回花生大利，如释重负，何乐不为，无不竭力赞成之理。惟事关交涉，迭经会议，立有议单。今欲规复旧章，应请大帅咨会外务部及南洋大臣，商之各国领事，声明花生捐系滕县固有之款，与厘税无涉，从前何以照交，后来何得翻异，另订条款，事在必行。各国领事如表同情，或不致别生枝节，否则恐难轻议更张。谨将此案始末梗概，为我大帅详陈之。查滕县出产花生不过十有余年，而最盛则在光绪二十七、八等年。于是有陈道源之弟名荫坪者，禀明设立专行，南船贩运，归其抽收行用，每花生一票索费京钱二十千文。至光绪二十九年冬间，因改设学堂，经费无出，滕县举人蒋鸿斌赴筹款总局及学务处再三禀控，请撤专行。经前任梁令与委员吴令锡洛会同议覆，专行裁后，仍归各集牙行经理过（枰）〔秤〕，减为每票共出京钱十五千文，内以三千文作经纪行用，官不过问，以十二千津贴学堂，禀准照办。未及一年，即据英日各商纷纷出租，以洋商领三联单入内地办货，沿途关卡只应凭单查验，不得需索重征。迭蒙南洋大臣暨镇江关监督电札交驰，彼时枝节横生，几酿交涉重案。蒙筹款总局檄委候补直隶州陈牧尔延、□□候补知县赵令烱，与英领事派来执事人罗熙沐再四磋商，始允每票花生，除照旧仍给经纪行用三千文外，另捐学堂经费京钱二千文勉强了案。自此，二三年中，相安无事。迨至上年，陈道源又与邱蓬坤等涉讼，谓其贩卖洋票，每张得京钱八千文，坚请追出充公。知县诗志再四访查，转卖洋票一层，在昔年或事出有因，在今日则语无可证。盖事系两相情愿，究竟如何交易，外人不得而知。苟非证据分明，不足以成信谳。据陈道源开单呈阅，谓买其票者共有四十余家，而饬据各商禀复，则无一承认。迨经传案面质，陈道源又未到堂。其时英领事复派原议人罗熙沐来滕，坚持初议，仍未加增。此历来办理大概情形也。综计花生捐一案，其病在于牵涉洋票，今议单立已数年，挽回殊非易易，其中即间有华票，又未便为丛驱雀，办理两歧。盖无论华洋，均有镇江关监督所发三联报单，地方官验明盖印，截留一分备案，换回监督预发之运照，由该商自行投关，防弊颇严，决无朦混。惟滕县士绅关怀桑梓，所请虽未能办到，然亦具有不得已之苦衷。盖新政日繁，在在需款，而以巡警为最巨。巡警每年需费八九千串，而常年有着之款，则仅有铺捐两千余串，其余则东挪西凑，专事补苴。前任系动支税契、罚款，知县诗志因其扰民，力祛前弊，履任年余，未罚分文，小民具有天良，深知感戴。然办公无款，何以支持，日夕焦思，几忘寝食。因与各绅及各社长会议五次，始商定捐富之法，其十亩以下之户概予剔除，以示体恤，始将本年巡警及各要政次第举行。惟社长未必皆贤，士绅请愿书所云难免不借公科敛，知县诗志亦早经虑及，虽无其事，不可不防，故现在业已停止以上办法，亦禀奉饬府核议在案。然捐数有限，转瞬即空，又将何以善其后。故花生捐果能规复，不特滕县绅民之公益，亦地方官之大幸也。可否咨会外务部及南洋大臣之处，伏候钧裁。知县等位卑权轻，未敢擅拟。所有会同查覆缘由，理合禀请大帅鉴核，批示遵行。再，原文所称学田及修城息款，系专拨学堂之用，与巡警等事无涉。学堂每年除支销外，所短无多。缘二千文之花生捐，每年仅收京钱数百千文，故学堂尚不敷用，惟不致大亏耳。合并声明等情到本部院。据此，除批“据禀会查花生捐情形已悉。此项捐款，为地方固有之利，自专行裁革，收数遽减，洋商要求于前，华商援请于后，甚至朦混影射，因缘为奸，缠讼不休，积牍具在。推其纷扰原因，固由牵涉洋票，而仓房之经管，与县示之矛盾，皆为失败之明证。然内地商务，与国际交涉，迥不相侔。查洋商领三联单入内地办土货，及洋货完半税后领税单入内地销售，沿途关卡只应凭单查验，如其单贷相符，概不准需索重征。约章所载，专指税厘而言。花生为该县出产大宗，南路一带销场极畅。此项票费系就经纪行用改充学堂经费，与各项税厘有别。从前洋商联票趸运，既肯照出纪用，议单订立时阅五年，每票万觔仅捐京钱二千，为数甚微。现值国家预备立宪，推广巡警，就地筹款，需用孔殷，罚款既嫌扰民，亩捐近于加赋。邑人士具书请愿，谘议局呈请施行，一片热诚，共谋公益。况巡警职在保安，商旅出于其途，咸受保护之益。无论华洋商界，其深明大义者当必乐从。虽前定议单未易改废，而货未入洋商之手，抽捐应有自主之权，该县商人岂必有意违抗。即由筹款局调查卷宗，妥定办法，详候札饬新任滕县罗令督饬施行。该县仍一面倡导绅民讲求种植，以扩利源。仰即遵照办理，并移姚委员知照，并候分行筹款局、谘议局查照。此缴等因。”印发并分行外，为此札行谘议局查照。须至札者。

抚院准直督咨开据天津商会拟办筹还国债会行局札文

宣统元年十二月初八日

为札行事。宣统元年十二月初二日准直隶总督部堂陈咨开：据天津商会总理王贤宾等禀称：窃维我国财政一日不清，（上）〔主〕权一日难保，赔款一日不偿，国体一日难固。所以举国人民奔走呼号，汲汲焉，皇皇焉，咸以捐税烦苛，吁恳缓免。不知捐税烦苛，实以财政支绌；财政支绌，实以赔款过鉅，年限过长，利息过重。杂捐日出，流弊日滋，上既无补于国计，下徒贻累于民生。各关多作抵押，主权因不我属。倡加价者有之，倡统捐者有之，倡裁厘者又有之，议论纷歧，迄莫实行者，赔款累累，财政终无充足之日，似应从速筹还，为拔本塞源之计。职会有鉴于此，迭经开会研究，佥谓我朝深仁厚泽，妇孺咸知，际此万难，知必有毁家纾难，藉以仰体国艰，下苏民困者。当即公同议决，拟合举国人民，组织筹还国债会。其债数即以甲、庚两次赔款为定额，其还期约以三年为限制。正在联合同志间，各省闻风兴起，函电交驰，索取简章，以期众擎易举，早日观成。民气奋发，为向来所未有。仰见我皇上宣布立宪，举国人民皆有国家之思想，有以致之。且仰蒙大帅捐廉银三万两，以资提倡，阖津闻知，激励尤切。顾兹事体大，劝导之责虽在国民，而提倡之方尤赖政府。所有拟办筹还国债会缘由，理合检同简章草案，敬呈钧鉴，查核立案，并恳据情入奏，请颁特旨，谕令各省将军、督抚分别提倡，以昭慎重。赔款速偿，财政可清，则主权可保，国体亦自固矣等情到前护大臣，移交本大臣。据此，查此案已经崔藩司在护督任内电达军机处，旋仰承准电覆，经本大臣电致抚部院查照在案。所有呈到简章，本大臣现甫莅任，尚未详加核定，应先咨送冰案，以备查核。一俟核议妥洽，再行续咨。除分咨外，相应抄录咨送，请烦查核办理等因到本部院。准此，查此案前准直隶总督部堂来电，业经檄饬该司道等查照现在民力、商情有无（室）〔窒〕碍，通筹全局，会同妥速酌度情形，禀复核办在案。兹准前因，除分行外，为此札行谘议局。希即查照。须至札者。

计粘单一纸。

呜呼，我同胞亦知中国之濒危乎！互市以来，泰西制造日精，实业日进；我则工商不振，生计维艰，以故通商垂七十年，每岁流出金钱不下数千万。初以中国地大物博，视为癣疥之患。自甲午一败，庚子再败，两次赔款至六百五十兆两。查我中国每岁进款，仅百兆上下，平时入不敷出，已属万分拮据，于是不得不借外债以清偿之。按外债利息不同，年限亦异，统新旧而核计之，共需银一千五六百兆。以如此巨款，将何所取偿乎？汉文之铜山不再，则财非出自朝廷；子文之毁家无闻，则财非出自官吏。凡我同（肥）〔胞〕，实无一人不负国债之责任也。以故近年以来，常关则改隶钞关，税项增加矣；厘金则按照关税，抽收折半矣。推之民间，所衣、所食、所用、所需，无物不捐税加重，翔贵异常，草野生机，奄奄垂毙。今国家方且以烟税递减，海军待兴，急欲推行印花，以资抵补。在朝廷厚泽深仁，讵愿行此竭泽而渔之计。然明知（酖）〔鸩〕酒漏脯，而不得不饮之食之者，以重大之国债逼迫，使之然也。虽今日新政繁兴，理财、练兵、防边、修路以及警察、卫生、工程、自治诸大端，何一不需巨款，而独谓国债之逼迫者，缘各省每年之筹措，皆以清还国债为正宗，而凡百新政，势不能不另图取偿也。由斯以推，民间生计之艰，实由捐税之重；捐税之重，实由国债之多；而国债之多，其原因又实由赔款之巨。同胞乎，同胞乎，国家以百兆进款，而负以十余倍国债，而此十余倍国债，将来又必取之于民。迁延日久，利息渐增，而吾同胞之负担亦益重。中国纵无内忧外患，即此一端，已足亡国而有余。况今日晴天霹雳，噩耗惊传，复有海牙公会监督中国财政、国政之消息乎！由前言之，其事可忧；由后言之，其机尤可危。昔埃及之亡于英也，实亡于外债。以蕞尔埃及，先后欠一千兆元之债款，后以无力偿还，英法两国，始则要求埃政府聘其国人充理财顾问官，继则为之募民债、加租税，财政大权胥归掌握，终则为之裁兵饷、清地亩、增贵族捐税，使其民穷财尽，不能自存，卒至杀其大臣，废其君主，而埃及永隶于英籍矣。殷鉴非遥，可悚可惧。然而，法之败于普也，议偿赔款至八百兆两，并普之成兵费亦债偿于法，国势危亡，间不容发；乃法大臣梯耳倡议筹还，万民响应，不数月悉数清偿，毫无棘手，万国之人，鼓掌叫绝。故法至今仍不失为强国。同胞乎，同胞乎，将欣羡安富尊荣、五洲称雄之法兰西乎？抑乐效奴隶牛马、万劫不复之埃及乎？倘我国人视此为不急之务，则异日中国财政大权旁落，任人搜括，虽欲破家纾难而不能。曾记明季流贼乱急，庄烈帝劝捐助饷，在廷诸臣多者输将不过数万。及李自成以酷刑诛求，积蓄罄献而尚不免于死。追维往事，未尝不太息痛恨。爱家不爱国者，卒至国破而家亦随之也。今之热心志士，以外人监理财政之问题，奔走呼号，联合同志，拟请政府速开国会，清厘财政，以保主权。而究之国债一日不清，则种种设施，悉难着手。敝会有鉴于此，连日齐集全体会行各董熟筹善策，佥谓中国穷困，病源悉由国债，国债不清，财政日绌，清厘何有，即速开国会，亦恐无解决之时。止沸扬汤，何如徙薪曲突。此筹还国债会之立，洵为救国救民之要计，而不容稍缓者也。惟兹事体大，造端必求详审，辅助不厌众多。复鉴于国民捐之覆辙，故命名为筹还国债会。人人有担负之任，人人并有劝导之责。况各省咨议局议董两会现已成立，民智大开，团体日固。惟望群策群力，以图其始，不息不懈，以观其成。是以略述缘起，敬告同胞，如乐赞成，即请分途联络，共纾国难，以救危亡。将来国债清偿，即财政清厘之日，亦即国会开幕之日也。公拟简章草案十九条附后。天津商界全体公启。

计开：

第一条　宗　旨

溯自甲午、庚子两次赔款，以致财政支绌，担负繁重，上下交困，时事日艰，国局危迫，故拟组织此会，为根本之补救，藉以上辅国计，下济民生。

第二条　全国摊还之定数

本会筹还之总数，以甲午、庚子两次赔款为限。

第三条　各省摊还之定数

中国幅员广大，分省筹办，较为简便。各省应摊额数，即以政府原定各省担还之数为准。

第四条　筹还之年限

限期过远，人事之变迁，诸多可虑。拟于筹定后，分三年归还，以免日久生懈，有始无终。

第五条　筹还之实数

期限既近，息利自减，应将三年分还实在本利数目详细列表，以便照数筹摊。

第六条　方舆之比例

各行省府厅州县肥瘠不同，应请各本省咨议局开会，查照各地方情形，分等均数列表，发交府厅州县，国民各照议定数目筹摊。

第七条　债与人之比例

府厅州县国民，应以咨议局核定担任数目，与该地方人口数目作一比例，每人应摊若干，即以此数为定位，如十万人应摊银十万两，即以每人一两定为本位。

第八条　人与债之比例

全国人民大抵贫多富少，如三万人，拟以二万人为贫民，以七千为中民，以三千人为富民。愿贫民摊多少，听其自认。惟富民、中民，按人数核计，应照核定本位数目摊认。其贫民不足之数，应由富民所有财产，查明公酌，分别筹补；

其应补之数，不得逾财产百分之一。

第九条　劝导之要素

本会成立后，应由会员中多举热心耐劳志士，分路劝导，痛陈国债困难情形，藉以激发热诚，共担国债。

第十条　官吏之提倡

各行省文武现任、候补各官员，及官署局所幕宾、委员、司事，既系为本省国民表率，亦应分别筹摊，以资提倡。其应摊数目，拟由咨议局建议，请本省督抚核定。

第十一条　华侨之补助

各埠华侨，屡以祖国艰难，久以倡议报效。现既筹此要举，自应由各省公举名望素孚代表前往报告，愿担若干，随时声明，以资辅助，俾尽同胞之义，而伸爱国之忱。

第十二条　亲贵之补助

第八、第十、第十一三条筹摊各项，以理想而论，必能立即筹足。惟人事不齐，或有万难足额者，拟请皇族贵胄分别筹补，以期早日观成，共享幸福。

第十三条　普通之激劝

拟奏定徽章，颁发认款国民，以示优异。视认款之多寡，定徽章之等级。此项徽章，应与宝星同等宝贵。

第十四条　特别之奖励

筹定以后，全国人民中如有特别认摊者，应禀请官府奏请优奖，以垂不朽。

第十五条　交款之时限

各省府厅州县国民，每人应摊本位，如每人一两之类，自认定之日起，三个月如数交纳。至富民财产公抽及各项补助之款，为数甚巨，应自认定之日起，分三年交清。如有一气纳足者，亦应照收，以期早结。

第十六条　收款解款之办法

各省府厅州县公推热诚代表为本会会员，经理此项摊款，随时公布，并由谘议局议员分途监收，解交省会妥实银行汇齐，分别归还。

第十七条　归还之办法

全国人民认定额数后，应由各省各举代表同时赴部，呈请政府与应还赔款之国商定细则，以便归还。

第十八条　会员之额数

集社结会，其办事人员不得逾二百人，此常例也。此会事繁任巨，会员以多为主，不必限定额数，以收通力合作之效。

第十九条　立会之经费

本会一切经费，应由各会员分别担任，不得动用筹摊之款，以昭大公。惟各省会员彼此往返会议，应搭轮船、火车以及邮电等费，均请豁免，以期节省，而资利便。

右简章草案十九条，谨举大略，其详细规则尚未议及，应请全国各省代表各抒所见，以便随时改定，而期完备。

抚院据藩司申称库款支绌谘议局经费俟来年上忙后再行具领行局札文

宣统元年十二月十一日

为札行事。据布政司申称，案奉抚院札饬支发谘议局第三次常年经费银一万两，令即支发具报等因到司。奉此，遵即饬库于本月初八日堂期，照数支给来员领回在案。惟查此项经费，原（奏）〔奉〕前宪奏明，由司库岁拨银四万两，计自本年九月初一该局成立后，甫经三月，今已领过〈三〉银三万两，计尚存至来年八月底经费银一万两。现在库款奇绌，可否仰请宪台行知该局，俟来年上忙后，再行具领，以纾财力。除照会外，奉饬前因，理合将支发银数、日期呈报鉴核等情到本部院。据此，为此札行谘议局查照。须至札者。

抚院准资政院电开资政院议员照章不得兼充谘议局议员准其兼当他差行局札文

宣统元年十二月十二日

为札行事。宣统元年十二月初八日，承准资政院齐电内开：互选资政院议员与谘议局常驻议员有间，除照章不得兼充谘议局议员外，其有他项差务者仍可照（章）〔常〕兼当，惟于本院开会期内临时酌派代理，希即转饬遵照等因到本部院。承准此，除分行外，为此札行谘议局，分别移知当选资政院议员陈命官等遵照。须至札者。

抚院据官电局详司道局所要电统归官局转递行局札文

宣统元年十二月十二日

为札行事。案据济南官电局详称：窃职局于宣统元年十二月初四日接奉钧札：案据济南电报局试用知县汪恩至禀称：窃于本月二十六日因齐河官电局不为接转商局所收学司发寄东昌、曹州之报禀，奉批开：东昌、曹州均系官线，现任司道各局所发电向不纳费，应照章交官局接递等因。奉此，遵即将所收学司寄东昌、曹州两电抄送官局发寄。惟该局收报后未付收条，索之再三，坚执不给。查学司所发电文系属要公，倘有遗误，其咎焉归？知县揣其用意，实有碍难发给收条之故。查本月十七日，商局收有学司寄东昌、曹州两电，亦因齐河不为接转，当经先后送与该局发寄，该局曾经索取报费京钱六千六百文，给有收条在案。此次事同一律，相隔不过数日，何以前后不符。盖官局因宪台责问，无可搪塞，权将向不纳费一言以蔽宪聪，而收条亦暂不给，殊不知只能为掩饰一时之计耳。查官局十余处，大半皆借商局水线传递，商局原为收发商报而设，官局专为河工防务而设，权限分明，非一日矣。今官局不收商报，商局何敢与争。况光绪三十四年四月间已奉前升宪袁札饬，嗣后仍照向章办理，迄今年余，彼此毫无异议。而该官局以一人之私见，故意屡次与商局为难，知县职守攸关，焉能放弃，致干部诘，是以不得已，一再烦渎。惟求宪恩鉴原，札饬该官局仍照向章办理，勿再翻改，实为公便等情到本部院。据此，除禀批“据禀已悉。仰候檄饬官电局查明禀覆，再行饬知。缴。”印发外，合行札饬。札到该局，即便遵照办理等因。奉此，查官局收发现任司道及各局所印电，向不收费。即不用印而签名者，亦通融收发，不取分文。惟不用印、不签名者，始收半费，以示限制而杜弊混。既收半费，自应将每字收费若干，给以收条为凭。其不纳费者，向给局片。藩司及财政局发报最多，知之最详，所有印电，从未取过分文。宪台既可查询藩司等，亦可调查本局报底，不能丝毫欺饰，自取咎戾。上月十七日，职局收有学署发武定府印电，当即按照向章译发，并未收费。同日下午，又有学署发曹州、东昌两电，均系草底，既未用印，亦未签名，当饬持回补印。据来人云，吩咐发商报，并已带有钱来，本局学生即照章收取半费，给有收条，并不知即系商局暗中抄送前来，究其是何居心，无从悬揣。只要本局坦白无私，此外亦可不计。否则同一学署电报，何以一不收费，一仅收半费？苟非照章办理，一日之内，焉能两歧？兹将上月十七日学署送来印电底一纸，不用印、不签名草电底两纸，统呈鉴核查考，并请札发学司查明禀复武定印电究竟曾否收费，不用印、不签名之曹州、东昌两电是否仅收半费，并将本局半费收条一并粘呈，以期水落石出，不损本局名誉，无任叩恳。查电报章程，官商接线，两不计费。职局以借用商局水线，诸从克己，并不按照章程办理，凡官线收发各路商报统代效劳，所收报费全数让归商局，惟本线两头机器可直达者，始由本局自行收费。上年八月，前升院袁咨部有案，可以调阅。以理而论，东昌、曹州均系官线，与省城官局机器两头直达，并不经由商局机器。商局接收此项商报，仍须折由官局接转，已于上年咨案不符。然平时商报为数无多，并未与较。上月因查有调查局发东昌、曹州长电各二百数十字，均由商局收费，发交官局接转，计费约有四十元之多。夫以公家自有之线，不能为公家所用，尚须向商局纳费，揆诸情理，其公允与否，自不待言。官局既有职守，势难坐视不问，此申饬齐河分局，不准任意转报之原因也。有此阻力，而商局张皇失措，禀院禀部，诚有令人不可解者。或汪牧到局接差未久，诸未透澈，不免受人愚弄所致，经此明白宣布后，当可恍然觉悟。仍遵宪批，凡遇现任司道及各局所发寄官线公务要电，统归官局自行接递，不敢再有违言。但职局尤有虑者，官商两局全在融洽，报房学生有一争竞，势必生局员意见。拟请饬知汪牧随时查察管束，以后自不为浮言所动。是否有当，仍请钧裁施行。所有查明商局具禀各节缘由，理合据实详复，伏候宪台批示祇遵。再，现任司道各局所拟请一并通饬，合并声明等情到本部院。据此，除详批"据详已悉。仰候分饬查照办理，电稿三纸已分别收存矣。所请札发学堂查明禀复之处，应毋庸议。此缴。"印发并分行外，为此札行谘议局查照。须至札者。

抚院准宪政编查馆咨谘议局调查之件照前办理行局札文

宣统元年十二月十五日

为札行事。宣统元年十二月十一日准宪政编查馆王大臣咨开：接准咨称：据谘议局呈称：窃以本局开办伊始，所议各案类以调查未确，漫无根据，遂致废弃者居多。此次会期已过，所有旧章新政及一切民情风俗、地方利弊，自宜切实调查，以为下次会议之预备。前呈审查预备案内，请将造报清理财政局之表册添送本局一份，系仅为审查财政起见。此外，警务、学务、交通、实业及其他各项，范围甚广，仅恃派员往抄，实觉力有未逮。兹经公同议决，仍请通饬各衙门、局所、学堂及各州县，限本年十二月前，除将呈报清理财政局之各项表册添送本局一份外，并请将先后造送调查局之法制、统计各股表册补造一份，陆续送交本局，以备详细审查。不惟本局调查事件藉资依据，议员等生长斯土，于地方情形见闻较确，亦可即耳目所及藉资考证，庶官府造报之各项表册，得以省浮文而征实事，似于调查前途不无裨益。业经公同议决，为此备由具呈，恳请裁夺施行等情到本部院。据此，除财政一节另文咨请度支部核示外，查调查局法制、统计两科于本省法规以及民情风俗、地方利弊包括无遗，诚足为审查之资，惟其中事项，多有不在谘议局范围之内者。且该局非行政官厅，各行政官似不能有承认报告之义务，究应如何明定办法，俾该局常驻议员得以便捷调查印证，应请查核示覆施行等因。查各项调查表册，种类繁多，若令各衙门、局所等一律添造一份送交该局，未免范围过广。本馆九月致湖广总督（惠）〔鱼〕电内称，谘议局遇有必须调查卷宗及诹访各事，只可函请各署局钞交并答覆，毋庸派员径往等因，电覆在案。东省谘议局如于各项表册，认为有关调查印（调）〔证〕之件，应仍遵照前电办理，毋庸一律钞送。相应咨覆查照，转饬遵照可也等因到本部院。准此，除行财政局、调查局知照外，为此札行谘议局遵照办理。须至札者。

抚院札知核扣减平文

宣统元年十二月二十一日

为札行事。照得省城各衙门、关局、学堂支发款项，前奉前户部通行一律核扣减平，业经前院札饬遵照，只以习惯相沿，迄今未能实行，报部向系融销。兹值清理财政，均已和盘托出，以后不能再有融销。应自本部院为倡，所有公费及署内员弁薪津、书吏饭食并支用一切款项，凡向未核扣减平者，均自宣统二年正月起，一律改用湘平，按九六给发，其余各衙署、关局、学堂俱应画一办理。所有扣存四分平银两，统归司库专款存储，按年册报，以备拨用。除分行外，为此札行谘议局查照办理。须至札者。

抚院札知奏定核扣减平文

宣统二年三月十三日

为恭录札行事。照得本部院于宣统二年二月十七日，附片具奏支发一切薪费等款，一律实扣四分平银一片，兹于三月初一日差弁赍回原片。奉朱批：度支部知道。钦此。为此恭录并抄稿札行谘议局钦遵查照。须至札者。

计抄片奏一纸。

再，臣查接管卷内，光绪二十三年准前户部咨行，令各省自是年七月起，无论藩运道库及各局处所支薪费、津贴、口粮等款，每两核扣六分，减平发给等因，业经前抚臣转行遵照。无如东省衙署局所员司薪费、津贴及书吏饭食、局用等款，至今实未曾一律核扣，亦有发给湘平者，每于报销案内设法融销。现在司局各库异常支绌，且值清理财政之时，无论何款，均须和盘托出，不容再有融销名目，前项减平自应照章实扣，以济公用。惟是各署局、学堂员司薪费、津贴及书吏饭食等项，迭议裁减，已不为优。东省自铜元盛行，百物昂贵，减【扣】稍多，不足以示体恤。臣与司道等公同商酌，除以前已扣六分减平者不计外，其余拟自本年正月起，按湘平一律实扣四分平余，以资（樽）〔撙〕节。除咨部外，谨（除）〔附〕片陈明，伏乞圣鉴。谨奏。

抚院准法部咨议覆匪徒窃毁铁路治罪专条及承缉处分行局札文

宣统元年十二月二十五日

为札行事。宣统元年十二月十六日准法部咨：编置司案呈所有本部议覆邮传部奏匪徒窃毁铁路要件，请明定治罪专条及承缉处分一折，宣统元年十二月初四日奉旨：依议。钦此。相应刷印原奏，行文该抚转行青州副都统一体遵照可也等因到本部院。准此，【除】分别咨行外，为此札行谘议局钦遵查照。须至札者。

计印发原奏一纸。

法部等衙门谨奏，为遵旨议奏事。宣统元年五月二十日，军机大臣钦奉谕旨：邮传部奏匪徒窃毁铁路要件，请明定治罪专条及承缉处分一折，著该部议奏。钦此。钦遵抄交到部。查阅原奏内称：铁路之设，上便军国，下利商民。其行驶之利便，专恃轨件之完全，故自铁轨、枕木以（致）〔至〕道钉之类，无论件数大小，一有缺失，患即随之，危险所关，良非浅鲜。沿路愚民，每乘防范不及，任意窃毁，迭经咨行该管督抚，严饬地方文武缉拏追赃，纵获一二确凿口供，以无治罪明文，仅予枷责了事。地方官吏亦因例无考成，不免敷衍。当此新律尚未实行，设不暂照现行法律明定治罪专条，何以示惩创而资整顿。并援引奏定匪徒窃毁电报杆线治罪章程，声明电报关系传信事务，铁路关系运输机宜，于国政均属重要。请旨饬下法部，凡属窃毁铁路、铁轨、枕木、道钉及关行车一切重要机件罪犯，暂照奏定窃毁电报杆线治罪专条定拟。其商办铁路，均系奏准建筑，事关公益，应与官办各路一体保护等因。奏奉谕旨，著臣部议奏。臣等窃维铁路为交通要政，近数年间，朝廷特设专部，以规画全国轨线，既收官民交助之益，即为国家利赖之资，大而转输征调，方未雨以绸缪，小之商贷往来，亦应时而辐辏。推其行驶之捷速，实由于机械之完全。是以铁轨重要器件，以及枕木、道钉之属，无一物不须配合，自无一件不赖维持。乃因敷设日渐延长，而愚民无知，往往于官商各路，乘间窃毁。及至被拏到官，讯供不讳，而赔估并无可追之赃，严惩又鲜实行之法，以致案犯但予薄责，已难期儆戒于将来，官吏不负（者）〔责〕成，亦几视承缉为故事。其间生命财货，关系匪轻，出险时有所闻，贻害盖难胜述。兹据邮传部以例无治罪明文，请暂照窃毁电报杆线专条办理，自系为慎重路政起见。惟查光绪十八年刑部议覆前大学士直隶督臣李鸿章奏定窃毁电报杆线章程，系不论赃数，但经折断，均比依驿站马夫递送公文事干军情机密沉匿例，拟徒一年。盖以所犯别无危险，故无论是窃是毁，自不妨一例同科。若铁路要件，一经毁坏，致出危险，轻则损撞货物，重必伤弊人命。是同一毁弃路件，已有出险不出险之分。而其中或为窃毁，意只重在得财；或为故毁，心更存乎障害。情事既各不同，则治罪等差，似应以有无危险、是否覆车杀人为断。按因盗而死人命，如贼犯遗落大煤致火起烧毙事主者例，有分别拟斩之条。又故决河防因而杀伤人命者，律以故杀伤论其科罪，亦较仅止盗决者加严。铁路机械等物，均为行车利器，一有毁废，覆压堪虞。故凡是窃（故）〔毁〕，均难保无伤害人命情事，核与窃毁电线仅碍传报者，情节轻重悬殊，若仍照章一概拟徒一年，似觉漫无区别。且窃毁电线定章，尚有误毁及奸民聚众拔毁、逞凶拒捕各情。铁路事同一律，自应逐【层议】及，以资援引而免疏漏。臣等公同商酌，拟请嗣后凡故毁【及窃毁】铁路安设铁轨、枕木、道钉并一切重要机件，致行车出险，因而伤毙人命者，无论官路、商路，均拟绞监候，秋审时酌核情节，分别办理。出险尚未伤毙人命者，系故毁，于绞罪上减一等，拟流三千里；因窃而毁之犯，徒三年。未出险者，系故毁，减流罪二等；因窃而毁者，徒一年。计赃重者，从重论，为从，各减一等。误毁者，减窃毁罪三等，拟杖八十，照章罚金，所毁物件均计估追赔。倘有奸民造言，聚众拆毁铁路、桥梁、车站、路局，焚烧材料，逞凶拒捕，情节重大者，随时察酌情形，分别首从，照土匪滋事，从严惩办，不得复拘常例。其窃毁路旁材料，无关行车要件者，仍照盗官物本律治罪。似此明定等差，庶路政可（照）〔昭〕严肃，而匪徒益知儆畏矣。原奏又称，失察及承缉之地方官应得处分，分别重轻，由部从严议定，俾有责成等语。吏部查民间窃毁、故毁罪名业经加重，则地方官承缉处分自当从严定议，以资防范。查法部现定罪名，曰窃毁路旁材料，曰故毁行车要件，曰误毁行车要件，曰聚众拆毁行车要件，共分四端。其窃毁路旁材料，既与盗官物同科，则地方官自照衙署被窃本例议处。其聚众拆毁行车要件，情节重大者，地方官自应照邪教滋事重案本例议处。至误毁、故毁两端，自系于既获犯审讯后分别罪名而言。若未获犯之前，则为故为误无从悬定，似当以曾经出险或未险为断。其未出险者，无论为故为误，请将该地方承缉官照衙署被劫例限开参。初参承缉官住俸，二参降一级留任，三参降一级调用。所有督缉兼辖各官，俱照本例议处。如业经出险，应由管路大臣将出险情形轻重专折奏闻，由臣部再行酌度情形，分别议处。倘能立时获犯，赔修完案，均各按本例，准其开复。其一切拏获邻境匪犯，亦各按罪名，准其将地方官分别议叙。陆军部查匪徒窃毁铁路要件，既经法部明定治罪专条，其地方武职各员，自应分别轻重，严定处分，以专责成。拟请嗣后凡窃毁路旁材料者，地方武职各员，照衙署被窃本例议处。其聚众（折）〔拆〕毁行车要件，情形重大者，地方武职各员，照失察邪教本例议处。至误毁、故毁铁路要件，未出险者，地方武职各员，照城外衙署被劫例限开参。初参承缉官住俸，二参降一级留任，三参降一级调用，俱公罪。所有兼辖统辖各官，俱照本例议处。如业经出险，应由管路大臣查明情形轻重，专折奏参，由臣部分别议处。如能立时获犯，赔修完案，均各按本例，准其开复。其一切拿获邻境匪犯，亦各按罪名，准其将地方武职各员分别议叙。如蒙俞允，即由法部行文各该（有）〔省〕督抚、将军、都统、府尹等，一体钦遵办理。至原奏又称，现已修订新律，所有窃毁铁路及电报、轮船、邮政等罪，应由修律大臣订入新律，奏定颁行等语。恭俟命下，应即移咨修订法律大臣另行核定。所有臣等遵议缘由，谨恭折具陈，伏乞皇上圣鉴训示。再，此折系法部主稿，会同吏部、陆军部办理。因往返会商，是以覆奏稍迟。合并声明。谨奏。宣统元年十二月初四日奉旨：依议。钦此。

抚院准度支部咨山东谘议局建筑费并开办各款应造册报部行局札文

宣统元年十二月二十六日

为札行事。宣统元年十二月二十三日准度支部咨：制用司案呈，准山东巡抚咨，山东谘议局筹办处建筑房屋工料并开办支销各款银两造册咨部前来，本部逐一核覆，谨分晰列款于后。

一、册造建筑经费项下，列收藩库拨交谘议局建筑费库平银四万两，开支建筑房屋等项工料银三万六千四百四十两，又支给监修委员薪水银七百三十一两二钱八分六厘，又支给工程处雇用杂役工食、提赏工役、煤炭、凉棚、购置器具等款共支银三百四十二两九钱五分，以上共支库平银三万七千五百十四两二钱三分六厘，内除建筑工料银三万六千四百四十两应归民政部核办外，计本部应销之监修委员薪水及杂款支款银一千七十四两二钱三分六厘。查收支各款，按册核算，数目均属相符，自应准销。其实存银二千四百八十五两七钱六分四厘，既据册称拨充谘议局开办经费，请另册造报等语，应于开办经费款内查核。

一、册造开办经费，列收谘议局建筑费项下节存银二千四【百】八十五两七钱六分四厘，开支各项器具，并灯油杂费，接待外宾洋酒、茶食等项银二千四百九十五两七钱一分三厘，不敷银九两九钱四分九厘。查列收银两，核与建筑费项下节存银数相符，其开支各款，核算数目亦符，自应准销。惟此项经费在于藩库何款内动支，应令声复报部，以备查核。至不敷银两，据称已在本处八月经费项下如数动支，应饬造入局用经费册内报部查考，并将筹办处办事员薪金及杂费各款暨各属选举经费，迅速造报核办。再，此案用款，均系开支库平，并未核扣六分减平，应令照章核扣，以符定章。所有此案共支库平银四万零九两九钱四分九厘，内除民政部核销银三万六千四百四十两，应归民政部核办外，计本部应销银三千五百六十九两九钱四分九厘。以上各节，相应咨行查照办理可也等因到本部院。准此，除分行外，为此札行谘议局查照办理。须至札者。

抚院准邮传部咨拟订劝业道与各电局办事权限行局札文

宣统元年十二月二十七日

为札行事。宣统元年十二月二十三日准邮传部咨：电政司案呈，据电政局禀称：查新订官制，劝业道员缺，各直省皆须次第设立。宪政编查馆奏定章程，邮电等事劝业道有调查、考察、督饬、保护之责。部辖电线分布各省，劝业道既有考察、调查之权，嗣后交接必甚繁多，亟应订明权限，以便各资遵守。谨拟劝业道与各电局办事权限十条呈核，倘蒙照准，应请通咨各省督抚转饬各劝业道一体遵照等情。查劝业道系新设之缺，各省电局既归调查、考察，将来交接事项必甚繁多，自应划分权限，明订章程，俾资遵守。该局所拟章程十条详加复核，均属可行，除批准外，相应钞录章程咨行查照，并转饬各劝业道遵照办理可也等因到本部院。准此，除分行外，为此札行谘议局查照。须至札者。

计粘单一纸。

拟订劝业道与各电局办事权限章程

计开：

（甲）劝业道有调查电局之责，无干预电政之权。电局用人、行政、理财三大端，应如何办理，仍由职局禀承钧部核办。

（乙）各该局已设之线路，其里数、杆号以及一省之中共设子局、（店）〔电〕报房若干处，应由各省垣分局具文报明各该省劝业道存案，如续有展修线路等情，随时续报，以备查考。

（丙）各省垣分局委员遇调换交替时，除将履历禀报钧部暨职局外，由该员分报各该省劝业道备案。

（丁）各省电局收费数目以及用费数目，每六个月由各该局开列四柱清单，报告劝业道一次，仍照单另缮一分，送职局备案。

（戊）各处修造线路工程，除由职局随时咨明劝业道，转饬各该地方官保护外，其工次一切设施，仍由办工人员禀报职局办理。

（己）各该局员如常不到差，或有勒索浮收等事，劝业道得有考察之权。惟或撤或罚，仍应由职局遵照定章，禀请钧部办理。

（庚）某局修理杆线，某局杆线被窃，即由某局就近禀咨劝业道，督饬地方官妥为保护，严行缉究，一面仍由各该局禀报职局备案。

（辛）扩充局店，推广线路，如料价、工运等各费，劝业道就地筹有的款，可随时知照各局禀报职局，转禀钧部，即行照办。若须由局筹款，应否扩充推广，仍应由职局禀商钧部核办。

（壬）各局店总办、委员对于劝业道，或用移，或用禀，各照通例办理。

（癸）劝业道遇有关于该省电政事宜应行推广整顿，可随时咨商职局核办。

抚院准度支部咨各省财政统归藩司综核行局札文

宣统元年十二月二十九日

为札行事。案查本年四月初六日度支部奏各省财政统归藩司，以资综核一折，钦奉谕旨允行，分（资）〔咨〕各省钦遵办理，业经袁升院分别咨行，一体遵照在案。本月二十七日，复准度支部宥电内开：各省督抚鉴：洪。本年四月初六日钦奉上谕，各省财政统归藩司或度支使总核，其关涉财政一切局所，予限一年，次第裁撤，恭录行知各省钦遵办理。此事端绪纷繁，归并之先，必须预备统一方法，切实整顿，否则冗费如故，积弊如故，名虽统一，仍无实效。即希严饬该司迅筹办法，妥定专章，勿误钦限。又改良收支方法，为整顿财政之要着，希饬财政局详细筹议，拟订各项章程，送部核定等因到院。准此，查现值清理伊始，归并局所、统一财政最为扼要。藩司与财政局各有专责，亟应妥速筹办，详定专章，以期实力奉行，勿逾钦限，是所以厚望。除电复并分行外，为此札行谘议局查照。须至札者。

抚院札准宪政编查馆咨谘议局对于督抚提出议案不准作废行局文

宣统二年正月初九日

为札行事。宣统二年正月初二日准宪政编查馆咨：准浙江巡抚咨开：查谘议局章程第二十二条，谘议局议定可行事件，呈候督抚公布施行。前项呈候施行事件，若督抚不以为然，应说明原委事由，令谘议局复议。第二十三条，谘议局议定不可行事件，得呈请督抚更正施行。若督抚不以为然，照前条第二项办理。第二十四条，谘议局于督抚交令复议事件，若仍执前议，督抚得将全案咨送资政院核议等因。以上三条规定，并以按语证之，是督抚提议事件，谘议局以为不可行者，得呈请督抚更正施行。若督抚不以为然，得说明原委，交谘议局复议。若谘议局仍执前议，督抚得将全案咨送资政院核议。权限规定，极为分明。是督抚与谘议局提出议案，不得由一方主张作废，以防流弊。其争执之结果，以咨送资政院核议为持平。此次浙江谘议局开会，本部院遵照章程编订议案十一种，于九月初一日以前提出于谘议局，交令会议。讵于十月十九日据谘议局呈报，对于本部院提出议案，议决可从缓议者一种，为医生营业暂行规则；可作废弃者四种，为清理田亩议案、浙江全省森林规则、浙江完漕试办规则、浙江禁止住室停柩规则。而呈报之文，则据本部院批准之议事细则第八十条第二项，谘议局待审查会之报告就其大体讨论后，决应开第二读会与否，并同条第四项，如决定不开第二读会时，其议案应即作弃之规定。当经本部院详加审核，以谘议局对巡抚提出之议案，认为不可行者，宜先参照谘议局章程第二十三条之规定，呈请更正施行，不得仅据该议事细则第八十条第四项之规定概作废弃。又以谘议局对于以上五案主张缓议及废弃之理由，未为正当，本应说明原委事由交令复议，惟据呈报之时，已届闭会之日，不及交令复议，应俟将来可开临时会议，或下届常年会议时，再行说明原委事由，交令复议。当经札知谘议局在案。但现在该局既经闭会，对于此事未见如何呈报，将来本部院若将以上五案交令复议，而谘议局承认与否尚未可知，仍属于争执事件。除将以上五案认为不可缓议、废弃之理由加以说明，并附全案另册呈送外，所有关于此事是否得由本部院再交复议，及将来谘议局对于巡抚提出议案可否遽行议决作弃之处，相应咨呈贵馆查核，并希迅赐见覆，以免临时争执等因前来。查谘议局章程第二十三条内载，谘议局议定不可行事件，得呈请督抚更正施行，并无缓议及废弃之办法。谘议局定章既有明文，即须遵照办理，不得援引该局议事细则，致多阻碍而涉纷歧。所有以上五案，应即照章再交该局复议。至将来谘议局对于督抚提出议案，自不准有议决作废等情，以符定章。除咨覆外，相应咨行查照办理可也等因到本部院。准此，为此札行谘议局查照办理。须至札者。

抚院准资政院咨奏准筹设速记学堂拟定章程行局札文

宣统二年正月初十日

为札行事。宣统二年正月初五日准资政院咨：所有本院于宣统元年十二月二十五日具奏筹设速记学堂，拟定章程，缮单呈览一折，本日军机大臣钦奉旨：著依议。钦此。相应刷印原奏，咨行查照办理可也等因到本部院。准此，所有送到原奏章程，合行抄发。为此札行谘议局查照。须至札者。

计抄发章程一纸。①

① 以下为资政院具奏筹设速记学堂拟定章程缮单呈览一折，及拟定速记学堂章程，兹皆略去。

抚院准变通旗制处大臣咨会奏变通旗制办法行局札文

宣统二年正月十三日

为札饬事。宣统二年正月初六日准变通旗制处大臣咨：宣统元年十二月十七日，本处会同军机大臣具奏议覆副都统三多请多立手工学校，专设劝业银行分别办法一折，又侍读学士延昌请设变通旗制处谘议官，拟如所请并造表填报户口一片。本日军机大臣钦奉谕旨：变通旗处会奏遵议归化城副都统三多奏变通旗制应多立手工学校，专设劝业银行一折，又奏议覆内阁侍读学士延昌奏请设变通旗制处谘议官一片，均著依议。钦此。相应恭录谕旨，刷印原奏，咨行查照钦遵可也等因到本部院。准此，除分别咨行外，为此札行谘议局钦遵查照。须至札者。

计粘抄原奏一纸。

谨奏为遵旨议奏，恭折仰祈圣鉴事。前准军机处钞交钦奉谕旨：归化城副都统三多片奏变通旗制，应多立手工学校，专设劝业银行等语，著变通旗制处议奏。钦此。原奏内称：变通旗制，以代谋生计而言，莫若使旗丁多设工厂，习艺为生，移居民城，受廛服贾，并多立手工学校，专设劝业银行。但使人才、资本二者振兴，补助认真，一二十年，气象必为一变。此外则挑其精壮，编入新军，选其颖秀，使习法政，出路既宽，资生自易等语。查变通旗制，以振兴教养为先务，原奏所请多设工厂习艺及立手工学校各节，皆为教习工艺、推广实业起见，自属可行。至所谓移居民城，受廛服贾一节，查同治四年六月奉上谕：内阁、八旗都统等会同户部等部奏遵议沈桂芬条陈筹费移屯，恤旗民而实边防一折。据称，旗人听往各省之法，道光年间曾经筹办有案。现拟量为推广，以裕旗人生计。请嗣后旗人有愿出外营生者，无论降革休致文武官员及未食钱粮、本食钱粮举贡生监暨兵丁闲散人等，准由该都统给照前往。如愿在外省落业，准其呈明该州县，编为旗籍。其服官外省之降革休致文武各员，及病故人员之子孙亲族人等无力回京者，亦准一体办理。所有词讼案件，统归该州县管理。如有不安本分，滋生事端者，即由该地方官照人民一律惩治。其愿入民籍者，准编入该地方民籍各等语。所筹尚属周妥，即著八旗都统将此次推广办法，逐节出示晓谕，俾众咸知，以裕生计而示体恤等因。钦此。是旗人愿入外省落业者，早经著为定例。近如江宁、京口各驻防旗人背逆之乱，原来城池倾圮，悉与民户错居，且有通婚姻者。原奏所请移居民城，用意亦隐与现在江、京驻防办法略符。即如所奏，【拟】嗣后各驻防旗人，有愿移居民城及附近州县居住〈州〉置业者，均听其便，该管官不得阻止，以恢乐利。劝业银行，各国皆以辅助实业，然非厚集资本，未易兴办。度支部前奏定银行则例，亦非以劝业银行专为旗人生计而设。所【请】设劝业银行一节，未便照准。惟京外旗人如能集有钜资，专设劝业银行，疏通旗人生计，亦未始非力愿根本之图，届时应由度支部酌核办理。又原奏请挑精壮编入新军一节，查练兵处、陆军部迭经奏准驻防旗兵挑入新军有案。且旗兵性质便于从戎，习于尚武，拟令各驻防多挑精壮，或送入附近省分肄习陆军，或自行编立标营，拟均由陆军部察酌情形，分别办理。各省法政学堂本为造就人才，自应不分旗汉，一律甄收，应令有驻防省分酌挑八旗明白秀颖、堪以学习法政者，量为收入，以资历练。如蒙俞允，拟由臣等通行遵照，察酌办理。抑臣等更有请者，欲广教育，必使旗人皆能自食其力，乃为久远之规。欲议变通，必使旗汉皆联合其情，乃为振兴之本。现在驻防仍以营制束缚，不得从事耕商，即虽欲自谋生路，势颇不易。旗汉通婚奉有先朝特旨，而结为婚媾者究不多见。现当百度维新、豫备立宪之时，似均可酌筹办法，俾收实效。拟由各旗各省通行出示晓谕，凡京外旗人，皆准出外营业，其营业有效及旗汉互相联姻，均分别酌给花红，以资奖劝，则旗丁生计自可渐裕，旗汉畛域不（日）〔化〕自除，似于变通旗制不无裨益。所有遵旨议奏各缘由，谨缮折具陈，伏乞皇上圣鉴。再，此折系由变通旗制处主稿，会同军机处办理。合并声明。谨奏。

再，前军机处钞交内阁侍读学士延昌请设变通旗制处谘议官一片，原奏称：变通旗制处应遴选八旗人员中明于治体、声望素著者，派充本处谘议局官，并宜特派专员，分赴各处，凡关于八旗户口、兵额、土地、财产、学校、风俗等，均令切实调查，详细报告，以备采择等语。查京外八旗，相沿已久，彼此情形各有不同，该学士所请遴派谘议官及从事切实调查，尚为扼要，拟即准如所请。其谘议官容由臣等遴选得人，即行分别派充。至调查户口等项，拟由变通旗制处札饬办事各员，造具详细表册，咨行京外八旗衙门，遵照所定表式切实填报，庶足资考核而免烦扰。所请特派专员之处，应即毋庸置议。谨附片具陈，伏乞圣鉴。谨奏。

抚院札发度支部具奏调查各省出入总数原奏清单文

宣统二年正月二十二日

为札行事。宣统元年十二月三十日准陆军部火票递到度支部咨开：丞参厅案呈本部具奏调查各省出入总数一折单一分，宣统元年十二月二十三日具奏奉旨：知道了。钦此。相应刷印原奏清单，恭录谕旨，飞咨贵抚遵照可也等因到本部院。准此，除将火票另案饬发臬司照例造报，并分别咨行外，为此札行谘议局，即便钦遵查照。须至札者。

计附发原奏一本。

抚院行知奏准山东谘议局预算常年经费札文

宣统二年二月初五日

为恭录札行事。照得本部院于宣统二年正月十九日差弁附片具奏请加谘议局经费一片，兹于二月初二日差弁赍回原片，奉朱批：度支部知道。钦此。为此恭录札行谘议局钦遵查照。须至札者。

计粘钞片奏一纸。

再，山东谘议局经费，由前抚臣酌量核定，移交到臣，于上年六月间奏咨在案。原奏该局经费，估计每年需银四万两。嗣于上年九月成立，各议员等复加核计，于原定经费以外，尚有漏列各款，如预备项内应列添置图书器具、调查等项，杂费项内应列议长、副议长等饭食等款，不得不略为宽筹，连同前案合计，岁约需银四万八千两，遇闰照加，据谘议局议长等呈请奏咨前来。臣查原估该局经费不免疏漏，今据请增各款，臣覆加查核，亦为事实上所要需，应准照加，饬由藩司给发，作正开销，仍饬该局格外（樽）〔撙〕节，余款存储，以备特别之用。除将呈册咨报度支部查核立案外，谨附片具陈，伏乞圣鉴。谨奏。

抚院札发准宪政编查馆咨奏议申明议案权限及各省行政司法官吏宜慎择人与各省议员限制兼差原奏文

宣统二年二月初六日

为札饬事。宣统二年正月十六日承准宪政编查馆王大臣咨：本馆于宣统元年十二月二十三日具奏议覆翰林院侍读学士吴士鉴奏请申明议案权限一折，又奏议覆各省行政司法官吏宜慎择人一片，又奏议覆各省议员限制兼差一片，二十四日钦奉谕旨：着依议。钦此。相应刷印原奏，咨行钦遵办理可也等因到本部院。承准此，除分别咨行外，所有送到原奏转饬照式刷印，为此札行谘议局钦遵查照办理。须至札者。

计发原奏二十二本。

抚院准出使日本大臣胡咨请谘议局购阅《宪政新志》行局札文（附呈请文）

宣统二年二月初七日

为札行事。宣统二年二月初四日准出使日本大臣胡咨：据宪政新志会干事徐尔音禀称：窃生等前曾组织谘议局事务调查会，仰蒙捐款赞助，旋将调查所得者编辑成书，名曰《宪政新志》，月出一册，迄今已届五期，均经呈鉴在案。现在各省谘议局已届开会，所有先后寄到各办事规则及议决案件，均于预备立宪确有关系。查各国议会，每届一期，必有报告，积久成帙，名为议会史，所以资考镜、备查核也。谘议局为吾国从来所未有，上以植中央议会之基础，下以开地方自治之先河，其所议事件至重且要，此不但政、学两界之人均须略有涉览，即为议员者亦宜参观对鉴，藉扩智识，而期进步。现拟将此项议决案件及办事规则，分为十二门，月出附刊一册，与《新志》同时发行，藉供全国参考。惟经费甚巨，虽经生等集赀开办，而内地报费未能一律收齐，极难周转。现在除由生筹款暂垫外，又商请发起人钧署书记官林鹍翔筹款代垫，借以支持。但报费难收，仍恐不能持久，不得已叩求赐予咨送各省五十分，请由谘议局分交各议员常年购阅，其报费即由谘议局按年汇寄。在阅者所出无多，可以收观摩之益，而本会年有的款，亦可为流转之资。伏乞照准施行，实为公便。再，江苏谘议局业经每年捐款贰百元，应请毋庸再寄报费，合并申明等情，并据呈书前来。查阅该《新志》，一切论说均能根据法理解决事实，尚足以资参考。据呈第五号附刊各件，尤足供社会研究之资，洵属意在普及，不无裨益，应请贵部院转行谘议局。相应备文咨明，请烦查照施行等因到本部院。准此，为此札行谘议局查照。须至札者。

呈院呈请《宪政新志》暂购十份文

宣统二年二月十八日

为呈覆事。本局案奉抚部院札开：为札行事。云至札行谘议局查照，须至札者等因到局。奉此，遵即公同协议，佥以《宪政新志》五十分，每年由本局分交各议员常年购阅，送报收费，手续烦难。本局事务殷繁，未暇兼顾。其报费虽所出无多，而各议员散居各州县，道路隔绝，送缴不齐，亦难保无亏欠之虞。若由本局垫给经费，皆由预算而出，亦无此项余款。再三讨论，拟请咨覆出使日本大臣，暂令该会按年寄交十分，以资本局常驻议员随时参考。其报费即由本局杂支阅报项下支销，按年汇寄。俟通知各议员函覆到日，如愿购阅，确定若干分，再行续请添寄。所有本局暂购《宪政新志》十分缘由，理合呈请抚部院鉴核咨覆施行。须至呈者。

奉批答：已照来呈咨覆出使日本大臣转饬查照矣。希即如照。此覆。

抚院据登莱青胶道禀称据烟台职商谭宗灏等禀呈商办烟潍铁路招股简章请示立案行局札文（附呈院文）

宣统二年二月二十二日

为札行事。案据代理登莱青胶道余道则达禀称：敬禀者。案据烟台筹办烟潍铁路职商谭宗灏等禀称：窃维烟潍铁路，实为东省紧要之机关，即烟台商业之命脉，自应各具热诚，尽斯义务。惟兹事体大，所有招股事宜，尤非合力通筹，难期有济。当经公举孙日温为招股总理，李福全、万奎基、刘丕诚、谭宗灏为招股协理。除原议发起二十人担认一百万元外，其余股份公同议定办法，以先从本埠入手，多方劝导，现仅认有股份洋五十五万二千余元，此外须由他埠募集。若能襄兹盛举，尚可聚米为山，倘使意存观望，则又殊难指定，不能不先事陈明。查定章，凡路矿要工，虽奉部准，亦有年限。此次商等所拟建筑烟潍铁路，本为挽回商业，保固利权，不恤已资，勉为公益。但一方之财力有限，而全路之艰巨迭投，若不预为声明，诚恐旷日持久，贻误要工。兹经公议，除在本埠认股外，拟有招股简章，分寄各省及通商大埠，分股招集，仍照章不收洋股。如得众擎易举，固属厚幸，否则拟以六个月为期，即至宣统二年六月底止，万一招不足数，即当据实禀请，将原案注销，以昭核实。理合将招股简章印本一扣禀呈查核，并请专禀宪台，俯准立案等情。据此，查该商谭宗灏等议建烟潍铁路，保守主权，具有热诚。兹经公议酌定期限，亦为慎始图终，不敢稍涉夸诞，似应准予所请，以照核实。理合据情禀请鉴核训示，以便饬遵，实为公便等情到本部院。据此，除禀批"据禀并呈商办烟潍铁路招股简章均悉。该职商等担任巨资，共谋公益，既经该道查核属实，自应准其立案。至酌定期限一节，虽为慎始图终起见，惟烟埠商务机关全视路工为转移，利权所在，尤当勉为其难。仰即传谕绅商，迅将此项简章分寄各埠，广为劝募，俾合群策群力，期底于成，实所殷盼，并候分行劝业道、谘议局查照。缴。简章钞发。"印发并分行外，为此札行谘议局查照。须至札者。

计粘钞商办烟潍铁路招股简章一纸。

商办烟潍铁路招股简章

公启者。窃维铁路为地方之命脉，即为商务之机关。溯自胶济路成，而东省商务权利悉不我操，即以烟台五十余年之口岸，亦受其侵陵，殆哉岌岌。年前建筑烟潍铁路，迭次聚议，或因意见不孚，旋议旋止。然烟台商务之退步，江河日下，大有不可终日之势，若不亟求挽救，商务衰败必至不可收拾，而东省全局亦难望振兴矣。宗灏等目击时限，关心商务，爰邀集同志二十人，集股二百万元，先由二十人各担认招股五万元，共一百万元，余一百万元即托各埠殷实商号代招，随招随筑。先从烟台筑至黄县，将来附股踊跃，再行推广路线，务达筑至潍县之目的。业经禀请东海关道宪存案。俟招有成数，再行禀部核办，务祈我同胞热心公益，踊跃认股，俾得早日观成，则地方幸甚，商务幸甚。谨拟招股简明章程列左，至开办详细章程，应遵农工商部颁行规则，容俟续布。

一、本公司为山东商办烟潍铁路有限公司。

二、本公司拟先集资本二百万元，分四十万股，每股五元。先收小股二成，从十一月初一日认股，限四个月，代招股者限六个月收齐。明年夏季再收四成，其余四成宣统三年夏季收足。按期发回收条，俟三期缴足，换给股票息折。如收条及股票息折或有遗失烧毁，由该股东登报声明，一面报知本公司，三个月后无人争论，再行补给，以杜弊混。

三、本公司创办二十人，俟公司成立后，即由股东主持办理。如认股二万份者，可得公举为总理；认股一万份者，亦得公举为协理；五千份者，亦得公举为董理；二千份者，亦得公举为议员。凡总理、协理、董理、议员，将来溢利应得花红若干，由股东酌议。其代招股者，若所招股东认为代表，亦照例亦可得公举为总理、协理、董理、议员，惟总理、协理、董理、议员均由股东公举，以多数为定。

四、本公司拟由烟台筑至潍县，惟需款过巨，急难遽集，且内地风气未开，殷实绅商或未敢附股踊跃，今拟先行举办筑至黄县。约筹款二百万元，由创办二十人先认招股二十万股，计一百万元。此外尚须百万之数，则托殷实商号各处代招，若所招之股踊跃，再即禀部，作为（广）〔扩〕充资本，以备推筑，务达至潍县之目的。

五、本公司禀明商股商办，遇事直达农工商部、邮传部核办，地方官只任保护，并不干涉公司权利。

六、本公司办事人员，自管账、查账各员，均由众股东推举保荐，其办事章程，均按商业规则办理。

七、本公司既名商办，有一股之资本，即享一股之权利，凡附股之人，皆谓之商，不分界限。

八、凡代本【公】司招股之人，事成之后，由众股东公议，酌给红股。

九、本公司暂借烟台商务总会为总公所交收股银之处。如认股者过一百股之外，即送至烟台大清银行，取回收条，到本公所换给股份收条为凭。如认股一百股之内者，其银即交本公所，随时发给股份收条。

十、本公司发出招股簿册，领簿之人，皆属热心公益。交银之时，先由经手人发给收条，将银寄到本公司，再发本公司收条，俟三期收足，再换股票。

十一、本公司之发册，无论如何，必须缴回。

十二、路权关系全省命脉，现在招股外，将来随向筑路所经各乡劝认，或以工值充股，或以地价充股，务使利益均沾，俾收公同护路之助。

十三、本公司所收之股，以鹰洋为本位。外埠交股，如有交别样银币者，均按照鹰洋核算补贴。

十四、本埠所收小股，以　月　日起息，每年周息六厘算，如交股在　月　日以后，　月　日以前者，作　月　日起息，以次类推。外埠以银到之日起息。惟此项息银，倘商办不成，只交回原本，不得计息。

十五、本公司不收外国人股份，惟原系中国人而兼有外籍者，本公司仍认为本国人，有权可以附股，惟附股后即作为中国人，不得牵引外籍，与公司稍有轇轕。如有暗招洋股，冒名顶替，查出即将所招之股充公。

十六、如有交小股之后，无力将大股交足者，按照商律第四十一、四十二条，凡附股之人到期不缴股银，创办人应通知该附股人，限期半月，逾限不缴，可将所认股数另招他人接受，得价不足，仍向原股东追缴。

十七、本公司之资本，系遵农工商部奏定公司律第七十五条，专为铁路所用，不得移作他用。

十八、本公司每年终刊刻年结册报告一次。

十九、公所由收股之日起，每逢星期聚会一次，查看股份若干，俾验存贮银数。

二十、公所收股银额过五百元，即存贮银行，以昭众信。

二十一、总、协理俟公司成立后，由股东会议投票公举，无论何省人，均可充当。

二十二、本公司股东选举权限及一切详细办事章程，另行详订刊布。

以上系简明章程，如有未定事宜，随时酌夺。

兹将山东商办烟潍铁路有限公司创办姓名列左：

创办人：双盛泰号孟纯一，益顺盛、谦益丰号万坤山，裕丰德号陈旭东，恒兴德号孙文山，元复号唐镜秋，怡顺号李载之，张裕公司张成卿、谭宗灏（号虚谷，大成栈），恒祥和号金施平、杨枝（号梅南），万顺恒号刘圣三，洪泰号刘云第，瑞蚨祥号沙文蜂、李作人（号伯轩），天盖恒号杨俊杰、陈焕章（号绮垣），顺泰号黄华英，诚文信号刘鼎臣。

招股总办：孙文山。

协理：万坤山、刘圣三、李载之、谭虚谷。

管理财政：大成栈、元复、怡顺、谦益丰、恒兴德、万顺恒、瑞蚨祥、双盛泰、张裕公司、顺泰。

附：呈院呈请札委商会各团烟潍铁路招股人员文

为呈请事。窃本局前遵批覆议烟潍铁路办法缮折具呈一案，蒙批：来牍并清折均阅悉。所议改定烟潍铁路办法七条甚属周妥，希即按照第一条先行筹办可也等因。奉此，查本局拟定烟潍铁路办法第一条内开，由谘议局指定烟埠各大商号及登、莱二府各大绅商，呈请抚部院札派为招股办路委员，克期至省，会商烟潍铁路公司。若谭商宗灏果有确实款资，亦可同力举办。业由本局议员公同推举烟埠各大商号及登、莱二府各大绅商，正拟备文呈报，适烟埠公举总经理招股人孙绅文山及纳税多额富绅丁宝筠、王佐良等先后来省，于本月初五日在本局会商烟潍铁路办法。据云招股人员不必限定烟埠及登、莱二府，更应全省合力举办，不分畛域，俾收众擎之效。当经公同议决，并会同本局举定各府州县及商会各团堪以招股人员，业已报齐，理合缮具清册，呈请俯赐札委，按照册开各该员及各团本县饬发转交，以便来省会商招股办法，实为公便。为此备册呈请抚部院鉴核施行。须至呈者。

计呈公举各府州县及商会各团烟潍铁路招股人员姓名、住址清册一本。

谨将公举各府州县及商会各团烟潍铁路招股人员姓名、住址缮具清册，呈请鉴核。

计开：

原发起人：谭宗灏。

总理招股人：孙文山。

济南府：毛承霖，历城县人，住西关；孟继笙，章邱县人，住九津；张廷笏，德州人，住桑园。

泰安府：梁式侃，泰安县人，住西南乡安驾庄；赵敬修，泰安县人，住东乡南石汶；于秀开，泰安县人，住南乡洪沟庄；卢乐戍，莱芜县怡封庄人，现寄居泰安城里；杜五声，东平州人，住北乡；王庆云，东平州人，住城里；李勉熙，平阴县人，住南乡。

临清州：孙毓巩，临清州人；冀澜，临清州人；于玉轸，武城县人。

登州府：丁宝筠，黄县人，住城里东街；丁寿铭，黄县人，住北巷子；张紫珊，黄县人，住张家沟；李瀛海，黄县人，住遇家村；孙丕受，招远县人，住城西北后夼村；王声鸿，招远县人，住城东南坝福德号；侯元鼎，招远县人，住城西北侯家村；姜仁义，招远县人，住城北界沟姜家村；杜振彪，招远县人，住城西北杜家村，现寓省垣鞭子巷天祥店；王圻，莱阳县人，住本城；王镜清，莱阳县人，住城北小水岔村；梁世焜，文登县人，住万家村；李春湘，荣成县人。

青州府：石金声，博山县人；王凤翥，诸城县人；臧植莩，诸城县人；臧耀敏，诸城县人；王荣绶，诸城县人；王运昌，诸城县人；臧汉臣，诸城县人；姜海珊，诸城县人；赵录绩，安邱县人。

兖州府：党延封，滕县人，住城东党家村；鲁景峄，滕县人，住城西鲁家寨；李兴德，滕县人，住城东桑村；崔广沅，峄县人，住齐村；刘廷辅，汶上县人，住城里。

沂州府：王启荣，兰山县人，住兰陵；王佐良，兰山县人，住朱范；狄建鳌，兰山县人，住府城里；孙寿椿，郯城县人，住马头；颜锡琳，郯城县人，住城里；李琢，费县人，住石沟；王洽龄，费县人，住马庄；陈芝昌，费县人，住城里；刘恩驻，沂水县人，住机器局；丁惟音，日照县人，住涛雒镇。

曹州府：朱鸿瀫，单县人，住城里。

济宁州：吕庆圻，济宁州人，住城里财神阁；王玉年，鱼台县人，住城里。

莱州府：杜霆荣，掖县人；杜荣相，掖县人；张金鉴，掖县人；邱天奎，掖县人；傅纪棠，昌邑人；张慈云，昌邑人；张毓琮，潍县人；陈陔，潍县人；丁毓庚，潍县人。

东昌府：郝祖修，高唐州人，住尹家集；周祖澜，聊城县人，住城里。

宁海商会。

黄县商会。

蓬莱商会。

烟台商会。

奉批答：来牍并清册均悉。烟潍铁路，工段绵长，需款繁巨。该局请派招股员绅，全省通力合作，(其)〔具〕见热心公益。惟烟台商界既经发起有人，公举总理、协理众望咸孚，此项路工于东三府关系更为密切，本部院已电致该总理等来省面商办法，应如何推广招股之处，希候商定再行核办。此复。册存。

抚院准邮传部咨烟潍铁路股款应先筹足二成呈验后方准立案行局札文

宣统二年三月二十三日

为札行事。宣统二年三月二十日准邮传部咨路政司案呈，准咨开：山东商办烟潍铁路一事，准部迭次咨查，均经先后咨复在案。上年九月谘议局成立，复经本部院草具议案，札行该局会议。兹据烟台职商谭宗灏等，禀由登莱青胶道转呈招股简章前来。查该职商等公正殷实，素为商界所推重。此项铁路于商运确有裨益，所招股本已有成数，与部章并无违背。除批饬查勘路线，绘具图说，禀候核咨立案外，相应咨会查核等因前来。查烟潍一路，关系綦重，自应早图建筑，以兴烟埠商业，而维东省大局。惟该路约长七百余里，计所需款约在千五百万上下。现准咨据该商谭宗灏等禀请【承】筑章程内载，拟认股二百万元，先收一百万元等语。是所筹之款尚不及该路筑款五分之一，将来续招股款能否足敷筑费，殊难预料，恐于路政转多窒碍。自应饬令该商等先筹足二成的款，约银三百万元，呈由本部提验后，再将所拟章程核准立案。相应咨复查照，转饬遵办可也等因到本部院。准此，除分行外，为此札行谘议局查照。须至札者。

抚院准宪政编查馆咨催造民政财政各表行局札文

宣统二年三月初一日

为札行事。宣统二年二月二十四日承准陆军部火票递到宪政编查馆王大臣咨开：本馆办理统计事务，关系宪政要端。各省分设调查局、统计处等，是其专责，不容稍有诿延。乃自上年颁行民政、财政表式以后，各省依限造报者不过十之一二，其余或经造送而尚多阙误，或请宽展而仍复逾违。似此任意玩延，何以为统计年鉴之本。本馆现又续订外务、教育、司法、实业各种表式，奏请通行，不独三十三年各表亟应逐一依限造报，即宣统元年统计亦经届期，断难再任稽迟，致误宪政。兹特由馆核定整顿办法五条，相应通行各省，严切督催，认真办理，如再玩延，责有专归，本馆惟有照章查取职名，分别奏请惩处，以戒玩泄，而资整理。为此咨行查照办理等因到本部院。承准此，查民政、财政等表，迭经馆部文电交催，限期早逾，仅造成三十三年岁入财政表一份，其余尚未汇造齐全，实属无以塞责。兹奉前因，并整【顿】办法五条，亟应实力奉行，以速补迟，庶期无误要政，是所厚望。除将火票另案饬发臬司照例造报，并分别咨行外，为此札行谘议局查照。须至札者。

计粘单一纸。

计开：

一、定责成。统计填报各表，系调查局专责。惟其根据，皆在各署局所，彼此不容稍诿。原定调查局办事章程，应由督抚饬令司道及府厅州县衙门添设统计处，就该管事项列表汇送，早经通行有案。现查各省来咨，多以各署局所迟延舛误为词，间有声明核定州县功过章程，而司道局所为各项总汇之区，转多置之不议，州县功过亦未实行。似此相率诿延，尚复成何事体。现据湖广总督奏咨，请将册报迟延州县摘顶勒催，并将交卸人员照留缉例，偕同后任赶办在案。应即查照，通行各省，一体照办。该调查局有督催造报之责，并应一律办理，亦不得借口各署局所，稍涉诿卸。如再迟延，致误宪政，并按本馆此次续订表式奏定处分，奏明办理。

一、分期限。统计始于光绪三十三年以后，即应按年接续填报。现查民政、财政两表，□□□西两省，业经造至三十四年分，其余有仅造送民政一项者，有仅造送三十三年一年者，更有三十三年尚未造送者。即经咨准展限在先，现计亦经届满。除经专电分催外，应由各省严饬调查局员，勒限填报。所有三十三年应送民政、财政各表，即行漏夜造送，不得刻延。其三十四年各表，统限本年三月以前咨送到馆。现在宣统元年统计表又经届期，并限本年六月以前一体造报，不准再延。

一、补阙漏。统计关系全国，设有一处一事不全，总计即有遗漏，无从为刊行年鉴之据。兹查各省送到民政、财政各表，除表内事项有为该省所无，声明扣除不计外，或于款目不备，或于表格不全，而舛误脱漏，尤比比皆是。其脱漏最多之处，仅得全省州县三分之一。似此阙略多端，何时始能完备？除经分别另咨驳换外，应即责成该调查局赶紧查明，已送各表内有阙漏未填各项，勒限严催，飞速补报。以后续办统计，务须调查齐备，一起填送，方为依限办理。惟如财政表内税则等表，民政表内方里等表，如每年并无更改，准其声明与上年相同，即可无庸更列，以免繁覆。

一、清年度。统计最重年限，前此颁行总例解说，业已详细声明。兹查各省送到各表，多未分清年度，而于财政出入，牵搭尤多。钱粮租赋仍拘奏销旧例，或并牵（设）〔涉〕奏销以后之数，其余收解各项，究竟是否本年款目，上年有无追补，本年有无悬欠，并不逐一声明。似此混合不清，年年轇轕，永远不能划分，何以便要会而严综核。应即责成该调查局通行各署局所，务各详细审查本年实在收支细数，甲年事项勿与乙年相混，推之乙年亦然。其已送各表牵搭之处，并于造报次年表内详晰声明，以昭划一。

一、核事实。统计体例，迥与向来册报不同，只求现在实情必精必确，即与旧例抵牾，亦所不计。兹查各省送到各表，财政则多牵合奏销各册，民政则又钞袭方志各书。似此敷衍相仍，徒作纸上空谈，殊失统计本意。其它数目参差，或分计与合计不符，或分表与总表不合，一经复核，茫无依据。应即责成该调查局通行各署局所，务各报告实情，不得借口例文，稍存隐饰。其各表数目，尤应详细复核，不得稍有舛误，以昭核实。

抚院札据提学司详称遵照保存古迹古物明文请饬凡在古迹古物之列者一律保护文

宣统二年三月初八日

为札行事。宣统二年三月初二据提学司详称：窃照宪政编查馆奏准通行地方自治章程第一章第三节自治范围内开，各城镇乡善举有保存古迹一条，又民政部奏准通饬保（成）〔存〕古物一案，均奉宪台转行到司，分饬各府州县遵照在案。伏查中国从前公家未有保护古物明文，兹奉明诏预备立宪，保存古迹古物业有明文。凡古碑石、古鼎彝、古书籍、古字画，均在古迹古物之列，自应一律保护。如有私卖私买，一经查出，或被告发，即将货物充公，并科私卖者以应得之罪。现在各国交通，往来游历者甚众，或未谙新定章程，理当预先宣告。拟合详请宪台照会各国领事衙门一体立案，并传知该国侨寓山东商人，嗣后所有古碑石、古鼎彝、古书籍、古字画，概勿购买私运出口，以遵禁令而符【奏】案。并祈俯赐檄饬三巡道、巡警道、洋务局查照备案，实为公便等情到本部院。据此，除详批“已据详分行各司道局所，并饬洋务局照会各国领事衙门暨分咨查照办理矣。仰即通饬各属分别示谕，将所有各项古迹一体照章妥为保护。缴等因。”印发并分别咨行外，为此札行谘议局查照。须至札者。

抚院札发宪政编查馆咨奏府厅州县地方自治并议事会议员选举章程文

宣统二年三月初八日

为札行事。宣统二年二月十六日承准宪政编查馆王大臣咨：本馆于宣统元年十二月二十七日具奏复核府厅州县地方自治一折，内（门）〔阁〕奉上谕：本日宪政编查馆奏复核府厅州县地方自治章程并府厅州县议事会议员选举章程缮单呈览一折，朕详加披览，尚属周妥。府厅州县各官为国家亲民之吏，兼为执行上级自治之职。此次所定章程，与城镇乡地方自治章程相辅而行。即着民政部会同各督抚，按照定章，督饬各该地方官切实施行。各该地方绅民，于自治事宜休戚相关，尤当恪守范围，公同协议，务期官民交勉，治理日隆，用副朝廷实行宪政，乐利同民之至意。余着照所议办理。钦此。相应恭录谕旨，并将钦定府厅州县地方自治章程暨选举章程敬谨刷印，颁行京外各衙门一体钦遵办理可也等因到本部院。承准此，除分别咨行外，为此札行谘议局钦遵查照办理。须至札者。

计发原奏章程一本。

抚院具奏拟设山东省城商埠各级审判厅并酌计各项经费行局札文

宣统二年三月初十日

为恭录札行事。照得本部院于宣统二年二月十七日专弁具奏拟设山东省城、商埠各级审判厅，并酌计各项经费一折，兹于三月初一日差弁赍回原折，内开奉朱批：该衙门知道。钦此。除分别咨行外，为此札行谘议局钦遵查照。须至札者。

计粘抄原奏一纸。

奏为拟设山东省城、商埠各级审判厅，并酌计各项经费，恭折具陈，仰祈圣鉴事。窃维构成裁判，组织法（廷）〔庭〕，树司法独立之基，为宪政精神所寄。按照筹备清单，各级审判厅应于上年筹办，于本年择要成立。所有法院编制法暨各项暂行章程，业经宪政编查馆核定具奏，钦奉明谕颁布施行。查原奏于权限、职任，区划详明，范围曲尽。盖就审判事务而言，各厅自为机关；就司法行政而言，长吏咸有责任。远维成周秋官置寓之意，近采各邦法政分列之规，迈古甄今，关系重要，亟宜遵从新制，早立规模。东省筹备审判各厅，于上年五月间先立筹办处，将应行设备事宜，先事调查，分期拟办。经臣饬令提前筹议，以为早日成立之计。兹经调查就绪，确定办法，撮其大要，约有五端：

一曰酌置各厅。查法院编制法，外省应设审判厅，自初级以至高等，计分三级。本年为省城、商埠各厅成立之期。兹拟于省城设高等、地方、初级厅各一所，城外商埠设初级厅一所，烟台设地方、初级厅各一所，具立于监督之地位，并各设同等检察厅，以与审判各厅相配置。此为设厅之始，酌量地方情形，择要规定，核与新制稍有变通。按司法分区章程，商埠应设高等分厅，系指商务繁盛、距省辽远而言。若济，商埠距城咫尺，但设初级一厅，埠内轻微案件足资（刊）〔判〕理，其民刑较重事件，即归省城高等、地方两厅审办，赴诉传讯，均无不便，体制亦复相称。烟台距省交通便利，暂设地方、初级两厅，专管埠内讼案，范围有限，自可措理裕如。此酌置各厅之办法也。

一曰分配员额。省城高等、地方两厅，均设民、刑各一庭，每庭设合议推事三员，高等领以厅丞，地方领以推事长，均兼一庭长，加入推事之数。并各设典簿一员，主簿二员，录事四员，高等厅并置候补推事官一员，地方厅并置独任推事二员。烟台地方厅设合议推事三员，以一员为之长。每日规定时间，分开民、刑两庭。其独任推事职务，即以合议推事兼摄。下设典簿、主簿各一员，录事三员。省城初级厅设单独推事二员，录事二员。济、烟两处商埠，初级厅各设推事一员，录事二员。其检察人员，高等厅设检察长、检察官、主簿各一员，地方厅设检察长一员，检察官二员。烟台地方厅设检察官兼检察长一员，各设所官一员。省城初级厅设检察官一员。以上四厅，均各设录事二员。济、烟两处商埠初级厅，仅设检察官、录事各一员。此分配员额之办法也。

一曰预备人才。此项人员，固宜力矫积习，普具新知，然于旧时习惯及讼案情伪，亦须富有经验，而应用始能不穷。东省前于法政学堂，专设司法讲习科，通饬谳局委员及曾任地方官候补道府以下各员，均令入堂肄习，俾有经验者加以学问；复将毕业人员分别考试，派充各局署帮审，俾有学识者加以练习。现在拟设各厅，约计需用六十余员，一俟开办有期，即将此项专门人才，并其余合格人员，照章考试任用。既经多方造就，自当慎选其人，决不稍存宽假。其司法警察，先已分班教练，检验一途，亦已招选学习，届时并可学成应用。此预备人才之办法也。

一曰划分权限。凡审判各厅成立之区，即应实行司法独立之制。现在筹设，仅有省城、商埠等处，自应划分权限，明定准绳。拟俟高等厅成立以后，遇有全省控诉、上告、抗告案件，及关于疑难重要应行提审，或情罪未协应行驳审各案，均归该厅审理。其有不应提审，及必须驳回原州县者，仍由臬司批令各该地方官审办。关于招解、审转、勘拟、秋谳，暂时悉照旧章，俟审判厅遍立之后，再行更改。地方初级各厅成立后，历城县即不预听讼，境内民刑案件，即由各该厅分别管理。济南外州县距府较远，赴诉不便，仍由该管地方官审判。惟审结不服，赴府控诉之案，则由地方厅收理，以符管辖全府之制。俟后酌设分厅，另定管辖区域。烟台两厅，仅管商埠以内案件，埠外讼牍，仍向地方官投诉。此划分权限之办法也。

一曰筹措经费。开办则有建筑、设备等费，常年则有俸薪、办公等费，皆须通盘预算，设法妥筹。现计建筑一项，高等、地方两厅仿照奉天、直隶办法，共设一处，分别支配，暨另设商埠初级一厅，择地营缮，约共需银四万七千两。省城初级厅借用游击衙署，烟台地方、初级两厅借赁教练公所，原租民舍三处改筑法庭，约共需银六千两。将来各厅酌置应用器具，约需银八千余两。统计需银六万余两。其暂定俸薪、办公等费，六厅合计，岁需银六万四千两上下，遇闰照加。部定补助司法费，以旧有清讼发审等项暨新定状纸讼费为准，届时划提增收，为数无多，不敷尚巨。臣现饬司道设法筹措，俟筹定的款，另行奏明办理。至筹办处设立以来，开支薪费已由藩司陆续拨银九千三百六十两，现将该处裁并，专归臬司经理，节存款项拨充检验学习所经费。嗣后每月应支筹办处委员薪水、司法夜班学费、检验学习所经费，共需银一千二百两，统归藩司筹拨，应请作正开销。此筹措经费之办法也。

以上五端，办法粗具，一俟厅工告成，的款筹定，即可一律成立，无误限期。臣思审判改良，上以巩固国权，尊崇法治，下以保障司理，维护民生。际此过渡之交，造端之始，必须图维尽善，乃以涤旧染而引新机。无论财力如【何】艰难，亦应殚力统筹，济此要举，但事必求其实际，未敢稍涉铺张，政只在乎得人，未敢稍滋冗滥。此次所拟厅级员额，按之新制，虽亦稍有变通，然皆量区域之广狭，核案牍之繁简，盖亦准事实以定其制，初非务简略以隘其规。至于裁判要端，最重公允，将来任用法吏，惟有凛遵上年十二月二十八日谕旨，随时切实申儆，严定考成，以副朝廷慎重司法之至意。其各厅办事、职务、诉讼暂行各章程，暨品级、俸给等项详细办法，仍俟奉准馆部咨行定章，再行遵照办理。所有拟设东省省城、商埠各级审判厅并酌计各项经费缘由，理合恭折具陈，伏乞皇上圣鉴训示。谨奏。

抚院准宪政编查馆咨会奏议覆在籍绅士筹办宪政出力者应请毋庸给奖行局札文

宣统二年三月十三日

为札行事。宣统二年三月初十日承准宪政编查馆王大臣咨：本馆会同吏部具奏议覆山东巡抚奏在籍绅士筹办宪政出力请奖应请毋庸给奖一折，于宣统二年三月初三日具奏，钦奉谕旨：著依议。钦此。相应恭录谕旨，抄录原奏，咨行查照可也等因到本部院。承准此，除分别咨行外，为此札行谘议局钦遵查照。须至札者。

计粘单一纸。

谨奏为遵旨议奏，恭折仰祈圣鉴事。宣统元年十二月三十日，内阁抄出山东巡抚孙宝琦奏在籍绅士筹办宪政出力择尤请奖一片，奉朱批：该衙门议奏。钦此。并经该抚钞录原奏，知照前来。查筹办宪政，为谋全国自强之计，举凡官绅，皆有应尽之责，是以臣馆未经定有奖励明文。自光绪三十四年各省设立谘议局筹备处，事属创始，头绪纷繁，悉赖群材，以资擘画，至上年筹备事竣，各省谘议局依限成立。所有在事官绅，均未以此项劳绩，奏请奖励。兹据该抚奏称，在籍绅士度支部主事石金声、曲卓新二员，会同筹办谘议局事宜，不辞劳瘁，石金声兼监修谘议局工程，用款撙节，先期告成，曲卓新兼充地方自治研究所所长，自任教务事宜，造就多数绅士等语。查前年钦奉谕旨，颁布逐年筹备事宜，通饬京外各衙门一体遵办。是凡筹备各事，无一不在宪政之中，未便因此请奖，致滋冒滥。该主事等办理虽著有成绩，要皆为筹办宪政应尽之责，应请毋庸给奖，以示限制。所有遵旨议奏缘由，理合恭折会陈，伏乞皇上圣鉴。再，此折系由臣馆主稿，会同吏部办理。合并陈明。谨奏。

抚院准学部咨山东优级师范选科学堂改为中等工业学堂札文

宣统二年三月十七日

【为】札行事。宣统二年三月初九日准学部咨：专门实业司案呈准咨开：据山东提学使罗正钧详称：查山东优级师范选科学堂于本年六月已届毕业，省城原有之师范学堂业经遵照优级四类章程渐次设齐，每年皆有一班毕业，选科一项自可停止。所遗校舍，上年山东士绅济宁州中西学堂教习杨守铭等请办实业学堂，法部郎中陈昂等请办存古学堂，均系指定该堂地基，具禀有案。窃谓实业一项，农工商各学堂，本省或早经成立，或已在筹办。惟存古学堂，照学部奏报分年筹备事宜单内，宣统二年各省均宜一律开办。兹该堂瞬届毕业，所遗校舍是否改办存古学堂，抑或他项学堂之处，应请咨部核示。据此，相应咨请核示见覆等因前来。查本部奏准酌拟曲阜学堂办法折内开，以通今合古为该学堂一定宗旨，其办法应仿照湖北存古学堂，分为正科、豫科两级。正科为专门学，分习经学、史学、文学各门，选录学生以旧章中学堂暨新章中学【堂】文科与初级师范毕业生为合格。豫科课程即照奏定中学堂文科章程办理，选录学生以高等小学堂毕业生为合格。至于中学之外，凡泰西文字，亦当肄习，以资博通，而广见闻。古人学治八方，理亦犹此，而文学之外，仍以注重行谊为专归。又度支部议覆曲阜学堂应需经费折内开，其常年经费，按年由山东藩运两库项下如数分拨，作正开销各等语。是曲阜学堂之学科程度，【均】与存古学堂相符，而其经费均为东省所筹，则该省之存古学堂，自以归并曲阜学堂办理为宜，不必另行设立，以节糜费。至实业学堂，分农工商三种，而工业分科尤多。该省农业学堂虽经设立，而工业一项，尚未据报设立学堂。光绪三十四年本部议覆闽浙总督请饬筹款兴办实业学堂一折内经声明，两年之内，每府应设中等实业学堂一所。宣统元年奏定筹备事宜清单内开，宣统元年各省中等实业学堂未设立者，限本年一律设齐，均经通行在案。该省现在尚无中等以上之工业学堂，何有振兴艺事，以赴筹备之事机。省城为各属观听所系，尤应及时办理，以树风声。所有师范选科校舍应即改为中等工业学堂，就定章中等工业各科酌设教科，认真办理，较为切实。相应咨覆查照办理可也等因到本部院。准此，除分别咨行外，为此札行谘议局查照。须至札者。

抚院札发奏明山东省城商埠各级审判厅经费由藩运两库筹拨文

宣统二年三月十八日

为恭录札行事。照得本部院于宣统二年二月二十八日附片具奏山东省城、商埠各级审判厅经费在藩运两库动支数目一片，兹于三月十二日赍回原片，内开奉朱批：该衙门知道。钦此。除分别咨行外，为此恭录并抄原片，札行谘议局钦遵查照。须至札者。

计粘片奏一纸。

再，东省先就省城、商埠筹设各级审判厅，业经详拟办法，奏明在案。规制既定，则以建筑筹备为先。省城高等、地方两厅合设一处，分别支配，系仿奉天、直隶办法，为全省观瞻所系，筹折衷定制之方，依式兴工，需费较巨。济南商埠初级一厅，择地兴筑，同属创始经营，约共需银四万七千两。其省城初级厅，暨烟台地方、初级两厅，系就衙署公所分别改筑，约共需银六千两。各厅将来成立，通盘估计，约需开办经费八千余两。综计六厅工程、设备两项，约在六万一千两上下。一面委员绘图估工，如式兴造。所需款项，查东省盐斤四文加价，本系奏明留归东省之用，前经饬运司预筹五万两备用，不敷之数，饬由藩库动拨。应饬撙节支用，务期工皆核实，款不虚糜，以为各属模范，统于工竣后详晰报部核销。除分咨度支部、督办盐政大臣查照立案外，理合附片具陈，伏乞圣鉴。谨奏。

抚院札发奏陈山东第三届筹备宪政成绩文

宣统二年三月二十日

为恭录札行事。照得本部院于宣统二年二月十七日专弁具奏，胪陈山东第三届筹备宪政成绩一折，兹于三月初一日差弁赍回原折，内开奉朱批：该衙门知道。钦此。除分别咨行并通饬外，为此札行谘议局钦遵查照。须至札者。

计粘单一纸。

奏为胪陈山东第三届筹备宪政成绩，恭折仰祈圣鉴事。窃筹备宪政事宜，照章每届六个月，胪列成绩奏报一次。所有东省第二届筹备各事，经臣于上年八月间依限奏咨，奉准核定在案。其自七月至十二月应办事宜，并经依次督催，切实举行。兹届二月奏报之期，应将限内已办成绩，暨现在办理情形，详细胪陈，以资考核。

查筹备清单第二年期内，督抚应办者八项，现计筹办就绪者有二，接续筹办者有六。谘议局为第一届创始筹办之事，次第经营，至本届依限成立，上年九月举行初次开会，业将议事情形奏明在案。该局议长、副议长、常驻议员，现均常川到局，凡于职任权限，悉守规章，粗立练习代议之基，堪为采择谘询之助。选举资政院议员为本届筹办之事，此项议员由谘议局选送者，先已核定奏咨。其本省世爵，应查明具报，硕学通儒，应选择保送，均将员名、籍贯、事实分别咨明陆军部、学部复核办理。纳税多额一项，据布政司遵章互选，随将当选人姓名通知资政院，现正饬检票纸，再行造册咨达。以上两事，悉于限期以内，一律筹办就绪。其接续筹办者，自治一项，发端伊始。上届创办先从调查区域及设所研究入手，嗣据各属遵办具报，由筹办处详加复核，为之计户分区，列表通布，以便将繁盛城镇地方应设议事、董事各会及早规定，择要图成。其省城研究所并济南府分所各学员，于上年年底毕业者计有三百数十人，核其程度高下，派赴各州县分充所长、讲员及襄理自治事务。各属进行秩序，并为预定程期，通饬依次遵办，以筹备所为组织团体之基，以研究所为造就人才之地，统限于本年二三月一律开办。历城县为全省首要，模范攸资，已饬年前成立，其余各属亦均依限举办，陆续报告。至倡导之法，则由筹办处编报传观，撰发浅说，既免误会宗旨，亦以启牖颛蒙。考查之法，则由筹办处派员视察，设科审核，借以稽考成绩，并为协助进行。似此实力经营，但令物力人才足以相济，按照单开期限，冀可早观厥成。调查户数一项，前据巡警道拟定施行细则，并按部颁定式，分饬遵行。计已查明东省首县、商埠等处正户八十三万九千零二十八户，附户七万零九百二十六户，依限填册咨送，经部复核，具奏在案。至统计全省正、附户口，共计五百三十二万八千七百二十二户，续经造册咨送。现在接查人口细数，务祛从前牌甲之具文，以为户籍登记之预备。调查岁出入总数一项，查清理财政章程内开，各省出款入款，由部撮举纲要，开列条款，发交各省清理财政局，将光绪三十四年分各项支存确数造册列表，限至宣统元年年底咨送到部等语。该局遵照定章，业将光绪三十四年分全年通省出入细数列为各种册表，依限造齐。其宣统元年春、夏、秋三季各项出入款目册表，亦已报部。现正接续造报冬季暨元年常年总册，并颁定预算册表格，以为试办预算之准备。筹办审判厅一项，首在储养人才。凡审判、检察两项厅员，下至司法警察、检验胥徒，皆应受专门之教育。次则规画厅制，凡商埠繁简情形，以及讼案多寡，民情习惯，并当为实地之调查。各项事由既经设备就绪，审核详明，因而分配员额，建筑屋舍，始可为成立之预算。东省拟于省城设高等、地方、初级厅各一所，城外商埠设初级厅一所，烟台设地方、初级厅各一所，并各设同等之检察厅相为配置，业已核定办法，另行专折奏陈。现在分饬筹款兴工，计可一律成立，不误限期。创办简易识字学塾一项，上届已于省城设立十处，以为倡导。嗣后【复】通饬各属遵照举办。现据陆续报告，共计成立学塾四百余处，仍饬设法推广，以筹普及。并于原有各学堂内添招夜班，以期日有进步。省城先立十处，附于各学堂内，次第增设夜班，每处学生多者百余人，少则数十人。其附设于各初等小学堂内尤居多数，务在多得识字人民，各具普通智识，增进程度，渐就开通，以为宪政施行之准。府厅州县巡警一项，东省筹办有年，规画亦均详备，但此事用人筹款细密繁重，以内政切要之图，兼保卫治安之责，策效防弊，贵注全神。臣对于省城巡警则随时指示机宜，而务期以改良进步；对于州县巡警则责令立定基础，而务期以推广扩充。现查警务公所分配十六区，共计官警一千六百七十九员名，各府州县官警共计三千四百三十二员名，差已规模粗具，植立根基。惟当注重精神，不徒以形式备具，故步自封，庶几成效渐彰，于民政乃有裨益。

以上各项，或措办已竟其绪，或施行甫引其端，成绩虽有可言，程途正复悠远。现在已届筹备第三年期，海内望治情殷，时机愈迫，此后赓续筹备，事理愈繁，将立可久可大之规，为当矢澈始澈终之心力。臣俯循职守，惕励愚忱，惟有黾勉图功，因机导率，渐期宪政事宜机关完备，以副朝廷奋励维新，精勤图治之至意。所有胪陈东省第三届宪政筹备成绩，暨现在办理情形，除分咨查核外，理合恭折具陈，伏乞皇上圣鉴训示。谨【奏】。

抚院札发民政部奏定二年筹备事项实行办法文

宣统二年三月二十日

为札行事。宣统二年三月初二日准民政部咨：承政厅案呈宣统元年十二月二十九日本部具奏遵拟次年筹备事项实行办法，先期陈明一折，本日奉旨：着宪政编查馆知道。钦此。相应恭录谕旨，刷印原奏，咨行钦遵查照办理可也等因到本部院。准此，所有送到原奏一本，当经札发自治筹办处饬匠照式排印，通饬去后。兹据该处装订完竣，详送前来。除分别咨行外，为此札行谘议局钦遵查照。须至札者。

计发原奏一本。

抚院札发宪政编查馆第六次解释汇钞文

宣统二年三月二十三日

为札行事。宣统二年三月初五日承准宪政编查馆王大臣咨：光绪三十四年七月十七日本馆通行奏定谘议局章程文内声明，谘议局关系重要，选举事宜尤属创办，此次所定章程头绪繁多，条文细密，各省如有疑义，应随时咨询本馆，以便详为解释，俾免歧误等因。嗣据各省陆续咨电询问，各项疑义业经本馆随时答复，各在案。查此项答复，各省自应一律按照通用，免涉纷歧。兹特刊印成本，分咨各省，以备参考。嗣后续有答复，仍随时通知等因。于光绪三十四年十二月第一次起，至宣统元年九月第五次止，所有解释均经通行在案。兹将本馆续行奏咨各项文件，并答复各省电询疑义，自上年十月起至十二月止，汇刊第六次解释，应即通行各省，以便一律按照办理。相应咨行查照饬遵可也等因到本部院。承准此，除分别咨行外，为此札行谘议局查照。须至札者。

计发解释汇钞一本。

抚院札发度支部奏定试办预算例言暨册式表式文

宣统二年四月十六日

为札行事。宣统二年二月十七日准陆军部火票递到度支部咨开：本部试办预算，谨陈办理大概情形一折，并附奏试办预算亟应先行筹措一片，均于宣统二年正月二十六日具奏奉旨：各该衙门知道。钦此。相应刷印原奏，恭录谕旨，另附试办预算例言暨册式、表式共一本，飞咨钦遵办理等因，并附送原奏册式一本到本部院。准此，查试办预算，前据财政局拟定册式，业经由院咨行遵办在案。兹准前因，当经饬匠照式刷印多分呈送前来。除分别咨行，并将火票发司照例造报外，为此札行谘议局查照。须至札者。

计札发原奏册式一本。

抚院准宪政编查馆咨督抚对于议员范围及谘议局收受人民建议权限行局札文

宣统二年四月二十日

为札行事。宣统二年四月初九日承准宪政编查馆王大臣咨：准山东巡抚咨称：宪政机关首重代议之制，各省设立谘议局以资历练，全在各议员自重名誉，恪守范围，乃足以策群治【进】化之机，立国民代表之准。恭绎先朝叠次圣训，期望议员甚殷，既不准使心术不正、行止有亏之人托足其内，尤不可使品行悖谬、营私武断之人滥厕其间，再三垂诫，深切著明，而于权限所关，尤期竭诚践守，煌煌谟诰，薄海同钦。自筹办选举，至谘议局成立以后，历经慎重图维，并奉准钧馆随时解释，具有准绳。惟详绎局章，于议员被选之初，均为规定资格，而于议员任事以后所定罚则，重者除名，且须全体议决，方可执行。此则全属谘议局内部之事。嗣于议覆于大臣奏陈谘议局章程权限折内，复经指明议员果有犯罪确据，及为议员以后有品行悖谬、营私实迹者，即当随时斥退惩办等语。是斥办议员，督抚可随时办理。议员既由选举而来，原不应有悖谬营私之滥厕其内，但一人而后先各判，难保志行之不移，一事而团体相持，容有偏徇之受惑。其有因事被人禀讦，为公为私，或虚或实，自应确切查办，乃可解免人言。督抚有依律惩办之权，原非谘议所能干预。而谘议局为全体名誉起见，或有代为辩护，呈请另行查办之事，似宜确立范围，预为限制。至谘议局应议事件凡十二项，其在规定事项之中尚有易于误会之处，如收受人民建议一项，原以通达民情为主，而往往有纯然诉讼之事，亦请由局代递。申诉冤抑自有法庭，然民刑之纷争，与人民之情悃，亦尚易于含混，此又不应假借，更宜示以防维。现当筹备立宪之初，对于议员正应诱掖扶持，冀为官治之补助，要必望其人格增重，悉泯瑕疵，足以取重于官，见信于民，庶于分定职权之中，仍寓保持秩序之道。以上事宜，拟请酌定限制，俾有遵循等因。查谘议局章程第四十条，凡议员除现行犯罪外，于会期内非得谘议局允诺，不得逮捕。是议员现行犯罪及犯罪在会期外，皆得逮捕也。又本馆议覆于大臣奏，议员果有犯罪确据，及为议员以后有品行悖谬、营私实迹者，督抚即当懔遵前年九月间谕旨，断不可使品行悖谬、营私武断之人滥厕其间，随时斥退惩办，断不至如原奏所称，假谘议局为护符，使之肆无忌惮等语。是议员果有悖谬营私实迹及犯罪确据，督抚本有斥退惩办之权，非谘议局所得代为辩护。但悖谬营私必有实迹，乃可斥退；犯罪必有确据，乃可惩办。实迹、确据，即其范围。嗣后各省议员如有被人禀讦者，各督抚自应按此范围办理。若谘议局呈请另行查办，即当以悖谬营私之有无实迹，犯罪之有无确据，为准驳之限制。至谘议局收受人民建议一项，自以通达民情、指陈得失为主，若纯然诉讼事件，自应由法庭审判，该局不得干预，以杜侵越。除通行外，相应咨覆查照办理可也等因到本部院。承准此，除分别咨行外，为此札行谘议局查照。须至札者。

抚院札发民政部奏陈第二年第二次筹备成绩折文

宣统二年四月二十一日

为札行事。宣统二年三月十四日准民政部咨：宪政筹备处案呈宣统二年三月初三日本部具奏遵章陈明第三年第二次筹备成绩一折，本日奉旨：著宪政编查馆知道。钦此。相应恭录谕旨，刷印原奏，咨行钦遵查照办理可也等因到本部院。准此，所有送到原奏一本，当经札发自治筹办处照式排印，通饬去后。兹据该处装订完竣，详述前来。除分别咨行外，为此札行谘议局钦遵查照。须至札者。

计发原奏一本。

抚院准宪政编查馆电奏派员分赴各省考察宪政实在情形行局札文

宣统二年四月二十九【日】

为札行事。宣统二年四月二十四日承准宪政编查馆梗电内开：本馆于四月二十日具奏派员分赴各省考察筹办宪政实在情形以资劝惩一折，奉旨：依议。钦此。原奏系派陆京堂宗舆赴直隶、东三省，黄御史瑞麒赴山东、山西、河南，刘翰林福姚赴湖南、江西、安徽、江苏，林京堂炳章赴浙江、福建、广东。该员等现定五月初间由京起程，希即饬属，有该员等应行考察事宜及前赴各衙门、局所、学堂稽查办法，调阅案件，务各妥为接洽，据实详细检示，以资考核，并饬属毋得丝毫供应馈送。除刷奏咨行外，合先电闻等因到本部院。承准此，除分别咨行外，为此札行谘议局钦遵查照办理。须至札者。

抚院准宪政编查馆咨同前因行局札文

宣统二年五月初九日

为札行事。宣统二年四月二十九日承准宪政编查馆咨开：本馆于四月二十日具奏派员分赴各省考察筹办宪政实在情形一折，奉旨：依议。钦此。相应刷印原奏，咨行查照钦遵可也等因到本部院。承准此，查此案前承准宪政编查馆来电，业经分别咨行在案。兹承准前因，除分别咨行外，为此札行谘议局钦遵查照。须至札者。

计粘原奏一纸。

奏为派员分赴各省考察筹备宪政实在情形，以资劝惩，恭折仰祈圣鉴事。窃各省逐年筹备宪政事宜，前经钦奉谕旨，著臣馆奏设专科，切实考核，倘有逾限不办，或阳奉阴违，或有名无实，均得指名据实纠参，定按溺职例议处等因。钦此。当经钦遵设立专科，依限考核，并于上年四月奏陈考核京外各衙门第一届筹办宪政成绩案内声明，拟由臣等不时选派妥员，分赴各省抽查实在情形，核其与奏章是否相符，据实奏陈，请旨办理，以促进步而求实际，奏蒙俞允在案。查各省筹办宪政成绩，第一年下届及第二年上届，业经臣馆考核具奏。其第二年下届现亦各据陆续奏报前来，一俟到齐，即当照章考核，分别殿最汇案具奏。惟专就奏章考核，则各省所陈固无不井井有条，言之成理，究竟实际何如，殊难遥度。其中成效昭著、语无虚饰者固应多有，而因循敷衍、徒托空言者恐亦在所不免，非遵照奏案，派员亲往各省考查，不足以昭核实。但二十二省道路有远近之殊，交通有便否之别。其道较近、交通较便之处，一两月即可竣事；若边远省分，铁路、轮船未通之区，往返即须数月。瞬届暑雨之期，行路既多艰阻，且值暑假期内，有关于学堂之事，亦即无从察视。臣等公同商酌，拟分两期办理。第一期分为四路，直隶、东三省为一路，派臣馆编制局科员【候】补四品京堂陆宗舆；山东、山西、河南为一路，派臣馆考核专科帮办掌安徽道监察御史黄瑞麒；湖北、江西、安徽、江苏为一路，派臣馆编制局科员翰林院秘书郎刘福姚；浙江、福建、广东为一路，派臣馆考核专科科员候补四品京堂林炳章，分途前往各该省切实考察。应请旨饬下各该省督抚转饬所属，于该员等到该省考查〈明〉，如须前赴各衙门、局所、学堂稽查办法，询问情形，调阅案卷，务各妥为接待，据实详细检示，不得敷衍回护，俾得认真稽考，察知底蕴。至该员等往返川资，旅居费用，均由臣馆从宽给发，由该员等实用实销。各该省不准丝毫供应馈送，该员等亦不得稍有收受扰累。应由督抚严饬所经过地方官吏一体遵照。俟该员等查竣回京，将所查情形详细报告，由臣等核明具奏。其办理核实，著有成效者，请旨褒奖；其逾限不办，或阳奉阴违，或有名无实，与所奏不符者，请旨严加惩处，庶足以（照）〔昭〕劝惩而重宪政。至陕西、甘肃、新疆、四川、广西、云南、贵州等省，道途较远，湖南一省乱事甫平，经该抚奏明筹办宪政展缓三月有案，均请作为第二期，于秋季再行派员前往考查。所有派员分赴各省考查筹备宪政情形缘由，理合奏明，请旨遵行。如蒙俞允，即由臣馆咨行各该督抚一体遵照。谨恭折具陈，伏乞皇上圣鉴。谨奏。

抚院札发御史赵炳麟奏请饬议确定行政经费文

宣统二年五月初九日

为札行事。宣统二年四月二十七日准内阁典籍厅咨开：宣统二年四月十九日军机大臣钦奉谕旨：御史赵炳麟奏请饬议确定行政经费一折，著在京各衙门，各省将军、督抚，将九年筹备单内所开各条，某年某事需款若干，从何筹定，分年列表，详议具奏等因。钦此。并准军机处片交御史赵炳麟原折二件，刷印通行京外各衙门遵办。相应刷印原奏，恭录谕旨，咨行遵照办理可也等因到本部院。准此，除分别咨行外，为此札行谘议局钦遵查照。须至札者。

计发原折一本。

藩司照会公文

藩司照送陆军官制文

宣统元年十二月三十日

为通行事。案奉抚院孙札开：宣统元年十月十六日准陆军部咨：军机处钞交军谘处奏遵旨拟订陆军官制缮单列表呈览一折，宣统元年九月二十九日奉朱批：著照所请，各该衙门知道，单表并发。钦此。钦遵到部。除通行外，相应刷印原奏单表，咨行钦遵查照可也等因，并准军谘处咨同前因到本部院。准此，除分别咨行外，合行札饬。札到该司，即便钦遵查照。此札等因。计发章程一本到司。奉此，当将章程饬匠排印订本去后。兹已装订完竣，除分别移行颁发外，合就照送。为此照会贵局，请烦钦遵查照施行。须至照会者。

计照送章程二本。

藩司移考验候补人员等次文

宣统二年二月初九日

为移知事。宣统元年十二月二十九日奉抚院孙札开：照得本省候补人员，按照宪政编查馆奏定新章，通行切实考验。经本部院于十二月二十一日在法政学堂考试，所有试卷详加披阅，评定等次，列为一等十员，二等四十员，三等六十二员，四等三十员。照章，考列一、二等者，听候分别差委，三、四等者令入法政学堂，分别速成、长期两班肄习，俟有卒业文凭，再予差委。除奏咨并榜示外，合将考取员名粘单札发。札到该司，即便查照，分别注册办理。此札。计粘单一纸等因到司。奉此，拟合移知。为此合移贵局，请烦查照，凡列一、二等者即行分别差委，其列三四等者，应俟卒业后再行差委，以符新章，望切施行。须至移者。

计粘单一纸。

藩司照送各省筹办测量章程文

宣统二年三月初六日①

为通行事。案奉抚院孙札开：宣统元年十二月二十四日准军谘处咨：本年十二月初七日本处具奏各省筹办测量，拟令于每次日本振武学校毕业生中，挑送陆地测量部学习测绘，酌定章程一折，又附片具奏拟将留学测（绘）〔量〕第四、五期学生划归各省，毕业后即由原派省分分别委用一片，均于同日奉旨：依议。钦此。钦遵各在案。相应刷印原奏折片，恭录谕旨，咨行贵抚一体钦遵查照等因到本部院。准此，除分行外，合行札饬。札到该司，即便钦遵查照。此札等因。计印发原奏一本到司。奉此，当将原奏章程饬匠排印钉本去后。兹已装钉完竣，除分别移行颁发外，合就照送。为此照会贵局，请烦钦遵查照施行。须至照会者。

计照送章程四本。

① 报告书原目次中篇时间为“宣统二年二月初六日”，报告书内该篇时间为“宣统二年三月初六日”，兹仍保留原样。

藩司照送陆军贵胄学堂章程文

宣统二年三月二十八日

为通行事。案奉抚院孙札开：宣统二年正月二十四日准陆军贵胄学堂，陆军部咨：本堂于宣统二年正月十一日会奏酌拟陆军贵胄学堂章程及蒙旗监学专章一折，本日奉旨：著依议。钦此。又同日会奏刊刻管理陆军贵胄学堂事务关防一折，本日奉旨：知道了。钦此。相应恭录谕旨，刷印原奏，由驿咨行钦遵查照。原奏内开各条克期选送合格学生，赴部注册，听候本堂会同订期考选等因到本部院。准此，除分别咨行外，合行札饬。札到该司，即便移行查照。此札等因。计发陆军贵胄学堂章程四纸到司。奉此，当将章程饬匠排印钉本去后。兹已装钉完竣，除分别移行颁发外，合就照送。为此照会贵局，请烦钦遵查照施行。须至照会者。

计照送章程四本。

财政局移会公文

财政局移会嗣后支领各款务须对证确凿据实开报文

宣统二年四月初二日

为移会事。案查前奉度支部札开，以上年春夏两季册报，按照各册互相核对，出入数目多不吻合，业经开单移请查覆在案。现在汇办元年年报并冬季季报，查核各处来册收支数目，仍多参差不齐。推原其故，多由收支登记不同，造报方针各异所致。譬如乙年正月领款，每于甲年十二月预支，支款者作甲年造报，领款者作乙年列收，其乙年补支甲年者，情形亦复类是。此外尚有扣平、扣款等项。此支额数，彼收实银，甚有随支随用之款，略而不开。按年按季之分，数无一定，就一方而论，出入各有缘因，统全省参观，彼此皆成罅漏。本年又奉抚院札饬，各衙门、局所支发薪津等费，一律核扣四分平余。此中一领一支，数目更难吻合，若不早筹划一办法，必致各报各数，一款两歧，非特往返询查，徒烦案牍，抑且事繁期迫，贻误堪虞。除分别移会外，合行备文移会贵局，请烦查照文内事理，嗣后支领各项经费银两，务须互相对证确凿，针孔相符。其有甲年收支乙年，暨乙年收支甲年各款，亦应分别补收、补支、预收、预支，据实开报。至扣款、扣成，以及新章核扣湘平等项，仍宜照额支领，再将应扣各款，一支一收，以清眉目而免纷歧。望速施行。须至移者。

调查局移催公文

调查局移催民政财政统计各表文（并附呈覆文）

宣统二年三月十三日

为移知事。本年三月初二日案奉抚宪札开：宣统二年二月二十四日承准陆军部火票递到宪政编查馆王大臣咨开：本馆办理统计事务，关系宪政要端。各省分设调查局、统计处等，是其专责，不容稍有诿延。乃自上年颁行民政、财政表式以后，各【省】依限造报者不过十之一二，其余或经造送而尚多阙误，或请宽展而仍复逾违。似此任意玩延，何以为统计年鉴之本。本馆现又续订外务、教育、司法、实业各种表式，奏请通行，不独三十三年各表亟应逐一依限造报，即宣统元年统计亦经届期，断难再任稽迟，致误宪政。兹特由馆核定整顿办法五条，相应通行各省，严切督催，认真办理。如再玩延，责有专归，本馆惟有照章查取职名，分别奏请惩处，以戒玩泄，而资整理。为此咨行查照办理等因到本部院。承准此，查民政、财政等表，迭经馆、部文电交催，限期早逾，仅造成三十三年岁入财政表一份，其余尚未汇造齐全，实属无以塞责。兹奉前因，并整顿办法五条，亟应实力奉行，以速补迟，庶期无误要政，是所厚望。除将火票另案饬发臬司照例造报，并分别咨行外，合行札饬。札到该局，即便查照办理，毋违。此札等因，并粘单一纸到局。奉此，查敝局统计事项，全赖各衙署、局所、学堂报告，以为依据。即以光绪三十三年民政、财政两表而论，实因各处造报过迟，致稽时日，叠经文电交催有案。兹奉前因，并馆颁整顿办法五条，限期甚迫，处分綦严，敝局责成所在，自应实力奉行。现查光绪三十三年民政表业经汇造详咨，是年财政表正在核造。至光绪三十四年分及宣统元年分民政、财政两项统计表，应请饬派统计委员，按上年馆表定式，凡属于贵局范围以内者赶紧填造，准三月内一律送局，以凭汇办。除分别咨移外，相应备文【移】知。为此合移贵局，请烦查核赶办。事关宪政，幸勿迟滞，盼速施行。须至移者。

呈覆调查局宣统元年分开支各项银两统计表文

宣统二年三月二十日

为呈覆事。案奉抚部院孙札开：为札行事。宣统二年二月二十四日承准陆军部火票递到宪政编查馆王大臣咨开：本馆办理统计事务，关系宪政要端。各省分设调查局、统计处等，是其专责，不容稍有诿延。乃自上年颁行民政、财政表式以后，各省依限造报者不过十之一二，其余或经造送而尚多阙误，或请宽展而仍复逾违。似此任意玩延，何以为统计年鉴之本。本馆现又续订外务、教育、司法、实业各种表式，奏请通行，不独三十三年各表亟应逐一依限造报，即宣统元年统计亦经届期，断难再任稽迟，致误宪政。兹特由馆核定整顿办法五条，相应通行各省，严切督催，认真办理。如再玩延，责有专归，本馆惟有照章查取职名，分别奏请惩处，以戒玩泄而资整理。为此咨行查照办理等因到本部院。承准此，查民政、财政等表，迭经馆、部文电交催，限期早逾，仅造成三十三年岁入财政表一份，其余尚未汇造齐全，实属无以塞责。兹奉前因，并整顿办法五条，亟应实力奉行，以速补迟，庶期无误要政，是所厚望等因到局，并计粘单一纸。

正在按照馆表定式造报间，适奉贵局移开，凡属于贵局范围以内者赶紧填造，准三月内一律送局等语，计移送宪政编查馆核（宣）〔定〕整顿统计办法五条，旋复奉到公函一件到局。承准此，查本局开局日期，遵照定章自九月初一日为始，凡关谘议局筹办处，其一切筹办案卷，并未移交本局。至谘议局筹办处统计表，自第六十五至六十八等表，本局无卷可稽，自难臆造，应请移知原谘议局筹办处承办各员，分别备造。至本局统计表第六十九，均依式填造，并于备考中详细说明，载列本局开办后及开办前人员薪津、书役工食、一切杂支各款，理合逐一叙明。为此备文呈送贵局，请烦查照，以凭汇核施行。须至呈者。

计呈列表一纸。

呈院公文

呈院议决遵批议覆盐务案并奉抚院批答文

（原案已列第一期报告书实业内）①

宣统元年十二月二十八日

为呈覆事。窃本（司）〔局〕前呈盐务议案，经全体议员研究多次，始行议决，较之他案格外慎重。兹蒙抚宪逐条分别驳覆，读之无任悚愧。盖以盐课为国家入款大宗，诚不敢轻议更张。但东省盐务，积弊已极，当此百度维新之日，祛弊改良，转图较易。顾去弊之法，必先察其弊之所由起，短称、加价、勒派、株连、巡役殃民等事，皆弊之所发现，实非弊之所由生于此。穷其本源，不能不归

① 原报告书目次中标题为“呈院议决遵批议覆盐务案附批答原案已列第一期报告书实业内”，报告书内标题为“呈院议决遵批议覆盐务案并奉抚院批答文”，兹拟标题为“呈院议决遵批议覆盐务案并奉抚院批答文原案已列第一期报告书实业内”。

咎于官商盐店，以彼假筹款之名，而隐行剥民之实，官府藉为护符，巡役用为爪牙，贪残忍狠，肆无忌惮，区区小民，任何冤抑，饮恨吞声，不敢与校。故流弊所极，遂成积重难返之势。今欲力除此弊，是非予地方绅董以稽查之权不可。若第以定称、定价、严禁勒派、株连及约束巡役等事，当路即加意厘剔，冀以造福闾阎，而积习相沿，久仍生玩，恐盐法改良，未免终属空谈。是以本局对于此案，筹议较详，深知盐务之害，受之者皆属平民，故议定公举稽查员一条，欲藉以维持盐政，宣通民隐，俾令两得其平，庶盐商不致过于跋扈，小民不至妄有暴动，庶可弥隐患于无形，似与盐商之藉口赔累者当无关系。又以州县官对于地方本有无上之权力，若再以地方官之盛势，使之经营盐业，实有商人之性质，不惟无此体统，且尤易藉势抑压，虽设有嵇查员，仍恐无所补救，故议定改归商办，以复旧章，并与各县同归一律。研究十数次，殊觉舍此别无良策。兹读来谕云：绅董公举妥人（嵇）〔稽〕查盐店一节，查各项贸易，如公司当典以及糖茶烟酒布帛菽粟等铺，除合例股东得以查帐外，其余非买卖折阅、被人控告、破产归还，官与商会不得擅行调查出入帐簿。盐为日用所需，商列四民之末，既无折阅、破产等事，似未便侵其自由之权。此议本部院未敢赞成，致盐商等有所借口等语。窃以自由之权，以不侵犯他人之自由为界，今盐商卖盐，斤两任其短绌，价值暗里加增，又复纵容盐巡殃害民人，勒派苛罚，漫无限制，在盐商甚为自由，然小民何辜，欲不食盐不能，不买盐又不可，秤之多少，价之高下，亦不敢与之校量。若越境另买，大祸立至。蚩蚩之氓，几无一毫之自由权。民间食盐苦况，久已壅于上闻。至（嵇）〔稽〕查之说，非专查日用出入帐簿也。一县之大，地面辽廓，各子店中盐友之朦蔽，巡役之敲诈，百弊层生，虽盐商有不能尽知之事，小民受其害者，又皆敢怒而不敢言，积渐日久，未必不演成暴动之恶剧。有稽查员以为小民之代表，凡与民间交易之事，盐秤曾否实足，时价如何酌定，或事考查，或为通融，即盐友之朦蔽者，巡役之敲诈者，如有确实证据，皆可以禀官举发，务使上不亏课，中不亏商，下不亏民，酌盈剂虚，两得其平，正以维持两方之自由权，如是而已。又来谕：官办盐务，原因商逃岸荒，奏明归官办理，运本既由牧令自筹，余利即以津贴办公。近年筹款案内，始议酌提租价，拨解赔款，并无既加租价，复提赢余之案。惟沂水县盐务性质，与官办各处微有区别，前升院饬令按年提解赢余，现已数年延欠未解，应候饬司设法整顿。若因沂水一县盐务腐败之故，而将三十余官办州县一律改归绅董举商试办，则余利悉归试办之商，国家之赔款、牧令之办公，均无所出，亦未便轻议更张等语。查本局盐务议案，于官办盐店改归商办一条，原谓商人承办，即将盐课正杂各款统归该商承缴，非谓改归商办，所有解款便不担认。现在商办盐店五十余州县，所认赔款一项虽未查明若干，要之所解之款，固与官办各处大概无甚悬殊，可以断言。至牧令办公经费，似更不足置议。来示所云官办盐务，原因商逃岸荒，奏明归官办理。可知盐店原归商办，所以改归官办之故，系因该处商店败坏，国课无着，不得不归官办理，实非为官府筹办公经费而设。若云改归商办，牧令之办公遂无所出，而东省商办、局办五十余州县之不归官办者，其所供给之办公经费，亦未尝无着。总之，盐务积弊，每起于官商者居多，惟于官办盐店改归绅董举商试办，统东省商办、局办各州县均公举稽查员二人，认真稽查，庶可稍得其平。至公举公正绅董为稽查员之事，尤须慎重，办理不善，往往转滋流弊。现值筹办地方自治，明年春间应即开办自治研究所及自治公所等事，自可将公举（嵇）〔稽〕查员一事，归地方自治会范围之内，酌量地方情形，通融办理，当不至有劣绅恶棍通同把持之弊。若将此议作废，但议足称、加价及严禁勒派、栽私之章程，恐空文无补，民间受官商之累者自若也。本局以盐务一端，为民生疾若之最重事件，对于此案不能不详加讨论。兹经交由常驻议员公同协议议决，理合备文呈覆抚部院鉴核施行。须至呈者。

奉札批答：为札行事。据该局呈称云云等情到本部院。据此，查各省盐务为财政一大部分，前准镇国公载杩电内开：钦奉上谕：度支部奏陈明淮浙盐务大概情形一折，朕详加披览，深悉各省盐务轇轕纷纭，疲弊日甚，非统一事权，修明法令，无以提挈大纲，维持全局。著派贝子衔镇国公载泽为督办盐政大臣，凡盐务一切事宜，统归该督办大臣管理，以专责成。其产盐省分各督抚，本有兼管盐政之责，均著授为会办盐政大臣。行盐省分各督抚，于地方疏销缉私等事考核较近，呼应亦灵，均著兼会办盐政大臣衔。该大臣等务当和衷共济，通盘筹画，尤须体恤民艰，一切事宜随时奏明办理，以示朝廷整饬盐纲、兴利除弊之圣意。钦此。本大臣恭奉恩命，倍切悚惶，惟望硕画荩筹，随时指示，以匡不逮。现在盐务一切事宜，暂行照旧办理，俟拟定章程奏准后，再行咨达等因。是各省盐务，自当力加整顿，重订新章。此时应暂行照旧办理，毋庸更议。为此札行谘议局，即便查照。此札。

呈院呈送第一次报告书文

宣统元年十二月十八日

为呈送事。窃本局自本年八月开办起，截至十一月底止，所有一切议案、批答、札文、移咨、照会、请愿书、各项规则等件，除认为应守秘密者概不公布外，余皆择其紧要，依类编辑，分为上下两函，名曰《山东谘议局第一次报告书》，业已印钉成本，理合送案呈核。为此呈请抚部院查收施行。须至呈者。

呈司道及各局呈送第一次报告书文

为呈送事。窃本局自本年八月开办起，截至十一月底止，所有一切议案、批答、札文、移咨、照会、请愿书、各项规则等件，除认为应守秘密者概不公布外，余皆择其紧要，依类编辑，分为上下两函，名曰《山东谘议局第一次报告书》，业已印钉成本，相应备文呈送。为此呈请查收施行。须至呈者。

呈院呈覆发给资政院议员执照文

宣统元年十二月十九日

为呈覆事。案奉札开：为札发事。宣统元年十一月十一日承准资政院咨：各省谘议局选定资政院议员，应行给予执照。本院拟定该项执照格式，相应咨行贵抚，希即查照办理等因到本部院。承准此，查东省选定资政院议员，应给执照，现已照式办齐，为此札发谘议局，希即查收，转交议员陈命官等领取执照，并将收到转交日期呈覆查考到局。奉此，当即遵照转交议员陈命官等六人，陆续具领在案。已于本月十五日前将此项执照转交收讫。所有收到转【交】日期缘由，理合备文呈覆。为此呈请抚部院鉴核施行。须至呈者。

呈院恳请保护在籍议员文（附批答）

宣统二年二月十六日

为呈请事。窃本局为代表舆论之地，议员对于地方长官，与地方长官对于议员，在法律上本有制定之职权，均当敬慎维持，以谋宪政之进行。惟本局自开始以来，议员同摅忠爱，于地方利弊切实指陈。即议员等知识有限，言论未尽周详，幸赖抚部院体惠周至，凡建议呈请施行之件，多蒙嘉纳，通饬遵照在案。查本局议员除常驻议员常川到局任事外，所有普通议员九月开会以前仍皆常驻本籍，平时留心考察，以为开会时议案之豫备。该议员等既由初、复选举为议员，自必素孚众望，所有本地方应办公益事件，如〈有〉自治、学务等项，每多推议员为首倡，职务所在，亦义不容辞。奈地方民智未开，可与乐成，难与创始。

在议员实心任事，本不敢辜负众意，稍避劳怨；所虑本地方阴险小人，往往挟嫌捏空，以达其破坏公益之目的，藉泄私忿。况本局去年开办伊始，所有议决案件，每多痛陈时弊，自蒙批准公布后，地方各官通达事体者，知身为官吏，惟能兴利除弊，地方人民方得享国家和平之幸福，甚乐得有人辅助，以各尽臣民之职分；否则以其不便私图，疑议案为攻讦，因集怨于议员之身，更利用有人禀控，以为报复之地。而地方劣绅健讼之徒，隐承地方官之意旨，遂至藉端生衅，地方大狱即由此而起。如泰安议员朱承恩、东平州议员范德如、候补议员王庆云，正在查办，是其前车。甚至有买嘱无赖告发议员者，有强迫士绅签名禀讦者，或有摭拾已结旧案以为证据者，更有用他案牵连，舍原被告强拉而变为主体者，藉词周内，举法制上品行悖谬、营私武断、秘密开会等不法行为，皆为轻入人罪之材料，轻则予以侮辱，重则予以剥夺。惩罚议员之权，隐操之州县地【方】官之手，则议员对于局章第二十一条本省应兴应革事件、本省权利存（发）〔废〕事件，及第二十八条本省官绅纳贿及违法等事，顾忌殊多，必不敢遵奉宣统元年六月二十四日上谕，切实指陈，竭诚践守。而本局应办事件，恐难各尽其职任。此种弊端，虽为情理之所无容，为事之所有，若不先事豫防，不惟于本局名誉有关，且为议员者皆避祸之不暇，必无人出而愿膺选举，实为宪政前途之一大障碍。窃思议员被选以前，既由司选员调查，初、复选监督审查，经选举诉讼期间种种郑重手续，始得当选而为议员，其不在八项剥夺之列，自非品行悖谬、营私武断者，无难断言。本局亦不敢谓全局议员绝无品行悖谬、营私武断之人，如被选以前果有此事，在法律上谓之无效，在初、复【选】监督，亦难免失察之咎。至被选以后，议员中如有劣迹昭著、违犯法律情事，应请抚台札行本局，由本局公议除名，照惩罚章程办理，万不至稍事姑容，留作圭玷。至除名后，无论行政官如何处分，本局不能过问，致侵权限。本局欲防害未然，研究再四，思求平允。兹经公同协议，拟日后所有议员被控案件，除关系个人私事无庸置议外，如有因公被控，案难昭雪，呈请抚部院札委妥员及本局调查员两面查覆，如所查不符，再由抚部院据两面查覆情形，另委查办。似此办法，在该委及本局调查员皆不敢（恂）〔徇〕情纳贿，隐匿真实，庶于保护之中，兼寓慎重讼狱之意。且本局仅居查覆之一面，应如何办理之处，仍候钧裁。即本局一面查覆之责，系蒙抚部院委任发生，不得谓立法机关侵入行政范围。况为慎重案件，务究虚实起见，想为抚部院所乐许也。是否有当，理合备由呈请鉴核施行。须至呈者。

奉批答：来牍具悉。各议员均由初、复选举而定，自必众望素孚，不应有所谓品行悖谬、营私武断之人。所虑各节虽为情理之所无容，为事实所或有，本部院忝为行政长官，又负监督该局之责任，自不能使议员偶受侮辱，致损该局名誉。但经控告，必当切实查办，倘果有劣迹（照）〔昭〕著，违犯法律情事，确有证据，自当【依】律处分，并行知该局查照办理。如该局以事近诬枉，可由局派调查员确实查明，将所查情形呈请（照）〔昭〕雪。本部院当另行派员覆查，总期水落石出，以（照）〔昭〕公允。总之，议员为国民之代表，热心公益，或不免为怨谤所归。然果皆律已谨严，处事公正，官绅亦岂能无端周内。其有恃才傲物，办事任性，或凌侮官长，或欺（座）〔压〕平民，甚有借口公益，冀便私图，则断难为舆论之所容。近日之是非毁誉，虽不能【确有】真评，然相去亦不甚远，是在本部院与该局虚【公】审察，无所用其偏袒耳。此覆。上月二十日。

呈院为议员陈命官等六人被选资政院议员遗缺以王命官等六人补充文

宣统二年二月初六日

为呈报事。窃本局议员陈命官、王昱祥、蒋鸿斌、彭占元、尹祚章、郑熙嘏等六人被选为资政院议员，所遗议员员缺，应以普通议员候补当选人登州府黄县举人王命官、济南府章邱县举人李敦益、兖州府曲阜县廪生胡福田、曹州府郓城县廪生樊文耀、泰安府肥城县举人尹肇爽、沂州府兰山县岁贡生张文东等六人补充，恳请饬下各该府复选监督，照章发给执照，俾各该员得早为开会之预备，实为公便。为此呈请抚部院鉴核施行。须至呈者。

呈院为常驻议员金毓珍病故遗缺以普通议员王志勋补充普通议员员缺并以刘燕臣补充文[①]

宣统二年二月初六日

为呈报事。窃查本局常驻议员金毓珍于本年正月十九日因病故出缺，所遗常驻议员员缺，应以常驻议员候补当选人青州府寿光县日本宏文学院普通毕业生王志勋补充，除由本局通知该议员王志勋到局任事外，理合遵章呈报。（知）〔至〕金毓珍所遗普通议员员缺，应以东昌府普通议员候补当选人茌平县候补直隶知州附贡生刘燕臣补充，恳请饬下该府复选监督，照章发给执照，俾该员得早为开会之预备，实为公便。为此呈请抚部院鉴核施行。须至呈者。

奉札批答：为札覆事。宣统二年二月初八日据来呈内开：窃本局议员陈命官云云；又据呈开：窃查本局常驻议员金毓珍云云，各等因前来。当经本部院分行各议员该管府复选监督照章办理外，为此札覆谘议局查照。须至札者。

呈院呈送东昌等府议员执照八纸并报普通议员徐慎宣病故遗缺以刘鼎勋补充文

宣统二年三月十三日

为呈报事。窃本局于宣统二年二月二十六日奉抚部院札开：宣统二年二月二

① 原报告书目次中标题为“呈院为常驻议员金毓珍病故遗缺以普通议员王志勋补充普通议员员缺并以刘燕臣补充文”，报告书中标题为“呈院为常驻议员金毓珍病故遗缺以普通议员王志勋补充并以刘燕臣补充文”，兹采原目次标题。

十四日据东昌府知府曹守榕申称：宣统二年二月十三日奉宪台札饬，以据谘议局呈开，本局常驻议员金毓珍于本年正月十九日因病故出缺，所遗常驻议员员缺，应以常驻议员候补当选人青州府寿光县日本宏文书院普通毕业生王志勋补充。至金毓珍所遗普通议员员缺，应以东昌府普通议员候补当选人在平县直隶候补知州附贡生刘燕臣补充，请饬下复选监督，照章发给执照，俾该员【得】早为开会之预备，令即查照办理，仍将发给该议员执照日期具报查考等因。奉此，知府查接管卷内，复选举执照原发十张，填用八张，所有余剩执照二张，经前署府黄守笃瓒于宣统元年六月三十日随同申送复选人名册缴还筹办处在案。兹奉札饬，知府无凭填发，拟合具文申请宪台鉴核，俯赐檄饬谘议局将当日前署府黄守缴还筹办处之复选举执照二张，先行札发一张下府，以便填发，实为公便等情到本部院。据此，为此札行谘议局查照办理等因到局。遵查前筹办处于上年各府州县复选举后，缴送谘议局筹办处余剩执照，该处撤销，未经移交本局，且余剩执照其年月印章留至今日亦不适用，即拟由局另行刊印颁发。正办理间，旋于三月初十日奉抚部院札开：据署曹州府知府姚守彤章申称：案蒙抚院札开，宣统二年二月初八日据谘议局呈开：窃本局议员陈命官、王昱祥、蒋鸿斌、彭占元、尹祚章、郑熙嘏等六人被选为资政院议员，所遗议员员缺，应以普通议员候补当选人登州府黄县举人王命官、济南章邱县举人李敦益、兖州府曲阜县廪生胡福田、曹州府郓城县廪生樊文耀、泰安府肥城县举人尹肇爽、沂州府兰山县岁贡生张文东等六人补充。恳请饬下各该府复选监督，照章发给执照，俾各该员早为开会之预备，实为公便，为此呈请鉴核施行。又据呈开：窃查本局常驻议员金毓珍于本年正月十九日因病故出缺，所遗常驻议员员缺，应以常驻议员候补当选人青州府寿光县日本宏文学院普通毕业生王志勋补充，除由本局通知该议员王志勋到局任事外，理合遵章呈报。至金毓珍所遗普通议员员缺，应以东昌府普通议员候补当选人在平县直隶候补知州附贡生刘燕臣补充，恳请饬下该府复选监督，照章发给执照，俾该员得早为开会之预备，实为公便。为此呈请鉴核施行各等因前来。当经本部院分行各议员该管府复选监督照章办理，并札覆谘议局外，合行札饬。札到该府，即便查照办理，仍将给发该议员执照日期具报查考。此札等因到府。蒙此，遵查府中并无此项议员执照，惟前此复选举议员执照，系奉前谘议局兼地方自治筹办处刊印饬发，此次自应照办。奉饬前因，除照会谘议局印发外，拟合备文申请鉴核，俯【赐】札知谘议局查照印发施行等情到本部院。据此，为此札行谘议局查照办理等因到局。并准沂州府郯城县令照会内开：案据县民徐淑绣禀报，伊侄谘议局议员徐慎宣于客冬闭会回家病故，请转报等情，并缴执照戳记到县。敝县覆查无异，拟合连同照戳备文照会。为此照会贵局，请烦查销递补施行等因到局。查徐慎宣所遗一缺，应以普通议员候补当选人沂州府莒州董事刘鼎勋补充。兹将各该府议员执照已督饬刊印完竣，由局盖印存根，填注汇呈。恳请抚部院札发各该府复选监督，转交各该议员收执，实为公便。为此呈请抚部院鉴核施行。须至呈者。

计呈议员执照八纸。

奉札批答：为札行事。宣统二年三月十七日据谘议局呈称，窃本局云，至呈请鉴核施行等情到本部院。据此，除分行各该府查照办理外，为此札行谘议局查照。须至札者。

呈院临朐县谭以篪等以该县令违法纳贿等情现查覆如何请示归结文（附札批答）

宣统二年四月二十日

为呈请事。窃本局自去年十月间，据临朐县谭以篪等多人以该县令违法纳贿等情上请愿书到局。据此，当照章程第二十一条十二项收受，另折抄录原书，呈请抚部院鉴核施行在案。至十一月初一日，奉札内开：为札行事。据呈临朐县谭以篪等多人以该县令违法纳贿等情上请愿书前来，本部院据此已分饬藩臬运三司遴员密查，应候详覆到日，再行核办等因到局。奉此，现经数月，当已详覆。该县令违法纳贿等情是否属实，及如何核办之处，理合呈请札知本局，以便归结。为此具呈，恳请抚部院鉴核施行。须至呈者。

奉札批答：为札覆事。案据谘议局呈称：窃本局自去年十月间云云等情到本部院。据此，查此案前经分饬藩、臬、运三司遴员确查，嗣据该司等会同提学司、劝业道详覆，以据该委员先在乡间访察情形，随赴县署调查案卷，并酌传原告谭以篪等十四人讯问大略，互相印证，诉款虽均事出有因，而一经推究，大都游移无据。诘之原告，亦未能切实指证，据供各节，非诿于事理之未明，即推曰传闻之不确。因将查得实情开折录供禀覆，并将壮役冷茂松斥革。维时该县郝令正以谭以篪夙行狂悖，多事倡讼抗官，此次因挟该令禀揭之嫌，狂恣益甚，与吕登鳌纠约多人，敛钱构讼，遍发传单，煽惑人心，将揭得传单照录，禀请派委大员查办，遂批饬该司道等复委青州府黄守覆查去后。旋据黄守亲往该县查明核议，以所控各节或与郝令无干，或另为改图，或无庸置议。惟谭以篪、吕登鳌造言谤官，挟嫌诬控，虽不认传单敛费，其见于先后禀呈者已无可解免，若按例拟办，罪有应得。第念所列各款，究由误会，请愿书不与呈词相同，因而肆言无忌，姑从宽将谭以篪附生、吕登鳌武生斥革，以示薄惩。谭以篪曾在郡城师范传习所肄业，该府不能约束于先，又【复】轻拟于后，并自请记过等【情】禀覆前来。当经批行，将谭以篪、吕登鳌衣顶褫革在案，相应【将】全案抄交。为此札复谘议局查照。须至札者。

计粘抄青州府禀覆一件，郝令原禀一件，司道会详杨令查覆各款一件。

呈抚请拨发常年经费银两文

宣统元年十一月二十四日

为呈请事。窃本局常年经费，第一次收到筹办处移交实在库平银捌千玖百肆拾玖两伍分，前已声明在案。第二次本局呈请拨发库平银壹万肆千两，业由藩库备文具领。自开办费壹千两呈报后，余银玖两贰钱肆分壹厘肆毫，已请拨归常年费动用，共计常年费项下收银贰万贰千玖百伍拾捌两贰钱玖分壹厘肆毫。应届三个月终，将会期内支发议长、普通议员公费、旅费，并会期外议长、常驻议员公费，及九月、十月、十一月办事处人员薪金，清书、局役、守卫等工食，合各项杂费等核实备文呈报后，再请拨发第二季用款。兹查本月内应有支销，如开通道路及常驻议员住室内添置槅扇等项，并添雇清书排印制造报告书等，皆前次请款时预算所未到，或预算已到，尚不满数。至此月终，约欠库平银九百余两。现已届第二季，应请饬拨库平银壹万两，除抵补前季应有支销，另文汇案册报外，均归本局第二季支销。为此备由具呈，恳请抚部院鉴核施行。须至呈者。

奉批：已照来呈檄行布政司照数拨库平银壹万两，希即派员前往具领，仍将支销银数照章核实报查。此覆。

呈院呈送预算宣统二年常年经费文

宣统元年十二月二十一日

为呈覆事。窃本局常年经费，本年会期以前，由本局查照定章第十章第五十三条及第五十四条各条文，详定局员公费及薪金数目。凡系由督抚规定者，谨遵升任抚台袁原奏，无可拟议。其条文明定有旅费、【杂费】及预备费三项，应由本局预算数目者，即由全局议员公同会议，核实预算。查原奏案内所漏略，须请增入者，如来往旅费及杂费内议长、副议长、常驻议员之（馀）〔饭〕食银，预备费内图书、器具、译书、调查等项，及杂费不敷之款，意外特别法难规定之款，他如闰月照数请加之款，遇召集临时会之款，业经呈蒙抚部批示。奉批：据呈已悉。查册开预算各费，有在原奏估计之外，事属创办，查核请增各项亦有为事实上所需，要未便拘定成案，不得不量为变通，应准照支。至另请加拨之款，现在财政奇艰，必得权衡曲当，参合馆章，庶于各省办法相同，不至部中驳诘。仰候本署院分别核夺，再行饬遵。此缴。册存在案。兹于十一月十四日奉札行内开：案查清理财政章程第十四条，各省文武大小衙门、局所于宣统二年应先预算出入款目等因。现在东省财政支绌异常，本年各司道局所出入款目，既经清理财政局澈底查核，册报可稽，所有宣统二年各司道局所一切出入款目，亟应趁此清理之始，首先裁节冗滥，核实开列，限于本年内预算一确实之数，估造清册，呈院复核。本部院当即据此册报，与该司道等从长妥议，预为明年试辩预算案之张本等因到局。奉此，(常)〔当〕经协同常驻议员再三讨论，赶速估造。惟本局事属创办，苦无把握，议将本届三个月报销清理后，预算较有根据。现本届三个月报销业经核算告竣，当即按照常年之数切实预算。所有本局常年经费，按前次预算【原】册估定，每年需银四万两之数，实属无可再减。至前拟预备费项下，若译书、调查等项，在在皆关重要。本年开办伊始，为日无多，虽器具、图书稍有添置，其它各项未及办理，来年自不能不次第举行，则预备费一项，自应同在估计之中。但库款奇艰，本局前拟八千两之数，仍应力求撙节。所有预备费内译书、调查、图书、器具等项，必求实力节省，不轻动用，随时核实酌请，理合仍照本局议决预算原案，缮具清册，呈请鉴核。为此备由具呈，恳请抚部院鉴核施行。须至呈者。

计呈清册一本。

奉批：已照来牍将所送预算经费清册照抄，咨明度支部查照立案，并行藩司知照矣。此覆。册存。十二月二十三日。

呈院第一季常年经费报销清册文

宣统元年十二月十六日

为呈报事。窃本局常年经费，会期前由本局照章预算，呈请抚〈院〉部【院】批准照支在案。查第一次、第二次收到银两数目及开办费报销后，余银请归常年费动用数目，共计常年费项下收银二万二千九百五十八两二钱九分一厘四毫，十一月内请拨发库平银一万两，业于本月初八日备文具领，合计统共收银三万二千九百五十八两二钱九分一厘四毫，按常年费动支。自九月初一日开局后，所有议员等来省旅费，议长、议员公费，闭会时普通议员回籍旅费，闭会后议长、常驻议员公费，并九月、十月、十一月办事处人员薪金、津贴，会期内议案丛集添雇帮写刷印人等工价，局役、守卫等工食，及纸笔、朱墨、刷印图书、添制器具、开通道路、议员住室内制造槅扇、排印报告书合一切杂费等项，统本季三个月，核实决算，共支银二万三千五百九十一两七钱三分六厘五毫。收支两抵销，实存库平银九千三百六十六两五钱五分四厘九毫。除将实存银两请归第二季支销外，所有九月、十月、十一月支销银两数目，理合造具四柱清册核销。为此备由具呈，恳请抚部院鉴核施行。须至呈者。

计呈清册一本。

谨将本局常年经费九、十、十一月共三个月收支银两数目，造具四柱清册，呈请核销。须至册者。

计开：

旧管：

无项。

新收：

一、收筹办处移交实在库平银八千九百四十九两五分。

一、收藩库拨交库平银一万四千两。

一、收开办费项下余银九两二钱四分一厘四毫。

一、收藩库拨交库平银一万两。

开除：

旅费、公费项下：

一、支议员一百零三名来省旅费，每名二十两，共库平银二千零六十两正。

一、支议长杨公费，九、十、十一月共三个月，每月一百五十两，共库平银四百五十两正。

一、支副议长于公费，九、十、十一月共三个月，每月一百二十两，共库平银三百六十两正。

一、支副议长王公费，九、十、十一月共三个月，每月一百二十两，共库平银三百六十两正。

一、支议员除议长三名，计一百名公费，每名一百五十两，共库平银一万五千两正。

一、支议员除议长、常驻议员二十三名，计八十名回籍旅费，每名二十两，共库平银一千六百两正。

一、支常驻议员公费，自十月二十日起，至十一月二十日计一个月，每名五十两，共库平银一千两正。

以上共支库平银二万零八百三十两。

薪金、津贴、工食项下：

一、支书记长张汉章薪金，九、十、十一月共三个月，每月五十两，共库平银一百五十两正。

一、支文牍书记高尚志薪金、津贴，九月一个月，薪金二十两，津贴十两，共库平银三十两正。

一、支文牍书记于洪起薪金、津贴，九月一个月，薪金二十两，津贴十两，共库平银三十两正。

一、支文牍书记万光炜薪金、津贴，十、十一月共二个月，每月薪金二十两，津贴十两，共库平银六十两正。

一、支文牍书记张骏烈薪金、津贴，十、十一月共二个月，每月薪金二十两，津贴十两，共库平银六十两正。

一、支会计书记刘闻尧薪金、津贴，九、十、十一月共三个月，每月薪金二十两，津贴十两，共库平银九十两正。

一、支庶务书记张百源薪金、津贴，九、十、十一月共三个月，每月薪金二十两，津贴十两，共库平银九十两正。

一、支清书八名津贴，九、十、十一月共三个月，每名每月八两，共库来银一百九十二两正。

一、支帮写人五名、刷印人五名工价，九、十月共二个月，每月每名八两，共库平银一百六十两正。

一、支局役十名工食，九、十、十一月共三个月，每月每名〣十千，共钱〣百，〤〇〡〣亠，合库平银七十四两七钱四分四厘。

一、支守卫八名工食，九、十、十一月共三个月，每月每名〣十千，共钱〢百〤十千，〤〇〡〢亠，合库平银五十九两七钱九分五厘二毫。

一、支厨役四名工食，九、十、十一月共三个月，每月每名〣十千，共钱〡百廿千，〤〇〡〣亠，合库平银二十九两八钱九分七厘六毫。

以上共支库平银一千零二十六两四钱三分六厘八毫。

纸笔、朱墨、图书、刷印项下：

以上共支库平银八百九十六两五钱八分五厘五毫。

器具项下：

以上共支库平银六十两零四钱三分八厘。

杂费项下：

以上共支库平银六百零三两二钱一分五厘八毫。①

以上统共支库平银二万三千五百九十一两七钱三分六厘五毫。

实在：

一、收支两抵，实存库平银九千三百六十六两五钱五分四厘九毫。

以上实存库平银九千三百六十六两五钱五分四厘九毫，请归第二季支销。合并声明。

呈院第二季常年经费报销清册文

宣统二年三月初五日

为呈报事。窃本局常年经费，查自上年九月、十月、十一月共三个月，为第一季报销，业经呈报在案。当余银实存库平银玖仟叁百陆拾陆两伍钱伍分伍厘，按常年经费动支。自上年十二月初一日起，至本年二月底止共三个月，为第二季报销。所有议长、常驻议员公费及办事人员薪金、津贴，书手、局役等工食，并纸笔、朱墨、刷印、图书、器具、修造、调查，合一切杂费等项，凡系上年十二月支销银两，均按库平支销。上年十二月二十一日案奉札开：凡向未核扣减平者，均自宣统二年正月起，一律改用湘平，按九六给发等语。本局遵照办理，自本年正月为始，均按湘平支销银两，统本季三个月核实决算，于上年十二月分共支库平银一千九百七十二两二钱二分肆厘，至本年正、二两月，共支湘平银四千

① 以上“纸笔、朱墨、图书刷印项下”“器具项下”及“杂费项下”，在原报告书中均各有支出细项，因所列数字多模糊不清，无法辨认，故皆从略，仅列合计数字。

零五十二两六钱九分，按九六折，合库平银三千八百九十两零五钱八分二厘，连合统共动支库平银五千捌百六十二两捌钱零六厘。收支两抵，实存库平银叁千伍百零三两七钱四分九厘，再按四分伸平，应余出湘平银一百四十五两九钱九分，合计统共实存湘平银三千六百四十九两七钱三分九厘，拟俟支销后，归第三季呈报。所有自上年十二月及本年正月、二月交销银两数目，理合造具四柱清册，呈请核销。除分别呈报藩司、财政局查照外，为此备由具呈，恳请抚部院鉴核施行。须至呈者。

计呈送清册一本。

山东谘议局谨将本局常年经费自宣统元年十二月至本年二月共三个月支销银两数目造具四柱清册，呈请核销。须至册者。

计开：

旧管：

一、存库平银玖千叁百陆拾陆两伍钱伍分伍厘。

新收：

无。

开除：

公费项下：

一、支议长杨公费，计三个月，每月一百五十两，上年十二月分系支库平，本年正、二两月概支湘平，共库平银一百五十两整，湘平银三百两整。

一、支副议长于公费，计三个月，每月一百二十两，上年十二月分系支库平，本年正、二两月概支湘平，共库平银一百二十两整，湘平银二百四十两整。

一、支副议长王公费，计三个月，每月一百二十两，上年十二月分系支库平，本年正、二两月概支湘平，共库平银一百二十两整，湘平银二百四十两整。

一、支常驻议员二十名公费，计三个月，每月每名五十两，上年十二月分系支库平，本年正、二两月概支湘平，共库平银一千两整，湘平银二千两整。

以上共支库平银一千三百九十两，湘平银二千七百八十两。

薪金、津贴工食项下：

一、支书记长张汉章薪金，计三个月，每月五十两，上年十二月分系支库平，本年正、二两月概支湘平，共库平银伍十两整，湘平银一百两整。

一、支文牍书记万光炜薪金、津贴，计三个月，每月薪金二十两，津贴十两，上年十二月分系支库平，本年正、二两月概支湘平，共库平银叁拾两整，湘平银陆拾两整。

一、支文牍书记刘闻尧薪金、津贴，计三个月，每月薪金二十两，津贴十两，上年十二月分系支库平，本年正、二两月概支湘平，共库平银三拾两整，湘平银六拾两整。

一、支会计书记张骏烈薪金、津贴，计三个月，每月薪金二十两，津贴十两，上年十二月分系支库平，本年正、二两月概支湘平，共库平银叁拾两整，湘平银陆拾两整。

一、支庶务书记张百源薪金、津贴，计三个月，每月薪金二十两，津贴十两，上年十二月分系支库平，本年正、二两月概支湘平，共库平银三十两整，湘平银六十两整。

一、支清书八名津贴，计三个月，每月每名八两，上年十二月分系支库平，本年正、二两月概支湘平，共库平银陆拾肆两整，湘平银壹百贰拾捌两整。

一、支局役十名工食，计三个月，每月每名钱十千，上年十二月分系按库平牵算，本年正、二两月均按湘平牵算，共钱〡百千/〢百千，川亖川攵メ〥メ，合库平银二十伍两三钱四分陆厘，湘平银五十二两六钱三分七厘。

一、支守卫八名工食，计三个月，每月每名钱十千，上年十二月分系按库平牵算，本年正、二两月均按湘平牵算，共钱亖十千/〡百亠千，川亖川攵メ〥メ，合库平银二十两零二钱七分七厘，湘平银四十二两一钱一分。

一、支厨役四名工食，计三个月，每月每名钱十千，上年十二月分系按库平牵算，本年正、二两月均按湘平牵算，共钱メ十千/亖十千，川亖川攵メ〥メ，合库平银拾两零一钱叁分玖厘，湘平银贰拾一两零伍分伍厘。

以上共支库平银二百八十九两七钱陆分二厘，湘平银伍百八十三两八钱零二厘。

纸笔、朱墨、图书、刷印项下：

以上共支湘平银贰拾叁两柒钱肆分柒厘。

添制器具项下：

以上共支湘平银一两零伍分三厘。

添补修造项下：

以上共支湘平银柒两柒钱一分。

调查费项下：

一、支上年十二月分至本年二月分，派员周树标、朱承恩赴江苏、直隶等省调查事宜，旅费〢百0〢元，〦〡二合湘平银壹百肆拾叁两捌钱二分肆厘。

以上共支湘平银壹百肆拾叁两捌钱二分肆厘。

杂费项下：

以上共支库平银贰百玖拾贰两肆钱陆分贰厘，①
湘平银伍百壹拾贰两伍钱伍分肆厘。

以上统共支库平银壹千玖百柒拾贰两贰钱贰分肆
厘，湘平银肆千零伍拾贰两陆钱玖分。

按九六折，合库平银叁千捌百玖拾两零伍钱捌分贰厘。

二共动支库平银伍千捌百陆拾贰两捌钱零陆厘。

实在：

一、收支两抵，实存库平银三千五百零三两七钱四分九厘。

按四分伸平，应余出湘平银一百四十五两九钱九分。

合计统共实存湘平银三千六百四十九两七钱三分九厘。

以上实存湘平银三千六百四十九两七钱三分九厘，请归第三季支销。合并声明。

呈院呈请饬司拨发常年经费及预备费银两文

宣统二年四月初四日

为呈请事。宣统元年十二月十一日案奉抚部院札开：为札行事。据布政司申

① 以上“纸笔、朱墨、图书、刷印项下”“添制器具项下”“添补修造项下”及“杂费项下”，在原报告书中均各有支出细项，因所列数字多模糊不清，无法辨认，故皆从略，仅列合计数字。

称：案奉抚院札饬支发谘议局第三次常年经费银一万两，令即支发具报等因到司。奉此，遵即饬库于本月初八日堂期照数支给来员，领回在案。惟查此项经费，原奉前宪奏明，由司库岁拨银四万两。计自本年九月初一该局成立后，甫经三月，今已领过三次银三万两，计尚存至来年八月底经费银一万两。现在库款奇绌，可否仰请宪台行知该局，俟来年上忙后再行具领，以纾财力。除照会外，奉饬前因，理合将支发银数、日期呈报鉴核等情到本部院。据此，为此札行谘议局查照等因到局。奉此，查本局预算原案，常年经费四万两，预备费八千两，岁共需银四万八千两，当经抚部院具奏立案。复查本局常年经费惟九、十两月开会期内需用最多，几过常年一半之数。查照藩司详开，自宣统元年九月初一日该局成立后，甫经三月，已领过三次银三万两。本局详细查核，与具领银两数目不符。查本局自第一次收到筹办处移交代领库平银一万两内，除短平银五十两九钱五分，并除开办费银一千两，计常年经费项下实在收库平银八千九百四十九两五分，前已声明有案。嗣经本局第二次呈请拨领库平银一万四千两，第三次呈请拨领库平银一万两，连前呈报一千两开办费项下余银九两二钱四分一厘，已请拨归常年费动用，共计常年经费项下收银三万二千九百五十八两二钱九分一厘。核之藩司详开三次拨发银两数目，与本局具领银两数目实不符二千九百余两，理合声明，请饬更正复查。自上年第一季报销及本年二月底止第二季报销后，实存库平银按四分伸平，合计实存湘平银三千六百四十九两七钱三分九厘。除支销三月分薪金、工食合各项杂费等款外，所有三月以后应支公费及一切各款，亟待领款开支。查本局预算原案，预备费银八千两尚未具领一次。本局自上年九月初一成立，如预备费内支销邮费、电费、调查、器具、石印报告书，并杂费不敷之款，及意外特别法难规定之款，如添雇贴书、种植树木、招待来宾、添补修造电话等费，合一切杂费等款，统计第一季及第二季报销册内数目，或业经动支，或尚未造报，约计已由常年经费项下动用预备费实在银二千余两，应请饬司拨发常年经费湘平银七千两，预备费湘平银五千两以应要需。此项预备费五千两内，除抵补前季借支常年经费银两外，如置购图书、添造局役住室及添置各项器具，并印刷第二次报告书等，需款尤繁，均拟由此项下支销，仍力求撙节，不轻动支。除另文汇案造册归第三季报销外，为此备由具呈，恳请抚部院鉴核施行。须至呈者。

奉批答：来呈阅悉。所有前次具领常年经费不敷银数，候行布政司查明更正，并饬将此次常年经费湘平银七千两，预备费湘平银五千两均照数拨发，希即派员前往具领报查。此覆。

呈藩司请领常年经费银两文

宣统元年十二月初一日

为呈请核发银两事。窃本局呈请抚部院拨款等情，奉批：已照呈檄行布政司照数拨发库平银一万两，希即派员前往具领，仍将支销银数照章核实报查。此覆等因。奉此，理合备具印领，派员赍文前往贵司衙门守候领取，望乞迅赐查照施行。须至呈者。

呈藩司第一季常年经费报销清册文

宣统二年二月十一日

为呈覆事。窃本局查照上年九月初一日至十一月底止，常年经费项下支销银两数目清册，正在赶造呈报间，适奉照会：为照会事。案奉抚宪孙批据贵局呈报上年九月初一日至十一月底止，常年经费项下支销银两数目一案缘由，奉批：据呈已悉。仰布政司查照核销具覆，并移该局知照。缴。册存等因到司。奉此，查此项报销未准造册送司，无凭核销。奉饬前因，合行照会。为此照会贵局查照，希将前项支销银两克日造册送司，以凭核销具覆施行等因。承准此，理合将上年九、十、十一三个月常年经费项下支销银两数目，并开局以前开办费支销清册，各造一份。除业经呈报抚部院核销外，合行造册呈送贵司，请烦查照核销施行。须至呈者。

计呈清册一本，与呈院清册同。

呈藩司第二季常年经费报销清册文

宣统二年三月初五日

为呈报事。窃本局常年经费，查自上年九月、十月、十一月共三个月为第一季报销，业经呈报在案。当余银实存库平银玖（十）〔千〕三百六十六两五钱五分五厘，按常年经费动支。自上年十二月初一日起至本年二月底止共三个月，为第二季报销。所有议长、常驻议员公费及办事人员薪金、津贴，清书、局役等工食，并纸笔、朱墨、刷印、图书、器具、修造、调查，合一切杂费等项，凡系上年十二月支销银两，均按库平支销。上年十二月二十一日案奉抚部院札开：凡向未核扣减平者，均自宣统二年正月起，一律改用湘平，按九六给发等语。本局遵照办理，自本年正月为始，均按湘平支销银两，统本季三个月核实决算，于上年十二月分共支库平银一仟玖百柒拾贰两二钱二分肆厘，至本年正、二两月共支湘平银肆仟零伍拾贰两六钱玖分，按九六折，合库平银三仟八百九十两零伍钱八分贰厘，连合统共动支库平银五仟八百六十二两捌钱零六厘。收支两抵，实存库平银三仟五百零三两七钱四分九厘，再按四分伸平，应余出湘平银一百四十五两玖钱玖分，合计统共实存湘平银三仟六百四十玖两七钱三分玖厘，拟候支销后，归第三季呈报。所有自上年十二月及本年正月、二月支销银两数目，除呈报抚部院核销及财政局查照外，合行造册呈送贵司，请烦查照施行。须至呈者。

计呈清册一本，与呈院清册同。

呈藩司请领常年经费及预备费各银两文（附藩司照会文）

宣统二年四月十三日

为呈请拨发银两事。窃本局呈请抚部院饬将此次常年经费湘平银七千两，预备费湘平银五千两拨发等情，奉批：均照数拨发，希即派员前往具领等因。奉此，理合备具印领，派员赍文前赴贵司守候领取，希即迅速查照施行。须至呈者。

计呈印领一纸。

藩司照会文

为照会事。案奉抚宪札饬，以据贵局请领本年常年经费湘平银七千两，预备费湘平银五千两，行令照数拨发等因。奉此，遵查前项减平银两，已奉抚宪奏明，自应仍按库平动支，扣除减平，专款存储。所有贵局应领常年经费库平银七千两内，扣减平银二百八十两，下余库平银六千七百二十两，计合湘平银七千两。又预备费库平银五千两内，扣减平银二百两，下余库平银四千八百两，计合湘平银五千两。均饬库于四月十六日堂期照数支出。除呈报外，理合照会贵局查照，遣弁来司领取，并希见复查考。再，查上年短平银两，由于筹办处辗转所致，司中拨册系按壹万原数造报在案，应请贵局亦照原数列收，另行开除，以符部案施行。须至照会者。

呈财政局移送预算原案清册文

宣统二年正月十五日

为移覆事。窃准贵局移会内开：案查本局清厘财政，有编订款目沿革利弊说明书送部候核之责，上年七月间业经分行澈查在案。惟是编纂事宜，固以本局为总汇，而报告款项，端赖随时之调查。东省近来添设各局所，日新月异，次第成立，自应一律查明，俾纂辑获臻完备。除分别移行外，为此合移贵局，请烦查照，将所有开办日期及事由，均望详细叙述。至常年经费，亦请将其详定数目若干、在何库何款项下支拨，逐一声明原委，克期查覆，幸勿遗漏，望切施行等因。准此，查本局开办日期及事由，自宣统元年七月二十六日全省议员互选，经过分期集议，研究各种议案，预备开局一切事宜。因本局房舍尚未造齐，筹办处地址稍狭，不敷列坐，公同筹议，借府学西庑为议员事务所，当经呈蒙抚台批准立案。所用办公人员、书记、清书等即陆续到差。在事务所购置器具、整理房屋、印刷章程、雇用人役等款，即呈请抚台饬下筹办处，在开办经费内拨给库平银一千两。此项用款，至开局后总计支销数目，共库平银九百九十两五分八厘六毫，业经缮造清册，呈报抚台核销在案。此系未经开局以前之预备。至本局开局日期，遵照定章，于宣统元年九月初一日开局，亦经分别咨移在案。至本局常年经费，约计需银四万两，前经升任抚台袁奏咨立案。上年本局会期以前，由全局议员遵照定章核实预算。查原奏案内所漏略须请增入者，在预备费一项约须增银八千两，业经呈蒙抚部院批示，奉批“据呈已悉。查册开预算各费，有在原奏估计之外，事属创办，查核请增各项亦有为事实上所需，要未便拘定成案，不得不量为变通，应准照支。【至】另请加【拨】之款，现在财政奇艰，必得权衡曲当，参合馆章，庶于各省办法相同，不至部中驳诘，仰候本署院分别核奏，再行饬遵。此缴。册存。”在案。至十一月十四日，复奉抚台札行内开：案查清理财政章程第十四条，各省文武大小衙门、局所，于宣统二年应先预算出入款目等因。现在东省财政支绌异常，本年各司道局所出入款目，既经清理财政局澈底查核，册报可稽，所有宣统二年各司道局所一切出入款目，亟应趁此清理之始，首先裁节冗滥，核实开列，限于本年内预算一确实之数，估造清册，呈院复核。本部院当经据此册报，与该司道等从长妥议，预为明年试办预算案之张本等因到局。奉此，当经局内议员再三讨论，赶速估造。惟本局事属创办，苦无把握，因议将九、十、十一月三个月报销清理后，预算较有根据，至九、十、十一月三个月报销核算告竣，当即按照常年之数切实预算。所有本局常年经费，按前次预算原册估定，需银四万两之数，实属无可再减。至前拟预备费项下若译书、调查等项，在在皆关重要。上年开办伊始，为日无多，虽器具、图书稍有添制，其它各项未及办理，今年自不能不次第举行，则预备费一项自应同在估计之中。但库款奇艰，本局前拟八千两之数仍应力求撙节，所有预备费内译书、调查、图书、器具等项，必求实力节省，不轻动用，随时核实酌请，因复照本局议决预算原案缮具清册，呈请抚部院鉴核批示。奉批：已照来牍将所送预算经费清册照抄，咨明度支部查照立案，并行藩司知照矣。此覆。册存等因在案。至此项用款支拨，查升任抚台袁奏请谘议局筹办处经费及建筑经费一折内开：据布政使朱其煊遵章筹措，此项经费在节省运河经费银内拨用，将来谘议局成立应需之款，即逐年在此项内动支，不另挪作别用，以免另筹而资挹注。请奏咨立案等因。业于光绪三十四年十二月二十月奉朱批：该部知道。钦此。等因在案。是本局常年经费，应在藩库节省运河经费项下支拨。兹准前因，理合逐一声明原委，至详定数目，仍录本局议决呈复抚台预算原案清册，一并移覆贵局，请烦查照施行。须至移者。

计移预算原案清册一本。

呈覆财政局秋冬两季并年报及开办费支销清册文

宣统二年二月二十八日

为呈覆事。窃于宣统元年十二月二十九日案奉抚部院孙札开：为札行事。据财政局详称：案查清理财政章程第十四条内开，各省文武大小衙门、局所自宣统二年起预算次年出入款项，编造清册，于二月内送清理财政局，由局汇编全省预算报告册，呈由督抚于五月内咨送到部。又各省清理财政办事章程第十七条内开，清理财政局应【照】部颁预算报告册式，分别编订各项出入款项册式，呈由督抚发交各衙门、局所，按式填送。又本年十月监理官奉到部函内开：各省预算，照章应于明年试办，所有文武大小衙门、局所暨府厅州县试办预算分册，应于明年二月造送到局，所需册式即由各省清理财政局订定颁发，限期赶办各等语。查现值筹备宪政，非理财不能足用，非预算不能清源。宣统二年为试办预算之期，自宜及早设备。窃思此项册式，在日本谓之经费要求书，本应由各机关自行编造，送局候核。但中国现情不同，各衙门、局所款目纷繁，名称复杂，若不发布一定格式，转恐无所准据，随意填注，殊非整齐画一之法。此部章、部函前后饬局编订预算分册之理由也。惟现在公费未定，官俸未更，陋规未裁，营制未变，各处出纳之款，只能照现行案约列开列，以资试办。至册中则划为岁入、岁出两大纲，于岁出更别为经常费、临时费，仍各分款分项，以清眉目。兹谨将拟就各册呈送查核，即请转饬通省各文武大小衙门、局所、学堂，照式依限填送，务于明年二月内造报到局，切勿延误，致干部诘。届时再由局将所有出入各款，应行裁节变通之处，悉心厘定，遵照部颁册式分别填入，呈请鉴定，送部核夺。所有遵章拟定预算册式，呈请饬发填报缘由，理合详请宪台批示祗遵等情到本部院。据此，除批“已据详将送到试办宣统三年预算案各项预算册式饬承查照折开，分别咨行各衙门、局所、学堂及各府州县一体查照，统限于明年二月一律填报送局。其各防营册二十分，另行札发营务处，转饬各营一体填送，仰仍由局随时加紧分催，迅速办理，不得以事属草创，任意舛漏延玩，致误财政，切切。”等因，并奉到预算册【式】一本。（族）〔旋〕承准贵局移开：为移会事。案查本局清理财政，有编订款目沿革利弊说明书送部候核之责，上年七月间业经分行澈查在案。惟是编纂事宜，固以本局为总汇，而报告款项，端赖随时之调查。东省近来添设各局所，日新月异，次第成立，自应一律查明，俾纂辑获臻完备。除分别移行外，为此合移贵局，请烦查照，将所有开办日期及事由，均望详细叙述。至常年经费，亦请将其详定数目若干、在何库何款项下支拨，逐一声明原委，克期查覆，幸勿遗漏等因。承准此，除业将本局开办日期及事由，并常年经费详定数目，在何库何款项下支拨，逐一声明原委，并附抄录预算原案清册呈报抚部院移覆外，正在遵照册式分别详细备造季报、年报间，复承准移开：为移会事。案查本局清理财政，前经拟定册式，先后移请按季造报在案。惟贵局造送之册，核与本局达部之式间有不符，现当汇办元年年报之际，亟应预为规定，以期划一而免纷歧。除分别移行外，拟合抄录册式移会贵局，请烦查照文内事理，迅将经管元年全年出入款目按照移送册式，赶造详细年报清册，于二月十五日以前移送到局，以凭复核汇报。部章綦严，限期紧迫，幸勿迟滞，望速施行等因，计移山东谘议局筹办处出入款目册式一本到局。承准此，查本局开局日期，遵照定章自宣统元年九月初一日为始，谘议局筹办处于宣统元年八月三十日撤销，其一切案卷未经移交本局。凡关于谘议局筹办处出入款目等项，本局无从稽考，自难臆造。此项年、季报等册，应请移知原谘议局筹办处承办各员分别备造。至本局所有常年经费，自应自九月开局日起算，其未经开局以前禀准设立谘议局议员筹备事务所支销等项，系由开办费项下支销，兹经分别造报，拟划分九月以前为开办报销，九月一个月分为秋季报销，十、十一、十二三个月分为冬季报销，再合秋冬两季出入款目并开局前一切开办费等项汇为全年报销。宣统元年均按库平拨领给发，至宣统二年正月为始改用湘平。合并声明。现已遵照册式分别造具清册四本，理合备文呈送贵局，请烦查照汇核施行。须至呈者。

计呈清册四本。

呈覆财政局豫算宣统三年常年并豫备各经费银两数目表册文

宣统二年三月初八日

为呈覆事。案奉抚部院孙札开：为札行事。据财政局详称：案查清理财政章程第十四条内开，各省文武大小衙门、局所自宣统二年起预算次年出入款项，编造清册，于二月内送清理财政局，【由局】汇编全省豫算报告册，呈由督抚于五月内咨送到部。又各省清理财政办事章程第十七条内开，清理财政局应照部颁豫算报告册式，分别编订各项出入款项册式，呈由督抚发交各衙门、局所按式填送。又本年十月监理官奉到部函内开：各省豫算照章应于明年试办，所有文武大小衙门、局所暨府厅州县试办预算分册，应于明年二月造送到局，所需册式即由各省清理财政局订定颁发，限期赶办各等语。查现值筹备宪政，非理财不能足用，非预算不能清源，宣统二年为试办预算之期，自宜及早设备。窃思此项册式在日本谓之经费要求书，本应由各机关自行编造，送局候核。但中国现情不同，各衙门、局所款目纷繁，名称复杂，若不发布一定格式，转恐无所准据，随意填注，殊非整齐画一之法。此部章、部函前后饬局编订预算分册之理由也。惟现在公费未定，官俸未更，陋规未裁，营制未变，各处出纳之款，只能依照现行案约略开列，以资试办。至册中则划为岁入、岁出两大纲，于岁出更别为经常费、临时费，仍各分款分项，以清眉目。兹谨将拟就各册呈送查核，即请转饬通省各文武大小衙门、局所、学堂照式依限填送，务于明年二月内造报到局，切勿延误，致干部诘。届时再由局将所有出入各款应行裁节变通之处悉心厘定，遵照部颁册式分别填入，呈请鉴定，送部核夺。所有遵章拟定预算册式，呈请饬发填报缘由，理合详请宪台批示祇遵等情到本部院。据此，除批“已据详将送到试办宣统三年预算案各项豫算册式饬承查照折开，分别咨行各衙门、局所、学堂及各府州县一体查照，统限于明年二月一律填报送局。其各防营册二十分，另行札发营务处，转各营一体填送，仰仍由局随时加紧分催，迅速办理，不得以事属草创，任意舛漏延玩，致误财政，切切。此缴。册折存发等因。”印发并分别咨行外，为此札行谘议局查照办理等因，并奉到豫算册式一本。正在遵照册式赶造间，适承准移开：为移催事。案查本局前次遵章拟定宣统三年分全省各文武大小衙门暨局所、学堂豫算册，详请抚宪分别颁发在案。查此项预算册关系至重，部章订明限二月以内送局汇办，若一处延逾，则全案无从汇转。现在为日无多，而各处送到者尚属寥寥，相应备文移催。为此合移贵局，请烦查照前发册式，将出入各款酌量填入，如期送覆，以凭核办。事关宪政，幸勿迟滞，望切施行等因到局。承准此，查本局常年经费每年约需银肆万两，豫备费每年约需银八千两，统共每年应需银四万八千两。除前已抄录豫算清册，分别呈报抚部院及贵局在案，并经【奏】咨立案外，兹遵照原移册式，分别详细填造，凡关经常费系额支款项、临时费系活支款项，核与本局豫算原册常年经费及预备费二项名目，正适相符。惟本局豫算原案如遇闰照数再加，又如临时会费，召集原无常期，次数亦难预定，约计每开一次应需银八千两，开二次、三次者届时应按次递加，每年如无闰月、无召集，勿庸请款，并附册后注明不在预算原定四万八千银两数目之内。所有本局常年经费及豫备费二项，每年应需银肆万八千两，理合遵造册式，分别岁入岁出，合一切款项，按式填册。为此备文呈送贵局，请烦查照施行。须至呈者。

计呈预算清册壹本。

山东谘议局预算册

宣统（二）〔三〕年分

岁　入

第一款　积存各项

无项。

第二款　拨领各项，共银肆万捌千两。

第一项

一、由藩库节省运河经费项下，岁拨领库平银四万八千两。

第三款摊捐各项

无项。

第四款其它各项收入

无项。

合计岁入库平银四万八千两。

岁　出

经常费（系本局常年额支之费）：

第一款　议长、议员、书记长、书记公费、旅费、薪金、津贴，共银三万四千七百六十两。

第一项

议长一人，每月公费一百五十两，共库平银一千八百两。

第二项

副议长二人，每月每人公费一百二十两，共库平银贰千八百八十两。

第三项

常驻议员二十名，每月每人公费五十两，共库平银一万二千两。

第四项

普通议员八十名，每年一次每人公费一百五十两，共库平银一万二千两。

第五项

书记长一人，每月薪金五十两，共库平银六百两。

第六项

文牍书记二人，会计书记一人，庶务书记一人，每月薪金每人二十两，共库平玖百陆拾两。

第七项

文牍书记二人，会计书记一人，庶务书记一人，每月每人津贴十两，共库平银肆百捌拾两。

第八项

普通议员八十人，每人旅费四十两，共库平银三千二百两

第九项

常驻议员二十人，每人旅费四十两，共库平银捌百两。

第十项

正、副议长三人，每年一次旅费四十两，库平银四十两。

第二款　书役工食共银一千四百捌拾捌两。

第一项

清书八名，每月每人工食八两，共库平银七百六十八两。

第二项

局役十名、卫兵八名、厨役四名，每名月支工食钱十千，约合银二两七钱二分七厘三毫，共库平银七百二十两。

第三款　杂支共银三千七百伍十二两。

第一项

纸张、笔墨、朱油、刷印、灯油、茶水、薪炭、报资等费，共银一千二百两。

第二项

议长、常驻议员二十三名，每月每人饭食银四两五钱，共库平银一千二百四十二两。

第三项

冬季炭资，共库平银四百两。

第四项

每年自九月开常年会，草印议案及一切杂费等项，共库平银九百一十两。

共计经常费银四万两（系本局常年额支之费）。

临时费（即本局豫备活支之费）：

第二款　电报、邮费、图书、译书、器具、调查各费及杂费不敷之款，意外特别法难规定之款，约计共需用银捌千两，如闰月再加。及临时会招集普通议员八十人，合公费、旅费，会费，按开一次应需银八千两，均须临时请款，不在此限，合附列后注明。

共计临时费银八千两（系本局豫备活支之费）。

豫定临时招集会费数目

一、普通议员八十名公费，每名五十两，按一月核算，共需银四千两。

一、普通议员八十名旅费，每名四十两，按一次核算，共需银三千二百两。

一、临时会会场费用等项，共需银八百两。

以上每开一次，应请拨银八千两，开二次、三次、四次均照数递加。如常年无招集日期，本局亦无庸请款。谨附拟豫定会费数目，以作异日开临时会费用之预备，合行分别注册，不在前项临时费八千两数目内。

合计岁出库平银四万八千两，如闰月再加，及临时会招集议员费原属无定，均不在前款四万八千两数目内。合并声明。

呈覆财政局宣统元年春夏两季出入各款请移知原谘议局筹办处查照详覆文

宣统二年三月初八日

为呈覆事。〈于〉本月初七日案奉移开：为移会事。案奉度支部札开：以准山东巡抚咨送本年春夏季出入各款报告，及各司道库局所、防营、学堂六柱册表到部。但就本册核算，尚属相符。惟以总分各册对核，多未吻合。至外销款项，本部无旧案可稽，以后册报应逐款注明，其业已报部各册未经注明者，应令补造外销各款清册，以便汇总存案。令照此次单开各节，逐款声覆等因，并粘单一纸到局。奉此，除分别移行外，合行抄单移会贵局，请烦查照文内事理并单开各节，迅速查明，克日移覆过局，以便汇报。案关大部驳查要件，幸勿迟滞，望速施行等因，并粘单一纸到局。承准此，查本局开局日期，遵照定章，自宣统元年九月初一日为始，谘议局筹办处于宣统元年八月三十日撤销，其一切筹办案卷，未经检交本局。凡关于谘议局筹办处春夏两季出入各款，本局无从稽考，自难逐款声覆，应请移知原谘议局筹办处承办各员，查照文内事理及单开各节迅速办理。为此备文呈请贵局，请烦移知原谘议局筹办处承办各员查照详覆，以凭汇核施行。须至呈者。

呈财政局呈报常年经费春季分报销清册文

宣统二年四月十五日

为呈报事。窃本局常年经费，查自宣统元年十二月底冬季报销后，实存库平银七千三百九十一两二钱二分三厘，按常年经费动支。自本年正月初一日起，至三月底止共三个月，为本年春季报销，所有议长、常驻议员公费及办事处人员薪金、津贴，清书、局役等工食，并纸笔、朱墨、图书、刷印、添制器具、添补修造、调查，合一切杂费等项，本局遵照抚部院孙札开，自宣统二年正月起，一律改用湘平，按九六给发。统本季三个月均按湘平支销，共支湘平银五千九百七十四两五钱一分一厘，按九六折合库平银五千七百三十五两五钱三分。收支两（底）〔抵〕，实存库平银一千六百五十五两六钱九分三厘，按四分伸平，应余出湘平银六十八两九钱八分七厘，合计实存湘平银一千七百二十四两六钱八分，拟俟支销后，归夏季另册汇报。所有自本年正、二、三共三个月春季支销银两数目，理合造具六柱清册，除分别呈报抚部院核销、藩司查照外，为此备由呈送贵局，请烦查照施行。须至呈者。

计呈清册一本。

呈覆财政局不符银两请移知藩库与前谘议局筹办处互相核对更正文

宣统二年四月二十九日

为呈覆事。本年四月初二日承准贵局移开：案查前奉度支部札开，以上年春夏两季册报，按照各册互相核对出入数目，多不吻合，业经开单移请查覆等因到局一节。当经本局遵查开局日期，自宣统元年九月初一日为始，谘议局筹办处于宣统元年八月三十日撤销，其一切筹办案卷并未检交本局。凡关谘议局筹办处出入款项，本局办事人员概未经手，亦无案卷可稽，应请移知前谘议局筹办处承办各员查照办理，业已呈覆在案。兹复承准贵局来函内开：案查贵局造送元年册报收款项下，内有收藩库银两，核与藩库册列支发数目不符，若照册核转，必干部驳，用特开单专函奉询，即祈查照单开各款，迅饬承办各员彼此互相核对，务期针孔相符，并将原册不符理由详细声注，于文到三日内移覆过局，以凭核办等因到局。承准此，本局查自上年八月三十日，系本局成立前一日，由谘议局筹办处先行代领藩库库平银一万两，备文移交本局，以备支用。第二次始经本局由藩库具领库平银一万四千两。第三次经本局由藩库具领库平银一万两。合计宣统元年共由藩库拨领三万四千两，核与本局造送元年册报收款项下并无不符。至来函内开本局领收藩库银两，【核与】藩库册列支发数目不符之处，似系藩库将谘议局筹办处与本局混合一处所致。究竟本局与谘议局筹办处划分前后，各办各事，不得牵混。本局于去年九月初一日成立，其在本局成立以前所有一切收支款项，系前谘议局筹办处人员承办，责成有在，本局无从查考。所有册列不符各缘由，理合备文具覆，并请移知藩库与前谘议局筹办处承办各员，彼此互相核对，更正明确，实为公便。为此呈覆贵局，请烦查照施行。须至呈者。

移送教育会专款银两文

（原案已列第一期报告书学务末）

宣统二年正月初二日

为移送事。案查本局前奉藩台照会内开：案奉抚宪接贵局呈开：窃据王绅锡蕃等对于推广普通教育一案上请愿书于本局，以为自光绪三十一年学部奏定教育会章程后，各省先后遵章组立，我东于三十三年经学界发起，虽经禀明立案，而款项毫无，旋即日行消灭。三十四年五月间，同人在山左公立中学堂【开】发起会一次，未几复罢。今秋八月复开发起会二次，终以款项无着，迄未成立。鄙人等知兹事体大，由开办费及常年经费非呈请抚台筹定专款补助，断难成立等因到局。当交全体议员详细讨论，兹据多数人议决，均以为欲推广普通教育，非速办教育会不可；欲速办教育会，非请抚台拨款补助不可，诚有如王绅锡蕃请愿书内所云者。据此，理合呈请裁夺施行等情到本部院。据此，除批答“筹设省城教育总会，前据王绅锡蕃等具呈到院，并请拨款补助等因，当经照准，已札饬布政司、提学司筹画，以备补助之需在案。希即知照。此覆等因。”印发外，合行札饬，札到该司，即便会同提学司，迅速查照前缴筹议详复核办等因到司。奉此，遵查年来银价增涨，盈余无出，州县征不敷解，进款日减，点金乏术，罗掘俱穷。惟该会为全省教育所系，既奉院饬，自当力为其难，设法补助。兹由司库竭力（摒）〔拼〕凑银一千二百两，除详覆抚宪外，合就备文照送。为此照会贵局，请烦转交王绅查收见覆施行等因。奉此，遵即函达王绅候信遵办。刻接王绅锡蕃由烟台来电内称，方伯劳送之款，祈交教育会会长查收，蕃已函达方伯，余信详等情。本局正在备文移送间，旋准藩台照会：案接教育总会会长石绅牍称，前奉尊处筹拨教育会补助费银一千二百两，已经移缴谘议局转缴王绅锡蕃在案。刻因敝会需款孔急，函谘议局照发，据该局覆称，日昨已函致王绅，请其来字具领，尚未据覆，并嘱敝会函催王绅具领云云。按王绅请筹此款，原为补助敝会。今敝会业经成立，禀准在案，所有奉拨之款，与其由谘议局转缴王绅，不如径缴敝会。且王绅现未在省，必欲转缴，未免多费周折。应请饬将此款提缴敝会，以济急需，实为公便等因到司。准此，查教育总会款项无着，前已筹拨银一千二百两，详明抚宪查核在案。兹准前因，所需无多，惟当设法补助。除由司库添筹银三百两照送石会长查收，并详明抚宪外，合就备文照会贵局，请烦将本司前送之款拨，交教育会石会长查收，见覆施行等因到局。奉此，窃贵会成立伊始，代用诸多，所有代收照送原封银一千二百两，除呈藩台外，理合如数移交。为此合移贵会会长，请烦具文移领，备案施行。须至移者。

计移送原封银一千二百两。

呈覆藩司教育总会补助费银已如数交讫文

宣统二年正月二十四日

为呈覆事。案奉贵（局）〔司〕照会内（阁）〔开〕，案奉抚宪接本局呈开，据王绅锡藩等对于推广普通教育一案上请愿书于本局，以为自光绪三十一年学部奏定教育会章程后，各省先后遵章组立，我东于三十三年经学界发起，虽经禀明立案，而款项毫无，旋即日行消减。三十四年五月间，同人在山左公立中学堂【开】发起会一次，未几复罢。今秋八月复开【发】起会二次，终以款项无着，迄未成立。鄙人等知兹事体大，由开办费及常年经费非呈请抚台筹定专款补助，断难成立等因到局。当交全体议员详细讨论，兹据多数人议决，均以为欲推广普通教育，非速办教育会不可；欲速办教育会，非请抚台拨款补助不可，诚有如王绅锡蕃请愿书内所云者。据此，理合呈请裁夺施行等情到本部院。据此，除批答"筹设省城教育总会，前据王绅锡蕃等具呈到院，并请拨款补助等因。当经照准，已札饬布政司、提学司筹画，以备补助之需在案。希即知照。此覆等因。"印发外，合行札饬。札到该司，即便会同提学司，迅速查照前缴筹议详复核办等因到司。奉此，遵查年来银价增涨，盈余无出，州县征不敷解，司库进款日减，点金乏术，罗掘俱穷。惟该会为全省教育所系，既奉院饬，自当力为其难，设法补助。兹由司库竭力（摒）〔拼〕凑银一千二百两，除详覆抚宪外，合就备文照送。为此照会贵局，请烦转交王绅查收见覆施行等因。准此，正遵办间，又奉照会内开：案接教育总会会长石绅㮛称，前奉尊处筹拨教育会补助费银一千二百两，已经移缴谘议局转缴王绅锡蕃在案。刻因敝会需款孔急，函请谘议局照发，据该局覆称，日昨已函致王绅，请其来字具领，尚未据覆，并嘱敝会函催王绅具领云云。按王绅请筹此款，原为补助敝会。今敝会业经成立，禀准在案，所有奉拨之款，与其由谘议局转缴王绅，不如径缴敝会。且王绅现未在省，必欲转缴，未免多费周折，应请饬将此款提缴敝会以济急需，实为公便等因到司。准此，查教育总会款项无着，前已筹拨银一千二百两，详明抚宪查核在案。兹准前因，所需无多，惟当设法补助，除由司库添筹银三百两照送石会长查收，并详明抚宪外，合就备文照会贵局，请烦将本司前送之款，拨交教育会石会长查收，见覆施行等因。又准王绅锡蕃来函开，同前因。准此，查教育总会需款孔急，当即函催该会派员来局收取。旋于宣统二年正月十七日由教育总会石会长备齐收据，派员带交本局，遵将本局所存贵司筹拨教育总会补助费银一千二百两如数交讫。除将收据存局备查外，合行呈报贵司，请烦查照备案施行。须至呈者。

移行蓬莱各州县传知被选资政院议员陈命官等遵期到京文

宣统二年四月二十九日

为移请事。窃本局奉抚部院札开：为札行事。宣统二年四月二十日承准资政院皓电内开：本院奏请钦选议员并朝召集资政院，业于四月初一日钦奉上谕：钦选各项议员，著以本年八月二十日为召集之期等因。钦此。嗣于十七日钦奉上谕：前经降旨，将宗室、王公、世爵等应选资政院议员人员分别选定，并经预定召集日期，令该院各项议员届期一律齐集。兹据资政院奏请续行钦选议员开单呈览一折，所有单开之纳税多额互选当选人，著孙以芾、李士钰、方廷弼、林绍基、席绶、王佐良、宋振声、李湛阳、罗乃馨、王鸿图为议员。该员等务各按照定期，与上次钦选各项议员暨各省互选议员一律齐集，预备开院，并各懔遵前旨，竭诚协赞，有厚望焉。将此谕令知之。钦此。同日钦奉谕旨：资政院奏各省谘议局互选议员一律选定，开单呈览一折，知道了。钦此。本院除将开办事宜敬谨筹备外，相应先行电咨查照，希分别转知钦选、纳税多额议员，暨谘议局互选资政院议员等，一体敬谨届期齐集等因到本部院。承准此，除分行外，为此札行谘议局分别传知互选资政院议员陈绅命官等，一体钦遵查照办理等情到局。奉此，除分别移行各该县初选监督传知各绅，以昭慎重外，所有贵治下被选资政院议员彭绅占元、尹绅祚章、陈绅命官、蒋绅鸿斌、郑绅熙嘏、王绅昱祥，即希由贵县传知，俾该绅届期齐集到京，勿误开院，实为公便。为此移行贵县，请烦查照施行。须至移者。

呈院第三季常年经费报销清册文

山东谘议局为呈报事。窃本局常年经费，查自上年十二月至本年二月为第二季报销，业经呈报在案。当余银实存库平银三千五百零三两七钱四分九厘，按四分伸平，计合湘平银三千六百四十九两七钱三分九厘。本年四月内呈请拨发库平银一万一千伍百二十两，计合湘平银一万二千两，业于四月十九日备文具领。合计统共实存库平银一万五十零二十三两七钱四分九厘，计合湘平银一万五千六百四十九两七钱三分九厘，按常年经费动支。自本年三月初一日起至五月底止共三个月，为第三季报销。所有议长、常驻议员公费及办事人员薪金、津贴，清书、局役人等工食，并纸笔、朱墨、刷印、图书、添制器具、添补修造及派员调查事宜，合一切杂费等项，统本季三个月核实决算，统共动支湘平银七千一百三十二两七钱八分六厘，按九六折合，统共动支库平银六千八百四十七两四钱七分四厘。收支两抵，实存湘平银八千五百一十六两九钱五分三厘，按九六折，合库平银八千一百七十六两二钱七分五厘，实存库平银八千一百七十六两二钱七分五厘，拟俟支销后，归第四季呈报。所有自本年三月至五月支销银两数目，理合造具四柱清册，呈请核销。除分别呈报藩司、财政局查照外，为此备由具呈，恳请抚部院鉴核施行。须至呈者。

计呈送清册一本。

谨将本局常年经费三、四、五月共三个月收支银两数目造具四柱清册，呈请核销。须至册者。

计开：

旧　管

一、存库平银三千五百零三两七钱四分九厘，计合湘平银三千六百四十九两七钱三分九厘。

新　收

一、收藩库拨交库平银一万一千五百二十两，计合湘平银一万二千两。

开　除

公费项下：

一、支议长杨公费，三、四、五月共三个月，每月一百五十两【整】，共湘平银四百五十两整。

一、支副议长于公费，三、四、五月共三个月，每月一百二十两整，共湘平银三百六十两整。

一、支副议长王公费，三、四、五月共三个月，每月一百二十两整，共湘平银三百六十两整。

一支常驻议员二十名公费，二月二十至五月二十共三个月，每月每名五十两整，共湘平银三千两整。

以上共支湘平银四千一百七十两，按九六折，合库平银四千零三两二钱。

薪金、津贴、工食项下：

一、支书记长张汉章薪金，三、四、五月共三个月，每月五十两，共湘平银一百五十两整。

一、支文牍书记万光炜薪金、津贴，三、四、五月共三个月，每月薪金二十两，津贴十两，共湘平银九十两整。

一、支文牍书记刘闻尧薪金、津贴，三、四、五月共三个月，每月薪金二十两，津贴十两，共湘平银九十两整。

一、支会计书记张骏烈薪金、津贴，三、四、五月共三个月，每月薪金二十两，津贴十两，共湘平银九十两整。

一、支庶务书记张百源薪金、津贴，三、四、五月共三个月，每月薪金二十两，津贴十两，共湘平银九十两整。

一、支清书八名津贴，三、四、五月共三个月，每月每名八两，共湘平银一百九十二两整。

一、支贴书六名工价，计四、五两个月，每月每名八两，共湘平银九十六两整。

一、支局役十名工食，三、四、五月共三个月，每月每名钱十千，共钱三百千，合湘平银八十一两五钱二分二厘。

一、支守卫八名工食，三、四、五月共三个月，每月每名钱十千，共钱二百四十千，合湘平银六十五两二钱一分八厘。

一、支厨役四名工食，三、四、五月共三个月，每月每名钱十千，共钱一百二十千，合湘平银三十二两六钱零九厘。

以上共支湘平银九百七十七三钱四分九厘，按九六折，合库平银九百三十八两二钱五分五厘。

纸笔、朱墨、图书、印刷项下：

以上共支湘平银八百五十四两零二分六厘，按九六折，合库平银八百一十九两八钱六分四厘。

添制器具项下：

以上共支湘平银五十四两三钱四分九厘，按九六折，合库平银五十二两一钱七分五厘。

添补修造项下：

以上共支湘平银三百九十六两七钱四分一厘，按九六折，合库平银三百八十两零八钱七分一厘。

调查费项下：

一支三月至五月派员周树标、朱承恩赴上海、北京调查事宜，往来旅费一百〇一元，合湘平银七十一两九钱一分二厘。

以上共支湘平银七十一两九钱一分二厘，按九六折，合库平银六十九两零三分六厘。

杂费项下：

以上共支湘平银六百零八两四钱零九厘，按九六折，合库平银五百八十四两零七分三厘。[①]

以上统共支湘平银七千一百三十二两七钱八分六厘，按九六折，合库平银六千八百四十七两四钱七分四厘。

---

① 以上“纸笔、朱墨、图书、印刷项下”、“添制器具项下”、“添补修造项下”及“杂费项下”，在原报告书中各有支出细项，但所列苏州码多模糊不清，无法辨认，故皆从略，仅列合计数字。

实在：

一、收支两抵，实存湘平银八千五百一十六两九钱五分三厘，按九六折，合库平银八千一百七十六两二钱七分五厘。以上实存库平银八千一百七十六两二钱七分五厘。

呈院议员建议文

已奉批答案件

呈院泰安县议员朱承恩在籍办理新政刘培文从中阻挠文（附批答）

为呈请事。窃据本局常驻议员朱承恩呈称：为惯行陷害，罗织大狱，恳请澈查昭雪，以维公益事。议员于去腊十八日告假回籍，正月二十日整装赴局，道经县城，适值合邑士绅提议地方自治研究所开办事宜。议员以本局提议自治，〈议员〉业蒙抚宪批准通饬在案，因在城招集士绅，于正月二十五日在劝学所公开会议，商定一切办法。当时到会者五十余人，有签到名单可据。除禀请县尊赵临场监督外，所有会规暨一切议决事件，均有底稿可查。散会后，全体士绅缮写呈禀，由议员举人汪岱霖等呈请新任郁县尊裁夺施行有案。议员旋于二十七日复行回家，不意刘培文即于是【日】，以议员不法等情，指名控告于本府案下。蒙批：查朱承恩于上年举行复选时选充议员，由于得票足数，是以照禀申送。论其品行学问，本不足取，现既选充住省议员，宜如何束身自爱，争自濯磨，藉图上进。据禀，朱承恩勾留在籍，秘密开会，把持公事，违禁苛敛，以及私截油税，毁灭神像，种种恶迹，如果非虚，非特有负议员责任，且于宪政前途大有关碍。

剥夺之章程具在，既敢尝试，未便宽容。惟系一人之言，合邑绅民均安缄默，难保非彼此素有芥蒂，假公济私，挟嫌攻讦，自非由县逐款确查，不足以明虚实而正是非。仰新任泰安县按照禀叙各节，明查暗访，逐细明白禀覆，以凭核夺，勿稍含混。切切等因到县。正在查访未覆之际，议员以刘培文所禀虽指控议员一人，实以秘密开会罗织士绅全体。查刘培文人格鄙劣，素为士林所不齿，惟性本鸮獍，惯行告讦。去年前县尊张学宽到任，刘培文私递手折，将劝学所总董与图书社及公立学堂管理人员坐以私开会议、苛敛扰民多款。张县尊误坠其术，(逐)〔遂〕撤消劝学所，归并公立学堂，解散图书社，详禀学界多人，有卷可查。影响所及，统全境一百七十七处初等学堂，几至全行取消，至今办学堂者犹为寒心。据此，刘培文实为学界之公敌。去秋刘培文运动多人，要求代理县视学，各区劝学员恶其为人，纷纷赴县禀退。至去冬汇送学堂姓名册表，皆刘培文一手私造。现蒙学宪查明底细，将刘培文县视学撤消，摈诸学界。伊仍不知自检，更以秘密开会、毒散学界〈者〉，勾稽绅界，希图罗织大狱、一网打尽之计。试思开办地方自治所，实为宪政基础，且系抚宪通饬之件，有何秘密。到会者五十余人，先禀请监督官临场，若以此为秘密，则五十余人皆秘密党人，即本县官长亦属知情。似此罗织，以后地方官新政，谁敢过问。至违禁苛敛一节，议员思其故而不得，或即以此次议决自治研究【员】经费，由各地方自行供给一条。夫以本县公款无多，故公议以各地方之财，培养各地方之人。况现在尚未施行，有何苛敛。至私截油税一节，泰安县故多沙田，向产落花生，民间油坊颇多，惟向无油行。于光绪三十一年陡有渔利之徒，强设油行，四出抽税，众油坊怨声大起，势将决裂。当时合境绅学公议，将油行禀散，每年按油坊资本，分上中下出捐学堂经费五十串，均经油坊认可。恐日久再有影射渔利、按行抽税情弊，并于前升抚宪杨及藩署、筹款总局均各立案，声明此项油捐永远作泰安学堂经费。至今劝学所拨支一千串，北关警务学堂一千八百串，西关高等小学堂一千四百串，县统计处三百串，娄德公立学堂四百串，石楼公立学堂壹百串，此(立)〔历〕年五千串拨支之处，又皆不经议员之手，有何私截。至毁灭神像一节，本不足辩，惟当时情形不能隐饰。议员自光绪三十一年留学回国时，在石楼本庄创办两等学堂。惟本庄向有私建庙宇四处，其元帝庙、堂里庙于道光年已尽倾圮，仅遗砖石；关帝、三官两庙栋折榱崩，偶像缺残，不堪遇目。当时由本庄士绅张基素等二十六人，钦遵光绪二十七【年】将私建庙宇改设学堂，庙产酌提经费之上谕，公议既以三官【庙】开办学堂，即以关帝庙为本庄议事公所，所有残缺偶像易以新刊未牌。事属修补，何有毁灭。况此事去春有大道会余党之在理多人，意图反对学堂，曾借毁坏神像为名，赴县冒空，业经张前县尊查明捏诬，断结有案。以刘培文家居郡城，与议员相去九十五里，本属风马牛不相及。所有议员在家行为，彼并不知。故其禀控各件，无一非影响之辞。总之，刘培文既以秘密开会之罪案破坏学界于前，复以此说诬蔑士绅，阻挠新政于后，实足为一县之大害，非蒙抚宪委员澈查，以分虚实，议员固无地自立，而泰安全境现时待办之新政甚多，恐无人出首任事矣。伏思议员有代表舆论之责，提倡公益亦职分所应尔，不敢超越权限，亦不敢放弃责任。议员披沥陈词，实为泰安七属大局起见，公论自在，绝不敢为议员一人辩白。究（境）〔竟〕议员应如何昭雪之处，尚乞查明，呈请抚宪核办等情到局。据此，当经全局常驻议员公同协议，皆云此为泰安七属大局所关，应俟访查明确，再行决议。现已访查明确，该议员朱承恩所呈各节，均属【实】在情形，实难坐视。业经公同议决，理合将该议员在泰安劝学所开会，呈请该县施行禀稿，到会人数、姓名、会规及议决事件缮具清册，恭呈钧核。即请委员澈查，以分虚实而维公益，实为德便。为此呈请抚部院裁夺施行。须至呈者。

计呈在泰安劝学所开会呈请禀稿，到会人数、姓名、会规及议决事件清册一本。

谨将在泰安府劝学所开会呈（清）〔请〕禀稿，到会人数、姓名、会规及议决事件缮具清册，呈请钧核。

计开：

呈请禀稿

为呈请事。窃维国家欲树立（贤）〔宪〕之基，地方先养自治之材。按九年筹备立宪表，宣统元年各省自治研究所开办，二年各府开办，经谘议局提议缩短，以今年府中开办时期改为各县一律开办，业蒙抚宪批准通饬，限于三月初一日一律开办。生等查此项公事，应由地方官邀同士绅办理，惟当新旧交代之际，期限綦迫，实恐赶办不及。兹于正月二十五日招集士绅公开会议，除将到会人数、姓名另册付送外，所有议决事件是否有当，理合呈请父台裁夺施行。举人孟昭章等合辞谨请。

到会人数姓名单。共计五十一人。

会　规

一、本会以研究开办地方自治研究所为宗旨，绝不涉及他事。

一、到会人对于提议事件，均有发言之权，但须登坛发表意见，其退〈有〉后【有】言者概作无效。

一、会议时如有意见，须俟一人演说毕，再行登坛，不准横搀及禁人发言。

一、凡登坛演说，必自书其名于黑（水）〔板〕，以便速记席登载。

一、开议后须静听坛上演说，不准搀杂别项语言及故作赞成、不赞成状态。

一、会场中不准吸烟及发大哈欠、嗽咳声，以示肃静。

一、会议有公开不公开之别，此会本无秘密，除妇女及不成年子弟，均须入座旁听，但须守本会规则。

一、会议事件从多数人取决，不得以一二人谬当全体，其有意见不合者，不妨声明。

一、凡监督官及本会人登坛时，座中必立起致敬。

一、诸件议决后，须全体出名作一呈请公禀，通过监督官，以备裁夺施行议决事件。

一、研究所校地拟借太庙环咏亭，将阅报所暂移他处，俟撤所后再行迁回。

一、所中一切木器，因研究所止开一次，又以本县公款无多，暂借西关小学堂、北关警务学堂及劝学所与公立学堂所有，倘再不足，稍事添补，以节经费。

一、自治员应由各地方保送，额数每地方以二人为准，其愿多送者听，盖现在风气不开，人数过少，毕业后办事难期活动。

一、自治员资格，固以备五项选民资格，不犯八项剥夺者为宜，尤以中学、品行为主，盖此项人员毕业后任开导人民之责，将来自治局成立，所有一切办事章程及会议规则，皆须此项人员（怖）〔布〕置，不可不【公】慎其选。

一、所长以自治研究员吴元禄充之。

一、自治教员除汪炳如应充外，以泰安九十六地方各送二名，合计自治员不下二百名，分三班听讲，必须另聘教员二名，方敷教授。而此项教员，尤非学习法政者不能应充。查本县内外国法政毕业者仅有四人，除王逢炎在京当差，张百源在谘议局当差，汪岱霖应师范监学外，有张兴义可应聘请，再拟外聘一员。

一、自治员经费，公议八月每名一百二十吊，以二百人合算二万四千吊。本县无此巨款，由各地方自行供给，但不准劣绅借端苛敛。

一、教员、所长薪金，每月每名十五两，八月核算共须四百八十两，由泰安公款项下支给。

一、自治员经费若听各地方绅董自行交付，恐劣绅中吞及有不支情弊，应由地方官谕催绅董汇交筹备所所长具领，按月发给自治员，以昭划一。

一、此项人员原为讲习自治法律、师资一班人民起见，数不厌多，除由各地方保送外，其有愿备资斧入所听讲者，亟应纳入。

一、所中人夫薪炭及纸笔、印刷杂费，八月核算约费二百两，亦由泰安公款支给。倘有不足，再行筹备。

一、研究所开办时期，以三月初一为限，至一切进行之法，系监督官权限，不在会议之例。

一、以上诸条，倘监督官以为可行，即刊发示谕，饬下各地方一律遵行。

奉批答：呈、折均悉。朱承恩回籍集会，提议自治研究所事宜，并请地方官到场监督，果如呈开各节，按之集会律，并无不合。其油坊认捐学费，系禀明办理，为振兴学务起见，亦属正办。若果因此被诬，亟应查明昭雪。案关提倡自治，与寻【常】个人之事不同，候即派员前往澈查，务究虚实，以凭察办。希即查照。此覆。折存。

又奉抚院据候补同知吴焘禀覆行局札：为札行事。照得前据该局转据常驻议员朱承恩呈称：为惯行陷害，罗织大狱，恳澈查（照）〔昭〕雪等情代呈到院，当派候补同知吴焘，前往泰安县确切查明。兹据禀复前来，查刘培文所控朱承恩私开秘密会、违禁苛敛、私截油税、毁灭神像各节，虽不为无因，实近砌词周内。朱承恩两次招集绅学各界开会，系为筹议自治，原为热心地方公益起见。惟现在筹办自治，系地方官之责任，应由地方官招集士绅筹商，前据自治筹办处详定有案，业经批饬通行。该议员并未遵照定章，实属逾越权限，且目前仅系创设筹备公所，非即实行自治，乃任意铺张，提议多条，筹款太巨，民力难胜，无怪诸绅宗旨不合，多未许可，腾谤乡里，实由自取。至该县图书社解散之缘因，由于办理不善，结党营私，派捐渔利，绅董纷纷禀请撤销，有卷可查，何得谓为刘培文一人之诬控。且本部院访闻，彼时朱承恩与刘培文踪迹甚密，亦颇附和。去年秋朱承恩来省充当议员，举刘培文代其学务事宜，是可证其情谊相投。乃今日忽彼此互控，摭拾多端，为公为私，难逃本部院之洞鉴。刘培文少年浮动，惯于告讦，前办学务，声名平常，应饬令该县传谕训戒，若再怙终不悛，即当照例惩办。朱承恩既为议员，理宜束身寡过，躬自厚而薄责于人，养成公德，保一己之名誉，更所以保议员之名誉，己知自重，方能为人所重。当此宪政萌芽，本部院以爱护议员为心，惟爱护之至，故期望更深，该议员当能默体此意也。除分行自治筹办处暨泰安府县外，为此札行谘议局即便查照。须至札者。

呈院黄县议员王治芗为小民冤毙多命官不准理反遭笞押文（附札批答）

为代请建议事。窃黄县去年八月间出现命案，其事甚奇，其情甚酷。当时经《济南日报》登载大略，未尽实也。议员于报中得其梗概，莫由详诘。比十月间假归葬亲，戚友来唁，往往道及其事，苫块幽忧，未遑过问。至十一月间，邑中盛传其狱，谓现经府委会同前令武公当堂审鞫，将尸主蒋天臻笞臀二百，且逼令出赀百缗为酒食费，请宴其对造张某，并负荆于张氏之门，于是群议大哗，道路播为奇谈，议员始心焉识之。窃欲得其究竟，以释疑闷，爰悉心探访，两月以来，十得八九，未尝不叹狱情之离奇，而民冤之惨酷也。今正月初旬，新任张公复差传蒋天臻及其亲族四人到县，名虽传票，而恶役威甚虎狼，率其徒廿余人夜间踰垣毁门以入，将蒋天臻及其舅某、其族人某、其弟某赤身锁入城中。街谈巷议，谓（张）〔蒋〕姓又经府控，府尊盛怒，饬县拿办，将有不测之祸云云。议员适于此时诣县谒见，叩以原委。据张大令言，太尊深恶蒋姓，恐不易解。议员以是非所在，道路皆知，且蒋系尸主，亦不宜摧残过当云云。嗣知此日堂讯，无非一依原谳，迫令蒋姓出赀结好息事，不遵则严押档子，至今已届两旬。而蒋氏兄弟五人，除物故、毒毙外，尚有其三，（故）〔固〕皆乡曲细民，毫无知识，毫无气力，故受冤虽如此之深，而不能自白。议员生长同邑，见闻较确，遵谘议局章第二十八条，代呈请愿。原案真情及府县判讯，详悉列后。

查蒋天臻里居莱山前蒋家村，与对造张世荣世同里居，相好无嫌。前二年伊村有蒋其茂者，与张世荣争山岚构讼。其山岚为蒋氏世业，历有世年。传闻数年前，蒋其茂央张世荣捡寻文契（山中农民不识之无，惟张世荣粗通文义，故有此举），世荣生心，暗将其契抽藏，至是故与讼争。村邻皆不直张，而张、蒋之衅自此启矣。去年八月间，蒋天臻长兄某出葬，山居待客，皆以黄米干饭，葬后所余米饭，用巨萝盛之。时天气尚热，恐其腐餲，乃晾于平房之上，以为第三日圆坟需也（俗以葬后第三日圆坟）。遭事之先一夕，黄昏后见院中人影闪烁，乃大呼有贼，群起逐之，见二贼直出蒋院，绕过村南至村西，径至张世荣之居入。而阖户追摹，其身干形像，与张子培林、培森逼肖。群意张世荣家故小有，不应作贼，且遍室查点，未少一物，则以为讼仇新结，必系发火，前后寻觅，并未遗有火种，扰攘终夜始罢。次日族众来为圆坟，即以所晾米饭炒热供食。比取下，则见萝边散有浅绛色细末，乡愚心粗气浮，昧于祸机，犹谓萝中遗有高粮面或未除净，未暇虑其他也。逮族人会食，或一二器而呕，或二三器而呕，则相顾大愕，莫解其故。黠者忆及昨宵之事，谓必与张姓有连，侦之则室内搬运一空，并粮米牲畜，亦前期潜移无踪，于是大动公愤，将被毒男女二十余〈名〉口，皆抬至张氏家中待毙。且淘视所余米饭，果有细碎红砒出现，乃相率喊控县案。武前令亲诣相验，委系毒毙，则天臻之次兄天伦、族弟某及其侄女某也。武县尊狃于救生不救死之迂见，以中受蛇毒报上官，而张世荣亦以财物被抢呈控蒋氏。武大令思为调停之计，不为归罪于人，而为诿祸于天，其堂讯有云“连毙三命，足见天理昭彰”之语。及两造控府，而府尊又批云“宜乎天谴及尔一家”之语。呜呼！一介细民，与木石鹿豕同居游，亦何缘获罪苍昊，而致巫阳下九天而遣之毒耶！况际此预备立宪时代，民智渐开，亦似未可以神道设教故智，俾人民仍蹈迷信。且民命至重，令典攸垂，一朝而连毙三命，而首祸凶人公然可逃于法网之外，在昔日官权专制之时所不许，而谓见之方今民气萌芽之日耶！查例载，不当入而入人罪，谓之失入；不当出而出人罪，谓之失出。今必谓该尸主指控张世荣，即多方罗织以成其狱，在原问官固不能当此失入之咎。今该尸主指证凿凿，而委印各官绝不一为根寻，一似无庸研鞫，无须调查，而曾参决不杀人，即可为张世荣之铁证。此失出之责，又将谁任之耶？夫张世荣之首谋与否，张子之确系置毒与否，在议员原无确见，然证以乡曲之传闻，调查之事实，则此案有万万不能与张世荣无涉者。请为一一证明其事：

查张世荣旧曾充赵元来号管帐人，专以讨放土债为职务，固非善类，而又报捐监生，在山僻之中，倚势吓人，已非一日，所谓虎而冠者也。所生五子，皆不安于村农，往来城市，非商非士。先与蒋氏兄弟比。蒋氏兄弟五六人，亦皆少年精悍，故邻近诸山村无敢撄其锋者。及与蒋构衅，则环顾乡众，惟蒋氏为能敌己，则其势不能行于其乡，杀机之动由来渐矣。逐贼之夕，不惟贼入张氏之门，而其村南山麓深草中遗有调砒瓷碗二具，数日后为张世荣之堂兄弟张世有所拾取，余砒尚在，今尚藏张世有家中。

砒毒最烈，售者戒心，平时购此，必须切保，方敢出售。惟秋间布种小麦，为其可除虫患也，农民相率购用，则弛禁。闻张世荣购砒于庐头集栾姓之家，为数五斤，不数日而难遂作。

张世荣长子某素不善其弟之行为，自此事之发，每告人曰：吾弟忍心害理，作此欺天之事，吾无与也。

蒋之族弟某年未及冠，且两家分祧，亦遭毒毙。其姨子王洪声在统计处充当司事，尝宣言誓与姨弟复仇。张世荣辗转贿托，卒以羊裘马褂等件进，且佯以银元八十饼，以息其谋。

以上诸节，则张世荣之与此事有连，不待言矣。且有为蒋天臻所指控者，不知印委各官，守何见地，始终一未研鞫，意者以此等事为虚耶？如知其虚，何不一一为之证明，不惟服蒋氏之心，兼以杜万众之口。且蒋氏所欲得而甘心者，惟真凶耳。张世荣而真凶也，何意祖此稗民？如其不然，即缉该正凶，动需年月，在蒋氏亦必无词。岂得竟以天谴二字，塞上官之责，服小民之心耶！意者验为蛇毒，讼端即由此可息，迫而为和好，亲睦即由此可复。在该令忠厚存心，亦诚可为民造福，不知确系砒毒，而诿为蛇毒，是罔民也；确系人谋，而归之天谴，是诬天也。罔民不可，诬天尤不可。试为一一证明如左：

考蛇毒在南方瘴疠之地及深山大泽或有之，而县境居民栉比，即山谷间亦无数里无人烟者，小蛇长尺余者即有之，亦不数觏。且自有书籍以来，父老之传闻，县境从无中蛇毒毙命者。而蒋氏一案，则真创前古未有之奇矣。

且即为蛇毒，该令详称，蛇毒为《洗冤录》所不载，然其情可意而得也。夫蛇遗毒于饭，人食而毒发，与蛇螫人而毒发，等毒也，而有直接间接之别。考古书所载，蛇毒螫人，则毒在筋血，其人必痛楚难禁，逮筋血受毒已深，传及腹心则死。其死也，髓骨皆青，此谓直接之毒。蛇遗毒于饭而人食，则毒在脏胃，其人必昏迷罔觉，逮脏胃受毒已深，达及皮肤则死。其死也，血脉皆青，此谓间接之毒。总之，无论直接间接，受毒之后，虽变态百出，然终无能呕吐之一法。今受毒者二十余人，乃无一不呕吐者，此足证明其非蛇毒，乃砒毒也。

又考砒性虽烈，然食之无不呕者。故单食砒者，往往呕尽则毒净，以胃中不之存留也。惟性忌谷米，与谷米同下，则毒留中而难除。又或中毒虽轻，及已呕尽，而往往伤及筋骨，故有食砒不死〈死〉，而或至残伤肢体者。今除蒋天伦等三人已死外，蒋天臻则至今一足麻痹，其长嫂则至今残废，此又足证明其为真砒毒也。

综上诸条观之，则该印委之对于此案，其颠倒错乱，不无遗憾可知。要其所以致此者，一则狃于救生之一言，一则误于惜费之一念。夫救生而致死者含冤地下，此或为恒情所能破除。独惜费一节，地方官遇有人命重案，则起解需费，朝审需费，驳覆需费，综计所费已属不赀，故无事之日常明，有事之日常暗，非真暗也，亦为惜费计较，不得不然耳。今只将砒毒毙命之案，轻轻改作蛇毒，知此中已煞费苦心矣。何也？蛇也即无科罪之条，无抵偿之律，则诸费无由。如其砒也，则砒不能自行使其毒，则谋杀者有人，置毒者有人，层层诸费，省无可省，此亦审判未设以前，势所必至之现象矣。但念无论砒毒、蛇毒，在被毒者苦痛繁冤，已足令人心恻，而蒋天臻则去年除遭刑笞外，今自正月初旬至今锁押档子中。即是蛇毒，得勿类王孙满所谓助天为虐者与？为此据情代呈请愿，应如何办理之处，尚乞我议长先生及驻局诸同人先生查照裁酌施行。须至请愿书者。

奉札批答：为札覆事。案据谘议局呈具请愿书，本局议员王治芗为小民冤毙多命，官不准理，反遭笞押云云等情到本部院。据此，查此案前于上年九月间据该前县武令验讯议结，已批司核明，饬遵在案。兹请愿书内所称，经府委员会同武令审鞫，及蒋姓又经府控饬县拏办等情，未据该府县具报，无从查悉。惟蒋姓移尸图赖一层，前既从宽免议，何以现尚将其锁押？如无别情，应即速为释放，以示体恤而免借口。至其余传闻调查各情，是否属实，应由司遴委干员前往，会同该县确切查明详覆。案关毒毙三命，毋稍率忽，致令死者含冤，亦不得轻信浮言，捕风捉影，妄事牵累。除饬司遵照办理具覆外，为此札覆查照。须至札者。

呈院惠民县议员董廷棨函陈该县令于批准议案及地方应兴事件概未实施文（附札批答）

为呈报事。窃本局据惠民县议员董廷棨来函内称：敬陈者。本局去年议决案件，既呈蒙抚台批准通饬施行，各州县自应实力遵奉，上体抚台责成之诚心，下副小民望治之殷怀。乃敝县尊廖公自去年到任后，除严催税契，苛罚赃私外，于地方新政应兴事件，及本局已呈蒙抚宪批准通饬之议案，概未实施。兹谨将敝县实在情形逐条开列，统希议长及诸常驻同人公鉴。

一、维持银号钱业一案。

抚台批答：按照市价公平交易，不得勒抑增减。廖县令竟于二月十五日以前，乘银价低落时，将各银号传齐，限五日内派令定一官价，不随市增减。各银号禀求分两次酌定，仍复不准。且彼时尚未开征，库无现钱，取巧买空，莫此为甚。

一、禁革地方差徭并官价一案。

抚台批答：如议公布施行。惠民县一无所革。小车驴夫役等差，行纪承应，大车轿车差，任车行头拿派。明知克扣官价，不给车户，亦不过问，并藉端种种，吓诈勒索，有重载将货物掀下者，有客坐将行李掀下者，居民行人，大为不堪。此外各种工匠人等，虽给价，亦属甚微。至官价一项，如猪肉、薪炭、绳席、麸子等类，照旧不改。最可异者，二八大祭，祭牛一只，发官价银叁两陆钱（每两折钱二千），祭猪一只，发官价银九钱二分，祭羊一头，发官价银四钱六分，派官屠户承办。官屠户即派各镇市集摊捐，于中取利。故每适祭期，皆视为畏途。以崇圣煌煌巨典，藉此勒派，剥民膏脂，以充烝尝，成何政体！此尤当禁革者也。

一、弭盗治本治标一案。

抚台批答：治标五条，均切中积弊，公布施行。现乡镇巡警尚未普设，防营所设无几，不能不责成地方官。惠民县自去秋至今，白昼路劫不断，乡民搬运禾稼，耕种田亩，抢去牲口、伤坏人命者，不可胜数。夜间更甚，居处动作，人人皆有戒心。而捕役头郑祥，素养积贼数百人，散布境内，不但不能缉贼，实与贼通。至教供妄扳，诬陷良民，又其余事。复恃财猖獗，恣意妄为，贿赂官长，不惜重赀。捕役借官为护符，盗贼借捕役为乡导。自廖令到任后，未闻成一真案，办一真贼，此其显然者也。

一、自治筹备公所二月初一日成立后，凡所长与书记筹备事宜，无不掣肘。调查户口细数与选民资格，为划分区域、规定选举之基础，自宜详慎。城镇限期已逾多日，不闻派员调查，仅将其旧年苟且塞责之户口册发出，令照此分画。至调查选民资格，更不着意，届期图册不知如何申详。研究员为开通民智之基础，推举尤当慎重，县令仍谕各约首事举人。惠民县旧日首事，良莠不齐，知识不开，所举之人，岂能尽合资格。且每人定给饭钱二百文，成何事体。以上数条，自治员等据章力争，皆若罔闻。此惠民县自治公所与研究所开办之情况也。

一、公款、公产自应提充自治经费。惠民县旧有公款最多，向皆归官办理，绅士不得预闻。今开办自治，需款甚繁，廖公乃派绅董自筹经费。绅董于旧款中指出数项，求其公布，均以报销无余为辞。窥其意，似据抚台批答“以向归本地方绅董管理者为限”一语为准。然惠民县公款，向皆未归绅董管理，此时筹办自治，款项奇绌，虽热心公益，无米难炊，旧有公款仍复任官支拨侵吞，似于公理不合。此惠民县地方官对于自治经费阻扰之情况，所当变通改良者也。

以上各节，均系议员在籍切实调查，毫无疑义，敬希议长及诸常驻同人开会付议，应如何办理之处，统计公决施行为盼等情到局。据此，当经协议公决，除将原稿备存外，所有函陈缘由，理合照录原文，呈请抚部院裁夺施行。须至呈者。

奉札批答：为札行事。宣统二年三月十三日案据呈称：窃本局据惠民县议员董廷桀来函内称：敬陈者。本局去年议决案件，既呈蒙抚台批准通饬施行云，至所有函陈缘由，理合照录原文，呈请裁夺施行等情到本部院。据此，查所呈请愿书内胪列各条，是否属实，亟应逐一查明，以凭核夺。除饬查外，为此札行谘议局查照。须至札者。

又奉札批答：为札行事。案据道员用署武定府知府方桂芬禀称：案蒙抚院札饬，以据谘议局议员董廷棨函称惠民严催税契，苛罚赃私，并陈维持银号钱业各条，是否属实，令即查明禀覆等因。蒙此，仰见宪聪洞烛，实事求是之至意，下怀曷胜钦佩。知府权篆武定，履任以来，无时不以整顿吏治、体恤民情为念。接见属僚，凡有地方事宜，谆谆考问，博采周谘，未尝稍懈。惠民近在同城，见闻较确。伏思税契为国家维正之供，催征系州县应尽之义务。查廖令催收税契，均属照章办理，并非格外严厉。第惠民田房匿税尚多，民间习为故常，一经查催，未便隐匿，似觉催之为严。不知叠奉藩司札饬定章比较，功过森严，该县考成攸关，不得不尽力催征，以资报解而济要需。该议员谓严催税契者，恐仅听乡愚不明公理之言也。又苛罚赃私，应当确有指证案据，岂容信口雌黄。查该县自到任以来，凡遇词讼案件，悉皆端坐大堂，秉公照例判断，从不罚缴钱财分文；即罪应笞杖者，因念地方疾苦，民智未开，亦均免罚金。案卷俱在，众目昭章，详细调查，委无苛罚赃私情事。知府莅兹数月，察看廖令心地长厚，办事勤谨，诸如有关立宪要政，业已遵照次第举行。至其余所陈维持银号钱业各条，即经知府饬派妥靠之人严密访察，细加究诘，核与所陈迥不相侔，非传闻之讹，即言之失实。兹已逐条详查明确，除捕役郑祥缉补怠玩，督饬廖令查有不法实迹从重惩办，并将已革（者）〔屠〕户官价出示晓谕，认真整理外，所有查明各条，理合据实详细开折禀覆查核，批示祇遵。

并据折开：一、维持银号钱业等情一条。查各州县钱铺，往往视州县上下忙买银报解之际，市面银价必涨，俟买银报解后，银价必落，此因外县银根短少，然亦因州县不能携钱出境买银。该商藉此居奇，涨价渔利，实钱铺市侩之通病，而各处皆然也。是以州县每届钱漕开征，必须向钱铺按价定银，以免临时挟制，贻误报解。知府查本年惠民上忙二月初二日开征，其时市平银价每两易京制钱三千一百六、七十文，至后半月逐渐涨至三千二百文，按市平每两较库平加重八分，折合三千一百八十文易库平银一两。廖令因惠民非商务繁盛之区，来银不多，而上下忙需银七万余两，深恐银价再涨，即照此市价与各钱铺约定买银，实系按市面价值定买，当将征起粮钱随时发给钱铺，俟报解时始行将银交库，何谓取巧买空？况现在上忙报解二批银已买定，而市面银竟落至三千一百零，比该县买银时每两跌价八九十文。在廖令早半月买银已属吃亏不少，公道自在，委无抑勒不随市价情事，恐系传闻一面臆度之词，未经切实调查耳。

一、禁革地方差徭、官价一条。查东省素无差徭名目，惠民非临清等处可比，并无出产货物，官价寥寥，仅有猪肉、麸炭官价，第自奉文停止，当遵照宪台通饬，一律革除。只有车行，因往来差使络绎，不能遽去，以备要差雇觅车辆。访查并无掀扣民户，坐车勒索等弊。但惠民向章须发来回价，每天双套轿车实发京制钱四千文，核与省城铜元五千二百文无异，足资喂养，毫无赔累，自应即照历城铜元五千二百文核发。其单套车与三套大车，亦照此分别定价，折合京制钱按价发给。业经督饬廖令出示晓谕，严禁丁役车行克扣，不准擅拿民间坐车，违则重究。其余小车、驴头、工匠等项，亦均酌定民价雇用，除去官价名目，以免借口。至祭品牛羊猪只，定例每年由地丁坐支银六十五两，牛羊猪每只按三两及三钱七分、九钱六分核发，此系从前旧例，久已不行。今知府详细调查，现在买办祭牛，每只用价京钱七十千，羊每只三千，大猪每只十八千，小猪每只十五千。春秋大祭及全年祭祀，共享牛羊猪百三四十只，需价两千余吊，除【坐】支例价银六十五两，不敷甚巨。是以向由各集屠行津贴，并由县捐廉赔补，给价买办，与民间毫无干涉，亦无勒派摊捐情事。然既革除屠户官价，未便再有津贴，必须筹备款项，俾免赔累，已饬廖令设法筹款，另行禀办。（俟）〔嗣〕后买办祭品牛羊，均照现买价钱核实发给，严禁丁役、行户从中克扣，以昭核实。

一、弭盗应遵治本治标一条。查惠民滨海临河，近接直隶，捕务诚为要图。廖令自去年六月到任，整顿缉捕，严密巡防，半载有余，境内并无强劫重案。仅本年二月有商河县民刘礼，独自骑驴在边境被夺一案，当即禀报，悬赏比捕缉拿。虽乡间小窃或亦难免，然地方尚称安谧。若议员所云白昼路劫不断，抢牲口、伤人命者不可胜数，果尔，闾阎不靖，难掩众人耳目。且必有事主失事处所，乃均不能指出年月、姓名、证据，似近无稽之谈。惟捕役郑祥不甚安分，怠于缉捕，虽被控有案，而查无豢贼实据。知府正在密查，应即督同廖令严密访查，一经查有不法实迹，立提讯究，从重惩办，断不稍事姑容，以整捕务而靖地方。

一、筹备自治无不掣肘一条。查筹备自治，为立宪第一要义，限期忽迫。各州县自顾考成，次第进行尚恐稽迟，何敢从而掣肘。本年二月朔、三月初一等日，据惠民县禀报，自治研究所先后成立，当经知府亲诣督率开办，宣讲研究，考督一切应行事宜，悉遵定章。调查城乡户口，业将完竣，并无发出旧岁户册照造之事。现正接查选民资格，造送地图，给限四十日，迄未逾限。听讲员均系照章选举，在所诸生大都胶庠之士，应给津贴，由所长等公议廖令，酌照省城办法，【每月】每员发给津贴京钱七千文，亦无每人二百之说。或者别处有每月六千，及愿尽义务等事，以讹传讹所致。惟查该县公所开办后，因教员等呈请添派副所长、书记各一员，本与定章不符，寥令人本厚道，念自治萌芽甫动，创举事繁，未便阻其进行，亦即照准添派，以资辅助。知府督看情形，此次筹备自治，各员绅与廖令商议一切，无不允从，秉公办理，焉能与之掣肘，致误要政。

一、公款、公产应提充自治经费一条。查惠民公款、公产本属无多，均经禀定有案，并无（间）〔闲〕款。现在新政叠出，本地筹款为难，所有该县经营款项，非禀奉各宪批准不能拨用，岂容官绅任意挪动。知府逐一调卷详查，该县旧有樊家、夏家桥两处，地租岁收京钱一百八十一千九百八十文，均充夏桥、清河等四处初等小学堂经费。又仓基变价及善举两项生息，岁收银一百二十两，钱二百二十千，均充巡警经费。又教养局地租生息，岁收京钱六百一十二千三百二十二文，均充教养局经费。又每岁征收漕粮，节省厘头，约得银七百余两，除解省城优级师范学堂银二百两，下余全数充高等小学堂经费。又统计处岁收生息银二百四十两，即充统计处经费。又修城经费岁收生息银七十八两零，又漕粮厘头岁收息银七百二十七两零，此系光绪二十三暨二十七、三十一年由该前县柳令酌提户库两房漕余四分，先后积存生息，充作宾兴公车及修城之用。又土牛经费，此系津贴沿河村庄堆作土牛之用。近来河庆安澜，禀准拨作新政经费，岁收京钱二千九百余吊，现据该绅等禀请，业经廖令照准均提充自治公所经费，悉皆禀明，有案可稽。此外该县并无经管公款、公产。知府查惠民自治公所经费，廖令已将前三项公款共计银八百四十余两，钱二千九百余吊，如数发给，足资应用，似不得为无米之炊等情到院。除批"禀、折均悉。惠民县议员董廷桀所陈各节，既据该守详查明确，廖令严催税契系照司札办理，审理案件亦无苛罚情事，本年买银报解系按市价定买，该县旧有猪肉、麸炭官价已遵照通饬革除，筹备自治均与各员绅秉公办理，经管公款公【产】，除分充学、警、教养各项经费外，已将宾兴、修城、土牛三项公款拨充自治（八）〔公〕所经费，办理均尚允洽。惟雇觅车辆，虽据发给喂养钱文，小车、驴头、工匠等项，亦均民价雇用，仍应督饬该令出示晓谕，严禁丁役、车行克扣，随时切实查究，以杜弊端。其祭品牛羊猪只坐支例价，不敷尚巨，各属多有禀请照旧办理者，历经批准有案，该县亦可照办。缉捕一项，关系保卫治安，廖令到任半载，虽无强劫重案，而窃夺亦所不免，应饬认真缉拿，以整捕务。捕役郑祥既不安分，即行斥革，嗣后查有不法实迹，再行提究。除札行谘议局外，仰即查照办理。至修城、宾兴两项经费八百零五两，何以拨充自治经费总数有八百四十余两，是否缮写错误，抑系另有别项，仰再查明禀覆。折存。缴。”印发外，为此札行谘议局查照。须至札者。

又奉批答：为札行事。据署武定府知府方守桂芬申称，案蒙抚院批据知府禀，查明惠民议员函陈维持银号钱业各条，逐一据实开折，呈请察核示遵缘由，奉批：禀、折均悉。惠民县议员董廷桀所陈各节，既据该守详查明确，廖令严催税契系照司札办理，审理案件亦无苛罚情事，本年买银报解系按市价定买，该县旧有猪肉、麸炭官价已遵照通饬革除，筹备自治均与各员绅秉公办理，经管公款、公产除分充学、警、教养各项经费外，已将宾兴、修城、土牛三项公款拨充自治公所经费，办理均尚允洽。惟雇觅车辆，虽据发给喂养钱文，小车、驴头、工匠等项亦均民价雇用，仍应督饬该令出示晓谕，严禁丁役、车行克扣，随时切实究查，以杜弊端。其祭品牛羊猪只坐支例价，不敷尚巨，各属多有禀请照旧办理者，历经批准有案，该县亦可照办。缉捕一项，关系保卫治安，廖令到任半载，虽无强劫重案，而窃夺亦所不免，应饬认真缉拿，以整捕务。捕役郑祥既不安分，即行斥革，嗣后查有不法实迹，再行提究。除札行谘议局外，仰即查照办理。至修城、宾兴两项经费八百零五两，何以拨充自治经费总数有八百四十余两，是否缮写错误，抑系另有别项，仰再查明禀覆。折存。缴等因到府。蒙此，知府遵即调卷查明，覆算宾兴、修城两款，共计实银八百零五两六钱一分三厘，至折开八百四十余两，委系缮写笔误，并无别项。缘奉前因，除督饬廖令逐一遵办外，拟合据实具文申覆鉴核更正，实为公便等情到本部院。据此，为此札行谘议局查照。须至札者。

未奉批答案件

呈院胶州议员邱桂乔等函陈该州积弊文

宣统二年四月十二日

为呈报事。窃据本局胶州议员邱桂乔、赵贵三来函内称：敬陈者。本局去年开会时发有议员回籍调查事项表一纸，希图扫除从前之积弊，以谋地方治安。遵即将表内所列各节，先择其大者要者调查明确，据实以闻。

一、纳粮税契，违章浮收。查宣统元年，粮银一两加对半钱一千一百二十文，共合钱五千九百文，买制钱加至四百六十文。今春对半钱加至二千文，每粮银一两共合钱六千八百余文。官家向银号作银，不照市价，每两发官价三千一百文，银号赔累不堪。官令制钱价涨至五百二十文，亲携制钱对半纳粮者拒而不收，必须到谦顺银号、福祥、敦吉、益有钱行买票始收。此票写收到对半钱若干文。东库照下具本号图章，花户纳粮之后，东库即日执票向各号照兑确实，旋将此票销毁，以防证据。削民之膏而犹杜民之口。刻下铜元通行，制钱加数甚微，商家大宗兑换，每千仅一二百文之加，自纳粮定五百二十文之数，民间制钱交涉援为定章。十余年前典当房地等项，归结时殊多轇轕，恒起讼端。查高密县纳粮，每两净纳铜元五千八百文，附捐不在此内。即墨县纳粮，每两加铜元九百文。胶州可否将对半钱之数，该加铜元多少，净以铜元完纳，免去买票之抑勒。税契告示照定章九分兑银，官家不要银票，尽要现银，平头之加至一钱二分不止。伏以粮税之重，民命攸关，民不聊生，境何能治？恳速转呈请示，以便祇遵，以肃官箴，而苏民困。

一、巡警捐款，出入不符。查城隅向有冬防义勇，系富户、商户捐款办理，或三十名，或四十名不等，自冬至春，五阅月即撤防。自光绪三十三年设立警局，此款归作常年捐。城外六乡共计一百八十四社，每社岁捐粮八十两，至宣统元年减至四十两，即以减数计之，每岁捐银七千三百六十两。巡兵间以冬防义勇充当。查全局公费，每岁止开销四千余缗，合银不过千余两，其余款毫无着落，乡间捐款者，虽疑而不敢过问。恳转呈饬查，据实开销，以杜私索，而重公款。

一、地方公款，官府把持。查历来官绅旧有公款，捐书院膏奖银四千五百两，乡会路费银二千四百九十两，科岁大礼考费银三千一百七十余两，新入船票余项银一百一十两，商务局股分余银三千一百五十两，共合银一万三千四百三十余两，每年息银一千一百五十余两。钱则乡试、会试京钱三千一百缗，考院修理京钱五千缗，新入学堂分馆京钱一千缗，共合京钱九千二百缗，每年息钱一千缗。此外有学堂公产每年收京钱三千一百缗，学费、地租每年收京钱六百缗，高、即二属贴补学费银四百两。以上诸款，均归官立中学堂用项。该学堂本系用度浩繁，然支拨银钱统归会计员一人，与官家上下其手，开办将及十年，每年动用的数，曾不俾众周知，每一询及，答以毫无余款，且有亏空，其中隐蔽，恐不止把持，捏报冒支，容或有之。外有仓谷余款一宗，约京钱十二（禹）〔万〕余缗，历来归官家主持，归何铺生息，岁入利息多少，绅董概不得问。查有库书高姓者，官家所信用，抽梁换柱，舞弊营私。马路捐照章归绅办理，官家因不能专利，竟归侨商悦来公司经理。该商岁得五千余缗，以二千五百缗包缴官家。马路自告成后，未加修理，倾圮崩坏，不便往来。伏以胶州公款，应作胶州公事之用。劝学公所系一境学务所关，除总董月支薪水十金外，一无存款。劝学各员既无薪水，复无旅费，乡城往返，枵腹从公。统计处局长二人均系义务，惟书记员一人月支薪水四金外，笔墨杂费丝毫不准开支。恳将把持诸款提归公正富绅管理，酌分劝学所等处，以资办公，庶新政局所克收实效。

一、缉捕不严，盗贼公行。查胶境南通海口，北逼铁路，五方麕集，宵小易生。向蒙余州尊缉捕勤严，犹有漏网徼幸者。今则报而不缉，护而不责，穿穴踰垣等窃案，无夜无之，指不胜数。白昼劫人财物，当时竟行释放，遂致官立小学堂连次被窃，书籍器具偷掠一空。四乡之窃牛马、劫财物者所在多有。伏以安良除暴，治民大端，盗贼公行，身家焉保？恳速请严饬实力整顿，庶儆将来，而民可安堵。

以上各节，均系议员在籍切实调查，毫无疑义，敬祈议长及常驻同人开会协议，应如何办理之处，统希公决。内中所开各节，均系敝州累年积弊，议员等只求整顿将来，并不追究既往，合并声明等情到局。据此，当经协议公决，除将原稿备存外，所有函陈缘由，理合照录原文，呈请抚部院裁夺施行。须至呈者。

呈院鱼台县议员王玉年等请将团地归公计亩升科文

宣统二年四月十八日

为恳请转呈事。窃近来宪政初行，在在需款。除光绪初年湖陵书院收有(昆)〔毘〕连团地之官田二十五顷，现充高等小学堂底款，去年分董九围等租种之湖地十五顷，预备补助城乡各处学堂经费之不足外，本年办理筹备自治公所及研究所，暂且计户摊捐，以济目前，然后难为继。至于城镇乡之学务、(独)〔卫〕生、道路工程、农工商务善举、公共营业各项，皆以款无所出，屡议屡止。况学堂、巡警急待扩充，亦以无款，阻止进行。又敝县地势洼下，连年被水，去年丰稔，款项尚不敷用，一遇灾歉，其胡以济将来？议事会、董事会成立，事项益纷，用款益巨，恐于新政大有阻碍。所以去年房承谋等所上请愿书内，欲将敝县湖田一顷改归绅办，节省局委、司事、勇役、局丁一切薪水、津贴、工食、浮费、陋规等项，拨充地方自治经费，迄今尚未奉到批示。去年冬间，道宪委丈团地，除节年升科五百余顷外，剩有未升科地二百余顷。现丈濒湖大粮报沈地，可以领种升科者，又数百顷。幸此时丈量未完，尚未分佃认租，窃愿请归地方自治，计亩升科，收租充公，以本地方自有之利益，办本地方应办之新政，上不病国，下可益民。查前年部章有无论官荒民荒，限各州县一年内开垦等语。又查地方自治章程第九十条，充自治经费有本地公款、公产一款。似此团地湖田出息，归本地方筹收款项，作为自治经费，实于情理、法律无不吻合。矧湖田局委员，擅作威福，前后一辙。濒湖被水，缓征地亩，如有涸出，理应令业户照旧完粮。今局委一概勒令完纳湖田租，即欲常完大粮而不可得，犹曰田既涸出，仍不恳请开征纳租与纳粮，犹属平情之举；往往有现完大粮之地，丈入湖田数内，勒令纳租，一地两征，甚属不平。有与争执者，初犹送县惩治，近来斥责管押，公然自为，俨然又一鱼台县衙门。现今丈地法，九尺作丈，惟以能扩充其数为功。姚家楼争地一案，县令张公在座，委员提侯如刚，自审自责，并不知县令为何人。似此作为，不惟有害鱼民，或者大失政体。所用勇役局丁，藉势骚扰，擅拷罚人，鱼民何辜，受此暴虐。现值宪法初行，如此压制，似失宪法宗旨。倘将此丈出团地湖田升科后，酌量相宜之人出资领种，将湖田局裁撤，所有道宪筹款之处，亦可酌数奉上。兴利除害，一举两得。为此恳请议长转呈抚宪，倘蒙允准施行，则阖邑受赐多矣。谨呈。

呈院东平州议员范德如函陈吴委徇情侮蔑请委覆查文

为呈明事。窃据本局议员范德如来书，以徇情侮蔑请委覆查，虚坐实究，以昭公允等情陈请到局。据此，当即开会协议，公同议决，佥以该员所陈徇情侮蔑各节是否确实，辞出一面，悬揣无从。本局前以日后议员等如有因公被控，案难昭雪，呈请抚部院札委妥员及本局调查员两面查覆，如所查不符，再由抚部院据两面查覆情形另委查办等情具呈，业蒙批准在案。自应由本局照派调查员切实调查，俟查覆到日，再将调查各情形切实呈报，以凭核办。为此备文先行呈明，恳请抚部院鉴核施行。须至呈者。

计抄呈原书清折一扣。

窃议员奉读抚部院札行本局批示，以及调查各卷宗，足见江州主与吴委罗织种种，不遗余力，幸蒙抚部院爱护议员，不忍苛以相绳，仅予该州察看。从此议员得置身事外，感戢无地。然而细绎此旨，抚部院似洞鉴吴委所查各节，皆系一面之辞，于各案结果处毫无依据，故将请愿辨诬各绅指某某为亲戚，某某为交谊。试思议员既忝列东平州之一份子，凡属故旧，非戚即友。如吴委意见，似取重无所根据之人，无惑乎议员等之遭其仇视也。更有甚者，以下愚之误传，呼清乡局为谘议局。该委员既变装往查，牌匾具在，何至之无不识？尤可笑者，末复以东平绅民公叩名义之匿名书，亦为受理。查例载，凡投隐匿姓名文书告言人罪者绞，见者即便烧毁，若将送入官司者杖八十，官司受而为理者杖一百，被告言者不坐，若能连文书捉获解官者，给银十两充赏云云。例有明条，相沿已久，印委何一无所知？当此项匿名书投递时，江州主正与州绅张之潜等十余人议公，其家人即公然投递，州主亦未问来自何处，即拆布周知。各绅当已面质何来，江公即谓无稽之词，不必深究，众绅亦遂未从注意。殊不知吴委到东，竟录以为据，绳之以法律，不知有无妨碍，即此可见罗织之苦心矣。议员叨蒙爱护之下，本不应再为申辩，但事关全体名誉，若将吴委所查种种默认侮蔑，于议员名义万难姑容，不得不就此案事实上披沥陈之。溯自光绪三十三年七月，蒙学台札充劝学总董，系前州王公鸿瑞禀请委派。议员以不能胜任请辞，未允。嗣经前州郑公观光不惟未允辞职，并加派办理官立高等小学堂堂长事宜。又两次禀辞，未蒙批准。议员于三十四年五月初一日到堂接管，一切手续按照定章分期呈报。甲班毕业，添招新班，悉禀承监督办理。迨十二月初选举调查开始，又为刘州主廷璋委派事务所充膺庶务。议员以身担数差，实难兼顾，况老亲年逾八旬，无人奉侍，遂于去年三月初一日面恳州主刘公，始允将劝学所、小学堂事宜准予告退，有三次禀由可稽。吴委因系属议员一方面，故为调查所遗，然劝学所虽详报成立，历经三任，均以筹无分文搪限为词。议员以身负责任，为官作伥，屡次上禀请求，皆以留中无效。历任填造表册，悉由州署空文掩饰，不由议员过问。而议员亦实不能强州主所不欲，非敢放弃，实不得已，幸无钱项交涉。此告退之实在情形也。至初等小学教习李毓秀等控议员一节，无非为竞争薪水未遂其愿，议员又请州主甄别，惧弗胜任，藉词以为抵抗耳。州境初等十二处，半多移塾就家，查学下属，方作临场救穷之计。学董平时整顿，州主恒膜视不理，反起该师范等造言侮谤之隙。至今往查，仍复如是。且李毓秀现正与该区管理员王吉福等互相禀揭，管理请州【主】斥退教习，占据不让，其人品行可知。如吴委所云东平学务正在发达，意图饰词以坐议员之罪耳。天良少在，定不为是欺诬，使东平学务永无整顿之日。若肄业生所呈各节，其原因在孙、亓两教习。亓教习修爵于议员接管时先已在堂，月支修伙四十千，孙教习寿祺由郑州主禀请订定，每月修伙五十。自孙教习到堂，并亓君增为一律，每人月支五十串，均郑州主主持规定。嗣后该教习屡次请求加薪，州主未允，遂疑议员有所阻碍。且孙教习携带其子，终日勾结学生，混乱堂规。乙班生陈本怡、丙班生田树林，藉抗学费，罢班两次，禀稿皆出孙寿祺之手，其品学可知。刘州主出身营务，于学堂异常膜视。议员睹此现象，实难代官受过，遂将图书器具花费清册，一并呈缴州主。当时接充者为巩议员象临，点收清白，无疵可指。该教习竟分外谬禀，当时悉为州主所不理。而吴委搜罗勾稽，竟藉此以为陷害议员之资料矣。至若徐振东一案，吴委禀议员等遣局丁传语请托，吴委亦善于舞文者矣。情缘当时退伍兵诈财，欲假清乡局名誉，仅遣局丁赴州署，指明于本局无干。而吴委亦此为请托欤。姜锡峰呈控兵房一案，实有碍地方自治，诚如抚部院所云，近乎袒护，书差建言，似妨于事。若大羊集拿赌一节，其原因更非一词可罄其委曲。向例会场聚赌，州署门丁勇役均有供应，故州主虽饬差拿赌，堂票未下，该赌局悉已闻知。此案幸刘州主由署内查清，知为杂务门周某与西皂秦凤林，串通该会段长附生马敦五，函信往来，内载有包赌钱项若干之词。州主查阅，勃然大怒，立将周门政重笞二百，锁押快班，旋将皂役秦凤林责革。嗣经马敦五因其胞弟系案内与郭六同伙博徒，要求情面，在刘州主前认罚五十元了事。因年前无钱缴案，延至今正，由该区长杜五声代为呈缴。江州主拒而不纳，杜君遂带回原区，而江公亦意别有在矣。此大羊【集】赌案之实情。而吴委意在罗织，到东即会同州主江公，招致劣生马敦五，私相勾谋，令具无赌甘结，将周门政堂讯责押一节全行不提，欺蒙抚院，侮蔑议员以及王绅庆云。刘州主地下有灵，亦当代为声屈。似此种种黑冤，故敢不避斧钺，上书请求议长大人开会协议，由局遴委逐案细查，亟为昭雪。若有片言欺饰，甘认罪坐一身，纵肝脑涂地，有所不惜。水落石出之日，即议员再造之年，不胜惶悚待命之至。

呈院请愿书

一、民　政

已奉批答案件

呈院长清县附生孟繁藻等拟提征收之余款充作自治经费请愿书（附批答）

窃为地方自治筹办处筹备自治一切事宜，于宣统二年三月初一日，各府州县开办自治研究所。然时期已迫，经费无着，不预为筹画，恐临时无济，有负朝廷立宪之至意。乃长清公款、公产俱提入学堂经费，此外别无可筹。而盐加价，酒加税，市集又加税，民间之担负已达极点。况连年旱灾，不忍再加摊派，以重民困。谨按地方自治章程第九十二条，有附捐一种。附捐者，就官府征收之赋税附加若干，作为公益捐者为附捐。今长清县尊于征银之时，悬牌示众，征银号者一两五钱，征钱号者京钱六千四百文。国家正供，每银一两征一两三钱，火耗、解费、平余均在其内，垂为令典，遐迩皆知。县尊未知奉何明文，每两加征二钱，通计长清县银粮四万余两，加征有八千余两之谱。若论钱号，除京钱四千八百文外，加征六万四千余缗。县尊每借口盈余赔累，额外多征，以备上解，而袁海帅业已奏请免提。似此附捐余款，正宜筹备自治，请将加征银数，无论银号、钱号，概提充公，以符定章。如此办法，上不亏官，下不病民，而自治于以成立，诚万全之道也。抚宪来（涣）〔莅〕斯土，热心时政，痛念民瘼，文明进步于焉斯赖，生等俱感德无极矣。

呈院沂水县拔贡黄砚田等拟提征收之余款充作自治经费请愿书（附批答）

窃以地方自治，为处理地方政务之机关。时事孔棘，刻不容缓，是以有缩短地方自治期限之议。我东省定于宣统二年二、三月间，各州县地方自治研究所均须一律办齐。期限已迫，筹画经费，尤为切要，固不能不照章预筹。所谓公款、公产、公益等捐，以为随地制宜之举。吾沂邑地瘠民贫，筹款之艰，尤甚于他县。所谓公款、公产，尚不敷各学堂支应。所可筹者，惟附捐一项，较易着手。按地方自治章程第九十二条，公益捐分为二种，其一就官府征收之捐税附加若干，作为公益捐者为附捐。则是官府征收正额外之加收，皆可作为附捐无疑矣。现署沂水县周令于部章每两丁粮银纳四千八百文外，复加京钱五百文，每年应加收一万七千余缗，盖借银价偶涨之说，谋为津贴。殊不知沂水县现银市价，每两京钱只三千九百文，即以四千之价为准，按每两银起解一两一钱八分之数扣算耗羡、火耗、解费均在内，每两银用京钱四千七百余文。况当此银价日落，征解银两又渐次买讫，当必无更涨更赔之虞。是周令所加收之五百文，用二百文即可办公，所余之三百文，若令其尽饱私囊，则是既免赔累，又为渔利。为周令设身想，纵不体恤民困，亦不应自坏清廉。筹两全之策，宜将此加收之五百文，以五分之二归官办公，五分之三提作来年自治经费，既有以免赔累而资办公，又省更筹巨款，重困民力，似与上宪体恤、牧令爱惜小民之深心无或背谬。若仍恐来年银价再涨，援例照提为地方官之后累，则财政渐就清理，其去酌定官长办公费之期当亦不远，似不必过为远虑。可否有当，祈贵局公议，申院请行。不备。

奉批答：据呈报长清县附生孟繁藻等，沂水县拔贡生黄砚田等各请愿书并清折，均阅悉。该生等欲以各该县征收之余，提作来年自治经费，准附捐税理论，未尝不是，按之事实，殊有难行者。查李前升院奏改征粮章程，每两收京钱四千八百文，原声明将来银价昂贵，当酌察情形办理。彼时每银一两，仅易京钱二千二百文，岂料近年以来，竟涨至每两易钱四千以外，前可易银二两余者，今仅易一两二钱。各州县办公竭蹶情形，应为诸绅民所共喻，即铜元与制钱搭收，亦原非得已。各州县衙门用项浩大，行政经费居多。若是不敷办公，并不足以自给，又何能责以尽心民事？须知将来明定公费，恐仍不能出乎各地方征收之外，今日未可谓为加征也。所有明年自治经费，仍应照章禀请地方官会同公正绅士筹措。所请碍难照准，希即转告孟繁藻等、黄砚田等知照。此复。各折存。

呈院东平州南乡第一区区长光禄寺署正张之潜等为州主玩视宪章排抵正绅请愿书（附批答）

为州主玩视宪章，排抵正绅，勾案牵累，借施阻力，吁恳保护，以促进行事。窃东平州自奉准谘议局议决缩短自治年限章程，先设自治公所，筹备开办研究所之一切手续，于年前经议员范德如组织公所时照会区长等，按清乡区段招集士绅投票，公举任事职员。当选出在籍河南试用县丞王绅庆云总董公所事宜，训导侯绅延澍、翰林院待诏衔陆绅家铸分任帮办，禀明前任刘州尊立案。然王绅庆云系清乡首区区长，为泰郡（侯）〔候〕补议员，才具超卓，众望素孚。自到所筹备自治兼理清乡以来，种种依序进行，嫌怨不避，虽经济困难，无不遵章筹画，舆论悉协。自禁革地方差徭、官价之通饬一下，行政各官均惶恐无地，以为自今以后，凡向之纳入中饱者，皆有密切之关系，况王绅任事极真，颇明法理，每以不扰害地方为目的，倘筹款及此，何言对待。故先运动手段，设法抵御。适王绅有去年十月间价买本境王姓柏树一事，案关此树为王姓族中公共之产，买树者数家，而王绅（谨）〔仅〕列买树之一部分，用价钱七百串。该树主将树送到，钱即交清，毫无纠缠。嗣王姓族众因争致讼，遂将买户牵连，此亦时有之事。乃州主江刺史勾查此案，挟私添传，遂以要被名目，加之王绅。适王君因感冒在家养疴，不能到案，两次具禀声明事由，（并）〔竟〕不准一词，并严比差役日夜杜门扰乱，情实不堪。且此案年前已将王绅核准免传，兹以挟嫌勾起，私换堂票，倒填年月，勒制正绅，实为因私废公，不顾大局。此弊系差役萧广申、李文英两人在外传说，隐寓不平。区长等恐于宪政阻碍进行，仍抱和平主义，两次趋公署，请求代王绅解释宽免。当承州主面谕，现筹办地方自治，必责成王庆云认捐若干，并自此不准再与公益。区长等细绎此言，既想越分究罚，又欲剥夺公权，且更有吏目王仲仁从旁赞助，违例干预，大言附和之怪现状。区长等十余人共目所视，不知于此立宪时代，尚有此等政体，可叹。王绅庆云三次应选，均得异常名誉，合州信任，不问可知。我州主于宪政不思进行，注重利权外溢。似此挟私排抵，勾案牵累，显系藉施阻力。区长等三十余万之生民，将有不堪设想者矣。为此不避陨越，冒昧上陈，吁恳议长大人呈请抚台遴委查明，主持保护，饬令州主开城布公，和衷共济，并将王吏目治以违例干预应得之咎，俾王绅得再领袖全区，共图进行，庶自治前途不为专制消减。东平幸甚，大局幸甚。

奉批答：呈、折均悉。查奏定自治章程第十七条内开，品行悖谬、营私武断确有实据者，不得为选民，即不能被选举为自治职员等因。东平州在籍候补县丞王庆云，前以捏熟作灾亏完钱粮，曾据前藩司批饬查办有案。现有王立璞等在府呈控，(具)〔其〕为悖谬营私，已可概见，当经批饬该州照章办理在案。今该州区长等呈送请愿书，为之剖辩，核与该州前禀殊不相符，自应确实查明，以昭审慎。本部院公溥为怀，深愿多得公正士绅辅助官治，实不愿藉公营私之辈滥预自治职务，为害闾阎。究竟王庆云品行若何，候即遴员驰往该州秉公澈查，以凭核办。希即查照。此复。折存。

呈院东平州区长光禄寺署正张之潜等为印委合谋罗织大狱请愿书（附札批答）

为印委合谋，罗织大狱，公呈请愿，以洗诬妄事。窃职等前以州主挟嫌妄禀，排抵正绅等情公上请愿，呈请贵局在案。蒙抚宪批示，候遴员驰往该州秉公澈查，以凭核办等因。委员吴公于二月二十二日到州住店，二十三日州主即接入盐店供应，下午即分次传见职等。初次见者职赵芝生、崔文珊，但问请愿书一节尔等是否知道，若不知，可具冒名甘结，大言恫吓先入者，似已有主。况职进见时，州主与委员共话，见职等进，即便退出，未知因何趋避。王绅庆云品行若何，营私武断属实与否，委员并未提及。旋复又云，抚帅乃大怒之下，尔等若不出明白甘结，恐大帅还得提尔等到省，须具冒名之结，当堂画押，本委员庶好交代此事，且首区区长，亦须赶快举人接充。职二人当场剖辩，窥委员意旨，不禀讦王庆云者，皆作无效。二次进见者为职张之潜，见面后即问王某买柏树一案。职当即云，买柏树时系卖主王序文同中人送交给价，毫无纠缠。嗣王姓族中致讼，牵及买树者数家。王庆云当时据情声明，情愿让出，免伊族众兴讼，有案可稽。乃州主意别有在，实欲因私废公，勾起嫌隙，以为藉端陵辱之地。职等同谋公益，不忍坐视破坏，公上请愿书代为剖分是实，原系为王某因公被累，有害地方大局。次又进见者职赵如杲、杜五声、林毓岩、侯郭李诸人，委员始问王某品行若何，职等即云王某办公素昔认真。旋又提及树案，职等仍如张之潜所覆，卖主如何送树支价，并无纠葛。末复问移熟作灾一节。职等即（将）〔云〕东平州向来粮地异保者甚多，不止王某一家。且王某本系军户，世居所礼保，故粮多在所礼保，该保从前亦非灾区。况东平有粮在高处而地在洼处，亦有粮在洼处而地在高处者，不可枚举，向例百余年不准挪动。故前州孙任虽禀藩宪有案，及细查情形，亦属无可奈何之事。前州主自知情屈，而王庆云当时以和平为主，未与伸辩，故累及今日。至传案未到，其原因前实系有病，曾两次禀明理由，恳请免传。嗣因差役杜门辱闹，现象甚恶，到案必遭法外毒手。且江牧到任，利用刑讯，无论庄长首事，因办公获咎而板责过千者，【已】有数起。故王庆云前因病不能到案，后乃实不敢到案。此职等接次对委员所据实面陈者也。而委员吴公别有意见，但以半面之词威吓职等，意在逼令职等各具冒名，藉以袒护州主，合谋捏禀抚宪，排斥正绅。及职等各具承认甘结，收到后即著州署听事隶送回，据云非冒名结不收。该委员之用意果何在乎？原禀外或另有勾查之他案，尚不知如何捏报也。总之，此案王绅庆云诚如抚宪所批，各议员均由初、复选举而定，自必众望素孚，不应有所谓品行悖谬、营私武断之人。况王庆云以候补议员而筹备地方自治，又为绅学商界公举而来，更非任情委任者可比。该公所自王绅卸事，名虽成立，其中筹备事实，委员谅必有所闻。现又值研究所成立之期，虽勒派职等供应学生，暂送十余人到所搪限，而一切应用之筹备，均无规定之秩序。在州主以为已可顾目前之急，而一州之人民，从无增进幸福之一日。至若议员范德如，品学纯正，众所推服，向无致讼一词可稽，乃州主尚以无所根据之词，遽禀抚宪。吴委到东，亦并未查及，不知回省据何成见？抑暗有凭据？似此诬（妄）〔枉〕，若不亟请昭雪，职等亦尽处嫌疑之地，将来罗织大狱，地方自治前途有所不敢设想者矣。贵局已奉有批准，以事近诬枉，可由局派员查覆，呈请昭雪之权。抚宪有总期水落石出，以昭公允之谕。为此再联名上书，将印委合谋，意图罗织，逼具冒名各情形，陈请贵局派员切查，以洗诬枉而维公益，无任感激之至。

奉札批答：为札行事。照得前据东平州知州江瑞钟禀揭，城绅河南试用县丞王庆云、鸿胪寺序班范德如，骄横悖谬，连结一气，于地方公事诸多掣肘各节。嗣又据谘议局录呈光禄寺署正张之潜等以州主排抵正绅，勾案牵累等情到院。当经委派候补同知吴焘前往调齐卷宗，详加采访，据实禀复。兹据该员查明禀复前来。查王庆云为本地区长，范德如为在籍议员，皆宜循分守法。乃于徐振东等控退伍兵诈财一案，辄遣局丁传语请讬。于姜锡峰呈控兵房一案，出头具禀抗辩。呈批大羊集会场拿赌一案，王庆云并亲赴会场，见无赌博，勒罚银元，虽非诈财入己，均非分所应为。王庆云经前任刘牧派充清乡局董事，应造户口册逾【限】未办。今正筹设自治公所，又屡次邀请不到，于分应担任之事，延抗不尽义务。至移熟作灾，匿税不报，曾经官押有案，至今尚未断结。王立璞呈控串买、盗伐林树一案，屡传，抗不到堂。昨复据王立璞等来辕呈控该县丞恃其豪富种种藐法营私，将来如充当议员，更不知若何谬妄，实与宪政前途大有妨碍。应将该县丞候补议员与自治总董一并撤销，剥夺其公民权，不准干预地方事。所有移熟作灾及串买林树二案，应饬府分案提集人证，秉公断结，按律办理。范德如上年投票之时，啧有烦言，惟无舞弊确据。前充劝学总董兼高等小学堂堂长，迭据教员、学生联名呈控，经该州禀明学司撤换，全案俱在，其不孚众望可知。已往之事，姑勿深究，惟该员自恃议员，与王庆云串通一气，干预词讼，藐视官长，不明权限。该员虽系被举为谘议局议员，然本邑自治之事，应候地方官照章筹办，何得居之不疑，迹近把持。本部院爱护议员，不愿苛以相绳，应由该牧随时查看，不准再行干预地方之事。所有该州自治事宜，即著该牧邀集公正绅士切实筹备，毋得稍有观望。倘二员再有把持武断情事，立即禀候本部院核办。该牧于姜锡峰呈控兵房一案，虽事属已往，而不将退伍兵改站行走情形明白批示，但云嗣后该房如有舞弊，自能究办，近乎袒庇书差，殊属不合，应记过一次，以示薄惩。当此预备立宪，该牧身任地方，责无旁贷，举凡兴利除弊诸端，务当振刷精神，实力图维，于自治事宜必须征访公正绅士，和衷商办，不得稍存私见，倘或玩泄因循，经本部院访知确实，定当参办不贷。光禄寺署正张之潜系王庆云之妻父，不知远嫌，一再联名为之申辩，实属荒谬。是否王庆云暗中授意，姑勿追究，应由该牧传谕申斥。所有吴丞查复两禀，同录呈各卷宗，一并抄发备案。除分行外，为此札行谘议局查照。须至札者。

计粘抄禀二件暨原录各卷宗。

呈院泰安附生张兴义等为议员被诬罗织士绅请愿书（附札批答）

为议员被诬罗织，士绅恳请昭雪，以顺舆情而维宪政事。窃生等查九年筹备表，宣统二年各府开办自治研究分所。去岁经谘议局提议缩短，以今年府中开办时期改为各县开办，业蒙抚宪批准，限三月初一日一律成立，通饬遵行在案。惟为期綦迫，非官绅协筹，即设备不完，无以立宪政之基础。本县议员朱承恩有见及此，年终请假回籍，于正月赴省过城之便，禀准县尊，约同士绅在郡城资福寺劝学所公开会议，筹议一切开办事宜。到会者有举人孟昭章、议员举人汪岱霖、拔贡李坤符、杨茂周并生等五十余人。所有议决事件，业经缮写呈稿，交由汪岱霖呈报新任县尊郁公裁夺施行。泰安地处僻陋，民气最为蔽塞，经此次朱承恩力陈自治大意及宪政关系，闻者莫不感动。窃幸士绅渐萌合群思想，将来自治庶得良好结果，讵料刘培文于正月二十七日在府尊处控禀朱承恩议员不法秘密开会多款，现已批饬到县查覆。生等查此次会议，自治研究所乃谘议员议决案件，又经抚宪通饬准行，有何秘密？生等五十余人亲在会场，并公请前县主赵公监督，秘密何在？议员者，代议士也，代陈疾苦，代表舆论及提倡一切公益，乃职分所应尔。倘朱承恩果有不法情弊，生等皆系初选投票之人，即皆有督责之权。刘培文一人揑控，殊非事理之平。至朱承恩在家行为，生等所素知。光绪三十年自费留学，三十一年回国创办楼德、石楼两处高等小学，筹款设备历尽艰苦，现在楼德已经毕业一次，并劝办附近初等学堂十七处。去春派充县视学，其四乡查学皆切实劝导，不避怨劳。及举为议员，朱承恩之责任愈重，即士民之责望益深。果如刘培文所禀，不独生等投票为误举，即初、复选举监督官，亦为失于审察。生等于朱承恩无恩，于刘培文亦无怨，惟既以秘密开会诬陷议员，明以秘密会党罗织士绅，以后地方新政谁敢过问。且刘培文素行不端，人所共知。去冬接办劝学总董，经学宪札撤，又冒绅董多人具禀保留，经举人汪岱霖等揭其诡诈多端，经学宪札饬泰安县永远不准干预地方公事，以免簸弄是非在案。则刘培文之人格何若，生等亦不屑喋喋。如不辩明是非，恐告讦之端一开，不特议员人人可危，于宪政前途殊多障碍。为此陈请议长大人设法维持，泰安幸甚，山东全省幸甚。

奉批答：来牍并折均悉。查朱承恩开会研究自治暨劝捐兴办学务各节，前据详晰辩白，由谘议局呈送到院，当经批答并委员诣查在案。兹据泰安县附生张兴义等联名呈递请愿书，请为昭雪，公论具在，亮属不误，应候并案查明察办。希即知照。此复。折存。

未奉批答案件

呈院汶上县举人刘聘卿等拟将湖田租税归士绅管理请愿书

宣统元年十一月十二日

窃汶上县南旺湖内旧有学堂及普济堂公款地五十九顷余，坐落任家店、山楚营、彭家营等处，向归本处士绅招佃收租，以充学堂及普济堂经费。至光绪二十八年设立湖田局查丈湖田，混将此地量入其内，曾由县主锡转详道宪将地拨回。当经批示，此地既系汶邑公产，宜充汶邑公费，暂令局员代收租价，每年拨给京钱五百千文，俟后再行酌办。现查此地尽成膏腴，收租较前加多，而湖田局交给之项，仍限以京钱五百千文。今欲扩充学堂，普及教育，因经费奇绌，无从筹办，拟将此项地亩仍归本处士绅直接管理，以便兴学而裕公益。贵局有监察之责，恳乞代呈抚宪大人察核施行，阖邑绅民不胜祷盼之至。

呈院嘉祥县自治研究学员增生张余三等拟请湖田改归绅办请愿书

宣统元年十一月十二日

为恳请代呈事。窃国家预备宪政，地方自治，不有公款，何以办理。如嘉祥所辖地方，半为童山，绝无沃壤。办一新政，必需巨费，将欲按亩派捐，无奈地瘠民贫，措筹不易，辗转伏思，有较之他县为尤难者。然而朝廷之法令决不可违，今欲奉章办理，愿将吾邑寺前铺、王家桥、狄家楼等村民所种南旺湖田二百余顷，请归吾邑收租，向日湖田局如何报纳国课，嗣后吾邑仍照定数完纳。且南旺湖田局自光绪二十八年开办，局官局役不下五六十人，每年所收之湖租，半入其人之私囊，聊假他项事务报销而已，于【国】家无大裨补。今如各地方，民种之湖田，归各地方绅董接办湖租，则国课不至少收，地方亦不至艰难也。伏以贵局有进言监察之权，恭恳代呈抚宪大人核察施行，不胜祷盼之至。

呈院鱼台县附生房承谋拟请湖田改归绅办请愿书

宣统元年十二月初六日

为恳请转呈事。窃敝县地瘠民贫，公款毫无，举行新政，在在皆无米之炊。明年兴办自治，需款尤巨，若不预为筹画，不惟课虚叩寂，难济新政之用，将来文明进步，必致落人后尘。增税既苦不堪加，筹款又贫无可筹。生等公同会商，惟有敝县湖田一顷，尚可充作地方自治经费。查鱼邑湖田，系乾隆年间报沈地亩，名为湖田，实为苇塘，水产以外，毘连有粮地亩，或缓或征，按年分现定，故田虽湖荒，非尽无主。自光绪三十二年由道宪设立湖田局，其初仅收苇租，尚在报沈地亩数内，后又渐收草租，尚多在缓征地亩数内，近年以来，并毗连草地之大粮地，亦勒令改归湖田纳租。民间既完大粮，复纳湖租，一地两征，受累不堪。间或禀明县官，亦以道宪指拨已定，未便再请更张，以致湖田事案，层出迭见。且湖田日益占多，而租税亦日益增加，逐渐蚕食，非并鱼邑粮地，尽归湖田不止。似此弊窦，亦系地方兴革上极要事件。前时恭绎部章，有无论官荒民荒，限各州县一年内开垦等语。生等再三思维，窃愿以本地方款项，作本地方经费，将鱼邑向设之湖田官局，改归本地方绅士办理。所有该局历年上解数目，仍经县官照数批解，名为绅办，实有县官为之监察。官绅合意，方能有利无弊。其余若节省局委、司事、勇役、家丁一切薪水、津贴、工食、浮费、陋规等项，即拨充地方自治经费，庶款项稍有基础，自治可望萌芽。既节省余款以资挹注，又不动正款以误要需，实为公私两便。为此恳请贵局转呈抚宪鉴核。倘蒙允准施行，则阖邑之受赐多矣。谨呈。

呈院阳谷县李清滨等拟提侵吞巨款充作自治经费请愿书

宣统元年十一月十二日

窃阳谷县本年上忙共征地丁正银二万二百七两九钱二分二厘，每两连一四耗共征京钱四千八百文，除书吏、厘头办公外，每两缴官四千五百四十文。按照征起银数每两四千五百四十文，合计共征京钱九万一千七百四十三千九百六十六文，一二底钱一千一百千零九百二十八文，二共钱九万二千八百四十四千八百九十四文，制钱一半，四万六千四百二十二千四百四十六文，铜元一半，四万六千四百二十二千四百四十八文。采办官项勒索各钱号银，每制钱一两发二千八百四十文，共易制钱银一万六千三百四十五两零，铜元一两发三千七百四十文，共易铜元银一万一千两，用过钱四万一千一百四十千，下乘铜元五千二百八十二千零。署内耗费现蒙上宪清理财政，并委员下县著各该县和盘托出，据实禀陈。讵吴县尊朦胧宪局，禀作制钱每两三千二百文，铜元每两三千九百文。制钱每两多报三百六十文，以所易银数衡之，共余制钱五千八百八十四千文；铜元每两多报一百六十文，以所易银数衡之，共余铜元一千七百六十千文。合计制钱、铜元七千六百四十余吊。此项确有证据，毫无虚伪。现新政待兴，款项奇绌，似此巨款，拟请如数追偿，以归地方自治经费。贵局有监察之责，为此恳乞代呈抚宪大人察核施行，阖邑绅民不胜祷盼之至。

呈院陵县岁贡康至惠等拟提胥吏中饱充作自治经费请愿书

宣统元年十二月初六日

为恳请转呈事。窃据自治筹办处清单，限定宣统二年二月初一日各州县一律设立筹备公所，实行自治。新政为日已迫，需款孔急。敝县地瘠民贫，素号偏僻，交通甚不便利。本地既无富户，更乏巨商，向来地方一切用款，均属按亩摊派。且于明朝嘉靖年间，因邻境德平县年景荒歉，派陵县代完协济米四千六百石，直至我朝定鼎，相延未改，数百年漕米之重，未有甚于敝县者。是以十室九空，民力维艰之故，盖由于此。若于明年举办地方自治新政，再从地亩捐派，恐小民益形困惫，更属为难。职等思维再三，莫若先提胥吏中饱之项，作为自治经费。查陵邑漕米每年额征一万二千余石，改征折色每斗征京钱二千二百文。又每年征银约二万余两，每两合收京钱四千二百一十文，均于正额收足外，每千加收京钱二十文，名曰底子钱。又于各花户票单正额收足外，每票加收京钱三十文，名曰票子钱。合计底、票钱，每年约有万余串。按此项用款，非干没于胥吏，即侵渔于门丁。前县令梁公深知此款无着，因将底、票钱两项每年提出二千串，作为学堂常年经费，其余仍归胥吏中饱。然当此地方需款孔急之日，断不能以斯民之脂膏，填无底之欲壑。但胥吏纸笔等费，虽有专项开销，亦须酌为补助，可于此项中每年提二千串，作胥吏格外津贴，下余统作自治常年经费，庶几上不病官，下不害民，并将常年虚掷之款项，此际尽归实用。职等为现时新政待理，筹（隶）〔款〕维艰，不得已方经画及此。维念贵局为代表舆论之机关，不揣冒昧，用敢上陈，并乞转呈抚宪恩准施行，实为公私两便，阖邑士绅不胜敬谨待命之至。谨呈。

呈院钜野县府经历毕承郇等为筹办自治经费提私归公请愿书

宣统二年二月初十日

为恳请转呈事。窃遵奉札饬：按期设立自治公所，并设研究公所，除由筹办处发给百金外，仍由该地方斟酌情形，设法筹措。钜邑地瘠民贫，更兼连年荒歉，困难已达极点，职等再三思维，别无长策。查有本县街市使钱前用九九，至完纳钱漕征收，皆取足百补底，每收制钱百文，向余制钱一文，尽归书吏中饱，有损于民，无益于公。嗣于光绪二十九年间，经前县主陈养源筹办学堂，街市使钱改用九八，征收钱粮仍取足百，每收制钱百文，余制钱二文，提充高等小学堂经费，当经禀明上宪，批准有案。乃书吏舞弊，仅归学堂一文，外余一文仍归中饱。现因筹办自治公所经费，公议提出办公，已蒙王县主鸿瑞允准批示。但此项尚不敷用。又查本县书吏过割地亩，向每亩输纸笔费制钱五十文，习为通例。年前过割，书吏又增至制钱一百文，每亩浮收大钱五十文，约计全境过割地八百余项，可浮收制钱四千余串。若以两项提私归公，庶可循序举办，按期成立。况钜境别无可筹之款，又不敢停办缓立，致违部章。现已在县具禀，尚未明白批示。况农务分会及劝学、宣讲各所需款甚巨，尚待筹办，倘私饱不能归公，应办要政万难筹措。为此公恳贵局协议，呈请抚帅大人鉴核，批饬提私归公，俾筹备宪政按期成立。职员毕承郇等不胜翘企之至。谨具。

呈院汶上县岁贡齐献廷等拟提罚款等项充作自治经费请愿书

宣统二年四月十二日

为公款难筹，拟提地方罚款及报销不实各款，充作自治经费事。窃汶邑地处荒僻，民智未开，凡兴义举，筹款为难。所有公产公款，尽归学堂及巡警局经费，业已不敷支销，屡次捐输民间。近因新政待举，需款尤急，合邑会商，实难措办。惟查前任杨县遵署汶二年，所罚民间各款，及报销不实各款，档册俱在，款项无着，汶境之民愿将各款提出，以资办公，实所甚便。夫地方之罚款，宜归地方公费，国款之报销，必济国家实用，此于民有益，于官无损，所谓公私两便也。乃杨县尊于二月上旬奉调赴任，诸多款项未曾声明，账簿虽存，无从领取。贵局有监察财政之权，恳乞代呈抚宪大人洞鉴愚诚，檄饬杨县尊指定款存何处，以便具领，合邑绅民不胜祷盼之至。

计开报销各款：

一、赏被淹贫民并修堤工津贴等项，报销京钱三千九百八十千。查被水贫民只领二百八十千，其余三千七百千尚未领取。

一、修理衙署、学堂等处工料，报销京钱三百五十千。查修理衙署出自四班，学堂出自地方劝捐，此项全未领取。

一、查各药店配送戒烟丸药，报销京钱一千三百二十八千五百文。此项全未领取。

一、报销修补两乡大路桥梁京钱二千二百八十四千。雇佣工全未领取。

一、报销购立汶堤界碑工料京钱三百四十九千五百文。全未领取。

一、因购买蝻子，费银七百两。全未领取。

一、查赴济宁等处买银，运钱车价报销京钱一千八百八十五千四百二十文。此项费用不过二百千。

一、报销夫役下乡盘川等项京钱七百七十一千三百四十六文。并无此项花费，全未领取。

共计银若干。

计开地方罚款：

一、各乡铺面有出使钱票未能收回者，均出大票传案，并不堂讯，押令勒要钱文，否则派办银两，共计七十余家。每家勒要京钱三五十至七八十吊不等，共计一千余串，均已交出，俱入私囊，有各铺可问。

一、扑打蝗蝻。押令社团长，如何社生有蝗蝻，即责罚团长，钱项多少不等，以致乡民不惜田禾，尽力扑打，约计共罚京钱数百串，明为充公，私入己囊，反捏禀购买蝻子及扑打垫赔银两七八百两，有卷可查。

一、城内民人刘步青突经票传到案，言伊家有买存银两，令伊买办官银，因其未允，严押多日，勒讹京钱一百余吊。现在该民自诉其冤，有刘步青可问。

呈院商河县自治公所所长廪生王瑞廷等为区官显违警章请愿书

宣统二年五月初三日

为呈请建议事。窃警务为自治之基础，警务腐败，于自治大有关碍。本县区官吴龙耆自到差以来，不以警务为重。警兵在岗，则坐卧自由，退岗之后，花酒任意，招摇生事。而该区官置若罔闻，惟朝夕吸食鸦片，始尚隐密，后竟公然无忌。警兵因区官吸烟，亦不以吸烟为戒，甚至区官与警兵有同灯吸烟之时。去岁巡官王庆矩到差，见诸务废弛，思加整顿，无如习惯既久，视为故然。而区官吴龙耆又以严禁吸烟于己不便，时与巡官为难，兼唆警兵不服巡官约束。伏思以一县民膏，养此无用之人，父老伤心已极。而该区官又公然吸烟，显违警章，实与自治前途障碍非浅。伏乞贵局核议转详，将区官吴龙耆撤换，则警务幸甚，敝县幸甚。谨禀。

二、学　务

未奉批答案件

呈院泰安县附生朱少卿等拟请整顿学务请愿书

宣统元年十一月十二日

为恳请转呈事。窃维学务之败坏，至泰安府中学堂而极矣。开办今已六年，虚縻巨款，毫无实效，其于泰属七州县之教育，皆不免被其影响。兹就见闻所及，略举其弊端如左：

一、该堂未设监督，府尊玉虽有监督之名，实于学务不甚谙练，遇该堂事务，必取决于其钱谷，而钱谷皆腐败已极，不知学堂为何事，遇事积压，安得不坏。

二、坐办吴锡恩系捐班候补知县，不通学务，于一切管理教授皆茫无所措，每为教员及学生所制服，遇事不能自主，及禀知府尊，仍是听钱谷之指挥，弊端丛出，多由于此。

三、收支周尔福【系】候补典史，其人见小好利，出入款项多经其手。该堂款本有余，乃遇堂中需用书籍、器具，彼每借口于公款之支绌，把持不买，致于教授多有妨碍。

四、教员教授失法，中学教习迭次更换，惟算学、格致、英文教员谭法圣系由烟台文会馆毕业，其教法仍用文会馆旧习，以致科学杂乱无章，毫无门径。其英文不过粗解字母，以之教人，学生程度不问可知。而又好作威福，视学生如仇雠，以致风潮迭起，殊于教育大有违碍。

五、学生人数不过四五十名，一县仅有考入一二名者，而又因教习之爱憎，往往无故开除，故五年之久，合于毕业年限者仅有七名。

六、管理懈驰，学生之赌博滋事，时有所闻。

七、各州县高等小学堂毕业学生，照章升入中学，乃坐办、教员每以不欲增添新班，阻人向学之路。闻有平阴学生，自今年春间由该县申送升学，至今历七八月尚未收考，而又不准该学生回籍，以致羁縻堂中，徒耗资斧。因此，泰属各州县学生毕业者，皆以升学为畏途。

以上数端，仅举大略，其余种种腐败，尤不胜偻指。是以该堂风潮层见叠出，而来省上禀于学司者，亦时有所闻，实为学界之玷。当此预备立宪，宜急谋教育之普及，乃该堂岁糜数千金，观其腐败现象，几有解散之势。苟长此不治，泰属七州县之文化，安有发达之一日。生等因学务关系最巨，不敢缄默，谨拟整顿之法列左：

（甲）查奏章，中学堂应设监督一员，统辖全堂事宜。拟请将坐办撤销，择一通达学务者为监督，以专责成，或由泰属学界公举，或由学司委派，总以得人为宗旨。

（乙）查奏章，中学堂必设监学人员。拟请委派师范毕业生为监学而兼收支，断不可使不通学务之官吏滥竽其间。

（丙）查奏章，中学【堂】颇重外国语。拟请择长于英文及他项科学、程度较高者派充教员，以求改良教育，而不善教育之谭法圣宜急撤退，以免贻误。

（丁）中学堂学生额数，定章以四百人以下，三百人以上为合格。今纵骤难足额，亦宜招足二百人上下，以广教育。

（戊）该堂房舍不过仅容七八十人，碍难扩充。兹查该府从前考院，现已改建为初级师范学堂，规模颇极宏（厰）〔敞〕，似可彼此移换，以期多招学生。

（己）学生既多，经济必形困难。查奏章，中学堂学生定为自费。今纵骤难办到，似宜酌量半费，以次裁减。

（庚）泰属七州县皆有高等小学毕业学生，宜一齐招考入堂，分班教授，以后仍须随时收考，以广教育，不得因教育希图省事，阻人上进之路。

（辛）堂中既有监督，遇事尽可照章办理，随时汇报府尊查考，断不可事无巨细，皆取决于府尊，致有贻误。

右列改良办法，悉关紧要。至于一切细则，定章具在，可考而知也。生等为推广教育、培植人才起见，特将该堂弊端据实指陈，以期维持于将废未废之余，而不敢稍参私意于其间。况贵局为舆论代表，于地方应兴应革事件皆有提议之责，断不于学务重事，坐视其腐败而不问。所陈利弊是否有当，伏望乡长大人公同提议，转呈抚宪大人札行学宪核办，及时整顿，学界幸甚，泰属幸甚，毋任迫切待命之至。

呈院阳信县岁贡岳镇东等为因公受累恳请查办以维学务请愿书

宣统二年二月初十日

为恳请转呈事。窃该县西南七十里古佛镇地方，旧有安宁废寺，载在该县志，不知始自何时。历县三月八日香火会税，归该镇会董抽收。光绪三十年缪前令润绂创建官学，会税收作经费，又谕会董亓墨文、郭凌雨为学董，出所积会款改废寺为公学，开垦寺基十余亩，租为教习薪水之用，当经禀请学宪立案，有卷可查。三十四年，惠民县刘俊三等妄称国初僧人元素系伊出家先人，曾舍入该寺地四十亩，所有寺产、会税等项，应归伊管理支用云云，屡在府县控渎。祸缘该寺住持僧绪义，前因不守清规，专肆淫荡，公议驱逐，寺地概归学堂。该僧宿恨捏造，勾串惠前令江瑞钟，不顾公义，关传亓墨文、郭凌雨到案，店押三阅月，堂讯四五次，并无确实证佐，徒据信粮银五钱有余，惠粮银四钱有余，惠粮系在元素名下，径堂断按粮分地。该学董因无越境分地废学之理，以故累讼不休，学堂荒废。上年刘俊三等又据前批由县控府二次，案准关传亓墨文等。县尊仓令永培当因亓墨文贸易不家，申复案悬。查寺基在该县境内，本与惠民无干，因壤地相接，故有惠粮，此与惠有信粮者等。刘俊三竟冒认元素为伊先人，出首干涉，阻挠学堂。无论元素系刘姓无证，即果刘姓，旧地亦是舍施之义举，历数百年后如何可越境分地，毁已成之学堂。且惠粮银仅四钱有余，亦与所言舍地四十亩地粮不符，显系贿串刁赖无疑。近奉功令，庙产一律提入学堂，业经缪前令禀请立案。讵惠江令诬批按粮分地，致刘俊三挟私健讼，荒废学堂，贻害管理。生等查办学务，确有见闻，知贵局为舆论代表，恳请议长大人照章协议，转呈抚台大人核夺施行。

呈院汶上县光禄寺署正曹葆树等为学堂原款不敷复拟拨回学田以裕经费请愿书

宣统二年二月初十日

为恳请代呈事。窃自去年十一月间，本邑举人刘品卿等上书，愿将本邑南旺湖内之公款地五十九顷余拨归本县自行收租一案。查此项地亩，旧系汶邑圣泽书院公产，每年征收租价，以供书院膏火之用，于光绪二十一年经县尊刘禀明抚宪立案，以垂永远。嗣因湖田局创立，经局委员陶误将此地量入其内。续经县尊锡因普济堂及书院改建学堂，款项均不敷用，详请道宪将此项地亩饬局拨回，仍率旧章。蒙批地既归局征租，每年酌量应得租价，拨给京钱五百千文，以作普济堂及高等小学堂之经费。惟查兖州府东鲁书院，后改农桑学堂，亦有南旺湖内租地六十余顷，现已划出，由府经管收租，与汶邑学田情事相同。现因近年以来学堂日见扩充，而经费愈不敷用，更兼上宪催立农桑学堂、农林试验场及简易识字各学堂，次第举办，需款尤急。汶境地本瘠贫，实难筹措，因思此项地亩，当初垦之日，租价甚属无多，现此地久不蓄水，尽成膏腴，即照湖田定章每亩中等租价六百之数，每年可征京钱三千余串。倘得合浦珠还，自行收租，永可为学堂办公之助。职等再三筹议，舍此实难措办。为此复恳贵局代呈抚宪大人洞鉴愚诚，檄饬道宪划分地界，拨归本县，与兖州府农桑学堂一律办理，合邑绅民不胜感激祷盼之至。谨呈。

呈院泰安县附生王和正等拟请革除陋规津贴学款请愿书

宣统二年四月十八日

为革除陋规，津贴学款，公呈请愿，以期公私两便事。窃以公立学堂，经费本自有限，在泰安区域，人民又至贫瘠，请款而款无可拨，劝捐而捐无人依，屡思提本镇行捐，藉以挹注，奈其税金贴费，苦累已甚。又本镇分府衙署之用度，胥由集市行纪以供给。薪炭、食物，虽发价采买，其实值百给十，相沿已久，成例俨如铁案，偶有不随，枷锁济以鞭笞。矧为虎附翼，门丁之责讨靡穷，依势作奸，吏胥又浮索无已。似此各种情形，亦难逐一痛指。生等目睹行业之难堪，复何忍变本而加厉。幸有谘议局洞悉利弊，议革官价。为此王司马闻风承令，甘除积弊，将筹款之素愿可偿。乃行纪又要求靡已，谓学务之助款易任，彼胥吏之羁縻难释，数十年朘削，苟能一朝豁免，四百千津贴，誓愿每岁接济。情出至诚，伏乞核议，仰即详请抚院严饬下邑，使衙蠹无复逞威，命市侩赞助公益。倘得允准立案，出彼入此，该行纪马永公自盟感无限。因之补助学款，兴贤育才，在合境人民亦钦佩罔极。愚陋之诚，高明鉴焉。谨具请愿以闻。

呈院兖州府在省学生李庆施等为学务废（他）〔弛〕拟请整顿请愿书

宣统二年四月十八日

为兖州中学堂监督才不胜任，学务废弛，公呈请愿，设法改良，以图进步而重教育事。窃学堂为造士机关，监督综全堂重任，苟监督不得其人，堂中规则、课程必不能完善。矧中学为学堂中枢，办理一有不善，不特各属小学无可升之阶，即高等各学堂之学生，亦无所由出之地，关系何等重要。查兖州府中学堂监督杨宗岱，自莅堂以来，迄今三载，缺点实多，成效殊鲜。生等谊关桑梓，情难坐视，故特披陈请愿，设法改良，区区下忱，祈垂鉴焉。谨具请愿各节以闻：

一、中学腐败，拟请另委妥员设法整顿。该堂监督杨宗岱，于管理、教授一概不通，性复刚愎，凌乱学堂定章。即该堂现今功课而论，科学缺至数门之多，反令学生读小学韵语，肄习律诗，于科学教习不知商同本府延聘，但令旧班学生代为教授，敷衍从事。满堂嘈杂，秩序纷如。至考试一事，尤属离奇。该监督于平日既不督率著意教授，虚悬各科，竟以爱憎加减分数。季考榜示，因学生责难，往往更缮再四，奖劝之信用全失，学风堕落，至此而极。又尝招致宾客，与该堂教员乔洪钰昼夜酣饮，以为夤缘地步。至今春，学宪察该监督不能称职，业经撤差，乔某私自联名禀留，即为证据。且迷信太深，时于办公室内点燃香烛，祈祷膜拜莲池水蛇，以为大王出现，竟率学生排队迎接。酒后颠狂，佛经咒语，正色演说。妄谬至此，成何事体！

一、拟裁中学教员，添派科学教员。查该堂学生共八十余人，中学教员三人，按章监学由教习兼允，该堂监督又担任修身一科。从事教授者虽有五人，而于科学绝不通晓，仅能敷衍国文、修身、经学、中史四科而已。科学教员共二人，一系德国教士，仅能授外国语言文字，其余各科只有科学教员一人。文、实分科，章程既已颁布，国文、修身、历史、经学四科两班，每星期共二十八小时，两中学教员已可担任。其余各科，除外国文两班共十六小时外，而博物、理化、数学、法制、理财、图画等科，钟点尚有二十八小时之多，兼滋阳高等小学全班西学功课，科学教员一人不能担任。

一、须实行分科及与滋阳县小学分班教授。窃绎去年学部变通中学课程，分为文、实两科之意，实远宗宋贤分斋之法，近采文、实分习之制，俾专家学业早已分途，用意至深，奉行岂容稍缓。该学堂科学教员乏人，课程不备，仍复照旧敷衍，虽有分科之名，实无分科之实。且西学又全与滋阳高等小学同班教授，年齿既不相侔，程度又复悬绝，若准之小学程度，则中学阻碍前进，律以中学程度，小学又难追随。精神形式，妨碍实多。以上各节，皆系该堂实在情形，伏乞贵局核议，设法改良，不独生等之幸，亦兖州全学界之福也。

三、军　政

已奉批答案件

呈院钜野县田凌汉等请派兵弹压除盗安民请愿书（附札批答）

为呈请事。盖闻军旅权治乱机关，土匪实草野蟊贼。曹属民情强悍，又兼连岁失收，遂至伏莽四起，草木皆兵。前蒙朝廷廑念，简派云南提督夏督办兖、沂、曹、济剿匪事宜，驻节钜野。诸大宪同心戮力，克成厥勋。及准军南下，陆镇高升，时值库款奇绌，裁汰丁勇，贼势乘间抵罅，渐肆猖狂。吾侪拔本塞源，预防后患。况钜、郓毗连，盗匪勾结，更兼拳匪萌芽其间，倘使死灰复燃，定有燎原之势。盗风一炽，势将牵动兖、曹全局，不无绳锯木断之虞。近来抢劫之案层见迭出，县尊黄公（历）〔莅〕任以来，日夜焦虑，县队警兵，不足以资弹压。仰维贵局为全省橐钥，有建言之关键，惟有恳祈开议，呈请抚部院札饬防营亟力剿除，添派重兵弹压，庶流贼敛戢，闾阎久安，公感上呈。

奉札批答：为札覆事。据贵局呈，具请愿钜野县毕承郇、田凌汉、高文炳等，为呈请事云云等情到本部院。据此，除咨明曹镇并札饬地方官一体认真巡缉外，为此札覆谘议局查照。须至札者。

四、外　交

已奉批答案件

呈院阳谷县增生訾兰斋等为外人侵夺权利请愿书（附札批答）

为外人侵夺权利，请示限制，而杜祸源事。窃查洋人在山东者，分为两途，一通商，一传教。通商者，或在租界，或在商埠，各国订立条约，理宜遵守。传教者，劝人为善，载在约章，国家原不禁止。近来洋人在省城营业者，如日华公司、东亚书药局等，开设者日多一日，且与我商民杂处，然鸡犬之微，皆足启衅，宜使彼移至商埠，以符定章。而洋人传教于各府州县者，传教而外且买地治产，贷钱生息，动产与不动产一齐经营。其尤甚者，为阳谷县坡李庄天主堂洋教士，买地两千余亩，放账十余万串。以传教之人，而与平民争利，其宗旨已失。刻有阳谷县商人王之幹，揭教士钱两万余吊买卖，今已倒闭，变卖家产，还偿洋债。教士到县威逼，县令严追，过堂之时，皆用刑讯。若严追而仍不能清偿，恐教士借为口实，而交涉将愈形棘手。况此县（各）〔欠〕洋债者，不止王商一人，后来之事，何堪设想。凡洋商不在商埠、租界开设铺面，及教士放账买地者，所有违背条约之处，均宜严为禁止，预防隐患，而保利权。伏以贵局有保存本省利权之责，为此恳乞代呈抚院大人鉴核施行，吾邑幸甚，全省幸甚。

奉札批答：为札行事。案据阳谷县知县萧令启祥禀称：敬禀者。案蒙宪台札饬，以据谘议局呈据本县增生訾兰斋等禀，阳谷县商人王之幹，揭欠坡李庄天主教堂钱二万余串，教士威逼，县令严追，仍难清偿等语，并教堂置产放账各情形，令即查明据实禀覆等因。奉此，知县查接管卷内，宣统元年八月二十七日准县境坡李庄天主堂裴教士函送商人王之幹欠款清单一纸，并抄约二十二纸，嘱即传案讯追等因到县。前代理县吴令继高传讯未到，卸事。知县到任，差传王之幹到案。讯据供称，伊从前在县境开设银号，出入账项甚多。光绪二十六年间，坡李庄教堂贺教士因遭庚子之变，需款甚急，曾托人向伊通融，伊即设法借给，彼此颇有交情。贺教士旋即病故。卢教士接手，屡有往来，伊陆续借用教堂京钱二万零一百零七千文，均系立有字约，按期付利。至光绪三十四年，伊买卖空虚，银号闭歇。卢教士不令再揭钱项，伊陆续代人担保，又借得教堂京钱二万二千一百千，亦有书立字约。现在卢教士亦故，何教士来堂清理账目，逼令归还。伊因先后揭借，为数甚巨，一时未能归款，情愿将已产业地二顷余、宅房二处，变价抵还等语。当经知县饬差将王之幹愿抵田房查封备抵，一面将地逐一查丈，共有二顷五十一亩七分一毫，按照时值可售京钱二万串之谱，宅房二处共计五十间，可售二千余串。但能设法变价，足以抵还其自借欠项。惟查其陆续保借之款，共有欠户李文田等十七名，均系王之幹一人担保，亦应责令设法清理，饬其赶速筹办，并令将历年账簿呈缴查阅。讵王之幹一味迁延，亦不缴账。查讯王之幹系光绪二十九年由监加捐贡生，显系恃衿狡猾，当经戒责示儆，发房看管在案。兹奉札饬前因，查坡李庄教堂何教士来谷未久，语言不通，其通使费金标系寿张县庠生，当经知县往招来署，彼此晤商，并令其转达何教士，将前置公产及放账情形详细函覆，以凭核办去后。旋准何教士函称，伊在坡李庄设教，所有教堂宅基，及修盖堂宇之砖瓦窑场，并先后所置地十顷零八十亩，均系安老院及育婴堂所需之公产，并无别置地亩。盖坡李庄教堂素有安老院，安置聋瞎残疾之老人，亦有五六十人及七八十人不等。育婴堂均系幼孩弥月失怙，常有百余人及二百人不等，悉由堂中雇觅乳媪抚育，及至成童入学教养。又有春冬两季学堂，每季数百人。所有以上一切费用，全赖公产所出，每年所需尚缺十成之七，尤赖西国善士借给资本，出放利息，以补不足。此外又有三十八县所立学堂，多从此项利息支使。而坡李庄所得此项资本，仅止五万余串，每年出放利息不满六千缗，费用仍虞不足，全在节财惜费，方可敷用。缘西国借款，只能用其利，不能耗其本故也。所有王之幹欠款，仍请从严究追，饬其变卖田产抵还等情函覆前来。知县查何教士所称前置地亩，除建堂外，均系建设安老院及育婴堂并学堂之公产，并无别置地亩，委系实情。至查王之幹先后揭（久）〔欠〕教堂京钱至四万余串之巨，既有约据为凭，自应追款抵还，免贻外人口实。除将查封王之幹田产宅房饬令变价抵偿，并饬将保借之款设法筹还结案禀报外，理合先将查明缘由禀请鉴核等情到本部院。据此，除禀批“据禀已悉。仰即迅将此案妥速办结具报查考，并候分行司局暨兖州知照。缴。”印发并分行外，为此札行谘议局知照。须至札者。

五、交　通

已奉批答案件

呈院滨州副贡刘起鹗等请革除滨州黄河防汛积弊请愿书（附批答）

窃近来防汛，以民力补土夫之不足，原为节省经费起见，而小民实深受其害。自民夫看埝以来，有承防委员，有分防委员，尚不大扰于民，所居之处，不过追民供其日用器具。至其手下人等，则多方诛求，不遂其欲，少一夫则立加谴呵，得遂其欲，即无夫亦巧为遮掩。首事无奈，不得不饱其溪壑。此受害一也。又自开工以至撤防，每保五六村不等，地方官派保差一名为催夫用，而每日工食四五百文取给民间。撤防回城时犹须打点，统计一年所费，不下五六十吊。此受害二也。且看埝原为防水，当水势涨满，小民有身家性命之忧，自不能不日夜防守，又何待催促。目今现象，往往河水甚小，亦必催全民防守，旷日废时，妨碍农功，条河两岸之贫困，半由于此。拟裁去分防，但留承防委员，令其与首事消融官民形迹，联络办理，戒手下人等需索，各州县撤去保差，以各庄地方代办其事，河水甚小之时通融派夫，则民困可以稍苏。此沿河二十一州县人民密切之关系也。

奉札批答：为札行事。案据河防局详称：本年十二月初二日奉抚院札开：案据谘议局呈送滨州副贡刘起鹗，增生杜漶、冯以增等折开云云等情到本部院。据此，除分行外，合行札饬。札到该局，立即查明核议详覆，并转饬一体遵照。此札等因到局。奉此，遵经本局会同三游各督办，查得东省黄河，从前官守大提，民守民埝，职任攸分，本系各有专责。嗣因民埝一有疏失，大堤辄被波及，始令防营帮守民埝，相助为理。至光绪十三年，蒙前院张勤果公札饬各州县传谕各村庄，在于民埝搭盖窝棚，多派民夫分班驻守。自此以后，每年五月间于大汛将至之前，每窝棚定派民夫十名常驻巡防，平时填补溜沟浪窝，搜查獾洞鼠穴，遇有险工，防营则临河抢筑埽坝，民夫则巡查埝身隙漏，互相补助，立法极善。无如日久玩生，沿河民夫多不遵章拨派。邓道际昌前署齐河县时，曾经认真整顿，并拟稽查民夫章程十六条，禀蒙前院周通饬沿河州县一律照办，故至今齐河境内岁修窝铺均极整齐，民夫亦皆足额。历城、东阿、济阳、章邱等县，向由绅董设立总局，虽平时拨夫无多，而有事添拨，数尚不甚悬殊。其余各州县则参差不齐，甚有以老弱一二人驱往充数者，传呼鲜应，委员亦无如何。推原其故，亦自有因。各州县民夫，有按合境地亩摊赀，统交首事（顾）〔雇〕替者，有远处出赀，近处抽夫者。总之，权衡操自首事，其中洁身自爱者固不乏人，而假公济私者亦【复】不少。故少拨民夫，非首事见好于乡党，即系中饱其囊橐。迨事竣报销，(辙)〔辄〕多捏冒，以为掩饰之计，更有贿串书差，鱼肉乡愚之事。弊难殚述，无非首事之作用。该副贡刘起鹗等折开承、分防委员迫民供其日用器具，手下人等多方诛求一节，查委员各有应领薪水，到防时借用民间木器容亦有之，至于迫供日用，孰敢出此。仆从皆由委员发给工食，亦何至多方诛求。且员丁果有不法行为，如该副贡所云者，尽可随时禀请严惩，无所用其回护。又折开地方官派保差催夫，每日工食四五百文取给民间，撤防时犹须打点，岁费不下五六十吊一节。查催夫里差，每名向由承防委员日发饭食京钱三百文。至首事有无加给饭赀，委员不得而知。使里差果有需索情弊，则是地方官签差不慎，咎有攸归。该首事不难指名禀究，亦不当私相授受。又折开看埝原为防水，河水小时通融派拨，不必催上全夫，妨碍农功，并令委员与首事消融官民形迹，联络办理，严戒下人需索各节，自属确论，均可照办。惟裁去分防一节，查承防委员辖段较长，若无分防委员相助巡查，难免不顾此失彼。又撤去保差，以各庄地方代办其事一节，查地方承办公事，少或数庄，多或十余庄，且词讼钱粮，时须晋城听差，以一人而伺应多端，已觉奔走不遑，再派以催夫，恐难兼顾。况河工出险，安危系于呼吸，设地方一时不到，夫难骤集，势必贻误事机。若能专拨地方一名派司催夫，未始不可照行。统观该副贡等所陈，虽言论未尽可行，而其剔弊恤民之意，实甚可嘉。本局会同三游各督办反复核议，有谓应将民夫一律裁去以免浮言者，有谓民埝民守，乃其专责，当日以勇辅民，以民助勇，相助相济，乃能有效，遽将民夫裁去，则勇力单薄，倘有疏虞，谁执其咎。查邓道际昌前在齐河县任内所禀章程十六条，均属切实可行，若通饬沿河州县一律认真照办，则民夫可期整肃；否则即照历城、东阿、济阳、章邱等县办法，由公正绅董设立总局，水小时拨夫二人看守窝铺，大汛则上全夫，统归绅董经管，不假差役之手，并由各该州县酌定轮替规则及赏罚章程，以期不旷农业，而杜诿卸。其次则仍循其旧，惟通饬各州县慎选里差，严禁需索，有犯必惩，如被告发，并将该州县分别记过撤任，仍由三游各督办严戒委员、勇丁各守本分，倘稍扰累民间，立予撤差惩处。河工修防，原以捍卫闾阎，三游各督办身为监司大员，决不敢以保民之举，而使之厉民。第有治法，贵有治人，尤赖沿河各州县暨在事绅董，共相奋勉，互为稽察，勿存成见而蓄私心，然后联络一气，自无隔阂之患矣。惟兹事体大，本局亦不敢以蠡测管窥，而遽为规定，究应如何办法，理合具文详请宪裁，俾各循守，实为公便等情到本部院。据此，除批“详悉。查三游河防十八营，共勇丁三千四百余名，分防两岸千里长堤，春冬水小时尚可敷用，若至伏、秋大汛，必赖民夫协力，以资补助。承、分防委员分段驻守，亦因工程平险无常，非承防一人所能兼顾，均未便遽事更张，仍应照旧办理。至称历城、东阿、济阳、章邱等县，民夫上堤均归公正绅董设局经理，办法甚善。应由该局会同三游督办，转饬沿河各州县，自明年大汛始，一律仿照历城、东阿等县办法。汛期届临，只准委员函催州县，州县谕催绅董，不准假手差役，致滋需索。余如防汛委员或向民间借用木器，及家丁需索等弊，惟有责成各游总办随时认真查察，实力革除，以恤民艰，而期整饬。仰即分移三游一体遵行禀覆，并候行谘议局知照。缴。等因。”印发外，为此札行谘议局即便知照。须至札者。

呈院济宁全体绅学商界指陈改线利益并调查路线情形请愿书（附札批答）

谨将争路宗旨、改线利益并调查路线情形，开具节略，敬呈钧鉴。

计陈：

一、宗旨。国家建筑津浦铁路，本系通商主义。济宁争改干线，亦为兴商起见，但于保矿养路兼顾统筹，宗旨纯正，维系全局，故蒙全东赞成，四省响应。

二、办法。全济绅学商民坚结团体，誓死力争，百折不回。选派会员分赴曲、兖、邹、滕及宁、阳、济境一带，详细查勘，切实比较，绘具图说，禀求督办路政徐、沈两大臣，派员按图覆勘，实行改移济宁。并公举代表，北赴京、津，联合直隶、江苏、安徽、山东各省官绅群起援助，吁求谘议全局合力争持，务达改线目的，以挽路政颓局。

三、线折曲、兖之原因。前督办吕大臣拟定干线本经济宁，路工说略凿凿可凭，同乡京官咸知其议。自李革道德顺总办北段以来，贪私媚外，为人作伥，路权假手他族，工程尽仰鼻息。曲阜近山多矿，久为外人觊觎，故将第八段干线改划曲阜、兖州，纡回曲折，傍山依岭，以济其占矿之阴谋。弃置商场，曲徇德人，与所勘天津总站如出一辙。现德人照会外部，坚执让路不让矿之说，要求附路开采，侵矿之谋业已发现。曲阜圣脉所在，关系全国，乃不及此时改线济宁，为趋避保全之计，而拘泥李德顺失败之旧辙，工程【司】查覆之狡论，徒省迁移小费、改勘微劳，遂以敷衍代表，驳斥济绅，殊未就后日流弊而深长思也。

四、改线济宁之利益。自津镇废约以来，我四省官绅奔走呼吁，殚数载之辛勤，竭巨万之财力，必以收回自办、更名津浦者，无非为振商务、挽利权、便征调、策富强也。济宁地据形胜，代称重镇，环湖带河，水陆交冲，物产富饶，商贾辐辏，土货如枣、柿、花生、饼油、冬菜、布粮、皮革之属，贩运如绵纱、洋布、绸缎、杂货各品，调查运河通行时出入销数，每岁不下数千万两。若将干线改济，当较从前为尤胜，处常则运销利便，养路有资，有事则征调通灵，进退得据。就形势言，为南北之总枢【纽】，以商务论，实东省之中心点，乃津浦干路万不可少之区。不惟于全路营业裨益甚大，而一往平坦，近路无矿，既可杜外界之纷争，日后开、济路通，缩短程途，又可【省】大宗之工款。为济宁计，则商务可振，累世之重镇不至废弃；为全路计，则运输有资，津浦之营业得擅利权；为大局计，则近顾曲、兖，远筹开、济，亦有百利而无一弊。济人之争，岂果囿于方隅哉！

五、调查路线之情形。前经会员调查，曲、兖一线，自大汶口东南纡曲阜西南，折兖州，历邹县，以至滕县之界河，计程二百五十里。济宁一线，自大汶口经宁阳东郊，西南趋济宁，直达滕邑，抵界河，计程二百七十里。两线相较，改道济宁虽稍远二十余里，而曲、兖跨山越岗，曲折崎岖，河渠多至二十七道；济宁一往平原，岗崖不隔，河渠仅止九道，计其建桥、凿石之费，较二十余里远折之需，权衡无大参差，款项不至增巨。现在曲、兖尚未购地，邹县甫经开工，若蒙迅饬停工，速赐覆查，则改勘之费需款无几，迁移之劳事极易办。前此曲、兖、邹县踏勘修筑之开支，即使尽归虚掷，亦较比增修枝路之糜款一百六十万两所省多矣。既经详细调查，切实参考，远折之程途非有八九十里之多，加增之款项不至二三百万之巨，曲、兖之补益毫无，改济之利权甚大，务乞鼎力维持，转请督办大臣暨北段总办允准覆查，速赐实行，商矿、路政均受保全于无既矣。谨呈。

奉札批答：为札行事。宣统元年十二月二十九日准督、帮办津浦铁路大臣徐、沈咨：准贵抚部院咨开：案据谘议局转呈济宁全体绅学商界条陈津浦铁路改线利益清折一扣，暨调查路线图说二纸到本部院。据此，查此事前屡据济宁绅商禀请改线，均经咨会贵大臣，并准咨复，转行遵照各在案。兹据前情，除分咨邮传部外，相应备文咨会贵大臣，请烦查核，并希赐覆，以凭饬知。望切施行。计粘抄清折一扣、图说两纸等因到本大臣。准此，查此事前屡据济宁绅商禀请改线，迭经饬查咨复在案。嗣济宁代表袁景熙等到京先后呈递说帖、图说，经札饬北段总局详核。据该总局统筹全局，切实核议，改〈線〉线实多窒碍，仍照前议改修济宁枝路等情申覆前来。兹准前因，相应抄录原申咨覆，请烦查照，转饬施行等因到本部院。准此，除分行外，为此札行谘议局查照。须至札者。

计粘单一纸。同下。

复奉札批答：为札行事。宣统元年十二月三十日准邮传部咨：路政司案呈前准咨称：据谘议局转呈济宁全体绅学商界条陈津浦铁路改线利益清折一扣，暨调查路线图说二纸咨送到部等因前来，当经转咨津浦铁路大臣查照见复去后。兹准复称：查此事前据济宁绅商禀请改线，迭经饬查咨复在案。嗣济宁代表袁景熙等到京先后呈递说帖、图说，复经札饬北段总局详核。据该总局统筹全局，切实核议，改线实多窒碍，仍照前议改修济宁枝路等情申复前来，咨复查照等因。相应抄录津浦北段总局原申咨复查照，希转饬知可也等因到本部院。准此，查此事昨准津浦铁路大臣来咨，业经札行查照在案。兹准前因，除分行外，为此札行谘议局查照。须至札者。

计粘单一纸。

总办津浦铁路北段总局朱启钤、卢祖华为申覆事。案奉札饬，据山东济宁州代表袁景熙等先后呈递拟改兖、曲路线，纡就济宁说帖、图说，复函请早日决定办法等情，抄发说帖、图说，饬局议覆等因。奉此，查此案自前督办吕大臣任内，叠次采济宁士绅之议，札局勘筹，经派遣总工程司勘查由济南至济宁路线去后，复奉宪台札催从速议覆。旋据总工程司德浦弥勒报告，以干路纡绕济宁诸多窒碍，拟请另筑兖、济间六十里枝路以顺舆情，当经卑府祖华会同前总办段道书云据情禀覆，并绘呈路图。奉批：禀、图均悉。查本路干线，早经勘定经由兖、曲一带，且业经购买地亩，现在改由济宁，所有可以改修二线均有窒碍，自以另修枝路为宜。据称由兖州直达济宁，费省工易，而枝干仍联为一气，所见甚是。仰即函复四省公司查照等因在案。是此案关键，早在宪台洞鉴之中。启钤视事之初，适该代表袁绅景熙来津面谈，并准济宁州京官李郎中继沆等来函，均力伸前议。爰检局中前后禀陈档册，会合先后图说，按对原定路线，召集员司细加寻绎。复虑总工程司报告或有不能偏信之处，适沈道琪从山东查察路工来津，因询其身历所得，节节考求。旋据折称，众绅提议拟将奏定原线经过兖、曲者改经济宁，理想未尝不是。此议若发起于筹勘路线之初，原属可行之事，今则全路开工将近（三）〔二〕年，重大材料来自外洋者亦已购定，陆续将到。如忽翻前议，不惟已开之工，弃之可惜，定购之件，改议亦难，即测量、绘图、筹画、商订之事，须费一年时日。此节未定之前，全路不接之际，展转延误，亦须一年。因此之故，四年告成之期限，必须展迟二年，遂使全路少收二年之进款，借款多出二年之利息，出入比较，损失绝大。又原定路线，由大汶口经兖、曲至界河，计长百七十二里，拟改之线，由大汶口绕济宁以至界河，其里数虽未经实测，然据图估计，及按勾股法截算，应在二百五十里左右，实【增】长七十里。此段地形，每里工筑费须二万余两，合计需款约二百万两。且此线系南北指，经过河流均东西向，泗河、洸河、沙河、白马河诸大水不但无法避过，反须移至下游，河身较宽，桥费愈重。（既）〔即〕就购桥涵洞而论，线既较长，应造桥洞，亦断不能较少矣。虽济宁一州实绾运河两岸附近城市村镇商务之枢纽，惟既筑铁路，则运河以西之货物，向之必趋济宁者，将趋于最近之车站，以图便利。独运河以东无铁路可附者，乃仍经济宁耳。济宁既有枝路，足供输运。铁路之输运，不能与江河并论，江河有大小，铁路无大小，非干路输运便，枝路即不便也。总之，改造此线，无益于兖、曲，亦无益于济宁，徒为全路增长七十余里，用款既增，时期亦误。此路为借款修筑，似非其宜等语。该道熟习工程，为当时推重，所陈必有见地。启钤等旁征博采，再四筹思，窃以为以上所陈，犹不过就兖、济之比较及北段线由济南、滕县间之关系而言，未尝计及全路大局也。时至今日，铸错已非一端，兴工亦非一处。全路险巨之桥梁、重要之材料，早经向洋厂定造，业已分批运来。一议改道，则川流之支（派）〔脉〕殊形、河梁之长短距离，万难强合。原定之件，弃置不用，是谓虚掷款项；重新购造，且需时日。本路受病已深，议改议辍，最为工事之大忌。即不就款项、时日而论，而铁路所趋，即大利所在，济宁士绅为乡土争衣食之源，诚为好义之举。苟兖、曲明达士绅愤主事者强改原定路线，私于济宁，亦将奔走鼓吹，揭大义以相诘难，又将何辞以答之？且全路经历四省二千余里之地，兖、曲问题而外，其他路线未必更无出入之处，万一人人本乐利之心，争为改线之请，持之有故，言之成理，则全路告成期于何日？此不可不知者一也。济绅谓路局鳃鳃，以糜款废时为虑，因发挥铁路原理，归本于商务，厥论诚伟。然本路沿革之历史，及北段先后之失计，虽不能力盖前愆，亦断不能漫贻再误。盖昔日津浦之约，受损甚深，十年争持，改为津浦，所挽回者已多。急者既救于目前，则缓者只待夫补缀，于是兖州、开封之线，德州、正定之线，乃迫我以十五年之期限矣。合同南北分段之范围，即征英、德权力之轻重，虽借款、造路分为两事，用人、购地权自我操，而工程时期仍不免为所限制，抵补之方，惟有工作早竣，车路早通，贯南北为一气，振我实利，始足以尊我主名。原议四年竣工，十年还款，国家于路约权宜因应之中，昭昭在是，悬此目的，以励我官绅之急图自拔也。若再如前此之设施，举措不定，早令夕更，议论是非，道谋筑室，则工程司且将以听候解决为辞，不负责任。夫二年之工，成就仅如目前，四年之限，已恐其不能如期。苟及今尚不为惜时之计，一事之阻滞，一议之发生，即多糜一宗巨款，以为事理愈进而愈明，而德华银行三百万镑之借款，已日见其朒矣。今时迫款空，焦皇方始，惜时与省费皆目前受脉之方，当亦四省公司士绅所共认而赞成者也。况德州、正定之斜线，兖州、开封之横线，皆在十五年期限之中。如不惜时，则正路未成，何暇谋及他路。如不省费，则干路尚须加筹，枝路尤非易易。且本路多延误一日，即少收一日之进款，南北之运道未通，济宁一隅之商务，亦岂易规复。盈虚比较，相去几何！偿款之责，四省任之，果有余力，何妨别启蹊径，以求实益。此不可不知者又一也。启钤等熟思深计，不敢以兖、曲原线为非误，不敢以济宁绅请改为不当，惟设计既误于先，筹改更深其害，一之为甚，岂必欲愈出而愈歧，此所以不敢附和主张之故也。再，近接晤济宁代表袁绅景熙、李绅其庄，详细讨论，并将以上情形开诚相告。该代表亦深知路事之难，不以过于审慎为非计。且士绅之维持路政，原本诸公溥之心，不无私毫成见。窃以为改线之议既多窒碍，则枝路之修亟当筹及。启钤等请更进一说，以图便干路之工程，谋济宁之急利，莫如迅勘兖、济枝路，同时并举，以期速成。盖兖、曲之间，河运渐艰，耗款特甚，泰山一带，山径险巇，转运不易，势必待泰安南来之路陆续告竣，然后开车载料逐渐寸进。若用河运，则外洋材料当由青岛附胶济铁路至济南，始复由洛口装载民船，循运河萃于济宁，用大车输送工地。然则若能速成济宁枝路，则兖、曲工事得此枝路为运道，其便利不可胜言。而此路早成，济宁商务尤先受利益，亦所以偿济绅责望之热诚也。惟添筑此段枝路，预算增费百六十万两，经前禀声明在案，是否可行及如何筹款之处，究系关系四省大局，似非惟济宁一州之事，尤未便由局擅拟。伏恳鉴核，采择施行。须至申者。

呈院东阿县举人高绍和等为黄堤决口灌淹东省请愿书（附札批答）

为陈请转呈事。窃直省开州境临黄堤，自五月末旬决口，灌淹东省濮、范、寿、阳、平、阿六境民田，上、中两游北岸大堤，亦因急溜冲刷，屡出奇险。各属灾黎于七月间由县具禀转详各宪，求堵决口，当蒙河防局批，仰地方官督率绅民，先行设法撤消积水，勿使久淹为患，致误种麦。蒙抚宪批电咨直督核办等因在案。至九月中，各境见水势加大，恐误种麦，专人赴开调查堵口情形，始知近水口门二十余丈尚未动工，缘直省官绅有报山东帮工之意，是以坐视，迭次内灌而不急兴工。迨十月间，中游大堤突出大险，当经东阿县主督率附近村民齐出夫料，协同河防营，历十余昼夜，修筑迎水坝三道，仅保暂时无虞，而一带堤根，已冲成河势，所栽柳树多有坍去者。嗣蒙抚宪调拨防营赴开帮工，各属灾黎始有复苏之望。不料防营旋回，系因彼处料柴不足，大工中止。伏思临黄堤埝，实为大堤之藩篱，民田之保障。急行堵闭固属抚宪本意，而现今六属田庐仍前昏垫，倘能于来岁正月上旬彻尽底水，方可稍种春麦，以延残喘；若迟至正月始行动工，则合龙需时，彻消积水又需时，实恐缓不（及）〔济〕事，堤险民困，均有不堪设想者。若谓彼处现无料柴，又值年节伊迩，势难急于开工，然为万民拯溺，自不当以年节【推】诿。至料柴一事，不办则已，办则咄嗟可致。且水势消涸，尚易合龙，若待来春开工，一但汛发，定难为力。举等地处灾区，艰苦亲尝，为此具情直陈，敬求贵局转呈抚宪恩准，迅速施行，不胜恳迫翘盼之至。

奉札批答：为札行事。案据谘议局呈称：窃本局兹据东阿县举人高绍和等以直省开州境临黄堤，自五月末旬决口，灌淹东省濮、范、寿、阳、平、（阴）〔阿〕六境民田，至今口门未堵，积水难消，恐误春麦等情呈送请愿书前来。本局遵照局章第二十一条十二项收受，业经公同协议，除将原稿备存外，理合照录原文，缮折呈报。为此呈请裁夺施行等情到本部院。据此，案东省津贴工款银五千两，请饬速为堵合各在案。兹据前情，除再电请直督部堂查照速办并分行【外】，为此札行谘议局知照。须至札者。

计粘抄原电一纸。

天津陈制台鉴：顷据东省委员电禀，孟居庄漫口现已盘做里头，开州库拨五千两业经用罄，仅余东省津贴五千两，请示发给等语。查此项银两既经东省认给，已饬即行照发。惟现值岁阑，即工料充足，犹恐土夫停工，且进占收窄，亦恐淘深，加以冻土，尤为可虑。请电饬高牧，先将两坝里头盘定，相机堵合为妥。闻此工所短正料甚多，如能将高村洪庄官堤存料协济应用，尤为救急，并请电饬大名道转饬厅汛随时拨用，以免停工待料。如椿绳不足，可由东省上游（仅）〔尽〕力接济。现在东省谘议局又递请愿书求速堵此工，庶可不误种麦。灾情迫切可想，务请我公迅饬照办，不胜盼祷。真。印。

呈院东阿县举人高绍和等为直省堤工既塞复决请愿书（附札批答）

为再请转呈事。窃去岁十二月举等呈递请愿书，恳求呈院求堵决口在案。嗣阅覆局札文，据前情电话直督查照速办，并分行饬催。举等感德之下，渴望竣工，以出沈灾。不料灾孽深长，该工于今岁正月二十六日开工，至二月二十三日始行合龙，即于是日滚埽三站，仍复开决。举等专人赴开调查情形，据云合龙深水处所尚未冲坏，断缆滚（扫）〔埽〕者系南头水浅一段，再堵此口较前甚易，但现无存料，恐躭延日久，合龙深水之处再为冲坏，则所费更巨，成功益迟。东省一带冲成河势，灾民固秋麦两空，坐待死亡，而北岸大堤，亦无计可保伏、秋两汛之大险矣。举等情知两省上宪关心民瘼，决不稍任延缓，致废前功。第念六境田庐市岁沈溺，生长兹土者自不得避烦渎之嫌，缄口待毙。为此仍恳贵局转呈抚宪电咨直督，并分行东省该管委员协力认真督饬，速为堵合，以拯民困而保堤险，实为至便。尤有陈者，前番堵筑系从河岸动工，决堤口门拟俟断流再堵，此后两处所需之料，请饬作速办到，无令河岸合龙后再办塞堤之料，致河水出岸，堤口未塞，再有失期误工之虞。又闻前番滚埽，系因匪人潜断系堤绠缆所致，否则一律之缆，深水处尚未断绝，而南工头水浅溜小，何能自断？并请于咨直电内，请饬开州牧严查匪人，以防不测。至堤工告竣，土料初合未固，防险又当时吃紧。凡事先期绸缪，则易为功，后事追悔，则已无济，此一定之势也。举等受灾切重，不得不再请贵局转呈抚宪，迅速饬催堵筑决口，协力严防，以除水患，则堤险民困，均有转机矣。举等不胜翘企待命之至。

奉札批答：为札行事。案据谘议局转递东阿县绅士联名公具请愿书，请咨直督部堂转饬速堵开州、孟居庄漫口，以拯民困等情到本部院。据此，除据情分别咨行，并先电达督办孟居庄漫口孙道钟祥知照外，合将电稿照抄札行谘议局，即便转行知照。须至札者。

计粘抄电底一纸。

开州孟居庄孙道台：昨接津电，知执事督办堵工，定卜克日告竣，盼慰殊深。顷据东阿县绅士联名呈由谘议局转递请愿书，请速堵孟居漫口，以拯民困，并云前次滚占系匪人潜断缆绳，请严为防范等语。除咨北洋外，特此电知。蒸。印。

呈院东阿县举人高绍和等为直工将竣急图善后请愿书（附札批答）

为恳请转呈事。窃举等于年前十二月及今岁三月两次呈递请愿书求堵直工，均邀贵局转呈之力，蒙抚宪咨饬之恩，至今合龙有期，来源将断，灾区感情，莫可名状。但来源既大，出水出门亦极宽深，筹堵此工，实非灾区民力所能及。日昨专人赴直调查堵口情形，据云五月初一、二日即能合龙。以水势揆之，至初十日后出水口门（此口在阿境北岸大堤附近之张家庄，由此泄水入黄）即当断流，稍缓不堵，黄水骤发，势必从此灌入，直奔中游大堤一段险工，势甚可虞。而寿、阳、平、阿，上及濮、范数境，民田仍旧灌淹殆尽，此等情势，想已在抚宪洞鉴之中，无俟举等渎陈。第此出【水】口门泄尽来水，即当急堵，虽需银不过千余两（趁水不出入之时，此款可望竣工。若待内灌，则需款巨矣），而灾民淹有田不获实，已无从筹款。举等明库帑支绌，筹拨非易，特念此口不能急堵，则东省水患仍不能免，而上宪数月之经营均成徒劳。是急堵此工，实直工告竣后之第一要务也。为此恳请津贴银一千五百两，并请派委督办，以图善后，实为至要。再，寿【张】境之梁家集一段民埝，因河岸坍近埝基，今春退修月埝数十丈，然退修无几，而坍塌不止，仍恐难保伏、秋（雨）〔两〕汛之险。倘此处失守，水势北趋大堤，由高奔下，势甚汹涌，亦不独民田之受害也。若于坍塌处所预筑迎水埽以遏急溜，似可永保无虞。否则，调拨防营，进守民埝，相机修防，以严大堤之门户。再饬寿张县督催民夫（长）〔常〕川助防，则一带民埝如铁（璧）〔壁〕铜墙，数境民田可免沈灾，而大堤亦得远闭重关，异常牢固矣。此与前陈筹堵出水口门，皆系直工善后要图，是以举等不避烦渎，披沥直陈，恳祈贵局转呈抚宪大人恩准拨款派委，急堵张庄口门，并筹防梁家集险工，以图善后而除水患。不胜翘盼待命之至。

奉札批答：为札行事。案据该局转递东阿县举人高绍和等公具请愿书，以直隶决口合龙有期，来源将断，拟将东阿县境张家庄出水入黄口门堵筑，民力未逮，请发津贴银一千五百两，委员督办，并寿张县梁家集民埝坍塌险要，请筑迎水埽及饬县筑防等情到本部院。据此，查所陈各工是否均应修筑，应如何酌给津贴，除饬上、中两游总办会议详办外，为此札行谘议局，即便转行知照。须至札者。

呈院寿张县附生葛含章等为灾常民苦公恳拯救请愿书（附札批答）

为灾常民苦，公恳移文直隶，急塞决口，以救民命事。窃自去年春旱，麦禾歉收，小民均布种秋禾，不意于五月间，西南直隶开州大埝开决，水势顺流而下，不惟濮州、东阿、阳谷、范县、寿【张】均受其患，即全堤亦大有溃决之势，所以生等一百一十八庄秋禾全被淹没，当经各庄长呈报前任何县尊案下。查被灾者一百一十八庄，缓征者八十七庄，未缓者三十一庄。但上源决口，堵合无期，迄今平地仍属一片汪洋，若不恳恩设法急堵，水患日甚一日，小民之嗷嗷，将何以堪。纵使厚其赈济，缓其征税，恐民间亦难免流离之苦。况生等地居寿张，正当下流之冲，不但目下为可悲，即秋禾之布种，亦无望矣。伏查谘议局章程第二十一条第十二项，贵局有收受人民请愿之责，为此恭恳贵局代呈抚部院察核施行。不惟濮州、范县、东阿、阳谷、寿张均感盛德，而（金）〔全〕堤亦大有裨益矣。谨禀。

奉札批答：为札行事。案据谘议局转呈寿张县附生葛含章等联名具请愿书，以直隶开州决口为害，请咨催速为堵合，以除水患等情到本部院。据此，查开州孟居庄漫口，前由东省津贴银五千两，堵而复决，复准直督部堂来电，另估工程银二十万两，请东省协济五万两，当经本部院由藩运两库各筹银一万两，交上游姚道带往帮同照料，速为堵合在案。兹据前情，除咨催直督部堂转饬迅速办理，并行姚道查照外，为此札行谘议局，即便转行知照。须至札者。

六、实　业

已奉批答案件

呈院博兴县王宜琨请整顿农林学堂积弊请愿书（附札批答）

谨按高等农业学堂之定名，理合养成高等学生，期于卒业后分派各府中等农业学堂以司教授。但初办时因无中等农学卒业学生递升，遂权招一高等预备科，即该校甲班，程度与中等相当，冀于卒业后直升高等，以符定章。现在该校甲班将近卒业，所有高等班应用之牧畜场、制造场、肥料场均未建造，并各场应用之机器均未购备，高等教习亦未延请。是该甲班卒业之后，不升学则不符定章，升学又未曾预备。而监督漫不加察，复招一中等预备科，即该校乙班，程度与小学相当。试问此校是高等耶？是小学耶？抑中等耶？诚所谓不高、不中、不小，有名无实之农校也。以愚观之，该校之高等班，应由该校之高等预备科递升。因各府未立中等农业学堂，欲造就中等学生，须权设一高等预备科，其学生应由各州县之小学卒业生取录。俟各府中等农校成立后，该校即可不设高等预备科，所需中等学生，由各府中等农校卒业生内考取。此一定之次第也。试详言该校之积弊：

一、农科教习杨锡光系马监督之门生，东洋三年卒业，被马招来者也。以三年卒业生充高等学堂教习，其新学之浅陋且无论，于演讲时则以“褐”作“接”，以“罹”作“罗”，种种错谬，枚不胜举。其学生佥惮马而弗敢上禀。再察其品行，则日宿于宝玉堂、刘宝琴两娼家。品学如此，尚与以高等教习之权限，给以八十两之薪金。近日监督又与以副教务长之名，并加薪金二十两。窃思该学【堂】教务长既有一王绅景禧充当，何必更置一副教务长。宜整顿者一。

一、查本省东洋农学卒业学生，年限过短，学识太浅，悉不堪充该校高等教习。若更延洋人，则学生不能直接听讲。若用翻译，则农学名词又非普通翻译所素学，每于宣讲时十不通一，只含糊其词，或囫囵还囫囵而已。如此敷衍，于经费虽似稍省，然办而无效，虽省实费耳。窃思该校甲班将近卒业，农学知识已有根底，拟请按其卒业名次，每班派十五名赴东留学，以养成高等教习。所有经费，可否饬该校撙节冗费，淘汰冗员，或将乙班归并高等预备科，所剩之款提拨此游学费十分之五，余由游学项下酌量拨支，或电驻东钦使留学生有无缺额。其余学生或留堂干事以资熟手，或派充农务总会及分会各差，或饬提学司、劝业道酌量派充各科诸员，试其所学，不致虚縻百万之款，养成一班无用学生，为各州县建设农学之影响。宜整顿者二。

一、按学堂奏定章程，蚕科原无高等，乃马监督竟冒然请款数万，办一蚕科高等。此方办起，忽奉到学部札文，言蚕科不能独立，勒令将此高等撤（消）〔销〕。为监督计，宜商明提学，改为高等蚕业研究所，或改归农科。乃忽忽度日，不为学生之光阴惜，不为学堂之款项惜。学生原无班次，安得安心上课；教习原无定职，安能安心教授。如此敷衍已数月矣，虚縻款项万有奇矣。宜整顿者三。

一、高等蚕科今年五月间始行开学，于去年七月间已将三年卒业之高等教习纪慕陶聘到，每月支薪金一百五十两，统计其无功食禄之日期已有一十二月，计其虚费之款项已达二千两。及至开课，则主要功课概不敢任，遂嗾马监督另延一东洋教习任之，月支薪金一百七十两。纪某则自择各门科学之容易者而任之，所讲讲义无一不与已习之中等功课相同。学生以此诘之，彼则曰：咱们将就将就，你再听听我的，更加详细，岂不是好？伏思身为高等教习，月縻高等薪金，不能授人以高等知识，而以将就为词，此何说也！今者高等蚕科业经被驳，此项教习即有学识亦归无用，况无学识，何不亟为裁撤。此宜整顿者四。

一、去年请款数万建筑之高等蚕科讲堂，仅能容青州府卒业学生，不知该校蚕科卒业后，又将置于何所？或将请款再造欤？抑不令此项学生升学欤？请款再造，必另添一教习，虚縻更多。且所筑之理化室，今年五月间始告竣，遂将新购之宜器共值五千金置于其内，乃于今六月间梁断屋倾，将宜器压于其内。不知建筑时孰司其职，倾圮后宜孰任其赔也！此宜整顿者五。

一、校内管理各员，除斋务长刘灏泉常川驻堂外，余则悉驻城内，校中除学生及夫役人等，几无一人，不知成何事体。此宜整顿者六。

一、试验场常年经费一万两，并有沃田数百亩。此项地亩之出产及经费，除学生试验及种地用之肥料、人工养马用之草料由此支发外，余无支款名目，乃场务长汪某同内收支何某朋比为奸，私立名目，吞以自肥。场中试种经年，不见收获物之所在，访之下人，则云送马大人若干，某大人若干，汪某、何某自用若干，窃公共之物为奔走之资。而场务长汪某自奉津浦铁路差委之后，终年以来未经到场。是支薪金之场务长，分土产之场务长，而非办事之场务长，安用此场务长为！况奉劝业道明文，已与该校合并，则校内收支即应管场内账目，又何必更留此何某为！场内支项可按月张榜，如有浮冒，准人告讦。至校内收支处浮冒虽多，但所做之账甚是严密，亦宜援试验场收支处张榜之例，以祛弊窦。此宜整顿者七。

以上理由及办法共八则，是否有当，伏乞谘议局核议，转呈大宪施行。

奉札批答：为札行事。案据提学司详称：案奉札饬，据谘议局议长杨毓泗等呈送博兴县人王宜琨请愿书，为整顿农业学堂积弊一案到本部院。据此，查农业学堂岁縻巨款，自应力求实际。所陈各节是否确实，合行札饬。札到该司，即便确切查明，并遵照部章切实整顿，详报查考等因。并抄粘原呈一纸到司。奉此，当即遵照原呈所指，逐一调查，并咨会农业学堂监督知照。兹准覆称各节，本署司复加查核，谨为我宪台分晰陈之。原呈称高等农业学堂因初办时无中等农学卒业生，遂权招一高等预科，即该校甲班，近将卒业。所有高等班应用之牧畜、制造、肥料各场及应用之机器均未购设，高等教习亦未延请，甲班卒业后无从升学。监督不察，复招一中等预科，即该校乙班，程度与小学相当，谓为不高、不中、不小，有名无实之农学等语。查东省农学原乏根柢，当时骤办高等学堂，竟无合格之学生，诚有如原呈所云者，是以权招中等甲、乙（丙）〔两〕班。本年甲班卒业应升高等，遵照定章须用洋文直接听讲，明年补习课程应以洋文为主课，是以仅延洋文、数学教习。其建场购器诸事，业经布置，明年陆续告成，即为甲班升学地步，尚非漫无预备者可比。现又添招中等新班，照章非高等小学毕业不准预考，是即合格之中等正科，与前招之乙班不同，阶级分明，似尚非有名无实者。至所陈积弊七条，第一条云高等教习杨锡光系马监督之门生，三年卒业，新学浅陋，演讲时以裼作接，以罹为罗，错谬滋多，并有宿娼情事，近又以副教务长之名加薪金二十两，教务长既有一王绅景禧，何必更置副长等语。查农科教习系杨熙光，非杨锡光，该教习偕东省诸生赴日本留学时，马编修实充留学监督，率同前往，于诸生均有师生之谊，何独私于杨熙光一人？杨熙光现充中等教习，并非高等。虽学程止有三年，未必深造过人，絜短较长，该教习已属优胜。且性情谨愿，实无溺于荒游之事。至所谓演讲错谬，乃系字音偶误，尚非字义不明，若必为音学之研究，则接、罗二读似转不得谓之误矣。至近兼副教务长一节，委因王绅原充优级师范监督，近又兼谘议局副议长，无暇兼顾，而校核课程，非有一人司之万难就理。杨熙光既充教习，情形谙练，是以派兼是差，稍给津贴，较之另派生手，费省而得力多矣。第二条云东省日本农学卒业生学识太浅，悉不堪充高等教习。若更延洋人，则学生不能直接听讲。若用翻译，则专门名词又非普通译人所谙。拟派中等甲班卒业生赴东留学，养成高等教习，款由堂中筹拨等语。所陈颇有见地，筹画亦甚明白。查上年赴东诸生，于农业毫无基础，未能有优异之成绩。今议以本堂卒业【生】派赴日本，其造就自当较胜。惟本堂经费定额仅敷支用，无冗可省，此事尚须另行设法。至原呈又有乙班归并之说，则功课既非一致，委系窒碍难行。其各学生之出路，则将来各府、直州中等农业学堂成立，需材孔急，深恐尚不敷用，无庸汲汲代谋也。第三条驳高等蚕科等语，业已遵照部文改为农业教员养成所，详蒙宪台批准有案，毋庸置议。第四条云高等蚕科本年五月始行开学，教习纪慕陶已于去年七月间骋到，所讲讲议无一不与学生已学者相同，主要功课概不敢任，乃嗾马监督另延一东洋教习任之，虚縻薪金，即宜裁撤等语。查纪慕陶并无其人，殆即指蚕科教习稽伟而言。去年因（会）〔绘〕图建筑、购备器械、编订课程颇需时日，是以延至今年春季开学。稽伟系该科卒业，诸般筹办，尚无贻误。高等初立，先设预科，学生程度所限，该教习自无主要功课可任。至另骋东洋教习，原拟先令教授理化，俟开本科时再令兼任缫丝。是添骋洋员另系一事，与稽伟无涉。稽伟第一次上课，学生曾谓与旧所学者相似，该教习第二次上课即已重编教授。自改为蚕业教员养成所，稽伟即自行乞退。因装置丝厂未竣，非谙习者不能安置合法，是以留至年终工竣方准辞差，无俟更议裁撤。第五条云去年请款建筑之高等蚕科讲堂，仅容青州府卒业生，不知蚕科卒业后，置学生于何地，或将请款再造欤。新筑理化室今年五月告竣，六月间屋梁倾断，毁损宜器五千金等语。查本年请款建筑讲堂之容量，原拟每班三十人，足敷三班听讲之地，规模虽不宏大，然本堂卒业升班亦尚宽绰，无须再造。至夏间赶筑之理化室，因天气不时，忽遇大雨，屋梁倾折，损物价值约四百余元，幸理化宜器尚未移入，当饬承修工人照赔。彼时尚未交工，自有该工人重新【建】造。即交工后，尚有三年估限之合同，可以责令赔修，无庸过虑。第六条云校内各员惟斋务长刘灏泉常川驻堂外，除学生及夫役等，堂中竟无一人等语。查堂内各员，惟庶务长王仁廙于本年七月送入法政学堂夜班听讲，不常驻堂，亦无日不到办事，尚无贻误。其余各员虽家在城内，亦均常川驻堂，不独刘灏泉一人也。第七条云试验场常年经费一万两，并沃田数百亩之出产，除支款外，皆为场务长汪某与内收支何某分吞，藉公共之物，为奔走之资，宜按月张榜，以祛弊窦等语。查该场常年经费自有报册可凭。至田地虽有数百亩，学堂占之，种树养桑占之，其余试验之地收获无多，每年所卖树秧，所收梁豆，均存底账。且何姓原系司事，在该场购物登账，并无内收支名目。惟查该司事恒因病不到场，早已撤退。至谓收获之物分送监督，无论监督尚知自爱，不屑为此，农产之物，何贵取盈，此又不待（办）〔辩〕而自明者。至汪场务长在千佛、马鞍、燕子等山经理林业，此未能逐日到场之原因，而办公尚无废弛。现时财政，除季报、月报外，更有五日报，其中逐细开列，无俟按月张榜，方足以昭信实而祛弊混。至所谓某大人者何指，所访下人又系何名，以及做账浮冒等词，此则攻讦者之恒词，无实迹可指。以上各节经本署司详细调查，委无歧异虚饰。惟是东省高等农业学堂告成甚早，而中等以下之始基未立，殊有策驽追骏之虞。开办之始，铺张形式，诚不免糜费。现该监督力求撙节，目下该校情形较前数年已稍有条理。本署司惟有会同监督，恪遵学部定章，由渐改良以精神，为实地之进步，固非旦夕之际，骤能改观，尤非一纸空言，所能塞责。至局外之讥评，虽非真相，而他山之攻错，实所愿闻。所有遵饬查明整顿积弊缘由，理合据实条覆等情到本部院。据此，除批“详悉。所陈各节自属实在情形。惟农业为富强本计，造就人才必须实地练习。该司等素来办事实心，仰仍随时随事认真研究，于课程则逐渐改良，于款项则力求撙节。校内诸生益当各自奋勉，努力向学，庶于东省实业前途渐期进步。已据详行谘议局查照矣。仰即知照。此缴。”印发外，为此札行谘议局查照。须至札者。

呈院沂水县候选州同刘文骧等为矿委违章蹂躏乡民请愿书（附札批答）

为恳请转呈事。窃沂水西南乡红石桥附近素产沙金，前被德华采矿公司指定矿界，采勘有年，居民大被扰累。幸至去年七月，德商合同踰期无效，又蒙贵局及同乡京官协同力争，始将茅山以外四处矿界概行作废。沂邑绅民莫名感颂，正拟筹集资本，照章试办，藉挽利权，无如该处矿地于光绪二十九年有托名逸信社主孙延杰者，价买百二十六亩，由劝业道萧派人经管，以备届时开采。邑人刘福亭、薛思忠等先后禀请承办，皆未照准。去年十一月间，劝业道札委何府经乃文来，至该处逸信社地开矿月余，挖井五处，按照二成或四成抽提不等，共得金十一两七钱，该委员仅以四两九钱上报，有工头孔昭灼为证。本年二月复来开采，仍用著名金匪、屡经拿办之孔昭灼充当工头，恃势作威，强开民地，有地主陈姓呈控足据。所带队勇十六名，队长鄷某擅用刑讯，荼毒居民，有张姓、刘姓等均被讯责百余军棍。又县尊罗令亲往查验，队勇多人胆敢在县尊轿前凶殴陈廷治等，几至毙命，均已呈验在案。尤可骇者，罗县尊将传队勇审讯，队长率众持枪装弹，势将谋乱，罗县尊因恐激变而止，有何委员眼见足据。初五日不知何事回省，队勇漫无约束，猖獗尤甚，附近各村民不聊生。缘该矿厂距小庵庄百余步，距石桥庄、叶落沟、小良水三庄皆二三百步。村民出入，遇辄毒打，以致人心惊恐，不堪其扰。查矿务正章第四款内载，矿务委员不得擅自裁判。第二十六款内载，履勘矿产，须先商业主，不得丝毫勉强，致起争端。第五十四款内载，倘无该业主切实允许，不得在本宅业产界线外一里之内施工。又附章二十七条告发开矿人条款，有与业主不合，及鱼肉乡民等件。该委员未领部照，遽尔强挖民地，践伤麦禾，私用刑讯，蹂躏乡村，殊与定章不符。伏思矿业为富强之基，但使上可裕国，下可利民，无论官办绅办，在劝业道宪本无成见。与其派员办理，因隔阂而弊害滋多，何如令本地绅民公举殷实绅商承办，由劝业道派员稽查。所（以）〔有〕国家红股、地主红股，照章均按二成五抽提，如有隐匿，严行惩罚。如此办法，官民两便，商业均利，既合定章，亦顺人情，较之官办实为允妥。为此据实上陈，公恳议长大人鼎力维持，去一邑之祸害，保地方之利权，迅赐据情呈移抚宪，转饬劝业道宪，按照官督绅办之法，撤回委员及队勇等，改派委员商同公正绅董妥为办理，以保闾阎而辟利源，无任感戴铭刻之至。此呈。

奉札批答：为札覆事。案据谘议局呈送沂水县绅士刘文骧等请愿书内称，县境逸信社金矿一案，拟请官督绅办等因到本部院。据此，查此案详细情形，前经札委朱道照驰往查明，并委该道为金矿总办，遵照矿章奏明办理。所请官督绅办之处应毋庸议。为此札行谘议局转致沂绅等查照。须至札者。

计抄朱道原禀一件。并单。

朱道照禀：敬禀者。窃奉宪檄，据劝业道及沂水县禀矿务一案，并据该县社长范鸿印等具控，究竟因何纠葛，饬即前往查办。又奉札饬，以此矿现暂停工，惟地利不可久弃，应如何严定章程，不准稍有阻挠〈者〉，著一并妥为筹划，克期禀复各等因。奉此，当经禀请派委汪令锡康随同前往，叩辞起程，均于三月二十四日驰抵沂水县，接见该县知县罗令经权，详询一切。一面调查案卷，博访舆论，复督同罗令、汪令赴矿地一带周履确勘。盖此案起衅之由，因陈廷治之争地，而实则造端于范鸿印之争利也。查何府经乃文奉委办矿始自上年，彼此相安无事。今岁重来，虽未与罗令晤面，曾经致函到县。罗令据其来函，于二月二十六日出示晓谕。乃范鸿印始则谓委员之非真，继则控工头之跋扈，意在染指，一再哓哓，均经罗令明晰批示，志不得逞，而大利所在，垂涎仍未能已。适工人于逸信社以外之地开挖两井，陈廷治谓系伊之祖业，范鸿印遂藉端纠领多人与矿局为难。据供仅止十人，并未持械。现在矿局人役均已回省，无可质证。然事不干己，出头寻衅，实已百（啄）〔喙〕难辞，乃复以不实不尽之言，上渎宪聪。按抄发原呈内载，如强开民地，践伤麦木一节。查所开之井，皆在逸信社及洋人所租地内，惟新开两井，陈廷治谓系伊产，现在因此争执，已另单禀办。至于附近，惟逸信社之地为多，此外民田尚远，皆无践踏痕迹。又队长酆姓毒打平民一节，查张姓行近金矿，为勇驱逐；刘姓即刘殿襄，擅进矿内，为该队长所责查。队长虽有弹压之权，然涉及居民，并不禀明委员核办，径自棍责，究有未合，现经撤差，已足示惩。陈姓即陈廷治，县卷验单，仅左耳轮抓划伤一处，嗣经罗令访明，系范鸿印同夥之人误伤。其时范鸿印同来多人，与勇队彼此揪扭。范鸿印请罗令将勇带城究办，勇丁不服，思散则有之，谓为谋乱，实属谬妄。何委员回省以后，该县即派县队夏福盛等数名，在该处弹压。询据面称，局勇并无滋事及殴打樵汲之人，居民之言亦同。是范鸿印所控各节，除刘、陈两节外，余皆子虚。乃以与已无涉之事，藉端出头，纠众寻衅，实属利令智昏。现经罗令、汪令当堂诘问，俯首无词，本应从重究办，姑念一经会讯，尚未狡展，从宽戒责，革退社长，以示薄惩，而儆效尤。除具永不滋事保结，附卷备查外，其呈内列名之黄治太等，或未到案，或勉强附和，均请免究。至罗令一禀，意在自占地步，与委员毫无成见。匆遽之间，措词稍欠斟酌，现已深自追悔，毋庸置议。目下天暖昼永，正易工作，诚如宪谕，地利不可久弃。且（上）〔工〕人因中道停工，赔累不堪，皆尚在（被）〔彼〕守候，时不可失，亟宜再举。应如何严定章程之处，职道管见所及，拟议十余条，与罗令、汪令再三推敲，意见相同。所有查办金矿一案情形，是否有当，拟议章程有无可采，理合禀复鉴核训诲，实为公便。

又禀：敬再禀者。查陈治廷争执之所，低于平地，而高于河滩，在逸信社地两段之间，虽情形似非官荒，而询之土人，已十余年未见耕种。且陈治廷所呈印契庄名既不相符，亩数又复歧异，且无四至可考，实难凭信，是官荒民地，两无依据。再四熟商，拟请比照邻地价值如数发县，转交该庄办理公益。此地即归矿局管业，庶矿局不居白占民地之名，亦可杜刁民影射之渐。是否有当，并候训示遵行。

呈院邹平县商人孟昭文等为减价勒买请愿书（附札批答）

为减价勒买公呈请愿，以除积弊而恤商艰事。窃银号钱业本为市场金融机关，邹平自去年王大令逢上下忙解银时，传知各商号分认摊派，各商号赔累不堪，以致纷纷倒闭。今春洪大令到任以后，时值上忙解银，仍传各商号，用强制手段，羁留县署，声言堂讯。吏役门丁百般恐喝，勒令买银五千两，比照市价，每两须减少四五数有奇。邹平地瘠民贫，商业不见发达，市镇商号，类皆小本经济。现在银价陡涨，市面窘迫，银项短少。商人赴长山、周村镇买银，往来费用颇巨，加以银价赔数，每两约赔钱一百余文不等。现值岁景荒歉，生意萧条，商人已颇难支持。讵意县令贪心未已，近又传到各商号，当堂严讯，勒令买银一万二千两。商人等无力负担，未便承诺，均被责押。值此重商时代，民间交易完纳，每藉商号以资通融，若常此受累无穷，势必致商人寒心，商业颓败，于国计民生，必多窒碍。伏阅贵局议决维持银号议案，各州县不得减价勒买，致累商业，经抚部院批准在案，仰见除弊恤商之至意。商人等情急莫诉，为此呈请贵局照章协议，设法挽回，以袪积弊而恤商业，不胜祷盼之至。谨上。

呈院寿张县马清科等为按亩派盐擅行短称请愿书（附札批答）

为按亩派盐，擅行短称，恭恳转详，以除积弊，而恤民隐事。窃查上年贵局提议盐务议案，蒙院批，严禁勒派、栽私、短称等情，业经通饬在案。讵敝县尊逯仍行按亩勒派，每季每亩派盐一斤四两，合计全年每亩派盐五斤整。既系官盐，即与商盐（逈）〔迥〕别，凭借官势，搀泥和水，几至污杂不可食。且由县总局发给领盐执照，注明每铜元一千取盐十一斤，而发出之实数仅八斤、九斤不等，民间之亏累莫此为甚。此敝县盐务之实在情形也。伏查谘议局章程第二十一条第一项议决本省应兴应革事件，而敝县盐务之勒派、短称，有违严禁，当在应革之列。为此恭恳贵局，为体恤民隐、革除积弊起见，代呈抚部院察核施行，则阖境绅民不胜呼吁待命之至。并将取盐执照、领盐总条粘验。谨呈。

奉札批答：为札行事。案据该局呈称，窃本局据邹平县商人孟昭文等以减价勒买，寿张县民人马清科等以按亩派盐，擅行短称各等情呈送请愿书前来本局。遵照局章第二十一条第十二项收受，业经公同协议。除将原书备存外，所有请愿各缘由，理合照抄原文，缮折呈报。为此呈请抚部院裁夺施行等情到本部院。据此，查寿张盐务利弊，现据该县具禀，已经督办盐政处所派主事陶埙等到县逐细调查，开具清折，汇呈督办盐政大臣。马清科等书内所陈各情，是否属实，应即静候督办盐政大臣核办。据呈前情，除将孟昭文一案另行布政司、劝业道查办，并行运司查照外，为此札行谘议局，即便转饬知照。须至札者。

呈院寿张县监生薛殿魁为勒派盐觔请愿书（附札批答）

为呈请建议事。窃查谘议局报告书内所载盐务办法，一确定盐秤，一酌定时价，一严禁勒派、株连，约束巡役。及奉大宪批答，如严禁勒派、株连、约束巡役等事，功令具在，官商奉行不力，日久玩生，重为民害，深堪痛恨。今欲力图整顿，必应严申禁令，候即公布施行等语，至明且尽。方幸得出水火，共睹天日，颂声之作，闾里无间。奈前月二十二日，敝县尊发出春季派盐执照，与领盐总条，令里中按地分食。每季之中，每亩派盐一斤四两，被水地亩折半减派，严为勒限，力加比催。遇有以报告书所载严禁勒派为词而稍事理辩者，即故作威福，谓本县不知谘议局，焉知报告书，如不照数领取，开单堂讯。是派盐之苛，不减于昔日，而比催之急，更甚于往年，水益深而火益热，其何以堪。况执照内载，铜元一千取盐十一斤，而其盐友所发，实数不过九斤、八斤，至有六七斤不等者。似此弊端，莫可言状。生等思此一县赤子遭此残殃，诚为足惜，而尤邈视功令，貌视大宪批答，及邈视贵局报告书，实于立宪前途有大阻碍也。是以不揣冒昧，谨此奉闻，伏祈贵局议长大人核议，转呈大宪饬催实行，则敝县均蒙再造之恩于无既矣。谨禀。

奉札批答：为札行事。案据该局呈送寿张县监生薛殿魁等请愿书一扣，并取盐执照、总条三十九纸等情到本部院。据此，查寿张盐务利弊，前据该县禀，已经督办盐政处所派主事陶埙等逐细调查，开折汇呈。派盐一节，是否扰害间阎，自应静候督办盐政大臣核办。前据该局转呈孟昭文等请愿书，业经明白札知在案。兹据前情，除行盐运司外，为此札行谘议局【即】便查照，一并转饬知照。须至札者。

未奉批答案件

呈院高等农业学堂蚕科学生振兴山东蚕业请愿书

宣统二年十一月十二日

世界华美相竞，年甚一年。蚕丝价值，同文明进化之潮流，而日趋于优胜。日本区区岛国耳，(目)〔自〕日俄战后，各实业家经营蚕业，以培国本，国民谚曰：邦家命脉，系于纤纤之蚕丝。观明治三十二年统计表，其桑园面积居耕作地十分之六强，其蚕丝输出额及丝织物输出额，居全国输出总额百分之三十五。吾东省面积约有六万五千一百四方英（哩）〔里〕，土地如是之广，苟以十分之一二创办桑园，每岁增入必成巨款。只因振兴无人，民力凋敝，家无蓄积，邑鲜盖藏，更兼数年以来，害虫旱魃，屡告灾祲，小民之困苦颠连，尤属不堪言状。斯时欲苏东省之民困，辟绝大之利源，使东省生计渐裕，虽有偏灾，不为大害，当以经营蚕业为惟一之目的。盖东省地势气候与养蚕最为相宜，若能实行创办，则获利甚厚，收效又捷。况桑树为深根植物，蚕业在室内经营，纵使年不顺成，旱干水溢，有蚕业以济农业之穷，民力尚可以支持。是推行蚕业，实为救贫救荒之良策。无如东民之经理蚕业者，饲育不谙新法，病理又弗讲求，拘泥旧见，迷信鬼神，长夜漫漫，忍此终古，遂使天产之美利，郁积而不能发达，被外人抵隙投罅，遂萌欣羡掠夺之心。如日本农学士吉池庆正调查中国蚕丝业，著为论说，谓中国蚕病之猖獗虽可悯，蚕业之衰颓虽可悲，然譬诸沉睡之狮，狐狸犬彘皆得作福狎侮之，一旦金风怒吼，起而奔腾于中原，则百兽皆将震慴而不能动。由是观之，中国蚕业有莫大之实力。又如峰村喜藏氏视察中国蚕业，著为复命书，谓中国天赋富源为宇宙冠，欲逐鹿中原，侵蚀我国之蚕业地，相助改良，因以改造土货，而吸取其精华。由是观之，东省蚕业若不经理，则莫大之利权，又将为外人所夺。内顾生计之艰难，旷观蚕业之趋势，更实证诸外界之风潮，美利之获取，可知东省之兴办蚕业，视各实业为尤急。当此立宪时代，竞争生存。诸公皆热心桑梓，关怀民瘼，凡关国计民生者，谅筹之已熟，用敢不揣固陋，効一得之愚，谨陈振兴蚕业之方法，以备采择。

一、调查各府州县之状况，以为改良及兴办之根本。按各国创办一事，每先行调查，博考周知，立为基础。日本农商务省，亦定有临时工场调查，及临时农业调查制度。我山东蚕业，各州县情形不同，有已有者，有未有者，已有者宜改良，未有者宜创办。须参用其法，先为调查，以收先知后行之益。

一、各府州县宜创办农桑中学堂及初级农桑学堂。欲蚕业普及，必先储通达蚕业之人材，而后普及蚕业之教育。查农工商部札，限两年内各州县均须酌设实业学堂一所。如以山东气候、土质经营蚕业，无地不宜。各府县无论创办何种实业学堂，均须添设蚕业一科，以广教育而兴利源。又查兖州府及青州府每年各由提学司拨款银四千两设立农桑学堂，若各府仿照青、兖二府办法，则中学堂可(用)〔刻〕期成立，不数年而蚕业之人材蔚起，足敷普及蚕业教育之用。

一、开短期蚕业讲习所，以补人材之不足。按中等实业学堂须五年毕业，山东实业待兴，直有缓不济急之势。各州县宜设短期讲习所，专以实习栽桑、养蚕、制丝为目的。毕业后回乡兴办蚕业，不数年后，各州县蚕业必大有起色。欲蚕业之普及，此端尤为紧要。

一、各州县农桑会宜广植桑苗，以为普及蚕桑之基础。桑叶为养蚕原料，桑树不多，蚕业何由发达。宜令各州县农会择地数亩，专栽桑秧，并雇桑工接成湖桑或鲁桑，每年分派各乡，或酌取微资，以供秧桑之（贵）〔费〕。不数年则桑园遍野，蚕业之发达，可拭目以待。此实为普及蚕业之要务。

一、农会须用确明农业蚕业人员，以备经营蚕业者之顾问。按蚕业初兴，农家未经验者，虽知利厚，而无从著手。故佛兰西立有农业顾问会，德意志立有经济评议会，而日本设有巡回蚕师，以备顾问。宜仿照其法，凡农会中均应酌用明于农业之人，以备养蚕家之顾问，庶一人能收一人之用，不至虚耗公款。

一、开蚕业演说会，以触动人民企业之感念。事业之成立，关于企业之切否。欲养成国民企业之性质，须先使确知蚕业之利益。宜设立演说会，讲演栽桑、养蚕之法及其利益，并择浅近易晓、确有实验之蚕书，印造分散，俾识字及不识字之农民，尽晓然于蚕业之确能致富，并浅近易行，则企业之心愈切，而蚕业可望发达。

一、实行蚕桑奖励，以图蚕业之进步。查法兰西重视蚕业，每收茧缫丝多者，各有奖励。日本蚕丝共进会亦有奖励。又查劝业道种树章程，成活万株者赏给功牌。宜仿照种树章程，栽桑多及收茧多者，皆奖励功牌。其有组合团体，设立公司者，宜特别许以利权。若专卖蚕种，专卖桑秧，并力为担任保护。如此则足以启发国民之思想，而蚕业日有进步。

一、整顿蚕丝，以收巨利。按蚕丝之利，增进无限。如临朐一县，每岁产生丝二千四百余箱，每箱一百斤。特以民智未开，拘守（留）〔旧〕法，不求进步，加以生丝抽税，弊端滋生，阻塞贩路，故产额不见增加。若加改良，则产额与价值，可增加一倍。若山东各州县尽如临朐，则利源之辟，何可限量。

蚕业总会分年筹办说略

第一章　名　称

第一条　本会定名为山东全省蚕业总会。

第二章　会　所

第二条　本会所即设于全省农会之中。

一、全省农会为节省经费起见，亦不必设立专局，于山东高等农业学堂附设可也。

二、将农会分为三部，一部专研究农业，曰农业总会；一部专研究林业，曰林业总会；一部专研究蚕业，曰蚕业总会。

第三章　职　员

第三条　本总会监督，即以高等农业学堂监督充之，他项职员或以本堂教员充之，或另派人充之，然非受农、林、蚕三科完全教育及声望素孚者不可，至职员人数之多少，临时酌定。

第四章　目　的

第四条　本总会以改良及扩张山东蚕丝业为目的。

第五章　事　业

第五条　本总会为发达前条之目的，应筹事项如左：

第一年

一、调查各州县，何州县宜于蚕业，而设蚕业分会。

二、设立蚕业高等及中等学堂，为各州县蚕业中小学堂升进之阶，以造就完全人才。

三、调查内外国养蚕、制丝之方法，出产之场所，生丝市场之状况，及关于蚕丝业之重要事件，而编译蚕业杂志，以开通蚕业界之智识。

四、关于蚕丝业之保护及奖励事件。

五、凡各分会关于蚕丝业上之质问，本总会必举所知以对，不知者（发）〔登〕报研究。

六、提倡蚕丝业之公学及私学。

七、关于蚕丝业技术教师之（价）〔介〕绍。

八、调查各分会办理之良否而定赏罚。

第二年

九、调查各分会所制之蚕种及蚕种专卖家所制之蚕种之优劣，优者准其应用，劣者去之。

第三年

十、设女子师范，养成各分会蚕业女子小学校之教员。

十一、代买各分会关于蚕业之物件。至代买之规则，临时酌定。

十二、设收买改良生丝所，使各县改良之生丝，不致困于销路。

第四年

十三、奖励组织关于蚕丝业之共同事业。

十四、奖励关于蚕丝业发明合理之器械及关于蚕业教育之书籍者。

十五、定不预防关于蚕业上之病虫病原之法律。

十六、办事年满之职员，考其成绩佳者，奏奖以鼓励之。

第五年

十七、调查各分会生丝及生茧审查之良否。

第六年

十八、禀请农工商部厘定税则画一之法。

第七年

十九、设生丝检查所。

二十、图扩张海外之贩路

第八年

廿一、设品评会及共进会。

廿二、组织全省械器缫丝场。

未有蚕业地蚕业分会分年筹办规则

第一章　名　称

第一条　本会定名为山东全省蚕业分会。

第二章　会　所

第二条　本会所亦设于山东全省农业分会中，与农业、林业鼎立研究。

第三章　职　员

第三条　本会之总理亦须受农、林、蚕三科教育者充之。

第四章　目　的

第四条　本分会以创办一县蚕丝业为目的。

第五章　事　业

第五条　本分会为发达前条之目的，应筹事项如左：

第一年

一、设立蚕业小学堂。此项学堂若经费足，可以专设，否则与农、林合办一小学堂，而分科教授亦可。至该学堂教员，即以分会总理充之。

二、设试验场，以试验栽培桑树之方法。此场以县中之官地或庙地皆可。为急于见效起见，须将试验场地养实生桑苗十分之七，湖桑或鲁桑十分之三。

三、劝各农家养实生桑苗，多少可听其自便。至桑种，或令农家自已物色，或本分会代买，皆可。又须劝养湖桑或鲁桑若干株，以备他日接穗之用。

四、报明总会，颁保护及奖励章程。

五、蚕业之公学及私学，须报明总会以提倡之。

六、调查一县之风土气候及一年所办之事宜、所出之生产额而报明总会，以备查核。以后每年仿此。

七、设蚕业白话报。

第二年

一、设蚕业传习所，此所即附设于蚕业小学堂可也，以一年毕业。

二、设模范蚕室、杀蛹干茧室，及制造蚕具贮藏箱，购买蚕种。

三、教民间分栽桑苗法，至间作或专作，听其自便。

四、令小学堂及传习所学生实习接桑、饲蚕、制丝、制种、杀蛹、干茧、贮种、打包事宜。当实习时，务令农人参观，说明浅近之理及方法。

第三年

一、设立乡镇试验场，养湖桑或鲁桑十分之四，养实生桑十分之六。

二、设演讲所，以城立传习所之毕业生充当所员。

三、令演讲员演讲接桑之法，教民实行接桑。

四、蚕业小学堂须多制蚕种，以备明年分售各乡镇之传习所。

五、于秋后设立乡镇蚕业传习所，以城立蚕业传习所之毕业生充教员。

六、调查各镇乡传习所之教员及演讲员之成绩。

第四年

一、发蚕种于各镇乡之传习所。

二、令各镇乡设简便蚕室及一切蚕业应用之器具。

三、教民整理桑树之法，演讲员任之。

四、令各镇乡传习所之学生实习养蚕、制丝、制种事宜，实习时亦令人参观，将其理由及方法随时说明。

第五年

一、本分会售卖蚕种于养蚕家。

二、教民间家屋改良，造简单杀蛹干茧器。

三、令演讲员演讲合理的饲育法，教民实行饲蚕。

四、本分会制造一切蚕业所用之器具，而分售于民间。

五、劝民组织蚕丝业共同事业。

六、蚕种专卖家若受总会之审查，亦准令民间购买之。

七、代买关于蚕丝业之物件，此指本会所不能制造者。

八、令设蚕病收容器。

九、令演讲员演讲杀蛹、干茧、贮茧、制丝、制种、打包之方法。

十、民间不能自行杀蛹、干茧者，令乡镇传习所为之杀干。

十一、收买生丝而转售于总会，使蚕业家之生产不困于销路。

第六年

一、令民行蚕室蚕具消毒法。

二、有组织共同事业者，本分会报明总会而奖励之。

三、设女子小学校，教员即以女子师范毕业者充之。

四、调查民间所制之种子，若能应用即令用之，否则令其向分会购买。

五、颁行不预防蚕丝业之病虫病原之法律。

六、调查制丝水当用何法改良，令演讲员报告民间。

第七（节）〔年〕

一、行生茧生丝之审查，以求养蚕家成绩之良否。

二、代民间所制之生丝而受生丝检查所之检查，不愿者听。

三、设蚕业银行。

四、颁总会所厘定画一之税则。

第八年

一、出品于品评会及共进会。

已有蚕业地蚕业分会分年筹办规则

至名称、会所、职员与前项分会同，勿容赘述。

第四章　目　的

第四条　本分会以改良及扩张一县之蚕业为目的。

第五章　事　业

第五条　本分会为发达前条之目的，应筹事项如左：

第一年

一、设小学堂传习所、试验场，并购买蚕种。

二、设模范蚕室、杀蛹干茧室及改良蚕具。

三、学生实习。

四、调查原有之生茧生丝额及气候风土等而报明总会。

五、提倡公学及私学。

六、颁保护及奖励章程。

七、令民养实（在）〔生〕桑苗。

八、凡民间有疑问，本分会必举所知以对。

九、编译蚕业白话报。

第二年

一、设各乡镇传习所及试验场、演讲所。

二、教民行古桑改良整枝法及分栽桑苗，演讲员任之。

三、令民间改良家屋，造简单杀蛹、干茧器及关于蚕丝业一切之器具。

四、令民间改良饲育法及制种法。

五、令乡镇传习所学生实习，实习时亦令民间参观而说明理由及方法。

六、令养蚕家设蚕病收容器。

七、令演讲员教民间行杀蛹、干茧、贮茧、贮种各法及乡丝改良。

八、调查各乡镇演讲员及传习所教员之勤惰。

九、本分会审查民间所制种之优劣，优者准其应用，劣者去之，令购本分会蚕种。

第三年

一、令民间行消毒法。

二、代购蚕丝业之物件。

三、劝民组织蚕业共同事业。

四、教民间用改良人力车缫丝。

五、收买改良之生丝。

六、令乡镇传习所学生实习接桑，兼令民间参观。

七、令演讲员教民间接桑法。

八、蚕种专（买）〔卖〕家若受总会之审查，亦令民间购买之。

第四年

一、有发明蚕业合理之器具及关于蚕业教育之书籍者，报明总会而奖励之。

二、教民间行新桑苗整枝法。

三、有能组织共同事业者，报明总会而奖励之。

四、令演讲员教民改良缫丝水。

五、颁不预防蚕丝业病虫病原之法律。

第五年

一、行生丝生茧之审查。

二、设蚕业银行。

第六年

设女子学校。

第七年

一、民间所制生丝代为受生丝审查所之审查，不愿者听。

二、厘定画一税则。

第八年

出品于品评会及共进会。

呈院滕县岁贡杨正伦等为折盐肆虐请愿书

宣统二年二月二十四日

为呈请建议事。窃滕县自光绪初年，乡有裁（证）〔诬〕食私盐之弊，被其害者往往倾家败产。尔时贡等前辈见而寒心，遂不觉挺而走险，乃向公盐店领折食盐，以为不食私之据。孰意一入陷阱，永难拯救，欲远害而害弥长矣。每月若干斤依为常例，不许退折。其初盐之斤两尚与无折者同，亦无他费，不过按月领取，不得自由活动耳。不数年而店役忽然勒索酒钱，且尊大其辞曰：节礼。每年三次，不许较白。又数年梁公上任，比无折之盐顿减一半，甚有一斤只予二三两时，至今遂为旧例。约计一县之食折盐者四十余家，自立折时至今三十余年，其中之贫富孰能永保，即至饔飧不给，而盐店犹逼令取盐。似此苦楚，曷能甘忍。为此恳请贵局建议，转呈抚宪大人鉴裁施行。

七、财　政

已奉批答案件

呈院滕县内阁中书郑叔芸等拟请整顿税务请愿书（附札批答）

为呈请建议事。窃以立宪以保民为本，保民以除弊为先。滕邑近有困民、困商之弊二端：一在税契。滕之远年白契已尽行投税，是以去年收税独多。而上宪往往藉去年以比较，以为州县之考成。而州县官因投税渐少，难符旧额，遂启告讦之端，即诬告者亦批以丈量差查。不知差役下乡，需索骚扰，实所难堪。夫既有官中以纠察，有官纸以限制，置田产者谁敢匿而不税。况章程载，新置田产须在六个月投税，业户孰敢越此期限。而户书须俟次年正月方予过割，过割后仍按册催其税契。迨乡民持此已税之契到房质证，而户书差役之勒索又多一层。应请上宪饬各州县该管房随税随割，以除书差重行需索之弊。此困民之弊，宜亟除也。一在酒税。自筹款以来，酒税加至三次，近每池缴税京钱一百六十八千。盖谓烟酒非日用所需，则收重税可也。既收重税，则开闭听其自由可也。今则有歇业二三年而仍纳税者，缘近来委员遇添池则许之，遇减池则不许，【遂】令无力之酒商身入牢笼，而不能自脱。应请上宪改订章程，令歇业者随时缴税闭歇，不得于歇业后仍令纳税。此困商之弊，宜亟除也。除此二弊，民商之力，庶可稍舒。是否有当，伏候贵局大代表裁度建议。

奉札批答：为札行事。案据【筹】款局详（开）〔称〕：前奉札开：据谘议局呈据滕邑绅士内阁中书郑叔芸、候选知县黄宝晋等请愿书内称，滕邑酒商今有歇业二三年之久仍令纳税，请改订章程，闭歇后不得再令纳税，以舒商力等情。（今）〔令〕即查明该县印委原定酒税数目是否照章办理，有无歇业至二三年之久仍令纳税等弊，据实详覆，毋稍徇隐，切切。此札等因到局。奉此，本局即经檄饬兖州筹款分局会同该地方官，按照该绅士等所称情节，确切查明，据实禀覆去后。兹据该局、县会禀称：知县等会同确查县境酒税一项，向来烧户最多，自查办以来，先则商家隐匿不报，或池多报少，并有意存取巧。奸商甫开即闭，闭后复开，无非图省税捐，以（随）〔遂〕其一己之私。叠奉宪局明定章程，委员认真查【办】。时至今日，虽未能有酒必税，然较诸创办之初，似已隐漏较少。此等情形比比皆是，不独县境一处为然也。至呈报歇闭之家，民间烧酒皆于秋稼登场后，乘粮贱农闲开烧呈报，迭经委员勘查，即应报入应税之内。至次年春间，粮价既逐渐增昂，购粮亦间或未易，往往有〈等〉奸商图省税款，辄即呈报闭歇，而其实秋冬雨季所烧之酒，已敷一年销卖之数。是以复经前局宪核定，凡有此等取巧酒商，概令完纳一年税款，必须验明毁池撤场，实在不烧，始行准其歇业。此又各处酒商通病之实在情形也。奉饬前因，确查县【境】酒商，并无报歇二三年仍令纳税之户。该绅士郑叔芸等既未明白指出被困之家，究竟其意何居，诚未敢妄加测度。惟查有石头集郑德全字号酒商一家，掌柜人刘玉亭三十一年认领四池，三十二年因南粮歉收，求减二池，三十四年私增四池不报，经知县时骐会同前署县姚令传讯罚办，禀明有案。该绅士所称困商一端，或即指此。但查原办已属从轻，似亦宽而不扰，理合将查明情形会禀鉴核等情前来。本司道等覆核无异，理合据情详覆鉴核饬遵等情到本部院。据此，除批示外，为此札行谘议局查照。须至札者。

呈院朝城县自治研究学员岁贡贾铭恩沥陈行税弊端请愿书（附札批答）

为沥陈朝城行税五弊，恳求贵局转呈大宪施行。

一、棉花行课程银八十六两四钱。

一、斗行课程银一百五十八两七钱二分八厘。

一、牙行课程银六十一两二钱九分六厘。

一、牲畜税一百二十四两六钱。

以上四项，应解之数共四百二十八两整。每年〈除〉浮收【除】应解外，约有三分之二，捕署分肥京钱三百五十千，余归县署自用，于本地公款毫无利益。又本地方地丁漕米征收制钱一半、铜元一半，近来通兴铜元，制钱短少，人民购买制钱，铜元一千仅买制钱八百，富者尤易，贫者甚觉困难。应解之银色官不自买，每年派钱商代买，抑勒价格，不按市价。钱商赔累不堪，歇业者甚多。现象若此，仅即所知者约略述之，其未知者，容俟查明，再行续陈。

奉札批答：为札行事。据筹款局详称：案奉札开：案据谘议局呈称：自治研究所学员岁贡贾铭恩请愿书，沥陈朝城县行税五弊〈一端〉，一棉花行课程银八十六两四钱，一斗行课程银一百五十八两七钱二分八厘，一牙行课程银六十一两二钱九分六厘，一牲畜税一百二十四两六钱。以上四项，应解之数共四百二十八两整。每年浮收除应解外，约有三分之二，捕署分肥京钱三百五十千，余归县署自用，于本地公款毫无利益。恳求转呈大宪施行等情到本部院。查前项税课，于额征之外，任意浮收，已属不合，况有官吏分肥情事，虚实均应澈查。除丁漕一节，已行藩司查复外，合行札饬。札到该局，即便查照，派员前往，秉公确查，据实禀由该局详候核办，切切。此札等因到局。奉此，当经札委曹北筹款分局候补知县狄令绍梁确查去后。旋据该员禀称：窃蒙（扎）〔札〕委，以奉札饬，案据谘议局呈称，据自治研究所学员岁贡贾铭恩请愿书沥陈朝城县行税五弊一案，令即秉公确查，据实禀覆，以凭详办等因。奉此，遵即饬赴朝城县，按照该学员所陈各节，先在四乡集市逐一访查，继向各经纪详细讯问。所有查明实情，敬为陈之。查各行经纪承办集会各行税课，恐有宵小窃发及地痞土棍藉端滋事，向于县、捕两署求派差役赴场弹压，每年于税额外，津贴县差饭食京钱一千吊，捕署差饭【食】京钱三百五十吊，多年相沿，几成例款。惟自光绪二十九年编审加增课程后，凡有牙欠银两，即由县署垫解，每年已为弥补银百金上下。至光绪三十四年，复行编审各纪课程，又行加增，年虽额定银四百二十八两，各纪实仅缴银三百六两四钱二分四厘，计不敷银一百二十一两五钱七分六厘。再加火耗、解费、车川等项，年共实垫银一百五十两，皆由县署津贴一千吊项下易银补解，下剩不过京钱三百六七十千文，各役分用，数亦寥寥。至该学员所称棉花、斗牙、牲畜等四行及完纳课税银数一节，查该县只有棉花、斗牙等三行，并无牲畜独行。所称课税银数总合尚属相符，分计则此多彼少，（相）〔想〕系传闻之讹。知县体察行情，综核收数，虽较定额多加数百千文，亦无三分之二之多。况出各经纪乐输，又为津贴县、捕两署差役弹压饭费，迥非任意浮收、官吏分肥者可比。究应如何办理之处，理合分晰开具清折，禀请鉴核详办，并祈俯赐销差，实为公便等情到局。据此，本局查委员所查各行认缴课程，与光绪三十四年编审报局之案，分析则数有参差，综核则并无歧异，其所称牙欠无力完纳，仅缴实银各细数，除牲畜并无专行外，余均与请愿书所陈数目相符。惟额税之外，复有津贴县、捕两署之款，虽（严）〔较〕课税不及三分之二，而岁缴京钱千串，为数已多。所谓弹压稽查，已为收陋规之习用。以此借口，安禁士绅之訾议。至谓牙欠未完，应资弥补，其花行、斗行欠款，均须由牙行津贴项下垫解办理，亦殊涉迁就。何若事归实际，永革陋规之为得耶！本司道等悉心筹议，以牙行课程原属杂赋，乃国家行政之费，固不能任其中饱，亦未便移作地方办事之需。该县花、斗两行既系疲累，而牙行独能于正课之外，复出津贴一千串，是此盈彼绌，情势较然，宜莫如通案更定，将花、斗两行即令其照向完之实数缴纳，而以牙行津贴一千串，即按时价合银，加入该行课程之内，均作定额，庶于正课有裨，商民无损。至其城市斗纪二十二名，【及】棉花行供应絮花，牙行承办牛猪，虽迹近于差徭，而现时公费未定，州县赔累难支，暂准照旧办理，似亦一时权宜之举。所有遵饬查明朝城县行税情形及拟议办法，是否有当，理合抄折具文，详请鉴核批示祇遵等情到本部院。据此，除批示外，为此札行谘议局查照。须至札者。

计抄清折一扣。

谨将委查朝城县牙、斗各行公私款目，逐条开折，恭呈宪鉴。

计开：

朝城县：

一、棉花行共领局帖四张，每年共额定课程银一百二十六两九钱二分五厘。每年秋冬监押犯寒衣所需絮花归该行承办，每斤子花例价百文，每年需花三五百【斤】不等，该行应赔垫花价百千上下，其余别无丝毫花费。现因民间皆业草帽（缏）〔辫〕，纺织之户无多，棉花滞销，来贷亦短，该行纪颇形困苦。前年换帖添加课程，该行无力完纳，每年仅实缴课程银八十六两四钱，下短课程银四十两五钱二分五厘，由县在牙行津贴一千千文项下如数易银垫解。该行纪因近两年集市无花，难收行用，屡恳销帖免行，以抒赔累，亦属实情。

一、斗行共领局帖六张，每年共额定课程银一百九十九两二钱五分四厘，别无丝毫花费。惟城市另有斗纪二十二名，系未归局帖以前旧例，名之曰恩斗五方。地方五只、儒学一只、礼生十只、仵作一只、纸扎匠一只、壮班一只、泰山庙二只，共二十二只[①]。各衙署亦无丝毫花费，各收各用，与斗行无涉，亦不津贴领帖斗行。前年换帖添加课程，该行纪无力完纳，每年仅实缴课程银一百五十八两七钱二分八厘，下短银四十两五钱二分六厘，由县在牙行津贴一千千文项下如数易银垫解。

一、牙行共领局帖二张，每年共额定课程银一百一两八钱二分一厘。其牲畜税一项，向并（八）〔入〕牙行之内，并无（令）〔另〕设专行。每年各乡会期，该行帮会戏价约二百千文。每年春秋祭祀需牛猪，系该行承办，每年用牛八只、猪五十五只，照章领价外，牛只应赔【价】二百余千，祭猪应赔价三百余千。向例凡有牲畜集会，捕、县两署均需派差弹压稽查，故该行每年有津贴捕署差【饭】京钱三百五十千文，津贴县署差饭京钱一千千文，其余别无丝毫花费。该行亦因加添课程，无力完缴，每年仅实完课程银六十一两二钱九分六厘，下短银四十两五钱二分五厘，由县在津贴款内如数易银，补足报解。

一、牲畜税一项并无专行，向并入牙行之内。合并声明。

以上三行，每年县署垫补课程银一百二十一两五钱七分六厘，加以火耗、解费、车川等银二十八两四钱二分四厘，共垫补银一百五十两，均在牙行津贴京钱一千千文之内，提钱易银，报解登明。

再，查以上三行每年应收行用之款，因情形各异，有每行用行伙数人者，有每行用行伙二三十人者，所收之项，零星散碎，无帐可稽，未能查悉实数。合并声明。

---

① 按原稿似有误，实际相加只有二十一只。

呈院德州驻防国祥等为侵蚀旗粮公恳提查追缴请愿书（附札批答）

为恳请转呈事。窃查德防余兵一百五十名，每名每月息银一两，由州饬差赴司请领来德，即行按名分放。自光绪九年并未奉有咨文，领到七成，亦即按七成分放。本防长官茫无所知，以为此项生息，不敷支领。计至光绪三十四年二月间，经调查局驳诘粮饷表，以余兵生息实领七成，与司案所发十成不符，请将何年支领七成明白填列表内。其后未知若何回覆，竟于三、四月饷银领到十成，其中弊端不知出自何人之手。况侵蚀此项，已逾万金，虽经调查局驳诘，二十余年之黑暗今已重见天日，究未彻底清查，其侵蚀之人何晏如也。若不公恳提案清查，严行追缴，特恐此辈优游于立宪之时代，与新政大有阻碍。然自经驳诘，将及一年，当问者不问，当查者不查，必致此辈以为，清理财政无非有名无实而已，其如吾辈何。是以不揣冒昧，公恳转呈大宪裁夺施行。须至请愿者。

奉札批答：为札行事。宣统二年三月二十九日据布政司详称：案奉抚院札开：据谘议局呈送请愿书，户口调查长国祥等呈称云云等情到本部院。据此，合行札饬。札到该司，即便查明详办。此札等因到司。奉此，查户部则例内载，余兵一项，每名月支银一两。道光八年奉前宪琦奏准，凑银二万两发商生息，先由闲散兵丁挑选一百五十名，余息归足原本，再增挑五十名，共成二百名等因在案。远年卷据已多不齐，惟检查旧年支银稿件，咸丰年间每月支银二百两，按每名一两计之，是当时已有余兵二百名矣。旋因兵燹本亏，且多欠解息银，同治年间每月只发银七八十两。近年力加整顿，各属岁解息银计在一千六七百两，是以每月领银一百五十两，较诸咸丰年间所领之饷，适合七成有零。是短发由于本亏息微，非尽侵蚀之弊。调查误按原挑一百五十名开报，则饷银亦疑作十成之数，枝节之生，盖由于此。惟现在该营是否足敷二百名定额，非司中所能悬揣。应否行查满营兵额若干，抑或照例札覆谘议局之处，出自宪裁，非本司所敢擅拟。缘奉前因，理合详覆鉴核等情到本部院。据此，除批“据详已悉。仰候札行谘议局查照。缴等因。”印发外，为此札行谘议局查照。须至札者。

未奉批答案件

呈院高密县拔贡刘鸿书等为串通把持勒剥粮户请愿书

宣统元年十一月十二日

为呈请事。窃高密钱粮自市面用铜元，即作七成扣折，每纳银一两，用铜元五千七八百文上下不等，由该粮户直送粮房缴纳领票，历年如此，曾无变更。自光绪三十二年，房科忽与钱铺结伙，专设一公义永号，每届纳粮，房中无论制钱、铜元皆不收，惟收公义永钱符。公义永仍不径卖钱符，逼令纳粮者先到钱铺买银符，再持银符到公义永换钱符。一时之间，每两短价自一二百至七八百不等。然后得到房纳粮，纳（量）〔粮〕户稍有计较，则钱符、银符无处可买，而粮不得纳。每纳银一两，约用铜元七八千、八九千不等。且纳粮之时，乡民齐集，只此一号把持，常有候至三五日不得纳者。商、吏表里为奸，贫民受累，莫此为甚。贵局有稽查利弊之责，祈代呈抚宪札饬高密县，务使科房照旧征收，由粮户到房缴纳，不使钱号转折，渔利病民。每纳银一两仍用铜元五千七八百文，亦密人所情愿。倘蒙饬革此弊，凡密人之受困者，均感德无极矣。

呈院钜野县附生王希颜等为舞弊朦聪按户勒派请愿书

宣统二年二月三十日

为舞弊朦聪，按户勒派，叩恳协议，转呈抚宪大人量加批示，以恤民生而惩舞弊事。窃税契加收原有定章，钜野县该房薛衍祥希图就中牟利，舞弊蒙聪，赫令各里长以地十亩粘契五亩，类推以户册三十亩为起，不论典卖与否，按户派粘，每亩作价银五两，折制钱五千文，收用制钱一千文。经绅董恳求，每亩作价银三两，折制钱三千文，收用制钱六百文。地有奇零，即收整数。代收官中戳记制钱二百文。催票一出，每户先拿差房制钱六千文不等，然后许粘，但按白契收粘契钱税，至有年余不给红契者。伏思有地逾三十亩而变卖田产者，有地不足三十亩而置买田产者，凡力能置产，必系有余，自应责成官中着实稽察，不使偷漏，税契自有起色，亦以舒贫民之力。该房薛衍祥胆敢任意舞弊，收用至二十分之多，与胥役表里为奸，实为生民之蠹。为此叩恳议长大人开会协议，转呈抚宪大人量加批示，以恤民生而惩舞弊。衔环结草，均感上禀。

呈院东阿县附生高登嵩等为局委舞弊拟请官绅合办请愿书

宣统二年五月初八日

为呈请建议事。窃东阿姜庄斗捐自前年改归官办，以息争端而济急需，意本甚善。梁委试办平平。至张委接办，弊窦丛生，上解宜报实数，而任意欺蒙，学费本有定额，而连年抗欠，且滥罚以自肥，违章而取利，巧取银余，焚烧底账，商纳多数之捐，而助工寥廖，民受奇虐之害，而怨言多多，以至虐待分局，贿通查委，种种弊端，确有可据。今旧委虽去，新委复来，仍蹈故辙，莫除旧弊。推原其故，皆由无人监视，无人稽查所致也。若官绅合办，则两相稽查，弊端自除，上固有益于公款，而地方经费亦可不扰民而自足，实为公私两便。我谘议局幸已成立，为地方筹利益，即为国家保治安，因历叙局委舞弊各节以闻。

一、报解不实。查姜庄斗捐在商办时，岁有十余万石或二十余万石不等，光绪三十二年始归官办，当经梁委报县，岁有十余万石之谱。乃至张委接办，每岁只报数万石，不惟较商办相悬殊，即较梁委报解数目亦大不符，似此欺蒙上宪，以多报少，余入私囊。此报解不实之一证。

一、违章浮收。查泺口斗捐局，每斗只收制钱六文，而张委每斗抽卖客制钱六文，抽买客制钱四文，尽归一人之手。且斗用要银而不要钱，而又买卖斗用，银价不一律扣算，买客斗用三千即扣银一两，卖客斗用三千六百扣银一两。同一斗用，银价参差，均有该局清单印票可凭。只视商民为鱼肉，任意剥削，暗无天日，至此已极。此违章浮收之一证。

一、抗欠学费。查阿、平学堂经费，当经两县会同梁委禀请府宪，于斗捐四文项下每年助东阿学费五百千，平阴学费四百千，按季支交，立有成案。乃该委三年共交东阿学费一千吊，下欠五百吊，屡催屡抗，混行支吾，有卷可查。此抗欠学费之一证。

一、侵吞工款。查姜庄北郭家口有险工一处，每至伏、秋两汛，抢险所费甚巨，曾蒙前升抚杨批准，于收卖客斗捐六文项下抽二成作保护险工之用。乃该委恃势侵吞三年，仅拨京钱一千七百余吊。【此】其侵吞工款之一证。

一、巧取银余。查该局令买卖客商皆讲银庄，买客赴局交银，扣以足秤色，卖客赴局领银，按每百两银明短一两四钱，谓之秤余，又暗短三钱五分，谓之摘银毛。巧立名目，苛勒商民。此巧取银余之一证。

一、诡避匿账。查买卖以账为凭，斗捐局账当更清晰。生等因郭【家】口险工需款孔急，赴该局请领二成工款，欲查斗捐账目，按数发给。乃该局总役王炳戌口称流水方账五日一次，调至局内尽行烧毁，并无账据。此诡避匿账之一证。

一、苛虐穷民。查斗捐一项，原为商贾运贩而设，至于买粮不及石者，皆系穷民，负戴肩挑，为糊口计，正宜格外体恤。乃该委于买粮不及石者概不入账，予一印条，令其执条赴柜算账，于抽斗捐之外，再收铜元一枚，名为开条之费，收入局内，尽归私囊。此苛虐穷民之一证。

一、苛勒分局。查该局管阿、平、肥、长四县之分局不下十余处，皆有行纪科以租价。入阿境之陶城埠、魏家山纳局租八百吊，范家庄、王庄纳局租八百吊，平境之刘官庄一千二百吊，大义屯六百吊，王小庄二百吊，下至肥、长，如傅家岸、董家寺、窟河、小溜诸分局，由此类推，不下五六千吊。然该委仍派人在各分局抽收六文斗捐，所租出者仅买客之四文耳。该委老太太寿诞，诸分局竟有祝敬银二十两或五十两外，具腥礼两肥猪者。该委有弄璋之喜，诸分局皆送粥米，而行纪钱永贵等特送江米、白糖各百余斤，鸡子两千余个，洗儿钱两元锞。盖不如是，则将码头另租于他人，虽已交租价，亦不敢理较也。该局门首修砌石坝，科派分局各纳京钱三十千，后遂以为定例，每年索钱三十千。而又一年三节，每局一节索京钱二十千，节前即差局役督催，如同正课。此苛勒分局之一证。

一、贿通查委。查年前曾以该委舞弊，经谘议局提议，蒙批饬下筹款局派委确查。讵知所派之委员半夜时至斗捐局，与张委会面，天明即去。而张委遂修书辞县，函内有云“弟即须晋省，缘有委查之李公在省祗候，有面谭事也”数语。其信函现在县署可验切。思李委奉查，宜据实禀覆，何必祗候张委？张委无弊，又何必赴省与李委面谭？显系诡谲秘密，蒙蔽上宪。此贿通查委之一证。

一、滥罚肥己。查该局用巡勇十余名，于阿、平、肥、长沿河梭巡，遇有装卸粮粒船只，拘获到局，先打后罚，即个人粮粒装船过河，亦所不免。其附近村庄确指有据者三十余家。

计开：

郭兆楹罚银五十两、钱七十千，李兆柏过付。

田明义罚钱一百千，王宗献过付。

王锡林罚银十两，张明仁过付。

秦传德罚钱二十五千，王山林过付。

姜玉明罚钱六十千，张正魁过付。

李凤立罚钱二十千，李玉祥过付。

王志仁罚钱一百千，王丙戌过付。

王宗长罚钱五十千，郭恒全过付。

周茂福罚银五十两、钱九十千，姜正吉过付。

王孟罚钱十六千，李茂志过付。

李学桂罚钱二十千，李东吉过付。

刘兴传罚钱六十千，刘同山过付。

张同盛罚钱一百千，李清瑞过付。

张同福罚钱五十千，孙登岱过付。

魏培林罚钱四十千，李振山过付。

孙登义罚钱三十千，孙立和过付。

孙登吉罚钱四十千，周隆祥过付。

孙吉山罚钱六十千，王丙戌过付。

姜老四罚钱四十千，王丙戌过付。

孙立诗罚钱四十【五】千，卢汝公过付。

赵松罚银三十两，闫殿廷过付。

卢汝公罚钱三十千，李东太过付。

王金爽罚钱五十千，王宗献过付。

孙登鳌罚钱三十千，王丙绪过付。

郭恒全罚钱三十千，王绪滋过付。

张敬成罚钱七十千，王丙春过付。

张长柱罚钱十五千，王绪资过付。

张玉贵罚钱十千，王丙春过付。

尚喜罚钱二十千，郭恒全过付。

秦传璧罚钱十五千，王山林过付。

不充公用，尽入私囊。此滥罚肥己之一证。

以上各节，皆确有实据，届时呈验。恳请抚台饬委确查，实则严加追究，治该委以应得之罪，虚则生等甘愿反【坐】。当此新政繁兴，筹款万分棘手。以地方本有之款，而令贪员入个人私囊，不得留之地方以办新政，此等弊政，殊于宪政前途大有障碍，因妥议改良办法，附录于后。

改良办法：

欲除其弊，非官绅合办不可，官即局委，绅以地方公举之董事充之。每过粮一斗，照泺口旧章，官收卖客六文，按期上解八成，助工二成；绅收买客四文，除局役工薪、火食、杂支外，作学堂、巡警及地方自治经费。如此则上有益于公款，下有益于地方，而中饱之弊，不剔而自除矣。为此呈请贵局照章协议，不胜盼祷之至。谨上。

呈院章邱县刘昭一等为擅行加赋罔恤民艰请愿书

宣统二年五月初八日

为呈请建议事。窃邑令征收粮银，自行使铜元以来，藉端抑勒。前董令任章邑时，每银一两，征收六千余文，邑民不堪其累。光绪三十四年，合邑绅董联名上诉，蒙升抚袁撤回董令，委冯令署理。冯令到任，体上宪爱民之意，恤小民正供之艰，完银一两，收铜元、制钱各半四千八百文，净用铜元则收五千二百文。去岁银米历照数清完在案。讵今春傅令莅任，值开征上忙，竟尔悬牌公堂，谕饬以五千七百文上纳，较之去岁完银，一两多收五百文。章邱粮银总额，每岁八万余两，每两多收五百，总计全年多收之数，共四万余千。浮收此项巨款，按之国家税既逾常额，若为地方税又无定章。任意诛求，罔知顾忌，朘民脂膏，饱己囊橐，倘后任者从而效尤，相援为例，或加甚焉，流毒伊于胡底！且章邱地狭人稠，生计艰窘，故少壮者多从事劳动，糊口四方，加以数年歉收，民无积粟，今岁入春以来三月严霜，麦苗类皆枯死。傅令为民父母，有牧民之责，不思设法拯救，而又肆行鱼肉，格外加征。如或哀泣陈情，呼吁请命，则制以抗违之罪，临以刑罚之威，嗷嗷哀鸿，何以堪此！前者帅节东巡，闻霜伤麦，急电饬各属禁米出口，且拨库款议开平粜，视民如子之心，我东人无不感而戴之。今傅令不知仰体宪意，下恤灾黎，假正供之名，行厚敛之计。生等痛深切肤，欲忍受而难堪；急近燃眉，欲违抗而不敢。查谘议局章程第二十一条第四项与第二十八条内载有议决本省税法及公债事件，地方官如有违法等事，准由谘议局确据，呈示督抚查办。今傅令加赋病民，实属违法，正值征收，显有确据。为此沥陈请愿，恳祈贵局会同公议，呈请抚宪，俾傅令仍照去岁之数征收，则合邑民众受福无既矣。

八、司　法

已奉批答案件

呈院寿张县贡生仝延廷等为捕役纵盗殃民请愿书（附札批答）

为呈请建议事。窃寿张县捕役，民悉称为盗薮，官厅本恃以缉捕，乡里实受其扰累。盖贼借捕作护符，捕借贼以分肥，故虽盗贼横行，星罗棋布，被抢之案，丛见迭出，而捕班搜缉，迟延从事，不惟无贼赃俱获之期，反足长群贼日炽之势。本年八月初旬，将城南贡生王瑞麟捆枷而去，随途刀锯备加，迫令献银，其子侄火速赴银号揭库平银二百两，方得赎回。到县喊冤，而县令门丁声言被抢者不得按实呈控，勒令以劫报窃。该生不得已，将银数苦辱糊涂报案。无如捕贼暗通，呈报情形，贼立备知，即要挟持快炮者数十，连夜往闹。闻该生老幼四逃，里门为之不启矣。似此者不胜枚举。贵局有监察之责，为此恳乞代呈抚宪大人察核施行，阖邑绅民不胜祷盼之至。

奉札批答：为札行事。据呈具请愿书，寿张县贡生仝延廷、附生刘清济云云。查所呈如果属实，亟应澈究，除行臬司转饬兖州府查覆核办外，为此札行查照。须至札者。

呈院泗水县自治研究学员拔贡张俊哲等沥陈该县积弊请愿书（附札批答）

为沥陈泗水积弊，敬求贵局转呈大宪施行。

计开：

一、盐商之病民。泗邑盐价，按定章六十四文，自前年三月盐商折色，每斤八十四文。合邑人民屡屡控县，县官明知其害民而不力除此弊者，以盐商季有季规，节有节规，年有年规故也。又泗邑盐引二千二百八十二道，今则额外多销千余引。不知额外所销之引，纳国课乎？不纳国课乎？祈汇案呈院，以资查办。

一、完粮之病民。泗邑完粮，定章每两四千八百文，今则折色一半，每京钱一千三百三十文折一千文，合计之，每两多收八百余文。又照粮银每两纳巡警费五百文，先纳警费，方准完粮，统计之，每两纳六千余，是与定章大不符也。

一、衙蠹之病民。泗邑每一讼起，所费至少不下百余千。按持票正役签名票上者不过二人，而持票到门者往往不下十余人，每人索鞋钱至少须三四千文。带原、被【告】人证到城，先羁留店中，勒逼管饭，名曰吃户，每棹不下十余千文，盖差役与饭馆相通也。饭钱足愿，再说班规，有说至七八十千至数百千者。班规未完，总不报案，有迟至八九日、十余日，始得官坐堂一问者。而所索之钱，则又以千作百，掩饰耳目，而一切照应费、堂费、穗子费，种种名目，难以枚举。至于息讼，则索和息费。向者小和息五千五百文，大和息十一千文，今则无定，每和一案二十千、三十千、四五十千不等。是以每兴讼，未有不倾家破产者。

一、赌博宜禁绝。邑中每逢赛会演戏，游手无赖必倡集多人，张棚设案，打牌开宝，毫无忌惮。近数年来，更有隐受其害者。如盐店伙友骆炳文者，自入泗邑以来，隐然添一蛇蝎，其狡猾手段，系以自己妻室陈设烟具，引诱富商巨贾及纨袴子弟，日夜寝馈于打牌开宝之中。又复借盐商势力，出入衙署，招引博友至门口聚赌。幸邑陈某因其子被骆引诱，负钱两千余串，将骆炳文告发（在二三月间）。县尊必欲穷追，炳文情急，托有力者运动，会陈某病发，事遂寝。人谓其宜少敛迹，不意近复借盐商势力，膨胀其旧日狡猾伎俩，日夜聚赌，或在肉铺，或在酒店，或在各字号家。泗邑后患不知胡底也。拟请上宪札饬泗水县速将骆某驱逐，以免后患。

一、行户之被累。泗邑课税银数未能考核，但行户之纳税，若城里，若天下桥，若苗馆，若百丁，若柘沟，若西岩店，每年各行户所纳钱文不下千余串。不知所纳者悉为国课，抑归中饱乎？每换一官，勒索行规一次，有一年受累两次者。

奉札批答：为札行事。案据泗水县知县范得成禀称：案蒙抚院札饬，据泗水县自治研究学员拔贡张俊哲、候选训导张永源折陈泗水县积弊五端，令即据实查覆，计粘抄清折一扣等因到县。蒙此，兹经按照折陈各节逐一查明，谨将实在情形为我宪台缕晰陈之。

一、原折内称泗邑盐价云云一节。查本县盐务，向归商人裕祥和承办，县中无案可稽，遵即谕饬该盐商据实禀覆去后。旋据覆称，以盐价向章每斤京钱五十二文，自光绪三十四年三月间奉前宪台吴札饬，援照长芦定案，凡用制钱买盐，仍遵定价，其用铜元买盐者，每京钱一千文，按七百五十文折收。是年七月，又奉前宪台袁札饬，每斤加收制钱六文，计每斤共合京钱六十四文，其用铜元买盐者，以七五折算，应收京钱八十四文。奉有明文，非敢擅定。至泗邑额引二千二百八十二道，每年销数之多寡，以年岁之丰歉为断，历年以来率多销不足额。惟光绪三十二、三两年，溢销盐斤二三百包，系由安居转运官盐局购买，名曰点盐。该员等以额外所销之盐有无课款为问，查东纲鹾务自道光二十九年定案先课后盐，北运各州县一律通融代销，如甲滞乙畅，则乙代销甲滞之引，乙滞甲畅，则甲代销乙滞之引。且商人运销之盐，向系由司领引完课，面封进关，以及盐所分司称制，查验放行，层层节制，即偶有照额引畅销之年，何得以无课之盐运【销】地方，理合禀复等情。知县深恐该商所禀不实，复又确查无异。此查明盐商之实在情形也。

一、原折内称泗邑完粮云云一节。查本县征粮，向系银、钱两号兼收，自光绪二十七年间奉饬一律改征钱号。当时银价低落，定章每征正银一两，连耗羡、盈余、火耗、解费等项，共收京钱四千八百文。嗣因改用铜元充斥，奉文饬令各州县征收粮银，铜元、制钱各半搭收，盖于维持国法之中，隐寓体恤属寮之意。所有应搭五成制钱，间有零星花户因制钱短少，按照铜元市价贴色，曾亦有之，是乃通融便民之意。其愿纳制钱者，悉从其便，并未稍有抑勒。行已数年，非自今日始。至于巡警经费一项，卷查光绪三十二年春间，吴前县兆鑅任内奉饬筹办巡警，以地瘠民贫，别无闲款可筹，传集合邑乡社各长公同议决，分别上中下户，按年普捐一次，最下之户剔除不计。三十三年杨前县增辉任内，因经费不足，劝谕加筹，均经禀明批准有案。每年由各捐户来城完粮之便，自赴局中缴捐，收支会计概由本地绅士局董管理，县署并不过问。集地方之款，办地方之事，与县中收粮不相干涉。此查明完粮之实在情形也。

一、原折内称泗邑每一讼起云云一节。知县于上年五月间到任，当堂收呈，一经准理，即派差传。如原、被告住处距城五十里以外，限三日传案送审。三四十里以外，限二日传到。其在城关左近，限即日送案。一经传到，立即过堂。每案一堂，了结者居多。即使人证未齐，或有尚待访查事件，至多二三堂未有不结之案。如原折所称有迟至十余日官始坐堂一问，知县任内并无其事。至勒索照应费、堂费、穗子费等项，提讯书役，坚称实无此等费用，再三究诘，均不承认。惟有随时查察，以杜弊端。至和息费，从前却系有之，每案只有五千五百文。自此次奉饬查明，业已严禁收受，此后如有干犯，照例惩办。此查明衙蠹之实在情形也。

一、原折内称邑中每逢赛会演戏云云一节。查泗境民情，嗜好赌博，游手好闲之徒，往往以此为生计。知县到任后，查悉前情，即经出示严禁，现在此风已息。骆炳文从前曾否招引聚赌，原折既未指明与何人赌博，无凭根究。惟所称陈某因其子被骆引诱，将骆炳文告发等语，检查卷宗，上年闰二月间，曾有县民陈守训，以朦胧勾赌等情呈控骆炳文到县。经前任周令提集讯明，陈守训之子陈丙玉因与骆炳文帐项不清，陈守训诬听传言呈控。查封帐簿，确有来往款目。陈守训控属子虚。周令讯系怀疑诬控，从宽免究，取结附卷。如原折所称，实属以讹传讹。骆炳文在泗邑盐店充当盐巡管带有年，常在四乡巡缉盐枭，有犯必获，未能尽如人意容或有之，实无常时聚赌情事，其平日为人尚称安分，似未可遽行驱逐，应请毋庸置议。此查明赌博之实在情形也。

一、原折内称泗邑课税银数云云一节。查课程银两向有定额，何致未能考核。本县原额解司课程银一百二十四两二钱四分，牛驴银四十八两一钱二分七厘，牙杂银五两八钱七分五厘。光绪二十九年奉委重行编审，加增课程银四百八十六两四钱八分四厘，共计银六百六十四两七钱二分六厘，分作四季，按照市价收钱，易银批解，除留支四分书吏纸、饭银二十六两五钱九分四厘外，余银尽数解局，别无分文中饱。且以六百余两之银，合钱何止一千余千之数。该员等所陈，其为传闻之误，已可想见。所称每换一官，索规一次，查州县到任，向有传集行户验帖之事，所以杜顶冒朋充之弊也。其中书役人等略有小费在所不免，此固相沿已久，以后亦当严禁。此查明行户之实在情形也。

所有遵饬查明积弊缘由，理合禀请鉴核批示祇遵，实为公便等情到本部院。据此，除批“据禀已悉。查核所禀各节，按之定章，参以稽考，均尚相符。惟差役鱼肉乡民，所在多有，该县务须切实访查，严行约禁，毋得敷衍回护，自取咎戾。仰布政司转饬遵照，并移臬、运两司暨巡警道、筹款局一体查照。仍候札行谘议局知照。此缴。折存等因。”印发外，为此札行谘议局即便查照。须至札者。

计粘抄清折一扣。

谨将本邑盐商近五年销盐数目开折呈请宪鉴。

计开：

光绪三十年销盐二千二十五包。

三十一年销盐二千二百四十六包。

三十二年销盐二千六百十二包。

三十三年销盐二千五百七包。

三十四年销盐一千九百七十五包。

呈院诸城县从九品王作桢等为汛厅违法妄为请愿书（附札批答）

窃诸城汛厅崔维翰越分妄为，邑人受害不堪枚举。查谘议局章程第二十八条，本省官绅如有纳贿及违法等事，谘议局得指明确实，呈候督抚查办。谨将崔维翰违法事实略举大端，祈贵局转呈抚院，恳即查办，以除民害，是所翘祝。

一、纵开赌博。赌博为巡警所禁，崔维翰受土棍贿，纵开赌局博场，时复厮赌其中，与土棍朋比讹诈，不堪指数。有巡弁曾揭禀可查，有因索赌债咬伤手指之刘得胜可证。

一、包揽词讼。平日结交县署门丁头役，遇有富民诉讼，表里为奸，托为关说，百般婪索。如李百玉仁和号倒闭一案，勒令出使女酬谢，是其明证。

一、窝娼诱赌。自到任后，开赌汛署，原无忌惮，又时招致说鼓书流娼，诱诸少年到场，显行其因赌逞贪之诡计。

一、私卖官树。诸城昭忠祠东门外官地校场等处树株，原归汛厅保护，崔维翰以次伐卖，悉归私橐。

奉札批答：为札行事。案据该局转据诸【城】县绅民呈该县城汛把总崔维翰越分妄为等情，当经饬据青州府黄曾源委查禀复，该把总接交劣绅，性嗜赌博，自应斥革，以肃营伍。除咨陆军部斥革注册，并分别咨行外，为此札行谘议局查照。须至札者。

呈院东阿县贺春池等为恃官肆（优）〔扰〕纵马殃民请愿书（附札批答）

为恃官肆（优）〔扰〕，纵马殃民，恳查定章，以洗墨冤，而杜后患事。窃缘南洋各省军马，系由口北贩运，或商人承办，或差官采买，民间虽未周知，谅有定章。无如历年军马入口南下，所过沿途州县，多端扰累，或强派民夫备供麸料，或迫令民户出钱搭修马园，甚或私行盗卖，自病倒毙，责赖赔偿，种种不法。其践食禾苗，视为平常，稍不如意，除毒打外，送县究治。州县亦慑于恫吓，暗折马干银两，以图了事。如今年二月十六日，有韦某、马某自称两江部堂差官，带马一千二百余匹至阿境逗留，撒放麦禾。当有旧城村贺春池、贺春江、贺子云、殷永恪、郭兆盈五人，以马食麦禾，在冬季尚可复发，目下麦已节长，践食则成收无望。伏思食为民天，驱马护麦，本属农民至情，讵料韦某呵令手下鞭抽杆打，血肉横飞。其殷永恪、贺春江死而复苏，仍行缚送县署。县主并不敢理论，遽差七班总役四出巡拏，一时推窗砸户，势如鼎沸，当经抓去贺春溪、殷景端、魏翊翥、王禹铭并身等九人到县，一并板责枷押。其贺春溪已被韦某打伤左目，又经重责，性命正在难保。韦某诈心未餍，捏称失去银元五十枚，马没七匹，责令该九人赔偿。嗣因韦某私卖牝马于本邑人马承骏，事机败露，且有邑绅多人，因韦某图赖难当，与索两江部堂公文马票，韦某方始敛凶罢去。伏思采马供军，乃武备之大端，商办官办，均有定章，竟至沿途肆（优）〔扰〕，小民之冤抑固甚，国家之体统何在！为此恳请贵局转呈抚院，或查照现章，或另行设法，嗣后军马过境，饬下沿途州县及人民如何保护，俾众周知，庶杜后患而洗民冤。不胜感激之至。

奉札批答：为札行事。案据该局转呈东阿县民贺春池等请愿书，以恃官肆扰，纵马殃（马）〔民〕，恳请照章保护，以杜后患等情到本部院。据此，查此案前据布政司详兰山县等具禀江北等省买马过境扰累情形，业经本部院据情咨请陆军部通饬各省一体查禁，并分咨各省查照。旋据东阿县禀两江购买战马过境，践食麦苗等情，亦经咨明两江总督部堂转饬买马委员，以后经过州县，不得藉端逗留，扰害田禾，各在案。兹据前情，除另札饬东阿县查明禀复外，为此札行谘议局，即便转饬知照。须至札者。

又奉札批答：为札行事。宣统二年四月初三日，据代理东河县知县成桢禀称：窃蒙抚院札饬，案据谘议局转呈云云。兹据前情，查该书内所陈各节，事虽已往，而情节较重，是否属实，亟应澈究，以儆将来。除分行司局查照外，合行抄录札饬。札到该县，即便查照，逐细详查，据实禀复，以凭核夺，毋延。此札等因到县。蒙此，知县遵查此项马差于二月十五日到县，正遇狂风大作，船不得渡，因之（逼）〔逗〕遛至十九日，始行派拨勇役，护送出境。业将马差经过日期，并践伤田禾情形，禀请宪鉴转咨在案。兹奉札饬前因，敬为我宪台缕细陈之。当马群陆续渡河时，适值知县正赴河工，乃先期饬派妥实家丁带领勇役预赴渡口处所，一面照料马群过河，一面弹压滋事。迨至经过旧城，群马忽而奔逸，青苗四野，践食不免。该家丁正在督率勇役圈围群马，不意该庄民贺春池等骤敢鸣钟聚众，纠合多人，执持器械，驱逐群马，并寻人争闹。买马委员卫守深恐将马赶散，不可收拾，乃令其所带护勇，将贺春溪等五人抓获，送案究办。贺春江并未身受重伤，贺春溪亦无打伤左目情事。伊等虽经薄责示惩，知县本为和平了事起见，免致再生枝节。所派总役，原系弹压地方，护送马群，并非出票传人，推窗砸户，更无其事。嗣据委员来县，口称旧城村百姓打伤战马五匹，赶散两匹，责令百姓赔偿。业经知县据理峻绝，并谓当兹麦苗长养之际，经此践食，百姓亦觉难堪，若再令其赔偿马匹，则更冤益加冤，如其势必赔马，即向县中讨索亦无不可。争论再三，几致决裂，贺春池亦当共见共闻。至供应草料马干，一切均系县中照例备办，非仅希图了事，实乃率由旧章也。缘奉饬查，理合将贺春池所上请愿书一案缘由据实禀覆查考，俯赐销案等情到本部院。据此，除批示外，为此札行谘议局即便查照。须至札者。

呈院阳谷县附生翟协冋等为纵役殃民请愿书（附札批答）

为纵役殃民，越境妄剿，呈请建议事。窃阳谷县城东北七十里杨家庄赵文耕、杨廷谦、杨廷耀、杨庆海、杨庆亮等，因光绪三十一年伊邻人杨兆楷家骡、驴各一匹，被杨庆洛勾贼王宏忠窃去，当经赵文耕等按迹将骡追回，该贼亦几被捉获，宿仇在心，经杨兆楷呈明在县，有卷可查。今王宏忠因窃牛，被东阿县捕总孙文轩拿获，知该庄殷实良懦，鱼肉可欺，私顺王宏忠，挟嫌妄扳。二月十五日，该捕孙文轩串同县队长刘带领兵役越境，先赴郎家湾，声称此庄赵二与王宏忠同窃牛只，勒诈京钱三百五十千，有翟瑞清过付可证。十七日仍无批票越境，又赴杨家庄剿翻，拿去衣服等物，失单存县。又声言赵二系赵文耕之子。伊次子已夭亡三十余年，不准分说，吓诈京钱四百二十千，已交到纹银七十两，有杨廷玺、杨庆东过付，赵书声转交刘队长、孙文轩收讫可证。以赵二一名，诈害两家。又探知杨廷谦家称小有，吓诈京钱五百八十千，有团长翟协龄、韩殿安过付可证。因杨廷耀、杨庆海、杨庆亮等未肯许钱，即行带去，将杨庆亮先笞责八百、杖责二百，又重施压杆，烛烧乳头，并燎两腋，几至毙命。堂讯时队长刘在案旁提拨，逼令妄扳，诬中之诬以生冤外之冤，将来不知拖累几何人。该捕等现仍住附近之七级镇，常到该庄剿掳，合村惊逃，耕作全废。杨庆海向有痴病，杨廷耀年过六旬，明知万不似贼，竟忍久系囹圄，以待出钱取赎。庄长杨尚宝等稔知被押三人皆系良民，赴东阿联名具保，均被队长刘及孙文轩拦阻，不得呈递。值此立宪时代，尚有诬良受贿，非刑逼供之事见于今日，赴县府呈控均未蒙批准。查谘议局章程第二十八条，本省官绅如有纳贿及违法等事，谘议局得指明确据，呈候督抚查办。又第二十一条十二款，收受自治会或人民呈请建议事件。为此呈请贵局照章协议，不胜盼祷之至。再，择肥株连，非刑逼供，黑暗若此，生等虽系事外，而闻见既确，不忍壅于上闻，与干预他人词讼大不相同。合并声明。谨上。

奉札批答：为札覆事。据贵局呈具请愿【书】阳谷县附生翟来彦、翟协冏、沈怀书，武生郝信昌、郭殿选、刘清臣云云等情到本部院。据此，除行臬司转饬泰安府查明具覆核夺外，为此札覆谘议局查照。须至札者。

未奉批答案件

呈院黄县举人直隶法政学堂毕业王命官等为垦委舞弊强行垦放坝地请愿书

宣统元年十一月十二日

窃石良集村靠西半里许，有南北大河一道，因本村地势比河身低下八尺有余，屡被水患，下流四村亦受其害。所以经众公议，将河东崖粮地施作堤坝，栽培条草，借根固堤，以御水患。历有年所，绘图粘验所有底契，除因捻乱失落之外，现时尚有二十余纸查证。又于上年五月间，蒙沈委员会张前令查详并非荒地，有卷缮单粘验。及上年国家公布预备立宪章程，石良村中为以后自治费用起见，公议仿照立宪国地方团体公有林办法，将此堤地业已分区栽树，自谓兴利除害，两有裨益。讵料祸生不测，有垦务委员杨令者，假公济私，草菅人命，并不到堤勘验可否开放，亦不问是堤为官荒，为粮地，竟恃奉委势焰，暗串县中豪棍马赓熙等，用贿私领六十余亩。伏思国家即有例垦荒，亦为民兴利，非贻民以害。如石良集河堤屡被水患，即系官荒，揆之我皇（上）〔仁〕政，数千家性命攸关，亦恐无开放之理。况此地并非荒地，业蒙查详有卷。又加今夏五月二十三日，因降大雨，将堤冲破五处，石良数村均被水患，业于五月二十八日在县呈恳勘详有卷。其被害情形，并有下流四村公禀在县可证。是此堤未放以先，尚有氾滥之忧，今必强行垦放，此后若遇水患，数万生灵，难免其鱼。且无知愚民，易与私领之人致生冲突，似此后患，何堪设想。命官等身为董事，不胜危惧，业于上月初三日、二十日赴垦务总局两次禀陈有卷，至今未蒙批示。想贵局诸公谊关桑梓，必不忍漠视此一隅也。倘值提议垦局利弊，祈汇案通过抚院，实为公便。是所切祷。

呈院日照县绅民牟彦泰等为垦委扰民剥夺公款请愿书

宣统元年十一月十二日

窃日照县僻处边徼，西北丛山伸长，东南滨海缩短，内贯傅疃河，汇西北众河之水，至城东南入海，西则巨峰河，汇西南诸水，至张洛口入海。每年大雨时行，河水与海潮逆击，两岸民田冲蚀不可胜计，以故人稠地狭。其山居者，皆以垦植为完赋养生之计，然所垦植亦山顶多石之牧牛场耳，本无所谓官荒。近年因办行（办）〔新〕政，筹款艰难，本地士绅公同商酌，又于居民未曾种植之处，集资栽树，以为学堂、巡警经费，藉纾按户出钱之困难，前县沈公、陈公、廖公案下俱有卷可稽。乃自垦荒委员到县，并未邀同士绅，竟串谋县工房，将前所办之荒，其丈明未发照，与查勘立案尚未丈清者，均揽归局办。工房借以招摇，遂使贿赂公行，争讼纷起。委员擅受民词，不准县官干预，而学堂、巡警筹办公款，几有吞噬殆尽之势。合邑士绅谒见委员，委员谓学堂、巡警总属末节，当以我垦务为主。及禀县主，县主又存五日京兆之心，亦谓委员势重，无可如何。兹因事关重大，不得不求贵局代为转呈抚院，恳即将委撤回。以后凡有可垦之荒，饬县官邑绅承办，各乡令其公举绅学界调查员查实具报。官绅亲同勘丈，令民认租立案，缴款发照。其收入之款榜示大众，作本地学堂、巡警、自治经费，庶新政不以财力困难而举行无日。即必不允所请，亦恳将历年县主收款详准之案，小民竭资认租之产，学堂、巡警岁入额支之费，提卷查实，饬垦局无肆攘夺，实为恩便。总之，照民贫苦，甚于他县，争端一起，恐筹款之所得无多，而缠讼之皮骨已尽。更恳将印官委员划分权限，不致民词杂投，启构讼贿串等情，则照邑均荷栽培矣。不胜悚惶待命之至。

呈院峄县自治研究学员廪生王凤彩备陈严缉盗贼事宜请愿书

宣统元年十一月十二日

为恳请转呈事。窃峄南界毗连江省，外贼易至，内讧每从而应之，重以水旱频仍，尤多不靖，乡曲受害无底，大则连劫村镇，小亦肆掠一家。遭之者酷极拷掠，残伤肢体，若稍抵拒，往往枪轰（牋）〔戕〕命。官吏捕不胜捕，小民防不及防。间虽设法缉捕，终不能稍除其害。良由不轨之徒，每藉勾结匪类为利薮，官府下车之始，非不洞悉，而此辈巧于弥缝，久之遂寝不问。捕役遇一案出，或看情面而不肯捕，或畏势力而不敢捕，其狡猾捕役，又或株连无辜，严刑顺供，藉以搪塞，而正贼反百不获一。再者地方官大半姑息，凡非其任内所出之劫案，一概置若罔闻，即被害家屡屡催捕，而官府只以应候比捕勒缉了之，而盗贼益公行矣。爰筹弭盗之方，拟数则于后。

一、合两省兵力，不分畛域，协力兜捕。

二、查实窝顿处所，由地方官责成该社长或该庄长等禀明兜捕，不得瞻徇。地方官亦当认真办理，不得推诿。

三、严绝接济匪徒军火及与匪徒作侦探之人。

四、不准滥保匪人，犯者连坐。

五、凡地方劫案，无论是否在本官任内，均当认真饬令干役勒限严缉，勿许延宕。

六、妥筹善后事宜。

以上理由及办法六则，是否有当，敬求贵局转呈大宪施行。

呈院冠县附生王树棠等为区官勒索困商扰民请愿书

宣统二年三月初十日

为恳请转呈事。窃以巡警为地方上要政，凡保商、安民、查夜、清街，皆巡警应尽之责。卑县设巡警数年，款项由商民捐纳，无不乐输，原为希望治安起见。今区官李寿增自去年接充此职，任意勒索，怨声载道，蚩蚩商民，敢怒而不敢言。去岁因各钱号办官项银，区官李寿增欲从中渔利，吓诈钱号，声称与伊纳贿者，伊与县尊关说，即令该号少办银数，不纳贿者，即钱号小者，亦多派银数。盖各钱号办官项银两，以该号生意之大小，定办银数之多寡。钱号恐多派银数，不得不先为李寿增纳贿，以望垂怜。查区官李寿增私使广和钱号京钱一百千，私使恒远钱号四十千，私使汇宝源号京钱六十千，私使东泰昌号京钱六十千，私使艳利泉号纹银二十两，均有过付可证。去年八月初十日，有南盘村宋丙德私卖烟土，被巡兵沙鸿祥查获烟土四十五两，罚京钱四十千，皆入李寿增私囊，有巡兵可证。去年十月十七日，梁家堂村李春旺因醉酒吵闹拿获局中，李寿增私使该犯京钱四十千。去年十二月吓诈官膏局纹银八两，有过付可证。今年正月十六日，寨里邴文学庆寿，区官李寿增率合局巡兵俱往祀寿，逼勒执见礼银二十两，邴文学赏巡兵京钱二十千，区官李寿增亦入私囊，以致巡兵喊冤法堂，有巡兵可证。又暗差巡兵刊伐城壕柳树，已非一次，有巡兵可证。似此种种勒索，上蒙县尊，下剥商民，保商者反致困商，安民者竟敢扰民。巡官宋光懿人极忠厚，因区官李寿增如此行为，屡为劝解。区官李寿增反羞为怒，致起冲突。如此胆玩不法，商民万迫无奈，不得不恳乞议长大人提议惩办，转详抚台大人查办，将区官李寿增撤回，照例处置。另选派委员接充，则顶感无既矣。上叩。

呈院东阿县附生庞建宗等为藐法纵兵苛虐商民请愿书

宣统二年四月十八日

为藐法纵【兵】，苛虐商民，公呈请愿，以除扰害事。窃东阿县鹅山河口设有工巡营、船捐局，原为便商起见，乃自工巡营徐巡目、船捐局程委员到局以来，任意舞弊，恃势凌欺，巧取船捐，不遵定章，滥用私刑，有乖成例。祸及无辜之民，冤难控诉；兵多不法之事，若罔闻知。往来商贾被困于贪残，邻近村庄屡受其讹诈。尤其甚者，爱民如子，知其恶而故为庇徇；视民若雠，欺其懦而敢行暴虐。既毒网之难逃，复加罪之无定，是非莫明。到局即黑暗天地，罗织多术，旁观亦扰累身家。惧官实甚蛇蝎，畏兵直等虎狼。若船户，若居户，怨皆结于肺肠；或见知，或闻知，痛悉入于骨髓。商民水火，益热益深，情形可怜，谁为救援。查谘议局章程第二十一条十二项，收受自治会或人民陈请建议事件，为此仰恳贵局转详抚宪派员查究，庶舆情得达，而冤抑可伸。谨具请愿各节以闻。

计开：

一、妄索拨利。载船至鹅山河口，水浅不能运行，另雇小船分载，俗称起拨。鹅山始设船捐局，往来载船按票捐钱，而起拨小船不取分文。自光绪三十三年忽生巧计，每一起拨小船，不给票纸，硬索京钱三百文。又言铜元加色，每拨船索钱三百四十文。嗣因拨船顺受，又加至六百八十文，呼为双闸门钱。自南漕停运，闸官裁撤已久，又鹅山河口向来无闸，胡为称双闸门钱？且此处往来商船，多则日过百余只，少则日过五六十只，至少亦日过三四十只，每当河淤水浅，即中等载船，必用四小船起拨，方入深水，约计每月所索拨钱，尚有三千余串之谱。此节有于建道、庞善明等可证。

一、毁船撒粮。黄店庄李魁东、李辅仁本年二月间用小船二只起拨，过船捐局门首，巡兵招呼泊岸纳捐，船户言为大船起拨，拨船无捐。程局委适在门首，闻知即大呼众兵涌上拨船，船户惧祸逃走。巡兵即毁坏船板数块，将船粮任意撒抛河中。此节有船户李魁东、李辅仁可证。

一、缆河罔民。巡兵于水涨流急时，缆河横下洋铁线，附于水面，似露不露，又兼流波荡漾，线色水色，无甚分别。商船过境，远不见线，近则难躲，偶为撞坏，即拘拿到局，肆行责打；责打不已，又逼买局中铁线赔还，从中渔利。市价每斤铁线一百数十文，局中铁线作价三百六十文，照价交足，始得开释。此节有王廷珍、庞延文等亲受其害可证。

一、纵民淫乱。王家庄与船捐局隔河相对，河西岸有苇地一段，不知巡兵抢掠何处少妇，窝藏苇地。王家庄居民于在田闻知，禀明巡目。巡目多方掩饰，反诬于某欺压巡兵，声言送县，经王登高等央求，局委令于在田与之赔礼，方了无事。此节有王登高可证。

一、诬良捏控。宣统元年十月间，巡兵在西龙山庄游荡，肆无忌惮。李云东遇见，评其非理。自觉理曲，当即散去，而心实怀恨不已。越日，李云东至河上卖柴，巡兵捏其故抬柴价，捉着苦打，经程文忠力拉，李云东始得逃去。巡兵恶心不退，见云东堂侄李学朱渔船泊岸，即指与李云东同党，硬将渔船用作巡船。李学朱不从，巡兵知其家道殷实，乃禀明局委，并未拘讯，竟将李学朱送县，百般受苦，且费钱数百千文。村中父老共知其冤，具状县尊，恳求开释，乃得了结。此节有程文忠等可证。

一、擅押良民。宣统元年二月初五日，巡兵骗盐，盐船不允，因此言语相击，即苦打船户，邻船张保献劝解，被殴船户始得逃去。讵局委大怒，谓张保献私放，拘拿到局，拷打擅押。王登高求情不允，逼立保状，方得开释。此节有被屈张保献及王登高可证。又庞家口庄临河，连年被水，室无垣墉。本年正月二十八日，巡兵刘振东等游荡街巷，戏唱淫词，庞殿兰偶遇，评其非理。两巡兵殴打不堪，又扭至局门首，呼众齐打，经王保玉力拉，庞殿兰得跳河脱逃，衣服皆湿，幸未毙命。讵程局委闻庞殿兰脱逃，即大呼众兵渡河，捉庞殿兰到局，酷刑拷打，擅押数日。庞殿伦求宫思曾、孙振山等央情，不允，逼立保状，始行开释。似此局委恶横，日甚一日，乡愚被害，何所底止。此节有王保玉与宫思曾保状原草可证。

一、混搅义集。班鸠店古来义集，附近居民各按市价贸易。巡兵赶集，仗势欺陵，巧买物件，不按市价。被其害者难以枚举，忍其气者即为无事。宣统元年八月间，巡兵王敬亭等赶集买肉，口称官人宜随官价，市价每斤肉铜元二百八十文，硬按官价每斤给一百六十文。屠户焦之均不允，即肆行殴骂。巡兵某又多约局众，各持军械，齐殴屠户几死。班鸠店首事王凤翥恐有人命，极力合解，令该屠户同伙张怀德赔情，多与之肉，方了无事。此节有王凤翥与附近赶集人可证。

呈院招远县增生邵树棠等为总董擅权委员偏护请愿书

宣统二年四月十八日

为总董擅权，委员偏护，公呈请愿，恳赐斥革事。窃招邑劣绅温受天，系辛卯科副贡，貌似心非，笑有刀而倍利；外宽内狠，腹有剑其谁防。高前令诬为谨厚，禀请学宪派充劝学总董兼县视学。从此擅自由之权利，极冲突之能事，假公济私，饱囊无虑其羞涩，瘦人肥己，筹款奚顾其艰难。高令再摄邑篆，恶其声名狼籍，曾以鱼肉乡愚具禀在案，即行勒令辞差。该董浼人缓颊，乃止。何意尚不自惕，愈加决裂，惟结钱神之交，学堂竟成利薮，还穷鬼蜮之技，庙产俱属外府。及王令到任，该董内而巧施狐媚，以要长吏之誉，外而聚吸鸦片，以博刑幕之欢。至三月间，学宪遴员下属整顿学务，而该董即央刑幕为之曹邱，以求自固。及传集首事等，他未遑问，先谕令由各社学款内抽提若干，充作该董薪水。首事等以该董不孚众望，俱不承认，遂相率公同具禀，恳请更换。而委员为刑幕所拨弄，不恤众怒，大加呵斥，将禀掷下，竟以禀诉已晚为辞。伏思该董之组织已固，众人之控告无从，今幸我谘议局创立，实舆论之渊薮，亦上达之门径，不得不沥情请愿，冀伸义愤。谨书请愿各节以闻。

一、吸食鸦片。

方令禁止洋烟，功令森严，而该董明目张胆，吸食如故。其以学务谒见者，必借洋烟为先容，否则稜稜若不相识，以故远近谣传“有一分烟办一分事”之说。

一、任用私人。

招邑劝学员现已裁撤，由该董另派查学四人。其一于秉正，系该董之甥，曾在营口充当警兵；其一郭化南，系该董同学。化南前所教路家村学堂，束金三百余千，该董久已垂涎，乃为拔赵帜易汉帜之计，巧诱化南查学，而令其子温豫立顶充教习。

一、擅伐公树。

劝学公所系旧日义学，内有杏树一株，大可合抱，近五十年，乔木犹存，借以壮故国之观，甘棠勿翦，用以寄遗爱之感。既系公物，岂容私取。该董乃胆敢擅伐，以备己用。

一、串买庙产。

学堂筹款，必须酌提庙产，均按时价估计，不得任意低昂。本城仙姑殿庙产五十余亩，真武庙、普照寺两处均数十亩。该董擅议轻价，着人替买，其所买仙姑殿地，现已被控有案。

一、伙谋分肥。

刁滑之徒，恃该董为护符，该董亦以若辈为钓饵，私相交结，串同舞弊，提卖庙产，短数报缴。云山寺旧称富饶，该董初与冯日新提卖十余亩，价京钱三千五百吊，止报三千，后又与林树一提卖十余亩，价京钱四千五百五十吊，止报四千五十吊，其余俱行分吞。树一已被控有案。至先纳贿以求购地者，不可枚举。

一、包揽词讼。

该董出入衙署，幕宾、门丁呼吸相通，朝纳袖金，暮为关说，贿赂公行，有如市道。

一、讹诈乡愚。

该董下乡丈量公提庙产，勒令附近村庄供给洋烟，并逼出脚价。

一、玩视学务。

该董自充县视学，从未下乡查学，清理公款。劝学员面商学堂事宜，均以执贽之多寡，定后日之毁誉。

以上各节均系确实，若有一字之虚，即甘反坐之罪。谨上。

呈院临清州商务局董事五品衔马衍庆等为藐法干纪吓诈商民请愿书

宣统二年五月初八日

为恳请转呈事。窃临清都司崔振标贪诈暴虐，行同无赖，时常藉防赌，自携赌具，栽赃吓诈，情事不一而足。前经说中马飞鹏、卢光弼诈南司口街傅万春京钱一百二十千。又夜间九点钟，该都司持炮踰垣，栽诈泰兴永估衣铺京钱一百二十千，经马宗岱说合了结。又城南梁庄三益和银号，该都司因借贷不遂，栽诈【京钱】二百五十千，经明六里杨维厚说合了结。又吓诈东牌坊街杨家茶馆京钱三十千，被朱占鳌在本州控，有卷可查。嗣经胡金藻、刘宏业等调处，令该都司吐钱赔礼，始行了结。又诈古楼街杂货店庄开泰京钱一百五十千，经巩存仁转托卢光弼等说合了结。其余如诈箍甬巷李姓钱八十千，类此者不可枚举。而且包娼宿妓，几无虚夜。尤可骇者，霸占良民卖烧饼人吕洛安之女为妾。吕洛安痛恨欲死，幸经马飞鹏说合了结，现仍匿此女于南司口街，人所共知。似此恣意横行，毫无忌惮，而阶级声名罔知顾惜，甚至铺商居民言语酬应，稍不合意，则吓诈随之，殴骂随之，以故商民畏其凶暴，莫不忍气〈而〉吞声，怒不敢言。今值立宪时代，而该都司种种不法，实于自治前途大有障碍。为此恳请议长大人速议转呈抚宪大人核办，以警藐法而静地方，则商民幸甚，临境幸甚。肃禀。

来往公函

呈院据黄县教育会等来电为奸商私运铜元入境公函

宣统二年三月初六日

中丞大人阁下：敬呈者。兹据黄县教育会、劝学所等以私运铜元，电请转呈查禁等情前来。本局公同协议，佥以事关急要，理合抄录原电呈鉴。肃此具函，敬请勋安。

计呈黄县原电一纸。

谘议局诸公鉴：黄县奸商勾串商会，由津运大宗铜元至烟转黄，近将入境，以致银价陡涨，百货踊贵，民不聊生。恐酿意外变故，请立禀抚宪、劝业道宪，速电谕禁。黄县教育会会长王治芗、李瀛海，劝学所总董仲藜乙，谘议局员王命官、王学锦公叩。麻。

抚院为黄县奸商私运铜元入境一案分别查禁办理覆函

宣统二年三月初七日

敬复者。顷荷惠笺，并黄县教育会来电一纸。查此案已据王绅治芗径电到院，当即转劝业道、东海关道设法禁阻外，已电知东、胶两关税务司严密稽查，并饬黄县张令切实查禁矣。兹将致东、胶两关暨黄县张令原电抄尘左右，希即察入。此覆。祇请勋安。

正在奉复，适接王绅学锦来电，另录奉。

阅惟铜元入境，本应查禁，已分别办理。至该绅等两电不符，如何内情，亦饬县查复矣。再颂台安。

抚院函知黄县商人贩运铜元一案派委查办情形来函

宣统二年三月十二日

敬启者。黄县商人贩运铜元一案，连日据东海关暨张令电禀，计两次运到铜元九百余万枚，除饬关、县扣留，并札委杨道耀林前往查明情形外，兹将各处来往电稿抄送贵局，以备查考。惟禁止铜元进口，虽于光绪三十二年据藩司拟定罚款办法咨部立案，而造币总厂章程既有各省地方均可运往发行之语，度支部财政处两次会奏，奏折又皆只禁止出口，以（勉）〔免〕充斥，并无罚办之条。是以前咨曾奉部驳，杨前院又据司详咨复，只谓重申禁令，并未力为辩驳。今刘太和所贩铜元为数太巨，实系大宗，自应扣留查办。然既领有护照，将来查复后仍当从轻了结，以恤商艰。先此布达，祗请台安。

抚院抄发来往各电文

三月初七日发黄县电

张大令：昨据黄县教育会长王治芗等电称：黄县奸商勾串商会，由津运大宗铜元至烟转黄，近将入境，以致银价陡涨，百货昂贵，民不聊生，恐酿意外变故，乞速电谕禁等情前来。同时接准谘议局函，亦同前由。当即电饬东、胶两关税司严密查禁矣。顷又据议员王学锦电称：昨午刻禀请禁铜元入境一电，系王治芗一人捏名冒禀，锦概不知情等因到院。查铜元入境，久经严禁在案，果有贩运大宗进口，自应切实查禁，并移知商会从速禁阻，勿酿事端为要。惟两电不符，是何内情，仰一并查明电复。切盼切盼。院。虞。印。

初七日发烟台、青岛电

东胶海关税务司鉴：顷闻黄县奸商勾串商会，由津运大宗铜元至烟转黄，近将入境，以致银价陡涨，百货昂贵，民不聊生，恐酿意外变故等情。查铜元进口，久经严禁在案，为此电知，希即查禁。如有大宗铜元进口，即行阻止，否则全数扣留，电候核办。务须严密稽查，切切。盼复。虞。印。

初八日发烟台电

烟台税务司鉴：电悉。刘太和所运铜元，持有护照公文，系何处发给，由烟运往何处，均希查明电复。切盼。抚部院。庚。

黄县来电　初八日

抚宪钧鉴：电谕祗悉。黄县商界贩运铜元一节，昨据教育会长王治芗来县面禀，由天津贩运大宗铜元到烟，将次入境，请为禁止。当即移知商会，设法禁阻。旋据该商会函称，查得铜元尚未入境，果系来自天津，由烟进口，如在应禁之列，东海关早经扣留。若由烟陆运来黄，系此县与彼县流通，章程原所不禁。况黄县东接烟台，西连潍县，银钱百货，转输不绝。即以粮食而论，本年东三省来源甚少，四邻粮价较黄尤昂，黄县接济邻封，价早增涨，非今日始。且只闻钱短民艰，从未闻钱多粮贵。且接议员王学锦函称，王治芗阻止铜元，系钱商数人以多金贿求运动，为把持有利起见。王治芗昨禀公电内列伊名，系属假冒。事关商务，学界不应干预，希转电达等语。观此，可知昨电情节。王治芗危词耸听，或受他人所使，亦【未】可知。至此项铜元由烟陆运入境，应否禁止，敢请酌裁，以便遵办等语。业经电禀劝业道宪在案。奉电前因，遵将现据商会查明情形据实禀复，仰乞训示，恭请福安。黄县知县张思敬谨禀。

仝日又来电

抚宪钧鉴：顷准商会函开，以现据商人刘太和呈验度支部造币厂护照一纸内开，解运铜币三百八十箱，运往黄县等处。现已到黄一百七十八箱。知县往验相符。究应如何办理，请大帅示遵。黄县知县敬叩。

青岛来电　初九日

抚帅钧鉴：虞电谨悉。遵查胶关自前数年奉文禁止铜元进口，至今向无大宗铜元进口。现奉电谕，尤当严禁。阿里文覆。

烟台来电　初九日

抚宪鉴：铜元一案，护照系天津造币总厂发给，公文系天津道移咨本关道。至运何处，据钱庄云，运往黄县，现正在详查，俟得确信，再当电呈。税务司安文。

仝日又来电

抚宪鉴：前到铜元三百八十箱，现查已运往黄县。今日又到五百七十万枚，已全扣留，候电办理。税务【司】安文。

初九日发黄县电

黄县张大令：两电均悉。刘太和贩运铜元至三百八十箱之多，亟应照章罚办。惟领有造币总厂护照，已电询该厂凭何发给矣。望将运到铜元先行验明，全数扣留，听候查办。每箱装运铜元若干，亦望查明电复。抚部院。青。

初九日发烟台电

烟台安税务司：电悉。铜元五百七十万枚，希即扣留，候查明缘由，再行〈核办〉电知【核办】。抚院。

天津来电　初十日

济南中丞：洪、青电敬悉。昨据贵省商人刘太和等称，黄县一带，市钱缺乏，请发铜币，以资接济。查户部奏定总厂铸销章程第四条内，有各省地方均可将总厂所有铸铜币运往发行，该地方官随时保护行用等语。是以两次发售九百余万枚。今承垂询，特此奉复，并希维持，实纫公谊。丰言廉。佳。

黄县来电　十一日

抚宪钧鉴：青电祗悉。刘太和等铜元现已陆续到境，共计三百六十五箱，每箱铜元一万枚，知县业已验明，全数扣留。知县敬叩。

呈院据吉林长春府山东同乡会请速弛粮禁保存路矿公函

宣统二年四月十五日

中丞大人钧座：敬呈者。本月十五日，吉林长春府山东同乡会以速弛粮禁，保存路矿寄来函、电各一纸到局，嘱为转呈，理合将原函、原电钞呈钧鉴。为此肃函，祗请勋安。

计照抄吉林长春府山东同乡会原函、电各一纸。

原函文：

谘议局诸位乡先生大人足下：吾东地瘠人稠，大有之年，登、莱粮食亦半仰给于满州，况去岁各属歉收乎。近日锡督禁粮出口，虽经孙抚咨商，讫未承认，吾东父老，其何以生。弟等回首南望，（因）〔困〕苦颠连之状况，如在目前。窃以锡督之粮禁不可者有三：一则满州粮价虽昂，而营口、东沟、沙河子各口岸囤粮甚多，纵卖与吾东数千万石，满州亦无忧缺乏。一则英、俄、日各国日在满州买运杂粮，锡督禁之未能，遂听其自便。岂满州之粮可运往外洋，独不可运往山东乎？一则山东、满州唇齿相依，吾东现在道殣相望，凶岁子弟多暴，万一有不逞之徒从中煽惑，意外之变难保其无，一水之隔，恐亦非满州之福。诸君代山东统筹全局，目睹父老之饥寒，其焦灼当有视弟等而尤甚者。敢祈一面要求孙抚咨商锡督【速弛】粮禁，一面函达奉天谘议局，去其阻力而加一运动力。吾东早得粮一日，即多活命数万。痛哭上言，语极拉杂，伏乞海涵。即请筹安。

原电文：

济南谘议局转呈徐协揆、孙中丞公鉴：山东路矿主权祈鼎力保存，受赐无量。旅长山东同乡会叩。

抚院为奉天禁粮出口通融办法覆函

敬覆者。顷奉惠书，并钞附吉林来函一纸，诵悉种切。查奉天禁粮出口，前据东海关道电禀，已两次电商锡制军，请其弛禁，皆以奉粮奇贵，民食不充，未允照办。昨至烟埠，查悉奉省安东一带，尚非无所蓄积，粮户亦甚愿运售获利。已饬烟台商会函致奉天商会通融办理，购运杂粮五万石，以后尚可源源按济，登、莱两属当不至再有乏食之患。即祈函告长春乡会知照，以慰众望。手此奉覆。此请勋安，惟照不一。

敬再启者。承示吉林来电，俱已阅悉。菊相此来，原为查勘津浦路线桥工等事，惟胶沂、烟潍两路，自当与之切商，其各处矿务，则不在徐相范围之内。弟忝守此邦，责无旁贷，路矿主权，自应竭力维持，并祈转达为盼。此覆。再请台安。

覆吉林长春府山东同乡会拟办禁粮路矿各情形公函

宣统二年五月初四日

敬覆者。前准贵会为恳奉省锡督速弛粮禁，并宜竭力保存本省路矿等情达来函电各一纸，嘱为转呈抚院。兹经如示办理，即将所奉抚院函覆各节另纸钞录，从邮寄阅，以慰远注。为此肃覆。即候旅吉诸同乡均安。

莱阳县留省学界盖鉴恩等为莱阳乱况恳请转呈维持善后来函

莱阳县留省学界盖鉴恩等，【为】莱阳乱况，呈请贵局转呈抚宪维持善后事。窃莱阳自四月十三日有乡民多人进城，几激事端，洎晚解散。十五日僧道继之，经朱县尊分别惩办，稍见安贴。旋于五月初五、初六二日，乡民蜂起，焚在乡绅富户数家。阖邑戒严，城门紧闭已数日，众情惶惧，人人自危，（持）〔特〕恐辗转效尤，蔓延全境，后患将不堪设想。且连年歉收，粮食昂贵，际此农忙，乡民既不得从事收割豆苗，又不能敷种，秋收何望，乱象益滋，实于莱邑前途所关非细。况此地密迩青岛，万一不幸酿成事变，遗外人以口实，则关于山东【全】局者实甚，又岂仅一邑之忧耶！五月十五日又逢莱阳县城隍庙会期，届时远近麕集，难保无匪徒从事煽乱。可否呈请抚宪从速电饬莱阳县禁止此次赶会，或妥为弹压，以防后患而保治安之处，出自先生大人清鉴。所有为莱阳乱事情急沥陈，恳赐维持。倘蒙转呈，阖邑均感。肃此具书，伏乞惠鉴。祇请崇安。

呈院据莱阳县留省学界盖鉴恩等恳请转呈预防该县后患公函

宣统二年五月十一日

中丞大人钧座：敬肃者。莱阳县乡民及僧道滋事一节早在洞鉴之下。现本局据该县留省学界盖鉴恩等以本月十五日值县城隍庙会期，届时远近麕集，难保无不法之徒从中煽乱，可否转请抚宪饬莱阳县禁止此次庙会，或妥为弹压，以防后患等情具函前来。本局未便延搁，且风闻楼霞、招远两县受海阳、莱阳影响，人心亦有浮动之势。理合一并函请电饬各该县加意防范，俾事前消患于无形，不胜盼祷。肃此，祇请勋安。

抚院为莱阳县乡民及僧道滋事饬印委确实查办覆函

宣统二年五月十二日

（巡）〔径〕覆者。顷展来函，具承一切。莱阳乡民及僧道滋事一节，叠饬印委确实查办，现尚未据禀覆。盖鉴恩以该县将届庙会，请饬弹压等情，系为预弭隐患起见，已据情分电登州镇、登莱道，飞饬各该地方文武认真防范，以期消患无形。即希查照转知为荷。专覆，敬请公安。惟照不具。

顷接登州文守来电，另录奉阅。照此情形，实属目无法纪，亦非略加惩创不可。除飞饬各文武确实查明，禀请核办外，并此附闻。弟又启。

抄登州文守电：

抚宪鉴：十一日戌初，由王步清得杜弁禀，莱民向（伸）〔绅〕追索前二十年卖谷，有旌旗。土棍曲士文[①]、曲贵舟与王景岳挟嫌，藉事结党执械，于四日勒胁至二千余人，将王景岳住房拆毁，物件焚烧。初六日将高丹斋房拆烧，勒逼各户管饭，已（至）〔在〕城西北截住来行路，又烧毁陈姓两家住房。飞禀前来。似此目无法纪，迹近叛逆，是与海阳宋煊文父子若不重办，恐以后登州各属从风响应，地方官何以持法行政。仰电示机宜为盼。再，本道已委刘令赴莱查办。知府文祺禀。真。

覆呈抚院据莱阳县绅商学等界为乡民滋事请愿书公函

宣统二年五月十四日

中丞大人钧座：顷奉函谕，具悉为莱阳乡民及僧道滋事一节，叠饬印委确实查明，禀请核办，复分电登州镇、登莱道，飞饬各该地方文武认真防范，以期消患无形。仰见规画精详，无任钦佩。兹本局又准莱阳绅商学界函送请愿书到局。查核情形，甚为危急，若非速为拯救，恐至酿成大变。昨奉面谕，已委杨道前赴该县查办。为此谨将请愿原函呈鉴，即乞迅饬杨道早日起程，速弭事变。不胜盼切待命之至。肃此，祇请勋安。

附请愿原函一纸。

莱阳县全体绅商学界等为请愿事。敬请者。四月十三日，莱阳县西北乡民，因调查户口谣言勒捐事，聚众三千余人到城与官为难，系曲思文、于祝三为首，势张甚。朱大令苦口解劝，至晚众始退。此后于祝三远飏，曲思文胆粗手滑，勾结不逞之徒，结为死党，任意横行，阳以求免税捐为名，阴以私行劫掠为实，刻下裹胁至四千余人。五月初五日，曲（期）〔思〕文鸣钟集众，先自焚其家，午后即焚距城西北七里之白莲庄生员王景岳家。初六日午前焚距城西南三里之渔池头富室高莱峰、高幼峰、生员杨仁山三家。午后又焚距城西十五里之叶家庄富室

① 又写作“曲思文”。

陈玉德家，计房一百二十余间，殃及四邻，炎光彻夜，天为之赤，凡衣粮牲畜什物，一切无遗。是晚分宿城西各村中，又扬言初七日分途往焚城东关绅士于赞阳家，距城西五十里之马莲庄富室吕保璜家，距城东南二十五里之赵格庄宋维坤家，城内富室绅士张相谟家，富室生员王圻家，及高等小学堂教员朱绍洛家，自治研究所教员王子勯家，又其他某某等富室，计五十余家，必付之一炬而后快。所到各村庄分派送饭，并派家出壮丁一人入伙，如不遵命，所焚各家即其前车。由是愈胁愈深，势成燎原。朱大令自始事以来，束手无策，惟以派人求和为事，冀得少安，而愈张其焰。今则紧闭城门，任其所为，而求和之使，仍项背相望。大祸之来，惨不忍言。现在谣言甚恶，人心皇皇，各乡村居民，强者揭竿而起，弱者逃避一空，农罢业，商罢市，乱（众）〔象〕已成，朝不保夕。绅等迫切无似，急何能择。惟有恳祈贵局速行代呈抚宪大人，迅即设法，救此一方涂炭。至祷至祷，不胜悚息待命之至。

抚院为莱阳乡民滋事一节业经解散覆函（附电文）

宣统二年五月十五日

敬覆者。顷奉大函并莱阳绅商请愿书，备悉一是。此事昨据登州府电禀，已于初九日解散，用将原【电】录请公阅。杨道准十六日启行，已将请愿书钞交阅看，并面授机宜，令其妥慎查办矣。耑此奉复，祗请台安。

计钞登州府来电。

抚宪鉴：元。秘电谨遵。今杜弁来禀，朱令委王把总凤袍、富户姜尔寿，与各乡社长见曲士文婉说，邀求各款，朱令均允，已出示晓谕。初九日，乡民解散。文淇寒禀。

致莱阳县绅商等界乡民滋事各节已呈蒙饬委妥办公函

径启者。于本月十一日准贵县绅商等界及留省学界盖君鉴恩等，因调查户口，谣言勒捐，聚众滋事等因，陆续投送公函及请愿书前来。当即由局公同会议，以事关紧急，恐公文延搁，贻误机宜，〈照〉速【照】各来函情形，由局具函转呈抚宪。兹奉抚宪专函谕覆，已据情分电登州镇、登莱道，飞饬各该地方文武认真防范，以期消患无形等情到局。据此，则来函请愿之目的业经达到，除将来函请愿原稿由局备存，不另转呈外，即照钞由局函禀抚宪及抚院谕覆，附登州文守电禀各原稿，付邮寄阅，以便转布，安慰乡民。不胜盼切。专此，即候大安。

致警务公所据棉花铺商钟福山等恳请示谕定章以便开张公函

径启者。顷据西关棉花铺商钟福山等以请发谕示遵章开张等情来局请愿。谨案此事原系营业取缔，乃警务要政，仰见贵公所防患事先，筹画审慎，无任钦佩。但棉花为日用所必需之品，若章程稽不发布，该商无由开张，恐于商民交易上不无妨碍。用特仰恳贵公所早颁章程，俾商民有所遵循，实为公便。该商请愿书另纸抄阅。肃布，敬颂台安。维照不备。

计抄附棉花商请愿书一纸。

具请愿钟福山等为公恳鸿慈，恩准谕示遵章开张事。窃缘商等在城里关厢各街巷开设棉花铺已经有年，因前月间有皇亭门口鞭炮铺偶被火险，以遵巡警道宪传谕，所有鞭炮铺并棉花铺均迁至三关厢，准其设立。传至西关，巡警分区将商等不论新迁旧设，一并歇业停止，迄今一月有余，仍然停止，不许出售。乃棉花铺是万家应用，不时至铺购取，纷纷不绝。商等亦不敢私行出售，因在巡警分区均有保结，听候谕示。现今虽系暑天，秋凉冬用，恐临时不及。又有军装官衣，先期早为预备。行栈运省之花，或是子棉，或去子，至商铺用工匠弓弹置造，尚可能用。商等本不敢冒昧，恐临时需用。（自）〔目〕前棉花铺，城关厢约有三十家，均有定章，许减不许增，各铺存花以五包为度，各铺不许多为存留。今遵新章，尚未定夺，商等谨请妥议，叩恳大人恩准，赏发谕示，遵章开张而安商业。商等则感鸿慈于无极矣。为此上叩。

警务公所覆知棉花铺开设章程已经示谕并录送原稿公函

敬复者。昨奉惠函，以据西关棉花铺呈递请愿书，请发谕示遵章开张一节。查敝公所定章，以棉花为最易引火之物，故与洋油、鞭炮同在警章，不准在〈外〉人烟繁盛之区，开设铺户，任意囤积，以防危险，历经出示晓谕有案，并无不准开张之说。该棉花铺等自应遵照，一律迁徙冷僻地方，择（在）〔左〕近并无殷商富户之处，以免危害而顾公益。兹准前因，用特将前后示稿另纸录奉，即祈查照转饬是荷。耑复，敬请台安。

附呈示稿一纸。

为示禁事。照得数（目）〔日〕以来，城内外屡有火警，推原其故，皆由于时当春令，风狂物燥，凡一切易于引火之物，尤宜格外谨慎。如洋油、鞭炮、棉花等店铺，皆易致害，均不【得】于人烟稠密之处，任意囤积。本总局有预防危害、保卫闾阎之责，除饬各分局随时查禁外，合亟出示严禁。为此示仰商民人等一体知悉。须知以上洋油、鞭炮、棉花等货物易招火患，均须择偏僻冷静、居民稀少之处，方可存放，不得于人烟稠密之区，任意囤积。倘敢故违，定当查究不贷，切切。特示。

为出示晓谕事。照得鞭炮、棉花等物皆易引火，叠经禁止各该铺，不得于城内及人烟稠密之处开设，以预防危害在案。现值风高物燥，尤宜加意防范，合亟再行出示严禁。为此示仰棉花、鞭炮各铺商人一体知悉。须知鞭炮、棉花最易引火警，所有制造鞭炮及囤积棉花之铺，均须克日迁（住）〔往〕城外，择地方僻静、居民稀少之处，不得于城内及人烟稠密之区，制造此项物件，任意囤积。倘敢故违，一经查出，立予严究，决不宽贷，切切。特示。

调查局催造光绪三十四年及宣统元年民政统计表公函

（呈覆文已附调查局移文后）

敬启者。敝局现在遵造光绪三十四年及宣统元年民政统计表。查表内谘议局筹办处职员经费统计表第六十五，选举谘议局议员初选事项统计表第六十六，选举谘议局议员复选事项统计表第六十七，谘议局议员选举人、被选举人职业分别统计表第六十八，谘议局议员人数、公费统计表第六十九，均应按照馆颁表式逐一详填。查东省谘议局于光绪三十四年筹办，宣统元年成立，以上各表光绪三十四年分有应填者，有应从缺者。至宣统元年，则各种事项均已备具。敬希分年饬查，逐项开列，赐覆过局，实纫公谊。附呈宪政编查馆原颁民政表式一本。专肃奉恳，敬请勋安。

日本大阪中华商务总会造送公举山东参议员姓名住址清册函

敬启者。接奉农工商部札饬，将所举各省参议员姓名、住址概照洋文缮录一份，寄交该省谘议局，以便遇事通信等因前来。维日本属同文之国，现在该国内洋文与汉文并行，与西洋各国概用洋文者迥别。此间往来信件，向以汉文缮写某某姓名、某某住址，即便投递无讹。若遇电报事件，须将姓名、住址用洋文字码，方能译送。客秋阪埠曾投票公举贺君英伟、丛君良弼、单君用霖、茹君沛瀚、宋君世昌为贵局参议员，当已遵照部章，禀请驻日公使宪分咨各该省督抚，转咨贵局立案矣。兹特造具该参议员履历清册一份，其姓名、住址附缮洋文于后，并抄录农工商部原札，呈请查核。嗣遇各项事件，即乞贵局照册缮晰，速寄该员。不胜盼切。肃此，敬请大安，并希台电。

附粘抄录农工商部札一件，并姓名、住址清册一件。

农工商部为札饬事。接准闽浙总督咨开：据福建谘议局呈称：本局业于十月十八日开协议会，公同议决关于谘议局提议议决事件，应令参议员周知者：一、会期中提议议决事件；二、闭会中应通知全体议员之协议事件；三、与参议员特别关系事件；四、次年开会之初应报告于谘议局（闭）〔开〕会中各种事件；五、督部堂照议施行及交局复议之事件；六、本局刊行之速记录。以上六项，均应由本局随时通信布告于参议员。惟各埠通信参议员姓名、住址须写洋文，方能寄到，相应呈请督部堂咨部札饬各埠商会，将参议员姓名、住址概照洋文缮录一份，寄交本局，以便通信等情。据此，咨行到部。合行札饬。札到该商会，仰即将所举各省参议员姓名、住址概照洋文缮录一份，寄交该省谘议局，以便遇事通信可也。此札。

投票公举参议员姓名、住址附后。

贺英伟，字俊臣，现年三十八岁，山东登州府宁海州人，监生，经理华商丰泰仁字号，现住日本大阪埠川口本田二番町九十六番。

丛良弼，字良弼，现年四十二岁，山东登州府蓬莱县人，通判职衔，经理华商东顺泰字号，现住日本大阪埠川口本田二番町九十六番。

单用霖，字雨亭，现年四十一岁，山东登州府黄县人，经理华商万盛栈字号，现居日本大阪埠川口本田壹番町三番。

茹沛瀚，字壬海，现年四十三岁，山东登州府蓬莱县人，经理华商义顺兴字号，现住日本大阪埠川口本田二番町百六十七番同和永栈内。

宋世昌，字建章，现年三十八岁，山东登州府宁海州人，经理华商成泰义字号，现住日本大阪埠川口本田二番町七番德顺和栈内。

致被选资政院议员陈命官等携带执照先期到京至川资俟开会时由院给发公函

径启者。前奉抚宪札开：为札行事。宣统二年五月二十三日承准资政院养电内开：准闽浙总督效电，询资政院议员旅费是否包括赴京川赀在内，所有川赀是否由本省另给，或暂垫等因。查本院议员旅费，自系包括来往川赀，惟数目尚未规定，俟九月开会，各议员到院时，由本院照章发给，无庸先垫，以免参差。再，议员到院应呈验互选当选执照，希即通知各议员，一律携带执照先期到院，万勿迟误等因到本部院。承准此，除分行外，为此札行谘议局，分别移知该议员陈命官等查照办理。须至札者各等因到局。奉此，除备案外，为此分别函知，即希查照。肃布，敬颂台安。维照不备。

各项规则

各部审查请愿书委员表

民政部共分二门，审查委员四人任之。

（甲）警察。审查员：吕上智、窦培增。

（乙）自治。审查员：孙丕承、李荫棠。

学务部共分三门，审查委员三人任之。

（甲）专门教育。审查员：梁协中。

（乙）普通教育。审查员：张光第、姚际元。

（丙）教育会。审查员：张光第、姚际元。

外交部共分二门，审查委员三人任之。

（甲）铁道、渔业、教会、租界、内地制造。审查员：周树标、朱承恩。

（乙）矿产、裁判、商埠、内地营业。审查员：丁世峄。

交通部共分二门，审查委员二人任之。

（甲）铁路、邮政、电话、河运、道路。审查员：王玉鲲。

（乙）轮船、驿站、电报、黄河、水道。审查员：王志勋。

实业部共分二门，审查委员三人任之。

（甲）原始产业。审查员：张灿之。

（乙）工商业。审查员：赵阳山、王志勋。

财政部共分二门，审查委员六人任之。

（甲）收入。（1）国家收入。审查员：孙丕承、李广居。（2）地方收入。审查员：郭连科、李瞻泰。

（乙）支出。（1）国家支出。审查员：张允符。（2）地方支出。审查员：张壬弼。

军政司法部，审查委员一人任之。

（甲）军政。（乙）司法。审查员：杨振清。

本省单行规则，审查委员一人任之。

（甲）本省单行规则。审查员：丁世峄。

调卷规则

一、本局各卷宗分归办事处各科存管，如有遗失损毁，由各该管处自负责任。

一、议长、议员、办事处调阅卷宗时，须开条盖章，指明某案某件，以便该管处登簿交付。

一、调阅后按限缴回，仍须开条盖章，送该管处登簿注销。

一、调阅时间以三日为限，以防日久遗失或损毁。如至限未经送回，得由该管处索取。但三日查阅未完，得再行展限，仍须开条盖章，送该管处登簿备查。

一、本局各卷宗须在本局办公室查阅，不得携出局外。

一、本局各卷宗在各调取处遗失损毁者，由各调取处自负责任。

阅报规则

第一条　本局购订各种报章，由全体（统议员办事处而言）分任阅看，兼任采录之责。

第二条　现定报章共十余种，或二人共阅一种，或三四人共阅一种，皆可自由择任。认阅何种，即署名指定，以便按时分送。

第三条　分任确定后，开单交办事处，即由庶务科饬役按单分送。阅毕须按限缴还，以便管报处汇齐存案。兹将分阅各种限期列后：

（1）每次二三页者，限二日内缴还。

（2）订辑成册约十余页者，限五日缴还。

（3）订辑成册约二三十页者，限十日缴还。

第四条　缴还时由本人自遣价送管报处查收，办事处概不饬役往取。

第五条　凡任阅报者，遇报内所载各件，认为与本局有关，可资参考及议案之材料者，须择要抄入阅报簿，并记明某报册每几号第几页，又某月某日某报第几号第几页，以便调取查考。

第六条　每开协议会时，所有摘录要件认定本局可资整顿及可作议案，由本人附以意见书，即可提议付之公决。

第七条　择定一室为阅报所，其规则另定之。管报处即附设于内，派人专司阅报及管报一切事宜。

第八条　本规则适用于通常时，会期内不在此限。

第九条　本规则如有应行增减及更正之处，提出协议会公决施行。

办事处办事细则补遗

第一条　凡公文公牍应用拟稿之件，由议长分别缓急、先后、难易，限定时日拟稿，缮稿标条，交书记长转交该管处，按照限定时日办理。

第二条　缮稿后，送书记长核讫，呈议长划行后，即由议长酌量缓急及难易，限定时日，标明缮签，发签日期，交书记长转交照办。

第三条　各科书手由各科直接督催责问，如有误公之处，各科自负责任。

第四条　办事处均照定期办理，如有延缓误公，分别惩罚，呈明议长办理。（甲）面责；（乙）罚金；（丙）辞退。

第五条　办事时刻分为左之二种：

（甲）常时会期内及临时会期内，每日无论何时，均须常川在局办事，星期日亦无休假。如遇疾病或不得已之事故，由书记长商承议长，酌量准给假期，凡在三日以外者，必须呈请代理，自觅妥人，由书记长商承议长认可后，始行出局。

（乙）不在常时会及临时会期内之常年办事时刻，夏秋之月自早七时起至十一时止，午自一时起至四时止。冬春之月自早八时起至十一时止，午自一时起至五时止。凡在办事时刻之内，无论文牍、庶务、会计各科，均常川在办事处办公，不得擅离职守。所有文件均在办事处办理，不得携归卧室。至办事时刻之外，准其归家及外出，但各部须留本科人数之半驻局当值，以备承办临时要公。其更番当值之职员，由各科自行规定之，仍将姓名报告书记长。星期日准给休假，但当值者仍须驻局办事。至年暑两届，应给假期，由书记长商承议长酌定之。凡给年假者，暑假仍在局办事，给暑假者，年假仍在局办事。

第六条　如议长所定期限实有赶办不及之处，准由办事处即时说明理由，商酌更改。倘当时并不声明，致届期误公，不得以赶办不及卸责。

第七条　办事处应办公件，各该职员无论在职离职，均不得宣泄于外，其外出及休息时间尤须严密保存，以防遗失及漏泄之弊。

第八条　应印刷及分给并宣布之案件，由议长酌量缓急难易，限定若干日时刷印、分给、宣布，交书记长转交庶务照办，不得遗误。其他凡关议长指派应办事项皆然。

第九条　除平日办事各科各勤职守外，如有紧要繁重事项，本科办事之人不敷办理，准由该科调用各科书手助理，但须商明书记长认可，并酌定调用之时间，以免藉口而重要公。

第十条　以上各科应守规则，亦适用于书记长，惟请假向议长处行之。

第十一条　凡各科应用书手及局内一切应用人役，应如何支配及应行增减或开除、更换时，须先商明书记长，由书记长商承议长许可后，方能照办。

第十二条　议长交办公事，须交书记长处记入办公簿，由书记长分别应归何科，转知照办。各科奉办公事，亦须由书记长处经过核定后，由书记长呈议长覆核办理。但书记长不应负责任事件，或议长直接各科，各科直接议长，均可听便，不在本条限制之列。

第十三条　办事处分办事件另有详细规则，以资遵守。

第十四条　本规则发布后即生效力。

庶务处支配书手规则〈如左〉

第一条　管理购物账簿及发物品各事宜。自早八时起至晚五时止，每日清算一次，送会计处登录。

第二条　管理收发书手一人，专司收发文件及分给印刷各物、签到各簿等项。所有收到公文公函须择要抄录，即送该管处，不得延误。所发公文公函即刻送发，亦不得延搁遗误。

第三条　管理报纸事宜。无论何日收到各种报纸，务须注明。每日自早八时饬役设列于阅报室，至晚四时收回查阅，并注明几种几页饬役送到书记长处，不准稍为寝搁，致有遗失。

第四条　管理局中议员所呈之议案及各处之请愿书，经议长提出公议后随即印刷，不得稍为迟延，有误周知。

第五条　管理刷印议案时摘由登记，以备日后查阅，以防遗失。

第六条　管理缮写一切知单，饬役传知事宜。

第七条　管理传事室、登录宾客出入及收送各文件号簿，每日晚十时查阅一次。

第八条　凡在办公时间，不得稍离职守，如出局办理已事，必须经庶务本处许可，发给假单，注明时刻，回局后仍将假单缴销。

第九条　请假或一日或数日，须由该管处许可，自请代理人接办。如擅自出局，有误公事，该管处报告书记长商明议长，即行辞退。

第十条　每日登录购物簿记及收发文件等号簿，至晚十时务须呈庶务处查阅一次，以防遗漏而免误公。

第十一条　以上各规则如有不尽事宜，随时通知书记长商承议长认可，即行更改。

第十二条　各条规则宣布后即生效力。

文牍处书手办事规则

第一条　夏秋之月，早自七时起至十一时止，午自一时起至四时止，晚自六时起至九时止；冬春之月，早自八时起至十一时止，午自一时起至五时止，晚自七时起至十时止，为办公时间，无论有事无事，皆不得离办公室。如有紧要文件，虽在办公时间以外，亦得照办。

第二条　凡在办公时间，不得任意喧笑闲谈，扰乱他人。

第三条　凡在办公时间，如有因事外出者，必须在文牍处说明情由，由文牍处酌量给假，发给假条，填明出外时间，持条赴传事处查验，回时仍须赴传事处将条领回，缴文牍处备查。如有出外逾限，或未经准假，自行出外者，分别惩罚。

第四条　凡请假一日以上者，必须请代理人，然代理人须经文牍处认可。

第五条　文牍处选派书手一人，专司整理案卷、收发案卷及核算字数、登记号簿诸事。凡送缮送签，皆由该管人分派各书手缮写，缮竣再由该管人缴回文牍处，如有遗失案卷，迟误要公，由该管人担负责任。无事时帮他人办公。

第六条　平时每人每日限二千字，忙时每人每日限三千字。每晚由经理人核计字数，记入号簿，送文牍处查核。凡书不及额者，照雇书价目按字扣罚。如遇公事紧迫时，虽写字足额，亦得由文牍处酌量加增，但局中无事或已经准假及经理案卷者不在此例。

第七条　凡经准假，书不足额者须照缺额字数补写，限三日内补完，如三日未补完竣，按字科罚。

第八条　派充校对者，每日应写字数按校对字数四分之一抵算，但只适用于本日，虽校对字数过多，次日亦不得继续作抵。

第九条　一切应办事件，由文牍处酌量支配，不得推诿。

第十条　如本处无事，得由文牍处酌拨他处办公。

第十一条　如有宾客，须在会客室接见，不得引入办公室。至接见宾客时间，亦不得逾三十分钟，致妨职务。

第十二条　罚则分四项如左：（甲）面责；（乙）罚金；（丙）辞退；（丁）究惩。

第十三条　凡违反本局规则者，呈明议长，按照四项罚则，酌量轻重办理。

以上各条，系由议长规定现时应守规则，如日后有应行增减更改之处，再呈明议长办理。

会计科支配书手规则

第一条　本科指定书手一名，常川在本处办公室帮同办公，遇有核算账项及一切应行支配事件，必须立即照办，不得迟误。

第二条　办公时间于何时起止，除照文牍、庶务两科规定一律施行外，须于每日六时将庶务科日用购物总簿，取缴本科登录核对，并本科支销银钱事项，亦须临时帮同挨次清理。

第三条　遇本局有豫算决算等项，及本科五日总煞账项，月终总煞帐项，并按季造报，均须照限赶办，不得延搁推诿。

第四条　本局领款、存款、支款等项，帮同本科点验票银，须于本人经手之件自行粘单，盖印记号，如有错讹、混乱、误认情节，即应自负责任。

第五条　本科支发公费、旅费及薪金、津贴、工食各项，平时由该书手逐一造册，月首由本科呈缴议长签字盖印，以备临时照办。

第六条　庶务科来条领支银钱，遇有较重账项，应由该书手持送书记长处盖章后，再缴回本科核实照发。

第七条　遇有烦琐、重要非一时所能核清账项，应调用庶务科书手，帮同本科书手对证计算。

第八条　凡本科公文及报销清册，由本处起稿后，送缴文牍科书手誊清后，再由本科书手将原稿、清稿一并取回，帮同核对。

第九条　本科为公款贮藏重地，该书手招引他人入办公室闲谈偶语即以犯规论。看守门户须时加慎重，如有损失、偷窃等事，即实不知情，以疏忽论，亦不得免受连累。

第十条　遇本规则无明文规定事件发生，须参照本局规则及各科规则相同事项定有明文者一律办理。

第十一条　本规则经书记长核定，呈明议长许可后即生效力。

局役通守之规则

一、局役无论在何处所，遇见议长、议员及办事处人员，均须起立致敬。

一、不得有喧哗、争斗、聚饮、博赌及吸食鸦片等违法之事。

一、外出须向该管处领签，如查有无签外出者，即实系办公，亦以违背规则，照例革除。

一、告假由该管处发给假单，按时销假，并将原单呈缴该管处查核。

一、准假后须自找人代理，如代理人有违犯规则等弊，仍惟该役是问。

一、分派各处局役，所有该处器物，须小心看护，如有差错，惟该役是问。

一、局内油烛炭薪等件，除应用外，不得分毫作弊。

一、除奉命外出及准假外，无论何时，不得擅离职守。

一、每日黎明即起，晚十二钟休眠，但有事或无事时，其休眠早晚亦可变通办理。

一、局内器物用时须加小心，以防损失。灯火尤须检点，以防危险。

一、该役本人应住之处，不得招引他役来往及休眠，倘招引他役，查有偷窃或损害等弊，除究惩他役外，并治该役以相当之罪。

一、各役亲友来局，须在大门接见，不得引入内院，且须禀准该管处，酌给接见时间，方可接见。

一、大小便须向指定处所，不得自为任意。

一、以上各条，违者分别轻重办理。

一、以上各条通则，除局役遵守外，所有局中各员自雇之家人在局时，须与局役一律遵守，违者一律办理。

一、右传事规则，该役如敢违犯分别究办不贷。

传事室二人应办事项[①]

一、客来拜谒议长、议员及办事处人员，时（问）〔间〕、〈明〉姓名、住址留号后立即传禀，不得迟误。

一、对客须和颜悦色，不得有傲慢不敬之处。

一、传禀准请后，即引客入会客室或他室，遵照吩咐办理。

一、凡送公文、信件、传单等，经议长及办事处各科人员并庶务处支部发交后，均须立即照办，不得违误。

一、凡外来公文、公函，收到即送庶务处支部留号，以便呈缴。若系个人私函，即直接分别送呈查收，不得延搁遗失。

一、外送公文、信件，须留一人在局听候，如分送不及时，准其呈请庶务处酌量派一人帮办。

一、无论昼夜，除奉命办公外，皆须常川在室，不得擅离。

一、传命出入，准与门役二人会同办理，以免疏忽。

一、管理大门悬灯事宜。

一、凡宾客及送函件人，如未经传禀闯入内院各室，该传事尚不知觉者，即按疏忽究办。

---

① 原报告书内标题为“传事室二人应办事项如左”，且未列入目次，兹改标题为“传事室二人应办事项”，并列入目次。

门役二人应办事项[①]

一、二人轮流看门，不得稍离，遇有外来宾客及送公文、函件等人，传事室或有未及见知时，须一面速呼传事室使知，一面请客在传事室或门屋暂坐，听候传命，送公文、函件人亦然。

一、常来之客不妨听其自入，但须先客行前传禀，不知姓名者问明传禀，如不先行传禀，亦未随后传禀，致客及送公文、函件人闯入者，即以疏忽论。

一、凡客拜谒及差送函件，如查有拦阻延搁，不立刻传送及有傲慢等弊，分别轻重究惩。

一、每日黎明开门，晚十二时闭门上锁后，即将钥匙缴庶务处，不得私行开放。如闭门后有呼门出入者，虽睡后亦须从速起床问明缘由。果系紧要事故及本局职员，立即请领钥匙，不得推诿，致误要公。

一、遇本局职员及外来宾客出入大门，须起立致敬。

一、局内如有被窃之事，查明该贼踪迹系由大门出入者，无论该贼系局内、局外之人，即治该门役以疏忽之罪；倘有知情、受贿、同谋、纵放等弊，送县按律办理。

一、管理门内外洒扫等事及各牌示悬挂摘放。

一、传命出入事项，帮助传事室办理。

除遵守通则外，须遵守右之规则，如敢违犯，立即究办。

议长及书记长并各科书记用役各一人

一、议长、书记长、书记处除自用人役不论外，每处由局派役一人，伺候

---

① 原报告书内标题为“门役二人应办事项如左”，且未列入目次，兹改标题为“门役二人应办事项”，并列入目次。

使用。

一、议长处、书记处、各科书记处之派用人役，除遵守通则外，须听该处之自由指挥。其指挥之单行规则，由该处自定之。

常驻议员处用役共三人

一、常驻议员除自带人役不论外，由局酌派三人，以为常驻议员办公指挥之用。

一、该役三名除在常驻议员办公室听用外，所有关于常驻议员应办之事项须受指挥，不得抗违。

一、常驻议员办公室内洒扫、布置及器物保护并楼院洒扫等事，均归该三人管理。

一、该役三名除听候常驻议员指挥外，若有闲暇时，亦须听办事处调用。

局内派役三名，其应办事项如左：

一、局内燃（息）〔熄〕灯烛、扫除污秽、开闭门窗等事，凡不归他役管理者，均惟该三人是问。

一、会议厅一切布置，听命照办，并受协议时一切指挥。

一、议长处、书记长处、各科书记处所有送达公事及出外采买等事，本处应用人役忙不及办时，得调用该三人帮同办理。

一、庶务处布置一切事宜，须受指挥。

一、管理院宇及各会客室洒扫、燃（息）〔熄〕灯火等事。

一、分管阅报所整理报章、保护领送之事。

附　则

一、以上规定局役各规则，适用于常时，若届开会期中，另为规定。

一、以上各规则，如有应行增删更改之时，除各处单独事宜与他处毫无关涉者，由各处自行办理外，其余须商同议长及书记长酌量办理。

谘议局公布请愿书规则及书式[①]

谘议局规定收受自治会、人民陈请建议之规则及书式，并摘录本局全局规则第四章请愿数条，已公布如左：

第一条　陈请建议书分可受理、不可受理甲乙两种如左：

（甲）可受理者分别之种类列下：

（一）地方公益公害事件。

（二）本省自治会争议事件。

（三）本省应兴应革事件。

（四）本省单行章程规则之增删修改事件。

（五）本省义务增加事件。

（六）本省权利存废事件。

（七）本省地方税及公债事件。

（八）本省官绅如有纳贿及违法等事指明确据者。

（乙）不可受理者分别之种类如下：

（一）形式不完全者。（不合本局规则第四章请愿第五十一、第五十二、第五十三、第五十六各条者是。）

（二）任意谩骂者。

（三）建议无办法者。

（四）多讹字及文理不通者。

（五）纯然诉讼事件者。

（六）有碍法律者。

---

① 原报告书目次中标题为“请愿书规则及书式”，报告书内标题为“谘议局公布请愿书规则及书式”，兹取报告书内标题。

（七）关于繁碎琐屑之事者。

（八）关于个人事件，无关公益公害者。

第二条 收受公决后，照录原书呈院核办。本局因未查明确据，不加判语，如有不实，由该具书人自负责任。

第三条 收受公决后，认为有关系事件，又查明确据者，于该书后附以本局意见书，呈院核办。

第四条 收受公决后，认为有关系事件，或查明确据者，用本局名义呈院核办，该具书人不负责任。

第五条 收受公决后，认为可作议案者，在会期外俟开会时提出。

第六条 凡受理之书登载报章外，并刊入本局报告书中，俾众周知。

第七条 凡不受理之书，经本局委员审查，或会议公决后，将不可受理缘由着介绍人通知该具书人。

摘录条文列左：

第五十一条 谘议局对于请愿者之请愿书不记明住所、身分、年岁及不署名盖章者，概不受理。请愿者不自署名，托人代署者，代署人当附记缘由，署名盖章。

第五十二条 法人之请愿书，代表者署名盖章。

第五十三条 介绍请愿之议员，当于请愿书之表面，书介绍议员某。

第五十六条 请愿文书表当记请愿之旨趣，提出年月日，请愿者之住地、身分、职业、姓名、介绍议员姓名。

书式列左：

陈请建议书式

式页底书	式页内书	式页面书
某年　某月　某日	事由　陈请建议书 为陈请建议事 为此陈请建议 谘议局公鉴	姓名　籍贯　职业官阶　年岁　章 介绍议员姓名　章 事由　陈请建议书

上书式用白毛边纸宽五寸、长八寸裁订成本，字要端楷，每半页八行。其左旁所列陈请或建议字样，由具书人酌量所陈事件，如系据实指陈，则署曰某事陈请书，如自抒己见有所条陈，则署曰某事建议书，书内亦同。其末幅年月不必再署名。惟无论陈请或建议，须合本局规则，否则却下不受。